南炳文 吴彦玲 辑校

辑校万历起居注

肆

天津古籍出版社

萬曆
三十年

萬曆三十年正月壬寅①，朔，以正旦令節，賜輔臣沈一貫上尊珍饌。又特賜燒割一分、酒飯一卓、甜食三盒、伏薑一盒。又賜景惠殿收回祭設三卓。

七日庚子，大學士沈一貫題："爲東宮開講事。准禮部手本，行翰林院遴選侍班、講讀、校書、侍書等官，備行到閣。臣惟東宮侍班、講讀等官，見在原有設員，今册立禮成，奉旨增選。照得侍班官四員，見在有二員，校書官二員，見在俱無，以上合置四員。講讀官原設六員，見在止五員，合補一員。侍書官原設二員，見在俱有。臣推得詹事府詹事兼翰林院侍讀學士郭正域、周應賓，俱堪充侍班官，與曾朝節、范醇敬一同侍班。原任講官國子監祭酒方從哲，堪量陞詹事府詹事，兼翰林院侍讀學士，仍充講讀官，與唐文獻、黃汝良、董輝、蕭雲舉、莊天合一同講讀。翰林院侍讀史繼偕、編修楊繼禮，堪各以原官兼司經局校書，見在侍書官禮部祠祭清吏司員外郎茅聞詩、通政司知事羅萬英，各以原官兼司經局正字，充侍書官，仍各分班供事。其曾朝節歷任侍郎，既及八年，侍班勤勞，歲月又久，似合加陞職銜供事。俱乞敕下吏部，查覆施行。至於閣臣提調一節，臣查得舊例不一，有云輔臣每日一員輪侍者，有云初講之時，連侍五日，以後每月三、八日輪侍者。近年皇長子初出講時，奉旨連侍三日，以後每月初三、十三、二十三輪侍，至今遵行。臣惟每日輪侍，誠爲太煩，若今典禮加祥，閣員又備，應否仍前十日一輪侍，或每月三、八日輪侍，伏乞聖明裁示，以便遵守。臣未敢擅便，謹題請旨。"奉聖旨："東宮開講，侍班、講讀等官俱照隆慶六年例行。內方從哲係告病去，還着另推見任的一員供事。其卿等提調，十日一輪侍。吏部知道。"

十四日丁未，以立春令節，頒賜上尊珍饌。

二十二日乙卯，命定國公徐文璧充正使，大學士沈一貫充副使，詣皇太子妃府，行納採、問名禮。

① 壬寅 "壬寅"當作"甲午"。

皇帝製諭錦衣衛指揮僉事郭維城："朕肇建儲貳，懋衍宗祧。惟化理之原，莫重彝倫之始，乃命簡求淑哲，作配元良。今遣使持節以禮採擇。欽哉。故諭。"

　　右納採

　　皇帝製諭錦衣衛指揮僉事郭維城："朕惟婚姻之道，大倫之本。贊修內政，必咨名家。特遣使持節，以禮問名。尚佇來聞。欽哉。故諭。"

　　右問名

　　二十三日丙辰，定國公徐文璧、大學士沈一貫題："為謝恩事。臣等伏蒙欽命，充正副使詣皇太子妃府行納採、問名禮。除已復命外，遵依儀注，開有禮從勞幣等儀，臣等謹領酒飯各一卓、綵幣各四端。不勝仰戴天恩，感激之至。謹具本恭謝以聞。"奉聖旨："覽卿等奏謝，知道了。禮部知道。"

　　二十五日戊午，大學士沈一貫題："恭照東宮開講在邇，增設擬補侍班、講讀等官，該臣疏名上請，昨奉聖旨：'東宮開講，侍班、講讀等官俱照隆慶六年例行。內方從哲係告病去，還着另推見任的一員供事。其卿等提調，十日一輪侍。吏部知道。欽此。'臣仰體聖意，除各官俱照見在供事，惟講官尚缺一員。今方從哲奉旨另推，臣推得見任詹事府兼翰林院侍讀學士郭正域，堪與唐文獻等一同講讀，合候命下，令其欽遵供事。臣未敢擅便，謹題請旨。"二十七日奉聖旨："是。"

　　二十九日壬戌，皇太子初御講筵，如儀。
　　是日，傳諭皇太子："喜事近臨，三十日起暫免講學。"

萬曆三十年二月甲子，朔，以祭三皇於景惠殿收回祭設，賜輔臣三卓。

二日乙丑，大學士沈一貫題："爲日講事。先該題奉欽依，每年開講日期，於二月上旬擇日恭進講章，以後接續每日進呈。奉聖旨：'是。欽此。'今臣謹擇本月二十一日恭撰講章，照常進覽，謹具題知。"奉聖旨："是。"

三日丙寅，補賜年節，輔臣一貫銀五十兩、綵段四表裏，及講官朱國祚等二員有差。

六日己巳[①]，恭視寫皇太子妃册文，頒賜輔臣花紅。

七日庚午，大學士沈一貫題："臣惟人主以安社稷、靖萬民爲本務，以設官分職、率作考成爲要務。牧民之道，譬之牧牛羊然。今有牛羊於此，而不寄託於人以爲之牧，則盜賊之所竊，豺狼之所噬，存者幾何？更望其蕃育乎？惟民亦然。人主不能自牧，而分寄於百官以爲之牧。苟寄之不得其人，與不得其法，則閭閻之盜賊，山澤之豺狼，盡是也，而民何以生？其究不使民盡化爲盜賊、豺狼不已也。若是，則萬民不靖，而社稷將危，不利亦大矣。故有一官，則有一官之職，官不可使不備，而職不可使不舉。官闕而不備，責在銓衡之臣，職溺而不舉，責在紀綱之臣，而振率銓衡之臣與糾處綱紀之臣，是誠明主之事，非可聽其因循敝壞、而無精明暐曄之觀也。此者皇上建彝倫之極，備孝慈之行，奠萬世之本，開有道之長，天下臣民欣欣，思見德化之成，而猶此跂望莫有慰心者，惟是仁心仁政猶未周浹故耳。今所謂銓衡之臣，吏部是也，所謂紀綱之臣，都察院是也。往之爲部院者，率多不職，宜謂[②]聖心之所厭棄。自頃以來，皆爭自濯磨，仰承休德，以愛君體國爲懷，以徇私滅公爲戒，臣樂與之共事，庶幾治平。故諸臣有違闕，臣不敢不儆戒於下以相成，而諸臣有湮鬱，臣不能不道達於上以相助。臣

① 己巳 "己巳"當作"己巳"。

② 謂 "謂"當作"爲"。

觀吏部之所苦者，莫苦於推補之未盡，而都察院之所苦者，莫苦於差遣之不敷。此皆國家之忠計，皇上之所宜體亮者也。蓋推補未盡，則莫爲之委任責成，而誰任司牧之寄？差遣不敷，則莫爲之稽程舉刺，而牧職亦不能舉。揆厥所由，乃部之失於銓衡，而院之失於綱紀，咎將安辭？能不爲明主瀆乎？臣願皇上俯憐其心，而允其推補各官及考選科道之請，使百職皆充，而牧養有寄，誠急務也。今正月丁巳夜，火星逆行入太微垣，占爲兵起，有災，天下大擾。臣睹玆憂懼，啟處失圖。今東倭西播，幸已蕩平，北虜納款，甘涼屢捷，遼東、延綏亦就羈絡，四方初脫，湯火之危，而財匱民窮，瘡痍未起，方當與斯民以清靜寧一之福，何堪再罹兵災？至於天下大擾，臣中宵起遠階除，不能待旦。伏計皇上爲社稷萬年主，宵旰憂勞，更當倍蓰，臣思所以解煩釋結，有備無患，敢以此言進。惟御墨一灑，而惠澤普沾，轉災爲虞①吉祥，化呻吟爲謳歌，易易矣。臣無任惓惓。"

八日辛未，册封皇太子妃。制曰："朕未②儲貳，天下之本，婚姻，王化之綱。法陰陽以肇人倫，禮光正始。求窈窕以承內職，思在進賢。既得令儀，爰頒顯命。咨爾郭氏，粹姿婉娩，懿德溫良。毓自名門，嫻③詩書禮樂，教於師氏，敬修罄帨珩瑝。河州之聲應其諧，渭涘之文詳④允葉。是用遣使持節，册封爾爲皇太子妃。於戲，我祖宗家法甚飭，蓋遠邁於漢唐，我聖母壼範尤端，即當今之任姒。爾既孚於鳳卜，實⑤交儆乎雞鳴。弼贊元良，明章婦順。佑開胤祚，廣衍坤生。風咏於歸，助我國都之教。雅歌好合，順予⑥父母之心。祗服訓詞，戀膺多福。"

九日壬申，行納吉、納徵禮。

十三日丙子，皇太子親迎婚禮成。

①爲虞 "爲虞"當作"虞爲"。
②未 "未"當爲"惟"之誤。
③嫻 據《明神宗實錄》卷三六八，"嫻"下當有"習"字。
④詳 《明神宗實錄》卷三六八，"詳"作"祥"。
⑤實 《明神宗實錄》卷三六八"實"作"宜"。
⑥予 予《明神宗實錄》卷三六八"予"作"于"。

十四日丁丑，以皇太子婚禮，賜輔臣茶飯一卓。

十五日戊寅，大學士沈一貫題："昨該聖濟殿提督太監崔文昇傳奉聖旨，召太醫院使徐文元等進宮診視聖脉。臣聞之不勝紆鬱。隨從徐文元等細詢病原，云是積痰在内，寒熱相激，以致聖體煩熱，頭目眩痛，嘔逆惡心，寢歇不寧。宮庭咫尺，阻奉天顏，痾癢相通，瞻依彌切。臣惟皇上禀氣甚厚，福壽齊天，區區陰陽，豈能為患？但今仲春節下，寒沍之餘威未解，而疆陽之游氣已升，稍失調護，則寒熱相激，鬱而生痰，眩暈嘔惡，皆由於此。臣聞之醫家，痰火之症，多屬於有餘，而有餘之症，相乘於不足，一切飲食起居嗜欲喜怒皆寒熱之媒，能生痰助火，不可不慎。伏望皇上順時節宣，無令外侵，隨事葆嗇，無令中滑，則無妄之疾自然勿藥有喜，而萬萬年無疆之算等乾坤而並日月矣。臣下情無任惓切，謹具題恭候萬安以聞。"

十六日己卯，以皇太子婚禮成，禮部請上陛殿受賀，有旨："免"。皇太子奉命於文華門受羣臣行四拜禮。

是日巳時，上急召輔臣及部院等官至仁德門，獨召輔臣一貫入啟祥宮後殿西煖閣。時中宮、翊坤宮皆養痾不侍側，聖母南向立，稍北，上具冠服席地坐，稍東，偏西南向，皇太子、諸王羅跪於前。一貫叩頭起居畢，上曰："沈先生來，朕恙甚虛煩，享國亦永，何憾？佳兒佳婦今付與先生，先生輔佐他做個好皇帝，有事還諫正他，講學勤政。礦稅事，朕因三殿、兩宮未完，權宜採取。今宜傳諭，及各處織造、燒造俱停止。鎮撫司及刑部罪人，前項都着釋放，官各還職。建言得罪諸臣，俱復原職。行取科道，俱准補用。朕見先生這一面，捨先生去也。"一貫呼萬歲稱謝，且言："聖壽無疆①，何乃過慮如此？望皇上寬心靜養，自底萬安。"因不覺失聲。皇太后、太子、諸王皆哭。上遽起就牀。一貫再奏云："六部尚書求去者三，望皇上諭令視事。"上曰："兵部尚書田樂、戶部尚書陳蕖，俱令即出供職。工部尚書楊一魁，不塞黃堌口，衝動祖陵，着革職為

① 疆　明抄本作"彊"，誤。通行本作"疆"，是。

① 干　明抄本作"干"，是。通行本作"千"，誤。

② 彊　"彊"當作"疆"。

③ 取　"取"上當有"行"字。

④ 臣　"臣"字當作"道"。

民。"一貫復叩頭領命。即出擬旨以請。具題云："今十六日，伏蒙皇上召臣於啟祥宮後殿西煖閣，面奉聖諭。臣謹擬旨一道，傳各衙門遵行，以光聖德，以增聖壽。臣謹具題。"擬上聖諭："開礦、抽稅，爲因三殿、兩宮未完，帑藏空虛，權宜採用。令傳諭，各處礦稅、織造、燒造，俱着停止。鎮撫司及刑部干①連前項犯人，都着釋放，官各還職。建言諸臣，都着復職。行取科道，俱着補用。兵部尚書田樂、戶部尚書陳蕖，俱着即出供職。工部尚書楊一魁，失塞黃堌口，衝我祖陵，着革職爲民。該部院知道。"

是日，大學士沈一貫又題。"今日聖體違和，特召臣入宮面諭。皇上諄諄誨臣之言，臣心以爲，萬萬景福無彊②，何至過慮如此？惟諭停礦稅諸務，釋放各項犯人，收錄建言諸臣，補用取③科臣④，留用戶兵二部尚書，而令工部尚書楊一魁爲民等事，此實皇上如天至仁，臣當奉行。隨即擬旨恭進，伏候賜覽即發。幸甚。臣仰見聖容精彩，略無滯氣，聖恩周詳，允皆正理，占知微恙旦晚必瘳。昔之人主，有發一善言而災星退舍者，況皇上一召見之頃而諸弊悉釐，百廢具舉，盡收天下之萬善，天神福祐豈有量哉？凡人舉一惡念，則凶星煞曜將畢隨之，舉一善念，則吉星福曜亦畢隨之。臣知今日聖念一舉，而天地萬靈皆當蠲災錫福，祖宗社稷無不呵護擁隨，所謂人所歌舞、天必從之者，此也。伏望寧神靜養，以承天庥。臣今晚宿直於朝房，以伸擁戴之私。恭候諭旨。謹具題知。"

是日，大學士沈一貫題："今日二更時，該長安門守門官遞到聖諭：'開礦、抽稅，爲因三殿、兩宮未完，帑藏空虛、權宜採用。今着傳諭，各處礦稅、織造、燒造，俱着停止。其南京供應機房係舊制，並蘇杭織造內官，有御用及婚禮袍服，俱着照舊。已採徵在官金銀等件，並織完絨疋、燒完磁器，還着原差內官押解進用。如有奸惡截阻，及驛遞應付遲慢者，指名參處。鎮撫司及刑部干連前項犯人，都着釋放，官各還職。建言諸臣，都着復職。行取科道，俱着補用。兵部尚書田樂、戶部尚書陳蕖，俱着即出供職。工部尚書楊一魁，失塞黃堌口，衝我祖陵，着革職爲民。該部院知道。欽此。'臣恭捧莊誦，不勝喜躍。臣正對羣醫，遍檢醫書，講求醫理，歷舉聖體所患以問之。具言：'決無意外，不必深憂。蓋邪熱在內，不食無妨。四肢疼痛、夢寐不寧、目眩頭岑，皆一時邪火作梗，不爲危症。但觀神氣如何，若是凝定堅固，即係佳兆。'臣言：'聖容粹和端肅，望之儼然，諭旨字字真確，有倫有敘，且藹然皆愛人利物之心、長久遠大之計。'羣醫抃手稱慶，共保無虞。況今明旨一下，所以造福於四海者無窮，普天率上，黃童白叟，歡欣踴躍，萬口同祝。天地神明有不聞聲感動、而陰相扶助者乎？臣得此羣醫之言，如獲萬金良藥，輒敢奉獻，以寬聖懷。惟皇上耐心寧思，靜攝溫養，脉理自調，邪氣自退，萬安之慶端有日矣。所奉聖諭，臣即傳各該衙門布告遠近，今共祈皇上萬萬歲壽。原帖尊藏閣中，傳之信史，得知大聖人作爲迥出於尋常也。臣無任慶幸，無任禱望，謹具回奏以聞。"

十七日庚辰，大學士沈一貫題："昨夜恭奉聖諭一道，緣臣與各衙門俱在朝房直宿，當下悉知，捷於桴嚮，已傳行矣。茲蒙遣文書官取回前諭，臣敢不奉命繳還？但頃刻之間，四海已播，欲一一收回，殊難爲力。成命既下，反汗非宜，惟望皇上三思，以全盛德大業，以增遐壽景福。臣不勝忠愛之至。"

十八日辛已①，大學士沈一貫題："臣十六日恭承特召面諭，是時仰見天顏充粹，天語端莊，占知偶感易愈，邇當復和，願皇上萬萬安心，無勞過慮。昨詣仁德門候問，聞夜來寧帖，不勝欣慰。至於今日，知益豫安。比誠天地百神默相顯助之徵也。臣竊念之，九閽閟嚴，百僚人衆不宜使之屢至大內，且當人心瞻望徊遑之日，尤宜鎮靜以安之。臣今不敢復率諸僚人問，但令各歸衙門辦事矣。惟臣一念狗馬戀主之誠，不能自已，伏望崇攝天和，省思省事，一意靜養，以凝泰禧。臣不勝惓惓祝願之至。謹具奏，恭候萬安以聞。"

① 已 "巳"當作"巳"。

二十日癸未，大學士沈一貫題："今日文書官劉用捧出聖諭：'朕前眩暈，召卿面諭之事，且礦稅等項爲因兩宮三殿未完，帑藏空虛，權宜採用。見今國用不敷，難以停止，還着照舊行。待三殿落成，該部題請停止。其餘之事，卿再酌量，當行的，擬旨來行。欽此。'臣懸念聖躬，日夜瞻盼，得見近臣，恭詢動定，知已汗解，不勝喜躍。捧誦聖旨，輒此回奏。臣惟老子有言，身與貨孰多？蓋財貨乃身外之物，比夫軀命，不啻天壤之懸隔也。今聖體初安，豈盡復舊？政宜倍加崇攝，凝承天禧，安得以區區外物而妨內養？臣願皇上且勿以此事輾轉於懷，寧心澹神，保身保民，幸甚。容臣三思再奏。其事在不疑者，臣謹擬聖諭三道，惟即允發，預慰中外懸懸之望。臣無任懇切之至。"奉聖旨："朕覽卿問安回奏，具悉忠愛懇切。已知道了。該部院知道。"

諭吏部、都察院："朕惟行取科道，待命日久，況各差缺多，妨廢政務。你部院屢次列名擬職，朕已具知。可着即到任管事。仍具本題知。"

諭吏部："朕惟建言得罪及因事詿誤諸臣，懲創已久，人才難得，不忍終棄。你部備查起用，復還原職。便具篤來看。"

諭刑部："鎮撫司及你部犯人，凡係礦稅及建言詿誤的，都准釋放，各還職役。便開名奏知。"

二十一日甲申，乾清、坤寧宮興工，輔臣一貫恭視，賜茶。

二十二日乙酉，大學士沈一貫題："頃自聖體違和，犬馬私情不勝煩結，天顏咫尺，弗獲時奉起居。皇上一身，神靈所獲，羣臣百姓禱籲維虔，如天之福，何善不已？惟望寧神靜志，省思慮，調藥食，以迓天庥。臣下情無任惓惓。謹具題恭候萬安以聞。"

二十五日戊子，大學士沈一貫題："臣比日阻奉天顏，私衷懸戀，不遑寧處。玄穹垂佑，萬福所歸。伏想聖躬日就清泰。

臣聞卻病之法，寧神爲要，藥餌次之。伏望皇上澄思遣累，怡養天和，以綏遐祉。臣不勝惓惓。謹具題恭候萬安以聞。"

　　二十七日庚寅，大學士沈一貫題："今日文書官傳出聖諭：'發元輔。朕今日覽文書，内見太僕寺卿南企仲一本，不以君父爲重，專市私恩，新舊建言奉旨降革諸官，都不准復職。因礦稅干連人犯，都着刑部、鎮撫司照舊牢固監候，不許容縱。南企仲本當重處，姑且降一級調用，不許朦朧推陞。李戴、蕭大亨奉公守法，都着即出照舊辦事，不許煩辭奏擾。該衙門知道。欽此。'臣自瞻奉天顏以來，已經旬日，九重懸隔，無由數侍起居，依戀殊切。今日恭奉諭札，仰見御筆題封，精彩飛動，既占萬安。及捧誦聖諭，中間處分諸事，並慰留李戴、蕭大亨，益見思慮周詳，精神溢發，臣不勝慰藉。聖體初安，珍攝爲上，一切外事，皆當屏除。臣當傳示二臣，令其即出供職，勿爲煩辭瀆擾，以勞至尊。在皇上亦望澄思遣累，太虛順應，不復以瑣事罣念，懋迓無疆之福。其建言得罪諸臣、礦稅干連人犯，聖心既加憫惻，德音必有沛時，恩在朝廷，誠非人臣所宜市私。惟望皇上以天地爲心，廣大爲德，無周臣下之煩言，久留已發之德意，則爲天下錫福赦罪，乃所以爲聖躬增福除災也。愚臣不勝惓惓。所奉諭札，臣即抄發該衙門奉行，尊藏原札閣中，以垂永久。謹具回奏以聞。"

　　二十八日辛卯，大學士沈一貫題："今日文書官傳出聖諭：'諭內閣：朝廷開徵礦稅等項，爲因兩宮、三殿未建，帑藏空虛，權宜採用，昨已有諭。但傳聞未定，卿可傳示該部院，即便行文與各處欽差內官、並撫按等官，還部着照舊遵行，待三殿落成，題請停止。如有抗阻不遵的，一體治罪不饒。欽此。'臣惟今日之事，聖躬爲重，思慮動作所妨實多。宗廟、社稷之身，華夏臣民之主，伏望萬分琛①愛。新愈之時，即一飲一食宜少不宜多，惟在聖心自加斟酌，左右前後諒不敢苦口節縮也。臣狗馬微忠，恨不能以身恭代，輒此附陳。奉所②聖諭，臣宜

萬曆三十年

一九〇九

①琛 《敬事草》卷一一"琛"作"珍"。
②奉所 明抄本作"所奉"，是。通行本作"奉所"，誤。

傳行。但臣受皇上大恩，一有差馳①，悔之無及，輒細籌而深計之，以俟聖裁。皇上既云罷止有時，何必多申諭旨？此諭若傳，不惟不能禁人聒擾，而適足以招人聒擾矣。皇上聰明如神，於此偶未加思耳。思之則知此諭雖嚴，部院能帖然遵奉、行文與各撫按乎？臣知其必執奏矣。彼撫按官亦豈能帖然遵奉而無後言乎？臣又知其必執奏矣。科道及南北兩京十三省官，亦豈能默默而已乎？臣又知其必執奏矣。是天下本無事，而朝廷自生事，出一題目與人做文字，誰不攘臂而起也？如此，則是臣方勸皇上靜養，而反至於增皇上煩慮。臣心何忍？臣罪何逃？人既聒擾皇上，亦心支章攻臣，不能一日事皇上矣。昨吏部、刑部止以請命未得，彈章隨之，皇上雖有明諭，猶皆閉門不出。二臣如此，臣身何②知。臣身若經一攻，萬無苟容之理，此時恐動皇上一番氣惱，恐費皇上一番處分。臣不足惜，顧非國家之福也。是以展轉思維，未敢輕傳，以滋紛紛之口，而擾皇上之靜。伏惟皇上，再加斟酌，慎重絲綸。臣自知不肖，不稱任使，惟復別有處分，統惟聖裁。臣謹伏藁待罪請旨。"

①差馳 "差馳"當作"差池"。

②何 "何"當作"可"。

萬曆三十年閏二月甲午，朔。

四日丁酉，恭視乾清、坤寧宮工程，賜輔臣一貫茶。

七日庚子，以聖母慈聖宣文明肅貞壽端獻皇太后萬壽聖節，補賜輔臣一貫銀四十兩、紵絲三表裏，及講官朱國祚等二員有差。

十一日甲辰，大學士沈一貫題："爲印信事。准吏部手本，南京翰林院缺官掌管印信。臣推得原任翰林院檢討，今服闋王圖，資序相應，堪補前缺。伏乞敕下吏部，量陞右春坊右中允，掌管南京翰林院印。臣未敢擅便，謹題請旨。"奉聖旨："是。"

十五日戊申，大學士沈一貫題："恭喜聖躬萬安，集和凝粹。天地日月若重開朗，宗廟社稷若再奠維。宮庭侍衛抃手歡呼，百官萬民喜色相告。臣託在股肱，義同心膂，愛戴踴躍，倍萬恒情。仰惟皇上素精攝衛，博通醫理，萬祈益崇於新愈之後，謹調夫寢膳之節。申戒左右，時進箴儆。止聲色，薄滋味，禁嗜慾，平喜怒。神常恬淡，則憂患不能干，氣常清和，則容邪不能襲。臣觀昔人養生之論，大抵以虛靜和平爲要。如云'養心莫善於寡慾'，又云'養身者以煉神爲寶'，又云'養性者善言不可離口'，又云'養性者須先知自謹'，又云'善養生者清虛靜泰養之以和'。此皆名哲之格言，尊生之妙訣也。唐臣柳公慶嘗自言：'吾平生不以氣海暖冷物，熟生物，不以元氣佐喜怒。'故其享年八十有九。此尤可爲法。臣不勝犬馬戀主之私，敢爲區區美芹之獻。至於朝廷政務，諸司亦自支持。惟各處缺員尚多未補，治河錢糧無從處辦，此係當今最急，宜關聖心。又臣前者面奉聖諭回事，但蒙俯允行取，尚有三事未見舉行，致使日新聖德，久蘊而未揚，如天聖恩，久懷而未暢，天下歡忻歌頌之聲，又爲呻吟顰蹙之狀。殷勤德音，寶對臣發，鏤心刻骨，臣何敢忘，默而不言，現今慚負，非皇上所以厚望臣之意也。敢祈皇上於夜氣清明之時，虛心遠想：政事孰疵孰美？

何爲遜其美而徇其疵？利害孰少孰多？何爲捨其多而圖其少？知而不行，何取於知？過而不改，是謂之過。特施勇斷，爲世造命。此在聖心之自回，不待臣工之苦口。有如積習，難於遽捨，三事未即並行，亦乞次第敷恩，後先相望。行一事，天下亦戴一事之仁，寬一分，百姓亦受一分之賜。使饑渴望治之衆，水火倒懸之人，稍有慰心，猶存冀心，信朝廷無反汗之綸，頌明主有解網之日，祝祈聖壽，時萬無疆，詠歌聖名，昊天罔極。則豈但臣民之福，實乃皇上之福也。臣以多病微軀，獨當大任，憂時憂國，常切亂虞，既負隆恩，復乖素志，耿耿顧名之心，比之顧身寶重。竊以愚臣之心，仰揆聖主之心，大小雖殊，當不甚遠。如得早了三事，復完前美，蘗孽不萌，太平如故，則皇上一日而與二帝三王並傳懿鑠，臣亦一日而得攀龍附鳳預沾榮光，上下同麻，君臣相悅，豈不亦千載一時大快事也？臣無任披瀝懸望之至。"

十六日乙酉，大學士沈一貫題："爲纂修玉牒事。照得玉牒屬藁，例該宗人府攢造新册送閣，日久未到，無憑校錄。臣等開館以來，一切檢繕舊式，綜理規模，閣筆拱待。若不嚴催前來，分派謄錄，使各官員吏役人等，坐糜廩餼，臣寶不安。乞敕宗人府作速趕開造送，不得仍前遲緩，有誤謄校。其本府節經奉旨參駁各長史改正文册，及應用歷辦名役，亦宜徑移催取，不得因循玩愒，庶汗清有期，而在事員役免於素餐之誚矣。臣未敢擅便，謹題請旨。"奉聖旨："玉牒新册，着宗人府上緊攢造，毋得遲緩。該衙門知道。"

十七日庚戌，大學士沈一貫題："今日伏蒙欽點吏工二部侍郎，到閣擬票，臣不勝欣喜，服皇上睿智知人之明，而賀朝廷得賢才之用也。其兵部侍郎尚未蒙點，意者所推係見在各部院及各巡撫，皇[①]不欲輕動耶？臣竊觀其間，有積資積勞可備任使者一人，趙可懷是也，敢不避嫌疑，爲皇上薦之。按可懷係嘉靖四十四年進士，萬曆十年以副都巡撫福建，又巡撫順天、

① 皇　據《敬事草》卷一一，"皇"下當有"上"字。

巡撫陝西，間住，起爲南京操江，二十二年陞兵部右侍郎，巡撫應天，入爲工部左侍郎。資望既深，閱歷又熟，不宜復出爲巡撫。但以舊年四月楚中變動，臣奉聖諭處分，倉猝之間，顧瞻廷臣，求其忠誠練達、決能輯寧重地、以寬聖憂者，惟此一人，故保舉以往。然本官已爲侍郎七年，爲巡撫二十年，仍令以侍郎、巡撫，不加一階，則臣時不暇慮及，即本官至今亦未嘗一言及此也。乃臣靜思，實爲缺事。況本官到楚，不動聲色而亂虞悉安，才誠兩合，不負委寄之重矣。多事之秋，兵樞之任，召還回部，惟此允宜。若念其微勞，是①當照先年邢玠例，陞右都御史，管左侍郎事，尤見聖恩特注之重。臣非敢私於可懷也，求賢圖治，本臣職分，而況可懷之不遷，臣實爲之，又不得不爲亟請於皇上也。今楚地已寧，料無足慮，而得一賢臣在朝署間，裨益實爲不小。伏惟聖明鑒允，特賜簡用。臣不勝惶悚之至。"

　　十九日壬子，大學士沈一貫題："爲日講事。伏睹皇上自臨御以來，典學時敏，《學》、《庸》、《語》、《孟》之外，五經則《易》、《書》、《詩》、《禮》俱已講過，見今《大學衍義》講章又將進完，相應接續。臣惟《春秋》係聖人筆削之書，可裨聖學，尚未進講。又惟我朝太祖高皇帝、成祖文皇帝，聖德神功比隆三五，嘉謨善政載在寶訓，皆可爲萬世子孫法程。或將兩朝寶訓進講，其於皇上羹墻之見，尤爲親切。伏望欽定一書，容臣率領講臣預撰講章，待《大學衍義》完日，接續進講。臣未敢擅便，謹題請旨。"

　　二十日癸丑，大學士沈一貫奏："爲非分冒恩驚慚交集懇容辭免以安臣誼事。臣於本月十九日准吏部咨《爲欽奉敕諭事》，內稱：本部接出敕諭：'敕吏部：寧鎮二次捷功，內閣輔臣運籌密勿，勞績可嘉，茲特加恩示酬。元輔一貫加少傅，兼太子太傅，蔭一子入監讀書，還賞銀五十兩、綵段四表裏，餘官如故，照新銜給與應得誥命。如敕奉行。欽此。'臣聞命自天，不勝感

① 是 《敬事草》卷一一"是"作"似"，疑是。

激，不勝悚愧。竊惟古人有云：'麟閣薄邊功。'世傳此語以爲美談。今例，邊功不得敘及閣臣，良有深意。蓋令閣臣身在功罪之外，庶可從中贊畫，慎酌機宜。既靡覬覦，即少遷就，非但示至公、分職守，於以遏喜事之端，圖必然之畫，不致窮黷，亦不失時爲國家慮至遠也。間亦有賞及者焉，必其事起非常，勞績懋著，上既權其可受，下亦靡有異同，乃可耳。若夫尋常職守，則乃封疆職業，閣臣爲之綜覈差次，擬增秩賜，以示鼓舞已矣，安得以爲功乎？今寧夏之捷，雖斬馘逾千，是亦邊臣居常績業耳，臣復何顏而可冒賞？夫少傅崇階，誥蔭異數，非歲時可以常錫者。臣分有限，臣功無聞，而虛辱大命，彼宣勞者胡以加焉？操文墨議論而蒙恩若此，彼力武者又胡加焉？不守前例，而輕屑越之，流弊所至，必有長僥功之風、而啟失計之漸者。義之所不敢出也。除金幣祗領，不敢過矯以拂聖意外，所有加官、恩蔭等項，萬不敢承。伏望聖明爲國計遠，愛臣以德，收回成命，以申前約，則國家無誤恩之悔，而臣之愚分亦稍安矣。臣無任惶恐激切之至。"奉聖旨："朕以寧鎮二次捷功，卿居首輔，殫忠運籌，朝夕贊襄，勞績懋著，加恩示酬，寔爲彝典。宜遵成命，不必遜辭。該部知道。"

二十二日乙卯，大學士沈一貫奏："爲揣分已濫冒恩非宜再懇聖慈俯容辭免以逭譴戾事。項以寧鎮二捷，錫恩及臣，臣具疏控辭，奉聖旨'朕以寧鎮二次捷功，卿居首輔，殫忠運籌，朝夕贊襄，勞績懋著，加恩示酬，寔爲彝典。宜遵成命，不必遜辭。該部知道。欽此。'淵聽未回，蟻誠難達，惶悚，悚惶。伏念臣才質最下，遭逢大奇，每多僥蠟之恩，不勝慚負之懼，業犯昔人辱殆之戒矣。不能引退，更復冒進，如舴艋小舟，而增貯萬斛，鮮不淪胥矣。如下澤敝車，而增載重輻，鮮不摧折矣。惟此戎捷，盡皇靈之所震讋，與將士之所驅除，臣之無功，人所共曉。臣居日月之旁，若能謹守典常，苟幸無過，蒙被恩數，亦超等夷，而何必攘非分之邊功，叨不時之橫賜哉？惟置臣於功罪之外，斯可以無避嫌怨，展效一籌。如令染指，動觸忌諱，則臣何以自明？而人亦安能諒臣？以履盛處危之難，而加之以顧避嫌怨之難，臣之得罪必無日矣。伏望皇上察臣悃誠，收回成命，俾得稍安愚分，不即顛隕，以忝眷恩，臣愚幸甚。臣不勝披瀝懇祈之至。"奉聖旨："寧鎮二次捷功，朕嘉文武將士效勞，俱有恩賚。卿居政本，朝夕在公，帷幄運籌，勳勞獨著，加恩示酬，遵行舊典。卿宜祗承，勿①固辭。該部知②道。"

二十四日丁巳③，大學士沈一貫奏："爲過寵難承悃忠非矯萬懇聖慈必容辭免以寬慚負事。頃臣以寧鎮捷功加恩，再疏辭免，奉聖旨：'寧鎮二次捷功，朕加④文武將士效勞，俱有恩賚。卿居政本，朝夕在公，帷幄運籌，勳勞著獨⑤，加恩示酬，遵行舊典。卿宜祗承，慎勿固辭。該部知道。欽此。'蟻忱已竭，天聽愈高，悚息悚息。伏念臣待罪股肱，典司密勿，與邊鎮將士之任不同。往時軍功之賞，或及閣臣，必進止預其機宜，撫剿參其籌畫，雖未親行陣之事，實以多帷幄之謀，故雖受之不爲僭忒。若夫賞不當功，功不副賞，前此閣臣亦每每控辭矣。然則邊功賞及閣臣，因舊典也，閣臣不與邊賞，亦舊典也。寧鎮之捷，寔邊臣遵循成畫，以力戰得之，不煩臣等一籌一慮，而捷來始知，故文武將士誠宜恩敘，臣雖朝夕在公，而原無勳勞，人何能覥受此賜也？況今皇威布昭，武功稱兢，士有不勝賞者，而止戈爲武，臣每以口不談兵爲皇上願之。夫士有不勝賞，則臣不宜從旁掠其賞，兵既不願談，臣又不宜從中領此賞。臣瀝控再三，底裏罄盡，初無飾詞，亦非矯節，伏望皇上俯加憐察，追寢前命，庶恩無濫私，而臣亦獲遂本願，此寔皇上所以眷受⑥臣之深者也。臣無任瀝懇仰祈之至。"奉聖旨："朕嘉寧鎮二次捷功，文武將士同心僇力。卿爲元輔，殫竭謨猷，調燮贊襄，勳勞懋著，加恩示酬，原不爲過。卿乃三懇，情詞愈切，具見忠慎至意。特准辭免，成卿勞謙之美。該部知道。"

二十五日戊午，大學士沈一貫題："今日發下票本，內三本奉有口傳聖諭，除兵部、吏部各一本謹遵票上外，其錦衣衛拏

①勿 "勿"上當有"慎"字。
②部知 明抄本作"知部"，誤。通行本改作"部知"，是。
③巳 "巳"當作"巳"。
④加 "加"當作"嘉"。
⑤著獨 "著獨"當作"獨著"。

⑥受 "受"當作"愛"。

獲李贄一本，傳諭：'着送鎮撫司打問。欽此。'臣惟欽拏人犯，送鎮撫司打問，原是定規。但訪得本犯年已七十六歲，形體羸弱。伏睹《大明律》開載：老幼不拷訊，雖有罪犯，止於贖銅。此乃聖祖優老仁厚至意，臣不敢不請。今以其惑世誣民而拏問，以其年齡衰老而輕處，此誠聖主仁義兼盡之道也。臣謹擬上兩票，惟乞皇上從寬下，免其拷訊，以弘聖德。臣不勝惓惓。謹具題知。"

是日，又題："恭惟皇上以寧夏戎捷加恩及臣，仰見聖慈垂念輔臣甚厚。但臣自揣德福皆薄，恐孤恩眷。三疏懇辭，伏蒙天從人欲，君體臣願①，臣何幸遇？今日交孚之盛，榮踰於九遷，錫厚於百朋矣。欣忭感戴，無所比喻。謹具敘謝以聞。臣自本月來，衄血者七次矣。初尚以爲偶然，後乃至於頻劇。醫言積勞積思，虛火上炎所致。臣身疾痛固多，而衄血一病則素所無有。於今倏見，憂之實深。若不早治，惟恐血路慣熟，止遏爲難，一大潰時，不可救藥。連因辭賞，未遑請假，兹不得不上請。伏望皇上容臣調理數日，少可即出供事，不敢偷安也。憑恃恩私，冒顏祈懇，不勝懸跂之至。伏候敕旨。"奉聖旨："朕覽卿奏謝，知偶勞虛衄血，心甚惻然。閣務繁重，卿居獨任，政本豈可空虛？暫准給假。卿宜慎加調攝，稍可即出佐理，以副眷倚至意。還着太醫院堂上官，率領御醫前去看視。該衙門知道。"

二十六日己未，大學士沈一貫奏："爲恭謝天恩事。本月二十五日，臣具揭請假，奉聖旨：'朕覽奏謝，知偶勞虛衄血，心甚惻然。閣務繁重，卿居獨任，政本豈可空虛？暫准給假。卿宜慎加調攝，稍可即出佐理，以副眷倚至意。還着太醫院堂上官，率領御醫前去看視。該衙門知道。欽此。'隨該太醫院院使徐文元，院判羅必煒、吏目何其高、范文縉等，到臣私寓，胗脉處方復命訖。臣仰受隆造，感激何任？臣自二月以來，兩眼如昏，右臂尤痛，然猶以爲外症而強力勿休也。乃至本月初間，忽於痰中見血，後於鼻中衄血，或一日兩見，或間日一見。已經七次，旋阻旋復。背熱如灼，心痛如刺。醫來診視，皆爲臣

① 願　明抄本作"顧"，誤。通行本作"願"，是。

危。故不得不汲汲請假，以資調理。蓋臣衰微危兆已非一端，力支強持亦非一日，及今不治，恐真元溢盡，無復守氣，橫潰漏發，何病不集？後來措手，更難爲矣。臣初以聖躬在攝，無暇顧身。今聖躬甫安，而即爲臣慮，臣子不能爲君父分憂，而反貽君父以憂。予假遣醫，軫思殷念，寔不自安。所祈飲酌上池，且晚起色，庶畢犬馬之效，以終天地之酬。臣無任感戴天恩之至，謹具奏謝以聞。"奉聖旨："覽卿奏謝，知道了。禮部知道。"

二十七日庚申，大學士沈一貫奏："爲恭謝天恩事。臣以抱疾請假，伏蒙聖恩遣牌子貫金，齎賜鮮猪一口、鮮羊一羫、白米二石、酒十瓶、甜醬瓜茄一罈。臣力疾望闕叩頭祇領訖。切念臣猥以癰腫之軀，謬當股肱之任，才單力薄，福過災生，調燮無神，宜受陰陽之患，生成偏厚，乃承雨露之私。羅天庖之苾芬，馳星使之絡繹。彝章具，德意綢繆。昨遣醫來，今覃賜及，道途相望，父母特憐。臣感涕交零，瘵形思奮，敢不養身而有待，永言之死而靡它？臣無任激切感恩之至。"

是日，又題："該文書官冉癸傳到聖諭：'諭內閣：朕前違和，遣官祈禱內殿，上荷祖宗默佑，旋即安康。感戴無極，理宜果酒告謝。卿可擬一祝文來行。欽此。'臣謹欽遵恭撰告謝文一通敬進。文詞鄙拙，伏祈聖明裁定。謹具題知。"

二十八日辛酉，大學士沈一貫題："爲日講事。照得《大學衍義》講章將及進完，臣前具揭，以《春秋》及太祖高皇帝、成祖文皇帝寶訓二書上請，未蒙批示。臣伏思之，稽古不在遠求，憲章莫如近守。《春秋》世遠，事與今殊，聞見可資，法戒未切。惟兩朝寶訓，二祖之嘉謨善政，備載其中，一事一言，皆可爲聖子神孫法者，較之經史，尤爲親切。以此進講，則陞降在廷，羹牆若見，比之《春秋》爲益必大。伏祈聖裁定示，以便撰進講章。臣謹將《太祖寶訓》十五卷繕寫裝潢，進呈御覽。其《成祖寶訓》尚候寫完續進。緣係日講事重，前書將完，不可復遲，輒爾催請。臣未敢擅便，謹具題候旨。"

萬曆三十年三月癸亥，朔。

四日丙寅，大學士沈一貫題："臣抱病未瘳，日求醫藥，動便生火，流汗浹背，僅恃一粥，勉强難前。仰藉隆恩，許臣在寓擬票，尚得不廢公務，然久違闕庭，心如針刺①。容再寬假數日，誓不敢偷安以負超常恩遇也。惟冀聖鑒。今日聞吏部接出諭旨，因新進科道蕭近高等妄言，罰俸一年，而追及在前沽名之臣，降革有差。臣不覺心驚而欲仆，口呿而難合，如是者移時也。臣與各院部官不能正身率人，奉職循理，方自慚咎，今奉此諭，竊恐大小臣工增多聒擾，則上何以仰頤聖心，順適起居？下何以肅清朝廷，載其清静哉？舊規科道官進衙門無一建白，人便以爲無風力，而加恥辱，故每每搜尋挑剔以見其長，習尚固然，無足恠者。在朝廷可採則採之，不可採則置之耳。今蕭近高等三臣，妄言干威，罰俸示戒，臣何敢爲之申救？若在先諸臣，時移事改，懲創已深，皇上近旨准其起用，今不惟不用，而又追記其過，以加之罰，則回視起用之意，不亦大相懸哉？必非皇上本意，特爲三臣所激，而不覺移怒至此耳。伏望皇上廓天地之心，開日月之照，除蕭近高等罰俸如舊外，其鄒元標等准免追處，則至公至仁之心，昭然於天下，而多言哆口之風，亦不禁自息矣。臣託股肱，所期朝端静定，聖心安寧，特用縷縷以干不測之恩。臣不勝瞻睇之至。"奉聖諭："朕覽卿所奏，具悉，已知道了。朕怒南企仲於君父有恙之時，輒敢妄言，狂肆無上，今乃唆使兩衙門新進官，不論是非，擅逞胸臆，屢行激擾。已從輕處了。卿今在告，既來懇奏，降二級的姑且各罰俸一年，降襍職的各降一級用，革職爲民的照舊留用。特諭卿知。卿可傳示吏部知道，如有再行黨救瀆激的，都還一體重治不宥。"

五日丁卯，大學士沈一貫題："竊照《大學衍義》講章除今日進呈外，止餘一本。該臣於閏二月二十八日恭進《太祖高皇帝寶訓》十五卷，候旨撰述講章，接續進覽。數日以來，未蒙

①刺 "刺"當作"刺"。

批發。伏乞明示，以便欽遵照常恭進。謹具題知。"

六日戊辰，大學士沈一貫題："今日伏蒙皇上遣文書官劉用傳出聖諭：'諭內閣：朕覽卿所奏，具悉，已知道了。朕怒南企仲於君父有恙之時，輒敢妄言云云。欽此。'臣恭誦恩綸，不勝喜躍。臣聞之《詩》曰：'周王壽考，遐不作人。'此詩人頌文王久道化咸①、成就人才之多也。皇上御極以來，陶鎔俊彥，光佐太平，濟濟在位，一時嚮用之士亦莫不爭自濯磨，以恩報效於明時。譬之羣駿交馳於前，泛駕者或亦時有，貴在控馭有法，操縱得宜，則六轡在手，有致遠之用，而無償轅之憂矣。今新進科道，狂言觸憲，皇上欲加裁成，追咎既往，以示創艾，旋蒙開霽，賜之曲全，仰見雨露風雷無非至德，恩威互用，仁義並行，此正壽考作人之妙用，陶鎔控御之微權也。臣實心服心感躍踴②忻誦。謹即傳示吏部遵行，其聖諭尊藏閣中，以傳永世。臣謹具回奏陳謝以聞。"

七日己巳③，大學士沈一貫題："臣惟皇上篤念天經，斷成大禮，册立皇太子，册封諸王，尊上聖母徽號，及冠婚諸禮，悉皆告成，兩誥④天下，普天同慶，如臣不肖，亦蒙誤恩。今又徧賞六軍，行將大賚百官，德澤至隆浹矣。惟是禮部各官，夙夜在公，與臣往復商訂，助成盛美，臣既濫叨，豈能獨安而不爲之請乎？臣思邊功陞賞，尚及戶兵二部，況此曠舉，千載一時，伏冀聖慈俯加敍賞。謹僭擬諭旨一道上進，恭候聖明裁定。臣不敢擅便，謹具奏聞。

諭　吏　部

册立、册封，尊上徽號，及冠婚等禮具成。禮官夙夜寅清，勞勩可嘉。尚書馮琦着加太子少保，賞銀四十兩、綵段三表裏，侍郎朱國祚賞銀三十兩、綵段二表裏，兼官如⑤故，都給與應得誥命。該司郎中王紀着陞五品京堂用，與禮科都給事中張問達各賞銀十兩。其餘儀制司及禮科官，俱賞銀八兩。"

①咸　明抄本作"成"，是。通行本作"咸"，誤。

②躍踴　"躍踴"當作"踴躍"。

③己巳　"己巳"當作"己巳"。

④誥　《敬事草》卷一一作"詔"。

⑤如　《敬事草》卷一一"如"上有"各"字。

十三日乙亥，大學士沈一貫題："頃該臣以衰病侵尋，骨力難强，噓氣欲絶，舉趾畏顛，不得已哀籲父君之前，乞假調理。伏蒙聖慈矜許，今①暫在私寓票擬本章。幸寬瘝曠之誅，已荷高深之造，而復猥承眷渥，軫念恩勤，問疾醫來，分甘錫况，每望闕拜命，感涕橫集。比日仰藉福靈，苟延喘息，皆皇上生成之賜也。身非臣有，捐糜何辭？但日已迫於崦嵫，力不任夫驅策，終恐有負眷倚，是用耿耿耳。臣謹於今日廷謝、入閣供事外，謹具題陳謝以聞。"奉聖旨："覽卿奏謝，今日入閣贊襄，朕心慰悦。已知道了。特諭卿知。"

是日，大學士沈一貫題："今日文書官冉登傳出聖諭：'諭內閣：朕躬偶爾違和，上荷天地祖宗洪佑，仰承聖母眷視慈訓，今已康泰，感戴弗勝。其皇親並五府六部大小九卿，及科道等官，有名問安的每賞綵段表裏，卿可擬來。欽此。'仰惟聖躬康豫，景福茂增，此皆皇上純孝深誠格於玄穹，孚於列聖，仰體慈闈護視之意，曲全起居調攝之方，是以保合太和，受兹介福，中外臣民舉深慶忭。又蒙天恩念及問安諸臣，欲行大賚，誠非羣臣意望所及。容臣欽遵議②上請，並行該科備查各官問安原本職名，另行開坐。外，所有原奉聖諭一道，謹尊藏閣中，以垂永遠。謹具回奏以聞。"

十五日丁丑，大學士沈一貫題："伏蒙發下御馬監太監徐銳一本，內言牧馬草場坐落寶坻等地方，原有一千三百餘頃，被豪民侵墾殆盡，要差典簿官一員，往彼文勘等情。臣恭票上，兩次發下再票。臣惟國家之事，無一不經由六部，臣在閣中，豈能知其委曲？即皇上至聖至明，處③九重，亦豈能知其委曲？安可遽遣中官往勘哉？縱使真知可行，亦當經由六部，此祖宗之制也，皇上之制也，臣不敢紊。伏乞俯從前票，幸甚。若不可使六部知之，豈可行於天下？紀綱一亂，天下即亂。今年熒惑逆行，占爲兵戈並起，天下大擾。臣常憂之，望皇上大更前轍。萬一亂起，皇上能與一中官共弭乎？中官、外官，皆皇上之官，奈何偏聽而輕以祖宗之天下嘗試也？臣亦知承順聖意，

①今 《敬事草》卷一一作"令"，是。

②議 "議"下似應有"擬"字。

③處 《敬事草》卷一一"處"上有"深"字，是。

幸可無罪，然區區一念忠義，求不負皇上委託之重，輒此苦口。乞將此本留中，具見保惜金甌至意。臣不勝惶悚恐懼之至。"

是日，大學士沈一貫題："爲日講事。照得《大學衍義》講章本月初六日進完，臣前將《太祖高①帝寶訓》繕寫進呈，恭請進講，未蒙俞旨。講官敖文禎在任空過，莫效論思，獨朱國祚進《通鑑》講章一通。經今已八日矣，臣心遑遑，恐上無以仰贊緝熙之學，而下有慚於左右啟沃之職。敢不敦請？伏乞賜俞，以便遵行。謹具題候旨。"

十六日戊寅，大學士沈一貫題："昨蒙聖恩念及問安諸臣，欲行大賚，傳諭到閣，令臣議擬賞格。臣謹欽遵行該科，備查各官問安原本職名，議②開坐上請。其新簡閣臣沈鯉賞格，臣未敢擅擬，伏惟聖明裁定。謹具題知。

皇親武清伯、駙馬都尉等、五府掌印、總督京營戎政泰寧侯、六部尚書、都察院掌院都御史，各胸背紵絲衣一襲。

皇親都督同知、五府僉書帶俸公侯伯、六部侍郎、都察院副僉都御史、錦衣衛管衛事都督同知、提督巡捕都督僉事、詹事府詹事少詹事、通政使司③、大理寺卿、國子監祭酒、太常寺光祿寺太僕寺各卿、衍聖公、大真人，各綵段二表裏。

皇親都指揮使等、通政司參議以下京堂、及翰林院、六科給事中、十三道御史、中書、行人、錦衣衛僉書、南北鎮撫司、侯伯勳衛、京營副將、恭人馬氏等，各綵段一表裏。

今將禮科遵照聖諭，查開皇親有名問安各官員職名，並議擬賞格，開具於後。

　計　開
武清伯李文全
永言④伯王棟
駙馬都尉侯拱震、萬煒、王昺、楊春元
左都督鄭國泰
　以上擬照一等，賞胸背紵絲衣一襲。
都督同知陳承恩、杜惟忠、李應龍、徐鴻、周奉孝、李誠

①高　"高"字下當有"皇"字。

②議　"議"下似應有"擬"字。

③司　"司"字當爲衍字。

④言　據《明史·外戚恩澤侯表》，"言"應作"年"。

鎰

　　以上擬照二等，賞綵段二表裏。

都指揮使李承恩

都指揮同知方世蔭

指揮使陳承德、李文松、王鑑、李盛

指揮同知許濬祥

指揮僉事郭維城、陳承順、蔣紹周、邵明

正千戶許文玉、梁慎、魏士望、楊文盛、王仲良

恭人馬氏、沈氏

　　以上照三等，賞綵段一表裏。

今將禮科遵照聖諭，開具問安新簡閣臣一員[①]。

太子少保禮部尚書兼東閣大學士沈鯉

今將禮科遵照聖諭，查開五府掌印、僉書、帶俸公侯伯有名問安各官員職名，並擬賞格，開具於後。

　　計　開

後軍都督府掌府事定國公徐文璧

右軍都督府掌府事武定侯郭大誠

前軍都督府掌府事永康侯徐文煒

左軍都督府掌府事懷遠侯常胤緒

中軍都督府掌府事靖遠伯王學禮

總督京營戎政泰寧侯陳良弼

　　以上擬照一等，賞胸背紵絲衣一襲

五府僉事寧陽侯陳應詔、鎮遠侯顧大成、彰武伯楊世階、武靖伯趙祖蔭、忻城伯趙世新、廣寧伯劉允正、都督同知張邦奇、都督僉事李熙、都督僉事馬棟

　　以上照二等，賞綵段二表裏。

五府帶俸英國公張惟賢、成國公朱應槐、保定侯梁繼璠、定西侯蔣達元、隆平侯張炳、武安侯鄭惟孝、恭順侯吳汝胤、懷寧侯孫承蔭、惠安伯張元善、興安伯徐夢暘、崇信伯費甲金、清平伯吳國乾、彭城伯張守忠、武平伯陳汝松、南寧伯毛祖德、豐潤伯曹允成、南和伯方爌、伏羌伯毛國器、成安伯郭邦相、

① 員　"員"下似應有"開具於後"四字。

萬曆三十年

新寧伯譚懋勳、武進伯朱天爵、宣城伯衛應爵、遂安伯陳偉

　　以上亦照二等，賞綵段二表裏。

今將禮科遵照聖諭，查開大小九卿詹翰等官有名問安各官員職名，並擬賞格，開具於後。

　　計　開

吏部尚書李戴

戶部尚書陳蕖①

禮部尚書馮琦致仕去任②

禮部尚書掌詹事府事曾朝節

兵部尚書田樂

協理京營戎政兵部尚書王世揚

刑部尚書蕭大亨

南京刑部尚書（進表到京）趙參曾

工部尚書楊一魁（爲民去任）

工部右侍郎（今陞尚書）姚繼可

都察院左都御史溫純

　　以上擬照一等，賞胸背紵絲衣一襲。

戶部右侍郎張養蒙（致仕去任）

總督倉場右侍郎趙世卿

禮部左侍郎（今改吏部右侍郎）朱國祚

禮部右侍郎掌翰林院事敖文禎

刑部左侍郎謝杰、右侍郎董裕

都察院左僉都御史陳薦

通政司通政使沈子木

大理寺卿鄭繼之

詹事府詹事范醇敬、郭正域、周應賓、少詹事唐文獻

太常寺卿孫瑋

光祿寺卿王守素

太僕寺卿南企仲（爲民去任）

國子監祭酒楊道賓

　　以上擬照二等，賞綵段二表裏。

① 蕖　明抄本"蕖"下有"（致仕去任）"字樣，是。通行本脫此數字，誤。

② 致仕去任　明抄本無此四字，是。通行本有此四字，誤。

通政使司左參議章尚學

大理寺左少卿張鳴罔、右少卿王明、左寺丞趙士登、右寺丞李堯民

左春坊掌坊事左中允陶望齡

右春坊掌坊事左諭德王汝良、右諭德蕭雲舉、黃輝、右中允莊天合

太常寺少卿李應策

提督四夷館少卿趙崇善

順天府治中舒體震

光祿寺少卿馮渠、原任少卿今陞南京太僕少卿楊鳳、寺丞錢士完

太僕寺少卿連標、周孔教、陳子貞、寺丞魏知觀、凌雲鵬、曹鑰

國子監司業周如砥

鴻臚寺卿張棟、少卿李承華、石常久

尚寶司卿劉日升、楊金吾、張久徵、司丞楊應尾、沈泰鴻

翰林院侍讀史繼偕、修撰朱之蕃、編修楊繼禮、陳懿典、湯賓尹、陳之龍、邵景堯、曾可前、檢討劉生中、李騰芳、孫如游、南師仲、朱延禧、盛以弘、張邦紀、韓孫愛、陳翔龍

以上擬照三等，賞綵段一表裏。

今將禮科遵照聖諭，查開六科，十三道等官有名問安各官員職名，並擬賞格，開具於後。

計　開

吏科都給事中桂有根、右給事中田大益、給事中楊士鴻、陳治則、梁有年、曹于汴、

戶科都給事中姚文蔚、給事中夏子陽、宋一韓

禮科都給事中張問達、右給事中白瑜、給事中翁憲祥、蕭近高

兵科署科事給事中洪瞻祖、孫善繼

刑科都給事中楊應文、給事中張鳳翔、錢夢皋

工科給事中胡忻、孟成己、鍾兆斗

浙江道御史曹舜漁、林秉漢、沈時來

雲南道御史李培、高攀枝、史學遷
山東道御史黃陞、張養志、涂宗濬、錢桓、劉九經
廣西道御史溫如璋、金忠士、楊文蓎、姚思仁、方大鎮
四川道御史喬應甲、左宗郢
貴州道御史周盤、沈正隆
湖廣道御史林道楠、楊廷筠、張似渠
陝西道御史湯兆京、康丕揚
廣東道御史嚴一鵬、沈裕
山西道御史錢夢得、余懋衡
河南道御史陳遇文、吳達可
福建道御史孔貞一

　　以上擬照三等，賞綵段一表裏。今將禮科遵照聖諭，查開錦衣衛等衙門有名問安各官員職名，並擬賞格，開具於後。

　　計　開

錦衣衛都督同知王之禎
提督京城內外巡捕都督僉事陳汝忠

　　以上擬照二等，賞綵段二表裏。

錦衣衛都指揮同知李如禎、指揮同知莊德福、正千戶王繼祖、余茂發
北鎮撫司都指揮僉事周嘉慶
南鎮撫司指揮僉事張叔琦
都指揮使鄭樸（革任回籍）
指揮使李楨國
指揮僉事許應元、余彥發
永康侯勳衛徐應坤
武安侯勳衛郭應期
靖遠伯勳衛王繼芳
五軍營左副將都督僉事王鳴鶴、右副將都督僉事朱紹慶
神樞營左副將都督僉事錢煒、右副將都督僉事楊宗業
神機營左副將都督僉事田維藩、右副將都督僉事林桐

　　以上擬照三等，賞綵段一表裏。

今將禮科遵照聖諭，查開各衙門有名問安各官員職名，並擬賞格，開具於後。

　　計　開

衍聖公孔尚賢

真人張國祥

　　以上擬照二等，賞綵段二表裏。

誥制兩房辦事太常寺少卿馬繼文、光祿寺少卿包漸林、尚寶司少卿王國棟、工部虞司衡①郎中湯應龍、戶部山東司員外郎汪民敬、禮部祠祭司員外郎茅聞詩、工部虞衡司員外郎張大續、禮部精膳司主事王益、大理寺左寺副孫能傳、右寺副李尚珍、鮑佐、右評事史鑑、李憲、譚學閔、中書舍人徐可行、吳子敬、嚴自省、秦焜、通政司經歷周林、知事羅萬英、丘登、鄭崇光、郭安民、單禮、林如梓

中書舍人呂胤基、高登明、畢戀康、胡應台、許志吉、宋鴻儒

行人徐圖、吳中偉、胡鶚、儲純臣、曾守身、王爾康、周達、王益震、汪紹伊、王仕楨、程嘉賓、李恩恭、翟師雍

文華殿光祿寺署正劉綵、高緒、林潮、田應璧、王學詩、趙士楨、周繼祖、胡存忠、盧應時、王乾昌、穆光胤、鄭僕、齊許、紀大續、董敬、朱家用、華嘉蔭、蔣佐、項皋謨、蔣澤、程夢禎、陳文科、萬建衢、黃道充、潘廷圭、李時中

武英殿中書王鴻、張翰、錢應龍、杜宗文、董鳳元、杜宗魁、何鴻、王文煥、王聞智、王文燦、吳士淳、羅士佐、汪繼禮、朱一麟、安民

上林苑監左監丞洪兢、右監丞劉承遇

監正管監副事②楊汝常、薛③承惠

　　以上擬照三等，賞綵段一表裏。

今將禮科遵照聖諭，查開南京五府，六部，大小九卿，科道等官有名問安各官員職名，並擬賞格，開具於後。

　　計　開

南京中軍都督府掌府事成山伯王允忠、左軍都督府掌府事

① 司衡　"司衡"當作"衡司"。

② 監正管監副事　明抄本作"欽天監監副"，是。通行本作"監正管監副事，"誤。

③ 薛　明抄本"薛"上有"監正管監副事"六字，是。通行本脫此六字，誤。

安鄉伯張世恩、右軍都督府掌府事襄城伯李承功、前軍都督府掌府事靈璧侯湯之誥、後軍都督府掌府事撫寧侯朱繼勳、戶部尚書張孟男

　　以上擬照一等，賞胸背紵絲衣一襲。

　　中軍都督府管府事東寧伯焦夢熊、前軍都督府僉書署都督僉事宗彭年、工部右侍郎范崙、刑部右侍郎王基、都察院右僉都御史耿定力、光祿寺卿趙欽湯、太僕寺卿詹沂

　　以上擬照二等，賞綵段二表裏。

　　通政使司右參議徐民式、大理寺右寺丞丁賓、太常寺少卿鄭汝璧、國子監司業傅新德、尚寶司卿于若瀛、應天府府丞徐申、吏科給事中祝世祿、江西道御史王藩臣、蕭如松、浙江道御史朱吾弼

　　以上擬照三等，賞綵段一表裏。"

　　十七日己卯，大學士沈一貫題："該文書①盧受傳出聖諭：'諭元輔：朕擇今十七日吉，恭謁奉先殿行告謝禮，即詣聖母前行謝恩禮，畢。已臻康泰。卿為元輔股肱，召見問安，忠愛懇至，特賜酒飯一卓、燒割一分。諭卿知之。欽此。'先是臣奉旨撰進恭謝奉先殿文，心知皇上必親告謝，日日仰盼之也。今早臣恭侍福王開講，始微聞之，不勝慶幸。乃蒙諭示，知皇上既謁內殿，復謝聖母，周旋備禮，不以勞辭。豈惟聖駕一動，人知萬安？抑於聖德有光，人皆傳誦。奉九廟之鴻蔭，導迎太和，體重闈之深慈，崇愛玉體，誠相感應，氣與氤氳度茲天旋地轉之關，盡是日升月恒之境。臣嵩呼罔極，鰲抃奚勝？更叨珍膳之下頒，益荷泰交之盛際，感將喜集，謝與賀並，敬當宣布中外，以慰臣民之望。原奉聖諭謹尊藏閣中，垂示永久。臣不勝歡欣仰戴之至。謹具題以聞。"

　　是日，又題："今日發票本，內有兵部尚書田樂一本，苦切求去。臣惟樂為聖明特眷勉留，甚遭逢矣。奈其命窮時蹇，屢被參劾，半年之內，自救不暇，精神分越，意氣消阻。雖復留之，恐其顧忌人言，難以展布，而不能奮勇擔當如舊時也。軍

① 書 "書" 後應有 "官" 字。

國大事，可爲寒心。蓋凡人既爲人所疑，縱行好事，人情盡從歹處推求，誰肯向好邊體亮？此既一機械，彼亦一機械，意氣相吞，口吻相刃，廟堂之上，祇成聚訟，安能復論公家正事乎？皇上既眷樂之深，宜聽樂之去。一去則其心迹自明，不去則愈爭愈緊，而愈不可明，非樂之利，亦非朝廷所以保全功臣之道。況暫令致仕，欲用則再召，亦未遲也。臣謹擬票上，惟聖明允發。幸甚。"

十八日庚辰，大學士沈一貫題："恭惟穹昊垂庥，天人協吉，聖躬康泰，起居復常。昨日親謁內殿，入奉慈極，誠振古無前之大慶。乃念微臣曾承召見煖閣，特降諭札，溫加獎語，加賜酒飯一卓、燒割一分，臣不勝欣戴，不勝感激。隨具揭帖，敘慶謝之忱，並題尊藏聖諭於閣中。外伏再思皇上際茲重明再造之辰，記存召見面諭之事，亦追維往時，宛在目前，如出夢中，若游天上，不圖此日復會明良，真千古之一時，喜劇而欲舞者也。茲蒙降札詳敘，顯加蕃錫，既出特恩，又兼兩賜，臣雖本謝，莫罄愚誠，又不敢但於午門前報名拜叩而已，謹循聖壽大節例，今日恭詣仁德門，行五拜三叩頭禮，少伸區區犬馬戀主之私訖。謹具題知。"

是日，以聖體萬安，賜元輔沈一貫銀一百兩、紵絲六表裏，及講官朱國祚、敖文禎二員每員銀三十兩、紵絲二表裏，正字官馬繼文、包漸林二員每員銀十兩、紅段一疋。

是日，又賜輔臣酒飯一卓，燒割一分，次日復賜甜食二盒。

十九日辛巳①，大學士沈一貫題："臣惟黃河西決，事干祖陵，又干運道，皆國家極大極緊政務。而河臣李頤既患危病，治河錢糧又無所出。該吏部已推曾如春等上請，未蒙點用，工部亦請九卿會議錢糧，未蒙允發。眾心遑遑，惟恐失時不治，以致爲患日深也。伏乞聖明將二本檢發，幸甚。臣惟河臣之病，固因決口難塞，下流難濬，實因錢糧重大，不能湊乎。無米之炊，巧婦不能，情可悲憐，病非假託。祖陵王氣，乃皇家萬萬

① 已 "已"當作"巳"。

世運祚之所發祥，聖躬萬萬歲福履之所鍾粹，豈直運道之爲京師咽侯而已？故凡臣子有忠愛之忱者、跂立瞻盼而不能已於請也。夫救水火者不能待遠人，今河南巡撫曾如春見奉明旨料理此事，但未嘗即真耳。若賜點用，尤爲得人。所需錢糧，亦難但責本地方出辦，僉欲各省協濟，及多方搜取加派。事在燃眉，亦乞早命集議上請。臣不勝惓惓。謹題以請。"

是日，又題："該文書官盧受傳出聖諭：'朕第三子福王年已長成，理宜婚配。欽此。' 臣去年十月具揭以請，奉聖旨：'朕覽卿奏，具見忠愛。婚禮候旨行。福王且着出閣講學，擇日具儀來行。禮部知道。欽此。' 臣恭候已久，今連日侍福王講學，仰見睿體充實，正宜婚配之時。謹擬諭旨一道上進，伏乞傳示禮部舉行。臣謹題以聞"

二十三日乙酉，大學士沈一貫題："頃蒙皇上以聖躬康豫，特賜臣銀兩、表裏，恩從喜洽，臣不勝感荷，已經陳謝。外，茲因大賚在廷，復賜臣大紅紵絲斗牛胸背衣一襲，鴻恩疊至，渥眷有加。且斗牛之服色超恒，非其人不輕畀予，而臣猥叨濫及，益出望表。顯服龍光，私憂鶖誚。臣頓首祗領，除赴鴻臚寺報名廷謝外，臣不勝感戴之至，謹具題謝恩。"

二十六日戊子，大學士沈一貫題："今日發下文書，內有原任輔臣申時行、王錫爵、王家屏等三本，俱爲存問謝恩事。查得先年內閣致仕輔臣劉健、謝遷、王鏊、徐階等蒙賜存問，各遣子孫來京謝恩，俱奉特旨蔭授中書舍人，乃先朝優禮舊臣彝典。今時行等感荷洪恩，遣其子孫齎疏來謝，以對颺光天之聖德，實乃熙朝之盛事。似宜照劉健等事例，錄蔭以示恩禮，以作臣忠。臣謹擬票上進。未敢擅便，請聖裁施行。謹具題知。"

是日，又題："爲印信事。照得掌左春坊印信左庶子唐文獻、掌司經局印信右庶子楊道賓，俱經陞任去訖，遺下印信缺官掌管，相應依序轉補。臣推得左諭德黃汝良，堪陞左庶子，兼翰林院侍讀，掌管左春坊印信。右諭德蕭雲舉，堪陞右庶子，兼翰林院侍讀，掌管右春坊印信。右諭德黃輝，堪陞右庶子，兼翰林院侍讀，掌管司經局印信。左中允陶望齡，量陞左諭德。右中允莊天合，量陞右諭德。俱兼翰林院侍講。翰林院侍讀史繼階，量陞左中允。侍講顧天埈，量陞右中允。俱兼翰林院編修。編修楊繼禮，量陞左贊善。陳懿典量陞右贊善。俱兼翰林院檢討。其黃汝良等東宮講讀俱照舊。伏乞敕下吏部，查照施行。臣未敢擅便，謹具題請旨。"奉聖旨："是。吏部知道。"

二十九日①，大學士沈一貫題："為欽奉聖諭事。准工部手本，開稱琉璃河橋歲久坍塌，荷蒙聖慈特發內帑修建，利濟兆民。今工既垂成，請立碑石，行內府翰林院撰文，以紀聖德，照垂永久等因。已經該部題奉聖旨：'是。欽此。欽遵。'備行到閣。照得前項碑文，相應題請，伏乞欽命撰述。臣未敢擅便，謹題請旨。"奉聖旨："卿可撰述來行。"

① 日 "日"下當有"辛卯"二字。

萬曆三十年四月壬辰，朔，大學士沈一貫題："本年閏二月以來，該臣兩以東宮講讀擬日上請，俱未允發。臣惟良玉雖珍，必俟琢磨之力，睿姿雖美，難忘溫習之功。是以時不可虛，學不可廢，而臣之請不容已。伏望皇上於本月初六日、初九日二日之內，欽定一日出講。臣不勝待命之至。謹題請旨。"奉聖旨："是。東宮着於初九日照常講學。該衙門知道。"

二日癸巳①，大學士沈一貫題："臣連日接得廣東按臣揭帖，深憂此方窮海襍夷之處，輕心好亂之民，稅使太虛②，稅額太多，必至羣起譟呼，挾夷造反，事勢已極，近在目前。今其變亂事情，已數見矣。臣兩次擬票本③減稅額，照依江西兼虔鎮之數，以昭德意，以收民心。尚未蒙發。今日復接新差廣東巡按林秉漢帖揭④，臣反覆看詳，此本字字句句皆經斟酌，有小心敬上之至忠，有體國恤民之遠慮，與尋常祇請停止者大異，敢祈聖明特加覽觀，採擇而行。臣細思之，廣額委實大⑤重，不可以經久行，李鳳委實太虐，不可以一朝居。如蒙皇上減其額數，德意甚盛。若不減額，則止將李鳳取回，而命李敬代之，亦是美事。李敬為人存心忠實，必能仰體足國裕財之意，又必能仰體安邦弭亂之心，既收徵採之益，且釋南顧之憂。此兩利而俱便之策也。百姓方歸心於彼，而皇上又託重於彼，有司可與調停，夷夏可與安戢，從此廣東無反側之虞，而皇上亦免聒擾之煩矣。此事甚易行，甚易從，臣望皇上斷而行之。臣不勝惓惓禱望之至。"

四日乙未，恭視乾清、坤寧宮工程，賜元輔一貫茶。

六日丁酉，大學士沈一貫題："照得日講官二員，朱國祚管《通鑑》講章，敖文禎管《大學衍義》講章。茲因《衍義》講畢，恭請續講新書，候命日久，敖講官因在任空閑，願將《通鑑》講章與朱講官對日分撰，少效目前，待新書命下之日，仍前分講。今講章進呈，輪日帖二臣姓名。謹具題知。"

①巳 "已"當作"巳"。
②虛 明抄本作"虐"，是。通行本作"虛"，誤。
③擬票本 據《敬事草》卷一一，"擬票本"當作"票本，擬"。
④帖揭 "帖揭"當作"揭帖"。
⑤大 "大"當作"太"。

萬曆起居注

九日庚子，大學士沈一貫題："三月二十一日臣先以福王選婚敕諭禮部日期上請，隨奉旨：'四月初九日封奏，初十日發敕。欽此。'臣謹欽遵封上，謹具題知。"

十二日壬寅①，大學士沈一貫題："照得禮部尚書兼東閣大學士朱賡，欽蒙聖恩差官行取來京，入閣辦事。今日本官見朝，緣未面見謝恩，不敢到任。查得近年陞任京堂官員，未獲面見者，本衙門題請先令到任管事，後補面恩。本官係輔弼之臣，合照前例，先行謝恩，到閣辦事，恭候皇上御門之日，仍補面恩。謹具題知。"奉聖旨："是。着即入閣辦事。"

十五日丙午，大學士沈一貫題："為公務事。照得禮部尚書兼東閣大學士朱賡，今奉欽命到閣辦事，例應同知經筵，日侍講讀，提調纂修玉牒，及東宮講筵侍班。合理②題請，恭候命下，令其與臣一體供事。緣係公務事理，未敢擅便，謹題請旨。"

是日，賜元輔一貫銀綵扇六把，銀釘鉸扇十把，砷碌扇二十把，及講官朱國祚等二員有差。"

是日，大學士朱賡奏："為感激天恩恭陳謝悃事。臣於閏二月二十一日由原籍起程，隨聞聖躬在攝，不勝耿戀，一面兼程前進，一面馳疏問安。疏到之日，聖體大康，奉旨不敢封進。然臣一念犬馬之誠，恨不即至闕庭、仰瞻天表也。今於本月十二日見朝，次日恭候面恩，該內閣照例題請到任，奉聖旨：'是。着即入閣辦事。欽此。'謹於十五日午門前謝恩，即到任辦事訖。伏念臣學術空疎，才性迂拙，昔侍經幄，曾無啟心沃心之功，及歸海濱，已出斯世斯民之外。荷蒙皇上不遺簪履，復賜弓旌，馳節使以遠臨，辱溫綸之再至。將謂東隅未效，或可收之榆時。豈知夷路尚艱，胡可責之嶮道？惟是難遇者一時喜起之會，難負者千古特達之知。既幸遭逢，敢自菲薄？用是捐此髮膚以許國，矢諸天日而出門。諦觀今日之事機，參以沿途之聞睹，臣惕然恐，穆然思。非燮理以時，無以回災變，非

① 十二日壬寅 "十二日"當為"癸卯"，"壬寅"當為"十一日"。此處"十二日壬寅"有誤。

② 合理 "合理"當作"理合"。

萬曆三十年

經制有道，無以充度支，非備百司之官無以飭吏治，非罷一切之斂無以安生民。至於人心之頗僻宜端，國是之淆亂宜定，戎兵之廢弛宜詁，夷虜之窺伺宜防，此正一治一亂之關，亦臣等分憂分任之日也。伏望皇上獨運乾綱，時賜晉接，容臣等得以謀猷入告，精神上①，即不能少佐下風，亦或可略攄涓滴。若不圖國家之長慮，止爲身名之私謀，則明有人非，有幽②鬼責，臣不敢也，亦不忍也。敬陳出山之本意，用爲入國之先資。臣無任感激仰望之至。"十五日奉聖旨："覽卿奏謝，朕知道了。禮部知道。"

十六日丁未，大學士沈一貫題："該南京守備太監邢隆一本，據羽林衛指揮同知袁順時奏，徵收徽寧二府買產稅契銀十五萬兩，請給敕書、關防。奉聖旨：'是。敕諭、關防都准與他。該衙門知道。'臣惟自礦稅事興，敕使四出，每遣一使，萬民之膏血立見焦枯，一方之生靈坐歸塗③炭。至於今日，乃民命已絕而一線求生之時，事勢已窮而萬分當返之日，泣籲皇天，乃早悔禍縱④，不悉改亦當稍寬，以無虛二月十六日之德音所庶幾也。天下人心方望免於此，而皇上催取敕書乃更加於彼，如水益深，如火益熱。皇上至明主也，請試三思。彼天下窮民亦各有智，亦各有力，肯甘心束手以就焚溺、而更無一避水火之他策乎？興言至此，臣心悲痛，有大不忍出諸口者矣。稅契之制，起於民間買產恐有後爭，朝廷立法，每十年造冊之時，爲之官即契尾，以資信守，因而稍稅紙錢，非爲利也。祖宗以來，至於近年，每兩不過三厘。萬曆二十六年，戶部因邊餉無措，題奉欽依，每兩增至三分。載在考成，見充正供濟邊之數，已爲非藝之徵。今又收入內帑，則戶部錢糧益無出辦，而不免於束手待斃矣。且戶部原題，止云盡天下歲入可得十萬。蓋知此甚微，不能過爲搜取也。今原奏官乃云徽寧二府可得十五萬兩，何其言之太易耶？借令可多，戶部當光之矣。蓋每兩三分，每十兩三錢，積而計之，必契價至五百萬乃可得稅銀十五萬。彼徽寧二府土田幾何？雖使寸地尺田無不換主，亦決無五百萬

① 上 明抄本"上"下有"通"字，是。通行本無此字，誤。
② 有幽 "有幽"當作"幽有"。
③ 塗 "塗"當作"塗"。
④ 縱 明抄本作"禍"，是。通行本作"縱"，誤。

萬曆起居注

交易之理，十五萬稅從何而取哉？明是奸人賺此一敕，以爲百計誅求之端，陷穽之中又別開一番大陷穽，虎狼之外又別放一番大虎狼。小民何辜，禍至此極？尚有肯爲皇上之民而不生異心造異謀者乎？臣待罪密勿，不能補過拾遺，還日月已食之明，而乃依違洟泆，增乾坤未有之瘴，大負恩知，大壞名教，萬世之罪人耳。此事委實難行，伏望深維利害，追寢前命，免寫此敕，生靈幸甚，宗社幸甚。不然，則明示刑①隆，循每兩三分之制，隨其稅銀多寡，盡數解進，不必拘定原數。其原奏土民吳良輔，方坤成等，不許前往預事，以恣虎噬狼吞之謀。止令有司訪奸緝弊，毋容漏卮，則人心不驚，國課有出，雖有妨於戶部，猶無損於皇仁。臣不勝瀝懇之至。"

十八日己酉，大學士沈一貫題："先該臣以琉璃河橋碑文恭請命官撰述，本月初二日奉聖旨：'卿可撰述來行。欽此。'臣謹遵撰完錄呈御覽，但疎不淺②文無能揄揚聖德，恭候聖明裁訓施行。謹具題以聞。

敕修琉璃河橋記

國家奠鼎燕京，控北戒③山河之勝。西來諸水，蜿蜒而注於圻南。蓋縈迴若帶然，去都城三十里而近，爲瀘溝河，有橋，自勝國時甚偉。又南七十里爲琉璃河，則古聖水也。原出房山龍泉峪，澗壑斗絕，受胡良、挾河諸流而東行，匯於拒馬，霖潦時集，迸湧奔潰，瀰漫殆百餘里矣。今琢④鹿爲朝宗孔道，四會蹄軌，而河當其衢，故未有橋也，蓋不勝濡軌之慮焉。肅皇帝乙亥狩邺中，始出水衡金錢，授司空，累石梁，七載而成。又隄其兩壖，各五百丈。車馳馬驟，如行康莊上者。肅皇帝不自有其功，而榜之曰'玄恩咸濟'，謂若天錫云。頃年以來，橋南洞圮者三，隄有泐有拆，道中絕，人迂折亂流渡。上聞而憫之，發內帑金令重修，而聖母慈聖宣文明肅貞壽端獻皇太后，益出宮中委佐之。敕內官監太監何江、工部郎中胡瓚往董厥役。肇庚子冬，越壬寅春而告訖。圮者繕而加固，泐者拆者甃而加完。又於橋之北創爲神祠，祠前爲井，用濟行道之渴。費金錢

---

① 刑 "刑"當作"邢"。

② 不淺 "不淺"當作"淺不"。

③ 戒 "戒"當作"戎"。

④ 琢 "琢"當作"涿"。

如乾，而皆自御府。募人以操役，不給則發營伍之閒佐之，世且永賴，而官若民不聞也。蓋肅皇帝善剏，而舉萬年之闕典，而爲功宏，皇上善因，而培萬世之永圖，爲澤遠。茲役也，纘先之緒，不佚其光，臣謂曰孝。軫民之涉，不廢其政，臣謂曰仁。規利之鉅，不嗇於費，臣謂訏謨。權事之急，不詘於時，臣謂遠猷。跡微而德博，事小而功大，皇上之所以繩武而錫類者，於此可窺萬一矣。夫天下事皆有自來，不止一朝，而莫不積罅成敝壞，壞極而更，至於更乃煩費已。語有之，千丈之隄，潰於螻蟻之穴，萬木之林，焚於鑽燧之烟。積漸然也。當橋初鏄時，藉令有司者善爲之防，不過一石一簣之勞而鞏然已，何至於煩費哉？惟忽於一石一簣而後乃幾毀成緒，惟有司者不戒而廑聖天子之經營。故行隄者塞其穴，慎火者塗其隙，保治者防其微。嗚呼，豈獨河橋然哉？上命臣一貫作記，臣恭記歲月，以宣揚休德，而垂之來茲，未復申積微之說，願後之人無忘斯功也。謹記。"

二十二日癸丑，大學士沈一貫題："照得閣臣朱賡，已遵欽命到閣辦事，例應同知經筵、日講，提調纂修玉牒、東宮侍班俱係職掌。已經具題，伏候明旨。及照福王書堂，禮當進見一次，每日看詳講章、圈倣等項，俱宜與臣一體供事，併題請旨。"奉聖旨："是。"

二十三日甲寅，大學士朱賡題："臣查近例，凡應面恩官員，候過三次，免朝，即具本奏知，不必再補。臣自本月十五日到任，伺候面恩已經三次，宜遵明例，具本奏謝。但臣叨蒙超常之恩，備①閣臣之數，而循行外廷之禮，止於具本奏謝，不補面恩，於臣愚衷殊爲抱歉。違奉天顏一十四載，遽請面見，又所不敢。一念犬馬愚誠，合無容臣隨首輔沈一貫，恭詣仁德門行五拜三叩頭禮，以後仍候皇上御朝之日致詞補見，以抒就日之誠？臣不勝惓惓。未敢擅便，謹題請旨。"奉聖旨："朕覽卿奏謝，具見忠誠。已知道了。禮部知道。"

① 備　明抄本"備"上有"幸"字，是。通行本無此字，誤。

二十四日乙卯，大學士沈一貫、朱賡題："昨該臣賡伺候三次，未得面恩，題請先詣仁德門行五拜三叩頭禮，恭俟御朝之日致詞補見，伏蒙欽允。臣一貫謹引臣賡遵旨行禮訖，謹具題知。"

二十七日戊午，大學士沈一貫、朱賡題："近奉欽依，撰寫襲封琉球國王尚寧詔書，該用龍箋，欲照例於內府司禮監關用。未敢擅便，謹題請旨
　　計　開
　　猫①金雲龍邊襴湧祥雲背大黃箋紙一張。"

① 猫　"猫"當作"描"。

萬曆三十年五月壬戌，朔，大學士朱賡奏："爲敬抒微悃循例捐俸以少助大功事。臣入朝，見宸居營建尚未落成，工費浩繁，每廑聖慮。查得在廷諸臣，皆嘗捐俸樂輸，良以人臣義先急君，苟可將其誠悃，固無論乎涓埃也。臣忝備閣員，尤當自效，敬循往例，願有微將。伏乞皇上俯鑒愚衷，敕下户部，將臣一年應得俸銀，如數扣解工部收用。雖知微塵無裨於泰壤，而一念急公之悃，庶幾藉以少抒。臣無任懇切待命之至。"奉聖旨："覽卿奏捐俸助工，具見君臣一體大義，忠義可嘉。朕知道了。户部知道。"

四日乙丑，恭視乾清、坤寧宫工程，賜輔臣一貫、廣茶。

六日丁卯，大學士沈一貫、朱賡題："昨蒙諭發馬價以濟河工，具見皇上注念陵漕德意。但京師外庫錢糧，更無他積，獨此馬價一項耳。邊餉已借百萬，今又借三十萬，僅有本寺急用，於何取資？且河工浩繁，又非三十萬所能即了，尚宜煩勞宵旰，不容但已也。臣等敢獻一籌。切照往昔河漕所以久而敝①者，寔以歲修不輟之故，而所以能歲修不輟者，寔以河道頗有餘積之故。自稅使搜括以來，所在罄竭如洗，遂令工作無資，束手因循，而河乃決裂。今至借馬價矣。若尚搜括不休，譬猶方餧饑人以食，而復割其肉，豈但無益，大憂將立見矣。謂宜明敕稅使，毋復將河道錢糧搜括，毋復將道河②工程騷擾，同心協力以圖神助，而後河有可治之時。此不過費皇上一言，而殊勝作許多區處也。自礦稅來，皇上屢有不許加派小民之旨。但天下財力只有此數，有司既東那西移以供諸監之求，而不爲加派，於何補償？故有明加，有暗加，明加尚有數目，暗加不可勝窮，皇上安能盡知乎？今工部措處，豈有神運鬼輸之術，不過議加派耳，而不得不與前旨相背矣。伏想聖心至仁，具能忍於此乎？昔孔子稱禹無間然，卑宫室而盡力乎溝洫。今河漕之急，豈直溝洫之微？而可停工作，豈止宫室一事？儻蒙皇上曲賜撙節以省浪費，則雖不免於加派，而天下猶諒朝廷不得已之心，有光

① 敝　據《明神宗實錄》卷三七二，"敝"上當有"無"字。

② 道河　據《明神宗實錄》卷三七二，當作"河道"。

聖德亦不小也。又河道疏塞之議，譬諸作舍道傍，百口沸騰，從來難定。頃總河侍郎曾如春書來，言山東巡撫黃克纘偏執王家口不可開之説，而其所轄道府無敢明目張膽以持忠義者，事勢人情終難歸一，究竟必祈遣官一勘始可定囂。臣等看詳此意，甚以爲宜。蓋非謂遣官才識便能出於當事者之上，謂其既膺特命，諒秉至公，可以折衆論之衷，可以杜紛紛之口。故凡舉大事，必有勘差。昨工部一本《爲陵運關①匪輕河工議宜歸一謹循往例懇乞聖明特遣勘臣以圖成算以裨永賴事》，專爲此發，已經票上，未蒙俞允。臣等以爲此一勘科，關係河務謹②要，必不可無遣早，乞皇上俯賜檢發，更祈天語叮嚀，委任責成，尤幸。無任瞻睇之至。"

十八日，大學士沈一貫、朱賡題："爲缺宮教書事。照得內府司禮監書堂，例用翰林院官六員教書。原題各官俱有別項差用，見在止有一員，相應題補。臣等推得編修湯賓尹、陳之龍、溫體仁，檢討孫汝游、趙用光，堪以前去教書。未敢擅便，謹題請旨。"奉聖旨："是。"

二十三日甲申，大學士沈一貫、朱賡題："連日都御史溫純來言，試御史當考實授，見今各差十分缺人，已經六次疏請，欲臣等轉催發下等因。臣等竊惟，舊規試御史三月以上即考寔授，今各官已及五月，而先此候選又踰三年，可謂久矣。溫純往以各差缺人，無月不懇。惟此數月中，恃有寔授可望，得無懇耳。乃未蒙准考，則懸差相迫，不能坐視，至尊之前又豈無昔之煩瀆乎？查得二十一日都察院《爲缺官差用事》一本，已經臣等票擬，伏乞皇上即賜允發，准其實授，以便差用，庶於公事無誤，紀綱有賴。臣等謹爲代懇。不勝懸懸之至。"

二十四日乙酉，大學士沈一貫、朱賡題："近該刑部欽奉聖諭，讞審矜疑等項人犯康大山等二十七名，分別奏請，未蒙省發。臣等竊惟，熱審之制，乃聖祖感天時之蒸鬱，憫狴犴之傷

① 關 據《敬事草》卷一一，"關"下當有"係"字。
② 謹 據《明神宗實錄》卷三七二，"謹"當作"緊"。

殘，酌量罪情，間行開釋，即三代聖王孟夏出輕繫、仲夏挺重囚之意，累朝以來歲歲舉行。皇上御極，尤深軫念，今歲以四月發諭，該至仁也。該部於九百餘人之中，讞審止二十七名，亦既至詳至慎矣，而乃久留不下，豈以萬幾殷繁偶爾遺忘乎？不然，何爲皇上發不忍人之心甚易，而行不忍人之政乃難哉？至於鎭撫司人犯，從來打問過即送刑部擬罪，不過暫時覊候，無久監者，今查淹滯積至百二十六名。該司地不盈一二畝，房不滿十數間，四面與市井闤闠僅隔一墻。地方湫隘，既無所容，日夕隄防，又難施力。強竊褻處，恐生逥邅①之奸，臭穢熏蒸，時有瘟癀之染。如罪在不赦，自當速正刑典，或情有可矜，亦須量從寬貸。入不明罪狀，出不見天日，概幽黑山，同繫長夜，如此炎熱，彌難喘息，誠可憐也。今各省直矜疑疎放之章，皇上不斬俞允，豈其輦轂之下，反有所遺？況二十七等年該部朝審兩疏亦尚未發，臣等竊厚望於今日之併行，光昭如天好生之盛德矣。蓋自大典告成之後，恭値聖體萬安，國家莫大之慶相仍而至，錫福庶民，周徧海宇。此輩亦覆幬中之一物，而獨不得少霑恩餘，實臣等疎於啟導，致皇仁尚有欠缺之處。臣等何敢過望肆赦？但乞稍與疎通。在刑部，則讞審諸囚，視其尤可矜者，寬釋一二，在鎭撫司，則問過各犯，通送法司輕重擬罪。苟解得一分亦一分之賜，早得一日亦一日之恩，使垂死諸囚猶荷高深之造，而鎭撫司官校亦緩隄防之責，免累及之虞。拯此溺焚，感通和氣，皇上所以集萬福、增萬壽，端在此也。四月初旬傳出聖諭，一腔惻隱已自勃發，豈至今日更生遲疑？惟皇上亟俞之。臣等無任企悚待命之至。"

二十五日丙戌，以寧鎭二次捷功，補賜元輔一貫銀五十兩、綵段四表裏。

二十八日己丑，大學士沈一貫、朱賡題："臣等連日敬進二揭，一爲都察院請考實授事，一爲法司及詔獄犯人熱審事，皆臣等積日累月困心衡慮，雖欲姑置之而不能自遣者。蓋御史中

① 逥 "逥" 當作 "竄"。

萬曆起居注

差以下久已缺人，不考寔授則不可差遣，在京師則虛積於無用之地，在各處則久不得一人之用。試御史在臺在差，亦何加損？但都御史苦於於①叢責而無以應之。有人而不得用，與無人同，如有手足而繫縛之，與無手足同，烏能已於懇也？至於各監犯人，例有熱審，前此懸望，以日爲年，既及其期，而猶不免於觖望，何能爲情？今年毒熱倍常，疎散猶難度日，哀此桎梏，真如烹烙。皇上仁心已發，仁政宜施。蟻亦感恩，蛇能報德，此輩靈蠢雖異，諒能祝天頌壽而不忘也。伏願俯採芻言，少垂軫念，將臣等前此二揭省覽、批發，以昭普運之慈弘②，以增齊天之萬福。臣等不任祈禱之至。"

① 於 此"於"字衍，應刪。

② 慈弘 "慈弘"當作"弘慈"。

萬曆三十年六月辛卯，朔。

二日壬辰，大學士沈一貫、朱賡題："該禮部奏准，萬曆三十年及二十六年①各處歲貢生員一千三百七十三名、及恩貢生員五百一十一名、選貢生員一十名，開送翰林院考試。臣等會同禮部右侍郎兼翰林院侍讀學士掌院事敖文禎，從公出題，彌封嚴加考試，取中歲貢上卷四卷、中卷一千三百六十九卷，恩貢上卷二卷、中卷五百九卷，選貢上卷二卷、中卷八卷，俱應准貢。謹將各試卷進呈御覽，伏乞聖裁發下臣等欽遵施行。謹題請旨。"奉聖旨："是。該部知道。"

四日甲午，大學士沈一貫、朱賡題："該吏部尚書李戴因大選在邇，難以臥理，欲暫行委署，具本上請，蒙發臣等票擬。竊惟此事，自四月十三日至今，已近兩月，朝臣交章不下十餘矣，而優游未了，有傷政體。臣等擬票，恐不適合聖心，聖心淵微，又不明宣到閣，將使一字重輕便關疑貳，各有黨與，交致推敲，是朝事本無難處，而自致淹延，臣等本無偏私而空結勞怨也。惟在聖心一斷，天語弘宣，則事定而訟息矣。茲臣等不敢固避，恭擬一票，伏乞聖裁施行。蓋臣等平心公議，趙邦清明係潑撒，已蒙聖明洞燭，發本改擬，但望早賜允行，其鄧光祚、侯執躬，既係仇扳，且無指寔，惟姑容其照舊供職，然後尚書李戴得以安其心而行其職也。政體宜然，人心具矚，臣等不敢少有偏黨以累聖明。惟皇上俯採，幸甚。謹具題知。"

是日，恭視乾清、坤寧工程，賜二輔臣茶。

七日丁酉，大學士沈一貫、朱賡題："爲纂修玉牒事。先該臣等題前事，近該宗人府造完秦府等府玉牒文冊一百二十四本，已經節奉聖旨'着送內閣纂修。欽此。'照得前項冊籍浩繁，原題書寫官二十八員，內趙應宿等八員先已奉旨給假、告病、丁憂去訖，見在官不彀供事。查有原在史館辦事中書舍人周秉忠、鴻臚寺序班劉佐、起居館辦事鴻臚寺主簿劉尚賓，俱堪補書寫

① 年　明抄本"年"上有"等"字，是。通行本脫此字，誤。

萬曆起居注

① 請題 "請題"當作"謹題請"。

② 票 據《敬事草》卷一一，"票"上當有"改"字。

③ 心 明抄本作"必"，是。通行本作"心"，誤。

玉牒。再照誥敕房亦屬缺員，合無將周秉忠、劉尚賓改補制敕房辦事？恭候命下，欽遵施行。臣等未敢擅便。請題①旨。"奉聖旨："是。"

八日戊戌，大學士沈一貫、朱賡題："該工部覆陝西織造袍絨本，臣等票上，蒙發票②。臣等竊惟，袍絨乃上用急需，每歲發票，臣等未嘗不將順。惟至今日，真有萬分難處，不得不從該部請乞之意者，蓋連日該部堂司無一不到朝房蹐踖哀訴，該部錢糧缺乏，見存止有銀一百二兩，而內宮之鼎建，婚禮之備辦，以至於河道之資給，日夜攢集，萬分難支，皆以得解官罷去為幸。臣等責以大義，以為事如難處，宜為明主悃款言之，必當俯從，豈得含情不言？是時臣等亦許為代請也。比發票時，臣等固欲言之，但倉卒不暇耳。茲若改擬，臣等安能置辭？據本中所言，戶部當出三萬兩、工部當出七萬兩。以往時論之，此亦易處，顧在今日，則視三萬不啻如三十萬、七萬不啻如七十萬，彼得一錢，且應燃眉之急耳。諸臣之意，尚欲祈皇上暫停可已之工，專供婚禮、邊餉，以成啟後之大禮，以定安攘之大事，然後惟皇上之所欲為也。皇上必欲以舊時造辦取盈，力心③不堪，徒滋多事矣。既蒙發改，臣等何敢固執？不得已，將'暫停織造一年，以後還候旨行'字樣，改為'暫緩織造一年，以後補造進用'。兩票皆上，惟聖明深思遠慮，俯加採納。臣等不勝惓惓。謹具奏聞。"

十一日辛丑，賜二輔臣，每員鮮筍二十根。

二十一日辛亥，大學士沈一貫、朱賡題："該禮部因香山公主香殿將完，請安神位，請命大臣一員行禮，昨蒙發票。臣等查例，該遣工部侍郎。適缺此官，即求之於各部，亦無侍郎可遣，止有刑部侍郎，又不應遣。故借遣光祿寺卿，今蒙發改。臣等再三思索，止有掌翰林院侍郎敖文禎一人或可遣用，惟復改遣駙馬前去，亦為祀典之光，伏俟聖裁。大僚乏人，莫甚此時，儻蒙皇上動念，賜點屢推，以充庶位，以奉百職，尤所跂望。臣等謹具題知。"

二十五日①，大學士沈一貫、朱賡題："前日遣祭香山公主，及昨日遣祭泰寧侯母，臣等因九列人少，皆遣掌翰林院侍郎敖文禎，此舊例所未有也。蓋吏部侍郎朱國祚既以被言告病，其一員又缺。戶部侍郎二員皆缺。倉場一員亦缺。禮部侍郎李廷機未到，其一員缺。兵部侍郎二員皆缺。工部侍郎汪應蛟給假，其一員缺。惟刑部有二侍郎，職司刑名，例不遣祭。總計六部，缺侍郎八員，未到及不出者三員。都察院又缺副都一員。不但妨廢政務，抑亦不敷差遣。吏部侍郎朱國祚係新陞官，既被指摘，何顏到任？況銓曹注瞻之地，責備尤多，必固留之，適增多口。臣等竊謂宜聽其去，本官年青志遠，再用未晚也。吏部自經參論，四司郎中一空，兩侍郎亦虛無人，而尚書李戴求去未已，但因大選事重勉強一出耳。伏望皇上將本部侍郎及四司亟點，以振銓曹之惰。其各侍郎、副都，統乞檢出舊推，一體用點，庶寅亮有人，天工無曠也。臣等職司股肱，義難緘默，不勝盼望之至。謹具題知。"

是日，大學士沈一貫、朱賡題："今日文書官捧出聖諭：'諭內閣：朕以伏雨連綿，慮傷禾稼，且又鬱蒸熱甚，偶中暑濕，頭發眩暈，昨又腹瀉，連日服藥調養，即今身尚軟弱。恭遇孟秋廟享，本欲力疾親行，惟恐不能成禮，暫官②恭代。卿等可傳示遣官並陪祀執事官員，各秉精誠，竭虔行禮，以稱朕孝敬至意。諭卿等知。欽此。'伏自五月以來，苦雨彌旬，異常暑濕。淋漓既久，禾稼多傷，而皇上慮切民依，焦勞更甚。痰上升為眩暈，濕下注為泄瀉，皆一時暑令致然。今天氣開霽，涼風漸生，應時慎調，勿藥有喜。至於孟秋廟享，誠宜躬親，以對越祖宗在天之靈。但聖體既須慎調，權當遣官恭代。臣除擬票外，即傳示諸臣，令各竭虔將事，以仰副皇上孝敬至意。聖諭尊藏閣中。謹具回奏以聞。"

① 日 "日"下當有"乙卯"二字。

② 官 明抄本"官"上有"遣"字，是。通行本無此字，誤。

二十八日戊午，賜二輔臣，每員鮮鰣魚二尾、枇杷果一簍。

二十九日己未，大學士沈一貫、朱賡題："臣等在閣曾接得御史金忠士揭帖《爲土棍鑽刺殃民監臣徇私釀禍等事》，此本已上數日，未蒙發票，輒敢爲之一言。臣等看詳得查理稅契一事，取利最微，而釀禍最大，將江南百姓毛櫛髮爬，無一家一人放過，誰能受此苦楚？竊恐十五萬之稅未得，而殺人屠官之禍必起。臣等實不放心，實難坐視。莫若仍照敕書，令刑①隆自管自徵，不拘原奏數目，不許原奏干預，庶幾隱憂可緩，國體無傷，而免致他日宵旰憂勞，所得比稅錢多萬萬倍也。伏望皇上將金忠士本留神省覽批發，仍不許土民前去，幸甚，幸甚。臣等不勝惓惓之至。"

① 刑 "刑"當作"邢"。

萬曆三十年七月庚申，朔，賜輔臣一貫、賡拖滷鱘魚各五尾，及講官朱國祚等二員有差。

初二日辛酉，以聖母徽號禮成，册立、册封告完，補賜元輔一貫銀五十兩，綵段二表裏。

初四日癸亥，恭視乾清、坤寧宮工程，賜輔臣茶。

十三日壬申，大學士沈一貫、朱賡奏："爲隆恩誤被揣分難承懇乞聖慈俯容辭免以逭譴戾事。昨該吏部接出敕諭：'敕吏部：甘肅鎮番等處一月三捷，大獲全勝，内閣輔臣殫力運謀，忠勳茂著，宜特加恩。元輔一貫加少傅，兼太子太傅，蔭一子與做中書舍人，還賞銀五十兩、綵段四表裏，次輔賡加太子少保，蔭一子入監讀書，還賞銀四十兩、綵段二表裏，各餘官如故，俱照新銜給與應得誥命。如敕奉行。欽此。'移咨到閣。臣等不勝感激，不勝慚悚。竊惟帝王馭世大權，惟兹賞罰，賞雖無靳，必於有功，下不愛其力，而後上不愛其官，所以示酬也。受者無所慚，而後觀者有所奮，尤以昭勸也。苟不審核其功，而濫加於備員尸素之臣，或明知其無功，而聊假爲體貌優崇之具，則朝廷有誤恩，而人心且解體矣，今甘肅鎮番等處之捷，臣等何功之有？臣等叨居輔弼，持文墨議論，徒有帷幄運籌之名，曾無發縱指示之實。海虜窺伺，驅而出之塞外，黎賊盤據，蹙而殲之穴中，彼中將吏效有其勞，臣等安得以會逢之適，而遂貪爲已有也？皇上優厚輔臣，動詢故實，不靳保傅之崇階，與夫延世之懋賞，以畀臣等，固聖王功疑惟重之意。然閣臣不預邊賞，前約儼然如新，而遽爽之，何施面目？況此一賞，所以酬彼中將士者，亦斤斤無餘溢矣，臣等足不涉戰場，身不履行陣，而蒙受非常，反出其右，雖云皇上有命，如天下指目何？伏望俯鑒悃誠，亟收成命，將陞蔭、誥命等恩，並容辭免，則釋鵜梁之愧，爲榮實多，寬負乘之憂，爲既尤侈矣。臣等無任懇切祈望之至。"奉聖旨："甘肅鎮番等處屢捷殊常，朕心嘉悅。

卿等運籌帷幄，協贊勷勤，加恩示酬，原係彝典。宜遵成命，不允所辭。該部知道。"

十五日甲戌，大學士沈一貫奏："爲功賞宜衡悃誠可覽再懇聖慈追寢恩命以存政體以明素心事。頃以甘肅鎮番等功，推恩及臣，內省多慚，謹與同官臣賡合疏辭免，伏奉聖旨：'甘肅鎮番等處屢捷殊常，朕心嘉悅。卿等運籌帷幄，協贊勷勤，加恩示酬，原係彝典。宜遵成命，不允所辭。該部知道。欽此。'三復溫綸，增深隕越。夫臣之爲此辭也，非敢循故事，修縟文，懷苟得之念，而說虛讓之詞，緝陳蕪之言，以博焜煌之命也。臣少而受孔子戒曰：'及其老也，戒之在得。'臣今老矣，苟得之戒正在今日。亦嘗誦疏廣之言曰：'知足不辱，知止不殆。'臣今足矣，殆辱之戒，亦在今日。能薄而取盈，橫賜而逆受，炯炯明訓其謂之何？賞罰自天子出，謂之大權。權者，所以稱量輕重而施之，使無失也。非其任不得予，非其人不可予。上遇而予之，主恩也，下過而受之，臣罪也。去年府江之捷加恩於臣，臣五疏辭免，皇上幸憐而許之，無何而有雲南、朝鮮二功加恩於臣，臣五疏辭免，皇上又憐而許之。封章稠濁，溷九重之睿觀，批答勤倦，費十行之清思，誠知多言之爲瀆，惟心謂其無可受耳。今鎮番等功非能加於府江、雲南、朝鮮之上，不可受於昔，庸可受於今哉？計功行賞，權在明主，量功受賞，臣當自權。若緣體貌輔弼之盛心，而遂行因循攫取之私計，令天下謂此一賞者，非展布四體之賞，乃依託股肱之賞，適彰其老不知止，爲朝廷羞，甚大罪矣。懇望皇上以功衡賞，收還誤恩，既無冒濫之譏，並免再三之瀆，朝廷之政體不壞，而愚臣之素心亦明，高天厚地之恩至無量也。臣無任瀝懇待命之至。"奉聖旨："朕嘉甘肅等處大捷，卿爲元輔股肱，運籌帷幄，殫竭忠誠，調燮贊襄，勳勞茂著，酬功寔爲彝典。卿宜祗遵成命，慎勿遜辭。該部知道。"

是日，大學士沈一貫題："先該臣以琉璃河橋碑文，恭請命官撰述，四月初二日奉聖旨：'卿可撰述來行。欽此。'臣於本月十八日，謹欽遵撰完，録呈御覽，但疎淺不文，無能揄揚盛美，恭候聖明裁訓施行。昨日管工内監何江行文取，始知御前未發。臣謹再録一通恭進，伏乞覽定批發，幸甚。臣謹具題知。"奉聖旨："是"。

是日，大學士朱賡奏："爲新任無功殊恩非分再懇聖慈准容辭免以明臣職事。頃蒙皇上敍録甘肅鎮番等處功次，推恩閣臣，加臣太子少保，蔭一子入監讀書，給與應得誥命，賞銀四十兩、綵段二表裏。臣不勝驚惕。即同首臣一貫合疏控辭，奉聖旨：'甘肅鎮番等處屢捷殊常，朕心嘉悦。卿等運籌帷幄，協贊勵勤，加恩示酬，原係彝典。宜遵成命，不允所辭。該部知道。欽①。'臣莊誦綸音，益加惶恐。伏思邊功不敍閣臣，例也，而有時乎敍，閣臣不受邊賞，亦例也，而有時乎受，則皆有説焉。或以居中運籌，寔參機務，或以協襄年久，積有勤勞。有一於此，則賞非濫施，受非過分，即不拘例可也。而臣則異是矣。臣自去年十月恭聞召命，今年四月始入京師。考徵外成功之期，則至在事後，未展一籌，計入直辦事之日，則自夏徂秋，才及三月。兹者偶逢勘敍，欣觀厥成，視前所稱實無一有，何可典當軸者同日論功、久勞者一體議賞？況宮保，非勳勞不受，誥蔭，非考最不予，而遽施於初任，則何加於久任？閫以内事，臣尚未能贊理萬一，而先蒙閫外之賞，人其謂何？此非臣之榮也，乃辱之招也。語云：'辱莫大於不知恥。'若靦顔拜賜，無恥甚矣，災必遠身，辱莫大焉。在皇上賞疑從重，誠爲包含溥徧之至仁，在臣自揣，至輕何叨越分越恒之誤賞？感啣則極，辭避非虛。伏望皇上俯鑒愚衷，即收成命，將陞蔭誥命等恩，悉准辭免，使臣得以面施於百僚之間，則所以榮臣者至矣。臣無任懇切感激之至。"奉聖旨："朕嘉甘肅等處大捷，卿居政本股肱，先雖未任，今見贊襄，朝夕在公，勳勞懋著，酬功原係彝典。卿宜祇遵成命，勿得遜辭。該部知道。"

十六日乙亥，大學士沈一貫奏："爲誤寵踰涯捧綸增惕三瀝懇誠必祈慈許以迨速顛以免屢瀆事。頃因甘肅等處捷功，加恩

①欽 "欽"下當有"此"字。

① 場　明抄本作"塲"，通行本作"場"。

於臣，臣再疏辭免，奉聖旨：'朕嘉甘肅等處大捷云云。欽此。'渥荷隆施，兩厓溫答，循牆自恧，集木愈兢。夫使今日之恩而介於可受無受之間，臣豈不欲依託於受之半，以承嘉命，而爲再三之瀆哉？誠謂功微於毫髮，而賞重於丘山，聞於朝寧，適貽簪佩之嗤，播在行間，更解將士之體，故不敢也。昔陳平爲漢相，文帝問以錢穀、刑獄，皆對曰：有主者。而其所自稱相職，則：上佐天子理陰陽，下育萬物之宜，親附百姓，使卿大夫各得任其職。夫以陳平之才，當相國之寄，豈其無所事事，而置錢穀、刑獄於不知哉？誠以相臣之職在此，不在彼，而彼其各司所典之事，或得或失，爲功爲罪，皆有所歸，可無越俎而代、染指而嘗也。本朝閣臣固非宰相之職，而既稱輔弼，敢忘靖獻之圖？今災沴頻仍，物力凋敝，小民之怨咨日甚，百司之廢墜莫張。臣檢點常職，百無一舉，愆尤山積，指摘叢加，即使真能運帷幄之籌，畢疆場①之役，猶爲捐其本圖，修其末務，無關調燮，莫裨贊襄，而況功自人成，不由己出，壟斷罔利，此可居百職先乎？臣以去年府江、朝鮮爲比，事體正等，由衷之辭，毫無假託。伏望皇上俯賜憐察，追寢成命，豈惟臣之慙負少釋？而國家之政體不傷，榮臣實多，至難報稱矣。臣不勝披瀝祈禱之至。"奉聖旨："朕以甘肅等處捷功，卿爲首輔，調元贊化，密勿運籌，勞績居多。加恩示酬，寔遵舊典。卿宜祗承成命，慎勿固辭。該部知道。"

是日，大學士朱賡奏："爲任淺恩深實難覥受三辭殊命必祈允免事。伏蒙皇上以甘肅等處捷功，加恩臣等，該臣再疏懇辭，奉聖旨：'朕嘉甘肅等處大捷云云。欽此。'聖恩愈隆，臣心愈惕，微誠莫遂，有不得不披瀝於君父之前者。臣以草莽餘生，叨隮密勿，豈真有一得之善可以贊聖謨、片言之長可以佐廟算？惟是區區樸忠，不以私意妨公論，不以寵眷貪天功，則矢諸天日，沒齒以之，是所以報陛下耳。入直以來，逡巡三月，上之不能格心以裨聖治，下之不能宣力以布皇仁。賢才壅而弗疏，法紀弛而莫振，種種危慮，咎在輔臣。皇上儻以溺職誥臣等，則臣身在事中，安所逃責？今不問見在之罪，而反推未任之恩，乘誤賞之加而冒受之，公論謂何？臣無暇遠引？即以近事論之。府江人捷，皇上嘗加恩首臣矣，首臣曰：'此將吏功，非臣功也。'辭而許之。又嘗加恩部臣矣，'此未任事，非臣事也。'辭而許之。是知功無大小，必先將吏，終不以近侍左右者而分矢石之勞，官無崇卑，必稽實歷，終不以偶觀厥成者而冒當事之賞。此正皇上鼓舞之大權，張弛之妙用也。臣備員輔佐，表率庶僚，其自處安敢後於二臣？故願皇上斷以府江之例爲彝典也。臣心非矯，臣辭已窮，此一恩也萬不敢受。伏望皇上俯念愚誠，悉收成命。臣事皇上之日尚長，儻有建樹，拜命非晚。臣不勝惶恐懇切之至。"奉聖旨："朕以甘肅等處捷功，卿爲輔臣，密勿運籌，勳勞懋著，雖經未任，見理匡襄，加恩示酬，寔遵舊典。卿宜祇承成命，慎勿固辭。該部知道。"

十七日丙子，大學士沈一貫、朱賡題："照得太子少保禮部尚書兼東閣大學士沈鯉，欽蒙聖恩差官行取來京，入閣辦事。今日本官見朝，緣未面見謝恩，不敢到任。查得近年陞任京堂官員未獲面見者，本衙門題請，先令到任管事，後補面恩。本官係輔弼之臣，合照前例先行謝恩，到閣辦事，恭候皇上御門之日，仍補面恩。謹具題知。"

十八日丁丑，大學士沈一貫奏："爲輔政多慚誤恩非典萬祈聖明必容辭免以免再瀆事。頃因甘肅鎮番戎捷洊至，聖心愷懌，推恩及臣，臣三疏懇辭，備瀝悃款，伏奉聖旨：'朕以甘肅等處捷功云云。欽此。'蟻忱已竭，天語愈溫，眷顧殷稠，感深以泣。夫古者辭讓之節，以三爲率，今臣三辭矣。儻有可受之義於此乎，靦而拜承，則上可免於陳瀆，而下已有詞於人間，豈非臣之利便哉？而有萬不敢者，則以疆事原非臣守，用兵又非臣志，攘功等於攫取，踰制乃貽國羞，前疏之內既已略陳，無庸復贅矣。惟是奉有綸言，誤蒙'調元贊化'之譽，則臣深愧恧也。古諺有之，曰：'屋漏在上，知之在下。'喻夫政之有缺，上不知而下知也。今國家之元化未調，臣知之矣，臣不能調元贊化，天下知之矣，而聖諭猶以四字加臣。臣雖至愚，豈不自知？若不知其未調未贊、而冥然無覺，罪也。知其未調未贊、而悍然不顧，尤罪也。無能當斯稱，則無能當斯賜。一當斯賜，豈惟不能調補之愆？而即此冥然無覺、悍然不顧，爲愆大已不可復解。此臣所謂滋愧而不敢也。高官厚祿，孰不艷慕？處非其據，榮更爲辱。伏望皇上亟收成命，萬不敢再瀆清衷，復賜溫諭。臣荷皇上非常之知遇，真所謂心膂洞達、千載一時者，惟即賜憐俞，則臣遭際之奇，冠於今古，而爲榮、爲寵、有不可勝言、不可勝報者矣。臣無任叩祈之至。"奉聖旨："朕嘉甘肅等處捷功，該鎮文武將士俱頒恩賚。卿爲元輔，心膂股肱，調爕贊襄，勳勞久著，加恩示酬，原不爲過。卿乃四懇，情詞誠切，特准辭免，成卿勞謙之美。該部知道。"

是日，大學士朱賡奏："爲恩命逾涯單詞未達四懇聖明亟賜俞允以逭罪戾事。頃臣以甘肅等處之捷，辭免恩命，奉聖旨：'朕以甘肅等處捷功云云。欽此。'臣詞已竭，聖意未旋，反荷溫綸，益增悚仄。竊惟人有真切至情不能自遂，則必仰而籲天，籲之而至於再、至於三，則天必鑒之。何者？誠至而應速也。臣籲之三矣，而誠不足以動天，猶然未遂其私，則不得不再瀝血誠，以祈天聽。而臣又訥於言，不能別爲之詞，區區固陋之見，始終謂將吏之功，決非文墨議論者所宜攘，任前之功，決非無所事事者所宜居，揆之天理而未當，反之本心而未安，考之故典而未協，質之人情而未服，皇上爵賞至公，不宜臣①故而使天下獨有私近臣之疑，此臣所以不厭再三之瀆、必祈得請而後已也。抑臣又有說焉。臣自越抵燕，行數千里，無不人人相囑，責望於臣，其君子曰：'仕路之壅久矣，何以疏之使各效其職？'其小人曰：'生民之困極矣，使各安其生，太平之業，慎毋多讓。'臣雖不言，而心許之。今既三月矣，不能爲皇上舉一賢，而己則加官，不能爲皇上恤一民，而己則蔭子，絕無毛髮之功，橫受丘山之賞，而又託之乎聖主之不聽辭，以解天下之嘲，天下其誰信之？臣亦何顏立於臣民之上哉？伏望皇上鑒此悃誠，亟賜准免，移所以加臣官者天下之官，移所以蔭臣子

① 臣 "臣"字上似應有"以"字。

者以子天下之子，則仁恩徧於四方，聖德光於千古，非直臣一人之榮、一家之福而已也。臣無任激切懇睇之至。"奉聖旨："朕嘉甘肅等處捷功，該鎮文武將士俱頒恩賚。卿爲輔弼，朝夕贊襄，同寅協恭，勳勞並著，加恩示酬，原不爲過。卿乃四懇，情詞誠切，特准辭免，成卿勞謙之美。該部知道。"

十九日①，大學士沈一貫、朱賡題："蒙發兵部題覆張仁等奏請納銀以收旗校、以助大工一本，到閣②票擬，傳旨：'着户部收。'仰揆聖心，原爲該部缺乏之甚，藉此以紓其急，德意甚盛。但臣等於此事亦嘗講求多時矣。今看詳兵部執奏，其說似長，不敢不爲皇上言之。本內欲收旗校一千四百五十名，每名每月給米一石，總計每月該給米一千四百五十石，每年該米一萬七千四百石。京師米價貴賤不齊，姑以平價而論，每石計銀七錢，該費銀一萬二千一百八十兩。每名又該給與布花銀五錢，總該銀七百二十五兩。又該給與布二疋，每疋計銀二錢五分，總該銀七百二十五兩。以上三項，一歲之間該費銀一萬三千六百三十兩。今此輩助大工銀五萬兩，不須四年即費朝廷五萬兩，四年之後，皆朝廷妄費之日，不可勝窮矣。此本下户部，亦必執奏以爲難行也。且今户、工二部每一僉報商人，皆百計千方鑽謀求脱，無一人肯承當者。此門若開，京師中堊實實③富户無不鑽匿於其中，商人益少，中下人家益困，國家後來覓一商人亦不可得矣。祇此一事，妨政亦多，況其他事④？臣等竊計，此本不敢擔當可行。仰望皇上停止爲便。茲不得已，兩票以請，惟聖明審擇。謹具題知。

一票：'你部裏既這等說，罷。'
一票：'准他們上納，但不許支糧免差。銀兩着户部收。'"

是日，大學士沈一貫、朱賡題："照得太子少保禮⑤部尚書兼東閣大學士沈鯉，欽蒙聖恩差官行取來京，入閣辦事。今本官十七日見朝訖，緣未面見謝恩，不敢到任。查得近年陞任京堂官員未獲面見者，本衙門題請，先令到任管事，後補面恩。本官係輔弼之臣，合照前例，先行謝恩，到閣辦事，恭候皇上

萬曆三十年

一九五一

① 日 "日"下當有"戊寅"二字。
② 閣 自此"閣"字起至下"禮"字止共四百二十三字，通行本原誤置於本月十六日記事末尾"知道"二字之前，茲據明抄本改正。
③ 實 明抄本無此"實"字，是。通行本衍此字，當刪。
④ 事 據《敬事草》卷一二，"事"後有"乎"字。
⑤ 禮 自此"禮"字起上至"閣"字止共四百二十三字，通行本原誤置於本月十六日記事末尾"知道"二字之前，茲據明抄本改正。

御門之日，仍補面恩。謹具題知。"奉聖旨："是。着即入閣辦事。"

二十日己卯，大學士沈一貫、朱賡題："爲公務事。照得太子少保禮部尚書兼東閣大學士沈鯉，今奉欽命到閣辦事，例應同知經筵、日講，提調纂修玉牒，及東宮講筵侍班，福王書堂進見、並看詳講章、圈做等項。理合題請，恭候命下，令其與臣等一體供事。緣係公務事理，未敢擅便，謹題請旨。"奉聖旨："是。"

是日，大學士沈鯉奏："爲感激天恩恭陳謝悃事。臣於本月十七日見朝，十九日恭候面恩，該內閣照例題請任到①。奉聖旨：'是。着即入閣辦事。欽此。'謹於二十日午門前謝恩，即到任辦事訖。伏念臣才識譾劣，年齒衰頹，明農以來，舊殖益落，有何一藝可當聖心？而皇上之簡用閣臣也，方且躊躇，二三載之間，遴詢十數推之後，而不以輕畀，其難慎如此。乃一旦而誤及臣愚，弓旌曠典，在河之干，不俟終日，其深知篤信又若此，此今古稀奇之遇，天地生成之德也。臣何幸焉？臣聞恩重者難酬。委石於山，涓流於海，何有何無？夫惟心可盡，身可捐，則涓塵未爲纖，滄溟喬嶽不見謂無益也。故臣今所自矢者，亦惟有無私心、無偏心、無成心、無僞心，竭一生之意識以資獻替，集四海之謀議以助高深。若至於才有所限，慮有所遺，則尤望天容地蓋，山藪茹納，使臣進退得關其忠，職任得行其志，沛然如魚水之歡，廓然見天地之泰，庶或可圖報萬一。此其機則在上，不在下也。蓋人臣受之於君者有二，始之知遇在用其身，終之知遇在行其言。皇上業知臣信臣，知遇其身矣。儻更益光明下濟、精神上通，使臣得展布其四體，以無負今茲之知遇，則臣益有大幸焉。如使受任不效，虛糜素餐，人將謂臣無謀國之志，而徒顯其身，既有妨晚年出處之義，又將謂上有求賢之寔，而不得其用，更有傷堯舜知人之明。臣不足惜，如衮職何？蓋臣自執經侍帷幄，以逮今應召之日，雖已閱三十餘年，而以參鼎足則猶適進身之始。進身之始，不敢不

① 任到 "任到"當作"到任"。

以正進也。故敢因陳謝之餘，私述其所以盟心者，達敬諸黼扆之前，用比於羔鷹之獻。臣愚不任惓惓。爲此謹具本奏謝以聞。"

二十五日甲申，大學士沈一貫、沈鯉、朱賡題："今日發下票本，内有侍郎朱國祚告病一本。照得本官告病已經數次，臣等票其回籍者亦既屢矣。本官才品甚茂，不愧科名，所進講章，典雅端確，誠宜留之以備顧問。但本官因命①吏部之時，偶被人言，雖不足爲本官累，而彼以爲翰林清要之職，吏部銓衡之地，必自重其身，而後可以行其志，若復不顧人言，冒昧到任，非君子所以自處之道，而亦望從此日輕，故汲汲求去，而病亦隨之，比告非得已也。皇上愛惜人才，宜且俯順其情，准令回籍養病。本官年青科近，召用未晚，乃所以成就之，而非棄置也。臣等輒依前票，具揭上請，不敢虛言，以負聖明。無任兢惕之至。謹具題知。"

是日，以甘肅鎮番等處屢捷，賜元輔一貫銀五十兩、綵段四表裏，次輔朱賡銀四十兩、綵段二表裏。

二十七日丙戌，大學士沈一貫、沈鯉、朱賡題："昨日山東一省官員尚書蕭大亨等二十餘人，齊至朝房，來見臣等，爲禮部尚書馮琦講說患病真實，甚危極苦，勢難久留，欲臣等進揭上請，若獲早准回籍，尚可保身事君等情。臣等聞之，不覺悲憐酸鼻，輒爲代請。照得本官德性端雅，學術真醇，忠君愛國之心藹然滿腔，而其才猷識見朗徹精敏，又足以副之，真有體有用之士，詞林之傑選，聖世之寶臣也。久直講幄，繼佐銓政，昨蒙親擢禮卿，襄成大典。臣等方慶得人，以協寅恭，而不意抱痾之深，一至於此。本官形體素充，日漸減削，自去冬感病，至今痰中見血脾胃受傷，藥餌寡效。乃其任事忠勤，未嘗因病而有率易，三月在告，自以爲部務多格，典禮尤妨，而心不能暫寧，故調理尤難也。今各②省士夫皆爲之請。臣等籌之，本官實當今特異之才，他年大受之器，若許暫回調理，就醫復初，

萬曆三十年

一九五三

① 命 《敬事草》卷一二"命"上有"改"字，是，應補。

② 各 《敬事草》卷一二"各"作"合"，似是。

萬曆起居注

彼年方四十有五，事皇上之日長，可以資其弘益。如久留客邸，增益其疾，於國於賢，兩成妨礙，敢乞聖明俯亮，准令回籍養病，以待痊可召用，則爲國樹人之德意甚盛，而臣等亦獲成以人事君之義矣。臣等昨爲侍郎朱國祚乞歸，今又爲尚書馮琦乞歸，二事偶同，且皆詞臣，臣等雖甚惜之，而勢不得不然，非敢有絲毫私意。臣等不①披瀝之至。謹具題知。"

二十九日戊子，大學士沈一貫、沈鯉、朱賡題："先該吏部題准，願告教職歲貢恩貢生員，行移翰林院考試。臣等欽遵，會同禮部右侍郎兼翰林院侍讀學士敖文禎出題彌封，嚴加考試。文理平通歲貢上卷四卷，文理頗通中卷一千二百二十九卷，取中選貢文理平通上卷二卷，文理頗通中卷四百二十卷，俱堪授教職。臣等謹將試卷封進，伏乞聖裁發下，開送該部，查照臣等先後題准事理施行。謹題請旨。"奉聖旨："是。該部知道。"

是日，大學士沈鯉題："臣查近例，凡應面恩官員，候過三次免朝，即具本奏知，不必再補。臣自本月二十日到任，伺候面恩已經三次，宜遵明例，具本奏謝。但臣叨蒙超常之恩，幸備閣臣之數，而循行廷②之禮，止於具本奏謝，不補面恩，違奉天顏一十六載，遽請面見，又所不敢。一念犬馬愚誠，合無容臣隨首輔沈一貫、次輔朱賡恭詣仁德門，行五拜三叩頭禮，以後仍候皇上御朝之日，致詞補見，以抒就日之誠？臣不勝惓惓。未敢擅便，謹題請旨。"奉聖旨："朕覽卿奏謝，具見忠誠。已知道了，禮部知道。"

①不 "不"下當有"勝"字。

②廷 "廷"前當有"外"字。

萬曆三十年

萬曆三十年八月庚寅，朔，賜輔臣一貫、鯉、賡每員楊梅一簍。

四日癸已①，恭視乾清、坤寧宮工程，賜輔臣茶。

六日乙未，大學士沈一貫、沈鯉、朱賡題："爲起送事。該部吏②手本開送庶吉士周如磐，係萬曆二十六年進士，改庶吉士，於翰林院讀書。先於二十七年十月初八日題准養病回籍，至三十年七月二十三日投文到部，行移到院。臣等查得萬曆二十六年十二月題奉欽依，以後起送庶吉士，凡未經散館者，俱仍復館，與見在庶吉士一體讀書、考試。散館之日品題，分別授官。今周如磐例該仍送入館就學。乞敕吏部查照施行。臣等未敢擅便，謹題請旨。"奉聖旨："是。該部知道。"

七日丙申，大學士沈一貫、沈鯉、朱賡題："都御史溫純連日來朝房見臣等，言試御史沈時來等兩奉恩詔，許其拜官之日給與封典，祗因未經實授，有礙題給伊等。見滿朝大小諸臣悉皆拜賜，而獨久未霑恩。人子至情惶惶然。切乞皇上照各部署職事例，准其實授，給與所言，甚懇。臣等查得御史三月已堪實授，今既六月矣，准與實授，亦不爲過。在御史日以恩典未得爲望，而在都③史又日以各差缺人爲望，皆明主所宜俯亮者也。昨都御史一本《爲請給恩典事》，尚在御前未發，臣等敢爲代請，惟皇上至恩允行。不勝惓惓。

是日，以萬壽聖節賜輔臣，每金萬壽字二副、銀萬壽字二副、金篆字八個、金書紅符一道、銀書紅符一道，及講官敕文禎有差。

十日己亥，以萬壽聖節賜輔臣，一貫銀六十兩、綵段四表裏，次輔鯉、賡每銀五十兩、綵段四表裏，及講官敕文禎有差。

十五日甲辰，大學士沈一貫、沈鯉、朱賡題："恭惟本月十

①已 "已"當作"巳"

②部吏 "部吏"當作"吏部"。

③都 明抄本"都"有"御"，是。通行本無此字，誤。

七日，復當我皇上萬壽聖節之期，四方之吏齎表而雲馳，重譯之夷捧琛而麕至，填庭溢闕，皆願望見天顏，以申頌祝之忱。頃歲以來，概蒙傳免。去年乃命於午門前行禮，拜舞成行，臣子雖獲少盡，而翠華懸隔雲宵，莫既遥瞻，非所以昭盛美、隆泰交也。況冕旒御宇，於今爲三十年，虹電流輝，於今復四十載，覃深仁於必世，已觀久道之成，介壽履於維祺，方見卜年之永，臣民喜躍，更倍往時，伏望皇上今年於文華殿臨朝受賀，以聆萬國之歡呼，以介萬年之景福。若以階墀狹窄，不妨列班文華門外，但得一瞻天表，如太陽升天，容光畢照，曲竇之下，亦皆奮起，而況堂序之間，有不欣戴者乎？臣一貫比塵首揆，阻奉清光，積戀經時，同於饑渴。臣鯉、臣賡違侍十年，來從萬里，未承馨①欸，尤切瞻依。惟皇上乘呼嵩祝華之時，復臨御登廷②之舊，精神與臣庶往來，體脉自然流貫，仁恩將海寓周浹，祿壽自爾藩③滋，所以培厚聖躬、鞏綏皇祚者，良非尠小也。臣等不勝欣踴跂望之至。"奉聖旨："朕覽卿等所奏，具悉忠誠愛敬。朕今御曆已三十載，四海安康，殊爲慶幸，亦欲面見卿等，臨朝受賀。但文華殿陛窄狹，且天下諸司衆多，恐失禮儀，還着暫免，照例於午門前行禮。禮部知道。"

是日，以中秋令節，賜輔臣上尊珍饌，又賜元輔膳九品、秋露白酒五瓶、月餅五個，次輔每膳七品、秋露白酒三瓶、月餅四個。

十七日丙午，萬壽聖節④，輔臣詣仁德門叩頭慶賀，各賜燒割一分、甜食一盒，管待酒飯。

又賜上尊珍饌。

又賜元輔膳十一品、壽麪全、長春酒五瓶，次輔膳九品、壽麪全、長春酒三瓶。

二十一日庚戌，大學士沈鯉、朱賡奏："爲仰承恩召共切瞻天懇賜燕見以抒誠悃事。臣等應召以來，伴食首輔，無所事事。獨念人子之於父母，久之不見，則必有思慕之心。而語云：'仕

① 馨 "馨"應作"聲"。
② 廷 《敬事草》卷一二作"延"，是。
③ 藩 《敬事草》卷一二作"蕃"，是。
④ 聖節 明抄本作"節聖"，誤。通行本改作"聖節"，是。

則慕君。'蓋亦以君臣之義，有不可解於其心者也。況臣等親近之臣乎？臣鯉、臣賡夙緣天幸，既恭逢聖作之期，又適當龍飛之會，曾執經而侍帷幄者各拾數年。及後請告而歸，則身在江湖、而心懸魏闕者又各近十五六年。蓋臣等之慕君久矣。乃今以簪履之遭，同備丞弼之列，天顔咫尺，未由伏謁，豈獨無人子之情乎？夫聖神御宇，眷念老成，不時召見，實惟曠典。臣何人斯，敢希此遇？顧念臣等齒髮已衰，都俞一堂雖自有時，亦僅僅可指數矣。既幸依日月之光，猶不殊江湖之隔，傾葵一念，曷能已已？伏望皇上暫假清閒之燕，少垂晉接之榮，使臣鯉等同首臣一貫，俱得俯伏青蒲，快瞻天表，載寫饑渴。如久迷之子，復戀庭幃，覊旅之臣，頓承心腹，將不但上下之情可通，而傳之紀載，亦足侈爲美談矣。臣等不勝懇切祈望之至。爲此謹具本奏聞，伏候敕旨。"奉聖旨："朕覽卿等所奏，數年幃幄，千里召來，君臣面見，都俞一堂，忠愛懇切，朕心嘉悅。候旨行。政本機務繁重，卿等還與元輔同寅協恭，贊成化理，以副眷任老成之意。該部知道。"

二十二日辛亥，大學士沈一貫、沈鯉、朱賡題："頃者敕修琉璃河橋工完，所有碑記，臣一貫遵命撰述進呈，奉聖旨：'是。欽此。'臣等查照舊例，應差制敕房中書官一員，書寫上石。看得本房辦事光祿寺少卿兼司經局正字包漸林，堪以差用。合候命下，令其欽遵前去供事。臣等兩次具題，俱未蒙批發，今該監、部各移文催促，謹具題請旨。"奉聖旨："是。該衙門知道。"

二十九日戊午，大學士沈一貫、沈鯉、朱賡題："頃該臣等以東宮、福王講學日期，三擇三請，未奉明旨。竊惟學貴時敏，功惜寸陰，溫故知新，寔資講讀。冬寒夏暑寬免，已遵舊章，秋爽春和，工夫豈可作輟？今入秋已深，距冬不遠，日月易邁，難復蹉跎。故不避頻類①，謹擇九月初二日、初六日上請，伏望欽定一日，以便遵奉供事。謹題請旨。"奉聖旨："是。東宮併福王着於九月初六日講學。該衙門知道。"

① 類　明抄本作"頪"。通行本作"類"。當作"數"。

萬曆起居注

萬曆三十年九月己未，朔，大學士沈一貫題："臣連因感冒咳嗽，頭旋心嘈，有難入直。冒昧上請，乞假調理數日，伏惟聖慈恩許。不勝感戴禱祈之至。謹具題請旨。"奉聖旨："朕覽奏，知卿偶疾，准暫給假，慎加調攝。稍可即出佐理。吏部知道。"

二日庚申，大學士沈一貫奏："爲恭謝天恩事。近該臣以患病給假調理，伏蒙聖恩，遣牌子於朝用齋賜臣鮮猪一口、鮮羊一羫、白米二石、酒十瓶、甜醬瓜茄一罈，到臣私寓。臣謹望闕叩頭謝領訖。伏念臣受氣甚弱，遇主最奇，拮据九年，憂勞萬狀，致令骨肉挺解，形神俱疲。方予假之自天，已感恩而無地，乃復遇蒙眷注，俯遣臨存，勤禁直之中涓，馳天庖之上品，流深仁於推食，示慈惠於和羹。顧兹疾疢之支離，兼以年齡之頹暮，五官受病，拜玉食以蠲煩，二豎爲殃，挹金莖而止渴，即荷生成於罔極，尚憂啁結之無期。臣不勝感戴惶悚之至。謹具本奏謝以聞，伏候敕旨。"奉聖旨："覽卿奏謝，朕知道了。禮部知道。"

四日壬戌，恭視乾清、坤寧宮工程，賜輔臣茶。

五日丁卯①，大學士沈鯉奏："爲感時觸事少效愚忠懇乞聖明採納以遏亂萌事。臣頃以瞻仰至情，疏請面見，伏蒙聖諭令候旨行，且勗以閣務繁重，宜與元輔同寅協恭。臣仰奏②綸言，默自循省，皇上以心腹任臣，臣亦腹心事主，則今日所謂協恭者，寧有外平生所學勿欺二字乎？蓋腹心之臣，當言不言，與有言不盡，固欺也。即掇拾微細，與過爲激切，亦欺也。臣內盟幽獨，仰體聖心，苟非懷社稷深憂，何敢爲激昂高論？惟諸臣累言而不聽，或老臣萬一之可回，故瀝血嘔心，進其愚説。臣原籍河南，當中原之地，爲東西南北輻輳之衝，四方民隱無不與聞。而頃者奉召北來，所至皆觀風考俗，悉其情狀。乃知當今時政最稱不便者，無如礦稅二事。蓋採権之始，皇上本以權宜濟乏，不欲重徵。其分遣內臣，亦以區畫下情，便於上達。

①五日丁卯 "五日"當爲"癸亥"，"丁卯"當爲"九日"。此處"五日丁卯"當誤。
②奏 明抄本作"奉"，是。通行本作"奏"，誤。

乃内臣不能仰承德意，濫用羣小，布滿州間，窮搜遠獵。而羣小之中，又各有爪牙羽翼，虎噬狼吞，無端告訐，非刑拷訊。遂激爲臨清之變、武昌之變、蘇州之變，已煩皇上處分。而近日廣東、遼東、陝西、雲南，尤復紛紛未已。臣竊觀天下之勢，如沸鼎同煎，無一片安樂之地，貧富盡傾，農商交困，流離轉徙，賣子拋①妻，哭泣道途，蕭條巷陌，雖使至愚之人，亦知如此景象，必亂無疑。乃今市井奸民，猶復肆爲欺罔。皇上祇見其目前所入如此豐盈，寧知其私取充囊，十得八九。彼惟假公圖利，豈有爲國真心？一旦生事地方，真甘豢豕自屠，獨使朝廷當百姓之怨耳。夫自古天下之亂階，皆始於民心之嗟怨。朘削愈甚，結怨愈深，譬之蓄火未然，乘風即熾。彼愁苦無聊之衆，何事不爲？而不及早安緝，潛消亂萌也？皇上豈將謂東征西討，宣捷獻俘，神武赫赫，無復可慮乎？以臣愚計，則亂生不同。有逆而亂者，有憤而亂者。逆而亂者，如寧夏、播州，彼先據不詳之名，而我爲仗義之伐，故人心用奮，天戈所指，當即芟滅。若憤而亂者，則所謂土裂瓦解者也。以四海之衆，而嚻然皆怒皆怨，一倡萬和，雲合景從，朝廷之號令必不可行，官司之法度必不能制。兵於何出？餉於何資？蓋國家連歲興師，行齎居送，按丁增調，履畝加租，瘡痍未瘳，呻吟未息。更有徵發，豈不速亂？在昔唐德宗時，稅間架，除陌錢，比涇原變起，百姓操白挺逐官吏曰：'自今敢復稅間架陌錢否？'此今日懷亂之人心，所必至也。衛懿公好鶴，鶴有乘軒者，將與狄戰，國人曰：'君使鶴，鶴實有祿位，予焉能戰？'此他日遭亂之人心所必至也。臣不勝杞憂。以爲方今亂形雖成，禍機未發，必欲速弭大亂，莫先收拾人心。必欲收拾人心，莫先停止採榷，徵還中使，繫治棍徒，曠然於天下更新。此大聖作爲，太平景象，海內人心所日籲天而求者也，上也。即不然，而改畀撫按代與徵輸，則賦額既可無虧，窮人亦得蘇息，目前救弊亦其次之。在皇上一轉移間耳。夫財貨之盛，珍寶之玩，縱爲可欲，比之於四海幅員，萬邦黎獻，祖宗之所垂金甌大業、赤縣神州，孰寡孰多？往中使未至，則賦有常經，藏有恒積，夫孰非皇上

萬曆三十年

一九五九

①拋 "拋"當作"拋"。

萬曆起居注

①益孰 "益孰"當作"孰益"。

②者 明抄本"者"上有"賢"字，是。通行本脫此字，當補。

之財也？而今則商旅不行，貨物不聚，私橐盡滿，公帑盡虛，朝取其三，暮失其四。孰損益孰①？礦額非取諸山澤，稅額非得之貿易，皆有司加派於民以包賠之也。有司既加之，而稅使又攫之。加徵者有數，攫取者無極。一林衆蒐，所銓幾何？割股實腹，詎能安飽？曰包與賠，何以示後？若反是，而君不獨富，民不獨貧，上下相安，公私兩利，熙熙乎好義終事矣。孰利孰害？泉貨本流行不滯之物，有乘除消長之數。夫既拂民情而聚之，又不收民心而守之，一朝有變，四海困窮，瓊林大盈，豈能不發？及今而止，猶國之財也。孰得孰失？名者，人所甚愛，人固有捐軀以成名，有散財以博名，有讓千乘之國以徼名者。孰有如堯舜之名之振古無兩也？方春二月間，海內之額祝皇上而口稱堯舜者，道路聲相聞，臣誠不勝其栩栩之色，以為吾君並堯舜而三，則鴻名與天壤無極，而福壽亦在其中焉。奇貨可居，孰大於此？臣猶願皇上之亟反之也。臣老諄，誠不知國家大計。皇上試以今時事徐察之，當世之人心，凡為士、為農、為工、為商、與宦游畿服內外者，無小無大，有不如臣所言者乎？即道路往來之人，室廬居處之衆，入而巷議，出而偶語者，有不如臣之所言者乎？封疆之臣，介胄之士，或邊或腹，憂守憂戰者，有不如臣所言者乎？微獨是，即礦稅內使，如浙江孫隆、湖廣杜茂者，彼皆不昧其本心而稱者②也，有不如臣所言者乎？夫以當今事勢，舉天下皆知之，而亦皆私慮之，其焉可以不寒心也？而猶可泄泄乎？雖然，此諸臣餘唾也。臣何故又言之？蓋諸臣有言責而言者，憂在其耳目者也，有官守而言者，憂在其肢體者也，猶在外者也。臣腹心親密之臣也，則憂在內矣。惟在內，故分猷分念而媚茲一人者，其情為獨切。惟情切，故凡可集衆思、廣忠益、以宣其湮鬱、而效之主上者，自不得不詳，不必皆出諸臣口也。此臣前所謂勿欺之指也。惟皇上裁察。臣不勝懇切祈望之至。"

是日，大學士朱賡奏："為感恩圖報直陳救時末議以效微忠以光聖治事。臣叨陪輔佐，職在論思，悁悁獻替之忱，如有物在喉，亟欲一吐久矣。屢從首臣具揭、而未敢直有所陳者，緣與同召臣鯉相期，欲一觀天顏，面抒誠悃，庶幾古大臣入告出順之義，故需之至今也。頃該臣等具奏，伏奉溫綸批答，言言可爲典謨，而召來千里、都俞一堂之語，宛然喜起之風焉。臣何人而可以當此？抑不知何修而可以副此？惟有一念愛君憂國之誠，盟心籲天，願皇上事事爲堯舜，願天下人人被堯舜之澤，則平生所陳説於上前，而今日欲親見之行事者也。除夙夜齋沐，恭候召對外，不敢以瑣屑瀆至尊。請言目前第一喫緊事，皇上試垂聽焉。今滿廷諸臣所矢口爭之而不得者，非礦税與？臣以爲不忍加派小民，皇上之仁也，不得已而取諸礦税，以資國用，皇上之權也。權可暫而不可久，仁則無物可遺，無時可息。而奈之何以權宜爲經制、久而不歸、令未竟之仁恩鬱而不流也？語在諸臣疏中，臣無容贅。第以一路之所耳目者陳之。皇上以今之礦尚採之山與？今之税尚榷之商與？自開採不止，地無餘骨，而處處包礦，則蒼黎之骨髓也。自徵榷不止，商無餘資，而處處包税，則菜傭之資本也。天子享四海九州之富，何處非財？居父天母地之尊，何民非子？而旁搜深山窮谷之藏，下括傭人擔夫之橐，臣固知皇上之不忍也。皇上之心，本自仁愛，特以利權付於不學之內使。其中非無善者，而不勝其不善者之多。又有亡命之奸，鼓刀筆以爲羽翼。椎埋之輩，張羅網以爲爪牙。金紫盈庭，戈矛載道，如狼如虎，如螫如蠆，不饜不休，不奪不厭。往往一兔而兩剝其皮，取魚而並竭其澤。小民稍不將順，輒見捶楚。有司纔一調護，輒被參拏。且進奉者一而掊剋者百，而利歸衆手，而怨歸朝廷。凡有憂天下之心者，誰能甘之？臣所經過地方，父老子弟咸遮道而懇曰：'上供易而下供難，鬻産業易、鬻妻子難，逃鄉土易、逃生死難。聖天子深居九重，應不知小民疾苦如是。願入言之，以活旦夕之命。'蓋疾首蹙額，囂然喪其樂生之心。夫既不樂生，寧復畏死？既不畏死，寧復畏法？誠恐一夫呼之，百夫響應，一方倡之，四方雲起。比時官僚多闕，府庫悉空，無將無吏，無食無兵，而候止候行之令，又無信可恃，皇上即發停止之詔，無及於噬臍，即捐內帑之藏，無救於遠火，天下事尚忍言哉？語曰'君猶舟也，民猶水也，水能載舟，亦能覆舟。'皇上幸毋以劉哱、倭奴、府江、播州、甘肅等處相繼受俘，而謂治可長保也，亦幸毋以天津、臨清、武昌、承天、廣東、遼陽、蘇州、淮徐之變旋即解散，而謂亂可無虞也。天下之患，固有釀之久、蓄之深、倏然而來、不及措手者。唐玄宗方宴於凝碧之池，而漁陽之鼓鼙已闐於戶，宋徽宗方游於艮嶽之圃，而金人之纍絏已及其身，此皆不移晷刻而立見傾危，豈有次第先後哉？今但見瓊林、大盈可以充居積，奇珍異玩可以娛目前，而不知輦下之有羌戎，舟中之有敵國。噫，可懼已。夫取元元百姓與瑣瑣貨財較，奚翅民重？取缺①金甌與有限貨財較，奚翅國重？況民散則財不獨聚，國危則貨亦悖出，皇上聰明天縱，豈不辨此？良小人妄窺聖意，巧為說辭。礦之計窮則寶井、海山之說進，而索之輿②圖之外矣。稅之計窮，則絕③糧契稅鹽利庫餘之說進，而求之影響之間矣。聽之若有據，行之若無傷，故此輩一言而即入，在廷百言而不省。傳曰'長國家而務財用者，必自小人矣。彼為善之，小人之使為國家，菑害並至，雖有善者，亦無如之何矣。'豈為今日而發乎？臣愚伏望皇上推不忍加派之心，徵還內臣，悉罷礦稅。推逮治魯登科之心，嚴查一切欺罔，悉諸實法。而又推宥張時弼之心，併釋逮繫諸人，悉復其官。則一俄頃間，而聖心之仁，盎然被於四民，沛然流於四海，名與堯舜俱永，治與唐虞比隆。而臣一念狗馬之誠，亦庶幾不負所學，不虛此出矣乎？臣老矣，報皇上之日短矣。古有生不及言而以尸諫者。臣舌尚存，及今言之猶愈於尸諫，故敢不避斧鉞冒昧陳此。臣無任懇切隕越之至。"

是日，以重陽令節，頒賜輔臣一貫、鯉、賡上尊珍饌。

十四日壬申，大學士沈一貫、沈鯉、朱賡題："照得去年十月初十日該刑部等衙門一本，奉聖旨：'今歲天下暫免行刑，著牢固監候。欽此。'又十月十五日詔書內一款：'內外各衙門見監應決重犯，暫免行刑一年。欽此。'仰惟聖母崇百代之徽稱，普天同忭，皇上彙彝倫之至樂，匝地騰歡，大慶駢臻，雖昆蟲

①缺 "缺"上似應有"無"字。
②輿 "輿"當作"輿"。
③絕 "絕"字疑誤。

萬曆三十年

草木悉皆鼓舞，血氣之屬能無瞻冀？臣等恭繹詔條，無一字①不屬深恩，無一人不被渥澤，而曠蕩之惠，尤莫大於停刑。但昨歲一奉恩旨，再奉恩詔，而始蒙一次停刑之賜，中外囚繫不無餘望。況皇上三十年，久道化成，正在今日，勝殘去殺，振古盛事。目今朝審屆期，伏望皇上弘霈玉音，申明去年詔旨，今各省直概停刑一年。一人有慶，舒爲萬國之歡娛，四海同春，萃爲九重之壽祉。臣等無任欣禱仰祈之至。"奉聖旨②。

　　十六日甲戌，大學士沈一貫奏："爲政幾至重衰病日增懇乞天慈賜骸歸里以幸餘生事。臣頃因患病請假，伏蒙聖恩俞允，隨叨天庖寵錫，存問殷惓。自昔人臣之受知於君者多矣，孰有如臣遭際最奇者？噓唏流涕，奮身圖報，臣之分，臣之心也。顧自調理以來，病患有增無減，因思技窮力殫，恐不能終事，將逭臣罪，則當自量，將報聖恩，亦宜自量。輒有瀆請，惟皇上垂憫焉。臣氣稟素薄，年齡又衰，無歲不病，無歲不告。自萬曆二十六年首輔志皋註籍，臣獨一身在閣。臣小心畏慎人也，負荷愈重，兢惕愈多。加之國憂邊慮，並時到心，獨宵獨晨，莫謀莫斷。千愁攪其腸，萬勞攢其形，每至通夕無眠，終朝不食。神忽忽如有失，魂搖搖其屢驚。如是者五年，而至於今，既以憂而成病，復以病而增憂，元氣索然而羸③瘵不可爲矣。春間衄血過多，入夏汗流如注。茲者涼飇一襲，肌栗骨水④，頭旋足浮，耳鳴目歧，百節之中，節節是苦，疾無療理，藥鮮神功。而所最不可療⑤者，語言過耳即忘，追思了不可得，貿亂謬誤，時常悔之，此尤妨事之大者也。臣聞器盈則傾，物衰則落，此乃恒理，莫可轉移。論臣之心，如盲人不能忘視，論臣之力，若頹波不可復返。留此無⑥，且貽大損，又奚敢饕榮怙寵、而不亟爲皇上乞身乎？且臣亦非恝然去也。最喜一時得兩賢輔，足以辦皇上之事，忠猷亮節，饒運掌之經綸，正學清操裕格心之謨略，才皆踰臣十倍，而品亦加臣數等，必能轉旋樞極，振揚枓衡，維氣化於未衰，鞏皇圖於有永，決非牽補支持僅如臣而已。臣與二臣者，白首同林，相信甚篤，赤心報國，

一九六三

① 字　明抄本作"事"，是。通行本作"字"，誤。

② 旨　"旨"下應有脫文。

③ 羸　明抄本作"羸"，是。通行本作"嬴"，誤。

④ 水　"水"當作"冰"。

⑤ 療　明抄本作"廖"。通行本作"療"。《敬事草》卷一二作"瘳"。《敬事草》是。

⑥ 無　據《敬事草》卷一二，"無"下當有"益"字。

相期甚遠，而臣之所不能者，二臣能之。二臣在事方新，皇上但一意信任，則庶績自熙，而臣亦可藉以補從來之缺，臣之所以去而心安者此也。惟望聖慈哀憐，允臣致仕，俾臣體骨歸就先臣丘隴，如天恩澤不可名言，子子孫孫亦頌歌頂戴於無斁矣。臣無任懇迫哀籲之至。"奉聖旨："卿贊政多年，純誠體國，篤慎清貞，備極勞勩，朕所鑒知。適今海宇多事，機務殷繁，方切倚毗。偶緣微恙，遽爾乞歸，豈朕所望？宜善加調攝，稍可即出佐理，以副朕延佇至意。不允所辭。吏部知道。"

是日，大學士沈一貫題："臣頃因患病具揭請假，奉聖旨：'朕覽奏，知卿偶疾，准暫給假，慎加調攝。稍可即出理佐①。吏部知道。欽此。'隨蒙欽賜豬羊酒米等物。除臣力疾叩領，具本陳謝外，臣伏思皇上恩澤，天地不足以喻大，江海不足以喻深，糜骨粉身，無所稱報。但臣病係積勞所致，一時併發，實難調理。蓋自戊戌十月，大病甫瘳，獨柄國事者五年於茲。政幾本自繁重，又多軍國大計，成敗在前，安危在後，徬徨躑躅，無一日不擔驚受怕，心神見傷，致令②坐臥不寧。食藥難受，體力疲萎，手足拘攣，尤苦不能強記，不奈思索，轉眼即忘，忘即不可尋覓。若不自量而猶棲遲繫戀，必將誤國，抑且自誤，身名俱滅，而又仰累皇上知人之明，此臣所大懼也。臣之疏詞，一字一血，絕無虛假。最喜二輔皆忠貞清慎，遠猷長才，一時兩賢，真堪託國。臣身雖去，君側有人，國事無憂，臣心亦放。伏望皇上至慈至仁，俯加矜憐。昔人於老牛老馬尚不欲竭其餘力，解而縱之，聽其自便，臣雖無功，比於牛馬，侵③尋，僅存餘喘，宜亦聖慈之所動念。乞賜骸骨，歸之山林，臣當結草地下以報天恩也。臣不勝懇祈之至。"奉聖旨："朕以卿偶疾，暫假慎攝，佇望日出佐理，豈宜有此來奏？朕心惻然。便著太醫院堂上④率領御醫前去診視調理。卿宜仰體倚任至意，稍可即入輔政，勿得遜辭。該衙門知道。"

十八日丙子，大學士沈一貫奏："為恭謝天恩事。臣以衰病具疏乞休，仍具揭申請。伏蒙皇上兩賜優答，即遣太醫院院使徐文元等，率領御醫許登雲等到臣私寓，診脉用藥，臣不勝感激。除望闕叩頭恭謝外，伏念臣蒲柳脆姿，素嬰多病，桑榆末景，況值難時，一奉風雲以來，九見星霜之易，夙宵祇畏，手口拮据，無以身爲，果於病會。魂摇精喪，若兀坐於顛車，身支形離，似困於密網。元氣棄以爲芻狗，大塊假以爲蜉蝣。仰丐餘骸，殊深跼蹐。何期聖眷彌益高深，頃刻而温詔重來，寧直一札十行之賜，無何而天醫輩至，詎言三樂六膳之調。恩莫能名，報當奚似？若環若草，未堪酬大造之仁，爲鷃爲鵬終望適自然之性，誓同耕鑿，共矢謳歌。臣不勝感戴惶悚之至。"奉聖旨："覽卿奏謝，朕知道了。禮部知道。"

十九日丁丑，大學士沈一貫、沈鯉、朱賡謹題："昨該刑部尚書蕭大亨等奏朝審重囚，請欽命大臣主筆，臣等因吏部尚書李戴在告未出，已擬户部尚書趙世卿等，及蒙發下改擬，臣等將見在尚書趙世卿、王世揚、姚繼可三員開具上請，無非慎重大典之意。今蒙點用王世揚。臣等反覆思之，六部班次在朝堂既不可紊，而主筆重任在舊制又當居先，若以兵部居户部之上，於位次未免僭差，若以主筆居稠衆之間，於事權又屬輕忽。今擬借重綸音，仍命吏部尚書李戴暫出主筆，不得以疾爲辭，免報①名見朝，事完仍遵前旨調理，庶於事體爲妥當耳。伏乞聖裁。"奉聖旨②。

二十五日癸未，大學士沈一貫奏："爲積病痊③三懇慈恩俯容退休以延餘喘事。頃臣具揭具疏，兩懇賜骸，奉聖旨：'朕以卿偶疾，暫假云云。欽此。'臣叩頭恭誦，伏地不起。哀祈非矯，温諭駢諄，犬馬戀主，葵藿向陽，天眷殷惓，忍圖自便？使臣苟可驅策，如一二年前，何敢言去？去亦何爲也？在朝在籍，誰獨非臣子乎？但臣所肩者國家萬務，而苦者老疾併加。或如④戀寵恬⑤恩，容身固位，不惟誤國，抑⑥誤身，無一可者也。蓋臣在閣九年，無⑦勛勤之日，兼辛倍苦，前疏略陳。而臣又運限適窮，家喪疊出，妻妾淪委，二子繼殤，叔兄期哀，

萬曆三十年

① 報 明抄本"報"上有"其"字，是。通行本無此字，誤。
② 旨 "旨"下當有脱文。
③ 痊 據《敬事草》卷一二，"痊"上當有"難"字。
④ 或如 《敬事草》卷一二作"如或"，是。
⑤ 恬 "恬"當作"怙"。
⑥ 抑 明抄本"抑"下有"且"字，是。通行本無此字，誤。
⑦ 無 據《敬事草》卷一二，"無"字下當有"非"字。

萬曆起居注

屢來訃報，骨肉銷殞，哭泣無時。公私摧殘，爲病固久，易醫求治，其人甚多，而衆言厖襍，耳不忍聞。即昨蒙聖慈軫念，特遣太醫徐文元等五人互診臣脉，舉謂臣肝氣不舒，心氣不寧，肺氣不清。可見五臟之中，而三已受其病矣。至於處方用藥，爲舒肝清肺寧心之劑，而復益之以健脾之劑，可見三臟既病，而病又移於脾矣。夫一臟之病易療，兼二則難，兼三則危，而況於兼四乎？文元等之言，必無虛誑，即欲仰遵聖諭，善加調攝，將何以哉？竊以爲治欲諸病，當先治心。而臣既在事，則心兢兢祇畏，不敢少舒，病何由治？心虩虩驚恐，不能少定，病何由治？非謝事不能安心，今可以謝事之秋矣。孔子六十之外，尚不作周公之夢，頒朔在邇，臣年六十加七，勢不可以復支理，豈久於人世？且臣入仕已三十六年。以三十六年之身服役朝①廷，而乞一日命歸死丘隴，宜亦聖主所深憐而亟許也。伏乞皇上俯允臣請，霈恩賜閒，以畢微臣始終之義。若國家之事，有輔二②臣在，臣保其必能贊襄，而不孤皇上之委寄矣。臣無任瀝陳哀籲之至。"奉聖旨："卿籌國勞心，偶蒙霜露之恙，朕殊日夕嬰懷。然亦調理易愈，何以又有此奏？機務繁重，朕倚耆碩，一德同心，弼於至治，不啻肱股③。卿宜體朕此意，暫攝數日，即出佐理，慎勿再辭。吏部知道。"

是日，大學士題："臣等猥以哀庸，叨陪輔佐，逡巡伴食，莫展一籌。所賴首臣一貫，志合道同，左提右挈，庶幾因人成事、藉手塞責耳。頃者首臣以疾請告，皇上眷留殷懇，度越尋常，意其必能仰體聖心，强出贊理，而乃再行陳請，情詞愈堅。雖聖心自有主裁，無庸臣等煩瀆，而臣等在直數月，見其念念忠貞，事事練達，才與誠相合，謀與斷相成，政本之地，有不可一日無此臣者。臣等才識疎庸，不逮遠甚，而尫頹潦倒之狀，則寔過之。況今時事多難，機務繁劇，若代庖日久，叢剉日生，恐上虧聖謨，下妨庶政，臣等安所逃責？爲此，欲仰借綸音之重，諭令速出贊理，毋復再辭。在皇上如車之有輔，在臣等如衣之有領，不惟致遠不泥，衮職無闕，而於皇上所稱同寅協恭之旨，亦庶乎其不負矣。臣等無任懇切仰祈之至。"

① 朝 據《敬事草》卷一二，"朝"作"闕"。
② 輔二 明抄本作"二輔"，是。通行本作"輔二"，誤。
③ 肱股 "肱股"當作"股肱"。

萬曆三十年

萬曆三十年十月己丑，朔，賜輔臣一貫、鯉、賡每員中曆拾本，民曆一百本，及講官敕文禎有差。

四日壬辰，恭視乾清、坤寧宮工程，賜輔臣茶。
是日，以中宮千秋令節，頒賜輔臣上尊珍饌。

六日甲午，大學士沈一貫奏："爲沉痾難療誤蒙聖憐四懇早俞以歸餘骨事。頃臣具疏《爲積病難痊三懇慈恩俯容退休以延餘喘事》，奉聖旨：'卿籌國勞心云云。欽此。'臣跽捧三復，嗚咽不休，既感知遇之難名，而復自悼其報酬之罔日也。竊惟人臣之所患者，下情不能上達耳。若已上達，則見俞應不難矣。乃臣蒙皇上特加體亮，謂臣以勞心致恙，又爲臣日夕嬰懷，則臣情不可謂不上達。然猶以暫攝見勖，即出爲期，則臣情又何可謂之盡達？祈籲轉切，憐留轉殷，顛踣之餘，投以萬鎰，不勝感激，而尤不勝悶迫矣。皇上豈以當今九列大臣強半求去，臣不宜言復①去乎？顧諸臣之求去，各有所爲，或出一事之憤激，或緣一事②之抱痾耳。臣則不然。偪於衰晚，時既不聽臣留，發於懇③，夙心亦不聽臣留，此天下共憐而亦共以爲宜公者也。臣聞病者能自言其病，病未甚也，若臣病甚而不能自言其病者也。臣不能言，而太醫五人舉能爲臣言。當診視之時，相顧吐舌，意雖望臣復起，而終不能爲臣曲諱於上前。是安可責效於調理、而望痊於時日也？臣數歲之中，歲歲求去。顧是時求④去，臣亦有罪焉。閣中無他輔，天下多隱孽，而皇上方獨憂於九重，義固不可輒去也。今國事漸定，民心漸開，二輔有交助之益，皇上無獨憂之虞，臣之求去不爲不忠，而臣身愈勉強，病愈沉痼，前期轉迫，後效益微，尚不求去，實爲不智。夫物各有量，量各有極，兼人之力，至老而休，彌天之日⑤，見棺而戢，七尺之軀必有盡，萬形之生必有毀。龜腸蟬腹，所需幾何？而鐘鳴漏盡，夜行不休，是罪人也。以此顛仆強支之人立於班行，則指摘四集，以此迷罔多眩之人議於密勿，則誤⑥叢生。臣實爲免殆免辱之謀，非敢附於知足知止之列。而

①言復 明抄本作"復言"，是。通行本作"言復"，誤。
②事 據《敬事草》卷一二，"事"當作"時"。
③懇 明抄本"懇"後有"懇"字，是。
④求 《敬事草》卷一二"求"作"而"。
⑤日 《敬事草》卷一二"日"作"心"。
⑥誤 據《敬事草》卷一二，"誤"前應有"過"字。

意圖感聖，則不得不旁引曲譬，冀遂所懇。伏望皇上俯諒臣萬無矯飾之心，曲成臣始終出處之義，早放還山，以昭聖朝之待臣有禮，不竭狗馬垂斃之力。臣死之日，誓當結草。臣無任瀝泣哀籲之至。"奉聖旨："昨因卿疏，已諭朕意，謂卿時下可出，何以又有此奏？方今寓內多事，朕倚名德弘濟艱難，如左右手，固言求去，豈卿所安？尚勉爲朕留。還着鴻臚寺堂上官宣諭朕意，亟出任事。吏部知道。"

八日①，大學士沈一貫、沈鯉、朱賡題："爲日講事。照得經筵日講官禮部右侍郎兼翰林院侍讀學士教習庶吉士掌院府敖文禎病故，所有恭撰講章缺官辦理，合當推補。臣等推得詹事府掌府事禮部尚書兼翰林學士曾朝節堪補前缺。合候命下，令其不妨掌詹教習事務，欽遵供事。臣等未敢擅便，謹題請旨。"奉聖旨："是。"

九日丁酉，大學士沈一貫奏："爲陳情未遂更荷宣諭恭謝天恩並申前懇事。臣昨具奏《爲沉痾難療誤蒙聖憐四懇早俞以歸餘骨事》，奉聖旨：'昨因卿疏，已諭朕意云云。欽此。'隨該鴻臚寺堂上官張棟等，恭捧到臣寓邸，臣恭設香案，力疾跪聽宣讀，望闕叩頭謝恩訖。瀆奏滋多，眷恩逾溢，感激震恐，彌不能安。伏念臣久嬰多病，年瘁一年，而猶回遲逡巡、未敢亟請者，正緣之愚性素不辭勞，苟勞未至於委頓，尚未忍自圖便安也。乃茲則勞極病甚，臣身之苦，臣心自知，支持日窮，萬不得已，是以四上封章，日冀俞允。何期隨奏隨答，春溫滿篇。前既叨天庖之頒，國醫之遣，今又特命禮官臨臣宣諭，丁寧慰勉，莫遂懇祈，恩禮至隆更無可加矣。上心圖舊，臣仕得君，千載風雲，豈可得②？揆於常理，宜何如感慶？而臣頗懷忠誠，豈圖報之敢後乎？銘肝鏤骨，摩頂放踵，誠義之所不容辭也。但臣今日益以難處。病不勝劇，故有前此之辭，而劇不可強，終之後來之效，譬之瘠牛羸馬，非惟不能引重，抑恐至於僨轅③。皇上即哀臣遇厚，不忍遂捐，則假臣山林之年，歸就醫

①日 "日"下當有"丙申"二字。

②得 明抄本"得"上有"再"字，是。通行本無，誤。

③轅 明抄本"轅"下有"矣"字，是。通行本無此字，誤。

藥之便，儻回生機，尚竭餘力。若以病加勞，因勞加病，輾轉狀伐，必無殘軀，害生於恩，恐非皇上所以顧憐老臣之意也。伏望特垂鑒照，曲全哀朽，早允休致，少均逸勞，馨輸血懇，決俟矜從。臣茲又值嗜褥颼發，神魂迷罔，語無次第，祇有涕泣。臣無任望天陳謝、伏地懇祈之至。"奉聖旨："奏謝，朕知道了。卿宜曲體朕意，時下即出，以副眷懷。該部知道。"

十五日發①卯，大學士沈一貫、沈鯉、朱賡題："先准禮部手本，題奉欽依，請撰寫襲封琉球國王尚寧詔敕。已經進呈、用寶訖，專候正副使齎領間，續准禮部手本，開稱原差正使、兵科給事中洪瞻祖丁憂，今復差兵科右給事中夏子陽前去。所有詔書該用龍箋，欲照例於內府司禮監關用。未敢擅便，謹題請旨。

　　計　開

描金雲龍邊襴湧祥雲背大黃箋紙一張。"奉聖旨："是。該衙門知道。"

十九日丁未，大學士沈一貫、沈鯉、朱賡題："為公務事。照得內閣原設典籍二員，管理一應事務。今該制敕房辦事尚寶司少卿兼翰林院典籍王國棟，給假省親去訖，相應選補。臣等推得誥敕房辦事中書舍人秦焜，堪補前缺。合候命下，令其制敕房辦事，與同原官②典籍事禮部精膳清吏司主事王益，一體供事。臣等未敢擅便，謹題請旨。"奉聖旨："是。"

二十日戊申，大學士沈一貫、沈鯉、朱賡題："今日發下文書，有禮部尚書馮琦《十懇天恩早放生還》一本。臣等看得，本官受知聖主，蔚為人望。非不欲仰體聖意，票擬勉留，但嘗親至本官榻前，見其形神俱憊，肌肉盡消，實係病危，委非退託。況部事繁劇，無一佐貳官為之代理，雖欲安心靜養，勢必不能祇益之病耳。臣等所以兩進揭單，三擬俞旨，暫請放歸調理，以待異日之用，正所以愛惜之、保全之也。今次已經十懇，

①發　"發"當作"癸"。

②官　明抄本作"管"，是。通行本作"官"，誤。

萬曆三十年

一九六九

情迫詞窮，臣等謹以前所擬者謄上，惟聖明憐而許之。臣等又惟，祖宗朝部院大臣以病乞歸者，多不過三疏，未有不允。蓋臣子分義，不敢虛辭，主上綸音，不可屢褻，一以明臣職，一以尊朝廷，體如是也。近來諸臣有至二三十疏而不得請者，雖皇上不棄無故，自是盛德，而於國體亦稍褻矣。夫使其果託疾耶？其心已非純白，安用留爲？使其果疾篤耶？其身已自危殆，留之何益？與其愈留愈請，沿爲虛文，孰若旋去旋補，得有實用。臣等有概於中久矣，非獨爲琦發也，統望皇上裁之。臣等不勝仰懇之至，請①具題以聞。"

　　二十四日壬子，大學士沈一貫奏："爲乞休本出夙心聞言恐不見察謹自表白因祈賜早②致仕以杜衆疑事。臣以久勞多病四疏乞休，復謝恩陳乞三疏，總以七上矣，未蒙恩俞。正圖再請，適都御史溫純投臣一揭《爲懇乞聖明亟定國是以一衆志以保治安事》，内參御史于永清、都給事中姚文蔚，而因言其肆無稽之說，使臣一貫日抱無端之疑，不安於位，杜門不出等情，其祥則言永清乘御史劉九經疏中有《十月》、《南山》之語，與文蔚共言秦人欲擠首相，致臣一貫不得不疑云。臣當時略讀純揭一遍，茫然不省，隨請純入，一一面解。始知所謂《十月》、《南山》者，謂九經論董裕等之疏有云'誠恐匪人用，而凡所引用者皆匪人，則《南山》致慨師尹，《十月》與咨皇甫，關係豈淺'等語，此爲擠臣而發也。臣語純曰：'此疏一貫初讀過，殊不之覺，後亦不曾再看，且無一人提起，今因公言始若發蒙。一貫求去，自是行其素志，已非一朝一夕，實未嘗抱無端之疑也。'純亦洞然面釋而去。臣思此事，若不爲皇上大廷言之，恐天下傳聞，不能諒察，謂臣果因懷疑求去，則本心不明，而去志彌鬱，不敢不備陳之，臣惟朝士相攻，自其故態，但黨之③字，則諸臣立言之故④。臣誓不言黨，第知憂國公奉⑤者爲賢，不問其爲何黨也。每與純言及此，純亦素知臣心矣。臣性疎直，未嘗疑人，臣素不預人黜陟，未嘗致人之疑。于永清、姚文蔚既不與臣相聞，彼於何處倡疑？秦人何故而欲擠臣，忽自生此

①請 "請"字疑當作"謹"。

②賜早 據下文，"賜早"當作"早賜"。

③之 《敬事草》卷一二"之"下有"一"字，是。

④故 "故"字《敬事草》卷一二作"過"，是。

⑤公奉 "公奉"當作"奉公"。

疑？且臣九載入閣，三年獨任，雖是金石，亦當銷毀，病爲真病，乞爲真乞，即三尺童子可意度而知，人亦不必生疑也。久置身於失得①之外，而尚謂臣因疑求去，則臣心晦矣。第九經此言，臣今日既已覺之，益當自省。昔管仲相齊，樂聞譏諫之言，蕭何佐漢②，乃設書過之吏，子產不惡鄉校之謗，李沆遜謝狂生之訕，君子自反，責躬宜厚。純以前言爲書生期望之言，乃其雅道，聊爲臣解嘲耳，臣則安敢自恕？他日之記事者，亦書生也，得無慎乎？臣如冥然悍然謂已決非師尹、皇甫，則乖小心之義。儻其實爲師尹、皇甫也，而予之以名復不受，必當再蒙其殃。臣雖至愚，不忍以此自居也。影之難息，不如息形。臣之求去固非因此而發，當亦因此而力。皇上如謬愛臣，幸即賜允，而令臣終不爲師尹、皇甫，上惠也。臣又憶在閣時，文書官送汪先岈、劉九經二本，傳皇上口諭'汪先岈准③他，劉九經妄劾大臣，着降三級用。'臣等相顧駭愕，恐文書官所傳不真，再三詢問的實。臣執筆擬票，與二臣商量，今'摧折老成'一句，則臣鯉之所口擬，'橫及多官'一句，則臣賡之所口擬，'朝廷將何倚用'六字，又二臣之所同擬，臣皆採用，未嘗加損一字，蓋三臣同奉聖意如此。票罷之後，臣賡嘆息而言：'九經是我門生，一疏而妄劾四大臣，皇上處之極當。'又共服賡之不私也。其日之事如此，而外人尚有疑臣之擠九經者，賴二臣能爲臣明耳。臣恐天下後世之疑臣不解也，敢因今日而併言之，以表臣區區不妒之心。伏乞皇上憐臣久居於多凶多懼之地，俯亮其息形止影之情，早放致仕，以全晚節。若乃在廷紛紜之議，則有聖明乾斷在上，諸司公論在下，臣去國之身，不敢復預。臣無任惶恐待命之至。"奉聖旨："卿④以積勞求去，原非懷疑而發，況既無所聞，疑從何起？朕素知卿忠誠亮易，何必具疏自明？方今國家多事，議論紛紜，正須卿坐鎮人心，以定國是。還着鴻臚寺堂上官再往宣諭，亟出贊理，以副朕惓惓眷懷。吏部知道。"

二十六日甲寅，大學士朱賡題："昨日首輔一貫上本，自

①失得 "失得"當作"得失"。
②漢 "漢"當作"漢"。

③准 《敬事草》卷一二"准"上有"官"字。

④卿 據下文"卿"下當有"向"字。

萬曆三十年

一九七一

言：因病求去，乃其夙心，實未嘗抱無端之疑，御史于永清、都給事中姚文蔚絕無一言及耳，彼於何處倡疑？而都御史溫純揭中，執欲處此二官，不知何據？蓋一以自明其去志，一以爲二官伸明也。首輔素性忠誠，決不以此欺皇上，此其言之可信者也。今蒙發下左都御史溫純一本，參論于永清劣處，文蔚外轉，其心無非欲留首相，乃必欲處二官以留之，則與元輔之意異矣。元輔與都御史平日本是同心爲國，而此議獨有異同，臣甚難擬。欲降處二臣，則首輔之言不信於皇上，首輔必不自安，是促首輔之去也。欲寬此二官，則都御史之言不行於僚屬，都御史必不自安，是激都御史之去矣。二大臣者，皆國家柱石，缺一不可。臣不能爲皇上薦用一賢，而一舉手之間至動搖二大臣，臣何以自解於天下萬世？且次輔鯉，亦以都御史疏中微詞有關心迹，連日皆不進閣。夫心迹在微渺無影無響之間，猶且引避不出，若票擬出自臣手，明是臣擠首輔矣，意將何謂？此臣所以寧死而不敢票也。況臣智識短淺，初自外至，與廷臣絕無私交，不知永清、文蔚果是何等人，遽一擬之，亦無以服其心。臣今日尚在是非毀譽之外，猶可直抒愚悃，爲皇上分明之，明日即在是非毀譽之中，雖欲自明不暇，安能論他曲直哉？夫衆言淆亂折諸聖，事體兩難裁之理。皇上，聖人也，以聖人而定是非之極，理也。皇上誠出乾斷，不惟二官心服，而在廷諸臣有懷喑訿之私者，亦知所憚而不敢肆矣。其所關國是豈淺鮮哉？謹將原本封進，伏候上裁。"

二十八日丙辰，大學士沈一貫奏："爲恭謝天恩事。頃臣具本《爲乞休本出夙心聞言恐不見察謹自表白因祈早賜致仕以杜衆疑事》，奉聖旨：'卿向以積勞求去云云。欽此。'該鴻臚寺堂上官張棟等，恭捧到臣私寓。臣因連日嘔吐，飲食都礙，病體愈羸，不能強起，謹設香案，令臣男尚寶司司丞臣沈泰鴻，代臣望闕恭行五拜三叩頭禮。各官到臣榻前宣讀，臣就牀流涕、叩頭恭謝訖。伏念臣老病交至，鞭策無施，愆眚[①]積多，補綴莫及，所以屢章求退，要亦年運偪然。忽滋人疑，尤當力控。

① 眚　明抄本作"青"，通行本作"責"，皆誤。應作"眚"。

豈期再蒙宣諭，疊賜溫綸？天地龐洪，報酬何物？臣日暮西山，家遙東海，牀履相別，呼吸難知。幸聖心尚未厭臣，臣情猶可上達，及茲賜罷，實乃至恩。嗣貢丹誠，庶祈俯允。臣無任感極悲涕、瞻望依戀之至。"奉聖旨："覽卿奏謝，知道了。卿宜即出，以副眷懷，慎勿再有陳奏。該部知道。"

是日，賜三輔臣，每員鮮藕三枝。

萬曆三十年十一月戊午，朔，大學士沈一貫、沈鯉、朱賡題："今日發下文書，有原任禮部尚書陸樹聲謝賜存問一本。臣等照得，本官學術醇正，行誼清修。辭榮三十餘年，身退而望愈崇，行年九十有四，齒高而德彌邵。古稱天下之大老，宇内之完名，本官足以當之。且遭遇聖恩，三經存問，又本朝二百餘年所未有者。蓋聖人久道化成，和氣翔洽，故有此人瑞，式爲盛世之禎也。今其遺孫男陸景元齎本謝恩，似應稍破常格，特與送監讀書，以昭皇上優禮耆賢、風勵末俗之意。臣等未敢擅便，敬擬一票，請自上裁。謹具題以聞。"

六日癸亥，大學士沈一貫、沈鯉、朱賡題："該文書官王體乾，持正一嗣教大真人張國祥爲母夏氏乞卹典本到閣，口傳聖旨，命臣等票擬與他。臣等看得，本官所奏，已經該科參駁，而該部議覆，又執卹典條例，以爲必不可與。臣等叨備密勿，職在代言，兢兢爲皇上守法，不敢徇本官非例之請，謹據例擬票，伏乞皇上俯從部議，以便遵守。臣等不勝惶懼，謹具題以聞。"奉聖旨："覽卿等所奏，執禮查議的是。但張國祥在京候旨修醮，伊母遠來，卒於旅邸，殊可憫惻。准與祭九壇，以示優卹。"

七日甲子，以祭景惠殿三皇祭設，賜輔臣。

十日丁卯，大學士沈一貫題："恭值長至令節，皇上增萬萬歲壽，普天同慶。臣受覆載洪恩，忝塵首列，喜躍之情，視恒尤萬。羸體軟怯，未經見朝，不敢入大班蹈舞。忠懷內激，有不能已。謹於是日，扶掖偕臣鯉、臣賡恭詣仁德門，行五拜三叩頭禮，少伸臣子嵩祝之誠。謹具題知。"

是日，大學士沈鯉、朱賡題："恭遇長至令節，禮當慶賀，奉旨傳免。臣等謹偕在廷文武，暨天下華夷齎捧朝貢官員人等，於五鳳樓前，大班行禮，恭伸祝頌。外，伏念臣備員輔弼，受恩深厚，與在廷諸臣不同，擬於是日，恭詣仁德門，隨首輔一貫行五拜三叩頭禮，稱祝聖壽，以少伸臣子慶忭之誠。謹具題知。"

十一日戊辰，三輔臣以冬至令節，詣宮門叩頭慶賀。特遣司禮監太監田義管待茶飯，復賜一貫燒割一分、伏薑一盒、甜食三盒，鯉、賡燒割一分、伏薑各一盒、甜食各二盒。又各賜上尊珍饌。

十六日癸酉，聖母慈聖宣文明肅貞壽端獻皇太后萬壽聖節，賜輔臣，每金萬壽字二副、銀萬壽字二副、金壽字八個、金書黃符綾一道、銀書紅綾符一道，及講官曾朝節有差。

十八日乙亥，大學士沈一貫題："仰惟皇上明倫建極，達孝尊親。恭遇聖母慈聖宣文明肅貞壽端獻皇太后萬壽聖旦，袞綵承歡，宮闈洽慶。臣忝塵首列，曷勝欣戴。茲因在告，謹擬扶掖偕臣鯉、臣賡，於是日恭詣宮門，行叩頭禮，以少伸臣子頌祝之誠。伏念臣衰孱乞身，實緣自量，蒙皇上垂恩太厚，屢旨未俞。葵藿傾陽，臣非木石，不敢更申瀆奏。但肢體軟弱，尚容臣再加調理，稍可支持，即見朝謝恩，入閣辦事。逡巡未去，本爲報恩，匍匐難前，又恐負恩。臣不勝感切兢惶之至。謹具題知。"奉聖旨："覽卿所奏，祝頌誠切，具悉忠敬，欣慰朕懷。閣務繁重，眷倚正殷，卿可仰體，即日進閣，同二輔調燮贊襄，以副惓惓佇望至意。該部知道。"

是日，大學士沈鯉、朱賡題："十九日恭遇聖母慈聖宣文明肅貞壽端獻皇太后聖壽聖旦，臣等備員輔弼，仰戴隆恩，比之恒情，倍切忻忭。謹於是日恭詣宮門，隨首輔一貫行叩頭禮，以少伸臣子慶祝之誠。謹具題知。"

十九日丙子，聖母慈聖宣文明肅貞壽端獻皇太后萬壽聖節，賜輔臣上尊珍饌。輔臣詣慈寧宮門外叩頭慶賀。上遣司禮監太監田義管待酒飯。賜元輔燒割一分。又賜三輔各酒飯一卓、甜食二盒、伏薑一盒。聖母賜壽麪、膳酒、萬壽松四枝。

是日，大學士沈一貫題："恭遇聖母萬壽，臣昨具揭，欲於宮門行禮，後稍加調理，見朝入閣。奉聖旨：'覽卿所奏，祝頌誠切云云。欽此。'仰惟皇上天地深慈，眷臣過厚，臣捧綸感泣，不知有身，何敢復言調理？茲行禮後，誠宜即日進閣。但大廷見朝，國家政體，臣既忝居首班，豈可先自屑越？臣謹即赴鴻臚寺報名，次日見朝謝恩。謹具題知。"奉聖旨："覽卿所奏，具見忠愛。朕知道了。特諭卿知。"

二十日丁丑，大學士沈一貫題："臣以老病求閑，未遂私禱，昨奏報名見朝，更勞批答。謹於今日詣午門前廷見，並謝屢次恩賜，同二輔在閣辦事。伏念臣賦性鄙樸，恥爲虛矯，況事皇上，如天如父，敢有一毫不出於誠懇哉？比日之請，實因量力難前，憂愧內偪，何期皇上收臣無用之材，望臣將來之效？九需溫綸，再遣宣諭，命醫賜食，相望道路。令臣口吃心移，不知狗馬病軀之可憐也。靦顏就列，殊深戰灼。惟願皇上俯垂訓誨，時賜引掖，儻葑菲不遺於下體，桑榆有冀其末收。臣不勝兢惶感激之至。謹具題恭謝以聞。"

二十四日辛已①，大學士沈一貫、沈鯉、朱賡題："臣等忝爲閣臣，無所補報，第思奠寧邦域，以釋皇上宵旰之憂。比來天時人事，數見災異，誠恐夷狄盜賊乘間而起。揆度機宜，惟在使人各舉其職，以鎮輯之，此急務也。薊遼內護陵京，外控倭虜，總督萬世德身故兩月，而未有代者，人人皆以爲慮。延綏與套虜爲隣，新②款市，戎心叵測，孰能保之？巡撫孫維城身故半年③。陝西關輔奧壤，又有洮岷防邊之急，巡撫賈待問近亦報故。至於河南巡撫曾如春已陞總河，而中土爲四方交會，又有治水之事。浙江巡撫劉元霖已經丁憂，首藩財賦所出，而又有防倭之責。鳳陽巡撫李三才允去未代，淮徐水陸之衝，而又有總漕之任。以上一總督、五巡撫，所轄居天下之半，且關軍旅重務，而官缺事廢，可爲寒心。吏部屢經推上，具在御前，

① 己 "己"當作"巳"。

② 新 《敬事草》卷一二"新"字下有"許"字，是。

③ 年 《敬事草》卷一二"年"下有"矣"字，是。

此臣等日夜望皇上簡命以充者也。內惟李三才，原因過爲謙讓，致生推諉之疑，其人才望素優，儘堪驅策。儻蒙皇上留用，實乃聖政之光。然亦宜早渙明命，庶可令安心展布也。臣等又聞，天下兩司方面官，缺至六七①十員，未經補足，此皆有地方專責者。儻有盜賊，誰任其咎？盜賊猶水火也，水火初發之時，但一人在旁撐②土勺水，即可救止，惟慢無專責，互相推諉，直至主人覺悟而始救之，勢已燎原滔天，嗟無及矣。朝廷布列有司，使受其專責，又設立督撫，使各責其有司。若督撫得行其法，有司皆舉其官，雖有不軌之徒猝然而起，一舉手投足而可易危萬③安，此亦以捧土勺水而弭水火之大災也者。失此機會，而坐令蔓延，至於震驚遐邇，焦勞聖心，雖幸勝之，所傷多矣。比之早置一人，其事孰簡？其利孰大？故天下官員，不可視爲泛常，虛而不補。今九卿會推，該部選擬，具有成法，諒無敢私。若有不堪，昭在耳目，科道糾彈，諒無遺漏。所望皇上思患預防，命官分治，各加委任，嚴責成功，凡有題請，隨賜點用，則朝廷之精神旅力，充滿於寰中，而四方之夷狄盜賊，無逃於掌上矣。臣等不勝顒望虔禱之至。伏候敕旨。"

二十七日甲申，大學士沈一貫、沈鯉、朱賡題："爲印信事。照得翰林院掌院事教習庶吉士禮部右侍郎兼翰林院侍讀學士敖文禎病故，所有前項印信，缺官管理。臣等推得詹事府詹事兼翰林院侍讀學士郭正域，資序相應，堪補前缺。伏乞敕下吏部，將本官量陞禮部右侍郎，兼翰林院侍讀學士，掌管翰林院印信。"奉聖旨："吏部知道。"

① 六七 《敬事草》卷一二作"五六"。
② 撑 "撑"當作"捧"。
③ 萬 《敬事草》卷一二"萬"作"爲"，是。

萬曆三十年十二月戊子，朔。

二日己丑，大學士沈一貫、沈鯉、朱賡題："臣等昨日接得都御史溫純揭帖，以衰病求去，今日發票，未見此本。竊惟本官求去之章，前已再上，及今而三上矣，未蒙省發，心有未安。都察院綱紀總司，本官素持清肅，而僉都陳薦近復丁憂，止純一人在職，若不勉令視事，誠恐廢弛①滋多。伏乞皇上俯念，或親賜玉音，督之即出，或發臣票擬，恭候上裁。臣等不勝惓惓佇仰之至。"

七日甲午，大學士沈一貫、沈鯉、朱賡題："臣等竊惟江西稅監潘相，初到任時頗稱安静，官民相安，而上供之需亦甚饒裕。不知今年何故，遽邇改節，致令一省軍民及宗室生儒，幾釀大變。身犯衆怒，不知自省，而更爲酷烈，欲以威服之，如水益深，如火益熱，則江西貧瘠之民，不能無反側之慮矣。相之諸舛，姑未備論，祇主張開廣信封山一事，真爲失計。此山無甚大木，即有一二，亦雜木耳。萬山深處，懸崖難出。若使可採，彼界在江西、福建、浙江之間，人煙甚衆，當爭相販鬻久矣，豈得留到於今？宣德、正統間，葉宗留、鄧茂七等賊，巢穴於此，僭王聚黨，殺官害民，大費征討，歷十餘年而僅得招安，而未常以戰勝也。是以奉有嚴旨封禁，妄開者重治。今若再開，則三省之患，不知所終。利未得於分毫，而害有過於丘山，甚可慮也。潘相身自往勘，履危蹈險，亦明知其不可開，而爲參隨奏民等所挾，不敢轉聞，知其不可爲而復爲之，其愚可知矣。相又奏稅監勘合馬牌，不許驛傳有司掛號，此又擅改祖宗成法，大不可之事。國家政務，無一不相制相轄，雖御前駕帖，亦赴該科掛號，豈獨相之差遣不許各衙門預聞？何奸不可爲？而何亂不可生？所宜亟行禁止者也。相又請添解送磁器船隻，每府各造一隻，每隻當費萬金，江西十三府當費十三萬。夫磁器歲解，未聞缺供，何獨今日而議造船？不貲之費，又將何出？不惟不可，抑亦不必。即使用船，一船所載亦已無算，

① 弛 《敬事草》卷一二"弛"作"曠"。

何用此多船爲也？皇上聖明，可以洞燭其故矣。至於泰和石膏，其利益微，而其害益大。江西習俗，尤重風水，此山乃一省龍脉所係，豈忍傷之？彼中土①民，必不相安，亂虞之作，又在眉睫。以上四事，臣等深爲地方危，深爲朝廷危，亦深爲潘相危也。宣、正間葉、鄧之亂，起於廣信封山，正德間宸濠之亂，起於南昌省城。當時縉紳士民，亦靡然從之爲亂。今相既攖宗室之怒，又開賊巢之釁，叢怨太多，釀禍不小，竊恐湖廣覆轍又在茲矣。臣等訪得，潘相亦非兇狼②奸豪之輩，乃一愚魯無能之人。初到任時，虛心與各官和衷行事，故公私皆便，上下咸宜。時日漸久，匪人日多，唆哄播弄，以至此極。邇來司道等官，畏其橫噬，概不相接，而巡撫夏良心杜門不出，一意請告。遠近地方，益以洶洶。既無文武官員協恭行事，實恐旦晚之間又以變聞，再驚聖心，再傷國體。伏望皇上乾綱獨斷，取回潘相，而以其所領諸務，交付湖口稅監李道，使之兼管。李道賢③聲，必能上體皇上之心，下安軍民之心，兩諧並得，靖亂匡時，庶幾聖慮康寧，而臣等亦得少寬危悚也。臣等不勝披肝④瀝懇之至。伏候敕旨。"

十日丁酉，命翰林院編修顧起元、李思誠、溫體仁，檢討丘禾實、張邦紀，編纂六曹章奏，四夷館辦事太常寺典簿周廷臣充謄錄官。

十四日辛丑，大學士沈一貫、沈鯉、朱賡題："臣照得北鎮撫司係詔獄之所，職掌止是打問，問過即送法司，暫將犯人寄監。故監房不多，而監地亦窄。近來打問過犯官馮應京等，積下數多，更無容處，至將神廟悉行褻瀆，公廳亦皆作踐，雜囂臭穢，瘟疫流行。冬來寒氣異常，尤難存活，悲號慟絶，聲徹內外。一墻之隔，即是通衢，搶地呼天，驚遠震邇，靜夜之際，尤不忍聞。似非所以敉寧人心而感召和氣也。除前此王之翰、周應期⑤等溘亡外，適又報陳奇可死於衛禁，吳應鴻死於司禁，沈希孟死於刑禁。兔死狐悲，人人灑涕。臣等竊惟，古之聖主，

① 土 《敬事草》卷一二"土"作"士"，是。

② 狼 《敬事草》卷一二"狼"作"狠"，是。

③ 賢 《敬事草》卷一二"賢"上有"頗有"二字，是。

④ 肝 明抄本作"肝"，是。通行本作"旰"，誤。

⑤ 期 《敬事草》卷一二作"麒"，與此異。

① 之　明抄本"之"下有"鴻名頃刻而垂萬古，日月之"十一字，是。通行本脫此十一字，當補。

澤及枯骨，其於囚繫，倍加哀矜。春間蒙皇上念及此輩，諭令釋放，且許各還官職。倏及一年，猶未沾惠。今冬日且盡，百官例有湔除，而獨此淹沉，猶抱向隅之泣。臣等敢爲之齋沐上請。儻蒙大霈弘恩，如春間聖旨赦罪還職，則堯舜之①光華，須臾而徹覆盆。臣一貫向來親奉玉音而未遑將順者，得從此對颺宣布，不勝大願。萬一聖心猶有所待，乞送發刑部，分別擬議罪名，請自上裁，亦明主如天之德、解網之仁，副春初欽恤之心，而慰道路行惻之意也。近者刑科該道皆具有本，仰祈開納，即賜批發，臣等不勝哀禱之至。"

是日，皇帝敕諭朝鮮國王李昖："王以倭使數至，脅言興兵，奏請遣調，以壯聲勢。朕覽惕然，謂宜體悉。但遣將一員，調兵數百，以戰則寡，以守則弱，亦何濟之有？惟爾恭順有年，世稱藩服，向既再勤師旅，哀存式微，豈忍今日而置度外？茲特降敕，以諭朕心。夫綏懷以文，戡定以武，古之經也。爾國北有遼東之蔽，以無虜憂，南有大海之限，以無寇憂，久享太平，尚文其可。今倭既生心，而無變計，非愚則怠。吾歲歲勤戍，聲盡形見，終不能久乖敵而幸無事矣。故莫如自強，一改弦轍，大修耕戰。國內沿海地方，逐一料理，某處寇可登犯，某處險隘難入，某處應築城堡，某處應設墊臺，某處應哨防，某處戍守，一如天朝昔日列兵制禦之法。某可訓練水兵，某可練陸兵，分授演習，教以鎗筅刀牌、及鴛鴦、三疊常用陣規，一如天朝昔日留官訓練之法。慶尚、全羅兩道，田土果否荒蕪，作何開墾？或徠土著，賦粟餉師，或撥派防兵，就近耕種，一如天朝昔日留屯之法。實覈誅名，信賞必罰，時遣使者巡行，譏督不遠。王亦夙宵憂勵，增修未備。昔老子貴慈猶不諱戰，文王明德，亦肆鉤援，鄭僑、葛亮皆以嚴理，豈以儒緩爲弘仁、苟安爲休息哉？壬辰之事，至今毛竦，可不戒歟？夫一旅中興，於今爲烈，千里畏人，舉世所笑。王其勉之，毋辜朕意。"

二十二日己酉，大學士沈一貫、沈鯉、朱賡題："臣等竊惟，御史之設，本以分遣巡行，俾之各奉專委，共尊朝廷，成治理者也。憲綱內外，中差凡十有三處，今缺至九處。御史在京，則積之於不用，而各差缺官，不勉有匱乏廢事之虞。昨都察院兩次題請，誠非得已。伏乞皇上垂念，將前疏發票，俯准各試御史實授，分往交代行事。庶監察有官，而紀綱振舉矣。臣等不勝注望，謹具題知。"

二十三日庚戌，大學士沈一貫、沈鯉、朱賡題："先該題奉欽依，每年終將講過經書講章，類寫進呈，以備皇上朝夕觀覽，仍另書發司禮監接續刊板。已經節次進呈訖。今查撰進講章，謹將《大學衍義》春秋左氏傳起、至穆因進見止一本，初帝為蠶吾侯起、至禍始開元止一本，高力士者起、至憲宗末年止一本，敬宗即位起、至是年冤句人黃巢反止一本，《通鑑纂要》晉世祖皇帝泰始元年以傅玄皇甫陶為諫官起、至三年晉詔遣諸王就國止一本，咸寧四年羊祜入朝起、至初帝以才人謝玖賜太子止一本，孝惠皇帝永熙元年以楊駿為太傅起、至劉淵自稱大單於止一本，孝懷皇帝永嘉元年以琅琊王睿為安東將軍起、至隗性剛訐止一本，以止共八本，類寫裝潢進呈。伏望皇上萬幾之暇，時加觀覽，以求溫故知新之益。臣等不勝惓惓效忠之至。謹具題以聞。"

二十五日壬子，以立春令節，賜輔臣上尊珍饌。
是日，以正旦令節，賜三輔臣，每員二樣吊屏門神等物。

二十七日甲寅，聖母慈聖宣文明肅貞壽端獻皇太后萬壽聖節，補賜臣一貫銀五十兩、紵絲三表裏，鯉、賡每銀四十兩、紵絲三表裏，及講官曾朝節有差。

二十九日丙辰，以告祭太廟祧廟收回脯醢果酒，賜輔臣三卓。

三十日丁己①，大學士沈一貫、沈鯉、朱賡題："恭遇元旦

① 己 "己"當作"巳"。

令節，禮①慶賀，奉旨傳免。臣等謹偕在廷文武暨天下華夷齎捧朝貢官員人等，於五鳳樓前大班行禮，恭伸祝頌。外，伏念臣等備員輔弼，受恩深厚，與在廷諸臣不同，擬於是日恭詣仁德門，行五拜三叩頭禮，稱祝聖壽，以少伸臣子慶忭之誠。謹具題知。"

① 禮 "禮"下似當有"當"字。

萬曆
三十一年

萬曆三十一年正月戊午，朔，輔臣詣宫門叩頭賀正，賜一貫燒割一分，酒飣一卓、甜食一大盒、伏薑一大盒，鯉、賡共燒割一分，每酒飣一卓、甜食一小盒、伏薑一小盒。待茶，復賜上尊珍饌。

六日癸亥，大學士沈一貫、沈鯉、朱賡題：“照得禮部原題東宫、福王講讀，每年年節上元假至正月二十日止，自二十一日起照常講學。今照本年正月下旬並無入學日期，查得十九日吉。東宫、福王合無於是日先行開講，二十日仍暫輟一日，至二十一日起以後照常講學？臣等未敢擅便，謹題請旨。”奉聖旨：“是。”

八日乙丑，大學士沈一貫、沈鯉、朱賡題：“爲印信事。照得掌司經局事右庶子黄輝告病去訖，遺下印信缺官掌管。查得原任左春坊左中允兼翰林院編修全天敍，相應量陞左春坊左諭德兼翰林院侍講，行取前來，掌管前項印信。及照翰林院修撰翁正春，歷俸已深，相應量陞右春坊右中允兼翰林院編修。伏乞敕下吏部，查照施行。臣等未敢擅便，謹題請旨。”奉聖旨：“是。吏部知道。”

九日丙寅，大學士沈一貫、沈鯉、朱賡題：“臣等昨睹該督理煤窰内官監僉書王朝具奏豪惡黄大京、王守寬、楊拐子、許近槐，私開窰口，欺隱窰課，率領土棍毆打差役，阻撓違法等情，奉聖旨：‘這奏内有名人犯，便着廠衛差的當官校，會同内官王朝，督率該地方員役，扭拏前來究問。該衙門知道。欽此。’臣等竊謂，皇上以此儆戒頑民，法應爾也。及出閣至長安門外，滿路壅塞多人，皆鬢面短衣，不知其數，呼冤徹天，持揭叩地。臣等取視其揭，詢問來由，知①目下毒害之狀，猶有未載於揭者。如拏人栦樹，石打箭射，淫婦②女，席捲家資，所帶皆京營選鋒，公行刼掠，家户受害，不忍聽聞之事，臣等咸爲灑泣，而慰遣之，云：‘皇上憐愛小民，此事原非聖意，當爲汝等轉奏，可各安生理，勿犯王法。’再三撫諭，始得開路而

① 知 《敬事草》卷一三"知"上有"且"字。
② 婦 《敬事草》卷一三"婦"上有"奸"字。

行。由此觀之，王朝一面之詞安可盡信？而小民痛恨，國家隱憂，念之震慄，何敢不以上聞？竊惟煤利至微，煤户至苦，而其人又至多，皆無賴之徒，窮困之輩。今一旦亂之至此，豈非言利者擁蔽聖聰，搜浚太細，不顧叵測之虞乎？此輩尚未知廠衛拏解之旨，輒已紛然窮迫，若聞拏解，則其無聊激亂之情又當何如？皇上以嚴法制服，能拏此四人以立威耳，四人而外，彼羣起再至①者，可得而盡拏乎？鳥窮則攫，獸窮則噬，一旦揭竿而起，輦轂之下，皆成胡越，豈可不念？據原奏所云，一年可得數千金進御，亦甚微矣。奈何爲數千金而亂輦轂之下？爲利爲害，孰多孰寡？誰爲皇上盡此計者？真可斬矣。此輩勃勃悍戾之氣，臣等已見其真，若一生心，京師必無寧居，四散流刼，三輔必無寧居。但只棄業而逃，無煤入城，京師千萬人家息煙絕炊，饑寒交迫，羣起爲亂者，亦不知多少？何況加之以此輩乎？患在目睫，不待久遠矣。臣等細籌，以爲宜急遏亂虞，先清亂本。乞即下嚴旨，取回内官王朝，停止煤税，將馬用力、趙堂、李金、張林、黄大武及原奏官民等，俱拏送詔獄打問，其所拏黄大京等四人俱免追問，放釋復業。以見取煤原非皇上本意，乃羣小欺君玩法，假威虐民，使萬衆失所，聖心憫惻，今悉處治罷止。如此則中外歡然歌誦愛戴，而戢其反側之心，豈不甚盛德事也？不然而患生肘腋，變起須臾，驚動宸嚴，縱橫京國，四方何以觀？九廟何以寧？計當奈何？臣等不勝急切，披瀝肝膽，謹將各揭封上二紙，以干聖覽，並擬諭旨一道恭進，乞亟賜乾斷，早見施行，幸甚。伏候敕旨。

　　諭錦衣衛：採煤一事，原奏止是内官監馬鞍山黄樹園地方官窑一處，如何妄生支蔓，將西山一帶地方概行征擾，使小民不得安生，控訴紛然，歸然②歸怨君上？好生欺罔玩法，假虎虐民。錦衣衛便差的當官校，將馬用力、趙堂、李金、張林、黄大武等，都拏來打問正罪，以洩民怨。其内官王朝，着司禮監拏問。煤窑俱聽民自採，不許再請徵税。黄大京等俱免究放了。該衛門知道。"

① 至　《敬事草》卷一三"至"作"發"。

② 歸然　明抄本無"歸然"二字，是。通行本衍此二字。

十二日己巳①，大學士沈一貫、沈鯉、朱賡題："福王婚禮吉期，該欽天鑒選擇恭進已久，至今未蒙允發。臣等竊惟，嘉禮肇舉，儀節繁多，俞音尚阻弘宣，所司何由恪奉？皇上欲衍螽斯麟趾之慶，安可緩桃夭梅實之時？乾斷而行，是在聖意。聖意一定，萬神景從，天祚德祥，動與吉會。原擇搬移在本月十九日，今相去止七日，亦甚近矣，似不可以復徐徐也。中外跂仰，咸願宮闈集祉，聖心豫懌，庶幾臣民亦沐餘休。臣等敢潔誠恭請，惟冀即渙明命，咸俾遵承。不任懇切之至。謹具題以聞。"

二十三日庚辰，大學士沈一貫、沈鯉、朱賡題："今日接得禮部尚書馮琦揭帖《為病勢深沉恐誤典禮等事》。臣等照得，本官學贍才優，年力方壯，素懷忠藎之意，正其報效之時。而偶因數奇，感病不淺，今已經歲，十三懇歸。臣等親往問之，見其肌肉日削，痰嗽不止，聲音難出，步履亦艱，為之心危意惻也。病實是真，毫無假託，痊可之日，尚難預期。今福王婚禮在即，儀節繁多，乃禮部尚書專職，而又無侍郎在部，必致誤事。彼實遑遑，即臣等若不奏聞，亦安所逃責？敢瀝懇誠請皇上，早允本官回籍養病，另行銓補，庶令職掌無廢，而嘉禮有襄矣。臣等不勝惓惓佇望之至。"

二十五日壬午，乾清宮、坤寧宮興工，輔臣入視，賜茶。

二十七日甲申，大學士沈一貫題："伏蒙聖恩，以臣恭視寫篆聖母慈聖宣文明肅貞壽端獻皇太后冊寶，頒賜臣銀五十兩、紵絲四表裏。又以辦理事務，賜臣銀四十兩、紵絲四表裏，寫詔並禮成，賜臣銀四十兩、紵絲三表裏，文華殿用寶，賜臣銀二十兩、紵絲二表裏，及中書官馬繼文等十一員有差。欽此。臣惟皇上至孝至尊親，崇加顯號，鏤金篆玉，暎古輝今。臣預觀鉅典之成，悉稟聖謨之示，有何勞勣而荷駢蕃？矧茲匪用之時，尤見推恩之特，榮加意外，感莫能名。臣謹頓首祇領，及中書官馬繼文等俱各照數分給訖。不勝感戴天恩之至。除赴鴻臚寺報名廷謝外，謹具題稱謝以聞。"

① 己巳 "己巳"當作"己巳"

萬曆三十一年二月戊子，朔。

二日己丑，大學士沈一貫、沈鯉、朱賡題："爲日講事。先該題奉欽依，每年開講日期於二月上旬擇日恭進講章，以後接續每日進呈，奉聖旨：'是。欽此。'今臣等謹擇本月二十四日吉，恭撰講章，照常進覽，謹具題知。"奉聖旨："是。"

四日辛卯，輔臣恭視乾清、坤寧宮工程，賜茶。

是日，大學士沈一貫、沈鯉、朱賡題："竊惟巡漕、巡倉二差，專以督理漕糧爲務，關係京師命脉，比別差尤爲緊要。都察院既經屢請，即户部及倉場與漕院俱爲之屢請，今蒙發下，臣等謹擬票上，伏乞即賜允發。不勝瞻跂之至。謹具題知。"

又題："竊惟天下人心易動難安，夷狄盜賊尤宜謹備，而彈壓之責專在憲臣。今河南、陝西二巡撫缺至半年以上矣。鳳陽巡撫候代亦半年矣。各差御史缺者甚多，且已久矣。此時事之最急者。中外憂國之臣，日夜關心，臣等不敢不言。蓋河南居各省之中，昔人謂爲天下之樞，四方有變，先受其禍。況今河工伊始，役夫三十萬人，多無賴不逞之徒，最難控御。近又巨盜李大榮等以千百計，飆起汝、穎之間，此河南、鳳陽兩巡撫責也。渠魁雖得，餘黨尚存，儻有不虞，誰爲救輯？故臣等謂河南撫臣所當急命也。陝西自潼關以内方數千里，古稱百二山河，且與强虜爲鄰，雖近來捷音屢奏，而犬羊實繁有徒。三邊四鎮，各守分地，若洮岷嚴塞，番夷環列，火永諸酋，鴟張特甚。此則陝西巡撫之專責，而不容他諉者。故臣等又謂此一官所當急命也。鳳陽巡撫，居南北交會之處，當汝、穎盜賊之衝，又有漕運之兼寄、治水之分責。撫臣李三才克肩大任，剗亂銷萌，隱然一方之保障也，而閉門候代，進退趑趄。臣等以爲既得其人，不宜輕換，望皇上特焕綸音，令其照舊供職者也。至於各道差遣，舊有定期，振肅宣揚，風紀攸賴。今試御史已經一年，而未與實授，於時已過，於差實妨。京邸優游，空棄其人於無用，百職曠廢，又虛其用於無人。用人圖政，兩成擔閣，遂令滿者不代，缺者不補，舊者久勞而倦於事事，新者逸居而無所事事。中差有八處見缺，而大差亦時時告窮，非肅吏安民之道。乞將試御史早賜實授，各缺差早賜補遣，此又目前一大急務也。臣等忝稱股肱，當爲皇上分憂分慮，罄竭愚誠，惟聖明留意焉。臣等無任懇祈之至。"

　　七日甲午，以景惠殿祭設賜輔臣。

　　八日乙未，大學士沈一貫、沈鯉、朱賡題："臣等初四日具揭，請簡用河南、陝西二巡撫，留用鳳陽巡撫，准試御史實授，以補各差之缺，祇候明命。惟巡倉、巡漕已奉俞旨，餘尚未發，不勝憂悶，敢復進一言。今京外官員，自部院大臣以至郡縣小吏，懸缺甚多，皆妨政務，而臣等尚未暇枚舉也，昨之一揭，姑摘其燃眉救急、萬不可緩者以請耳。無論吏弊日增，所宜糾察，民姦日甚，所宜搜剔，即夷狄盜賊岌岌乎有厝火積薪之虞，一時竊發，誰爲捕禦？此憂之大，不啻吏氏姦弊而已。譬如水火初發，有一人在旁，杯水捧土，可以救止。必待主人自知而自救之，嗟無及矣。今未講所以制禦夷狄盜賊之法，而且講所以制禦夷狄盜賊之人，人尚無之，復何言法？事急而後命官，是聞水火之變而後遣人也。況此官非增設之官，特常員耳，命官無詢訪之勞，在皇上一舉手間耳。惜一官而不惜天下之變，易之不圖而圖其難，小之不圖而圖其大，臣等竊用凜凜。惟冀少垂清燕之思，將吏部所推河南、陝西巡撫俯賜點發，鳳陽巡撫李三才仍舊留用，各試御史准其實授，以補各差之缺，此後凡遇會推，俱希加意點發，庶幾不虞可備而太平可保。臣等不勝惓惓，伏候敕旨。"

　　九日丙申，大學士沈一貫、沈鯉、朱賡題："昨日皇上以工科都給事中白瑜等言河工事，降瑜三級，調外任，罰其餘俸各一年。臣等聞命，不勝震惕。切詳瑜等此本，於正月二十二日進，蓋是時河工方急，錢糧不敷，而工部未題，故以本催之耳。

隨於二十七日，工部覆奉聖旨，允發各處焉價。則聖明既已採行其言矣，乃動宸威，有此降罰，竊爲凛凛。小臣不體上意，掇拾煩瀆，是誠有罪。但其心本爲公，事殊觀望，嚴旨示懲，亦足儆戒。儻蒙皇上天海包容，免其降調，重加罰俸，俾令省改，真聖主曲成萬物之仁也。臣等不揆冒昧，恃恩爲請，戰栗在心，意迫詞窘。又恐在廷不無申救之章，益滋煩擾之事，預懇聖恩並加在宥，行陽春發育之令，布含弘光大之慈，解累釋愆，迎祥導和，實九五皇極無疆之福。臣等不任禱祝之至。"

十日丁酉，祭先師孔子，遣大學士朱賡行禮。

二十五日壬子，大學士沈一貫、沈鯉、朱賡題："臣等接得禮部尚書馮琦揭帖，內稱病勢十分沉重，危在旦夕，又云母子相依爲命，亡不獨亡等語。讀之潸①然。及察其病勢，而證之諸醫，近日委加危劇。始猶强理部事，今不能與聞政務者已半月矣。與其留之無益，而生觀其狼狽之狀，不若許之使去，而曲全其母子之情。況本官年尚未邁，養之猶可待用。臣等所以屢爲之請者，一以全皇上體恤臣下之弘恩，一以成皇上愛惜人才之盛意，非敢以此市私情也。伏望皇上發下本官原奏，容臣等票擬請裁。不勝懇祈之至。"

① 潸　明抄本作"潸"，是。通行本作"潛"，誤。

萬曆三十一年三月丁己[①]，朔。

四日庚申，輔臣恭視乾清宮、坤寧宮工程，賜茶。

七日癸亥，大學士沈一貫、沈鯉、朱賡題："臣等竊惟，世有堯舜之君，而無堯舜之臣，亦不能成唐虞之功。臣等碌碌，名爲輔弼，而實非其人也，日夜深自愧恥。乃皇上躬堯舜聖明之德，實古今一大有爲之君也。而至今未嘗著明堯舜勳業，且不免有炭炭之憂，其故謂何？臣一貫久在病中，靜夜思惟，必驚起待旦。臣鯉、臣賡皆十年草莽，目擊時艱，恨不能叩首流血，一吐此衷。蓋三臣未嘗不相對涕淚滋滋也。夫以堯舜聖明之德，可一日徧四海，而至今未有著明，此蓋耳目之前不無所蔽，心思雖動，物欲引之，真機竟鬱而不揚，仁恩甫發而旋收。故人心惟危，道心惟微，在堯舜亦諄諄相戒於一堂，而不敢遑寧也。臣等自侍旒扆以至於今，皇上未嘗不厚望臣等爲夔龍，而臣等曷嘗頃刻不望皇上爲堯舜？豈其今日而皇上讓堯舜於不爲乎？不於此時爲堯舜，待何時哉？夫聖愚無兩，適之塗不爲聖，即爲愚，治亂無兩，持之勢不之治，即之亂，世非唐虞，便成季末，不爲萬世傳誦，即爲萬世譏訕。歲月難留，機會易失，臣等安得不驚魂悸魄而思日贊襄也？伏乞皇上端心澄慮，敕天圖幾，成振古一大有爲事業。而不虛天生聖君、與祖宗付託[②]皇上之意，使天下有恃，後世有傳，即攀龍附鳳之臣，亦得以沐餘光、免後責。臣等不勝惓惓，謹各出所見，並合成篇，著爲《守成》、《遣使》、《權宜》三論以獻，皆臣等積月累時、剖心括腸之所得，惟皇上不與常牘總棄，時賜覽觀，而早見施行，幸甚。

　　守成論

臣等竊惟，自載籍以來，惟夏、商、周及漢、唐、宋六代之有天下，爲久長，多者八百餘年，少亦三四百年。皆以賢聖之君繼作，或創業，或守成，或中興，厚德深仁，浹民肌髓，雖經變亂，而思慕謳吟，故其盛難衰，其衰易續，能永久也。

[①] 己　"己"當作"巳"。

[②] 託　明抄本作"託"，誤。通行本作"託"，是。

萬曆起居注

他若秦，若新，若六朝，若五季，以及胡元，不過一二世，久亦不能百年，空有開創，而莫能守成，德澤闕而不長，民心渙而思亂，不永宜矣。我太祖高皇帝再造區夏，以啟大明，功德視前誠無比並，亦賴列聖繼序，積德累恩，不愆不忘，後先照映，故二百餘年而以無缺之金甌，授於皇上。皇上嗣服，比隆祖宗，英斷如神，剛明不惑，聖慮所到，真有超古帝王之上者，壽域宏開，又三十一載矣，而際天薄海，全盛如初，豈漢唐宋所能及哉？顧否泰剝復之幾，間不容髮，保祖宗之鴻業，垂之萬世，惟在今日。隕厥之，抗①弊之，令一旦召復隍之憂，亦在今日。完堯舜之鴻名，萬世有稱，惟在今日。去昭昭，就昏昏，令令②小民怨詛之聲留之萬世，亦在今日。亟改而圖，猶日月食而復光，人皆仰之矣。泰華搖而復奠，人皆安之矣。今四方幸無虞，國本又大定，天下引領以為不逮堯舜者，獨一礦稅耳。祖宗固以無缺之金甌貽皇上也，忍自今以區區礦稅而致之少缺哉？聰明睿智之主，豈不徹此？萬世悔恨當何可及？臣等職在股肱，情關休戚，實欲以惓惓愚忠上通腹心，非敢學外廷之口舌，拾尋常之唾吐，惟皇上少降獻顏，試一覽察。夫帝王享四海之富，而未免不給之憂，揆於人情，不無可念。國家以積貯為命，而有不足之患，揆於邦計，亦為可念。然可取於百姓豐足之時，不可取於百姓困窮之日。今名為收自然之利，而實強搜於小民。為③閔加派之苦，而實橫剽於額外。搶奪，法所禁也，而自上縱之。貪酷，律所誅也，而自上導之。善理財者不如是也。人情雖各有偏好，亦必有底極。皇上之好積也，若天性然，顧亦宜有所饜足。祖宗二百年來，世世積蓄，僅得太倉老庫銀二百萬，以為多矣。今內帑所積倍蓰此數，豈不度越祖宗、為萬古一奇絕事？而尚求益無已乎？皇上即天性好積，而以鼎盛春秋歲月需之，萬萬壽無疆，則萬萬年積亦無疆，何必遑遑、冀以一日而滿其無涯也？凡積而善費者，積不能多。皇上躬節愛之盛德，賞賚不濫，入多出少，充牣④自當不貲矣，又何必更為哀畜乎？且積所以待用也，積而無用，直與土塊同耳。有何希奇，而費至珍至寶之精神，役役於是？昔人有言，

①抗 "抗"當作"扛"。

②令 明抄本無此"令"字，是。通行本衍此字。

③為 《敬事草》卷一三"為"上有"名"，是。

④牣 明抄本作"牣"，是。通行本作"物"，誤。

萬曆三十一年

以隋侯之珠而彈一雀之微，愚者不爲。精神之可貴，不獨隋侯之珠也，無用之長物，亦猶一雀之微也。捐此而逐彼，是愛身不如愛物之重也。皇上試思違和之時，視此物爲何物？皆身外浮埃，眼前土苴，與此身全無分毫干涉，有何裨益？老子有言："身與貨孰多？"奈何不以聖躬爲重、精神爲寶、而日夜勞心焦慮於此乎？皇上若自爲萬萬歲計，則萬萬歲天子既自有萬萬歲惟正之供，若爲萬萬世子孫計，則萬萬世子孫亦自有萬萬世惟正之供。譬之飲食，自應待時，必先時而兼饌，曰"吾以爲預備也"，豈惟不必，抑亦不可，且其爲害亦不小。財之爲物，守之甚難。皇上至嚴、至明、至愼、至儉。嚴則人不敢竊，明則人不能竊，愼則出納必防，儉則浮浪必約，所以能守此而無虞也。貽之子孫，而假令於皇上之四德有一不逮，其能永久不散乎？府庫充溢，驕怠易生，左右前後，誰非窺覬？不導之以奢汰，則引之以淫縱，東征西伐，土木神仙，聲色子女，狗馬麴糵①，無佞不入，何慝不作？至是而爲身家天下之害必大，皆財之招，不獨盜出之患而已也。疏廣不欲以財累子孫，其言曰："賢而多財則損其志，愚而多財則益其過。"古今以爲名言，然則多積固不足爲子孫法，而又足爲子孫累矣。抑或皇上深宮永日，無可自娛，聊假是以適耳目乎？則《周書》有曰："不作無益害有益，功乃成。不貴異物賤用物，民乃足。""不寶遠物，則遠人至②。所寶惟賢，則邇人安。"斯聖王之法守，不易之正論也。珍臺寶閣之所儲，重縑什襲之所藏，次第陳前，從容諦審，不須外索，自有餘贏。若夫鼠雀之所易殘，蟲魚之所易蝕，速朽而不可居之物，何必蓄以敗羣？充耳溢目，倦持厭觀，造化密移，聖情善悟，易紛華而反質，覺今是而昨非。從欲惟危，不如從理爲安，此尤宜一加省矣。且皇上但見耳目之前微有所利，不知眉睫之際已迫大害，利害切身，何可不一動心哉？試思此物，從何處來？聚之禁中，則成千成萬，渾閒事耳。而當其取之於民，及積釐成分，積分成錢，積錢成兩，至於成十、成百，然後乃成千萬，不知費幾多箠撻，幾多枷鎖，鬻妻賣女，幾多恓惶，折產破家，幾多慘毒，而後得盈此數也。夫天下財

① 糵 《敬事草》卷一三作"蘖"，是。

② 至 《周書》原文"至"作"格"。

止有此數耳，不在民則在於官，在於官者日多，則在民者日少。不在外則在內，在於內者日多，則在外者日少。積而不散，德意將何宣達？閭閻將何養活？糧餉將何出辦？廩祿將何支發？水旱將何賑濟？盜賊將何遏絕？國無終日之計，國非其國，民非昔日之民，日甚一日，生他心矣。漢文帝有言：'百金者，中民十家之產也。'小民有一金在手，將本求利，朝營而東，暮營而西，上以供公家之賦，下以給俯仰之需，終年歷歲靠此養活。乃虎冠吏一朝而白取之，本利胥空，人錢不見，心無聊賴，意有徬徨，何難一死以戕其上？豈能顧法哉？妄索天下十萬金，是傷天下十萬家性命。妄索天下百萬金，是傷天下百萬家姓①命。憑怒逞忿，何所不為？肯低頭就死而已乎？夫人主以天下為家，天下安，人主始安，天下不安，則一家無獨安之理。將為他日投老計耶？天下鼎沸，無土不沸，挾此安所歸乎？將為他日拯危計耶？禍敗一成，冠②攘四起，雖有錢財，亦無所用。然則此一積也，豈不為大盜積乎？此一守也，豈不為大盜守乎？不務安天下以安其身，使其身與天下俱危，大非長計，何得恃二百三十餘年全盛、以為必無事哉？《周書》曰：'我不可不監於有夏，亦不可不監於有殷。我不敢知曰，有夏服天命，惟有歷年。我不敢知曰，不其延，惟不敬厥德，乃早墜厥命。我不敢知曰，有殷受天命，惟有歷年。我不敢知曰，不其延，惟不敬厥德，乃早墜厥命。'嗚呼，其尚敬戒於茲。此在聖心一思耳。思之則必謂，此無用物為吾宗社憂，安得以宗社易此也？思之則必謂，此無用物為吾精神憂，安得以精神易此也？思之則必謂，此無用物為吾聲名憂，安得以聲名易此也？思之則必謂，此無用物為吾子孫憂，安得以子孫易此也？思之則必謂，此無用物為吾百姓憂，安得以百姓易此也？捐小欲以就大欲，棄小利以取大利，卒之大欲、大利並集，而小欲、小利亦不遺，永貽萬世之安，長享無疆之福矣。此在明主一諦思間，難與忽近憂無遠慮者謀也。

遣使論

古之立法者，未嘗不於委用之中而寓檢制之術，其不可相

① 姓 "姓"當作"性"。

② 冠 明抄本作"寇"，是。通行本作"冠"，誤。

爲通者①互爲之制，而務使其相成，故得人之用，而無其害。國家之法，裁抑勳戚，防檢親近，内言不出外廷，宦官不預朝事，罷宰相而設内閣，列臺省以司糾彈，散事權於部院，分兵柄於營府，凡以職親地近專擅易生，而曲爲之防也。今諸法皆斤斤共守，無敢踰越。獨遣用中使一節，非保世之術，誠宜深慮而亟反焉。皇上之馭中官也，明飭法紀，未嘗少假辭色，一有違犯，必罪無赦，雖日侍左右、久賜蟒玉者，莫不側目而視，重足而立，檢制之嚴有如此。然天下不誦皇上之嚴，而言皇上之寬，寵信太優，寬假②太過，是徒見奉差小監縱恣貪暴，而遂掩皇上之鴻名，以流謗聲，甚可惜也。制國之用，莫大於財，而本朝立法莫詳於理財。高皇帝親自講畫，設簿書，定體式，慎差遣，密查盤。其入有稽，而不没於主書之手，其出有考，而不没於網解之手。鄉有籍，户有符，無朝夕二三之令。限有時，科有則，無望空白索之殃。故百姓雖出錢而力猶可給，有司雖比錢而人無怨聲。起解、存留悉有記帳，雖數十年後可覆而知焉，雖一介遣官，可坐而覈焉。司會之心迹得明，旁觀之浮言不生。府吏胥徒，但供使令之役，絶臨民之事，常餼之外，一錢即贓，故民不見吏，吏不見民，上下相安，而賦事舉也。豈有漫然無經制，無稽考，四出橫索而百不解一、利歸羣小怨歸朝廷，如今日稅使所爲而可以久行不改者乎？夫取之有道，用之有度，則財入而不窮。生之者衆，食之者寡，則財出而不匱。民商，爲國家生財者也，不可不愛育而使之衆。僕隸，爲國家食財者也，不可不裁節而使之寡。百姓之財，猶溪澗之水也，其來甚微，驟取即竭，若一時而有數輩飲汲於其間，必涸而不流矣。故取之不可無道，用之不可無度也。文臣，豈皆忠義潔廉者哉？而古來循用不改，正以諸司臚列，權力不偏，相轄相制，相糾相舉，故易使也。中官，豈皆不肖者哉？而祖宗未嘗使之制錢穀，正以其爲主上私人，威權偏重，舉劾不得施，稽察不得加，故不用也。今所遣四出者，皆以獨任成奸，偏信致亂，手握王章，口唧天憲，摧山裂壑，破家滅門。始猶假虎以佈人，終皆化虎而自恣。蓋箝憲臣之口，而朝廷始自蔽其耳

萬曆三十一年

一九九五

① 者　明抄本"者"下有"峻其防而毋令少假，其可相爲通者"十四字。通行本脱此十四字，當補。

② 寬假　《敬事草》卷一三"寬假"作"假予"。

目，爲敝極矣。以皇上剛明在御，而此輩尚然。無怪乎正德間有逆瑾之禍，覆轍在前，寧可再乎？臣等以爲，中使而操利權，此古今所甚忌，祖宗所甚禁，不可之大者也。況今非徒操利權也，且覬典兵，如陝西、遼東、廣東諸處，皆私募徒卒，公請於朝，以明開跋扈之端，幸皇上屢加拒絕，而若輩之請猶未既也，此豈可假借哉？兵權，有國之司命也。隨權之所聚，而亂從以生。蓋內外互有之，而內臣爲甚。自古人臣擁兵，如藩鎮雖強，猶可除滅，以其爲外臣也。至於內臣，如漢之王甫、張讓，唐之魚朝恩、李輔國、田令孜輩，倒持國家之太阿，而附爲社稷之胠篋，天子扼腕不敢出聲，忠臣袖手竟無救術，彼自稱爲定冊國老，而斥天子爲負恩門生，稔凶結禍，終以國亡，則典兵故也。故內臣必不可令典兵，而典兵必毋以內臣。我太祖散析兵權，不令聚於一處，而尤密防內臣。勿使預兵。嘗曰："此輩當使畏法，不當使有功。"又曰："不假以兵柄，自無宦寺之禍。"非謂外臣必賢、內臣必不肖，其流禍當至於是，而不可不早防故也。國家兵權迭制於兵部、營府、督撫、總鎮諸官，而未嘗專付於一人，大抵令調遣者分鈐轄之權，而又令糾察者分調遣之權，一兵而數處籍之，數人制之。雖元勳信臣一旦有白簡聞上、數行詔下，而束身歸命，莫敢後矣。故有指臂相使之功，而無尾大不掉之患。如令內臣制兵，尚誰能鈐轄之？而又誰敢糾察之？白簡何時得上聞？詔墨何時得下逮？巧營密搆，熒惑耳目，盤糾錯結，羽翼相扶，不如漢唐中葉之時盡盜威福之柄不止。於是雖明知其罪而無可奈何，則以兵在其手、而朝廷莫敢攖故也。故內臣不宜奉使出外，尤不宜制財、典兵。專①良小心者百中一人，自中材以下未有不爲參隨愚弄者，權之所在，易爲不善，勢之既成，欲轉不能，求其小心如初，不可得已。是以皇祖世宗盡革天下鎮守，而至今誦中興之功。今礦稅使雖無鎮守之名，已有鎮守之實，而更令制兵，是猶熾火而沃之以油也。彼王甫等始用城門校尉兵，李輔國等領天子神策軍，直假竊耳，是時已不可制，今使彼自有兵而自用之，禍當何如？正統間曹吉祥從子欽，以禁軍三千人戰於闕下，鍾簴

① 專 《敬事草》卷一三"專"作"純"，是。

爲之震驚，彼於輂轂①至近而輒敢稱亂如此，今若使之縱橫闕外，禍又何如？以漢常侍之傳，挾唐藩鎮之勢，權兼二代，禍必倍之，此萬萬不可常試之事。臣等固知皇上必不許也，而不敢不言，願皇上必毋許，而嚴斥之、亟杜之，幸甚。諺有之，曰：'錢入人手，雖良民不免妄用。權入人手，雖良民不免妄弄。'此至言也。徵權，錢之大者也。兵柄，權之大者也。士人處此，不能不染於其中而恣於其外，何可令中人據持、而信中人過於士人也？大璫在日月之旁，皇上猶時時謹御，不使之縱，彼外差小豎生殺予奪常分皇上威福之半，何可使其將錢穀甲兵任情播弄、而信小豎過於大璫也？天下日冀皇上超然遠覽，察於古今治亂之大戒，而早措置焉，宗社幸甚。

　　權　宜　論

　　今有百金於此而鬻皇上之一官，皇上許之乎？臣等固知必許也。有萬金於此而鬻皇上之一旨，皇上許之乎？臣等固知不許也。何則？官雖鬻而主上之尊自如，彼其人之進退黜陟一制於朝廷，故以爲無害而可許。旨雖一言，而關係天下輕重不小，朝廷之所以尊惟此耳。使人可鬻，則威福予奪將制於彼、而不制於朝廷，安得而許也？故衆建羣臣，不過衛一人耳，故使羣臣得共制命，安在其稱一人哉？雖然，熟知今日而皇上之旨、已潛爲人鬻去、而不之覺乎？或虛言千金之利而鬻，或虛言萬金之利而鬻，利未入於上而旨已鬻於下。旨鬻於下，則威福予奪隨之而俱去，此又不如鬻一官之威福予奪猶制於上也。本末輕重，失其常矣。皇上偶未覺耳，覺則必不聽人鬻，而以鬻嘗我者必誅。雖然，臣等又謂皇上未嘗不覺也。每一旨下，必曰：'權②宜'者，明知其不當爲與不可爲、而聊試爲之耳，非經常之制也，非久長之謀也，非祖宗之明訓、子孫之世守也。以此昭上心不自安、而勸天下姑勉從也，以此見今歲然而明歲不然、此事然而彼事不然也。惟聖心有真覺，故明旨稱'權宜'耳。而今果權宜乎哉？始爲之暫，而其暫也遂久，始謂之借，而其借也即真，非徒不返也，日以浸多，得無託此二字此箝天下之口乎？若是則先之以不信，而誰委心者？治天下之道，以經常

萬曆三十一年

一九九七

① 轂 《敬事草》卷一三"轂"作"轂"，是。

② 權 《敬事草》卷一三"權"上有"'權宜'"二字，是。

不以權宜。經常者，在皇爲皇極，在民爲民極，又爲成憲、爲彝典，曰禮、曰法，而後世謂之制度，謂之職掌，祖宗之所以授皇上，而皇上之所以授萬世子孫者也。權宜之事，可以一行，而不可以再行，如病者舍膏粱而服藥石，病去當止，不止則藥反爲病、而不可救療。故權宜之所以利天下者少，而亂天下者多，不可爲也。礦稅之亂天下久矣，其基異日無窮之禍又明矣。皇上行之不休，必爲以[①]吾能行之，吾能收之，姑享其利，無憂其亂。夫服藥不止者，曷嘗不自信以爲有益、而又自恃以爲必無害也？一旦藥發，誰能善收？當收即收，何爲久蹈危計、而貽不及收之悔哉？嘗聞之，舉理外之奇事者，必有理外之奇禍，縱無涯之多慾者，必有無涯之多憂。譬之於火，一旦既已熾發而熏天矣，雖有萬人焦頭爛額提水而救之，必無及矣。譬之於水，一旦既已橫溢而滔天矣，雖有萬人沾手濡足捧土而塞之，必無及矣？即能奪之於水火之餘，所全幾何？而況其未必能奪也！古人云：'衆怒猶水火也，可輕犯乎哉？'故救火之道，必遏之於熒熒之初，使其無炎，救水之道，必塞之於涓涓之初，使其無決。除此常道，更無巧計，舍常趨巧，復何救乎？今朝廷既以權宜自便，而又遂以調停責人，巧中生巧，尤不足恃。調停之說，起於有宋紹聖間。彼無如羣奸何，而姑爲此言以塞責耳。亦終不能調停，以至於亂。故調停非名言也。然人臣而云調停，猶有可諉，以爲權不在我也。天子則操持乾綱，伸縮惟意，知其非義斯速改矣，一轉移而大定，顧不甚快，有何掣肘而言調停？此又護前增失，而非所以令天下也。昔馬周言於唐太宗曰：'自古黎庶怨叛，聚爲盜賊，國無不滅，人主雖悔，未有能再安全者。凡修政教，當修於可修之時，若事變起而後修，無益也。'又曰：'國之興亡，不在於蓄積多少，在於百姓苦樂。隋貯洛口倉，而李密因之，積布帛於東都，而王世充據之。向使洛口、東都無多粟帛，王世充、李密未必能聚大衆。豈可不顧人勞而強斂以資寇？狂狡竊發，非徒旰食晏寢而已。'此深達國體之言也。夫馬周一羈旅布衣耳，一言而唐太宗能用之，遂致貞觀之治。臣等幸爲密勿之臣，逢堯舜之君，而皇上

[①] 爲以《敬事草》卷一三作"以爲"，是。

萬曆三十一年

一九九九

又陋太宗於不屑爲者，豈不能用臣等一言？臣等竊思，皇上亦有所姑試爾。昔齊威王沉湎不聽政，惟左右是從，三年齊國大亂。俄一日視朝，而以阿大夫爲左右所譽，烹之，以即墨大夫爲左右所毀，封之。盡誅左右佞人，而莫敢蔽以私，齊國大治，諸候來朝。臣等嘗謂，皇上亦聊試左右與諸大夫誰忠誰奸耳，一旦奮發，而誅嘗行焉，不在齊威王下。豈有明照平秀吉、楊應龍之情於域外，而不識賢奸之情於几席之近？豈有弘敷太平之略於初御，而不決治亂之幾於久道之餘？財利非利，安國家誠大利。金玉非寶，金甌玉曆誠大寶。孰輕孰重，孰導孰阻，洞若觀火。待時而動，大威福、大予奪，驀然煥然彌布於宇宙之中。此萬方之所跂立而望，黎白相携、願須臾無死、以觀德化之成者也。若是，則舍權宜而歸經常，舍調停而歸轉旋，萬年天子，此其葬極，豈不偉哉？時乎①，不復再來，一失此時，雖悔可追？今天下言者雖多，而尚未敢深言。使臣等無輔弼之寄，亦何敢深言？《詩》曰：'天之方蹶，無然泄泄。'臣等預有危責，安能以泄泄自處？而皇上亦何可以泄泄處此也？謹論。"

十三日丁巳②，大學士沈一貫、沈鯉、朱賡題："二月二十八日刑部尚書兼管兵部事蕭大亨考滿，該吏部具題，發臣等票擬封進，至今未蒙批行。臣等竊惟，大亨颺歷多年，中外倚重，茲以太子太保一品六年考滿，且兼管兵、刑二部之事，夙夜勤勞，著有成績。查得以前尚書楊博、胡宗憲、王崇古、方逢時，皆以太子太保加少保。及查尚書考滿恩典，出自朝廷，非由部擬。臣等遵例恭擬，以候聖裁，今久未發，兩部印務無人管理，而兵部所掌尤軍國大事，時刻不宜懈弛者也。欲乞聖明早賜乾斷，將吏部前本裁發，以便遵守。臣等不勝顒望，謹具題請，伏候敕旨。"

二十七日癸未，大學士沈一貫、沈鯉、朱賡題："爲印信事。照得翰林院掌院事禮部右侍郎兼翰林院侍讀學士郭正域，奉欽依回部署印告訖，前項印信缺官管理。臣等推得詹事府詹

① 乎 《敬事草》卷一三"乎"下有"時乎"二字，是。

② 丁巳 "丁巳"當作"己巳"。

事兼翰林院侍讀學士周應賓，資序已深，相應量陞禮部右侍郎，兼翰林院侍讀學士，掌管前項印信。伏乞敕下吏部，查照施行。臣①未敢擅便，謹題請旨。"奉聖旨："是。吏部知道。"

二十九日乙酉，大學士沈一貫、沈鯉、朱賡題："臣等竊惟，人主之所爲綜理萬幾者，惟是章奏以通上下之情而已。祖宗以來，各衙門本率三日即下，蓋一本而歷三日，則始經聖覽、中更票擬、終乃裁發，可謂至詳至慎矣。在朝廷日昭乾斷，有精明振肅之風，在各司日事欽承，無闒茸因循之弊。皇上初御之政，率循舊章，並無廢格，庶績之凝，正由於此。嗣後不知何爲，而有留中之事。至於今日，有奏上而不發票者，有票上而不發行者。在皇上蓋出詳慎不輕之意，且昭操縱不測之權，執簡御繁，以鈍摩銳。將謂鼓舞一世者莫善於兹，而不知人心乃從此怠弛，政務乃從此壅滯。如水澤瀦而不通，必當旁溢，如血氣凝而不流，必至潰亂。且使臣下得因而藉口曰：'吾非不奏也，非不題也，如留中何？'是下溺其職而上任其咎也。又非特如此而已也。今日皇上春秋鼎盛，總攬精明，而諸近侍又皆小心專良，謹畏奉法，固萬萬無窺端竊弄之弊。借令歲月滋久，不無勩勤，二三老成，稍稍凋散，於斯時也，能保無乘機壅蔽、藉手作奸者乎？況明主創制，子孫守之，始於權宜，浸成典故，久而不返，莫知其非，亦何可以昭示萬世、爲聖子神孫法也？伏望皇上靜照弊源，追懲既往，斟思流弊，預防將來。凡諸衙門章疏可行者，即賜允行，不可行者，明示改正，如臣等票擬不當，亦令改擬。必期無一疏不報，無一事不決，天旋日健，雷厲風行。則臣下誰敢退託？政令豈不肅清？誠今日第一喫緊事、萬世久安長治之策也。臣等忝預樞機，代演綸綍，職掌所在，不敢不言。伏惟聖明鑒察採納。不任戰兢之至。謹具題知。"

① 臣 "臣"下當有"等"字。

萬曆三十一年四月丁亥，朔。

三日己丑，大學士沈一貫、沈鯉、朱賡題："臣等竊惟，御史之官名爲監察，本令巡行郡國，非使久聚都門。久聚則徒有空言，巡行則分舉實政。今各差既多缺官，各官又無職事，誠宜准其差用，乃爲國家便益。伏乞皇上將都察院題差各本，一一允行，幸甚。謹具題請旨。"

是日，又題："今日文書官劉宣恭捧聖諭到閣：'諭內閣：孟夏日食，朕心深切兢惕。又近時寒熱不調，偶感風寒，連日靜攝，今雖已愈，身體尚覺軟弱，頭目不時眩暈。廟享對越，恐不成禮。卿等傳示遣官恭代，及各執事務秉虔誠行禮，毋得怠忽。諭卿等知。欽此。'臣等謹叩首恭領，當即傳示該部科，轉行各衙門有事官欽遵行禮。外，伏望皇上深惟日食之變，偶值正陽，乃天心仁愛之時，廟享之禮，困而改卜，尤祖考降陟之際，崇愛玉體，謹護金甌，推保身之意保民，舉慎禮之心慎政，庶幾百執奔走於下，以仰承休德，一人恭己於上，而坐享無爲。臣等將命宣綸，亦無愧色，入告出順，幸免後言。不勝瞻望之至。謹尊奉聖諭，藏之閣中，以示永久。恭具回奏以聞。"

四日庚寅，輔臣恭視乾清宮、坤寧宮工程，賜茶。

是日，命詹事府少詹事兼翰林院侍讀學士唐文獻、國子監祭酒楊道賓，俱充玉牒纂修官。文獻陞詹事，兼官照舊。道賓陞少詹事，兼侍讀學士。

六日壬辰，命改南京國子監司業傅新德爲右春坊右中允，兼翰林院編修，清理貼黃。

九日乙未，大學士士沈一貫①、沈鯉、朱賡題："本月初八日早，臣等在閣辦事，該文書官趙金手持戶部一本，口傳聖諭，守候擬票，謂大工錢糧緊急，且令先行辦進，次及婚禮。臣等

① 沈一貫　明抄本無此三字，是。通行本衍此三字，誤。

仰見聖心曲體該部缺乏，爲之酌量緩急，次第舉行，不勝讚服。業已遵諭擬票，隨本封進。今蒙發票二十五本，內又有戶部一本，稱據薊鎮管糧郎中胥從化揭稱，該鎮軍士缺餉兩月，忍饑不過，倡言欲反。該部無法措處，欲將臨、德等倉改折餘銀，東那西湊，補足十萬之數。猶恐遠井不救近渴，勢在燃眉、恐及噬臍。臣等讀未終篇，相顧駭愕失色。竊計大工、婚禮雖俱緊要，而中間浮費不無可省，比之邊軍缺餉，關係國家大計、社稷安危孰急？伏望皇上軫念邊疆重務，容令該部先將薊鎮軍餉作速議處，以弭目前之變。俟有贏餘，仍遵前諭，以大工、婚禮錢糧挨次辦進。始得輕重緩急之序。臣等待罪股肱，灼見事體當然，不敢昧其本心，以致綸言有關①。伏望聖慈曲貸臣等愚昧，俯垂聽納。臣等幸甚。"

十二日戊戌，賜輔臣，每員銀綵扇六把、銀釘鉸扇十把、硨磲扇二十把，及講官曾朝節有差。

十三日己亥，大學士沈一貫奏："爲贊襄無補幽黜允宜懇乞聖明特賜罷歸以光國典事。臣逢華賤流，章縫末學，備員史局，濫侍經緯。荷皇上特達之知，召自田間，晉參機務，優游尸素，十載於茲。承乏一時，躐先百揆，蒙恩有過於海嶽，報稱無及於涓塵。今以一品六年，給由赴部。令甲給由不及期與過期，皆有罰，臣不敢違。但臣本意，謹俟黜幽，而吏部舊例，原無考覈，止是奏請復職而已。臣既忝預樞機，而先以不肖之身苟逃吏議，非義也。取自上裁，本彰明斷，而臣不先以一言從中贊決，又非義也。吏部雖不考臣，臣心自考甚明，法行自近，當從臣始。竊惟昔之人臣，憂不遇合而已，苟遇合矣，即田千秋於漢、馬周於唐，皆有所樹立，而況其上焉者？臣遭際最奇，尺寸靡效，誠不足以通天感聖，德不足以輔世長民，才不足以肅政清刑，力不足以登賢達善。致使陰陽錯序，萬物失宜，百姓不親附，卿大夫不任其職，釁孽滋生，鴻龐剝蝕，民情由治而向亂，國勢自安而入危。語就列，既無陳力之忠，語不能，

① 關 "關"疑當作"闕"。

又無引身之哲。至於蒲柳早衰，桑榆晚入，疾病纏糾，精神恍惚，縱逭曠職之罰，當以老病生①免。伏望皇上昭示至公，大賜乾斷，解臣見職，放還鄉里，以昭覈實之政。臣幸釋負於未償車之前，而免於大譴大訶，感恩無極，九鼎不足喻重矣。臣無任惶悚待命之至。"奉聖旨："卿贊政密勿，一品再考，忠誠廉慎，茂著勳勞。朕茲倚眷方殷，胡乃執謙求退？宜即出佐理，以濟時艱。吏部知道。"

是日，大學士沈一貫、沈鯉、朱賡題："本月十一日，蒙發戶部一本到閣守票，臣等據其本內稱言，薊鎮軍士缺餉日久，將有脫巾之變，及稱各鎮亦皆請餉甚急，計該本年上半年應發主客兵餉銀一百五十餘萬，本部毫無措處，請乞內帑給發。臣等彼時斟酌擬票，止借太僕寺馬價，可得五十萬兩，其餘百萬有餘，仍聽該部嚴催各省直拖欠，及開內工、婚禮可從節省者，候聖明裁斷，那爲軍餉之用。已蒙俞允。臣等仰見聖心體念守邊軍士之苦，又灼見軍中安危之情，相與讚服聖德，以爲可支目前矣。今據尚書趙世卿復向臣等稱言，各鎮請餉數多，太僕五十萬未足分散，催徵逋員事期杳茫，遠井不救近渴，其內工、婚禮縱多可省，而本部原無此項銀兩，亦是畫餅不能充饑，必內帑百萬與太僕五十萬一時齊發，始可以救燃眉之急，而消脫巾之變。臣等見其色甚慘，察其情甚苦，不敢不以奏聞。伏望皇上允其前請，特准給發，以消亂萌。如或濡忍不決，致有他虞，不但疆場②不靖，抑恐內帑之財所費轉多，而且無濟於事也。謹題請旨。"

十四日辛丑③，大學士沈一貫、沈鯉、朱賡題："頃該文書官金忠持太僕寺本傳宣聖諭：謂戶部昨年已借太僕寺馬價銀一百萬兩，今又借五十萬兩，該部所司何事？臣等竊惟，該部職司國計，皇上以職掌責之，彼復何辭？但臣備查該部所進會計總數，一歲之入原不足以當一歲之出，而又省額外之需，支用不繼，東那西湊，庫如罄懸，至今日而無可那湊矣。誠恐薊鎮窮軍受饑不過，一旦脫巾而起，各鎮聞風舉發，其禍有不忍言

①生 明抄本作"坐"，是。通行本作"生"，誤。

②場 明抄本作"埸"，是。通行本作"場"，誤。

③十四日辛丑 "十四日"當爲"庚子"，"辛丑"當爲"十五日"。此處"十四日辛亥"當有誤。

者。所以臣等票擬時再三籌度，只得請發太僕寺馬價銀三分之一，以救一時之急。其實該部本內無一言議及馬價也。如其可以措處，則以皇上之財，發爲軍國之用，自其職掌，何故欲留之該部？臣等又何故欲借之囘藏耶？伏惟皇上俯念邊情最急，仍諭太僕寺照數連發。謹以昨所擬票隨揭封進。臣等不勝懇祈之至。"

十七日癸卯，大學士沈一貫奏："爲恭謝天恩事。臣以一品六年考滿，伏蒙聖恩賜臣銀五十兩，紵絲四表裏，內大紅織金胸背斗牛一表裏，原封鈔五千貫，茶飯五①桌，羊三隻，酒三十瓶，遣文書官趙金齎捧到臣私寓，臣謹焚香叩頭祗領訖。伏念臣眇無片善，猥受隆知，躋一品之崇階，糜六年之厚餼，愛君憂國徒存耿耿之懷，算效程功未及平平之次，黜幽允協，自考已眞。猶蒙曲貸之慈，更荷鼎來之錫，精鏐文錦，參寶鋌以齊輝，法醞珍牢，兼瓊脂而並馥。謹什襲而傳後世，爰庶羞而薦先人，拜君賜之焜煌，舉宗飽德，挹仙調之芬郁，鄰里分甘。駑骨未銷，敢愛馳驅之力？臞才已竭，終慚副稱之難。臣無任激切感戴天恩之至。"奉聖旨："覽卿奏謝，朕知道了。禮部知道。"

二十日丙午，大學士沈一貫奏："爲就列深慙拜恩滋愧懇乞聖明俯容辭免仍賜罷歸以正臣紀事。頃臣以給由自劾，奉聖旨：'卿贊政密勿，一品再考，忠誠廉慎，茂著勳勞。朕茲倚眷方殷，胡乃執謙求退？宜即出佐理，以濟時艱。吏部知道。欽此。'該吏部題，又奉聖旨：'元輔一貫，贊政多年，勳勞懋著，朕已鑒知。茲覽部議，又思得當年東西戡定之時，苦心運籌，極力擔負，功成辭賞，尚鬱朕懷。今一品再考，特加左柱國、少傅，兼官照舊，進中極殿大學士，兼支尚書俸，蔭一子中書舍人，給與應得誥命，仍賜敕獎諭，賜宴禮部，以見朕優禮賢輔至意。欽此。'臣不勝惶悚，不勝跼蹐。竊惟國家爵賞，與臣子功實，兩者常相提衡，予奪辭受，率視爲準，非爲體貌而已

① 五　明抄本"五"上有"桌"，誤。通行本無此字，是。

也。舊時輔臣考滿，不無優典，然未有勳官俸蔭誥敕恩宴，紛綸而集，若此之蕃者。即或有之，而彼一時也，此一時也，烏可以相方哉？彼其當交泰之盛時，著旂常之偉功，則拜領恩施，宜無愧色。今臣躐躋首揆，得君不爲不專，待罪九年，行政不爲不久，而匡襄無術，爕理乖方，一人之盛美弗影①，庶政之瑕疵日積，人心等於巢幕，國勢同於累碁，誰爲厲階？焉用彼相？臣之自劾，實乃隙明，何得詭脱嚴誅而更饗異數？若此則自劾者何人？而拜恩者復何人？必兩人而後可也。向臣所以行行且止者，誠睹皇上天挺英明，度越千古，即權宜權採，而時以仁愛停止渙之綸音，臣若徼天下幸，投附事機，儻有一言當於聖心，則親見堯舜，此其日矣。遭逢甚難，時來不再，敢不屏息以俟下風？今也縱春得秋，從秋復春，既及給由之期，核實之際，而樹立若此，一無可書，罪狀若此，一無可贖。宜黜而陟，其誰許之？今之續書，後之史書也，一時之吏議易逃，萬古之史評難假，斧鉞所臨，赦宥不到，胡可貪壟斷而獨登、輕簡書而不畏也？伏望皇上哀憐臣意，追寢新命。儻萬分之一，猶不忘簪履之遺，則姑緩褫奪、而准容致仕，於臣願爲過私②，將没齒而無憾矣。臣無任瀝懇祈籲之至。"奉聖旨："朕覽卿奏，至誠謙慎，嘉尚不已。卿保安社稷，朕心鑒知。但考績酬功，原係彝典，宜遵成命，毋得固辭。今國家多事之日，賴賢輔調爕贊襄，即出佐理，以濟時艱，慎毋固辭。吏部知道。"

是日，又題："臣比日考滿，本俟黜幽，何意誤恩，翻加懋典。臣已有奏本力辭，猶恐皇上視爲故常，未即賜允，且臣之衷曲有不可開載奏本使外廷共知者，敢密陳之。臣蒙皇上殊常恩知，授以第一大官，屬以第一大事，臣固知非天下第一大功，不足以仰酬也。古今大聖人惟有堯舜，不③足以尊皇上，非皇上不能行堯舜之道，臣之圖報，止有此節。夫何自臣當國而朝野之故愈多？不惟未建一功，抑且日滋多罪。去年二月十六日，臣親承召命，宣德音於天下，天下方欣然若再生，而旋從追寢，莫不興有君無臣之歎。是時百官皆欲伏闕固請，臣獨以爲聖心既發，必當見之施行，聖體初安，不宜輕加聒擾，今日急務，

① 影 據《敬事草》卷一三，"影"當作"彰"。

② 私 《敬事草》卷一三，"私"作"弘"，是。

③ 不 《敬事草》卷一三"不"上有"非堯舜"三字，是。

臣子宜以愛君保躬調護爲先，政幾雖重，少待他時而從容苦口以圖轉移，亦未晚也。百官因臣此言，遂皆不敢瀆擾。何意日復一日，年復一年，坐失事機，竟成虛願。於是礦稅不收，而四海之民靡不怨臣矣。於是廢棄不復，而四海之士靡不怨臣矣。於是囚繫不出，而四海之泣無辜者靡不怨臣矣。於是缺官不補，而四海之憂亂萌者靡不怨臣矣。不敢斥言至尊，則戟手而詈執政之臣，詈執政之臣，則必首及於臣，以爲往時國事有關[1]，輔臣但以一揭請之，無不立允，縱不盡允，亦必勉從，以存大體，雖極[2]挽之事，猶挽十分五六，此天下之所習聞習見，何獨今日而乃不然？聖主非不受言，第庸臣不能言[3]耳。又舉前事以追咎臣，謂臣當時若從百官之意，伏闕固請，則聖主一日便爲堯舜，天下一日便成唐虞，何得遲延至今尚無分曉？聖主之仁心仁政已發而復遏者，輔臣罪也。皋夔稷契定不如此。又責臣以爲失之東隅，收之桑榆，當時曾説待聖躬既安轉移未晚，今日之事轉移安在？效婦寺之小忠，而妨補拾之大忠，徇一時之便計，而失萬世之遠計，託言調護，意在阿徇，豈社稷臣之所爲哉？人皆以此責臣，而臣亦俛首無辭，真是智窮才竭，無計回天，上負國家，中負百僚，下負天下。有君無臣，信如人之言者，百口不能自解矣。忠憤鬱紆，日夜無聊，惟有籲禱皇天，願我皇上斷自乾衷，特降手札，將前四事惠然舉行。則皇上即今之堯舜，而臣亦爲堯舜之臣。若猶姑待，則臣受天下叢責，如矢集的，以日爲年，請先逐臣以謝天下，而明發詔旨，次第改弦，皇上當以顧社稷爲急，不當顧臣也。今水旱頻仍，正陽日食，盜賊時發，訛言數驚，司徒徒手而邊境搖心，司空空手而工商結恨，臣雖卸肩以去，猶有無窮餘責，況可再受濫恩，玷汙聖朝？惟皇上亟賜罷斥，無辱新命。臣受恩最深，蒙知最密，臣不自言，何人言之？臣老日益迫，病日益多，今不極言，何時言之？皇上實宜思，天下之禍機最難料，天下之民嵩最難知，國家閑暇，此日可惜，毋待他日倉皇而興噬臍無及之悔也。臣言至此，一字一淚，不忍復言，無任戰慄。臣謹齋戒焚香、百拜叩首，重封密奏，伏祈聖明特賜覽繹而採行之。

[1] 關 據《敬事草》卷一三，"關"當作"闕"。
[2] 極 明抄本"極"下有"難"字，是。通行本脱此字，誤。
[3] 言 《敬事草》卷一三"言"上有"正"字。

社稷幸甚。臣愚幸甚。"

二十二日己酉①，大學士沈一貫、沈鯉、朱賡題："臣等竊惟，遼東爲神京左臂，三面瀕夷，一面阻海，最要害亦最孤懸。故遼東危則山海危，山海危則畿輔危。且種惟一黍，歲止一熟，而雨暘不若，處處皆荒。倭虜並防，時時不撤。識者謂，天下有難必自遼始，非過計也。及今加意拊循，猶恐變生不測。而頃聞道路傳言，皆云稅使高淮，在彼行事甚不安靜。臣等不暇詳言，止據近日一二事。謂春間當雪深丈餘、人烟幾斷之時，帶領家丁數百人，自前屯起，遼陽、鎮江、金復、海、蓋一帶，大小城堡無不迂迴徧歷，但有百金上下之家，盡行搜括，得銀不下十數萬，間閻一空。又聞其收集虜中降人，招致四方亡命，演習兵馬，擺列行陣，山嶽震驚，軍民股慄，聲言進見萬歲，面討鎮守。夫各處鎮守，自正德年間騁威虐民，幾危社稷。賴世宗皇帝自外藩入踐大位，親見地方荼毒，毅然革除，天下始得安枕而臥。即今承平七八十年，皆世宗皇帝神謨睿斷之所貽也。載在令甲，垂戒萬世，淮何人而敢姦之？臣等知皇上動法世宗，必不輕許，而淮欲陰奪兵柄，何所不爲？万一稍有得志，必致滿朝爭執，上煩聖慮處分，又作一番擾亂矣。臣等叨處密勿，有聞即當入告，安有如許大事，可以默默不言？即淮之力能加刄於臣腹，所不避也。夫堅冰之勢，戒於履霜，豶豕之牙，禁於未發。與其汗之渙而復反，曷若蘖之萌而即消？非獨計安孤鎮，亦以保全高淮也。伏望皇上深惟遠慮，默定淵衷，亟遣代歸，勿令肆雪②。則警一淮而諸道之使皆警，安一遼而天下之民舉安，所補非小小矣。臣等無任懸切待命之至。"

二十三日己酉，大學士沈一貫奏："爲自劾原出真誠加恩益非始願再祈慈軫曲遂愚情以全分誼事。頃臣以考滿蒙恩，具疏辭免，仍乞罷歸，奉聖旨：'朕覽卿奏，至誠謙愼，嘉尚不已。卿保安社稷，朕心鑒知。但考績酬功，原係彝典，宜遵成命，毋得固辭。今國家多事之日，賴賢輔調燮贊襄，即出佐理，以

① 二十二日己酉　"二十二日"當爲"戊申"，"己酉"當爲"二十三日"。此處"二十二日己酉"當有誤。

② 雪　明抄本作"虐"，是。通行本作"雪"，誤。

濟時艱，慎勿固辭。吏部知道。欽此。'臣捧讀省循，不勝不勝①感泣。德意肫切，屬望殷勤，此臣千載一時也，忍復自顧其私哉？但臣竊思之，臣之前疏，乃情知多罪、而求正黜②幽之典，實發於至誠，有如聖鑒，不敢虐③也。皇上慈旨，則過信部題，而益以踰溢之恩，大非臣分之所宜承。安得以彞典爲解而靦顏拜受？況臣方求釋於見在之內，而皇上乃增加於見在之外，臣尚未敢拜復職之命，何敢復聞加恩之命？且一臣之身，而朝廷以爲宜陟，臣以爲宜黜，黜陟之論相去太遠，不得明也。宜黜而留，然且加賞，賞復騈蕃，又何濫也？上而濫施，不失爲仁主，下而濫受，豈其稱廉士？臣轉輾思維，有難啟處。尸曠既久，不可復爲尸曠以誤國，罪狀已著，不可更書罪狀以災身。駑駘之力既窮，鼯鼠之屬④見迫，揆於公論，其將謂何？伏乞聖明亮察，收回恩命，仍將臣罷黜，以昭考課之公。臣當伏處田里，歌詠聖德。若皇上必以爲使功不如使過，而欲留用臣，則乞盡收恩命，無復言賞，而姑令仍舊官以圖後效，而⑤行賞，亦爲未晚，如其不效，則兼先後而論罰。若是，則皇上之所以待臣者，已甚優厚，而臣亦可冒恥戴罪以從事，然終非臣之本願也。臣俯伏俟命，不任悚息之至。"奉聖旨："朕計安社稷，勉留賢輔，詎有所私？懋賞酬功，祇循彞典，亦不爲過，卿何又有此奏？宜遵屢旨，即出拜命，以副眷懷。俱不允辭。吏部知道。"

二十四日辛亥，大學士沈一貫、沈鯉、朱賡題："昨該吏部等衙門會推總理何道大臣，推得李化龍等三員。又該工科署科事右給事中宋一韓奏稱，總督、都御史李三才在彼日久，熟知河上事務，乞敕專委責成，完結此事等因。各爲一疏，據今發下文書，乃獨無此二疏。臣等切惟，新河已放水東流，而舊河南口尚未堵塞，儻其力分勢緩，新河復淤，則數百萬兩之錢糧與三省之人力，盡歸無用，而河臣曾如春以死勤事，亦不瞑目。蓋事機之會，間不容髮，非可以從容緩圖也。伏乞宸斷，早賜裁決，責令星夜前去，不致誤事。幸甚。"

①不勝 明抄本無此"不勝"二字，是。通行本有此二字，誤。
②黜 明抄本作"黜"，是。通行本作"默"，誤。
③虗 明抄本作"虗"，是。通行本作"虐"，誤。
④屬 《敬事草》卷一三作"屬"，是。
⑤而 據《敬事草》卷一三，"而"上當再有一"效"字。

二十六日壬子，大學士沈一貫題："臣受皇上高厚鴻恩，報答難盡。比日考滿，本以待黜，而更蒙眷念殷渥，蕃錫鼎臻，屢旨慰留，益然眷溢。臣遂忘其多愆，復思一效。今日謹奉復職之命，報名廷謝，入閣辦事。其所加誤恩，臣實難勝，尚容另本辭免也。臣無任感戴之至，謹具題知。"

二十八日甲寅，大學士沈一貫奏："爲誤寵難承悃衷可憫三懇聖慈亟賜矜允以免塵瀆事。臣以滿考蒙恩，再疏辭免，奉聖旨：'朕計安社稷，勉留賢輔，詎有所私？懋賞酬功，祇循彝典，亦不爲過，卿何又有此奏？宜遵屢旨，即出拜命，以副眷懷。俱不允辭。吏部知道。欽此。'臣惟皇上最重爵賞，朝無濫官，官無濫廩，而獨於臣考績，則寵之誤恩，溢於常數之外，至於屢辭猶未見許。臣至不才，何以得此？所以感激涕零，而不敢復言去也。謹拜復職之命，報名廷謝，入閣辦事外，未即擯逐，厚幸已多，乃若加恩叨踰太甚，皇上雖予臣，而時論必莫予也。臣何敢承？時論者，國論之所自生，史評之所從出。名之爲夷即爲夷，名之爲跖即爲跖，夷、跖之辨無他，惟在辭受、取予之間耳。臣功不及一物，名不踰中人，祿位恩數至濫無紀，不斂身退避，而靦顏進趨，能逃於國論，何能逃於時論哉？此臣所爲滋懼而不敢也。或言至尊之賜，臣子不敢盡辭。然心口躊躕，既非德賞，曾謂少取而無妨於義乎？必不得矣。則臣請領誥命以爲親榮，領敕諭以爲身規，其兼俸、部宴、勳級，前人具有辭例，非至臣而始辭。加官、進殿、蔭子，則臣必不敢承，以志夙昔本意。惟乞俯允臣請，俾免於再三之瀆，而守其咫尺之義，此皇上真知臣、真寵臣，而曲全臣之終始者也。臣無任誠祈哀籲之至。"奉聖旨："考績加恩，原非異數，昨已明諭朕志，何爲謙讓未已？朕重違卿意，特允辭兼俸、部宴、勳級，已屬至廉，其餘俱宜勉承，稍存舊典，慎勿又辭。吏部知道。"

是日，大學士沈鯉、朱賡題："該大學士沈一貫一品六年考滿，伏蒙皇上賜敕獎勵，恩典優崇。臣等查得，賜敕獎勵閣臣，俱用金箋書寫，伏乞頒賜。未敢擅便，謹具題以聞。"奉聖旨："是。該衙門知道。"

二十九日乙卯，大學士沈一貫題："臣頃以考滿待罪，皇上不加斥黜，且增誤恩，賜臣銀兩、表裏、鈔錠、茶飯、羊酒，加左柱國、少傅，進中極殿大學士，兼支尚書俸，廕一子中書舍人，給與應得誥命，賜敕獎諭，賜宴禮部，稠疊駢蕃，至不勝舉。除銀兩等恩臣已廷謝外，若勳級等恩臣先以一疏自劾，後以三疏辭免，蒙准辭兼俸、部宴及左柱國勳級，其餘加官、進殿、廕子、給誥皆命勿辭。臣欲再辭，嫌於矯激，已冒昧勉承，今日廷謝訖。伏念臣才具綿薄，性資樸愚，文章無取於代言，猷略罔裨於經國，尸官素祿，曠歲淹時，幸不褫其冠裳，何更繁夫雨露？爲寵愈厚，爲驚愈多。聖主雖加眷私，天下能忘抨射？三讓非過，一辭乃宜。既久豢於籠中，敢輒颺於飽後？誓當俯竭塵露，仰助高深。惟望樞衡中妙作轉旋，庶幾節目處堪爲整理。至①眇小，縱能比身臯夔，譬如渤海之乘雁，焉能有無？上至聖明，正須決爲堯舜，方是在天之飛龍，增光九五。天下本無事，而事從人起。國家亦何釁？而釁自心生。與人同欲，則欲爲天理之公。推己及人，則人盡此身之助。都無傷缺，乃曰金甌。必善裁成，方稱華袞。但將繫吝者一加堅決，會見權宜者悉歸典章。斯臣等之至禱祈，聖皇之大福利也。腹心安，則股肱亦安，而髮膚舉安。君心足，則百姓亦足，而上下咸足矣。臣敢以是言其區區感哂之意，而竭其罣罣補答之私。無任攄誠祝願之至。謹具題陳謝以聞。"

是日，大學士沈一貫、沈鯉、朱賡題："竊惟都察院，百司綱紀，不可一日無人。今副都、僉都皆缺，未蒙點補。獨左都御史溫純一身在位，而自去年十月註籍，以至於今，半載有餘矣。屢次疏告，未蒙恩留，臺務久廢，諸御史靡所稟承。熱審在邇，又三法司之事。且部院七卿，皇上之斗杓七星也。七星不備，何以成歲功？七卿不備，何以宣治績？今禮、兵二部俱缺尚書，正望點發，豈都察院原有都御史而復使之久鬱不試②

① 至 明抄本"至"上有"臣"字，是。通行本無此字，誤。

② 試 《敬事草》卷一三作"伸"。

乎？本官昨有十三①懇疏，今日仍未發票，使其無所遵守，似屬未便。臣等看得，純之爲人，素懷忠盡，人望攸屬，必能不負皇上任使。伏乞沛下溫綸，催出管事。並祈早掄禮、兵二尚書，以備七卿，庶百僚師師，而庶政有托。臣等不勝惓惓仰注之至。謹題請旨。"

① 三 《敬事草》卷一三作"一"。

萬曆三十一年五月丙辰，朔。

四日己未，輔臣恭視乾清宮、坤寧宮工程，賜茶。

五日庚申，端陽令節，賜輔臣上尊珍饌。

六日癸亥①，大學士沈一貫、沈鯉、朱賡題："項②以熱審屆期，臣等謹擬傳諭一道進呈，未蒙發下。竊惟熱審一事，乃我祖宗德政，於刑罰之中寓矜恤之意，每歲四月內舉行，重者分別奏請，輕者量從寬貸。列聖相承，未之或廢。蓋《月令》：孟夏'斷薄刑，決小罪，出輕繫。'此王政也。不獨王政，即佛、道二教每於此時有放赦、解厄之舉，蓋人心願望於此甚切。今鎮撫司罪囚至二三十人，刑部幾至千人，駢肩累足，充滿囹圄。穢氣鬱勃，暑月尤甚，每每蒸成瘟疫，以至殞斃。目下天氣炎熱，圜土幽囚如坐甑灼。就令法在不赦，仁人尚為惻然，其或罪未彰明，尤宜早為清雪。若冤氣與暑氣薰染死亡，不免干天地之太和也。上聖至仁，諒當憫此。謹將前帖再寫恭進，乞召法司舉行，以昭欽恤至意，庶令人心歡欣，共祝皇上萬萬歲無疆之壽。臣等無任祈懇之至。"

九日丙寅③，大學士沈一貫、沈鯉、朱賡題："為譯學缺人懇乞照例題請收取以永傳習事。據提督四夷館太常寺少卿趙崇善呈稱，據西番等館教師上林苑監等衙門右監丞等官田峻等屢次呈稱，譯學缺人，傳習將廢，乞請收取世業子弟作養等因到職。看得本館官生，業專習譯書寫敕諭、辨驗來文，所以通四夷之情，而昭一統之盛，本不可一日缺人者。自嘉靖四十五年考選得田東作等七十五人，至萬曆六年增設暹羅一館、續收得成九臯等二十一人，迄今歷歲久遠，率多事故更遷，見在止有教師等官一十八員，散處十館，並無一名譯字生習學，各官又皆年深齒邁，景逼桑榆，每遇夷文堆積，辨驗書寫未免苦難濡滯。若不及時作養後學，誠恐譯學無傳，任用乏人，關係不小。

① 六日癸亥 "六日"當為"辛酉"，"癸亥"當為"八日"。此處"六日癸亥"當有誤。
② 項 "項"當作"頃"。
③ 九日丙寅 "九日"當為"甲子"，"丙寅"當為"十一日"。此處"九日丙寅"當有誤。

且夷語番文，音異體殊，非學者一蹴所能精曉。即自今得人，猶待教習九年，三試中式者，方爲成材，造就既難，收羅宜豫。合無俯從各官所呈，查照嘉靖四十五年事例題請，恭候命下，容令本館教師各具重甘結狀，保舉各官名下的親世業子弟，聽禮部會官考試，選其年青質敏、通曉本業者，分撥各館肄業，庶傳繼不廢，辨譯有人矣？再照嘉靖十六年收補太濫，請託盛行，及嘉靖四十五年專取世業子弟，其風寢息。今次合無再行申飭，自本館各官世業子弟之外，並不許宦家富室夤緣干進，尤不許冒稱世業子弟，私囑各官保結，違者繩以三尺，毋少假借？如此則既不失作養之意，而又不開奔競之門，儲材、袪弊似爲兼得。伏乞裁奪施行等因。到閣。臣等竊惟，譯字官生所以譯寫番文，上以宣朝廷懷柔綏來之德意，下以通遠人攄忠向化之悃誠、制馭夷狄之策，事體本重。今經三十餘年不行收補，見在止有教師等官十八員，散處十館，並無一名譯字生習學，若不及時作養後學，誠恐將來譯學無傳，任用乏人，關係不小，委如少卿趙崇善之所慮者。相應依擬題請。及查萬曆六年開設暹羅一館，原與四十五年之例較增，而韃靼館除本館職業外，又兼譯女直夷人進貢襲替來文，並回賜敕書，及譯寫順義王表文、喜峯口驗放夷人，比之別館，繁劇數倍。今次收取，合無於韃靼、暹羅二館量增名數，以備作養？伏乞敕下禮部，查照嘉靖四十五年舊例，考取各官下世業子弟，分館習譯施行。緣係譯學缺人、懇乞照例題請收取、以永傳習事理，臣等未敢擅便，謹題請旨。"奉聖旨："是。禮部知道。"

十一日戊辰①，皇帝敕諭少傅兼太子太傅吏部尚書中極殿大學士沈一貫："朕惟台衡重地，弼贊攸資，密勿親臣，謨謀是賴。匪藉端亮公忠之佐，曷襄光明俊偉之勳？睠我元僚，誕彰丕績，可無褒敍，以示眷酬？咨爾卿一貫，邃學閎才，冲襟碩抱。經綸運掌，而出之以休休，道德積躬，而持之以抑抑。拔自講幄之舊，爲予調鼎之司。首贊萬幾，式殫一德。無偏無黨，布公道以渙羣，不激不隨，本和衷以熙載。有謀必告，非道不

① 十一日戊辰 "十一日"當爲"丙寅"，"戊辰"當爲"十三日"。此處"十一日戊辰"當有誤。

陳。箸籌收屢勝之邊功，廟議定萬年之國是。忠誠純固，擘畫精詳，清風足以表正乎明時，雅度足以鎮安乎薄俗。當中外多艱之日，爲邦家不拔之圖。登三事者十年，歷一品者六載，勳猷茂著，良愜朕懷。爰舉舊章，用頒新渥，而卿遜膚不有，避寵弗居，觀三讓之高風，尤純臣之盛節。是申贊冊，式表特恩。於戲，予欲保乂有邦，爾惟柱石。予欲訓警有位，爾惟典刑。尚其永矢乃心，懋襄上理，毋以任怨任勞，而思易退，毋謂已安已治，而遂成功。遠追喜起之風，共享昇平之福。欽哉。故諭。"

是日，大學士沈一貫奏："爲恭謝天恩事。本月十一日，伏蒙聖恩，以臣一品六年考滿，賜敕獎諭，欽遣鴻臚寺卿張棟等齎捧到臣私寓宣讀，臣謹恭設香案、望闕叩頭祗領。臣誠榮誠怵，稽首頓首上言。伏以天蓋孔高，蟻旋惟附，地輿極厚，鰲戴難勝，辭避末繇，報酬何所？竊念臣迂愚成性，樸略違時，嘗聞忠孝可以立身，篤信君親必能知己，未陳一力，久點孤卿。散材非八柱之資，廣廈乏萬間之庇，徒切鳳至圖呈之望，但聞獸蹄鳥迹之交，此日而微，況是正陽之月？下臣不職，尤宜策免之先。何知恢恢天網，爲臣而更疎，浩浩恩波，爲臣而更渥。賚予繽紛而望道，褒加赫奕以臨門。虞官之黜典既虛，漢代之璽書逾溢。瑤緘鳳翥聯珠，詎止十行？玉版龍騰疊袞，寧惟一字？渾渾堯言之深潤，諄諄舜命之申重，如憐手口交作之勞，爲示腹心相推之厚。獎駑駘以騏驥，名實謂何？飭鈍鐵爲鏌鋣，提携焉用？永念非常之典，誤加不佞之臣。茲蓋伏遇皇上肅秉乾綱，丕迎泰福，謂化瑟不調已甚，宜取圖新，謂人才寸朽難捐，莫如求舊，雖以臣之老憊，猶然勖其晚成。臣敢不抖擻渝精，激昂委氣，畢夙夜在公之力，赴當年親見之期。忍使軫憂不釋於民咨，忍使初政竟虧於終鮮，曾是厝火積薪，而誘已安已治，曾是臨淵結網，而辭任怨任勞。不稼穡而取廛，實臣孤憤，爲牛羊而求牧，惟上亟俞，庶無忝於訓辭，永有光於彝典。臣無任感戴依戀之至。謹具本奏謝以聞，伏候敕旨。"奉聖旨："覽卿奏謝，朕知道了。禮部知道。"

十三日戊辰，賜輔臣，每員鮮藕三枝。

十四日辛未①，大學士沈一貫奏："爲面恩事。四月十九日，該吏部題奉聖旨，陞受臣今職。臣三疏懇辭，復蒙溫旨不允，隨赴鴻臚寺報名，二十九日早於午門前行五拜三叩頭禮謝恩訖。又赴鴻臚寺報名，伺候面恩，節次恭遇免朝。查得萬曆十七年三月內，節奉聖旨：'説與鴻臚寺，今後在京陞授等項官員應面恩的，如候過三次，着具本奏知，不必再補。欽此。'臣恭候面恩已經三次，謹遵奉明旨，具本奏謝以聞，伏候敕旨。"奉聖旨："覽卿奏謝，朕知道了。禮部知道。"

十八日乙丑②，大學士沈一貫、沈鯉、朱賡題："照得文選郎中專掌黜陟文官，爲勞怨交叢之地，從來得全者少。舊規管過一年六選，而克舉其職，免於疵議，則陞京堂用。未滿之先，不准其陞，以防推避。既滿之後，本官即日辭出，不得再預部事，以杜專擅，以別嫌疑。其嚴如此。今郎中倪斯蕙已滿六選，隨出衙門，尚書李戴循照舊例擬陞提督四夷館太常寺少卿，屢次催請，昨十七日又具催請，未蒙允下。選郎進退未明，猶是一人之事，遂令本缺不補，掌選無人，仕路阻塞，政事停閣。今六月之選已在目前，查理銓次，莫敢參越，關係非小。伏乞皇上俯察，文選不可一日缺官，倪斯蕙之陞亦非超踰異等，早賜允發，以慰尚書李戴之望。幸甚。政體緊要，臣等不敢不言。伏候敕旨。"

是日，大學士沈鯉題："臣偶患痰火結滯胸臆，因以致腹脇脹滿，關竅不通者數日於茲，調理未愈。臣伏自思念，既叨備密勿近臣，參預機務，顧以病不能任職，方日懷隕越之憂，又安取醫藥之效？伏望聖慈垂憐，賜假調理，或可延狗馬餘生。臣不勝感戴天恩之至。"奉聖旨："覽卿偶疾，暫准假，慎加調攝，稍可即出佐理。吏部知道。"

二十日丁丑③，大學士沈一貫、沈鯉、朱賡題："臣等於本

① 十四日辛未 "十四日"當爲"己巳"，"辛未"當爲"十六日"。此處"十四日辛未"當有誤。

② 十八日乙丑 "十八日"當爲"癸酉"，"乙丑"當爲"十日"。此處"十八日乙丑"當有誤。

③ 二十日丁丑 "二十日"當爲"乙亥"，"丁丑"當爲"二十二日"。此處"二十日丁丑"當有誤。

月十八日，接得浙江巡撫尹應元揭帖，內稱該省歲造段疋，原係有司管解，近蒙改與兩淮內官魯保兼管。既奉明旨，本不敢瀆，但杭城機戶各聞風驚惶，四外逃竄，無人承當，必致誤事。思得內官孫隆、劉忠見駐杭城，俱小心安靜，地方帖服，乞皇上選委一員，就近兼管，不煩魯保遙制。其羨餘銀兩，即當會議曲處，依數解進，以濟國用。一轉移間，不缺上供，亦不拂民情，最爲便益等語。臣等再三詳看，本官此議委屬可從。蓋魯保身在兩淮，豈能飛越浙直福建等處，兼管數千里外事？勢必分遣多人，騷動地方，僉報富戶，嚇詐良善。當此十室九空之時，寬一分，民受一分之惠，豈堪再行激擾？孫隆、劉忠總是欽差，若令就近帶管，官不增設而督徵自易，公私皆便。況其所議羨餘銀兩，本官已自任曲處，依數轉解，不致短少，尤見體國奉公之意，與他處爭論礦稅者不同。伏望皇上允其所議，於孫隆、劉忠內簡用一員，責成帶管。仍行蘇松福建等處，一體就近委用，庶事權歸一，人心樂從，國計民情兩無妨害。此在聖心略加轉移耳。臣等無任懇切仰祈之至。"

是日，大學士沈鯉奏："爲恭謝天恩事。臣以抱疾請假，伏蒙聖恩遣御前牌子李虎臨臣私寓，頒賜鮮豬一口、鮮羊一控、白米二石、甜醬瓜茄一罈、酒十瓶，臣扶病望闕叩頭祗領訖。伏念臣枯朽餘生，衰殘陋質，誤蒙拔擢，叨預機衡，未瞻咫尺之顏，空負涓埃之意。偶緣脾病，益重魂搖，進憂儤直之難前，退虞曠官之速戾。實自干陰陽之罰，乃更徼高厚之恩，勤中使以傳宣，錫尚方之珍苾。循涯懼溢，戴德何勝？飲湛露於金莖，頓覺沉疴之欲浣，恭和羹於玉鼎，尚思含哺之無忌。臣無任激切感戴之至。爲此謹具奏恭謝以聞，伏候敕旨。"奉聖旨："覽卿奏謝，朕知道了。禮部知道。"

二十五日庚辰，大學士沈一貫題："昨二十三日左都御史溫純以十三懇疏求去，蒙皇上發閣擬票，臣等相顧喜悅，謂聖心今已開霽，純自此可出矣。乃連日候望，尚未蒙發，而純十四懇之揭又至。竊詳揭中所言，實係國家大事，此本官真誠至語，非虛設也，望皇上覽察焉。蓋明年正月當朝覲考察天下官員，此吏部、都察院最大職事，例該及早與海內當事之人往復書移，預先諮訪。往常以一年畢力，猶恐不精，非可倉卒取辦而苟且了事者。今夏序將盡，相去止半年耳，而純一身去留，尚未得定，諮訪之事必且訪廢。諮訪既已妨廢，考察安得公平？此不可視爲尋常細故也。皇上必謂純即不出，院務亦不廢，而未知考察一事與今待命實相妨礙。臣惟純之爲人，誠實忠藎，臣數年與之共事，無非愛君憂國之語，心實重之。偶以一疏未當而久致逡巡，臣若不言，天下之不知者將以爲純之前疏有涉於臣，而臣之褊心不能忘情，妨賢之誚安能逃之？伏乞皇上，將純今疏即賜批發，勉令速出視事，以振憲紀，以飭計事，庶幾賢臣復留，人心慰悦，而臣心亦得少明。臣無任仰望懇求之至。"

　　二十七日壬午，大學士沈一貫、沈鯉、朱賡題："爲起送事。該吏部手本開送庶吉士張光裕，係萬曆二十六年進士，改庶吉士，於翰林院讀書，二十八年五月二十日丁憂，回籍守制，三十年十一月二十日服滿起復，三十一年四月十二日起送到部。又開送庶吉士孟時芳，亦係萬曆二十六年進士，改庶吉士，於翰林院讀書，二十七年十一月初十日丁憂，回籍守制，三十年二月初九日服滿起復，三十一年五月初六日起送到部。各行移到院。臣等查得萬曆二十六年十二月題奉欽依，以後起送庶吉士，凡未經散館者，俱仍復館，與見在庶吉士一體讀書考試，散館之日品題，分別授官。今張光裕、孟時芳例該仍送入館就學，乞敕吏部查照施行。臣①未敢擅便，謹題請旨。"奉聖旨："是。吏部知道。"

　　二十八日癸未，補賜年節，臣一貫銀五十兩、綵段四表裏，臣鯉、臣賡每銀四十兩、綵段二表裏，及講官曾朝節有差。

①臣　"臣"下當有"等"字。

萬曆三十一年六月丙戌，朔，大學士沈一貫、沈鯉、朱賡題："先該禮部題准，萬曆三十一年及二十八等年各處歲貢生員三百四十名、恩貢生員九百一十三名、選貢生員六名，開送翰林院考試。臣等會同禮部右侍郎兼翰林院侍讀學士掌院事周應賓，出題彌封，嚴加考試，取中歲貢文理平通上卷二卷、文理亦通中卷三百三十八卷，恩貢文理平通上卷四卷、文理亦通中卷九百九卷，選貢文理平通上卷一卷、文理亦通中卷五卷，俱應准貢。謹將各試卷進呈御覽，伏乞聖裁發下，臣等欽遵施行。謹題請旨。"奉聖旨："是。該部知道。"

是日，又題："蒙發吏部一本《爲覆疏留中非體懇乞聖明速賜批發並速補司府員缺以資大計事》，臣等恭擬票上。切詳此本，大概言該部覆被參官員，如盛萬年、陳勖、王納言、王元柄、李必璋、孫良宜、陸雲龍等，及覆患病官員周一梧、曹璜等，皆未奉旨，有妨作缺。又天下道府缺官約八千①餘員，尤望通查賜補，以資大計。臣等竊惟，治天下之道要在用人，必朝廷有黜有陟，而後人才各得其用，必進賢退不肖，而後政事各得其理。試視逐日章奏，批'吏部知道'者最多，則用人誠急矣。乃吏部覆上而有格不下，雖復知道與未嘗知道何異？遂使皇上之威福不行於天下，而天下之賢否無裨於上聞，實於政體爲大扞格。今蒙聖心天啟，俯賜發票，此實轉移世道之機也。臣等不勝欣躍，又不勝願望，惟冀皇上即賜允從，以後凡遇補官本章，俱早覽發，庶幾賢才進用，而太平可期矣。臣等無任惓惓。"

三日戊子，大學士沈一貫、沈鯉、朱賡題："照得吏部常以雙月大選。先一月則有點卯，有看單。臨月則有推陞，有急選，有截點。至日引奏入選間，復有候補、候考、單題、雙題、投文、領文等務，殆無空日也。今六月當大選矣，而文選郎中尚未補定，待除官吏不下百千，壅街塞衢，皆來告急。蓋先任選郎倪斯蕙已滿六選，例不可以復入，尚書李戴推陞爲太常少卿，實仍舊例。前郎不陞，後郎難補，既無選郎，誰管選事？此戴

① 千 《敬事草》卷一三作"十"。

所以不憚再三之瀆，而又惓惓欲臣等爲之再請也。今倪斯蕙嫌於待陞而告病求去，呈堂代請，亦未得命。伏乞皇上俯循前例，准其陞遷。不然，准其告病出缺，使新者可補，而選事有歸，天下官吏辛苦待除者齒於品流，早出國門，轉號呼爲懽忻矣。臣等無任祈懇之至。

四日己丑，大學士沈一貫、朱賡恭視乾清宫、坤寧宫工程，賜茶。

十日乙未，大學士沈一貫、沈鯉、朱賡題："臣等竊惟，福王婚禮，宫闈吉典，中外瞻望。咸謂今歲必當舉行矣，乃春、夏二時倏焉已過，轉盼之際，又將秋、冬，日月遷延，尚無定示。皇上父子之愛，鍾於天性，必以爲佳期緩一日，則睿體充一日，甚盛德意也。然年齡十八，不爲早婚，民間尚然，況於龍種？過期與不及期，均之未爲適可。且遴選上吉，甚不容易，一年之中不能一、二月，一月之中不能一、二日。是以《詩》詠標梅，貴其迨吉，《易》言歸妹，戒於愆期。若不早命精遴，竊恐術人迫於欲速，或以尋常之日勉强名爲吉利，未可知也。惟先期早命，聽其檢式考程，次第詳擇，之①既審，即允而行，然後人事與天時符合，而吉祥與嘉禮輻輳矣。事至於今，誠不可以復緩。伏望皇上明諭禮部，行欽天監擇吉上請，以定於歸之期，以開麟趾之瑞。臣等無任顒望之至。"

十一日丙申，大學士沈鯉題："臣備員密勿，職在論思，乃學術迂疎，聞望輕鮮，不能有一言啓沃，黙翼聖真，實爲失職，惟隨事納忠，則用人行政固亦方今急務也。臣謹將此二端，各爲一議，敬陳黼座，少效涓埃。儻清閒之燕，時賜覽觀，或徑出宸哀，别有施措，則豈惟山海納藏，仰瞻聖度，抑天澤下流，溢乎寓②内者，或亦在此矣。臣未病之先，已爲此奏，適臣遘疾而止。今雖伏在藥餌，不忍終棄，輒復緣飾數語，用畢悃誠，亦野人芹曝之意也。臣不勝懇切祈望之至。

① 之　據《敬事草》卷一三，"之"上當有"擇"字。

② 寓　明抄本作"寓"，是。通行本作"寓"，誤。

計聞

用人議：我皇上臨御以來，孜孜於用人圖治，一時之治效可睹已。三五年來，要緊職官多有不補，臣愚誠不知聖意所在。惟我太祖高皇帝，神聖開天，稽古定制，由內達外，無處不設有該管衙門，由大及小，無一不付與應得執事，非徒以備員而已也。總之，皆精神心思所寓，而治天下大經大法也，由此則治，不由此則亂。二百餘年，聖神繼作，無不率由者，匪但前事之不忘，實惟成憲之當守也。臣請得一一熟慮之。蓋在內五府、六部與各卿寺衙門，逐日奉有欽依，隨即發行天下，一有壅滯，則後來文案堆積相仍，不免誤事。故今五府有掌印官，必有僉書，六部有尚書，必有左右侍郎，又各有屬官分理其餘，卿寺亦莫不然。蓋本源之地無壅，而後可周流不滯也。嗣是又特遣近臣二人，巡行方嶽，其一爲巡撫都御史，安拊人民，一巡按監察御史，糾發奸弊，俱屬要職。乃今常經年不補，而九卿衙門或有正無貳，或有貳無正，居常缺掌，易以稽遲，臨急乏人，互相那借，累朝以來人材寥落未有若此者。此今時在內景象也。外省都、布、按三司，或主甲兵，或主錢穀，或主刑名。各爲一職，猶恐不徧①，又設爲分守、分巡與各兵備，以分理三司之事，使一擔衆負，易以舉行，險阻幽深，無不周徧，亦承流於上，宣化於下，缺一不可者。邇年以來，守、巡等道有缺不補，而付與別道兼攝，或至連數百里之外以相遙制，勢豈能及？矧復有人覲行者，有人賀行者，有新舊交代日久不至者，其見在五、六人而已，地方千里，而五六人猶復不備，將彈壓可得而徧乎？蓋地闊則控馭難周，而盜賊竊發。事繁則耳目難遍，而吏胥爲奸。此守、巡等道必不可缺也。守、巡而下則各府知府亦稱方面，此之司道事體尤專，乃今亦處處懸缺，姑委之佐貳署掌。夫佐貳，倅職也，其屬乃州縣正官，能使見嚴憚稱師帥乎？矧復有非其境土而攝者，其視官傳舍而已矣。既視官如傳舍，豈復能視人之事如己事乎？撫人之子如己子乎？爲人守藏，能惜其財如己之財乎？其圖易以塞責者，不任其難，其取辦於目前者，不顧其後，縱小小辦治，亦目前了事而已。

① 徧　明抄本作"徧"，是。通行本作"偏"，誤。

此今時在外景象也。夫内不備則源塞，外不備則流壅，壅則不能有潤澤及物，天下安得而治？此用人圖治，法祖第一，而臣愚諄諄言之也。雖然，此論其常也，有急於此者。海内之承平久矣，當此差繁賦重之時，豈無弄兵潢池者？而所在無官，孰與簡兵？孰與儲餉？孰與繕城隍、圖戰守、以備不虞？陰雨至而後爲計，其有及乎？且朝廷每遣使，必設副置貳以行，彼一時一事猶兢兢若此也，矧其有常職、有常事、以稱代天工凝庶績者，可若是草草乎？如謂省官省費，官可不備也，則歷年以來，裁冗員者不遺餘力矣，詎復有可省者乎？富人之家田廬稍斥，猶多署臧獲、廣招游佃，以爲已分理於下，誠恐其家之不治，而地有遺利也。豈治天下國家者，而可以無人？孟子曰：'不信仁賢，則國空虛。'國無政事，亂且滋起，所憂方大，可視爲小小者哉？伏願皇上法祖建官，舉逸修廢，俾仁賢濟濟在列，則臣任其勞，君享其逸，天下可無爲而治矣。故臣愚以用人爲第一議。

　　行政議：臣惟天不言，而天子代之，所出旨意謂之天言。天言者，天命天討之所自出也。蓋其重已。祖宗朝面決政事，一切章奏例應批答者，隨奏隨答，隨答隨下，無留難也。及皇祖世宗皇帝末年，深居靜攝，始不面決政事，乃其時臣下之所稟承幾務無不振舉者，則恃此章奏一脉，爲可通君臣上下之情也，而國家大政事，即此在矣。夫章奏，即政事，停章奏是停政事也，緩章奏是緩政事也。皇上試稽覽載籍上下今古，歷數其興亡治亂，曾有無政事、而可以爲國者乎？大內而章奏批答疾如風雨，其精神何嘗一日不運於天下？及遇大事，又常於西苑召閣部文武大臣，面賜商搉。故其時庶政修明，人心震肅，亦自與臨朝稱制者不殊，兹所以無害於嘉靖中興之治也。假令皇祖末年不廢臨御，則久道成化宜不止此矣。皇上祇知其倦勤之迹，不踵其勵精之志，毋亦有未盡者乎？臣反覆思惟，一念隱憂有不勝杞人之慮者，忍不直言？蓋凡政事中，有利所當興、害所當除、人材所當進退、忠蓋所欲發攄、國是所由鎮定者，莫不取決於渙號之一頒。惟留中不報，報常後時，則利有當興者不興，害有當革者不革，賢能當陟者不陟，愚不肖當黜者不黜，明作者無以見能，尸素者得以藏拙，懷忠藎之意者鬱於心胸，奉奔走之職者困於羈絏，此當事之臣之所甚苦也。至如國是有盈庭之議，非早奉宸斷不明，機務在反掌之間，非立承斧斷不決，諸如此類，何可勝數？儻其有滯，將九重德意弗宣、且遂爲衮職之闕者，亦何但臣下之不能盡職也？夫人情，需則疑，疑則多議。留中者曰何爲而留？緩發者曰何爲而緩？其設爲不必然之慮、而妄揣一人之意指者，無不至也。此甚非盛世之所宜有也。三五之隆，庶事以康，如四時之序，森乎不爽。惟後之優柔不斷者，乃多廢事。皇上聰明睿知，乾綱獨攬，本毅然大有爲之君，顧徒以章奏稽留，使庶績咸熙有遜於堯舜之世，此臣心所大不安也。故竊以用人之次行政急焉。弗敢曰人不足與適也，政不足與間也。惟聖明裁察。"

二十三日戊申，賜三輔臣，每員批①枇杷菓一簍、鮮笋二十根。

① 批　明抄本作"枇"，是。通行本作"批"，誤。

二十四日己酉，大學士沈一貫、沈鯉、朱賡題："今日文書官盧受捧出聖諭：'諭內閣：盛暑濕熱，朕偶中暑，頭目眩暈，連日靜攝，稍愈，身體尚軟弱。昨右膝下生一痱毒，見敷膏藥。興拜跪獻不便，廟享恐弗成禮。卿等傳示遣官恭代，及各執事務秉精誠，竭虔行禮。諭卿等知。欽此。'伏自入伏以來，雨暘不常，濕熱交劇，最易感觸，最難調和。惟茲廟享之辰，適值立秋之候，謂天氣當必開爽，大祀正可躬親，而不意聖體尚湏珍調，臣等不勝懸切。伏望順時靜攝，益保天和。除傳示聖諭，令遣官及將事諸臣各竭虔行禮，以仰副皇上孝敬至意外，其聖諭尊藏閣中。謹具回奏以聞。"

二十五日庚戌，大學士沈一貫、沈鯉、朱賡題："竊惟三年比士，國家盛典，其試期定於祖宗，其京考復於皇上，誠不易之令甲也。臣等昔在禮部時業已題准，凡遣差考官，必量其地之遠近，不先不後，如期而後敢題。凡推擇考官，必量其人之資望，矢公矢慎，必得人而後敢請。行之二十餘年，未常失誤。今照禮部題請浙江、江西、湖廣三省考官，候之旬日，催之數次，而旨尚未下，臣等惶惶，不知所解。蓋三省遠在三千里外，萬曆二十八年以六月二十二日得旨，諸臣兼程而進，竭蹶良苦。今又遲數日矣，即使早晚急趨，猶恐天時人事不無阻滯，若再濡遲，諸臣能縮地而至乎？此係賓興大典，關係匪輕，萬萬不可少誤，臣等不敢不言。伏望皇上即賜點用，今諸臣作速就道，不勝懇切待命之至。"

是日，賜三輔臣，每員鮮鰣魚二尾。

二十八日癸丑，大學士沈一貫、沈鯉、朱賡題："臣等二十五日具題，催請欽點浙江、江西、湖廣三省考官，候旨三日，又未蒙發。該禮部官惶惶不寧，未①見臣等，言入場之期定以八月初九，自今相去止四十日耳。舊規考官許其舟行，一以防閑關節，一以衛養精神也。乃茲前規②大倡矣，即舍舟從陸，恐亦不足，況旨下之日，在京尚有謝恩、辭朝之事，在途慮有風雨不測之事？查得欽定赴任限期，浙江四千四百里，該八十八日，江西四千六百六十五里，該九十四日，湖廣三千二百里，該六十四日。今諸臣即日拜命，已當晝夜兼行，若復更有延遲，豈能如期而至？且夫典試一差，與頒詔、捧册等差不同。頒詔、捧册等差，到彼成禮即為訖事矣。典試一差，資其考校文字，登崇俊良，到彼之初，方其用勞之始，彌月晝夜全用精神，若令奔馳道路，疲憊不振，雖復勉強卒役，亦何為也？伏望皇上亟賜批發，尚可少寬其力，責令盡心盛典。臣等不勝戰兢待命之至。"

是日，賜三輔臣，每員拖滷鰣魚五尾，及講官曾朝節有差。

① 未 《敬事草》卷一三作"來"，是。

② 規 《敬事草》卷一三作"期"，是。

萬曆三十一年七月乙卯，朔。

二日丙辰，大學士沈一貫、沈鯉、朱賡題："竊惟浙江、江西、湖廣三省考官，該禮部上請且催請五次，即臣等亦再揭以懇矣，未蒙發下，中外皆生疑慮。今日應天、陝西考官，俱蒙點用發票，仰窺聖心原無留滯之意，望乞一視同仁，早賜點發。如或該部推舉有未當聖心之處，亦乞明示，或速令改推，或於原推中隨聖明酌用，庶不至妨誤大典也。臣等敢爲虔請，不勝佇望之至。伏候敕旨。"

三日丁已①，大學士沈一貫、沈鯉、朱賡題："爲科學②事。准禮部手本，該本部題，應天府例於萬曆三十一年八月初九日開科鄉試，合用考試官二員，照例行翰林院定擬，上請差用，奉聖旨：'是。欽此。欽遵。'備行到院。臣等推得堪任正考官二員，列③名上請，伏乞於內各欽點一員，令其照例馳驛星夜前去，及期考試。再照坊局官員目今缺人差用，管國子監司業事周如砥，原係右春坊右中允，資序相應，如蒙點用，乞着回坊管事，仍兼翰林院編修。臣等未敢擅便，謹題請旨。"奉聖旨："是。着點了的去。該部知道。"
　　計開
　　堪任正考官二員　陶望齡、翁正春
　　堪任副考官二員　周如砥、李騰芳
　　陶望齡、周如砥有點。

四日戊午，輔臣恭視乾清宮、坤寧宮工程，賜茶。

五日己未，大學士沈一貫、沈鯉、朱賡題："臣等竊惟浙江、江西、湖廣三省考官，屢請未命，輦轂之下，人人生疑。彼遠處聞之，妄猜妄講，又當何如？恐致謠言滋興，非所以尊朝廷、一衆志也。儻皇上以科臣員少，不欲遠差，則明諭改差部臣，亦無不可。若聖意別有所爲，亦乞早傳，使臣下奉行。

①己　"己"當作"巳"。
②學　明抄本作"舉"，是。通行本作"學"，誤。
③列　"列"字上當有"堪任副考官二員"七字。

緣係日期緊急，恐誤賓興大典，輒復瀆奏，惟皇上俯亮。臣等不勝惶恐，伏候敕旨。"

七日辛酉，大學士沈一貫、沈鯉、朱賡題："查得萬曆三十年十二月內，該禮部尚書馮琦乞點用部職一本，奉聖旨：'覽卿奏，知道了。左侍郎李廷機着吏部上緊行文催任，右侍郎員缺候旨行。欽此。'照得李廷機係右侍郎，奉旨爲左侍郎，吏部已欽遵行文催到。爲照禮部堂上官，舊規兼翰林職銜，以便供講筵、纂修等事，未經題給，係內閣職掌，合將李廷機以禮部左等郎兼翰林院侍讀學士，乞敕吏部查照施行。臣等未敢擅便，謹題請旨。"奉聖旨："是。吏部知道。"

八日壬戌，大學士沈一貫、沈鯉、朱賡題："竊照浙江、江西、湖廣三省并近題河南考官，未蒙俞命，聖意精深，必有所在。但臣下愚昧，何能仰測？惟乞明示，以便題請。或仍賜點發，尤出萬幸。若使事可少緩，臣等敢不靜聽？但以賓興大典，日迫一日，恐奉差諸臣竭蹶難前，又恐人心不古，浪傳亂揣，以致疑惑聖朝，煽動愚俗，皆於政體大有妨礙。犬馬忠赤，實深憂惶，安敢避煩瀆之愆？謹題請旨。"

九日癸亥，大學士沈一貫、沈鯉、朱賡題："蒙發兵部一本《爲中土盜賊可虞得人防患甚亟等事》，臣等恭擬票上外，輒敢復附一言。照得河南巡撫缺至一年有餘矣，該吏部憂其地方無主，紀綱廢墜，而屢以爲請。既而戶部憂其逋欠太多，乏人催徵，而特以爲請。今則兵部又憂其盜賊竊發，滋蔓難圖，而力以爲請。夫命一官而可使一方平治，以無煩當寧之憂，甚便事也，皇上何爲而久吝此？疏中言該省災傷疊見，饑饉洊臻，閭里蕭條，供輸匱竭，今又黃河橫溢，夫役繁苦，瘟瘴盛行，死亡枕藉，而奸狡亡命之徒所在蟻聚，假以左道妖詞，謀爲不執，如廖萬、賈恒、李許、李大榮、詹希楚等，聚衆五六千人，聲勢重大等語，臣等蓋嘗習聞之，而臣鯉尤係本貫人氏，知之極真，每念及此，即顰蹙而涕泣者也。昨臣鯉得家書，言有親弟染疫而亡，可見天災流行不虛，地方受害已極，儻致盜賊果發，將令何人支持？夫彈壓於未發之前，猶易爲力，征剿於已發之後，極難爲功。若必至於用兵，將令赤地無遺矣。該吏部屢催堪爲巡撫者已有七人，皆當今才望之臣，堪付一面之寄者。惟皇上俯命一人，前往料理，使中外百萬生靈，脫於水火之中，實社稷之福。臣等不勝惓惓之至，伏候敕旨。今將吏部屢次會推堪任河南巡撫各官，開具於後：張鳴岡、顧雲程、耿定力、李堯民、許弘綱、于守素、趙士登。"

十日甲子，大學士沈一貫、沈鯉、朱賡題："臣等竊見皇上固持諸省考官不下，各衙門日來詢問，臣等對以聖意慎重，旦晚必下。不敢輕置一他語也。中夜起思，實不能仰窺聖意所在。然有一言，不敢不密獻焉。自昔明主，羅天下之賢才，而羈之以爵祿，不但資其猷爲以圖共理，亦所以預折此輩勃勃然敢作敢爲之氣，而使之範我馳驅也。天下之所以難治而易亂者，正患夫聰明才力之人，各爲其所欲爲，而上之人無以羈縻籠絡之耳。在昔胡元之時，棄去儒生而不用，於是天下才力之人去而爲盜魁，聰明之士而爲謀主，所在雄據，遂以大亂。聖祖知其然，故設爲學校，而授之以五經四書先聖之言，使之習讀，以消其平日之邪心。每遇三年，則開一大比之典，而收之以爲國家用。於是嚮時橫恣好亂之人，咸化爲衣冠禮義之士，而天下從此治安。此聖祖修文崇儒之大效，深慮遠謀之一端也。不聞唐之季世乎？唐之季世始倡亂而最鷙鷙者黃巢，初亦一儒生而不見收者耳。向使巢有一官半職，以榮其身，亦何至飛揚跋扈、使唐三百年之社稷夷於草莽哉？然則聖祖之所以廣收儒生，固亦有鑒於是矣。唐武后時，徐敬業起兵，傳檄天下。武后得其檄而讀之，問爲誰之所作，或對曰：'駱賓王。'武后嘆曰：'有才如此，而使之流落，有司之過也。'然則聖祖之所以廣收儒生者，又必有鑒於是矣。宋太宗時，天下甫定，恐才智之輩猶生異心，乃盡徵海內名士，令修《太平御覽》一書，後又盡賜應試諸生，悉與及第，此亦英主防微杜漸之術。然則聖祖之所以廣收儒生者，又必有鑒於是矣。夫士之所望者，不過升斗之祿、咫尺之階，其欲甚易足也，其求甚易副也，而朝廷因得以化奸爲良、易亂爲治，使天下共游於天①平之路而不知，其效甚大，其名甚美，胡可不是務也？皇上重道右文三十載於茲，未嘗②有幾微厭斁儒生之意，而乃今一事，形迹似之。臣等有懷於心，輒此吐露。惟乞皇上早發此命，以慰天下多士之心，以釋遠近人民之疑。幸甚。謹具題知。"

① 天 "天"疑當作"太"。
② 當 明抄本作"嘗"，是。通行本作"當"，誤。

十二日丙寅，大學士沈一貫、沈鯉、朱賡題："爲起送事。該吏部手本開送原任翰林院庶吉士劉一燝，先於萬曆二十九年四月十八日題准養病回籍，至至③三十一年七月初三日投文到部，行移到院。臣等查得，萬曆二十六年十二月題奉欽依，以後起送庶吉士，凡未經散館者，俱仍復館，與見在庶吉士一體讀書、考試，散館之日品題，分別授官。今劉一燝例該仍送入館就學，乞敕吏部查照施行。臣等未敢擅便，謹題請旨。"奉聖旨："是。吏部知道。"

③ 至 明抄本無此"至"字，是。通行本有此字，誤。

十五日己巳，大學士沈一貫、沈鯉、朱賡題："爲纂修玉牒事。照得玉牒稿册浩繁，見在官員不敷供事。查有起復到部制敕房辦事中書舍人兼翰林院侍書范可愓、起居館辦事太常寺典簿周廷臣、翰林院孔目閃繼迪、宗人府送到效勞監生鄧士昌，俱堪補書寫玉牒。再照制敕房辦事試中書舍人張萱，歷俸已深，例應實授。伏乞敕下吏部，查照施行。臣等未敢擅便，謹題請旨。"奉聖旨："是。吏部知道。"

十六日庚午，大學士沈一貫、沈鯉、朱賡題："照得溽暑已處，天氣漸涼，皇太子、福王正宜及時講學。臣等謹擇本月二十二日、二十六日俱吉，伏望欽定一日，以便遵行。謹題請旨。"奉聖旨："是。皇太子、福王俱着本月二十六日照常講學。該衙門知道。"

十八日壬申，大學士沈一貫、沈鯉、朱賡題："照得東宮講筵侍班官，原設二員，該掌詹禮部尚書曾朝節已改充日講官，詹事兼侍讀學士范醇敬已回籍調理，二員皆缺。推得禮部右侍郎兼侍讀學士掌院事周應賓、詹事兼侍讀學士唐文獻，俱堪充補。講讀官原設六員，今缺四員。推得少詹事兼侍讀學士楊道賓、掌南京翰林院右中允王圖、舊講官假滿左中允吳道南、右中允馮有經，俱堪充補。其王圖資俸已深，應量陞左春坊左諭德，兼翰林院侍講，吳道南、馮有經應催取前來供職。伏乞敕下吏部，查照施行。臣等未敢擅便，謹題請旨。"

十九日癸酉，大學士沈一貫、沈鯉、朱賡題："先該吏部題准，願告教職歲貢、恩貢生員，行移翰林院考試。臣等欽遵會同禮部右侍郎兼翰林院侍讀學士掌院事周應賓，出題彌封，嚴加考試，取中歲貢文理平通上卷二卷、文理亦通中卷三百九卷，恩貢文理平通上卷四卷、文理亦通中卷七百九十三卷，俱堪授教職。謹將各試卷封進，伏乞聖裁發下，開送該部，查照臣等先後題准事理施行。謹題請旨。"奉聖旨："是。該部知道。"

二十二日丙子，大學士沈一貫奏："爲留賢反召人疑謹明心事仍求退休懇乞早放歸山以全晚節事。臣惟自昔朝臣往往好訟，始於自相攻擊，而終於牽連閣臣，臣爲此懼，未始不慎自防也。昨接御史湯兆京一揭《爲總憲頓挫已極輔臣心事未明懇乞聖明放歸以全紀綱事》，內言給事中鍾兆斗之參都御史溫純，爲有涉元輔，冒嫌排擊。又謂皇上雖再留純，而降諭之際尚非溫旨，元輔雖有留揭，而辭氣之間未化成心。又言畫南北於一廷之上，修睚眦於白首之交，故示羈縻①，待其委頓無聊，銷蘦以去，而令天下謂皇上實棄之。又言純未劾二臣時，元輔已引疾不出，幕中豈無先入，而謂人言之杜撰哉？兆京所以疑臣心事未明者，此其大指矣。按'心事未明'四字，臣揭中有之，臣之自言可謂云爾，兆京斷章取義，驚人耳目，善搆②文者不宜如是。移理就情，豈謂忠益？誠愛純者，亦不宜如是。誠爲純解紛者，

① 縻 明抄本作"縻"，是。通行本作"縻"，誤。

② 搆 《敬事草》卷一四作"攝"。

亦不宜如是。必如其言，臣將爲名教罪人矣，敢無一言以自白乎？臣聞人臣惟君命是尊耳。語曰：'君命召，不俟駕而行。'雖有辭讓之節，讓不過三。協之義而協，可以久則久矣。心如皎日，何必遲回却顧，屢上封章，以要無已之後命，而適貽夫再三瀆之後悔。人臣而奉有絲綸一字，榮光大矣。已得恩旨而尚嫌其不溫，非禮也。評量君之路焉，猶爲不敬，取絲綸之尊而評量其溫否，可謂敬乎？兆京於是乎失言矣。原純本意，殆不其然。兆京其陷純於不義哉？其謂臣'成心''未化'，豈以臣之揭留純也尚未盡善乎？密勿之言，外廷何由而知？臣之言可以入告，亦可以公言於朝，言止於此，心亦止於此。請公言之。臣之揭曰：'純之爲人誠實忠藎，臣數年與之共事，無非愛君憂國之語，心實重之。偶以一疏未當而久致逡巡，臣若不言，天下之不知者將以爲純之前疏有涉於臣，而臣之褊心不能忘情，妨賢之誚安能逃之？伏乞皇上將純今疏即賜批發，勉令速出視事，以振憲紀，以飭計事，庶臣心事得以少明。'其言如此，臣之所以稱純者自謂曲盡矣，祇有'一疏未當'四字不能掩其瑕耳。不掩其瑕，乃顯其瑜，抑揭①語氣自當如此。而兆京以爲臣'成心''未化'，人之度量豈不遠哉？皇上試問二輔，試問九列，此一瑕也爲可掩乎？不可掩乎？必欲盡掩其瑕而曲彰其瑜，此市廛售物之心，非大臣入告之道。事君者勿欺爲先，好而知其惡，惡而知其美，誠心直道，是爲勿欺。皇上聰明天縱，二三大臣人品心術，何所不洞鑒？此事之曲直是非，又何所不洞鑒？而臣敢欺乎哉？臣與純白首一廷，驩然無間，忽於臣四五乞身之時，而爲無端倡疑之舉，兆京所謂朝議疑之者衆是也。當此之時，朝議盡疑而心②不疑，爲之五次擬旨、三次具揭以留之，謂臣有'成心''未化'可乎？必謂純之一疏爲當，則皇上已有'曲直未分'之旨，而此旨又非臣所擬也，皇上以爲'莫分'，而臣乃稱其'至當'，欺莫甚矣。臣其敢乎？臣之於此，自謂事君處友兩無餘憾，而猶加責備，何施而可？本無'成心'，何云'未化'？而猥以疑臣，兆京於是乎又失言矣。臣家無雜賓，門可羅雀，筋力已盡，常思避賢。若有人幕之賓，

① 揭　明抄本作"揚"，是。通行本作"揭"，誤。

② 心　明抄本"心"上有"臣"字，是。通行本無此字，誤。

必不樂臣求去，臣可屢疏求去，正以門無幕賓。臣既辭官，則一切閣事盡數交代，何分乎'南北'、何修乎'睚眦'、而留此一蹊蹺事、以增去後之累？此亦足以察臣心矣。凡兆京所以規臣者，臣不敢不自省。獨痛夫臣以留揭明心，而兆京更乃借是以昧臣心，自今而後，雖有好言，亦難開口矣。臣所以為純者萬方，而未嘗令純知，又何恃乎兆京之不知？事至今日，惟有恃皇上之知，以明臣心，使天下後世共知之。敢請皇上明示，向來留純之旨多未下者，為出於聖意乎？抑臣有所干預於其間乎？出於聖意，則臣心已明。若臣有所干預，則三揭、五票具在御前，望皇上取而覽之，有一字短純者否？若論擬票，則近日尚有'秉憲肅紀，輿望所歸'之語，比之揭語尤為盡善，兆京所謂'頓挫'之、'羈縻'之、'銷鑠'之者安在？非皇上不能為臣雪此冤，此臣之所以禱祈席藁而俟命也。論臣本意，則臣之與純非相違也，而相從也。嘗以為安定國家，必大焉先誠，欲與純安詳審固，傾身下人，以和朝士，以定國家，而茲不能矣。始願既乖，惟有一去。輒敢再申前懇，伏乞皇上俯憐臣千辛萬苦之餘生所存無幾，特賜骸骨，俾就隴土，生環死草，誓不忘報。臣不勝懇切待命之至。"奉聖旨："卿純忠體國，開誠布公，朕素所鑒知。都御史溫純，卿屢揭必稱其賢，每票必擬勉留，具見雅度，安有成心？且大臣去留，出朕獨斷，純自固辭，與卿何預？卿宜自信不移，即出輔理，以定羣囂，慎勿再辭。今後言官務要平心詳審，當於本情，不許故為猜疑，淆亂國是。吏部知道。"

二十三日丁丑，大學士沈一貫、沈鯉、朱賡題："恭照東宮講學，已奉欽命於二十六日舉行。先該臣等為侍班、講讀各缺員日久，推得禮部右侍郎兼侍讀學士掌院事周應賓、詹事兼侍讀學士楊[①]道賓、掌南京翰林院右中允王圖、舊講官假滿左中允吳道南、右中允馮有經，俱堪充補講讀官。其王圖資俸已深，應量陞左春坊左諭德，兼翰林院侍講，吳道南、馮有經應催取前來供職。已經臣等於本月十八日具題，未奉欽命。今東宮講

① 楊 明抄本"楊"前有"唐文獻，俱堪充補侍班官，少詹事兼侍讀學士"十八字，是。通行本脫此十八字，應補。

學日期已近，恐見在諸臣辦理不前，伏乞俯賜批發，敕吏部查照施行，以便供事。臣等不勝跂望之至。謹題請旨。"

二十六日庚辰，大學士沈一貫、沈鯉、朱賡題："先爲東宮講筵缺侍班、講讀等官，已於本月十八日請補，復於二十三日題催，俱未蒙允批。今日皇太子初講，該臣賡侍班，竊見講讀官止有三員，且讀且講，並撰述講章，及又講對，一人兼二人之事，不惟精力難繼，抑且寥寥非體。其原擬侍班周應賓、唐文獻，講讀楊道賓、王圖、吳道南、馮有經，各員俱不可缺。伏望皇上將前疏即賜檢發，敕吏部查照施行。臣等未敢擅便，謹具題知。"

二十七日辛已①，大學士沈一貫奏："爲聖恩隆重宜報孤臣情苦難留再乞天慈早賜放歸以安愚分事。昨試御史湯兆京見給事中鍾兆斗論都御史溫純，遂求多於臣，謂臣留純之揭成心未化，又謂聖旨未溫，臣具疏辯明，奉聖旨：'卿純忠體國，開誠布公，朕素所鑒知。都御史溫純，卿屢揭必稱其賢，每票必擬勉留，具見雅度，安有成心？且大臣去留，出朕獨斷，純自固辭，與卿何預？卿宜自信不移，即出輔理，以定羣囂，慎勿再辭。今後言官務要平心詳審，當於本情，不許故爲猜疑，淆亂國是。吏部知道。欽此。'仰廑天心爲孤臣昭雪沉冤，雖家庭父子亦不是過，臣不勝嗚咽流涕，而繼之以血也。捐糜此身，不足言報，何敢言去？何忍言去？顧復自思，忝居輔弼，而致人見疑，辱國莫甚，臣之苦情有萬萬不容不去者。謹披瀝爲皇上言之。都御史溫純之事，起於舊年十月，今歷四時矣，而猶紛紜不止，則以於永清雖奉調外之旨，而未得地方，永清不去，純心何能自安？純以十七疏求去，而多半留中，再奉明旨，尚未溫也，又何能自安？臣固憂朝臣之未和，時時念之，而不虞其遽加諸臣身也。夫五倫之序，君臣居其首先，朋友居其最後，人固當加意於友，尤當不欺於君。加意於友者私情，而勿欺於君者公義，何可先私而後公、先友而後君也？臣爲純苦心作揭，

① 已 "已" 當作 "巳"。

① 不必 《敬事草》卷一四"不必"作"必不",似是。

② 慄 《敬事草》卷一四作"慄",是。

③ 日且 "日且"似當作"且日"。

④ 以 《敬事草》卷一四"以"上有"因"字,是。

請上勉留,自謂庶幾可幸無罪,而反以爲謗,自今而後臣無道以處此矣。臣之此揭,幸蒙皇上採納,皇上視之,必信臣心爲無他也。當是時即純視之,亦不必①疑臣心有他也。今成心之說不起於二疏連下之日,而起於後疏不下之日,臣安能致純疏必下哉?閣臣留人之揭而至於三,自來所少,尚以爲憾乎?純疏不下,聖意淵微,臣何能知?臣何能强?而兆京謂臣委頓之、銷蕳之、以託於皇上之實棄之。臣心至愚,不解爲此術。聖明在上,不容人爲此術。何兆京輕量夫聖明獨斷之主,而故以半吞半吐不可明之辭詆臣也?臣至今思之,如坐重冰積雪之中,凜凜戰慓②,誠不若早先引避,使臣之得罪於純猶小,令天下萬世皆知臣心,此一不可留也。聖旨欲臣出而定嚻,德意甚厚。夫嚻未及臣,尚可以定,既及臣身,惟聖主可定,非臣所能定矣。臣亦嚻中一人也,言出於口,即疑爲私,不能任此事,則不可尸此位,此二不可留也。然臣不能定人之去,而可以自定其去,請之而力,聖主必憐而許之,人臣自處,道當如是,此三不可留也。黄鳥至微色斯舉矣,今徵於色、發於聲、而不去,禍日且③大,皇上雖欲保全臣而不可得,此四不可留也。舊年臣常力勸純,欲其卷胸中之和,以召宇内之和,而今乃至此,臣不可以復勸,此五不可留也。臣不能召宇内之和,則退而自成其硜硜小節,不然則於人於己竟成兩失,此六不可留也。人臣惟一官難拵耳,臣求去出於本心,得去以爲幸甚。儻蒙俯憐而不吝一允,其視祈恩乞容猶爲易許,天下亦必不謂之濫。惟乞早賜放還,以明臣心,九遷之榮不是過矣。臣無任激切惶悚禱祈之至。"奉聖旨:"卿忠誠公慎,朕素鑒知。前已有諭,卿宜自信不移,何乃又有此奏?朕覽惻然。其溫純二疏連下,爲卿屢揭催請。後疏不下,朕以彼奏各缺巡按,且有回道御史不差,故以試御史瀆擾市恩,以④留中。屢本未發,於卿何預?今又致生猜疑,紛紛瀆奏,殊非政體。方今國家多事,卿宜仰體朕眷任篤隆,繹思君臣大義,毋以浮議介懷。即入贊襄,弼成化理,慎勿固辭。吏部知道。"

是日,大學士朱賡題:"連日首臣一貫以自陳杜門,次臣鯉以病足未出，止臣廑在閣辦事。伏望①發下首臣一本《爲聖恩隆重宜報孤臣情苦難留等事》，命臣票擬。臣再三看詳，仍爲御史湯兆京前疏稱都御史溫純去留未定，疑是首臣故意留難，成心未忘，雖蒙明旨特爲昭雪，人人聞知，而猶有附和不已者，以此堅求一去，以明心迹，此其再疏披瀝之情也。臣既奉旨，自當票擬，請自上裁。但今人情叵測，各逞其私，以皇上之神聖，事事出於英斷，猶且疑及首臣，臣么麼腐儒，望輕識淺，且與首臣同年、同鄉，非私亦私，安敢輕擬一字，以身爲的，而益傷國體？且首臣苦心，亦惟皇上知之，即其疏中亦謂羣囂惟聖主可定。伏望即賜宸斷，以一衆志。至於近日臣工不急公家之務，而各相政訐，動淆國是，尤非盛世所宜，亦望天語嚴加戒諭，早杜朋比之端，庶還蕩平之治。臣不勝顒望之至。"

① 望 "望"字疑誤。

萬曆三十一年

萬曆三十一年八月甲申，朔，大學士沈一貫題："頃臣偶被人言，兩疏陳辯，俱蒙天恩昭雪，眷任隆篤，千載一時，感激私衷，實難名狀，即宜遵奉諭旨恭趨贊襄，臣之分也，臣之心也。第臣驚魂未定，病痰轉增，頭眩足浮，有難扶掖。輒布感謝之悰，且申寬假之請，伏乞聖恩，再容臣調理數日，痊可供事。臣不敢擅便，謹題請旨。"奉聖旨："朕覽奏，知卿偶疾，暫准給假調理，稍可即入贊襄，以慰眷倚至意。"

三日丙戌，大學士沈一貫、沈鯉、朱賡題："爲科舉事。准禮部手本，該順天府題，萬曆三十一年八月初九日，例該本府開科鄉試，合用考試官二員，伏乞簡命等因，奉聖旨：'是。欽此。欽遵。'備行到院。臣等推得堪任正考官二員、副考官二員，列名上請，伏乞於內各欽點一員，令其前去考試。臣等未敢擅便，謹題請旨。"奉聖旨："着點了的去。"

　　計　開
堪任正考官二員：蕭雲舉、楊繼禮
堪任副考官二員：翁正春、李騰芳
　蕭雲舉、翁正春有點。

四日丁亥，大學士沈一貫奏："爲謝恩事。今月初四日，伏蒙聖恩，以臣在告，特遣御前牌子張瓚，齎賜鮮猪一口、鮮羊一腔、白米二石、酒十瓶、甜醬瓜茄一罎。臣謹扶疾望闕叩頭祗領訖。伏念臣斷無他技，徒有小心，撫時每至於涕洟，報國敢違夫忠信？本意調和衆正，爕理萬微，夫何樸①愚，闕於感通，淺薄艱於牽茹，力與命牾，志將氣岐，下負生期，上傷國體，病其自致，時則何尤？伏蒙皇上曲加哀憐，允其休沐，更出天庖之珍饌，特馳中使以焕頒。感激鴻深，益難啟處，永懷報稱，惟有捐糜。臣無任激切屏營之至。"奉聖旨："覽卿奏謝，朕知道了。禮部知道。"

八日辛卯，以萬壽聖節，賜輔臣，每金萬壽字二副、銀萬

① 樸　"樸"當作"樸"。

壽字二副、金篆字八個、金書紅符一道，及講官曾朝節有差。

十三日丙申，大學士沈鯉、朱賡題："伏念臣等於昨年八月內，瀝懇天恩，特賜召見，隨蒙聖諭，允令候旨。臣等不勝欣幸，日齋心顒首以竢，一年於茲矣。適今聖壽大慶又復屆期，萬國衣冠雲集闕下，臣等備員密勿，傾葵向日一念鬱於犬馬私衷者，益不能已，用是敢再申前請。儻於聖節前後，有時臨御便殿，特假一刻燕閒，容臣臣①等隨首輔一貫，蒲伏堦墀，躬效億萬歲無疆之祝，少申十五年曠隔之私。臣等不勝懇切願望之至。伏候進止。"

十五日戊戌，以中秋令節，頒賜輔臣上尊珍饌。又賜元輔膳九品、秋露白酒五瓶、月餅五個，次輔每膳七品、秋露白酒三瓶、月餅四個。

十六日己亥，大學士沈一貫題："恭遇皇上萬壽聖節，齊天大慶，率土騰歡。臣忝列首僚，欣戴尤倍。茲因在假，未能趨朝，不敢輒入大班，同伸嵩祝，謹於是日勉力恭詣仁德門，偕臣鯉、臣賡行五拜三叩頭禮，少效臣子舞蹈之誠。謹具題知。"

是日，大學士沈鯉、朱賡題："恭遇萬壽聖節，禮當慶賀，奉旨傳免。臣等謹偕在廷文武暨天下華夷齎捧朝貢官員人等，於五鳳樓前大班行禮，恭伸祝頌。外，伏念臣等備員輔弼，受恩深厚，與在廷諸臣不同，擬是日恭詣仁德門，隨首輔一貫行五拜三叩頭禮，少伸忠愛無已之心，竊比三祝聖堯之意。謹具題知。"

十七日庚子，萬壽聖節，輔臣詣仁德門叩頭慶賀。各賜燒割一分、甜食一盒，管待酒飯。又賜上尊珍饌。又賜元輔膳十一品、壽麪全、長春酒五瓶，次輔每膳九品、壽麪全、長春酒三瓶。

① 臣　此"臣"字當為衍字。

二十一日甲辰，大學士沈一貫、沈鯉、朱賡題："今天下臣民無日不望仁於皇上，而所深憐跂待度日如年者，尤鎮撫司逮繫諸臣。淹禁無期，殞亡相繼，黑風慘烈，白日晦冥，死者不可復生，生者尚可求活。臣等每念至此，殊難爲情，不得不力爲之請。竊思舊年二月十六日，皇上親需德音，既下放釋之命矣，已復收監。恐非本意，或者皇上欲待時而發乎？今聖壽齊天，嵩呼匝地，宸闈歡洽，翔泳沾仁，臣等竊願皇上推此一恩，使此曹受放生之賜，而遠近聞者頌萬萬歲無疆之壽也。人臣之不能盡分多矣，若諸臣者安敢以爲無罪？顧人情於未獲罪時，未嘗不共相呵詆，而思所以重之，及既獲罪，未嘗不共想矜憐，而思所以輕之。蓋人皆有不忍人之心，隨感而發，本自如此。合諸臣繫獄既久，則人但見其可憐，而不復記其可罪。聖皇於此，寧無欽恤之思哉？聖上開釋之諭，實天機自動，而不知所以然，豈非天地神明默有以啟牖聖心、而聖心神明潛與天地相契合乎？此所謂不忍人之真心，擴而充之可以保四海者，不宜中道阻遏而已也。其時聖諭，尚云'有官的還與他官'，此一言也，堯舜且將遜德矣。即未復其官，可不亟全其生乎？昔漢時楊彪下獄，滿寵謂此人有名於海內，若罪之不明，必失民望，遂赦出之。今逮繫諸臣，皆皇上之所拔擢，亦有一日之微名者，久幽囹圄，失民之望又何如？臣等未見其便也。外人皆謂皇上未嘗不知諸臣無罪，特慮稅事阻撓姑繫之耳。果如人言，則今此稅事有誰阻撓？而久繫諸臣何關於毫釐輕重？惟早行放釋，則昭好生之至仁，增履祥之弘慶，豈非今日一大美聖政，可歌詠於當時、播傳於後世者哉？查得諸臣，前有知縣王之翰，通判吳應鴻、陳奇可，驛丞周①麒，生員孟希孔等，既斃於獄，近日知縣王正志，守備王焬，相繼又斃。道路悲之，如悲親戚，縉紳之流尤與②狐兔之感③，悲感不已，則於鴻名盛烈恐亦不能無損，臣等誠未見其便也。臣等職司輔德，意在尊君，款款愚忠，不能自遏。而臣一貫親奉面諭，未克奉行，天下之罪臣者尤爲迫切。伏望皇上將鎮撫司逮繫諸臣早賜開釋，明示聖意本欲薄懲，特今④曲全，用昭欽恤，其餘囚犯并付法司擬議奏處，

① 周 《敬事草》卷一四"周"下有"應"字。
② 與 明抄本作"興"，是。通行本作"與"，誤。
③ 感 明抄本作"感"，通行本作"感"。
④ 今 "今"當作"令"。

以清囹圄，以召和氣。則肆赦者沐德，創艾者畏威，培養壽源而保安國脉，非淺淺也。臣等無任祈望之至。"

二十二日乙己①，大學士沈一貫奏："爲病苦難支三懇天恩俯賜允休以畢臣分事。臣以庸愚，備員輔弼，調燮罔效，致召人疑，再疏自明，因求去位，駢蒙皇上慈憫，特爲臣闡發聖意，釋疑解紛，臣感激涕零，捐糜何所？是時有御史康丕揚之言，亦同前意，臣不復辨。惟是積勞之病愈深，求去之意尚鬱，恭遇萬壽聖節，未敢瀆尊。兹謹一傾瀉於丹陛之前。伏念臣本無技能，第有遭際，懷報恩之心，而無報恩之具，故算效計功，恩日益以崇，而報日益以詘。而臣之爲心，又非懵然無覺者，内不能不驚於夢寐，外不能不惕於人言。强索其智之所不明，痛鞭其力之所不繼，則無益於國之毫末，而有傷其身之丘山矣。故精神日敝於一日，筋力朝衰於一朝，以今歲比昨歲，如秋水大涸，盡可立竢，不但以手約腰，有量減分寸之可言。舊年屢疏乞身，原出本意，後因有聞，不得不强出，以爲調和之舉。而一歲於兹，非惟不能調和，而反滋其擾，臣之精神喪盡，靡所建竪，效亦可睹見矣。積此不已，於身於國皆成損失，益滋罪戾。伏乞皇上悲憫臣愚頗有知止之明，哀憐臣力更無復壯之日，終賜大惠，聽其乞骸。儻得一致仕之名，實永世無窮之感，誓持環草以報天地。臣無任惶悚懇切之至。"奉聖旨："卿昨請假數日，朕以攝調爲重，特爲勉從。今如何又有此奏？且卿德望，更有精力，正需弘濟艱難，方切倚毗，豈得固言求去？宜即出贊政，無勞朕懷。吏部知道。"

是日，賜輔臣，每員楊梅一小簍。

二十六日己酉，大學士沈一貫、沈鯉、朱賡題："爲起復事。准吏部手本，開送原任翰林院庶吉士蔣孟育，係萬曆十七年進士，改庶吉士，於翰林院讀書。本年十月題准回籍終養。二十年五月初三日丁父憂守制。二十二年十一月初三日服滿。二十五年四月二十八日丁母憂守制。二十七年十月二十八日服

①己 "己"當作"巳"

滿。三十一年八月二十一日起送到部。行移到院。臣等查得萬曆二十六年十二月題准欽依，以後起送庶吉士，凡未經散館者，俱仍復館，與見在庶吉士一體讀書、考試，散館之日品題，分別授官。今蔣孟育例該仍送入館就學，乞敕吏部查照施行。臣等未敢擅便，謹題請旨。"

是日，又題："先爲東宮講筵缺侍班等官，於七月內題補，屢經催請，未蒙允發。臣等查得，原設侍班官二員，講讀官六員，今見在講讀止有三員，侍班全缺，供事委實不敷。前擬以周應賓、唐文獻侍班，楊道賓、王圖、吳道南、馮有經講讀。以上諸臣皆舊係東宮講官，事體諳練，相應催補。伏望即賜檢發，敕下吏部，以便欽遵施行。臣等未敢擅便，謹具請旨。"

二十七日庚戌，大學士沈一貫、沈鯉、朱賡題："臣等於本月二十一日具揭，爲鎮撫司見監諸犯請命，伏候數日，未蒙允發。恩威出於主上，臣等安敢隨衆激聒？但念諸人死者十之三四，病者十之八九，中有一二老病者，危在旦夕。秋氣凜烈，黑獄如冰，繼此而冬，勢必相繼斃盡。是諸人本無可死之罪，而立受不待時之決也。匹婦含冤，猶足以干天地之和，而況諸人皆皇上甄陶辟舉之士，類能不避權璫，为皇上保鰲赤子，而乃以區區財貨，使之駢首就斃，皇上其忍之乎？皇上視此數人之命，不過草菅①，而不知傳之四方，士心因而解體，書之史册，聖德不無少虧，所關殊不小也。臣等叨居輔地，與有匡救之責，安忍坐視不言？昨各衙門大小諸臣，皆來責備臣等，謂臣一貫去年，親奉綸音釋放復官，而不能執奏，以成主德之美，又謂臣鯉、臣賡數千里召來，何等恩遇？而不能竭忠盡言，奚取伴食？臣等聞之，惟有跼天蹐地、惶恐流汗、垂首伏罪而已。爲此，不避斧鉞，再瀆天聽。伏望皇上擴天覆地容之量，弘赦過宥罪之仁，早渙德音，即與疏釋，或付法司，酌量重輕擬罪上請，則恩威總出於宸斷，而福壽永歸於一人。臣等不勝顆②仰待命之至。謹具題以請。"

① 菅　明抄本作"管"，誤。通行本作"菅"，是。

② 顆　"顆"當作"顒"。

萬曆三十一年九月甲寅，朔，大學士沈一貫、沈鯉、朱賡題：“先該臣等爲東宮講筵缺侍班、講讀等官，推得禮部右侍郎兼侍讀學士掌院事周應賓、詹事兼侍讀學士唐文獻，俱堪補侍班官，少詹事兼侍讀學士楊道賓、掌南京翰林院右中允王圖、舊講官假滿左中允吳道南、右中允馮有經，俱堪補講讀官。其王圖資俸已深，應量陞左春坊左諭德兼翰林院侍講，吳道南、馮有經應催取前來供職。屢經催請，未蒙允發。臣等看得見在侍班官全缺，講讀官止有三員，不惟講筵人少，不成禮儀，而三人且讀、且講，旦旦不休，兼之日揆講章，勞苦數倍，萬一妨誤講讀事體不便，前項補官勢不容緩。爲此，不憚煩瀆，再爲申請，伏乞俯賜准發，敕下吏部查照施行。臣等未敢擅便，謹題請旨。”

四日丁己①，大學士沈鯉、朱賡恭視乾清宮、坤寧宮工程，賜茶。

是日，大學士沈一貫奏：“爲無用病臣四懇聖慈早賜歸骨以終恩造事。臣以病苦莫支，三疏求去，伏奉聖旨：‘卿昨請假數日，朕以調攝爲重，特爲勉從。今如何又有此奏？且卿德望，更有精力，正需弘濟艱難，方切倚毗，豈得固言求去？宜即出贊政，無勞朕懷。吏部知道。欽此。’疊荷溫綸，悲感交集，使臣未至極憊，稍可勉承，隆知未酬，頂踵何惜？顧臣稟受素薄，齒髮又衰，空縻歲時，有慚天地，明神降罰，疾疢來攻。比者謁告卧家，日甚一日，兼臣素有觔嗽②之疾，並時大發，如駭機激電，莫知從來，壞坊奔濤，無可禁遏，涕泗被面，氣溢填胸，胃閑不開，飲食妨少。漸至肌骨鎖解，形神潰離，手足痺麻，艱於運動，未寒而顫，不灼而伸③。蓋年往病來，福傾災入，理有固然，何可逃也？臣居常深念賦性戇愚，久試無可，幸蒙皇上委曲提撕，以至今日，雖天地父母生成之德，豈復加兹？何忍固求引退、以孤恩眷？但天地不能全傾覆之物，父母不能厚窮奇之子，固材而篤，總屬至仁，既壞之器，宜置隱所。臣戀恩不去，終成負恩，誤身已矣，誤國謂何？伏望聖慈哀憐，

① 己 “己”當作“巳”。

② 觔嗽 “觔嗽”當作“觔嗽”。

③ 伸 明抄本作“呻”，是。通行本作“伸”，誤。

① 豚　明抄本作"豚"，誤。通行本作"豚"，是。

與一致仕，以養衰疾。萬一未填溝壑，猶堪歌詠太平。非臣今日飾爲此言，實緣久衰，欲成素志。始終造命，仰賴聖明。臣無任哀籲懇祈之至。"奉聖旨："卿攝調已久，前曾有諭勿勞朕懷，何忍又爲此奏？平章事重，首輔更急，便着鴻臚寺堂上官往宣朕意，時下即出贊理，慎勿再辭。吏部知道。"

六日己未，大學士沈一貫奏："爲恭謝天恩事。臣因病四懇休致，奉聖旨：'卿攝調已久，前曾有諭勿勞朕懷，何忍又爲此奏？平章事重，首輔更急，便着鴻臚寺堂上官往宣朕意，時下即出贊理，慎勿再辭。吏部知道。欽此。'隨該鴻臚寺堂上官張棟等，恭捧到臣寓邸，臣恭設香案力疾跪聽宣讀，望闕叩頭謝恩訖。伏念臣以朽虛不材之物，叨鴻麗特異之恩，老疾難支，俯仰皆愧，歷施未報，渥典又臨，苟非豚①魚之無知，何愛狗馬之餘力？然病入於膏肓之痼，情出於肺腑之真，九頓首以拜嘉，益扶持而莫起，三踴身而思奮，有顛蹶以相隨。方承溫命之榮宣，謹抉微誠而欷感！戴天履地，猶踽踽而未寧，就日望雲，欲瞻依而靡及，尚容旦晚嗣貢封章。臣無任感戴天恩之至。"奉聖旨："覽卿奏謝，朕知道了。卿宜曲體朕意，時下即出，以副眷懷，慎勿再有所陳。該部知道。"

九日壬戌，大學士沈一貫、沈鯉、朱賡題："爲作養人才事。萬曆二十九年七月內，該臣等題奉欽依，考選得進士王陛等二十一名，改翰林院庶吉士，並一甲進士王衡等、及前科復館庶吉士周如磐等四名，俱在院教習讀書，每月二次考試。外，今經三年，臣等驗其所學，頗有成效。照得舊例，庶吉士教習有成，各授翰林院等官。隨查萬曆二十八年八月內，該臣等照例題准，將庶吉士趙師聖等考試授官訖。今次合無俯容臣等查照前例，於本月十七日，將見在庶吉士二十一名從公考試，評品文字高下，擬開等第名次，封卷上進，恭候聖明裁定施行？再照起復原任庶吉士蔣孟育，係萬曆十七年進士，改庶吉士，回籍終養，丁憂服滿，起送到院，已於八月內具題復館，未蒙批允。看得本官科第已久，今遇散館之期，相應一體考試授職。緣係作養人才事理，臣等未敢擅便，謹題請旨。"奉聖旨："是。"

是日，以重陽令節，頒賜輔臣上尊珍饌。

十三日丙寅，大學士沈一貫奏："爲年衰力盡勢難復留五懇聖慈俯允休致以全君臣大義事。頃臣以老病交劇，四懇乞歸，荷蒙聖眷，朝上夕報，不移晷刻，而霈恩勉留，復責以平章之重事，促以臚句之傳宣，苟有肺腸，能無戀慕？皇上以忍字激臣，臣誠有所不忍也。顧念出處一關，所係甚大，與其誤國，寧若引身，欲不負恩，當無失己。自昔人臣之誤國負恩者，祇緣末路之棲遲，而喪平生之豎立，其於此關有未透耳。臣筮仕三十六年，立朝日久，每蒙駢恩疊賜，踧踖如不敢當，則素服止足之庭訓故也。屏絕私交，一意奉主，恐蹈係遯之厲，而去位之日不得脫然無累故也。論臣之志，如史鰌陳尸，亦所不惜，論臣之力，如疏廣乞骸，已甚後時。銷鑠交加，金石未免挺解，風霜飽歷，松柏亦且凋殘，似臣多病侵尋，豈能久在人世？即使辭榮就寂，不過再延數年之命耳。丐此餘命，爲盛世一閑人，惟皇上哀而許之。蓋馬力已竭而驅之不已，則敗蹶可虞，車軸將折而駕之不休，則傾覆爲患。臣自量甚審，將逃嚴誅，非敢負恩負國也。伏叩皇上，特加矜憐，聽臣致仕。更望少輟萬幾，親裁賜①決，若發閣票擬，則二臣必不肯相成臣志，而臣竟無以明進退之義矣。惟皇上哀而許之，臣無任涕泣祈籲之至。"奉聖旨："朕爲社稷留賢，遣官宣諭，延佇可知。卿自宜仰念腹心，倡百僚以君臣大義，乃先諄諄言去，於義謂何？既稱夙服庭訓，豈其不及於此？朕必不從卿所請，無用屢疏爲勞。吏部知道。"

十四日丁卯，大學士沈一貫奏："爲無端橫扯當事益難懇乞聖明照察早放還山以全微生事。臣正以五懇乞身，忽禮部右侍郎郭正域授臣一揭，以楚藩華越②事論臣。事出不料之甚，然

① 裁賜　據《敬事草》卷一四，"裁賜"當作"賜裁"。

② 越　明抄本作"趆"。通行本作"越"。

① 越 明抄本作"趆"。通行本作"越"。

② 當 據《敬事草》卷一四，"當"當作"嘗"。

③ 越 明抄本作"趆"。通行本作"越"。

④ 越 明抄本作"趆"。通行本作"越"。

⑤ 越 明抄本作"趆"。通行本作"越"。

⑥ 明抄本作"趆"。通行本作"越"。

⑦ 越 明抄本作"趆"。通行本作"越"。

何敢無言而處於此？初，華越①參楚王之本，通政司曾駁回一次，乃其職掌之常。沈子木對臣説時，滿朝皆已知之，不獨臣知，安可謂臣阻其不上也？臣既不曾阻子木，又何必囑正域使勿言？禮部救護之日，臣與二輔及正域賓主四人，臣何得與正域耳語？若耳語，而二輔聞乎？不如公言，不聞乎？二輔必問，又不必耳語也，亦可以明臣之無囑矣。臣既忝當事，何日無愁？如楚事尤大，安能無愁？至於阻勘之説，正域可謂善忘矣。正域問：'楚事當如何覆？'臣曰：'此事無不堪之理。'正域曰：'楚王不欲行勘。'臣曰：'部院題覆之體惟有行勘，更無別法也。'正域豈忘之乎？臣何嘗阻勘哉？至其所云體訪、勘問之説，則又不然。正域欲將楚王勘問，臣曰：'按《會典》載：親郡王所行未善事情，輕者降旨切責，若干宫壼重事，差內官、皇親前去體勘，至日處治。開載甚明，勘問與體勘不同，還當體勘。'是臣之所以語彼，而彼不從者也。蓋親郡王體統甚隆，罪狀未明，豈得與犯人一同勘問？故《會典》止云體勘。體勘既真，奏請會官議奪。臣以此告之，實乃忠益，恐當以臣言為正。總之體勘亦勘，勘問亦勘，臣何嘗阻勘也？凡此乃鑿鑿有據之言，歷歷不忘之事，正域何為忘之？臣憶正域當②疑臣擬旨有：'惡宗罪狀多端'，及'華越③係楚屬宗，如何結集羣黨，輒參正王？以小犯大，豈得公論'，及'會同參勘'等語，皆以為過，臣對之曰：'字字皆出於內傳，不敢擅有加減，外廷固不知也。'自今思之，正域以有心問矣。正域又嘗語臣曰：'司官言某係楚人，當迴避。如何？'臣應之曰：'迴避亦可。'則又拂正域之意矣。夫謂臣匿疏，今疏曾匿否？謂臣阻勘，今勘曾阻否？乃今而知正域之心矣。華越④之來，正域令家人及長班引至沈子木家，求上本，是明為華越⑤道地也。前後覆本並無一字少傷華越⑥，而於楚王則欲其避位聽勘，令別宗代理國事，明是曲護華越⑦而陰偪楚王之死也。會議諸臣，有長篇為楚王訟冤，皆匿不聞，肺腑顯然畢見矣。及聞科道有言，恐言者繼至，無以自解，遂出此一着，以鉗人口。夫己則行私，而誣臣以私，己則藏匿，而誣臣以匿，冠裳文物之士乃亦為此乎？可爲世道長太息矣。臣之薄德，尚不能聯屬詞林，甚愧於心。皇上自有聖鑒，天下自有公評，臣何必多言？連疏乞休，正殷瞻睎，惟乞早賜乾斷，亟許還山，以全不肖之微軀，而昭聖主終始保全之大德。臣無任惶悚懇切之至。"奉聖旨："卿贊政多年，公忠廉慎，朕所鑒知。楚府事情，歷來發旨，俱朕傳示，與卿何干？乃被猜疑誣詆至此，卿可不辨自明。覽奏更益昭白。所念輔弼首臣，嚴膽重望，包荒藏納，素性已然，其尚時下即出，勿以浮言介意。吏部知道。"

十六日己己①，大學士沈鯉、朱賡題："今日臣等在閣辦事，有文書官金忠，捧禮部所進各衙門議單、及楚藩禮帖具呈、並首臣一貫等各奏辯本章到閣，口傳聖諭：'議冊議稿禮帖具呈，朕俱覽了。楚王真假之事，何至於三十餘年發覺來奏？且夫主訐奏，其妻證見，豈可憑信？其禮帖原是壽禮具呈，後無押字，先生每秉公詳議，並各本上出旨來。欽此。'臣等莊誦綸言，仰見皇上精思睿覽，徹見淵微，雖千緒萬端極其曖昧，而折以數言，無不周到，有非臣下所能仰及者。臣等不勝欣服，敢不從公詳議，以副聖明，慎重宗親之意？謹遵明論，於各本上一一詳看擬票，恭請上裁。所有原發議冊議稿禮帖具呈，隨揭上進以聞。"

十七日庚午，大學士沈一貫、沈鯉、朱賡題："本月初九日，該臣等題稱，舊例庶吉士教習有成，應授翰林院等官，合無將見在庶吉士二十一名，並續到庶吉士蔣孟育，從公考試，評品文字高下，擬開等第名次，封卷上進，恭候聖明裁定等因，十二日奉聖旨：'是。欽此。'臣等今日於東閣糊名考試，評品得庶吉士上卷文理優長十四卷，中卷文理亦順八卷。謹封進呈御覽，伏乞欽定，發下臣等拆卷填名，查例上請，銓除官職。其丁憂錢象坤、戴章甫、龔三益，給假文在茲，各服滿假滿之日，另行題請。謹具題以聞。"奉聖旨："是。"

文：《士光器識而後文藝論》

① 己己 "己己" 當作 "己巳"。

詩：《題霖雨舟楫圖》五言律十二句

二十日癸酉，大學士沈一貫、沈鯉、朱賡題："爲作養人才事。本月十七日，該臣等將見在庶吉士二十二名糊名考試，評品得上卷十四卷、中卷八卷、封進御覽，具題請乞裁定，發下拆卷填名，查例上請，銓除官職等因，奉聖旨：'是。欽此。'臣等查得舊例，庶吉士授官，上卷照依原中進士甲第，銓註翰林院編修、檢討，中卷量除科道官。臣等茲謹拆卷填名上請，伏乞敕下吏部，查照施行。緣係作養人才事理，臣等未敢擅便，謹題請旨。"奉聖旨："是。吏部知道。"

計　開

銓註翰林院編修、檢討十四名：李胤昌、睦[①]石、蔡毅中、周如磐、蔣孟育、許獬、劉一燝、薛三省、公鼐、孟時芳、王陞、張光裕、鄭以偉、雷思霈。

量授科道官八員：王元翰、呂邦耀、曾六德、袁懋謙、宋燾、王基洪、陳宗契、馮奕垣。

二十六日己卯，大學士沈一貫、沈鯉、朱賡題："臣等觀魏臣桓範論世道升降之會，率以德刑多少爲差，見德所當尚，而刑所宜緩也。我皇上寬仁在宥，三十一年於茲，深仁厚德所以培萬萬歲無疆之壽，而綿萬萬年無疆之歷者，曼越千古矣。乃今又逢決囚之期，臣等竊有所請。蓋今年災異屢見，其他未論，即鳳陽祖陵，有風雷雨雹，毀廟拔樹之災，皇上惕然深省，慮驚在天聖靈，於是特遣鎮遠侯顧大禮，恭詣祭告，以伸奉慰，且令百官共加修省，無事稱[②]文，至仁孝也。臣等碌碌，無能奉行萬一。竊惟和氣盛則烝而爲祥，殺氣多則鬱而爲沴。近自東征西討，殺伐過多，修省之實惟在恩撫。德可勝妖，仁可致祥，敢爲聖明願之。況今兩宮美成，臨御在即，福王婚禮亦將舉行，皆國家吉祥善事，中外人心咸望皇上再停刑一年，以彰好生之德，以迎滋至之禧。蓋停刑與肆赦不同，肆赦則法廢而爲奸民之資，故不欲其數，停刑則法在而爲仁政之助，故不厭其數。

[①] 睦　據《明清進士題名碑錄索引》，明抄本作"睦"，是。通行本作"睦"，誤。

[②] 稱　《敬事草》卷一四作"彌"，是。

《易》稱議獄緩死，《書》稱惟刑之恤，正是此意。伏祈聖慈嘉納，霈渙明命，以慰中外惓惓仰望之心。臣等不勝禱懇之至。"

二十七日庚辰，大學士沈鯉奏："爲衰病不能供職懇乞天恩俯容休致以全晚節事。臣年七十以外，又兼有胃痛、疝氣、眼目瞤動之疾，自知不堪驅策，惟爲主上特知，欲效鉛刀一割。乃向來行至國門，傾跌傷足，遂以成跛。及入京，復形神過勞，胃氣等証狎而相侵，兩目忽不能見細字，以是每入朝則需人扶掖，於禮體甚爲不宜。每披閱則參祥未周，於票擬多有不當。臣之懷歸念久矣，止緣首輔在告，臣方代庖，遽難啟齒。而臣益心血虛耗，突而有驚悸健忘之疾，朝聞言夕忘，夕聞事朝忘，有票擬已進、未奉批紅、而遂忘之、不以復詣者，如頃楚府事是也。乃疑臣者不知其由，謂臣爲模棱不決，不知臣健忘，非模棱也。亦不獨楚府一事也。密勿何地？代言何官？而可以衰殘病廢、昏愚聾瞶之人參預其間、以自取覆餗之咎乎？此臣之所爲大恐也。伏望皇上鑒臣素心，憐臣此苦，特允罷歸，以全晚節，臣愚不勝幸甚。"奉聖旨："卿忠實任事，守正無私，朕所鑒信。楚府事會單公議，屢旨已明，候旨處斷，於卿何干？豈可以人言疑惑、遽求引去？宜體朕召用耆碩之意，即出贊理，慎勿再陳。吏部知道。"

二十九日壬午，大學士朱賡題："今日止臣一人入直，該文書官盧受，持次輔臣鯉一本《爲衰病不能供職懇乞天恩俯容休致以全晚節事》，口傳聖諭：'朕因近日暴寒，微感又且動火，頭眩目赤，文書未經細閱。楚府事會單公議，屢旨已明，候旨處斷，於卿何干？豈可以疑惑求歸？着先生每出溫旨來。欽此。'臣祗奉綸音，仰見皇上任賢勿貳，豈惟鯉知感激？凡在閣員與有榮施矣。除遵諭票擬溫旨外，伏自惟念，臣備員密勿，從二臣之後，相觀相法，藉手塞責，良右天幸。自首輔一貫兩月不出，臣與次輔鯉每日在直，兢兢惶惶，惟恐謬誤。昨接得刑科揭貼《爲宗藩公論既定國法亟宜早伸等事》，大率謂楚藩一事，皇上日月之明，業有定論，而諸臣當處不處，責備臣等，尤獨指臣鯉不能擔當。豈以臣賡資序在後、而寬之耶？於時臣等相顧踢躅，置身無地。鯉隨上疏求去，而臣身在事中，名在事外，則有不容不一言者。蓋楚王真假之說，滿朝公議具在，皇上折以數言，誰不心服？臣等一一擬票，不敢增損一字，此旨一出，業已定其八九矣。但未曾明擬斷辭，亦未明正華越①等罪，則以事體關於宗國，恩威出於主上，故於禮部覆本，兩次改票，止云'候旨'，誠望皇上以一言決之耳。此皆臣等小心太過，不能無罪，若謂臣鯉有所私比於郭正域，故意遲迴，則其生心術之正，萬萬無此，難逃皇上之素鑒也。總而言之，首臣之求去，雖其夙心，而所以屢詔不出者以楚藩故，次臣之求去，雖以疾稱，而所以急自引退者亦以楚藩故。楚藩之事一決，則議論自息，而二臣不容不出矣。臣請皇上檢發禮部會議覆本，連賜結局，以定全楚宗室之疑，以慰滿朝臣工之望，仍嚴諭二臣，早出贊理，共濟時艱，將見朝端之上帖然無譁，而仰大聖人之作為者，萬世稱明矣。臣不自揣量，謹擬票旨一通，上請裁奪施行。臣不勝戰慄願望之至。"

① 越 明抄本作"越"。通行本作"越"。

萬曆三十一年十月癸未，朔，賜輔臣一貫、鯉、賡各中曆十本、民曆一百本，及講官曾朝節有差。

四日丙戌，大學士朱賡恭視乾清宮、坤寧宮工程，賜茶。是日，以中宮千秋令節，頒賜輔臣上尊珍饌。

五日丁亥，大學士沈一貫、沈鯉、朱賡題："頃得試御史沈時來等揭帖《爲聖孝推恩原廣微臣待澤未霑等事》，臣等詳看揭中情詞，謂皇上普頒恩詔，舉朝皆得徽榮所生，而諸臣自蒙行取，待命都門者三載，備官臺中者二年，獨未得一霑盛典，以遂子情，故懇懇焉爲君父陳乞，非有他覬也。臣等仰惟皇上孝隆慈極，恩普臣工，中外崇卑皆得各以其職榮被封章。乃諸御史選入內臺，號稱近侍，服官二載，效有勤勞，夫非王之臣與？而浩蕩之恩獨靳而弗予。夫非人之子與？而顯揚之志獨鬱而弗宣。是大造之中，尚有覆載不均之處，而廣廷之內，亦有向隅獨泣之夫，非所以擴一視之仁，而溥錫類之孝也。臣等讀其疏詞，至謂'二親之年，陰晴難定，早沾一日，斯早盡一日子情'，其哀懇如此，不覺爲之潛然。用是仰遵明詔，俯念人情，不得不爲之一請。無非所以廣皇恩，而非敢以市私恩也。伏望皇上憐其苦情，一體給與恩命，則遂人之孝，亦以作人之忠，其有光於聖治，更無量矣。臣等不勝願望之至。謹具題以聞。"

八日庚寅，大學士沈一貫奏："爲七懇天恩俯賜歸休以全分誼終始事。臣惟人臣事君，非始事之難，而終事之爲難。昔之罔終者，皆不自量，而妄以不肖之身久從事故也。伏念臣十年直閣，五載獨處，棲棲遑遑，最爲孤立。幸遇皇上主張於上，凡所以教誨提携者，無不周至，獲有依憑，以至於今。然勞怨之所獨擔者不少，則今日而被譏評之及，亦已晚矣。尚賴聰明睿聖之主，俯垂照鑒，曲賜保全，不然，臣一介朽枯耳，摧拉何足道哉？臣既已傷弓，誠宜遠引，倦飛知還，日切投林之想，驚棲不定，又增集枯之危，展布彌艱，孤負當甚。敢乘皇上尚未見厭之時，罪罟猶寬，冒申前請。伏乞大開天慈，悲憐臣意，容臣休致，以禮終始。臣如苟活，當歌咏太平。若即永捐，亦營圖環草。臣無任哀懇之至。"奉聖旨："前已宣諭朕意，望卿早出，何又求去不已？卿爲元輔，獨擔國家重任，不避勞怨，遑恤譏評？朕心甚明，公論難泯，何驚何危？試觀今時，可是卿恝然遠引之日否？其益堅信此心，亟出贊理，以全大忠大義。雖進百牘，朕必不從，卿其念之。吏部知道。"

十日壬辰，頒賜輔臣，每員鮮藕三枝。

十三日乙未，大學士沈鯉奏："爲衰病委難供職再懇天恩特允罷歸事。臣前月二十七日，以衰病不堪任職，疏乞休致，伏奉聖旨：'卿忠實任事，守正無私，朕所鑒信。楚府事會單公議，屢旨已明，候旨處斷，於卿何干？豈可以人言疑惑、遽求引退？宜體朕召用耆碩之意，即出贊理，慎勿再陳。吏部知道。欽此。'臣恭捧綸言，感激泣下。苟涓塵之可效，即頂踵其何辭？顧臣則自知有不能者。臣才質駑下，終難勉強，自審甚明。所恃以夙夜在公、少盡此心者，獨區區犬馬之力。乃一足已廢，則入直難矣。雙眸俱昏，則認字難矣。事多健忘，則票擬難矣。夫是三難者，有一於此，不可處絲綸之地、當代言之任也。而臣且兼之，顧猶可靦然以居此位乎？抑臣則又有私情可憫者。臣今七十有三歲矣，千里一身，羈棲逆旅，勢危於風中之燭，儻一息不續，則首丘之願不伸，亦人生之所大戚也。非呼天呼父母，其孰與憐之？且臣自入京來，每患胃脘痛，遇寒則發，復有疝氣疾，遇勞則發。當其發時，不勝苦楚，雖衆人矚目之地，常至失容。或適在直於天顏咫尺之間，更多違禮，蓋不止前引三難者。臣居然不可爲人矣，猶可辱聖天子之股肱乎？臣用是萬不得已，再申前請，伏乞垂閔下之意，使得全樗散以終餘年，或直用考功之法，即准汰老疾以清政本，皆可爲仁至而義盡者。臣不勝懇切祈籲之至。"奉聖旨："朕眷念舊學，倚卿爲心膂，卿亦諄諄獻替，殫露忠誠，君臣之間謂可要之終始。何佐政未久，連章乞歸？即今時事多艱，風俗日敝，匡維坐鎮，正賴老成。其尚勉遵前旨，亟出贊襄，聚會精神，用終大義。

慎勿復以疾辭。吏部知道。"

二十四日丙午，大學士沈鯉奏："爲衰殘已極供職實難懇恩瀆陳特准休致事。臣本月十三日奏《爲衰病委難供職再懇天恩特允罷歸事》，奉聖旨：'朕眷念舊學，倚卿爲心膂，卿亦諄諄獻替，殫露忠誠，君臣之間謂可要之終始。何佐政未久，連章乞歸？即今時事多艱，風俗日敝，匡維坐鎮，正賴老成。其尚勉遵前旨，亟出贊襄，聚會精神，用終大義。慎勿以①疾辭。吏部知道。欽此。'臣仰荷温綸，伏自思念皇上起臣隴畝之中，隆以心膂之託，待罪逾期，絲毫未效而遽求歸，臣則何忍？本無病而稱病，以涉於欺，尤所不忍。若實有是疾，而隱忍不言，徒取充位，是亦欺之類也，臣亦有所不忍也。乃輒敢不避煩瀆，再申前請。臣兩疏所陳諸病苦狀，同列二臣俱所真知，惟不肯爲臣明言耳。若至於足痿一病，則二臣亦終有不能爲臣諱者。臣昨歲冬與今歲春，曾在閣跌倒一次，首輔一貫扶之而起，又兩次將跌，次輔賡援而不仆。若其他尋常所在、不時傾跌，有甚於此者，則未可勝數也。皇上試舉此以質二輔，曾睹臣有是否耶？夫胃脘、疝氣等證，有時發，有時不發。當其不發之時，猶可勉而在公也。目已昏何能強視？足已廢何能強行？臣每當入直，瞻望綸閣，如隔霄漢，一進一出，殊不勝趷踔之態、竭蹷之苦者，蓋自掖門外需人扶掖，已屬非法，掖門內聚足循牆，如臨淵谷。比至直廬，嗒焉昏憒矣，豈復能從二臣之後調適酸鹹、以其廢足而參鼎足乎？豈復能簴羽鵷行、跪拜起伏、無違禮乎？堯舜在上，仁賢濟濟，何須此支離癰腫之人、尸位伴食、爲百寮樹赤幟而甚褻朝廷大禮也？伏望皇上鑒臣生平頗識不欺二字，憐臣此日不過一息尚存，特准休致，使不至顛隕道路，游魂逆旅。臣不勝感荷天恩之至。"奉聖旨："卿忠誠端亮，德望素孚，朕特簡遠徵，方資弘濟，況精神堅固，足疾久瘳，何得屢求高蹈、以孤眷懷之意？大義謂何？着鴻臚寺堂上官宣諭，亟出輔理，其毋再有託陳。吏部知道。"

① 以 據前文，"以"上當有"復"字。

二十六日戊申，大學士沈一貫、沈鯉、朱賡題："爲清黄事。照得軍職貼黄，例用翰林院官一員。原推清理貼黄官右春坊右中允兼翰林院編修傅新德，在途聞喪、回籍去訖，所有前項事務缺官管理。臣等推得國子監祭酒黄汝良，資俸已深，堪以差用。伏乞敕下吏部，將本官量陞詹事府少詹事，兼翰林院侍讀學士，前去會同兵部、都察院各堂上官，清理貼黄。臣等未敢擅便，謹題請旨。"奉聖旨："是。吏部知道。"

二十七日己酉，大學士沈鯉奏："爲恭謝天恩事。臣頃緣患病，於本月二十四日三具乞恩之疏，懇祈致仕，伏奉聖旨：'卿忠誠端亮，德望素孚，朕特簡遠徵，方資弘濟，況精神堅固，足疾久瘳，何得屢求高蹈，以孤眷懷之意？大義謂何？着鴻臚寺堂上官宣諭，丞出輔理，其毋再有託陳。吏部知道。欽此。'隨該鴻臚寺堂上官張棟等到臣私寓，臣恭設香案，力疾跪聽宣讀，望闕叩頭謝恩訖。伏念臣衰年善病，綿力無能，雖循省生平，長抱二心之戒，而遭逢神聖，莫殫一得之愚。頃因病以乞歸，期遂初而知足，乃微誠未撤，益寵渥頻加，申大號於渙頒，重禮官之臨遣，如綸如綍，榮踰華袞之褒，汝翼汝爲，眷比甘盤之倚。蓋聖主使臣以禮，置輔彌隆，而老臣得寵若驚，戴天莫報，自非葵藿，豈忘傾向之忱？可責桑榆，敢愛驅馳之力？敬陳蟻悃，少答鴻私。臣無任感謝天恩之至。爲此，謹具本奏聞，伏候敕旨。"奉聖旨："覽卿奏謝，朕知道了。禮部知道。"

三十日壬子，大學士沈一貫、沈鯉、朱賡題："蒙發內官監二本，皆爲工完祭謝事。臣等擬遣太常、光祿二卿行禮，原非舊例。但因工部尚書姚繼可有服難遣，本部侍郎又缺，各部侍郎止有禮部李廷機，係掌印，刑部董裕，例不遣，此外止有翰林院一侍郎周應賓，亦有服且掌印，若各部尚書又無代行之例，故用及於卿也。蒙發改票，謹敍不得已之意以聞。今時卿貳多缺，非古者官盛任使之意，伏乞皇上留神。茲擬改遣駙馬並原票恭進，惟候聖裁。"

萬曆三十一年十一月癸丑，朔。

二日甲寅，大學士沈一貫、沈鯉、朱賡題："先該臣等具題，散館考試庶吉士，分別等第授官，奉聖旨：'是。吏部知道。欽此。'隨該吏部將上卷李胤昌等十四名，除授翰林院編修、檢討等官，已奉欽依到任供事訖。其中卷王元翰等八名，除授科道等官，候旨日久。昨二十九日，吏部又具疏催請，俱未蒙俞允。臣等看得，各官肄習有年，才猷明練，可充任使，相應一體授職。伏望俯賜批發。此係臣等職掌作養人才，未完前件，關心尤切，不敢不言，謹題請旨。"

是日，以祭景惠殿三皇祭設賜輔臣。

四日丙辰，大學士沈一貫、朱賡恭視乾清宮、坤寧宮工程，賜茶。

六日戊午，敕後府、吏部、戶部、禮部、兵部：朕第三子福王，年已長成，其歲支祿米一萬石，今在京歲且支米三千石、鈔一萬貫，待之國米全支。依先年潞王例，便選學行端正者除王府官，選誠實的當者除儀衛司及羣牧所官。撥堪用校尉六百名，王府隨侍，於後府及在京衛分共撥精壯軍一千名，於羣牧所用。其餘合行事宜，悉依潞王例。如敕奉行。故敕。"

是日，大學士沈一貫、沈鯉、朱賡題："恭照福王婚禮有期，出府在邇。所有合行事宜，查得萬曆十一年潞王出府，特敕後府、吏部、戶部、禮部、兵部等衙門。臣等謹遵前例，擬撰敕稿，進呈御覽，並將前敕一同封進。伏乞聖明裁示施行。謹具題知。"

八日庚申，大學士沈鯉奏："爲懇乞天恩准賜寬假調理以圖遵奉明諭事。臣因病具奏乞休，於前月二十七日，欽蒙聖恩遣鴻臚寺堂上官臨臣寓所，宣諭聖意，隨該臣具疏陳謝。外，臣仰惟皇上以腹心殊禮遇臣，以君臣大義責臣，臣自宜即出供職，何敢復有陳瀆？惟是臣之足疾委猶未瘳，自頃承諭以來，一面延醫調治，一面私自演習，雖步履行動或可需人扶掖、勉強支持，而跪拜起伏猶然不能成禮。夫既不能成禮，安敢出而見朝？矧時下慶賀大禮，非止一端，臣備員閣僚，同九列三事領袖文班，如大廷廣衆之中，亦復跪拜起伏能①成禮，則司儀在前，執法在後，臣安所施其面目也？爲是萬不得已，敢瀆天聽，乞恩調理，更乞寬假月餘，使得取效醫藥，或可入直辦事，而大義明訓亦可無負。臣不勝懇切祈望之至。"奉聖旨："昨遣官宣諭，冀卿亟出，何又有寬假之請？既稱足疾未瘳，准暫調理。稍可即出贊襄，以慰朕延佇之意。吏部知道。"

十一日癸亥，大學士沈一貫、沈鯉、朱賡題："伏蒙發下福王出府敕吏部、戶部、禮部、兵部等衙門敕稿，臣等謹督中書官恭寫用寶訖。竊思常行敕書，可以徑填日期，此係典禮，必須欽定。臣等未敢擅便②填，謹茲上請，伏乞明示，以便填寫封進發行。謹題請旨。"奉聖旨："填十六。"

十三日乙丑，大學士朱賡奏："爲奸黨揑刊謗書動搖國本中臣奇禍懇乞聖明嚴行緝拏以遏亂階亟賜放歸以全首領事。本月十二日，臣寓所門外忽有刊書一册在地，面寫'國本攸關'四字，內題'續憂危竑議'五字。臣讀之戰慄，不能終篇。大略謂：皇上於東宮不得已而立之，而從官不備，所以寓他日改易之意。其特用臣者，以臣名'賡'。賡者，更也。亦取他日更易之意。而一時內外官員依附臣者，文則有王世揚、孫瑋、李汶、張養志，武則有王之禎、陳汝忠、王名世、王承恩、鄭國賢，又有陳矩，朝夕帝前以爲之主。沈一貫右鄭左王，以規福避禍。其中妄揣聖心，傾危國本，離間天親，羅織士類，肆口橫言，略無忌憚，皆臣子耳不忍聞、口不忍言、手不忍書者。夫皇上以天性至情，定天倫大分，斷自聖衷，建立國本。薄③內外，誰不欣頌聖德、共戴元良？臣以七十衰病之人，蒙起田間，置之密勿，恩榮出於望外，死亡且在目前，更復何希何覬而誣以

① 能　"能"上當有"不"字。
② 便　"便"字疑爲衍字。
③ 薄　據《明神宗實錄》卷三九〇"薄"下當有"海"字。

亂臣賊子之心、坐以覆宗亦①族之禍？況臣素絶私交，書内所稱王世揚、王之視②者，自公見外，並無往來。其他皆不識面、不通刺之人。而臣又位在二臣之下，有何交涉，足以招徠？臣居鄉立朝，斤斤自守，未嘗樹恩，亦未嘗樹怨，應無切齒於臣者。不知因何召此奇禍？意者神謀鬼術，歧路中又有歧路，聲東擊西，借此攻彼，以希一網打盡乎？此真昔年《憂危竑議》之續，非社稷之福也。伏望皇上大奮乾綱，嚴敕緝事衙門刻期訪拏，務在必獲，根究下落，以絶禍源。臣驚魂未收，羼軀不保，萬無立朝之理，尤望聖慈哀憐，特准放歸，赴東海而死。臣不勝痛哭流血激切籲祈之至。謹以所獲原書隨本上進以聞。"奉聖旨："卿以舊學蒙召，純忠體國，朕所鑒知。不逞之徒，無端造言，於卿何點？便着廠衛五城總捕衙門嚴行緝訪，務在得獲。卿輔弼重臣，誼關休戚，當此人情叵測，正宜居中鎮定，主持國是，何遽先自乞歸、以墮奸人之計？其尚體朕眷懷，即出贊理。奸書已覽了。後有項應祥、喬應甲名字，顯是讐誣坐名也。着他從實回將話來。吏部知道。"

是日，大學士沈一貫奏："爲飛謗流行掩蔽聖德動搖國本懇乞嚴加訪拏以明法紀並祈早賜放歸以保殘喘事。昨同官朱賡獲有謗書一册，計紙四張，名爲'國本攸關'，又名爲'續憂危竑議'，計五六百言，皆臣子所不忍見之詞，臣不覺髮上指冠也。臣惟册立皇太子、及册封諸王一事，皇上暢天性之真愛，定社稷之永圖，長幼之倫秩然有序，首建元良，萬邦以貞。臣瞻睇有年，而遭逢一旦，正與四海九州慶主鬯之有人，釋杞漆之深憂也。臣如更有觀望，大③毚不若，寧人數④乎？彼爲鬼域⑤者乃駕捏虛言，無迹生影，至於混淆皇上庭幃宮禁之情，離間皇上父子骨肉之愛，掩抑皇貴妃贊成之盛德，點染福王孝弟之令名，誣陷大小臣工，坐以翻天覆地之罪，而尤首齮齕臣，豈但尋常排逐？將令闔門寸斬。臣於斯人，非有不共戴天之仇，何爲致此？且其所言王道化一事，查得王道化曾拏犯人李三謙，尚在詔獄，刑部無名，郎中史起欽憑何覈實，而云臣使之抑其功也？獨此一事指臣，而尚虛妄如此，青天白日之下，忽見魑

萬曆三十一年

二〇五三

①亦　明抄本作"赤"，是。通行本作"亦"，誤。
②視　"視"當作"禎"。

③大　《敬事草》卷一四"大"作"犬"，是。
④數　《敬事草》卷一四"數"作"類"，是。
⑤域　《敬事草》卷一四"域"作"蜮"，是。

魅精恠，天地百神宗社之靈，當亦憤然不平，共加誅殛矣。伏望皇上敕下廠衛城捕緝事衙門，嚴行訪拏。何人撰造？何人刊刻？是操何謀？欲冀何事？務求真正主使，併其實證的據，臣願與面質以正斯獄。臣德薄望輕，佐理罔效，前冤甫白，後謗復生，總因求去未遂，致令負痛不已。辱身猶小，辱國如何？伏乞先賜罷斥，以爲奉職無狀之戒，庶幾浮榮既收，而本質易著，臣之大幸也。臣無任戰兢哀懇之至。"奉聖旨："朕遵祖制，册立元子，明詔萬方，中外人心久已繫屬。何爲有此不逞之徒，敢造妖言，誹謗朝廷，動搖宗社？好生悖逆。便着廠衛五城總捕衙門，嚴行緝訪，務在得獲。卿輔弼首臣，誼關休戚，既曾殫竭忠誠贊襄大典，尤須居中鎮定，主持國是。何遽先自乞歸、以墮奸人之計？其尚體朕眷懷，即出贊理。吏部知道。"

十五日丁卯，諭內閣："朕自承繼祖宗垂統，每思太子乃國根本。朕心慈愛教訓，皇太子聰明孝友純篤，其諸皇子俱各好學賢良，時率謁見聖母，喜悦倍增，且皇后、皇貴妃俱常好善修齊，敬慎侍奉，朕心忻慰，可謂國家具慶矣。近見皇太子成婚已逾二年，未見子嗣，心切念慮，已面諭慎擇淑媛內助，以廣後出螽斯。又時逢陽長，適遇聖母萬壽節，朕心歡悦，正欲特諭卿等，條具祈天永命、保國安民事宜，詳擇施行，共圖化理。不意昨東廠訪獲奸書一本具奏事件，朕一見怒恨。何嘗有此意念？已着密訪真實奏來，重加究治。今日覽文書，見有卿等所奏，及印刊奸書相同。何乃駕捏虛言，無踪生影，混淆庭闈宮禁，離間父子兄弟親情，誣陷大小臣工，坐以翻天覆地之罪，而首傾卿等，一網打盡忠良，使朕孤立於上？蓄謀叵測，朕心愈加忿懑。必有主使之人，同謀黨類。卿等可傳示，便着廠衛城捕緝事衙門嚴行訪拏，在外即行各撫按官①緝拏，俱要真實具奏，務在得獲，以絕禍源，以昭天理國法。卿等爲朕股肱，義同休戚，豈宜辭避、墮中奸計、驚危宗廟社稷？卿等可即出贊理，以分朕憂、以鎮奸心。特諭卿等知之。"

是日，聖母慈聖宣文明肅貞壽端獻皇太后萬壽聖節，頒賜

① 官　明抄本"官"上有"等"字，是。通行本無此字，誤。

輔臣，每員金萬壽字二副、銀萬壽字二副、金壽字八個、金書黃綾符一道、金書紅綾符一道、銀書紅綾符一道，及講官曾朝節有差。

十六日戊辰，大學士沈一貫、朱賡題："昨日文書官劉用恭捧聖諭至臣等私寓，'諭內閣：朕自承繼祖宗垂統，每思太子乃國根本。朕心慈愛教訓，皇太子聰明孝友純篤，其諸皇子俱各好學賢良，時率謁見聖母，喜悅倍增，且皇后、皇貴妃俱常好善修齋，敬慎侍奉，朕心忻慰，可謂國家具慶矣。近見皇太子成婚已逾二年，未見子嗣，心切念慮，已面諭慎擇淑媛內助，以廣後出螽斯。又時逢陽長，適遇聖母萬壽節，朕心歡悅，正欲特諭卿等，條具祈天永命、保國安民事宜，詳擇施行，共圖化理。不意昨東廠訪獲奸書一本具奏事件，朕一見怒恨。何嘗有此意念？已着密訪真實奏來，重加究治。今日覽文書，見有卿等所奏，及印刊奸書相同。何乃駕揑虛言，無踪生影，混淆庭闈宮禁，離間父子兄弟親情，誣陷大小臣工，坐以翻天覆地之罪，而首傾卿等，一網打盡良①，使朕孤立於上？蓄謀叵測，朕心愈加忿懣。必有主使之人，同謀黨類。卿等可傳示，便着廠衛城捕緝事衙門嚴行訪拏，在外即行各撫按等官緝拏，俱要真實具奏，務在得獲，以絕禍源，以昭天理國法。卿等為朕股肱，義同休戚，豈宜辭避、墮中奸計、驚危宗廟社稷？卿等可即出贊理，以分朕憂，以鎮奸心。特諭卿等知之。欽此。'臣等焚香跪誦，不覺感激涕流、伏地而不能起也。仰惟皇上至大至公，盡倫盡制，建元良以定國本，分藩輔以固宗支，天性慇懇，人彝秩敘。皇太子與諸皇子孝友純至，兄弟既自怡怡，中宮與皇貴妃敬慎無違，宮闈又皆穆穆。皇上集諸景福，奉聖母萬萬年之觴，嘉禮歲修而備行，孫祥神送而可待。此真國家之具慶、修齊之大徵也。臣等幸佐下風，方與大小臣工頌禱高厚，冀竭涓埃，何物神奸，乃敢鑿空造釁，煽作妖言？臣等竊詳其情，似出於小輩自相傾之詭謀，然據其事，實犯乎無將不可逭之大戒。暌離皇上父子之恩，釁萌太子福王兄弟之愛，搆宗社麃扊

① 良　明抄本"良"上有"忠"字，是。通行本無此字，誤。

之隙，釀臣工轘磔之誅，青天白日之中，倏見魍魎之象，真神人所共殛，天地所不容。臣等怒髮衝冠，恨不即得其人而寸斬之，又復自恨不能肅清政幾，而令此輩恣肆，佐理無狀，不容不引身以謝天下也。荷蒙皇上奮赫威怒，肅昭紀綱，敕諸緝訪之司，必期罪人之得，乎書聖蘊，顯諭臣等，譬之震雷發聲，狂妖自慴，太陽朗照，邪魅必消。臣等忝在股肱，義同休戚，敢不絕私爲公，以身討賊？何能固守匹夫之節，而不仰分皇上之憂也？即已發科傳部，轉示廠衛城捕緝事衙門，並行在外撫按等官，嚴加訪挐，務期得獲，以絕禍源。其祈天永命、保國安民事宜，容臣等次第條具，惟聖明俯擇施行。原奉聖諭，謹尊藏閣中，以示萬世，昭皇上惇倫聖①讒之美。謹具回奏以聞。"奉聖旨："朕覽卿奏，具見同心一體君臣大義。連日怒氣弗息，必得真實奸惡，以昭國法，方慰朕心，諭卿等知。"

十八日庚午，大學士沈一貫、沈鯉、朱賡題："十九日恭遇聖母慈聖宣文明肅貞壽端獻皇太后萬壽聖旦，臣等備員輔弼，仰戴隆恩，比之恒情倍切忻忭。謹於是日恭詣宮門，行叩頭禮，以少伸臣子慶祝之誠。謹具題知。"

是日，又題："伏蒙發鄭國賢一本，臣等恭繹聖意，擬票候裁。臣等竊思此謗，必出臣下相傾之詭計，特假借國本爲詞耳。既已借詞，關係宮禁。皇上聖聽及皇貴妃本心，固天清日朗，絕無纖疑。但恐皇太子乍聞此事，不無驚懼。臣等竊思，似宜特宣面諭，以安慰之。或奏聞聖母，轉諭以安慰之。庶父子天性至恩，歡欣流通，國本從此益固，家慶由此益厚，宗社幸甚，臣等幸甚。一得之愚，伏乞聖明采擇。謹具題知。"

是日，大學士沈一貫、朱賡題："昨者奸書四流，汙點聖世，皇上震發霆怒，亟行天誅，手諭臣等，宣示中外。是時滿朝臣子，正皆憤懣不平，而倏聞諭詞，欣欣喜色，莊誦聳歎，謂聖德光明，坐照夫讒慝，聖心剛健，戀篤夫彝倫，家法端嚴，國本鞏固，即羣臣之冤咸賴昭雪，而瑣瑣鬼物旦晚不難即誅矣。臣等初被流言，驚悸欲死，今恃有堯舜在御，何畏乎巧言孔壬？

① 聖　《敬事草》卷一四作"聖"，是。

敢不肅將明綸，再圖一效，共滅此賊，以釋聖懷？如宮府之誣大昭，廟社之憤盡泄，臣等一身一家之禍福利害，亦何遑計？此實區區犬馬之心也。臣等已於今日見朝入閣辦事，謹具題知。"奉聖旨："朕覽奏，知卿等進閣贊襄，連日忿懣，今覺寬懷矣。卿等還傳示嚴加緝拏，務獲真犯，庶雪誣譭，以快朕心。所奏知道了。"

十九日辛未，諭內閣："朕覽卿等奏揭，恐皇太子乍聞驚懼，特宣面諭，以安慰之，忠愛篤至，正合朕心。但此事關係重大，莫比家庭常訓，不必奏聞聖母，恐動聖心。卿等議擬一諭，安慰教訓，朕面賜之。其本宮內外局郎執事人等，亦當戒諭一旨，一同擬來。諭卿等知。"

是日，大學士沈一貫、沈鯉、朱賡題："昨該臣等奏揭，請皇上將近日奸書之事面諭皇太子，以安慰之。隨蒙手劄批答：'朕覽卿①奏揭，恐皇太子乍聞驚懼，特宣面諭，以安慰之，忠愛篤至，正合朕心。但此事關係重大，莫比家庭常訓，不必奏聞聖母，恐動聖心。卿等議擬一諭，安慰教訓，朕面賜之。其本宮內外局郎執事人等，亦當戒諭一旨，一同擬來。諭卿等知。欽此。'臣等莊誦綸音，不勝忻服。仰惟皇上天親至愛，纖悉周祥，既欲諭之以安其驚懼之心，又欲訓之以廸夫義方之教，至於本宮內外局郎執事之人，亦皆嚴加戒諭，使於出入起居之間，罔非保護扶持之益，又臣等想念之所不及，而聖慮淵衷之所獨到者也。臣等謹遵旨撰擬二道。惟是才疏識淺，不足以發揚聖意，伏乞皇上改潤施行。臣等不勝願望之至。謹具題知。"奉御批："朕覽卿等所奏，體悉周詳，具見忠愛懇切。已知道了。"

諭皇太子

朕身任綱常，敦篤倫理，矧父子骨肉之間，天性至親豈不尤切？昨年朕思祖宗統緒至重，宜建國本。念汝聰明賢睿，孝友恭儉，為吾元子，天敍久定，恭稟聖母慈訓，上告天地、社稷、宗廟，冊立為皇太子。因封汝諸弟為藩王。大小有倫，先後有次，明詔萬方，咸俾知悉。朕之此舉，自謂佑啟我後人，

① 卿　據上文"卿"下當有"等"字。

咸以正無缺矣。兩年於茲，方深慶快，何意忽有畜物，構造奸書，離間我家父子兄弟之情，因詆誣及中外大小忠良之臣？朕一見之，怒恨交集，虛上駕虛，影外生影，夢想不到之妖妄，天地不容之奸賊，罪大惡極，不可原赦。已着廠衛城捕及在外撫按等官，大懸賞格，嚴行妨拏，早晚可以必得矣。特念汝素懷敬慎，篤於孝友，乍聞此事，恐致驚惶，儻至眠食少妨，使我滋多懸掛。今特宣汝面諭。又思此事關係重大，不比家庭常訓，可以數言而了，況吾意憤氣激，尤難具言，特降此札，以著委曲。朕思此謗，必起於臣僚之自相傾陷，假借國事以爲名耳。雖在臣僚，亦無一毫指實，矧吾宮禁，而可爲彼簧惑？但恨此賊，將朕一腔慈愛真懇之心，掩閼不著，即皇貴妃平日好善敬畏之意，亦爲所掩。汝至明睿。知今達古，細繹吾言，深惟此理，宮庭肅穆，名分秩然，綱常倫理，毫不可易，毋因奸僞以致驚疑。今吾此諭，一以安慰汝，一以教訓汝。《大學》有言：'其爲父子兄弟足法，而後民法之。'《周易》亦云：'父父、子子、兄兄、弟弟、夫夫、婦婦，而家道正，正家而天下定矣。'汝其勉之，敬奉吾言，爲天地、社稷、宗廟慎重自愛。故諭。

　　皇帝戒諭皇太子宮中內外局郎執事人等知道

　　近日京師偶有奸書流傳，關係國本。朕知此書必是奸臣傾陷忠良，假借宮禁，爲此妖妄絕無一毫影響之事。恐皇太子遇爲疑懼，朕已有諭旨了。爾等宜以理開導，使安心進修，以保睿體，以進睿德。毋得妄想謠惑，離間宮闈，誘引非禮之事。如違，法典具在，治罪不恕。

　　俱奉聖旨："寫。"

　　是日，又題："今早文書官金忠傳奉聖諭，命臣等擬撰①皇太子並戒諭內外局郎人等，謹欽遵恭擬上進，伏乞聖明裁示施行。其安諭皇太子，合用金龍箋一張，乞敕司禮監關用。臣等未敢擅便，謹題請旨。"奉聖旨："是。該衙門知道。"

　　是日，以聖母慈聖宣文明肅貞壽端獻皇太后萬壽聖節，輔臣詣慈寧宮門外叩頭慶賀，特遣司禮監太監田義管待酒飯。賜

①撰　"撰"下似當有"諭"字。

元輔燒割一分。又賜三輔各酒飯一卓、甜食二盒、伏薑一盒。又賜上尊珍饌壽麪膳酒。

二十日壬申，大學士沈一貫、朱賡題："恭遇長至令節，禮當慶賀，奉旨傳免。臣等謹偕在廷文武暨天下華夷齎捧朝貢官員人等，於五鳳樓前大班行禮，恭伸祝頌。外，伏念臣等備員輔弼，受恩深厚，與在廷諸臣不同，擬是日恭詣仁德門，行五拜三叩頭禮，稱祝聖壽，以少伸臣子慶忭之誠。謹具題知。"

是日，大學士沈鯉題："恭遇長至令節，禮當慶賀，奉旨傳免。臣以足疾未瘳，恐致失儀，不得偕在廷文武官員人等於五鳳樓前大班行禮，恭伸祝頌。伏念臣備員輔弼，受恩深厚，與在廷諸臣不同，謹勉扶掖恭詣仁德門，隨首輔臣一貫、次輔臣賡，行五拜三叩頭禮，稱祝聖壽，以少伸臣子慶忭之誠。謹具題知。"

是日，又題："臣頃以肢體受患，伏蒙賜假調理。乃忽聞妖書流謗，誣及宮闈，致干聖怒，臣不覺神魂飛越，抑又恐震驚人心，以及宗社，而掩蔽聖德之光明，尤不勝私憂過計焉。及頃屢奉聖諭，則仰見睿思周祥，區畫精當，語語出自英斷，字字發於真情，殊可安臣民之心，破奸邪之膽。而此①以傳之天下萬世。益以昭皇上惇倫之仁極其懇切，聖讒之美無少遲疑。雖偶值一時之變，而聖德從此愈光，臣復不勝竦服。彼凶人者，爲天理之所不容，神鬼之所必殛，行且見中外緝事衙門，必能恭行天罰，即縛而致之兩觀之下，以伸三尺之法，而泄公私億兆人之憤，自無有不得之理。獨念七情中，惟怒爲甚，稍過則溢而傷神，稍留則鬱而傷氣，此臣愚私憂過計爲更深者。伏望皇上珍調玉體，少紓聖懷，以頤天和，以迓天休，斯廟社無疆之福，而中外臣民大慶矣。臣不勝惓惓，謹具題以聞。"

二十一日癸酉，大學士沈一貫題："蒙發刑部覆康丕揚本，臣謹擬票進。但思目下正緝奸書之人，若將山人游客等項亟行驅逐，竊恐作奸書者即係此輩，一出京門，再無訪處，翻使漏

① 此　明抄本"此"上有"繇"字，是。通行本脫此字，誤。

網。臣愚乞將此本且留御前，待奸犯既獲發下未晚也。不敢擅便，恭候聖裁。"

是日，三輔臣以冬至令節，詣宮門叩頭慶賀，特遣司禮監太監田義管待酒飯。復賜元輔燒割一分、甜食一大盒，次輔共燒割一分，每甜食一小盒、伏薑一盒。又各賜上尊珍饌。

二十五日丁丑，大學士沈一貫、沈鯉、朱賡題："昨接吏部揭帖《爲臺臣勞績已深壼規敍遷宜允等事》，内推陞御史涂宗濬等七員爲京堂，今日未蒙發票。臣等竊惟，吏部此陞，非有所私厚也。蓋舊規御史六年稱職，得陞京堂。今此七臣者，皆歷俸九年，亦有至十餘年者。既經九年考滿，例不支俸，不管事，而待命闕下，進退無據，日月荏苒，尚守七品一官，則不得不懇爲之請。比者一陽來復，萬物咸亨，皇上正欲更新化理，此亦萬幾中一喫緊事。伏乞特命檢發允行。臣等亦非敢有所私也。無任覬望，謹題請旨。"

是日，又題："臣等竊惟，奸書一事，連日廠衛緝挐難得其似，尚未盡真，聖心焦勞，臣等何能頃刻自便？皇上貽謀盡善盡美，倏此無根生謗，固可痛恨，然因而大闡聖心，發揮天性，亦今日事機之不可已者。昨蒙命撰諭太子敕及戒諭太子宮中人等敕，已經寫奏。但思原諭面賜，則皇上必有諄諄之訓詞矣，臣等職叨輔弼，誼切股肱，當請侍班，預聞盛典。復思皇上靜攝之時，不敢必諧所願，或於某日某宮面見面諭，既畢之後，皇上特命左右記其詳悉，而發示閣中，俾流傳外廷，以昭天下，付之史館，以垂萬世，尤爲無疆之令聞，不朽之宏業。皇太子益有所遵循，而宮闈父子兄弟之間，藹然和氣，周洽流通，今日之至美事也。臣等又惟，前日聖諭謂不必奏聞聖母，恐動聖心。皇上至孝寧親，不勝欣誦。但此事必當奏聞，尤須委曲詳盡，不徐不激，在皇上自有愉色婉容，不待臣等陳說，臣等中心懸覬，不能不進一言也。若夫廣宣德意，明飭國法，必得罪人，以絶浮謗，則臣等職分，不敢不竭力。謹具題知。"奉御批："朕覽卿等奏揭，具見忠愛懇切。已知道了。"

二十七日己卯，大學士沈一貫、沈鯉、朱賡題："爲纂修玉牒事。先該臣等具題纂修玉牒，宗支繁衍數倍於前。查得前次所進玉牒，正副本共計二百三十冊。今次起自萬曆十三年迄今，幾及二十年，宗支愈益綿衍，冊籍愈益繁多，今據纂修官送到校完草稿，計一百四十五冊，其正副本共有二百九十冊。相應發書寫官生謄錄，所有合用紙劄等項，開數題請，乞敕司禮監如數關用。再照時值嚴寒，官生謄寫牒冊，合用火盆硯爐，並乞敕下內官監照數送館應用。臣等俱未敢擅便，謹題請旨。

　　計　開

正副本合用大樣結實白中夾紙三萬五千張

硃墨三百五十觔

大鐵火盆十個

鐵硯爐三十個。"

二十八日庚辰，大學士沈一貫、朱賡題："蒙發給事中錢夢皋本，傳諭出旨。竊惟此本昨夜已經票上，今蒙再發。臣等愚昧不當聖意，但本內關係次輔，臣下擬票止可如此，萬死不敢冒嫌增罪。皇上至聖至明，而輔臣進退惟上，敢乞速賜親斷。不然，則在廷紛紛，又將競起戈矛而益勞聖慮矣。臣等各負斧鑕以俟。謹具奏知。"

二十九日辛己①，大學士沈一貫、朱賡題："伏蒙發下逆犯皦生光所作《岸游稿》並臥榻傍帖一紙。臣等一一看詳，本犯頗有小才，而心不純正，狂妄叫噪，工於扭捏，可見非端雅之士矣。內屢稱大冤大讐，蓋因詐騙致罪，而不知自省、但尤他人也。空詞繁言，無足推求事實，惟其《誣訟有作》一首，內有'君父塵喉舌'，'庶欲惑國本'，'皇運恒安流'三句，似有關係，然亦含糊難明也。臣等才識淺陋，未能深詳，惟聖明洞鑒。謹茲題復，並原書及帖上進以聞。"

是日，大學士沈鯉奏："爲病榻忽聞被論指爲奸黨根因遽驚成癱懇乞天恩褫官放歸或仍敕下法司會宮廷鞫務得真情以釋聖

① 己 "己"當作"巳"。

懷以闢言路事。臣頃以足疾奏准給假調理，尚未痊可，因念皇上方爲妖書日晏不遑，而臣備員密勿，養疴私寓，心所不安，隨擬時下報名見朝，入直辦事，以爲君父分憂。忽於本月二十七日接得刑科給事中錢夢皋揭帖，指臣數日以前恭上起居揭内，止言震驚人心，不及國本一字。又稱揭内以緝奸爲震動，以發奸爲虧掩。又言奸書始發，舉朝以爲大變，獨臣以爲小事，舉朝以爲當捕，獨臣以爲當容。臣讀未終篇，不覺暈倒在地，良久始蘇。自是即左手左足頓成痿痺，且口角反張，痰涎自出，語言蹇澀，居然廢人矣，及至次日再讀終篇，則知揭内又稱中城兵馬司指揮劉文藻，捕獲游醫沈令譽，書揭本稿大有踪迹，國内三尺童子無不舉手加額，因臣轉求央託，遂寢其事。又稱郭正域係臣衣鉢門徒，與臣同謀傾陷楚府。又言正域自前出京之後，曾乘小轎私至臣家，一連三次。其他不公不法及諸兜攬贓貨之事，尤復不止一端。臣更不勝驚懼。内除關係一身名節、於法止應罷官者，臣俱不敢置辯。至於奸書逆黨以及傾陷楚府，當有家門之禍，臣獨安敢默默而已乎？臣謹略陳其概。頃臣起居揭内有言妖書震驚人心以及宗社，所謂宗社，即指國本也，何謂不言？其言震驚人心、掩聖德之光明者，指妖書也，何曾以緝獲爲震驚、發覺爲虧掩？今臣所進揭帖似應猶在御前，皇上試取覆按，可知臣之本情不如夢皋所言也。至謂奸人妖書譽①朝以爲當捕，臣獨以爲當緩者，此言聞之何人？臣可面與質對。郭正域雖係友朋相知，非門徒也。楚府之事，彼以桑梓之嫌與其官守所在，或當着緊。臣與何干，亦爲出力？既已出京，又復私乘小轎三至臣家，正域有此舉動，臣當不比於人矣，豈復與相延接？矧其三次往來，則在彼輿人與臣守門人役，耳目安可盡塗也？安得不一敗露？醫生沈令譽，兵馬劉文藻，臣素無一面之識。妖書緝獲懸有重賞，又屢奉嚴旨督責，臣下人人人戰栗。文藻小官，獨不希延世之賞、畏闔門之誅、姑爲臣隱忍作情乎？既云緝有書札本稿，通國三尺童子無不舉手加額，則形迹亦已大露，何廠衛城捕衙門顧猶未知？豈其俱爲臣諱耶？臣所託央免者何人？見知者何人？其始而緝獲者何人也？必俱

① 譽 明抄本作"舉"，是。通行本作"譽"，誤。

有可指矣，府同知胡化、教官阮明卿、及達觀、賈山等，臣俱不知爲誰。梁夢龍之卹典，與託惠安伯張元善爲誠意伯劉世延保舉入朝，臣俱不知何謂，夢想不及，皆可無辯。若其他兜攬黷貨等事，臣直任之而已。伏乞聖慈憫臣哀廢，革職放歸，或更以妖書事情關係重大，仍乞敕下法司，會官廷鞫，備將科臣奏内有名人犯通提前來，逐一研審，臣與面質，則罪人可得，聖懷可釋，言路亦可大闢矣。臣不勝懇切待命之至。"奉聖旨："卿舊學重望，純誠體國，時進讜言，具昭忠悃。屢旨催卿入直，方切佇望，何爲忽有此浮言見及？朕自明晰，卿不必致辯。卿宜即出爲國任事，切勿介懷。吏部知道。"

萬曆三十一年十二月壬午，朔，大學士沈一貫、沈鯉、朱賡題："蒙發御史孔貞一等請勘合本，傳宣聖意，以爲奸賊未拏，未許出差。臣等謹遵票上，不敢有違。但思外差缺久，廢事甚多，即捕奸一事奉有前旨，亦外差所宜併力者，而京中五城等差若缺，則需次新授之官亦可充員，論其風力，未必減於前也。臣等愚見如此，不敢不盡以備採擇。謹兩票上，惟聖明裁酌。謹具題知。"

是日，大學士沈一貫、沈鯉、朱賡題："照得福王婚禮，已奉欽依於十三日納徵發冊，所有冊封福王妃冊文，臣等先於十一月二十四日恭撰，進呈御覽，未蒙裁示。今吉期將近，特此催請，伏乞即賜批發，以便遵行。謹具題知。"

四日乙酉，大學士沈一貫、沈鯉、朱賡題："該文書官劉用口傳聖諭：'大察近了，都察院左右都御史、吏部左右侍郎，便會官推堪用的來。欽此。'臣等聞今日吏部已將前缺會官司廷推，必已寫本題請矣。仰惟皇上留神察事，振肅朝綱，臣下當暢然奉將，靡敢少懈。第祈俯賜早發，幸甚。臣等謹回奏以聞。"

是日，大學士沈鯉奏："爲衰年病廢自忖①難痊再懇天恩准容休致以遂生還事。臣頃緣被論，偶感癱疾，具奏乞休，伏奉聖旨：'卿舊學重望，純誠體國，時進讜言，具昭忠悃。屢旨催卿入直，方切佇望，何爲忽有此浮言見及？朕自明晰，卿不必致辯，卿宜即出爲國任事，切勿介懷，吏部知道。欽此。'伏念臣涉世不謹，至老猶然，乃罹婁斐之憂危，幸蒙日月之臨照，既逭誅於斧鉞，復被寵於絲綸，即天地曲成無用之物、而父母偏憐不肖之子者，恩無以踰於此也。連日以來，延醫調理，冀倖苟全，可出供職，少圖報塞。而據醫則云，諸病惟癱瘓難治，在老年氣虛者尤難治，有得之驚詫而心經受症者則更難。臣時下七十四歲矣，所受癱症由驚悸得之矣，痊可何望？直贊何時？平章地位豈尋常養病之區？君父憂勤詎股肱頻沐之日？計惟解任，猶可薄愆。伏望皇上憫臣衰殘，及此病廢，准容致仕歸里，

① 忖　明抄本作"忖"，是。通行本作"怓"，誤。

以遂首丘，臣愚幸甚，政本幸甚。"奉聖旨："朕連日以奸人未獲，正切焦勞。所賴二三心膂之臣，分憂共念，坐鎮人心，以回薄俗。卿忠誠體國，朕所眷倚。何得自顧身名，力求引去？宜勉遵前旨，早出贊襄。不允所辭。吏部知道。"

五日丙戌，大學士沈一貫、沈鯉、朱賡題："司禮監太監田義、陳矩、成敬到閣，具言今日皇上有命，着司禮監太監田義等送太子到本宮畢，就都親到內閣，口傳與先生每知：'今日我親朝聖母，回宮就宣皇太子在啟祥宮前殿，親賜皇太子慰旨及戒諭內外執事局郎等官明旨，面諭皇太子云：我的慈愛教訓、天性之心，你是知道，你的純誠孝友、好善的心，我平日盡知。近有逆惡捏造奸書，離間我父子兄弟天性親親，動搖天下，已有嚴旨緝拿，以正國法。我思念你，恐有驚懼動心，我着閣臣擬寫慰旨安慰教訓你，又有戒諭內外執事人等旨意，今日宣你來面賜與你。我還有許多言語，因此忿怒動火，難以盡言，我親筆寫的面諭一本，賜你細加看誦，則知我之心也。到宮安心調養，用心讀書寫字，毋聽小人引誘。傳時淚下，皇太子亦含淚叩頭請去，送至殿簷，隨賜膳品四盒、手盒四副、酒四瓶。口傳與先生每知。欽此。'臣等恭聆傳示，莫不感泣。仰誦皇上此舉，真止孝止慈，盡善盡美，天性由衷之愛，聖人人倫之至，宗廟神祇亦當昭歆，天下萬世靡不傳誦。在皇太子，奉此則疑畏盡釋，孝友益敦，進修可以日躋，睿德因而懋長，在宮闈，奉此則兄弟既翕，和樂且耽，愛敬比於塤篪，孔懷洽於終始，合宮中之和氣以承聖母之歡心，則所謂貽厥孫謀、以燕翼子者，又在於是。且由宮中之和，宣爲朝廷之和，爲天下之和，臣等下風咸受恩庇，所謂一人有慶，兆民賴之者，又在於是。區區妖賊，旦晚便當鬼縛神誅、明正國法矣。聖心不免於憂勤，聖德大光於天地。伏望茂攝起居，以迎景福，省簡煩慮，保合天和。所有恭奉傳示詳委，並宣諭皇太子文、戒諭皇太子宮中文，臣等播之在廷，以示天下，付之史館，以垂萬世。謹具題知。"奉御批："朕覽卿等奏揭，具見忠愛懇切。今日此舉，先奏聞聖母，後面諭皇太子及傳示於卿等，乃彝倫攸敘，君君、臣臣、父父、子子、兄兄、弟弟，誠卿等所謂一宮闈咸在和氣中矣。保全天和，朕知道了。"

是日，大學士沈鯉奏："爲欽奉聖旨事。臣前月初八日奏准給假調理，尚未痊可，復於本月初四日奏乞致仕，隨該禮部題於十二月十三日福王婚禮納徵發冊，奉聖旨：'正使遣公張惟賢，副使大學士沈鯉，持節捧冊各行禮。欽此。'臣叨承恩命，躬逢盛典，至爲榮遇，焉敢控辭？緣臣動履未便，委的不能行禮，誠恐臨期誤事，伏乞允臣辭免，遴選大臣一員前去捧冊行禮。臣不勝懇祈顒望之至。"

是日，大學士沈一貫、朱賡題："福王妃納徵，例遣次輔行禮。今臣鯉給假，蒙發改票。臣一貫、臣賡，惟皇上命，不敢定擬。謹具請旨。"

八日己丑，大學士沈一貫、朱賡題："十三日冊福王妃，臣沈鯉給假具奏，臣一貫、臣賡恭候欽遣捧冊行禮，未蒙定發，不勝瞻跂。惟望早賜簡命，庶便齋沐將事。謹題請旨。"奉聖旨："改命大學士朱賡捧冊行禮。"

九日庚寅，大學士沈一貫、沈鯉、朱賡題："竊詳尚書李戴認罪，本錯①，亦復何辭？但此猶小失，似難深罪。大臣有旨責問，亦足示懲矣。其人素性忠謹，近又患病，臣等亦不忍苛責也。至於考功司官，正當大察之時，封鎖看冊是真實語，又難移罪於彼。司官若在，必不有此失錯，明係寫本、用印各役之罪，法不可宥。臣等參詳擬票，伏乞俯鑒允行。謹具題知。"

十三日甲午，大學士沈一貫、朱賡奏："爲討賊未效奉諭增悚自陳不職伏俟譴罰並陳討賊事宜以希聖鑒事。項自奸書流行，奸人未獲，上千②霆怒，日命推求。錦衣衛接出聖諭，大小臣工莫不凜凜錯愕，而會議諸臣奉命：姑且都饒這遭，於十一日報名廷謝。臣等雖不預會議，而備員輔弼，罰宜首加，何得以

① 錯 《敬事草》卷一四"錯"後有"中增錯"三字。

② 千 "千"當作"干"

諭旨未及、輒圖苟免？按此諭初九日晚發，而是日廷臣正在會問，心力交盡，皇上未之前聞也。然仰見聖心討賊之急，而廷臣先領此意矣。獄情微曖，原自難知，緩之固恐逋奸，急之亦恐失實。此書原爲傾陷臣等而作，臣等身居禁林，出入綸命，地既危地，機又危機，感事傷心，不能自已，生平所學，恥言刑名，難當聖明赫怒之日，必不敢因緣爲操切之政，輒以一言贅瀆。夫此書者，事關於國本，情起於私讐。惟關國本，宜坐大逆之誅，惟起私讐，當有末減之議。如得造意魁首以正國法，似亦是矣，其家人妻子及刊刻流布諸人，不論知情不知情，皆在可議，不可與大逆等論，又況交游知識可株連乎？此獄情之所當申議者也。臣等指誓天日，毫不敢私，苟有毫私，雷霆下擊。當①語王之楨，言奸賊本意害人，而託之於國本，致興大孽，可謂至愚。儻借此獄以快私讐，與奸賊何異？彼犯一事一款者，自有正條，不可羅織，上報聖主，中服縉紳，下示天下萬世。且關系身家不小，問成之後，尚送東廠覆問，會官再問，戒之戒之，矢②公。此臣等之所惓惓者也。惟願皇上臨之以天地之公，照之以日月之明，一聽在廷公論，而折衷以理。今日論定，則萬世論定，宮闈天性之親，藹然和氣，流浹無窮，而縉紳士庶亦不至偏有所傷，共享太和餘澤矣。惟是諸臣皆蒙切責，臣等尤宜首譴，謹蓆藁俯伏，以俟嚴命，臣等無任悚息之至。"奉聖旨："覽卿等奏，見爲國忠悃、慎重刑獄至意，朕已具悉。俟廠衛鞫審明確，府部九卿科道等官會議具奏，朕當斟酌情法，務求至當，折衷以理，必不枉縱。卿等爲朕分憂，心力俱竭，朕方嘉念不已，何必引咎自陳、墮賊奸計？宜時下即出贊理③裁決，以昭明允之治。吏部知道。"

是日，英國公張惟賢、大學士朱賡奏："爲謝恩事。臣等伏蒙欽命充正副使，詣福王妃府行納徵發冊禮。除已復命外，臣等謹領酒飯各一桌，不勝仰戴天恩，感激之至。謹具本恭謝以聞。"奉聖旨："覽卿等奏，朕知道了。禮部知道。"

十四日乙未，大學士沈一貫、沈鯉、朱賡題："該禮部開送

① 當 《敬事草》卷一四作"嘗"是。

② 矢 據《敬事草》卷一四，"矢"上當有"矢慎"二字。

③ 理 《敬事草》卷一四作"朕"。

儀注，萬曆三十二年正月十六日福王親迎，皇上醮戒制詞，臣等恭擬進呈御覽，伏乞聖明裁訓，發下遵行。查得舊例，制詞合用金龍箋書寫，並乞敕下司禮監關用。臣等未敢擅便，謹題請旨。

擬上制詞

父皇帝制曰：往迎爾相，承厥家事。勉帥以敬，無忝戒命。"

是日，大學士沈鯉奏："爲叨備股肱久緣病廢不能出力討賊仰承嚴諭無任悚慄謹陳久病不職之狀以俟譴謫以厲人心事。頃自奸書流行，奸人未獲，上干霆怒，嚴限推求。隨該錦衣衛接出聖諭，大小臣工莫不飭勵。其各會議諸臣，奉命姑且都饒這遭，已於十一日報名廷謝。又該首輔一貫、次輔賡，公同具奏，自稱備員輔弼，罰宜首加，見今候旨。獨臣久在病榻，奄奄一息，雖知聖慈矜憐病廢，不加嚴遣①，而臣不職之狀則固自知甚審，無所逃於日月之明、雷霆之威也。伏乞先行罷斥，以清政本，以飭大小臣工，使各效職。臣無任悚息待命之至。"奉聖旨："覽卿奏，具見忠悃。國賊未得，朕晨夕不寧，卿股肱一體，宜爲朕分憂共慮，以肅紀綱，何必引咎自陳？務早出佐理，以付②眷懷至意。吏部知道。"

十五日丙申，大學士沈一貫、沈鯉、朱賡題："照得每年十二月二十六日例有淌除敕書敕禮部三法司。臣等於初十日已將敕稿進呈，復於十三日再進，俱未蒙發。今照日期已迫，伏望即賜批發，以便寫敕、請寶、封奏、頒給。臣等未敢擅便，謹題請旨。"

十六日丁酉，大學士沈一貫、沈鯉、朱賡題："爲印信事。照得翰林院掌院事禮部右侍郎兼翰林院侍讀學士周應賓，近奉欽依，改吏部右侍郎，兼翰林院③管部事去訖，前項印信缺官掌管。臣等推得詹事府詹事兼翰林院侍讀學士唐文獻，資序已深，相應量陞禮部右侍郎，兼官及東宮侍班照舊，掌管前項印

①遣 "遣"當作"譴"。

②付 "付"當作"副"。

③院 明抄本"院"下有"侍讀學士"四字，是。通行本脫此四字，當補。

信。伏乞敕下吏部，查照施行。臣等未敢擅便，謹題請旨。"奉聖旨："是。吏部知道。"

十八日己亥，大學士沈一貫、沈鯉、朱賡題："近該吏部尚書李戴致仕，該部題請署印官，臣等擬户部尚書趙世卿暫署，蓋前此楊俊民爲户部尚書，亦嘗署吏部印，有故事也。今本部新點左侍郎楊時喬遠在南京，右侍郎周應賓以詞臣一旦被命，未經練達，適當大察，有難直任，故臣等以爲非別部尚書不可，惟聖明早允。目下欲推本部尚書，緣無署印故緩，又有推陞、大選等事，亦閣不行。仰首望命，惟乞早賜批發。謹具題知。"

十九日庚子，大學士沈一貫、沈鯉、朱賡題："蒙發刑部覆錦衣衛《橫宗抗旨入都投揭復行誣害等事》一本，内參通山王府輔國將軍藴鏴①等。合照例革爵，仍行撫按與華越②等一併勘明議處。除臣等票擬外，竊思楚事屢廑聖明處分，至精至當，而尚有橫宗誣害不已者，蓋楚俗輕剽好訟，而羣宗尤恣肆難制，楚王被辱，法令不行，撫按有司又不敢問，難之未靖，其源在此。臣等竊思，今江西、河南王府，皆設有宗正一官，故能修明宗範，繩以禮法，此制甚善。臣等敢於今旨中帶出此意，令該部擬議妥當，奏請允行，庶爲安楚之一助也。惟聖明定奪。謹具題知。"

是日，又題："蒙發東廠本到閣票擬。看得本内，因周嘉慶父子未招奸書事情，聖意欲拏其妻妾子女，與同各犯刑鞫對質，及親識人等都着緝事衙門拏來東廠併問，該廠以事情重大，仍乞發下三法司、同該科、及五城御史、錦衣衛會問，以昭至公等因。臣等竊詳，奸書未得下落，聖心必求真犯，凡在臣子，皆切奉行。但思袁鯤轉展招辭，周嘉慶父子忍刑避罪，若依廠所奏，敕下外廷各官，用心刑審，真情自露。況懸有重賞，又奉不相株連之旨，且神人共憤之事，必無所隱。嘉慶親識必多，門客不少，可疑輒拏，布網已密，臣等敢不奉旨擬票，乃其妻妾子女不忍遽擬拏問。一則爲嘉慶罪狀未明，係在廷二品官，

① 鏴 明抄本作"鏴"，通行本作"鏴"。
② 越 明抄本作"趆"，通行本作"越"。

而逮及妻孥，大駭觀聽，似傷國體。一則料嘉慶若爲此事，必與心腹男子商量，何至謀及內人？彼與皦生光不同，皦生光家不過數人，舉動相聞，彼院宇深邃，如使內庭亦知，則外廷尤著矣。似不必追至妻妾子女也。古者罪人不孥，臣等敢爲諸婦女請命，諒非漏網。擬票上請聖裁施行。謹具題知。"

二十一日壬寅，大學士沈一貫、沈鯉、朱賡題："蒙發錦衣衛問過犯人沈令譽等一本到閣擬票。看得此本奉有前旨，宜票會同該科及原題御史再行研審，得情之後送廠再審。但臣等昨在朝房，有該科都給事中楊應文、給事中錢夢皋、御史康丕楊來見，稱説："沈令譽等犯人干係侍郎郭正域，乃彼三人之所參發，今預此獄，寬之人必疑爲縱奸，急之人必疑爲修怨，不若付於事外之人，始爲虛心詳慎。錦衣衛之題本欲明至公，三人若預，亦何以明至公？懇臣等轉聞改命。臣等頗然其言，兹敢兩票以上。一照初九日聖諭，竟送廠審，一擬發刑部，令其研審，得情送廠再審，以後皆待府部九卿科道等官會審。未敢擅便，伏祈聖裁。"

是日，又題："照得福王親迎醮戒制詞，已經進呈，發下金箋一張，臣等謹督中書官寫完，合行恭請用寶，並填吉期，於親迎日御前面行醮戒。謹具題知。"

二十三日甲辰，大學士沈一貫、沈鯉、朱賡題："爲印信事。照得南京翰林院掌院事右春坊右中允王圖，近奉欽依補東宮講讀官訖，前項印信缺官掌管。臣等推得原任右春坊右中允今假滿劉曰寧，資序相應，堪補前缺。伏乞敕下吏部，量陞右春坊右諭德，掌管南京翰林院印信。臣等未敢擅便，謹題請旨。"奉聖旨："是。吏部知道。"

是日，又題："爲印信事。照得掌左春坊印信左庶子黃汝良，掌右春坊印信右庶子蕭雲舉，俱經陞任去訖，遺下印信缺官掌管，相應依資轉補。臣等推得掌司經局事左諭德全天敍，堪陞左庶子，兼翰林院侍讀，掌左春坊印信，右中允王圖，堪陞右庶子，兼翰林院侍讀，掌右春坊印信，左中允吳道南，堪陞左諭德，兼翰林院侍讀，掌司經局印信。其右中允馮有經、周如砥、翁正春，俱資俸已深，應量陞右諭德，俱兼翰林院侍講，左贊善楊繼禮，右贊善陳懿典，應量陞右中允，俱兼翰林院編修，內王圖、吳道南、馮有經，東宮講讀俱照舊。伏乞敕下吏部，查照施行。臣等未敢擅便，謹題請旨。"奉聖旨："是。吏部知道。"

是日，又題："照得本年十二月二十四日起，該放除夕假，連年節上元假至新年正月二十日方滿。先奉欽依，於正月上旬先擇吉開講一次，仍暫輟講，至二十日以後照常日講。臣等查得，上旬吉日於祭祀之期有礙，節假以後即係下旬，容臣等於二月上旬另擇日恭進講章，以後接續恭進。謹具題知。"

是日，又題："先該題奉欽依，每年終將講過經書講章，類寫進呈，以備皇上朝夕觀覽，仍另書發司禮監接續刊板，已經節次進呈訖。今查撰進講章，謹將《大學衍義》廣明元年春二月起至雍巫有寵於衛共姬止一本、《史記》齊景公起至齊侯使連稱管至父戍葵丘止一本、漢成帝時起至章每召見止一本、綏和元年十月起至唐外戚傳序止一本、《通鑑纂要》中宗元皇帝建武元年起至會敦表充為湘州刺史止一本、四年起至尚書召樂謨為郡中正止一本、顯宗成皇帝咸和元年起至以庾亮都督江荆等州軍事止一本、咸康三年起至堅以猛為使持節止一本，以上共八本，類寫裝潢進呈。伏望皇上萬幾之暇，時加觀覽，以求溫故知新之益。臣等不勝惓惓致忠之至。謹具題以聞。"

是日又題："伏蒙皇上以萬壽聖節，頒賜臣一貫銀六十兩、綵段四表裏，臣鯉、臣賡每銀五十兩、綵段四表裏，及講官曾朝節有差。

二十四日乙巳，大學士沈一貫、沈鯉、朱賡題："為纂修玉牒事。目今歲暮，所有官吏人等例於二十八日放假，至明年正月初四日赴館供事，其起居注館官吏人等，亦合照例遵行。臣等未敢擅便，謹題請旨。"

二十五日丙午，以正旦令節，賜三輔臣，每員二樣吊屏、門神等物。

二十六日丁未，大學士沈鯉奏："為衰廢委難供職懇恩憐允休致事。臣自感癱疾之後，三疏乞休，俱蒙溫旨慰留，超踰常格，臣方感深刺骨，不知所以圖報，忍復萌告老之念哉？顧惟人臣之事君以身，身亡而有益於國家，臣亦何敢自愛？乃今則年已望八，半體已廢，目已眊，事多健忘，一身之中所恃以竭其犬馬之力者，無一可用，而徒取充位，徒日伴食，何益於國？豈惟無益？尤復犯止足之明戒，刓出處之大節，以持祿素餐者先庶位，蓋名雖不忍言去，而陰實皆窺士風。無益有損，則義之所不敢出也，臣懷斯久矣。浹旬以來，念討逆未效，主憂臣辱，不忍言去。今緝獲漸有次第，真情時下可得，漏網者方在嚴捕，行且見國法可正。聖主之篤念儲宮，有加於豐芑①燕詒者，即可明詔乎天下，傳播於方來，而協氣普於宮闈，天光轉為清泰，本支篤祐宗社，延休者億萬斯年。臣雖無所預力，心亦可以自安矣。用是乃輒敢再中前請，懇恩求退。若其他軍國庶政，省二輔在，必能為皇上竭誠盡慎，持正秉公，咸一一處置得宜，臣雖伏處田間，而生平未盡之職、去國無已之情，皆有所託，安心待盡，不必其力出於己也。夫序事辨賢、登明黜幽者，昭代之彝典也，恤災予告、優老賜閒者，聖主之殊恩也。臣老且廢，自知不能，恐妨國事，固以乞休，非專為潔身之計者。伏望皇上鑒臣憐臣，使及一息尚存生還鄉井，不至顛隕道路，則始終恩禮可全，亦不失大臣之義，公與私蓋兩得之。若不諒臣之不能，而始以繾綣示寵，體貌加優，則無事而為贅疣，當官而致覆餗，公與私蓋兩失之，亦何止一身之進退而已？臣仍望斷自宸衷，免發擬票，致令以同寮之情、遠嫌之意，擬留太數，有褻國體。臣不勝悚息仰籲之至。"奉聖旨："政本重地，倚眷方隆，前已屢旨慰留，何乃復有此疏？卿之出處，正關士風淳漓，何謂無益？且討逆一事，尚勞朕心，既謂主憂臣辱，安得恝然求歸？尚勉體朕心，數日內即出贊理。所辭不允。吏

① 芑　"芭"當作"芑"

部知道。"

二十九日庚戌，以告祭太廟祧廟收回脯醢果酒，賜輔臣三卓。

三十日辛亥，大學士沈一貫、朱賡題："恭遇元旦令節，禮當慶賀，奉旨傳免。臣等謹偕在廷文武暨天下華夷齎捧朝貢官員人等，於五鳳樓前大班行禮，恭神祝頌。外，伏念臣等備員輔弼，受恩深厚，與在廷諸臣不同，擬是日恭詣仁德門，行五拜三叩頭禮，稱祝聖壽，以少伸臣子慶忭之誠。謹具題以聞。"

是日，大學士沈鯉題："恭遇元旦令節，禮當慶賀，奉旨傳免。臣固在告，未經見朝，不敢入大班行禮。謹於是日，扶掖恭詣仁德門，隨首輔一貫、次輔賡，行五拜三叩頭禮，少伸臣子慶忭之誠。謹具題知。"

萬曆
三十二年

萬曆三十二年正月壬子，朔，輔臣詣宮門叩頭賀正，賜一貫燒割一分、酒飯一卓、甜食一大盒，伏薑一盒，鯉、賡共燒割一分，每酒飯一卓、甜食一小盒、伏薑一盒。待茶。復賜上尊珍饌。

七日戊午，以立春令節，頒賜三輔臣上尊珍饌。

十日辛酉，大學士沈一貫、沈鯉、朱賡題："歲前十一月十五日，伏蒙皇上手札：時逢陽長，適遇聖母萬壽節，卿等條具祈天永命、保國安民事宜，詳擇施行。欽此。臣等奉命，不勝踴躍，當即草具短章，而因捕奸方急，未遑進御。迨今三陽啟泰，萬國來朝，正觀聽一新之會，恭逢皇上三十二年久道化成之日，又恭迎聖母六秩周甲齊天伊邇之辰。仁人事天，當爲祖宗延萬萬年無疆之祚，孝子愛日，當爲聖母造萬萬歲無疆之福。福由心造，機不在遠，祚以德延，事不容後。皇上於歲前尚以陽長之慶、喜①筵之觀②，興祈天永命之念，其在今日，更當萬倍留意，旋乾轉坤，此臣等所以百拜稽首而凝望者也。臣等復思，修政與捕奸本同一事，政若克修，奸自得獲。惟此輩輕諒朝廷，藐視法紀，由來有漸，以致於斯。元氣充實，百邪自消，故捕奸其小者也，修政其大者也。如頃者皇上因此一事而大闡天性，慰諭東宮，使慈極之心益愉，國本之謨益固，宮庭尤加雍穆，朝署尤加肅清，則以一至拂意事，而昭警戒震動之誠，發俊偉光明之業，天下有誦，萬世有傳，豈不至盛至盛③，得更多與？夫王道莫大於明倫建極，啟後垂昆，次則肅紀振綱，施仁布德，而其要機，惟在於分職授任，進賢黜不肖。皇上不難舉其大，何難舉其小？特一加之意耳。蓋聞治天下之道，第有經常，本無奇策。《詩》曰："不愆不忘，率有④舊章。"《書》曰："監於先生⑤成憲，其永無愆。"故祈天永命、保國安民之術，備在舊章成憲，至矣，悉矣。《書》曰："與治同道，罔不興，興亂同事，罔不亡。"夫治何以言道？而亂何以言事？傳自先王之謂道，創自一己之謂事，以法御情之謂道，以情立法之

① 喜 明抄本作"壽"，是。通行本作"喜"，誤。
② 觀 《敬事草》卷一五"觀"作"歡"，是。
③ 盛 此"盛"字疑爲誤字。
④ 有 "有"當作"由"。
⑤ 生 明抄本作"王"，是。通行本作"生"，誤。

謂事，道與事不同，治與亂頃異，道無弊而事有弊，道可久而事不可久，安可不深辨也？今之時政詭於舊章成憲者多矣，而莫甚於礦稅。萬民苦之，百①僚争之，即皇上亦自知其不便，而每託於權宜，以示仁愛之心。此非祈天永命、保國安民之術亦既昭昭矣，何不曠然發一德音，盡罷止之，出民於水火之中，措之袵席之上乎？大聖人作爲，舉念即是，何難之有，而久此遲回？實臣等之所未鮮也。其他所謂肅紀振綱，施仁布德，雖遽數之不能終物，而略舉其大，莫急於拯災民，塞盗源②疏、法綱、釋久繫、罷宣索、寬商困、緩工作、急河役，凡在諸臣屢有補牘，不必臣等一一多喋，然亦祖宗累朝之典物，皇上初御之常事，如日用飲食至無難者。惟聖見過於高明，而遺於中庸，自雄神聖，而謂羣臣莫及，故視祖宗以爲不足法，人言以爲不足恤，而不知以古之道據今之事大不符合。使天下有理外之事可耳，如果無理外之事也，何可不寒心哉？臣等指事救失，日亦不足。竊謂惟得賢人而布列有位，則興道致治，扶危定傾，無可推托，咸有賴藉。故補官授任，愛惜人才，進賢退不肖，尤急務也。蓋天下無一人獨運之理，亦非寥寥數人所能支持者。祖宗因事設官，爲官求人，以人任官，以官舉事，交相爲用，始得其濟。今禮、兵尚書久缺，吏部又缺，六部侍郎止四五人，南京部院尤缺，巡撫特遣重任也，而河南久缺，科道官向無滿三考者，今踰九載而不遷，起補、選補、考補多未下，郎曹日壅，方面半虛。官不得人，或闔署而皆空，人滯於③，或十年而不調，壯夫懷銷彌之憂，白首起蹉跎之嘆。至於批鱗鑿馬放逐遠繫之臣，既從淪棄，一斥不返，三木囊頭，經年長繫。怒畢世而未鮮恩屢布而未沾，必世後仁之日，勝殘去殺尚恥言之，何可令有向隅獨泣之夫也？自昔人主，誰不願得忠義之臣而用之？顧忠義雖出於天性，而感激實生於主恩，故曰體羣臣則士之報禮重。人臣出身事主，爲升斗祿耳，予之則頌聲四起，抑之則怨言並作。人自爲聲名計，宜必樂其頌，不樂其怨矣。頌聲起，則精神奮而事舉，怨讟作，則心志睽而事廢。人主自爲政事計，宜必樂其舉，不樂其廢矣。故使人咸遂其欲者，人主

①百　明抄本無"百"字，誤。通行本補此字，是。

②源　明抄本無"源"字，誤。通行本補此字，是。

③於　《敬事草》卷一五"於"下有"官"字，是。

所以自遂其欲也，使人咸快其情者，人主所以自快其情也。我聖祖立國，置文武官若干員，興天下賢才共之，聖祖豈輕予人官者哉？以爲廣順人情而後可結集吾事也。當是時，訪山搜澤而著之律令，有寰中士夫不爲君用之罪，惟恐人不爲朝廷用也。豈有輻輳待全顧棄之乎？如謂今人多爲身謀、少爲國謀、無可以信任者，獨不念雲龍風虎，勢本相須，取人以身，氣數①自合？未有有是君無是臣之世也。如謂今人饑來附人、飽即颺去，不必爲之恩待，獨不念國士之報，逾於衆人感遇徇知，人之常性？未有厚其施不厚其報之理也。如謂今人巧於避事，無可避乃肯任，在督責之使其力，不必置腹以分其心，獨不念牛馬之力虐使而盡？豈於用人而可無副佐也？如謂今人拜官公朝，謝恩私門，宜靳之而渙其羣，不宜聽之而成其黨，獨不念率土之濱，莫非王臣？靳之恩益歸於下，聽之恩乃出於上也。至於播棄之臣，縲紲之士，身負創痏，孰不求生？日月在天，誰甘永絕？使功不如使過，自古記之。牴牾可原，懲創可念，許以自新，又誠明主事，安可久靳此一恩也？夫人才之在天下，猶卉木之在山林也。愛惜之，儲養之，始得其用。棄置之，踐踏之，立見其盡。今一舉事即憂乏才，亦因上之人無愛惜之心、儲養之逆耳。唐臣陸贄有言曰："太慎廢官，太精失士，望得彌失，務精益粗，鑒賞獨任於聖聰，披擇頗難於公舉，遂使先進者益凋，後來者難接。古者求才貴廣，考課貴精，課責之嚴，進退之決，不肖者旋黜，才能者驟陞，非但人得薦士，亦得自薦其才，所薦必行，所舉必試，故人稱知之人之明，朝得多士之用。"臣等接②贄此論，實今之藥石也，願皇上書之座隅焉。夫一年之計樹穀，十年之計樹木，百年之計樹人，可不念哉？太③凡圖治之要，不越理財、用人二者而已。財有常經，拂經則暴橫，人有常職，曠職則空虛。皇上視財太重，視人太輕，取財太詳，任人太略，國勢漸傾，弊皆坐此。而其原則起於弁髦舊章。曾子有言："尊所聞則高明矣，行所知則光大矣。"高明、光太不在乎他，在乎加之意而已。皇上之於所知、所聞也，得無有未加意者乎？誠宜開張聖聽④，凡事於舊章加意，急罷

① 數 《敬事草》卷一五作"類"，是。

② 接 《敬事草》卷一五作"按"，是。
③ 太 明抄本作"大"，是。通行本作"太"，誤。
④ 聽 《敬事草》卷一五"聽"作"聰"。

① 望 《敬事草》卷一五"望"上有"實"字。

② 卿 《敬事草》卷一五作"趙"。

③ 姑 明抄本作"始"，誤。通行本作"姑"，是。

礦稅，尤急補廢官、惜人才，則所以凝上天之景命，奉祖宗之寶曆，承聖母之歡心，錫子孫之鴻休者，咸在是矣。臣等託在股肱，誼同休感，否極當泰，惟此一時。幸皇上涣啟天心，勤懇下問，修舉舊章，至易至簡，望①片言即悟，朝奏夕行，不虛此一番幾會。顯章露奏，恐犯好名之譏，謹以揭帖奏聞，庶幾斷自宸衷，澤由上究，使天下萬世咸誦聖德之美，復見唐虞之盛。因擬諭旨四道隨進，惟聖明裁擇施行。幸甚。

論吏部：朕思致治之道，全資用人，祖宗設一官，必有一官職掌，原無虛濫。但今各官薦舉論列，多憑己私，大臣會推，亦多徇情市恩，苟且塞責，屢命再推，來見真實堪用之人，故久未點發。卿②世卿雖暫時攝部事，然素懷公明藻鑒，朕信任方殷。可偕爾僚屬，將屢次會推兩京大僚，通行評品，更定前後次序，開寫來看。但求真才，勿論官次，有不堪的不妨刪去，朕當精閱點用。今大察之後，天下員缺數多，也都作速推來，務要如前精舉。其欽降罷閑人才，有可用的，懲創已久，難以終棄。但其間賢愚忠奸，天淵不等，可嚴加旌別，將真堪及時起用之人，先舉十餘員來看，毋得徇私冒濫，孤朕特任之意。如諭遵行。

諭户、工二部：朕以大工浩繁，財力不繼，暫行礦稅，實出權宜。今兩宮業已告成，三殿次第可舉，朝夕軫念四方，不忍重為民困。方今春和布德，一切礦稅着儘行罷止，咸與休息。差去內官，文到之日便馳驛還京。司房原奏人等，俱着撤去，不許仍留地方，致貽後患。其錢糧已徵在官者，照數解京，毋許侵匿。未徵者都與蠲免，固而作弊者，查出治罪不饒。如諭遵行。

諭户、工二部：朕以大工肇興，錢糧詘乏，暫行礦稅，免累小民，本是權宜，實存德意。然利之所在，弊實最興。訪得各差內官，多信聽參隨等人，雜以奸棍，恣行侵暴，害民激變，利歸羣小，怨歸朝廷，殊可痛恨。本宜一切停止，但今兩宮雖已告成，三殿尚在經始，難以盡停，姑③着差去內官暫住地方，聽撫按官督令有司，照歲額包徵，送內監轉解，安靜行事，候旨停罷。其司房原奏及委官人等，悉行撤回，不許容留地方，違者撫按官參奏治罪。如諭遵行。

諭刑部：自礦稅事起，各處官員人等多有觸犯違誤，以致參拏到京，征創有①，情可矜憫。今三陽啟泰，萬物咸亨，卿等可將鎮撫司及兩部見監的，開具奏來，以憑釋放，昭朕好生之德。如諭奉行。"

皇帝敕諭天下朝覲官員：朕祗承天休，嗣無疆大曆，廷考三載吏績②者十舉於兹，語云：王者必世後仁。何朕之弗逮也？朕實不德，無以覆冒天下。無亦爾三五羣吏預有責乎？頃覽計書，見邇年災警頻仍，流亡多有，法日尋於廢墜，事大盩於初心。爾藩臬羣邑臣，弱者齷齪而偷全，强者恣睢而用罔，苟且竿牘以爲巧繆，上下相蒙，惰痌成習，國家奚賴焉？朕痛之憤之，已詔所司，廉其甚者，澄汰如典。若爾等既被簡留，各往治所，將奚所操持，儼然復見吾吏民也？夫假寵靈長一方，而薛越之以營其私，是惟負民，乃重負朕。人亦有言，前事之不忘，後事之師。今汝斥亦嚮時逭罰怙終而弗戒者，庸弗念與？尚勉思朕語，懲往毖來，既乃實心敷乃實政，用循良爲理，以精潔固身。喜怒易恣，務體下民之隱情。檢式有常，毋奸上官之名譽。果能若朕訓辭，使愁歎之聲絶，痯瘵之色起，是爾有成勞以報國家也。何悋寵庸，旌異異等？有如恬於寬政，視爲空文，倖難再徼，法無錯貸，有奉虞廷之典以俟爾者，朕則何私爾等？往③欽哉。故諭。

十三日甲子，大學士沈一貫題："爲開讀事。伏睹萬曆二十九年十月十五日詔書内一款：兩京文武一品至九品，各給與應得誥敕，守制給假等守④官，候授官復除之日補給。欽此。照得太子少保禮部尚書兼東閣大學士沈鯉、禮部尚書兼東閣大學士朱賡，萬曆二十九年九月二十四日，吏部接出特敕，召入内閣輔理，到京之日，例應題給誥命。今中外各⑤請給殆徧，而二臣獨未題⑥。在二臣，急公忘私，不欲臣言，而詔旨昭然，臣何能默？乞敕吏部，查照請給施行。臣不敢擅便，謹題請

萬曆三十二年

二〇八一

① 有 《敬事草》卷一五"有"下有"年"字，是。

② 續 "續"當作"績"。

③ 往 此字疑爲衍文。

④ 守 據《敬事草》卷一五，當無此"守"字。

⑤ 各 據《敬事草》卷一五，"各"下當有"官"字。

⑥ 題 據《敬事草》卷一五，"題"下當有"請"字。

旨。"奉聖旨："准給與。吏部知道。"

十五日丙寅，大學士沈一貫、沈鯉、朱賡題："照得禮部原題東宮、福王講讀，每年年節上元假至正月二十日止，自二月①二十一日起照常講學。今查得本月二十日吉，恭請皇太子於是日先行開講，二十一日以後照常講學。其福王正在合婚，講讀日期容臣等另行題請。未敢擅便，謹題請旨。"

十七日戊辰，大學士沈一貫、沈鯉、朱賡題："伏蒙皇上以年節頒賜臣一貫銀五十兩、綵段四表裏，賡銀四十兩、綵段二表裏，講官銀二十兩、綵段一表裏。講官欽賜容另題聞外，臣等頓首祗領，不勝感戴天恩之至。除赴鴻臚寺報名廷謝外，謹具題謝恩。"

十八日己巳②，大學士沈一貫、沈鯉、朱賡題："恭遇福王行合卺嘉禮，正逢元宵令節，天晴氣和，民欣物豐，吉典告備，仰想聖心倍怡矣。惟望茂建中和，益臻景福，推宮闈歡愉之熙事，召兩間位育之休禎。臣等無任鼓忭祝頌之至。謹具題知。"

是日，又題："該刑部等衙門一本《為糾劾事》，擬二十三日請皇上御文華殿，舉大班糾劾之典。又欽天監一本《為捷音事》，擬二十六日請皇上御文華殿，宣蕩平播逆之捷。臣等竊惟，皇上延見來朝官員，面宣訓敕，自萬曆二十三年後未嘗有舉。平定播州御樓受俘，乃萬曆二十八年事，至今未經宣捷敘賞。茲以玉帛會同之朝，而有干戈輯寧之慶，兩大典禮一時遇合，修明久曠之儀，復還觀聽之舊，凡在臣工有同覬望。聖躬至重，固當慎加節調，而聖下日新，實亦助增燕喜，使朝儀不至久廢，鉅典不為虛文，振精神，新耳目，起廢③堂之廢墜，而厲海宇之玩愒，是在清蹕一惠臨也。如以數御為煩，或將二事併於一日，亦甚簡易。乞令所司，具儀舉行。臣等惓惓下懷，惟望吏治肅清，武功寧謐，共儼歲顏於咫尺，咸承休德於下風。無任跂竢之至。"奉聖旨："朕覺卿等奏揭，具見仰體忠愛。但

① 二月 明抄本作"二"，通行本作"二月"，皆誤，當刪。參《明神宗實錄》卷三九二。

② 己巳 "已巳"當作"己巳"。

③ 廢 明抄本作"廟"，是。通行本作"廢"，誤。

文華殿窄小，行禮未便。卿等傳示，照先年免朝例行。"

是日，又題："今月自初二日至十二日，吏部會同都察院察天下官員，竭晝夜之羣力，合朝野之公心，既以三本具題，伏蒙發閣票擬矣，連日未見批示。蓋皇上留神吏治，精勤披閱之故。然具瞻明命者，若望雲霓，不能頃刻安也。伏乞早賜允發，幸甚。謹題候旨。"奉聖旨："考察天下官員，朝廷大典。朕因節日恭侍聖母，文書未得悉覽。今卿等奏，已知道了。"

二十日辛未，大學士沈一貫、朱賡恭視乾清宮、坤寧宮興工，賜茶。

是日，大學士沈鯉奏："爲泰運方新輔職久曠懇乞天恩丞賜罷免以清政本事。臣歲前欽奉聖諭，兢兢於祈天永命、保國安民，適今獻歲發春，則布德行慶天地交泰之期也。臣備員朕①肱，欣逢盛際，詎不欲乘時自奮、用少酬知遇萬一？顧臣年已七十有四，舉凡在廷諸臣，無如臣之衰朽者，而又目昏足跛，事多健忘，一籌莫展，則凡九列諸臣，又無如臣之潦倒無用者。而臣獨經時曠療，偃仰私室，待愈則痊可無期，欲奮則萎彌不前，內熱飲水，以日爲歲，知不能久存於人世矣。蓋昔大學士趙志皋、尚書余繼登、馮琦，亦皆經年請告，未得俞旨，卒皆隕身旅邸，歸櫬數千里之外，至軫聖慈垂憐，卹恩有加，不無追悼其往者。然已無及於事。故知朝廷之於大臣，能則留，不能則聽其歸老於家，亦以憂高年而曲全始終恩禮也。臣敢援往事以明臣之不欺，惟幸聖恩允許，使得生還鄉井，不爲三臣之續，臣且不朽，臣無任懇切祈望之至。"奉聖旨："朕召卿遠來，正資輔理，屢有溫諭，延望即出，如何頻章求去、至不忍聞？卿宜強起視事，以副眷懷。不允所辭。吏部知道。"

是日，大學士朱賡奏："爲竊祿無功引年及格懇乞聖恩准容退休以安分誼事。臣至愚極陋，本無他能，而遇主逢時，實有天幸。承蒙拔置講幄，致身日月之旁，晚又召起田間，參陪察勿之任，叨榮昌祿，前後三十餘年。俯揆涯分，不啻過矣。聖恩深重，臣未報萬分之一，不忍言去，恩家難②，臣未補萬分

① 朕 "朕"當作"股"。

② 恩家難 疑有漏字。

之一，不當言去。第恩人臣之可自效者，惟此身耳，身可用而不用①，謂之負國，身②不可用而強爲用，謂之誤國。是二者皆罪也，而誤國之罪尤大。故養生者量腹而食，引重者量力而行。臣之自量審矣。伏睹《大明會典》一款：內外大小官員年七十者聽令致仕。此非獨保全臣下，亦以國事甚重，非可以衰老之身徒取具員而已也。矧政本何地？輔臣何官？而可久伴食爲耶？臣犬馬之年今已七十，襪綫無長，姑未暇論，即以病言。如上年郊壇分祀，暈而仆地，幾不成禮，同祀諸臣所共見也。即今兩臂作疼，不能伸縮，漸致不仁，同官二臣所日見也。其他潦倒之狀，不敢悉數。今國家非無事之秋，皇上正憂勤之際，祈天永命，惟此一時，百孔千瘡，何者非輔導之責？安可容倦淅③待盡之身、取誤國殃民之罪哉？臣抱此痛心，久擬求退，適以同官二臣相繼請告，不敢儳言塵聽，蓄而至今。自分在朝必無秋毫之益，而去國則讓登庸之路，勵恬退之風，庶於世教亦有小補，是臣所以報國恩者，誠在退而不在進也。今春令一新，皇上方汰斥度官，與天下更始，而年老有疾如臣者尤宜首及，以儆有位。伏望天慈俯念真情，准容照倒休致，臣餘生有榮，歿齒無憾矣。不勝懇切待命之至。"奉聖旨："卿亮節鴻猷，朕所倚重。精力未衰，豈得引年求去？宜即出辦事，以副眷懷。不允所辭。吏部知道。"

二十一日壬申，大學士沈一貫、沈鯉、朱賡題："爲經筵日講事。照得二月十二日經筵開講，及二月上旬恭進日講講章，令④掌詹事府⑤禮部尚書兼翰林院學士曾朝節病故，所有前項講章缺官辦理，合當推補。臣等查得，經筵講官例用十六員，日講官例用六員，近日免講不補，以致今日一員不存，缺官萬甚。然經筵講章合用二員對講，不可復少，日講以備啟沃，亦不嫌多，臣等不敢濫擬。二員推得吏部右侍郎兼翰林院侍讀學士周應賓、禮部左侍郎兼翰林院侍讀學士李廷機，俱堪不妨部事、補經筵、日講官。再照寫講章官亦缺，推得尚寶司少卿兼翰林院典籍王國棟、大理寺左寺副章伯輝，俱堪補寫講章官。合候

① 而不用 通行本有此三字，是。明抄本無此三字，誤。
② 身 明抄本"身"上有"身不可用而不用，謂之負國"十一字，誤。通行本無此十一字，是。
③ 淅 明抄本作"淅"。通行本作"浙"。
④ 令 "令"當作"今"。
⑤ 府 明抄本"府"下有"事"字，是。通行本無此字，誤。

命下，令各欽遵供事。惟望皇上即賜允發。謹題請旨。"二月初六日，奉聖旨："是。"

是日，又題："正月十七日，伏蒙聖恩以年節頒賜臣等及講官銀兩、表裏，除臣等恭領廷謝外，照得講官曾朝節於本月初十日病故，所有欽賜銀二十兩、綵段一表裏，理合進繳。謹具題知。"

二十四日乙亥，大學士沈一貫、沈鯉、朱賡題："今年吏部、都察院大察天下官員，本月十三日以三本具進，隨蒙發閣票擬，未奉批示。十八日臣等具揭催請，二十二日奉聖旨：'考察天下官員，朝廷大典。朕因節日恭侍聖母，文書未得悉覽。今卿等奏，已知道了。欽此。'竊惟臣等之揭雖幸奉宸批，而部院之本尚未聞明命。今又二日矣，各官之去留不明，則生憂疑，當事之祗承未訖，則生憂疑，聚集闕廷，遷延時日，又將令拾遺糾劾益後常期，辭朝復任捱程償遠，其於政體妨礙實多。萬心萬目，瞻望咸切，伏想聖覽必已周悉。爲此，冒昧再懇，惟乞早賜允發，庶惶惑人情得以安帖，國家重典不至稽停也。臣等不勝禱祈之至。"

是日，又題："爲纂修玉牒事。照得玉牒纂修官詹事兼翰林院侍讀學士唐文獻，近奉欽依，陞禮部右侍郎，兼官及東宮侍班照舊，掌管翰林院印信，去訖，前項事務難以兼理。臣等推得原任國子監祭酒方從哲，堪充玉牒纂修官。及查本官資序已深，相應量陞禮部右侍郎，兼翰林院侍讀學士，協理詹事府事，令其赴館供事。再照校對官制敕房辦事加正六品俸大理寺左寺副章伯輝，歷俸已深，今校對帝系本冊俱完，勞亦足錄，及查有喬承華、陳珩事例相同，合將本官量陞部①主客司員外郎，照舊辦事。伏乞敕下吏部，查照施行。臣等未敢擅便，謹題請旨。"

是日，又題："先爲東宮講②讀擇日上請，未蒙允發，臣等又查得本月二十八日、二月初五日皆吉，伏望欽定一日，以便遵行。謹題請旨。"

① 部 "部"上似當有"禮"字。

② 講 明抄本無"講"字，誤。通行本補此字，是。

是日，又題："伏蒙皇上以聖母慈聖宣文明肅貞壽端獻皇太后萬壽聖節，頒賜臣一貫銀五十兩、紵絲三表裏，臣鯉、臣賡，每銀四十兩、紵絲三表裏，講官銀二十兩、紵絲二表裏。除講官欽賜另題外，臣等不勝感戴天恩之至，具題謝恩。"

是日，又題："正月二十四日，伏蒙聖恩以聖母慈聖宣文明肅貞壽端獻皇太后萬壽聖節，頒賜臣等及講官銀兩、表裏，除臣等頓首祇領外，其講官一員銀二十兩、紵絲二表裏，因未蒙允補，理合進繳，迄命內庫查收。謹具題知。"

二十五日丙子，大學士沈一貫題："二十一日該同官臣鯉一本《爲泰運方新輔職久曠懇乞天恩亟賜罷免以清政本事》、臣賡一本《爲竊祿無功引年及格懇乞聖恩准容退休以安分誼事》，俱蒙發臣票擬，已經擬進。今待命四日，未奉俞旨。臣惟①二臣皆一時賢輔，足任股肱，而臣以一身直閣，正當新政始布之時，幾務繁冗之日，莫謀莫斷，望助更切，伏乞皇上將前二本早賜允發，促令即出贊理。國事幸甚，臣愚幸甚。臣題候旨。"

二十六日丁丑，以宣捷祭告郊廟，頒賜三輔臣脯醢果酒。

①惟 明抄本作"准"，誤。通行本改"惟"，是。

萬曆三十二年二月壬午，朔，大學士沈一貫、沈鯉、朱賡題："昨蒙發刑部等衙門及科道糾劾來朝官員三本，臣等不暇細思，正①票'是'字進上，蒙聖明發改，又擬'饒免'旨意進上。今文書官捧發批紅到閣。臣等思得，兩次擬票，宜以後票爲當。謹再擬票進，併將前本封上。伏乞聖明裁定批發，以便遵行。謹具題知。"次日，復題："伏蒙再發糾劾本下閣，仰見皇上留心治理。臣等所以改擬一票者，欲傳皇上'饒免'德意也。若止奉今批，未有'饒免'二字樣，各官難於遵守。伏乞皇上將'饒免'諭旨發寫傳紅，明早付鴻臚寺官宣諭施行。謹具題知。"

是日，大學士沈鯉奏："爲衰年廢疾懇恩預辭典試事。該禮部爲科舉事題稱：本年二月初九日會試天下舉人，合用主考官二員，例該內閣題請，首臣擬注。臣參同事，得以與聞，乃知首輔一貫欲以臣遇②充數。臣方患病乞休，未奉俞旨，復於前月二十九日偶中痰厥，竟日昏迷，不省人事，延醫調治，良久始蘇。隨向首輔預辭，首輔竟不肯從。欲待命下疏辭，又恐時日已延，致防大典，爲罪滋甚，展轉思惟，萬不得已，輒敢冒昧陳情。臣年七十有四，兩目昏花，精神短少，怔忡健忘，難當白晝，看字猶苦不真，豈能燃藜校閱？閑中展卷，不過數行，便已目眵涙下，困頓不堪，豈能焚膏繼晷以窮日夜之力？如其品校不精，去取顛倒，或更草草完事，以致燕石見收，和寶見遺，何以襄大典而副皇上求賢之盛心耶？矧今時日甚迫，臣猶病在牀褥，痊可無期，菁莪樸樕，國家盛典，病廢之人興疾而入，人將謂何？伏望聖慈鑒臣，准容辭免，使得免於罪戾。臣愚不勝幸甚。"奉聖旨："文選③士，國家重典，如卿股肱良臣，正堪主考，何必預辭？所奏朕知道了，還候旨行。該部知道。"

三日甲申，大學士沈一貫、朱賡題："爲科舉事。准禮部手本，該本部題，萬曆三十二年會試天下舉人，合用考試官二員，欲照例行翰林院擬請簡命，奉聖旨：'是。欽此。欽遵。'備行到院，臣等推得太子少保禮部尚書兼東閣大學士沈鯉、禮部右

①正　明抄本作"止"，是。通行本作"正"，誤。

②遇　"遇"當作"愚"。

③選　明抄本"選"上有"塲"字，是。通行本無此字，誤。

萬曆起居注

侍郎兼翰林院侍讀學士掌院事唐文獻，堪充考試官，合候命下，令其入場供事。臣等未敢擅便，謹題請旨。"

是日，大學曰①沈鯉奏："爲披瀝血誠直陳辭免典試緣由以祈聖鑒以塞弊源事。頃緣首輔一貫欲以臣充會試主考官，臣既自量不能，又以事期促迫，恐待命下之日辭免不及，致妨大典，自干罪戾，乃預於本月初一日具疏籲辭。切意臣既有疏，首輔自可別推，無用區區及臣也。乃今猶拘官序，厠臣職名於内，而不論臣之能否。則臣之本意始終未明，不得不再瀝悃誠，以瀆天聽。蓋臣前疏所云者，止及老疾，與目昏健忘②，不能畢力校閱網羅真才，以仰副聖主求賢至意，而事體有當避嫌、弊實有當塞絕者，猶未及詳言之也。今既迫於事勢，敢不盡言？蓋臣萬曆三十年閏二月初應召北來，臣之鄉人及沿途相見士夫，無不預知臣爲今春主考，入京之後而言者愈多，迨今則遂有物色之者矣，亦間有不亮臣心而與臣者，舉業擬題目，若以言餂之者矣，臣雖默然不應，而中實有戒心焉，自不得固辭也。夫以二三年之前而預知後日主考者，詎有他故？惟正考必用次輔，相沿爲例，故人皆預知之也。夫預知則不察，不察則弊端易生。故臣今力辭典試者，一爲老疾不堪，一爲嫌疑可避。又欲從今後舉用主考，止於資序相應者臨期斟酌，不必以官序爲定規，而使人得以窺測之也。祖宗朝固有以儒士爲主考，以入京朝賀舊臣遂留，典畢而聽其還歸者，今縱不然，獨不可略倣遺意，少破拘攣，以塞弊竇而免致煩言、招物議乎？故臣之懇辭，不但爲今兹一舉，苟全病軀，且欲從今後不專用次輔主考自臣始也。臣伏望聖明裁察，准臣辭免，不勝幸甚。"

是日，大學士沈一貫題："今日文書官王體乾捧出次輔沈鯉再辭典試本，口傳聖諭：'這本説的是，着出旨來。查二十九年主考是誰。欽此。'臣惟會試主考，舊規例用次輔，遵行久矣，若次③曾經用過，則用三輔，又若輔臣俱經用過、無可復用，則用翰林官之最深者，此定例也。今歲例該臣鯉典試，而再三向臣辭免，臣不敢違例，仍以鯉具題上請。今鯉既再疏固辭，奉有諭旨，敢不遵票？但未奉允不允明示，何敢擅擬？而二十

①日 明抄本作"士"，是。通行本作"日"，誤。

②忘 明抄本作"妄"，誤。通行本作"忘"，是。

③次 《敬事草》卷一五"次"下有"輔"字，是。

九年科之例，亦恐未書，謹查三科事例進覽，惟聖明裁示，以便遵行。

二十九年辛丑科，趙志皋爲首輔，臣一貫已經主考一次，閣中並無別員，用吏部右侍郎馮琦主考。

二十六年戊戌科，趙志皋爲首輔，次輔張位已主考一次，臣備員三輔，蒙遣主考。

二十三年乙未科，趙志皋爲首輔，用次輔張位主考。"

四日乙酉，大學士沈一貫題："會試主考官，臣已經題請，而次輔若辭。昨蒙皇上垂問，臣又歷舉往年故事以聞，伏乞早賜裁示，以便遵行。此係國家重典，次輔原不宜辭。若允其辭，宜用三輔爲當。儻不任大臣而任羣臣，使人人開避事之端，以後誰敢爲國家擔任？惟皇上乾斷，或用次輔，或用三輔，與副考唐文獻入場供事。臣不勝惶惶待命之至。"

是日，大學士沈鯉奏："爲總司大比自揣不堪兩疏預辭未蒙俞允謹瀝下情仰祈天鑒事。頃該內閣擬臣充會試主考官，臣一爲衰年廢疾，精力難周，一爲海內士子二三年前無不預知臣爲主考，多有不便，故既先事預辭，又後臨推再辭，以冀聖明垂察，俯容辭免。乃今屛息待命，時日已迫！猶未奉允辭之旨，而臣病滋甚，不得不昧死瀆陳。蓋君之視臣如手足，則臣視君如腹心。皇上之眷臣手足矣，求賢重典，理亂攸關，正臣披見情愫、少攄涓滴之時也，敢漫然爲之而冒焉任之乎？謹述犬馬下情，以畢前說，以企俞旨。蓋文場校閱，欲苟且塞責，則盡易完事，欲純美無議，則全借精力。臣曾以隆慶辛未爲會試分考官，萬曆壬午爲應天主考官。彼時臣年尚壯，文卷不多，閱頗勞，已覺心如舂杵，寐疑牀動，致成大疾。而南場又復有多口之議，亦緣臣當場一病，防檢未周，而致招物議至此也。且撤棘後，間嘗以所取卷與其不取者較，猶多有不慊於心者。蓋臣強壯之時，當分校與鄉場之役，已不無遺憾若此，矧今賢才盡天下，網羅總一手，而臣年衰朽若斯①，目昏眊若斯，心怔忡健忘若斯，足跛若斯，顧反能爲昔日之所不能爲者乎？人各

① 斯　明抄本作"期"，誤。通行本作"斯"，是。

有能有不能，事事有強不可強。臣所不能者，臣前疏已具言之矣。其不得不強者，則當論事體如何，豈嫌越次？蓋事有關係利害而巧爲規避者，宜有①戡定大難、舉大事，如防邊、治河之類，必曰某其人。某其人而不得則不能濟事者，宜強。有關係朝廷大體、必不可卑、踰尊、疏踰戚以亂典制者，宜強。主考典試有一於是乎？臣今所辭有一於是乎？臣所辭本舉賢自代之意，代臣者有同道相成之益，總之皆爲公、非爲私也。臣若不審己量力、扶病入簾，豈惟爲盛典之辱，且精力不加，必不能精品校，必不能察防檢，必不能副簡任，真所謂漫然爲之、而冒焉任之者矣。臣安敢不自量而自強哉？伏望皇上垂念，天下士非一鄉士，會試主考不比於鄉試主考，姑容臣少延殘喘，別遣相應官一員往司厥事，則大典不致有妨，而久道作人、舉②髦斯士者視昔有光矣。士林幸甚，臣遇幸甚。"

次日，大學士沈一貫復題："臣惟會試主考用次輔鯉，乃天然定序，名正言順，本不宜辭。若允其辭，則三輔賡至爲妥當。有如用人不以官爲定，而務使人不得窺測，則成法盡亂，而體統難立，心迹不明而煩言更多矣。必欲以不測用禮部侍郎李廷機。本官真才實學，資望最深，見在掌部，而倏使典試，尤爲不測。以廷機爲正，而以原推侍郎唐文獻副之可也。又求其次，則以唐文獻爲正，而用少詹事楊道③副之，亦可也。或用少詹事黃汝良副之，亦可也。臣不敢擅便，統惟聖明裁定。至於吏④部侍郎周應賓，臣敢預言其不可。蓋應賓資俸在李廷機之後，乃臣門生，又臣鄉人，近以其子求臣女爲婦而稱姻家。昨蒙皇上親擢爲吏部，臣秋毫無所干預，而外人遂有物色臣者矣。亦有不亮臣心，謂臣欲令典試者矣。臣安得不因此而亦生戒心乎？故謂應賓必不可用，望皇上且置之也。皇上若體亮次輔，欲爲之明嫌疑、塞弊竇、免煩言、杜物議，乞一視同仁，推此心以體亮臣，使臣亦得明嫌疑、竇⑤、免煩言、杜物議，實如天覆幬之大恩，臣不勝哀懇之至。"

於是，上發次輔《直陳辭免》本，批云："興賢重典，卿以病懇辭，具見敬慎。改命三輔賡主考，侍郎唐文獻副考．該部知道。"又發次輔《總司大比自揣不堪》本，批云："卿固辭典試，朕體諒至情。已有旨改命三輔了。卿宜倍加愛攝，佐以醫藥，早出贊理，以副眷懷。該部知道。"

是日，大學士沈一貫恭視乾清宮、坤寧宮工程，賜茶。

是日，大學士沈一貫、沈鯉、朱賡題："照得東宮講官右春坊右庶子兼翰林院、侍讀蕭雲舉，近奉欽依陞國子監祭酒去訖，合當推補。臣等推得詹事府少詹事兼翰林院侍讀學士黃汝良堪以充補。合候命下，令其欽遵供事。臣等未敢擅便。謹題請旨。"

十日辛卯，大學士沈一貫、沈鯉、朱賡題："先爲①東宮講學，該臣等兩次擇日疏請，未蒙批發。臣等竊惟，學欲及時，功貴時敏，方今天氣和暢，正宜進修。謹又改擇本月十八日、二十日皆吉，伏乞欽定一日，照常講讀。臣等無任跂望之至。謹題請旨。"

是日，又題："恭照福王嘉禮已成，時值春和，正當及時進學，臣等亦宜題請。但查舊例，潞王出府之後，每遇春秋開講，本府官奏奉皇上發帖到閣，填日進行，令各官欽遵供事。謹具題知。"

十二日癸己②，大學士沈一貫、沈鯉、朱賡題："爲起復事。准吏部文選司手本，開送庶吉士何如寵，係萬曆二十六年進士，改庶吉士，於翰林院讀書。二十八年養病回籍，本年六月十七日丁憂，三十年十二月十七日服滿。三十一年十一月十五日到部。行移到院。臣等查得，同科庶吉士黃國鼎等，俱除授翰林院、科道等官。復查二十六年題准，已後起送庶吉士未經散館者，俱仍復館，與見在庶吉士一體考試，散館之日品題，分別授官。今何如寵起復到院，舊館已散，新館未開，難以久待。臣等考得本官才識疏通，堪授諫職，乞敕吏部查照施行。臣等未敢擅便，謹題請旨。"

①爲 自"爲"字起至前面第四百零七字"吏"止，共四百零七字，通行本脱，明抄本有。

②己 "己"當作"巳"。

十三日甲午，大學士沈一貫題："竊照有朝，覲則有考察，有考察則有拾遺，此本朝不易之定規也。今歲朝覲考察既畢，正月二十六日科道官各具疏拾遺，共四本，已蒙發閣票擬矣，而未經批發。至二月初三日，科道官仍寫前疏進催，亦未蒙發。彼被論官員雖止十數人，而關係勸懲之事不小，不下部院議覆，何以定其去留？而朝廷威福大權豈不少褻、而使天下生玩心乎？臣是用局蹐。敢乞皇上即將前疏檢發，或令該部院據揭題覆，以敕國紀，以振吏治。不勝瞻望之至。謹題候旨。"

十八日己亥，大學士沈一貫、沈鯉、朱賡題："竊惟御史之設，原欲其巡行郡國，不欲其空聚闕下也。今各差久缺，至有一年以上者矣，舊年已蒙准差，旋復留住。茲又三月有餘，而尚未領敕辭朝，遂使百事廢弛，諸釁叢作，其於治亂關係實大。伏乞皇上早允御史孔貞一等領給勘合，辭朝赴差，以振綱維，以肅政理，實目前急務。臣等謹擬諭帖以上，惟聖明乾斷施行。"

諭都察院："各差御史孔貞一等，俱着給與勘合，辭朝赴差去。"

二十一日壬寅，大學士沈一貫、沈鯉、朱賡題："竊照臣等待罪輔弼，股肱一體，不得不先天下之憂而憂，若使天下之憂已迫而後憂之，嗟其晚矣。敢以一言敬進。惟皇上俯擇臣等正月間上祈天永命一疏，所請雖多，而尤惓惓於惜才補官一節，以為賢才用則眾心豫附，官職修則羣釁消除，此尤機要中之機要，不可忽也。今乃考察既畢，而科道拾遺之本尚未蒙發，則汰黜之典未為了結。大選在邇，而吏部推陞之本尚未蒙發，則選用之事又多妨阻。大察之後，天下司道官缺至七十九員，知府缺至七十五員，而推補之本多未見俞，是使領袖羣有司者無其人也。各差御史不遣之出巡，而留之都門，在都門則太有餘，在四方則太不足，是使綱紀羣有司者無其人也。如此則賢才何由而用？官職何由而修？皆足以誤政事而名憂虞，臣等安得不日夜悚懼？伏望皇上俯從部院之請，一通仕路，大肅政幾，庶令萬目改觀、而轉泰有日也。臣等不勝祈禱之至。謹題候旨。"

二十三日甲辰，大學士沈一貫、沈鯉、朱賡題："先爲東宮講學，該臣等三次擇日上請，至今未蒙允發。臣等竊惟，春已過半，景入陽和，展舒簡編，正維其候，故陳請不嫌頻數。謹又改擇本月二十六日、三月初三日皆吉，伏乞即賜俞旨。臣等不勝懇祈竚望之至。謹題請旨。"

是日，大學士沈鯉奏："爲仰佶洪恩直陳衰殘病苦萬難供職之狀以祈聖慈垂憐，特允罷歸事。臣前月二十日奏乞致任，伏奉聖旨：'朕召卿遠來，正資輔理，屢有溫諭，延望即出，如何頻章求去、至不忍聞？卿宜強起視事，以副眷懷。不允所辭。吏部知道。欽此。'本月初四日奏辭主考，復奉聖旨：'卿固辭典試，朕體諒至情。已有旨改命三輔了。卿宜倍加愛攝，佐以醫藥，早出贊理，以副眷懷。該部知道。欽此。'臣兩奉綸言，藹然春溫，不啻如家人父子，臣豈獨無人心、而忍諄諄言去？顧臣年逾八旬，尪羸①殘疾，已成廢人，足跛目昏，怔忡健忘，無一可用，已同廢物。假令無他患苦，姑且碌碌伴食以圖塞責，猶可強也。乃今則又有胃脘疼痛與疝氣之症，狎而爲祟②，苦不可言，每當痛苦不堪，便輒仰天呼號，以得速死爲幸，故今送終衣衾已無不備，臣所以久曠職業者爲此故也。始臣應召北來，原未攜家，既入都門，亦無定寓，兩年旅邸，骨肉蕭然，僅一息不續，其安望首丘乎？此亦有足憐者矣，伏望皇上垂念。朽臣曾侍春宮講讀，而親見飛龍在天，三十年間所承恩禮不可勝紀，祇今得一生還便可保全終始。不然，則身隕道路不足惜，而委君貺於草莽也，臣不瞑矣。夫君臣大義，臣豈不知？惟義之於君臣也，非以備位，欲有所效其馳驅也。馳驅，則臣已不能。備位，則義無所取。計惟一去爲可塞責。儻蒙賜玦使之得謝③，聖恩之所全多矣。先是臣辭疏中曾歷引九列大臣物故在京者，聖諭謂'不忍聞'，乃令則又有講官曾朝節之事矣。聖心爲往者發慈悲，得無爲來者防未然乎？死生之際，人所難言，不祥之語，人所深諱。苟非情事迫切，誰肯輕以自擬？又何敢

① 羸　明抄本作"羸"，是。通行本作"贏"，誤。
② 祟　明抄本作"祟"，是。通行本作"崇"，誤。
③ 謝　"謝"疑當作"靖"或"允"。

輕瀆天聽，以恻君父之心也？昔皇祖朝勉留大臣，多不過三、五次，少惟一次，故其時留行多寡，人視以爲重輕，而朝廷之體不褻，則眷留亦名器也，臣不應數承之也。皇上每事法祖，閣臣進退取自上裁，伏乞早霈俞音，使二輔有所禀承，遵奉行事，無徒爲同列引嫌，數數擬留，有妨大體。臣不勝懇切祈望之至。"奉聖①旨："朕近允卿典試之辭，欲卿安心調攝，早出佐理，何爲又有此奏？卿既春宮講讀，當全大義終始，勉遵屢旨，入閣辦事，以慰眷懷至意。吏部知道。"

二十六日丁未，大學士沈一貫恭視乾清宮、坤寧宮安吻、合龍門、懸牌額，賜茶。

二十七日戊申，大學士朱賡題："臣於正月二十日，以七十引年上疏求退，伏蒙聖旨：'卿亮節鴻猷，朕所倚重，精力未衰，豈得引年求去？宜即出辦事，以副眷懷。不允所辭。吏部知道。欽此。'臣感激聖恩，未敢再請，而自漸衰病，實難靦留，方躊躇進退之間，杜門未出，忽於初六日奉旨，着臣主考會試事。雖進賢爲國，臣分當爲，不敢不肅將，而方於求退之時，躐等代庖，局蹐甚矣。隨於七日辭朝入簾，率諸執事焚香告天，願多賚真才以需國家之用，復矢誓天曰：'所不惟公惟慎以副委託者，明神殛之。'於是拮据二十晝夜，遵旨取三百名，該部先刻題名以進。伏念國家盛典，莫大於賓興，臣子報君，莫大於求士，惟至公可以服人，惟至明可以鑑別。臣不敢不公，而智識昏庸，恐有掛一漏萬之譏，此心實惶惶懼焉。兹幸訖事，即日恭詣午門外，叩頭見朝，隨赴內閣同首臣一貫等辦事矣。除報名謝恩外，謹具題知。"

①聖　明抄本作"皇"，誤。通行本作"聖"，是。

萬曆三十二年三月辛亥，朔。

三日癸丑，大學士沈一貫、沈鯉、朱賡題："臣等伏蒙發下各差御史余懋衡等請給勘合本，文書官口傳聖諭，問明了逆賊方許出差。臣等敢不遵奉擬票？但臣等伏思，逆賊一事，皇上屢發嚴旨，中外臣工震恐悚息，竭力盡心，亦既無毫髮之不到矣，然真情未得，法術已窮。智矣①擬議謂，奸人必已遠逃故也，前有旨着各省直通行廣捕，而並無踪迹，亦可以見各差久缺而法令之不行矣。臣等伏思，與其聚諸臣於闕下，而竟日無爲，不如分道四出，或得一効，亦不可知。若在内有各緝捕及法司等官，何必定此數員御史始有風力也？臣等敢擬一旨上進，伏冀聖明裁定，以昭責成之意。謹具題知。

擬　旨

逆賊尚未問明，各御史本不宜准差，但今天下法紀久廢，專務容奸縱惡，釁孽不少。着各振揚風裁，以圖報稱，不許仍前怠恣廢事。勘合准給與，仍勒限前去。該部院知道。"

是日，大學士沈鯉奏："爲久病曠職遵例辭俸事。查得見行事例，凡京官患病三月以上者，俸糧截日住支。臣去年九月二十七日具奏乞休，未蒙俞旨，又復累疏瀆奏，至今五月餘矣。足迹未入直廬，而日廩月餼，無功厚享，心何以安？伏乞准照前例截日住支，使臣得安心醫藥，以候允歸之旨。臣不勝懇切祈望之至。"

六日丙辰，大學士沈一貫、朱賡恭視乾清宫、坤寧宫工完謝土，賜茶。

八日戊午，大學士沈一貫、沈鯉、朱賡題："舊年九月間，臣等具題，庶吉士教習有成，請命散館，分別等第，授以官職，將李胤昌等十四名擬授翰林院編修、檢討等官。奉有欽依，到任供事訖。其王元翰等八名，因人衆不能盡留，查照舊規，擬授科道等官，候命未下，已經吏部具疏及臣等具揭屢次催請，

① 矣　"矣"當作"者"。

昨日吏部復具疏矣，伏望皇上俯賜允發。此事在臣等，係作養人才未完前件，職掌所關，不得不言，在吏部，係用人銓才未完前件，亦係職掌，不得不言。皇上既作養之於前，宜錄用之於後。此諸臣者，皆彬彬文學之士，耿耿忠信之流，諒能體國匡時，感恩奮效，不負作養錄用之盛心也。今李胤昌等已蒙允用，而王元翰等不免向隅，同值明時，榮瘁殊，臣等之心，殊不能釋。併乞皇上一加體諒而俯允之，幸甚。臣等不勝瞻望懇求之至。"

十八日戊辰，大學士沈一貫、沈鯉、朱賡題："該文書官傳催御馬監監丞王昇查勘牧馬場草場徵收租課敕書。臣等職在撰述，舊規：撰敕必待該部印信手本到閣始行。祖宗典憲，兼制內外，敢不遵守？手本到時，臣等即當撰進。伏冀皇上俯亮。謹具題知。"

十九日己己①，大學士沈一貫、沈鯉、朱賡題："自春以來，請東宮講讀日期已經五疏，未奉俞旨。在廷諸臣，習見舊例於正月中開講，獨今年最遲，初向臣等問：東宮何時出講？臣等權以春寒為辭。今已近夏，廷臣又累向臣等問：東宮何故久不出講？臣等洊然無可置對。竊惟工夫戒於作輟，典學貴有終始。一年之中，除沍寒溽暑外，光陰幾何？豈宜久曠？且無以慰中外之懸望也。臣等又擬得本月二十二日、二十六日皆吉，伏望即賜允發，欽遵施行。謹題請旨。"奉聖旨："朕因入春以來，天氣寒暖未調，且朕亦屢動火，微感皇太子體質清弱，少待融和耳，覽卿等奏，具悉忠愛。皇太子着於本月二十八日照常講學。該衙門知道。"

是日，又題："臣等昨奉口傳討御馬監內官王昇敕書，因戶部手本未到，未敢撰進，具揭回奏。今又奉口傳：'內裏的敕書，比不得外頭敕書，先生每撰了來，不要推託。欽此。'臣等竊惟，皇上天②聰明之主，超常萬萬，都表知裏，豈待臣等畢詞？臣等推託是真，何敢典③諱？但君臣一體，皇上亦宜俯諒

① 己己 "己己"當作"己巳"。

② 天 "天"下似當有"縱"。

③ 典 "典"當為"曲"之誤。

臣等何故推託。臣等推託非屬己私，實欲保全皇上之聖名，整理朝廷之秕政，杜絕紛起多口，安輯熾①危之衆心，願皇上②萬萬年無疆之福也。前旨一下，滿朝既已驚訝，此敕再出，驚訝又當何如？入春以來，人心之望治者有同饑渴，未聞善政而猶若此，臣等之罪益深矣。若使德意可行，事理無礙，臣等將順不暇，何故再三違拂？臣等良心尚不容昧，皇上聖智尤宜坐照，當不待臣等再畢一詞也。治亂安危，關係不小，伏望聖心轉移。臣等不任涕泣祈請之至。謹具題知。"

　　二十一日辛未，大學士沈一貫、沈鯉、朱賡題："昨該文書官口傳聖旨，討內官王昇清理牧馬草場敕書，臣等具揭回奏。今文書官再傳聖旨：'這個官兒不是經差去的，因撤③放馬匹去的，帶管清查。寫敕與他，事完即回。欽此。'臣等仰體德意，不欲多擾百姓，特令便差帶管，事完即回，所有敕書敢不撰進？然清查利害所關不小，安敢不畢一詞？竊惟近年以來，凡百利源書籠於朝廷，四海之內無一寸安閑地方，常恐民窮變起，難以撲救。惟茲畿輔，乃祖宗陵寢所在，皇上社稷所在，尤當深慮，尤當原恤。諺云：'蛟龍不擾穴畔人家，禽鳥不啄窠下粟粒。'彼亦知愛護其鄰，以托其身也，況天子輦轂之下，三輔之中，其宜愛護，又當何如？四方無事而三輔有警，因④所深忌，四方有事而三輔並起，更何託身？且國家與強虜止隔一墻，正藉民心以爲干城，而胡可使之愁苦、詛呪、渙然離也？偏之以恩澤，比各處加厚，亦不爲過，何忍薄之？臣等姑不暇遠舉，即舊年西山有窯户之變，今年易州有礦徒之變，不逞之端相繼橫發，皇上即以威力勝窮民，窮民豈不以死力抗皇上？爲民父母者，不能拊摩之亦已矣，安可魚肉之？不能使人愛戴亦已矣，安可使人讎恨？誠未見其爲利也。此牧地者，豈真有豪右隱占？豈真有新墾未科？奸官奸民言何足信？縱令有之，則文王之囿爲方百里，蒭蕘者往焉雉兔者焉，與民同之，故稱聖王，何可鱗鱗而取、咈百姓以從己之欲乎？臣等據該科揭帖，此場地租係户部濟邊錢糧，載在會計錄中，額課之重同於夏稅秋糧，不

①熾　明抄本作"熾"，是。通行本作"熾"，誤。
②上　《敬事草》卷一五"上"下有"享"字，是。

③撤　"撤"當作"撒"。

④因　"因"當作"固"。

可復加，若依奏官所言，明是奪濟邊錢糧，假以上供爲名，生端擾害，與皇上歛怨耳。臣等焦目苦口，豈爲一己身名之計？不過欲計安社稷。皇上亦宜爲社稷慮，社稷乃皇上之社稷也。社稷安則福利無窮，奚止如奏官所云區區銀兩哉？惓惓忠愛，竊爲①此一清查可以無行。聖明天縱，當不俟臣等畢詞矣。謹具題以聞。"

二十七日丁丑，頒賜輔臣，每員鮮藕三枝。

二十八日戊寅，大學士沈一貫、沈鯉、朱賡題："蒙發駙馬都尉楊春元本，傳聖諭：'這本是甚麽言語，直言白上的，不知禮體，不知規矩，擅改門名，查他的師傅是誰。叫出旨來。欽此。'臣等看詳，此本言語支離，體裁錯亂，門名不識，禮度多違，責以慢忽，並及教師，本不爲過。但春元係皇上貴婿，尚主已近十載，生子以②及回齡，而不肯坐享安榮，直欲棄職歸田者，必其難堪之甚也。再加詰責，恐傷至情。且閨中絮絮之言，又難傳播外廷，致褻國體。竊惟本朝家法，超越萬代，皇上但特賜察諭，俾令慰改，嚴戒府中內外，務遵禮法，毋至再有奏瀆，則處置此事盡善矣。關風化頗大，望勿發科傳部。臣等輒進愚慮，惟聖明采擇。謹具題知。"

三十日庚辰，大學士沈一貫、沈鯉、朱賡題："今日該文書官劉宣傳出，奉聖諭：'朕覽東廠所奏事件，駙馬楊春元，不知緣故，於二十八日小帽青衣朝府門行禮畢，坐用二人小轎回原籍固安縣去訖。且駙馬何官？不奉明旨，擅自離任，好生狂肆可惡。着便差錦衣衛官趕伴回來，奏請定奪。此乃伊父素欠教子之方，教習部官鮑應鰲訓示之禮安在？姑都着革了職，爲民當差，卿等可傳示遵行。欽此。'臣等前日蒙發駙馬都尉楊春元本擬票，看得春元所奏，多茸③之言，不宜外揚以傷國體，故請皇上密行戒諭，不必發科傳部，其時尚未知春元經自回籍也。今茲聖諭但據東廠事④事件，遣錦衣衛官追伴回京，奏請定奪，

①爲 "爲"當作"謂"。

②以 《敬事草》卷一五作"亦"，是。

③茸 "茸"上當有"中"字。

④事 此"事"字衍。

正其父師不教之罪,加以擅離職任之愆,嚴責以示法,追還以全恩,處置甚當,臣等不勝欽服。謹即傳該科發錦衣衛遵行外,臣等再思之,朝廷之馭臣下,可以專用法,而馭中尉則宜兼用恩,蓋義無可絶,則法難盡行,情當曲體,則事宜委悉。若但追之使還,而不處之得所,可以結今日,未可以保來日也。觀春元此舉,棄富貴如敝屣矣,逃軒冕若桎梏矣,能縶其身,豈能拘其心乎?夫親莫親於伉儷,而不免於反目之嫌,積反目之久,至於觸王法、含①懟親而不顧,此其左右必有長舌爲之交構,所漸漬甚深而所離間甚巧,安可不爲之一處也?臣等以爲春元即來之日,皇上尚宜推骨肉之至愛,隆肺腑之察情。詳察其府中内外用事不法之人,而一分别嚴處之,輕則更易其人,重則明正其罪。然後離間之匪人可去,而輔導之忠益得行,春元可遂好逑之願,公主可洽諧老之歡,而皇上釐降之初心不孤,顧復之永懷始釋。不宜遂置之弗慮而已也。家法國體,關係不細,臣等不敢不盡其愚。聖諭尊藏閣中,以傳永久。謹具回奏以聞。"

①含 明抄本作"舍",是。通行本作"含",誤。

萬曆三十二年四月辛己①，朔。

二日壬午，大學士沈一貫、沈鯉、朱賡題："臣等竊惟，國家有必不可缺之官，陞補科道是也。補科道惟有兩途，有行取考選之補，有散館題授之補。向年行取官員雖已授職，尚有丁憂起復候補吳道行四員、候考熊鳴夏等三員，未經允授，去年八月庶吉吉散館，有王元翰等八員亦未允授。俱待命都下，歷有歲時，舊任久離，新銜未定。以朝廷耳目之司而視爲不急，既非所以立政體，以國家作養之士而置於不用，又非所以樹人才。臣等竊爲聖明惜，不獨爲諸臣惜也。伏望皇上將候補、候考、散館諸臣早賜俞允，令其到任供職，幸甚。至於科道各官積有歲勞，例得優轉京堂，亦祖宗舊制。近今概從寢閣，遂有九年考滿而棲遲一官者，在外既不得入，在內復不得出，昔者視爲榮選，近來視爲畏途，國家之憲法何由舉？而天下之神氣何由振？誠恐日復一日，政體浸頹，非委任責成之良法也。臣等故謂科道官必不可缺，其陞其補必不可廢，惟乞敕下部院施行。臣等無任跂望之至。"

三日癸未，大學士沈一貫奏："爲天譴甚嚴臣罪滋著懇乞聖明亟賜罷免以清政幾以應異變事。臣惟自頃年來，災異屢告，其大者如天鳴，星流，地震，川竭，水旱相仍，盜賊時作，河決中土，漕梗②不通，人民死者枕藉於路，而淮潁之間饑荒尤甚，逋逃成藪，嘯聚已形，加以比來人心搖動，好爲譸張，譌言煩興，妖術四起。察其感召之原，皆由礦稅棍徒布滿天下，寸寸而索，日日而攘，皮骨俱盡，血肉狼籍。而朝廷之上，章奏日壅，省署皆虛，善言無一上聞，善政無一下完，有觸者長繫③而不赦，有逐者長棄而不收。人心絕望於太平，故天變人妖勃然併起，二百年詠歌之民，皆有僩然操戈，伺隙而動之心，非細故也。今尤異者，日食一事。按《詩·小雅·十月之交》註云：'日食，天變之大者也。'正陽之月，古尤急之。四月純陽，十月④，純陽而食，陽弱之甚也，純陰而食，陰壯之甚也。

萬曆起居注

二一〇〇

①己 "己"當作"巳"。

②梗 "梗"當作"梗"。

③繫 明抄本作"擊"，誤。通行本作"繫"，是。

④月 《敬事草》卷一五"月"下有"純陰"二字，是。

於此二月，尤大忌也。去年四月日食，人心已甚驚訝，何意今復再食？同月同日而連歲疊見，臣不知靈台作何占候？但據《詩》《書》所稱，必不可視爲尋常災祲，亦不可視爲尋常日食矣。夫變不虛生，必有所應。天譴甚嚴，聖主當修德以回之，雖減膳撤樂、下詔罪己，猶謂之虛文，安可置之若罔聞而已也？天以是責皇上，皇上以是責臣等，必宜坐朝問道，修政立事，進賢退不肖，與天下更始。臣位先百僚，不肖最甚，居常無責難陳善之忠，臨事鮮斜繆繩愆之益，知而不言，言而不盡，無誠意之積以感動於前，無法語之入以轉移於後，遷延歲時，棲遲不去，即此貪位戀寵一節，已無所逃其罪矣，而況負君負學一至於此？臣觀漢時有災異寇賊水旱之儆，則策免三公，誠謂三公居燮理之職，陰陽不和本其罪戾，非苛責也。今臣無狀，實冠①諸臣，亟明政刑，是宜者及。伏望皇上大奮乾綱，顯賜褫斥，以爲人臣不職之戒。若猶曲加含貸，姑令着②圖，雖包荒納汙之至仁，非禳災撥亂之要術，是猶忽天戒而無自新之意，容不肖而爲泄泄之圖，非臣所以自陳而望於皇上之本意也。惟聖明念之。臣無任伏藁待命之至。"奉聖旨："卿爲元輔，夙殫謀猷，時多匡弼。日食之異，責在朕躬。正望卿共修實政，弘濟時難，以應上天仁愛之意，豈可引咎自劾，遽爾言歸？宜即出贊理，用佐朕之不逮。慎勿再辭。吏部知道。"

　　四日甲申，大學士朱賡奏："爲燮理無狀致干異變乞賜罷斥以應天譴並祈修實政以回天心事。伏自孟夏朔日，時當日食，臣恭同百僚赴禮部救護。爲查去年日食，亦於孟夏朔日。夫孟夏爲正陽之月，朔日又饗廟之期，兩歲同災，非常變異。伐鼓奔救間，竊見日光慘而不華，陰霾蔽而無色，陽氣匿而不揚，廟祀輟而未舉，大恒工不勝駭惕，以爲天變可畏如此。臣因伏思，皇上畏天，時保其懔慄③之衷，當必更有甚於諸臣者，臣又不勝慚恐。夫皇上，天之宗子也，臣二三輔臣，家相也。臣平時不能贊燮補闕，自溺家相之職，而令皇上獨任其焦勞，此臣義之所不敢出，亦臣心之所不忍安也。漢時災異，或策免三

①冠 "冠"当作"冠"。
②着 《敬事草》卷一五"着"作"省"，是。
③懔 "懔"當作"栗"。

公,而國朝大臣亦多因災異自陳,彼直以天譴所從來,不敢諉過於上也。今臣備員政本兩年於茲,而兩見日蝕,皆前所未有,則咎起於臣身明甚,臣安敢復貪戀寵眷、不亟引退、以重天譴、憂聖心耶?抑又念之,此兩歲間天災人變無月不告,江以北地盡爲沼矣,河以南人將相食矣,川竭河徙而咽喉病矣,地震星隕而邊塞聳矣,奸僧妖婦左道惑人,流民餓夫揭竿鼓衆,而大盜起矣。頃又有此日食非常之變,謂上天無意乎?祖宗無知乎?臣不信也。皇上敬天畏祖,此其故不可不思矣。《記》曰:'日食,則天子素服而修六官之職,蕩天下之陽事。'今陛除困於積薪,章奏束之高閣,閭閻苦於徵求,忠良斃於圜土,在在窮愁,人人怨讟,六官未可謂修,陽事未可謂蕩也。臣等遇事匡捄,雖不敢厭於再三、憚於補牘,而臣誠不足以格天,才不足以濟變,望不足以厭人,又不能蚤自引咎爲有位先,則天之獨示譴於臣身宜矣。伏望皇上憐臣愧痛之真,察臣溺職之罪,將臣特賜放免,以謝天下。仍望皇上重嚴天戒,崇修實政,亟補中外缺官,亟罷無名礦稅,亟釋逮繫纍臣,亟下諸司章奏,凡四民所不便者毋務必行,九重所獨適者毋務必遂,則陽氣大昌,而天心永格。與其用①臣之身也,無寧庸②臣之言也,臣雖伏在田野,有榮施矣。臣無任懇切席藁待命之至。謹具本親齎以聞。"奉聖旨:"時事多虞,天垂譴象。朕既責躬,惟是股肱倚賴。卿豈可引咎求去?宜即出贊理,爲朕拾遺補闕,調和天人。毋得再有所辭。吏部知道。"

是日,文書房傳奉聖旨:"皇太子講學暫時免,待大學士沈一貫等進閣,照常講學。"

五日乙酉,大學士沈鯉奏:"爲久病曠職因災自陳懇祈聖明亟賜罷歸以回天變事。臣頃緣衰病,屢疏乞休,伏荷聖恩眷留,因復疏辭支俸,冀少寬尸素之慚,未奉俞旨,不勝局蹐。乃者四月初一日,日有食之,譴見於天,實爲大變。竊念頃年以來,四方奏報,如川竭河溢,天鳴地震,饑饉寇盜之類,爲變已非一端。至於日乃陽精,四月爲正陽之月,陽氣方盛,反爲陰厭

①用 明抄本作"庸",通行本改"用"。
②用 明抄本作"庸",通行本改"用"。

所乘，而又連歲疊見，日月並同。此在皇上，當不視爲尋常災沴之徵，而必思修禳①挽回之術，以收拾人心。蠲除秕政，凡可以通上下之志意，極②閭閻之疾苦，釋圜土之冤抑，補官職之③，廢礦稅之煩苛，可不俟臣愚之喋喋者。顧念變不虛生，必有由召，臣反觀自省，皇上起臣田野，擢在台司，謬參調燮之任，所不能趨直供事者已七八月於茲，既無以光益聖德，調和陰陽，而猶使衰殘待盡之身，玷密勿絲綸之寄，厥官久曠，天實鑒之。故知今薄蝕之咎，召之自臣。皇上克謹天戒，求所爲盡人事以回天意者，宜莫如澄汰不職，而罪應首黜亦當在臣也。蓋漢之時，嘗以災異策免三公，見君臣交儆之意，臣既奉職無狀，有累三光之明，伏望聖斷，將臣即賜罷斥，別簡賢能，以光政本。則臣雖病棄，而百職競勸，自可以仰格天心，永消災變，亦愚臣之大幸也。臣無任席藁待命之至。"奉聖旨："上天示儆，朕方側身圖治。卿以夙望隆重，特徵遠來贊襄。當體至懷，忘私爲國，何乃屢以疾辭？此豈君臣交儆之意？宜即入閣佐理。不允辭。吏部知道。"

六日丙戌，大學士沈一貫題："比因日食示儆，中外臣工咸殷閔時憂國之懷，手指目視，集於臣身，臣實尸位素飧，無所建明，茲而退休已難償責，是以控疏自陳，良非得已。何意聖慈尚猶誤加憐愛，曲賜溫留？方欲再陳，以回天聽，而俄聞直閣無人，有妨圈做，皇上至停東宮講讀，以待臣等之入。臣一以感戴，一以惶懼，天高地厚之中有不勝踽踽之甚者矣，尚敢瞬息苟安、必謀私請乎？因昨初五日廟享，鴻臚寺不接報單，今日謹赴報名廷見謝恩，入閣辦事外，臣無任感戴異知，激昂素志，拱荷生成之至。謹敘悃款上達以聞。"

七日丁亥，大學士朱賡題："臣奉職無狀，上下④天譴，下招人非，惶恐自陳，席藁待罪，得削職罷歸幸矣。何敢希望聖慈曲賜溫留，且諭以補拾遺闕、調和天人？此旋轉乾坤之一大機括，臣所深願而不可必得者也，尚敢偷安旦夕、負皇上之盛

① 禳　明抄本作"攘"，誤。通行本改作"禳"，是。
② 極　"極"疑爲"拯"之誤。
③ 之　"之"下當有脱之。

④ 下　明抄本作"干"，是。通行本作"下"，誤。

心哉？即日赴鴻臚寺報名，今早已廷見謝恩，入閣辦事矣。臣無任感激天恩之至，謹敘述微悃上達以聞。"

十一日辛卯，大學士沈一貫、沈鯉、朱賡題："該禮部開送願就教職舉人三百二十名，欽准廷試。臣等欽遵會同禮部右侍郎兼翰林院侍讀學士掌院事唐文獻，出題彌對，嚴加考試，取中文理平通上卷四卷，文理亦通中卷三百一十六卷，俱堪授教職。謹將各試卷對進，伏乞聖裁發下，開送該部，查照先次題准事理施行。謹題請旨。"奉聖旨："是。該部知道。"

十二日壬辰，賜輔臣，每員銀綵扇六把、銀釘鉸扇十把、磚碌扇二十把，及講官周應賓等有差。

十四日甲午，大學士沈一貫、沈鯉、朱賡題："昨接吏部揭帖，舉科道年例，將給事中錢夢皋外轉湖廣參議。臣等見之，相顧驚愕。蓋舊年楚藩與妖書二事相繼而發，夢皋屢有封章論及臣等，而於臣鯉尤多責備。臣等雖乏康濟之才，頗懷休容之量，傷雅道之不振，感時事之多艱，共期開誠布公，以召和氣，言官言事，豈敢嬰懷？今從外轉，恐不知者妄加揣摩，以爲臣等有意於其間，而益滋議論，更致紛紜也。蓋臣貫、臣賡皆踧踏不安，而臣鯉尤其不安之甚者。敢齋沐齋心，特請皇上垂慈鑒裁，庶臣等心事盡白而太和可回，皇上之賜如天不足比弘矣。謹具題知。"

十六日丙申，大學士沈一貫、沈鯉、朱賡題："原任大學士王家屏，自爲修撰之時，日侍講讀，以至於擢參大政，躋於首揆，皇上恩禮始終，允其回籍調理，昨舉大典，特賜存問，體貌輔臣之厚不以去留異觀也。今本官齎志以沒，不護罄其餘忠，而禮部率循舊章，爲之覆議卹典，已經催請，未奉明俞。臣等夙與同官，今隨閣後，典章所係，國體所關，思得票擬之詞只循往制，原非一毫踰越。伏乞皇上檢批發行，庶輔弼近臣存沒光彩，家屏將永永啣結，而臣等亦頂踵同誓矣。謹具題以聞，伏候明旨。"

十八日戊戌，大學士沈一貫、沈鯉、朱賡題："爲懇恩俯念微勞題授試職事。據史館辦事冠帶舉人吳大山呈稱，於萬曆十六年六月內，由國子監監生考送史館，圈讀累朝訓錄，隨蒙題改謄錄。十九年二月書成，敍錄效勞官生，題奉欽依，先給冠帶，於玉牒館供事，再歷三年，除授從七品在京試職，本年叨中鄉試，仍復在館。後因患病，給假回籍調理，隨丁父憂。今已服闋、赴館。竊念山蒙取在館已經一十七年，兩書告成，效有微勞，偶因在籍未沾一命。查得先年監生喬承華，在館供事日久，題授試中書舍人，誥敕房辦事。山今事例，實與相同。呈乞准爲題授等因。據此看得，本生在館効勞、及奉欽依年月滿日除授，俱各是實，委與喬承華事體相同。伏乞敕下吏部，將吳大山除授在京從七品試職，行令誥敕房辦事，書寫玉牒。再照起居注館謄錄官太常寺典簿周廷臣，丁憂去任，所有員缺合當推補。臣等查有四夷館辦事中書舍人鮑佑，堪補前缺，見今書寫玉牒正殿，合候命下，令其欽遵赴館佚事。臣等未敢擅便，謹題請旨。"奉聖旨："是。吏部知道。"

是日，又題："爲作養人才事。照得儲才待用，乃國家首務，而庶吉士之選，尤儲才之最重者。查得萬曆十四年該吏部議覆科臣王三餘條議，凡遇開科年分，考選庶吉士，儲養成材，留授翰林院官，其餘酌量才品，分授科道部屬，著爲定例，永遠遵守等因。奉聖旨：'是。欽此。'又查得萬曆二十年，吏部議覆科臣李周策題稱，遴才貴精，額數不必拘。隨考選得正卷十八卷，題改庶吉士作養，遵例散館授官訖。今科進士相應考選作養，以備皇上他日任使。合無准照節年舊規，限年四十以下，各部院等衙門從公諮訪器識端雅文學優長者，開送吏部，吏部查照題准事理，按名閱審，果無違礙，疏名奏聞，恭候命下，臣等題請欽依條件施行？臣等未敢擅便，謹題請旨。"奉聖旨："是。吏部知道。"

二十二日壬寅，大學士沈一貫、沈鯉、朱賡題："今伏蒙再發法司覆讞㒺生光罪名本，令臣等改稟①照得本犯罪名，該三法司堅執守法，臣等不過票擬，豈可有所增加？若有增加，則皆移罪臣等矣。惟皇上至聖至明，親賜乾斷，則臣下自服。臣等畏慎引辭，誠不得已，伏冀俯亮矜涵。謹以原本封上，不勝惶悚之至。謹具題知。"內批刑部本："聖旨：逆犯㒺生光，捏造妖書，離間天性，謀危社稷，無上無君，反情顯然。妖書律未盡其辜，着加等凌遲處死。便會官處決，仍梟示於人煙輳集處所。如有奏擾的，即主使奸論。其緝捕有功人役，着該衛即寫查來。該衙門知道。"

二十七日丁未，大學士沈一貫、沈鯉、朱賡題："今日逆犯㒺生光特蒙宸斷，顯即靈誅，宗社之大計益安，宮闈之和氣彌洽，聖心之焦勞盡釋矣。臣等伏在下風，預茲休庇，幸甚。惟是款款愚忠，伏望皇上懋迎天和，調頤玉體，平情喜怒，留神政幾，仁覆多方，義裁不順，公黜陟以盡人才之用，正紀綱以消釁孽之萌，令臣等得有所依藉，以托一枝之安，得有所奉行，以効萬分之報。臣等不勝瞻望②之至。"

二十九日己酉，大學士沈鯉奏："爲足病增劇趨直甚難敬陳乞歸苦情以祈鑒允以全晚節事。臣當衰殘之候，而有篤廢之疾，連月以來乞休辭俸，俱未蒙允。聖恩高厚，何忍固辭？獨念臣足已廢矣？猶尸位素餐，臣寧忍乎？名已虧矣，猶靦顏就列，臣寧忍乎？臣爲是殊日夜不安，所一向不敢聲言者，以奸書一事，臣曾被竊鈇③之疑，而事猶未結，不敢冒規避之嫌也。今既屢經勘審，奉旨裁決，與臣無干，臣固可以言矣，請敬陳之。臣非有經濟學術，可爲世用，惟恃此一念朴忠，或可結主知、取信於一二寮友及百執事，以相與戮力同心，輸誠報國，此臣所挾以爲質者，僅有此區區而已也。祇緣臣生平聞望不能孚人，又兼之老病昏迷，不善涉世，故頃奸書事起，遂以波及。伏荷聖慈以臣叨備輔弼，重惜國體，深詔執事勿過搜索，臣乃得掩其瑕疵①，不膏斧鉞。及至府部等衙門會審之時，取具招由，亦首開'輔臣沈鯉，已奉明旨，無容再議'，臣益得逃於法比，不坐深文。雖曾有巡徼邏②卒陰環臣寓，偵伺譏察，迄兩月而後解嚴，而臣首鼠深藏，卒亦無所發覺，雖臣原籍地方喧然騰播，謂臣已坐奸黨，臣舉家驚怖欲死，而久亦流言漸息，保有室家。蓋秋毫皆上恩也，臣何敢忘？亦何所不愜於心？惟是臣親疎內外朝野遠近之間，見臣有此一番，知其聞望輕鮮，不善涉世，遂無復信臣朴忠者，而臣失其質矣。臣將安所挾、與在廷諸臣尋昔日之盟、比肩事主矣？夫大臣居輔弼之地者，必能使天下信其心，而後可平章天下，亦必能自重其身也，而後可以重朝廷，故曰廉遠地則堂高。臣自底不類，而至辱國，辱寮友，與詒羞當世之士，即噬臍有悔，而拾瀋終難，欲收之西榆，而已敗之鮮不可以登君俎矣，顧猶可參鼎盛足、弼聖主、處察勿嚴瞻之地耶？臣生性懦弱，又適跛一足，如婁師德，即吐面自乾，不見爲難，惟士君子立身行己，繩矩有定，人品係焉，臣雖不才，敢屑越？蓋持己與待人異，度量之與節概，可兼有而不可偏廢者也。度量欲弘，則宜含垢納汙，犯而不校，節概欲方，方則宜章義貞志，不宜涗涊。故待人寬而恐③責己重以周，道各有攸當也。昔宋臣呂蒙正，不問朝士訕己者名，及論事帝前，辨析可否，至補牘覆奏而終不變，而帝亦言其太執。豈截然兩人？亦惟義所在耳。臣非曰能之，願學焉，不務爲休休之度而遂忘硜硜之節也。假令臣徒見人不見己，一幸及寬政，即昂首伸眉，日蹩躠兩足，前挽後推入長安門，每晨焉如是，每夕焉如是，無論臣自顧其形影堪憐，抑道傍觀者，寧無指目臣竊笑而曰：'夫夫也老若此，病廢若此，又曾擬奸黨而廁名法司獄矣，乃猶揚揚焉，於於焉，不自知止足若此也。豈赤墀金馬之榮有繫之維之者耶？'居表儀之地，而以集詬無恥者張赤幟，則士風胥窳，實臣倡之，臣不應自菲薄至此。故臣今病廢乞歸，非止爲一身進退，而實爲世道，有深長之慮也。伏望皇上憐臣苦情，特允休致，保全朽骨，不令臣老眊日益，再有掛誤，以至於不可赦原。臣不勝感荷天恩之至。"奉聖旨："卿純

① 疵 "疵"當爲"疵"之誤。
② 邏 明抄本作"還"誤，通行本作"邏"，是。

③ 恐 "恐"當作"恕"。

忠亮節①在朕心，在告以來，屢旨以示眷信之意，至詳至悉矣，何猶以奸書爲言？逆犯已誅，公道大顯，卿休休雅量，比益昭著，正宜身肩國事，表儀朝端，豈得忘朕求去？着鴻臚寺堂上官宣諭，即出贊理，愼勿再陳。吏部知道。"

　　三十日庚戌，大學士沈一貫、沈鯉、朱賡題："竊惟國家自哱承恩倡亂於西夏，繼以朝鮮東倭之驚②，征發旁午，海內樂亂之人紛然四起，咸造不根之言，或操不執之謀。楊應龍席其父千年之餘力，而跳梁於播州，朝廷屢加寬恩，拒不受命，至於破縣隕將，震動川南。於是徐州則趙古元，遼東則金得時，西陲則火落赤等虜，兩廣則③羣猺，皆倜然蠢動，弄凶造妖，搖動元元之心。幸賴皇上赫揚威武，以次削平，大者告郊廟、詔天下，餘亦論功敍賞，盛矣烈矣。原其所自，正因賞罰有章，靡有留命，是以謀臣戰士，鱗踴翼奮而爲國家用也。播州之後，以半年之中集師二十萬，進兵百日即奏凱音，策不虛發，動必中機，將士有進無退，雖却猶前，殺不妄加，而罪人咸得。蓋自恭行天討以來，未有如此之快心愜意者。是以師出而人無異議，師還而人不告疲，餘餉餘力移誅皮林，假息遊魂騈首就戮，而天下反側之子始嚙指相戒，即四夷八蠻靡不震動心顏，而知天威之不可犯，國靈之不可干。至於今不敢生異心，則此播州、皮林一戰之力也。因川貴湖廣三巡按御史各敍一方之功，而川中巡按久缺，致使勘報遲緩，戰士功臣蓋有物故而不瞑目者矣。今年春，兵部始克覆奏，而經今數月未奉恩俞，此曹渴望之心何由慰乎？昔唐之衰也，其將師④言：'朝喜負人，不必爲之盡力。'於是養寇自對，以至於亡，此大戒也。今兵部之所覆，臣等之所票，皆銖銖兩兩，有減等而無加等，人心之所厚望對拜者，不過與一錦衣，亦甚靳矣。天下之事，莫大於平禍亂，人臣之功，莫難於出死力。而久不之恤，則後來禍亂其誰與平？後來死力其誰與出？皇上以宵旰憂之，而以晏安妄⑤之，必不然矣。臣等念此，日夜踧踖。伏望積輟萬幾，將兵部所覆播州、皮林敍功二本，早賜批發，幸甚。臣等不勝激切之至。"

---

① 節　明抄本無"節"字，誤。通行本在"亮"下加"節"字，是。

② 驚　《敬事草》卷一五作"警"。

③ 則　《敬事草》卷一五"則"下有"羣猺"二字。

④ 師　《敬事草》卷一五作"帥"，是。

⑤ 妄　"妄"疑爲"忘"之誤。

萬曆三十二年五月辛亥，朔，大學士沈一貫題："照得舊年十月間，蒙差御史喬應甲爲兩淮巡鹽、湯兆京爲宣大巡按、康丕揚爲遼東巡按、沈裕爲廣西巡按、溫如璋爲兩浙巡鹽、李培爲真定巡按、金忠士爲貴州巡按、史學遷爲陝西巡茶、沈正隆爲靈南巡按，皆已領印信，計日辭朝。適值妖書事發，皇上特留，俾令緝問。諸臣奉命，於是各出猷念，共振風稜，竭搜捕之方，罄鞫訊之力。今罪人正法，國討章明，亦既不負任委矣，獄事已訖①，諸臣更無復事，而所受之差事久虛，安敢寧處？該都察院爲之題請，揭帖到閣。臣等懸念四方，深憂治紀，各差事重，難以久曠，輒敢贊助一辭，伏乞允發遣行，不任願禱之至。"

是日，大學士沈鯉奏："爲恭謝天恩事。臣前月二十九日奏《爲足病增劇趨直甚難敬陳乞歸苦情以祈鑒允以全晚節事》，伏奉聖旨：'卿純忠亮節，簡在帝②心，在告以來，屢旨以示眷信之意，至詳悉矣，何猶以奸書爲言？逆犯已誅，公道大顯，卿休休雅量，比益昭著，正宜身肩國事，表儀朝端，豈得忘朕求去？着③。'鴻臚寺堂上官張棟等到臣私寓，臣恭設香案，力疾跪聽宣讀，望闕叩頭謝恩訖。伏念臣疑事已明，猶能衛足，殘息未泯，尚可乞身，乃歷陳病廢之情，期不犯止足之戒，實出萬不得已，詎其心所能安？不虞綸命之褒嘉，特重禮官之臨遣，情同怙恃，恩並高深。溯惟往歲之冬，曾蒙宣諭之旨，久緣伏枕，尚未趨朝，則曠典再逢，殊恩游錫，益聖主之知遇更僕難窮，而愚臣之罪愆擢髮不盡矣。三加恩而未已，一舉足而不忘，黴徼寵靈，尚可效邯鄲之步，日有奔走，寧敢忘疏附之心？臣無任感謝天恩之至。"奉聖旨："覽卿奏謝，朕知道了。卿宜即出贊理，以副眷懷。禮部知道。"

五日乙卯，以端陽令節，頒賜輔臣上尊珍饌。

六日丙辰，大學士沈一貫、沈鯉、朱賡題："臣等每出入長安門，有揀選諸生數十人羅列哀告。乃舉人張翼新等，吏部揀

①訖 明抄本作"記"，誤。通行本改"訖"，是。

②帝 "帝"當作"朕"。

③着 "着"下當脫"鴻臚寺堂上官宣諭，即出贊理，慎勿再陳。吏部知道。欽此"二十二字。

選爲同知等官，四月十八日發閣，擬票未下，該吏部再催，亦未下。查得國家三年會試之後，下第舉人有揀選之例，係是舊規。今未得旨，諸生乃遠方孤寒之人。守候多時，盤費罄盡，真有桂薪玉粒之苦。又查四月間吏部急選一本，亦未蒙發，俱眼前懸切急情。伏乞皇上命該監將此二本檢發，或即將臣等揭帖發部施行。臣等不勝悚惕瞻望之至。謹題請旨。"

七日丁巳①，大學士沈一貫、沈鯉、朱賡題："宣府巡按病故已久，敕印等件無人代管，轉眼防秋，一切調度將領、分布兵馬、稽查功罪、詟服夷虜，其誰任之？舊年虜王率衆臨邊，不得所欲而去，今能保其不來乎？該吏部兩次會推五員上請，留在御前，今該總督又來催請。伏乞皇上即將所催點用一員，責令星夜赴任，以固安攘大計。其總督會場尚書謝杰亦病故多日，目下糧運將至，正當坐撥倉廒、星火催趲之時，時刻難以稽緩，並乞將所推點發，俾令督管。此皆軍國大②計，至緊至要。臣等不任遑遑，謹附題以請。"

九日己未，大學士沈一貫、沈鯉、朱賡題："今日禮部接出聖旨：'萬曆三十二年五月初九日卯時，皇太子第一女生。禮部知道。欽此。'臣等不勝歡慶。仰惟皇上每注宸襟，願繁天胤，今東宮已聞孕毓，子孫振振，其兆徵矣。臣等謹具題恭賀以聞。"

十一日辛酉，大學士沈鯉奏："爲恭承殊常恩過③再瀝感激下悃以圖補報萬一事。臣一足殘廢，已成痼疾，非倩人扶掖，寸步不能自致。乃頃再蒙聖恩遣官宣諭，趣令即出。臣敬天之威，不違咫尺，義不敢不出，戴主之恩，等於高厚，情不忍不出，今固將齋戒沐浴扶病出矣，顧又惟臣空空鄙夫耳，其出不出，如滄海乘雁，豈足爲有無多寡？而諭旨中之所期獎，有非臣鄙劣能當者，將何以塞明詔以不致隕越於下？故及今欲出未出之間，而先述犬馬下情，仰干天聽俯鑒，臣愚可幸無罪。蓋

① 已 "已"當作"巳"。

② 大 明抄本作"太"，誤。通行本作"大"，是。

③ 過 "過"當作"遇"。

萬曆三十二年

臣前疏中已言矣，臣老年廢疾之人，而朝夕蹜踖出入，於大體甚不雅觀，恐長安道中十目十手，以臣爲不顧大體也，以臣爲老不知止也，以臣爲貪位慕祿也。此一議也。有如我皇上假臣餘光，俾得隨二輔後粗有建明，少賜採納，則前之議臣者必且輒更其品題，而易其月旦，以爲臣雖不良於行乎，而其言行矣，其志行矣，其忍恥以就此者，非不顧大體者也，非老不知止而貪位慕祿者也。此又一議也。夫由前言之，則爲虚君命，爲負國，而臣爲具臣，爲天下後世之所輔①鄙，由後言之，則爲祗君命，爲體國，而臣爲良臣，爲當世士林之所孚信。二者之相去懸渺矣，而其機則決於上之聽不聽而用不用也。夫使諫而行、言而聽也，此臣之遇也，敢自謂能天光下濟有爲之接引者也，其或有不行不聽也，敢云不遇，臣積誠未至，而天聽九重有不易昭格者也。玆所關非細故也。臣往時辦事閣中，見百司庶府應行事件，有曾奉明旨者，俱登記考成簿內，逐一查考，逐一銷注。蓋在各衙門尚如此，矧絲綸之地，名曰政本，則人身之有咽喉也，咽喉通則百脉榮，不通則百脉瘁，其所係何等重大？何等緊要？而閣臣平章軍國所上揭奏，可概從中格乎？其何以行天下？又何以考成於百司庶府也？臣衰廢極矣，亦曠職最久矣，所恃以捨舊圖新少酬知遇者，僅存此一綫之脉，非是無可以盡職盡心矣。皇上不罷臣而留臣，將徒留以位乎？以身乎？亦②以心乎？夫惟有所以立乎其位者而後心可安，心安而身可安也，身安而位可安也。此其機殊不然，則臣有尸位素餐焉爾矣，有跼蹐不寧焉爾矣，豈復能遵奉諭旨、身肩國事、安其位而行其志哉？昔唐太宗虚懷納諫，一時藎臣，如魏徵諸人，乃得展布其四體，以弼成貞觀之治，至今猶侈爲美談。以皇上聰明睿知、文武聖神，但一虚心採納，便是都俞吁咈，但一天地交泰，便可爲堯爲舜，臣雖不腆，從二輔後濫竽③竊吹，亦得佐下風，與皋夔同列，何有於唐之君臣哉？以唐宗視皇上，不啻如谿壤望九霄。彼惟一從諫如流，故得專美於前，而至與堯爭善。皇上亦何可多讓焉？《書》曰：'任賢勿貳。'《孟子》曰：'大舜有大焉，捨④己從人，樂取於人以爲善。'信期⑤言也。知

① 輔 "輔"疑爲誤字。

② 亦 明抄本"亦"上有"以"字。通行本刪"以"字。

③ 竽 "竽"爲"竽"之誤。

④ 捨 "捨"上當有"善與人同"四字。

⑤ 期 明抄本和"期"，通行本作"斯"。

明主馭下，無務以蓄疑爲神明也，無務以大知自賢，而卑視深山野人爲無足取也，如是焉而已。此臣一人之私言也，蓋臣同列二輔，亦嘗以是語臣，故臣今恭承宣諭，不知所以圖報，乃特勒其餘說，而仰冀聖明責成臣下，詢事考言，自關①臣始也。惟皇上憫臣愚昧，明示以留臣隆指，使臣得奉以周旋。臣無任趨趄待命之至。"

十三日癸亥，大學士沈一貫、沈鯉、朱賡題："照得廣西等處巡按等差缺官，蒙差御史沈裕等去，因妖書事發，留住六個月。今罪獄已決，臣等具揭上請，都察院具本上請，奉聖旨：'准各上緊赴差去。欽此。'臣等隨具敕稿，蒙准寫進。今日辭朝領敕，沈裕等五員尚未給發，不審聖意所在。臣等竊惟，四方遼遠，蠻孽易生，水旱盜賊，時多徵勞②，正宜激賞，而復此淹留，亦非鼓舞用人之道也。惟乞早賜允發，俾令各到地方接差管事，實爲急務。各官今日辭朝已畢，在午門外拱俟，不敢輒去，亦不敢擅留，進退維谷。望皇上早賜給發，臣等謹爲激切敦請。伏候敕旨。"

是日，以皇太子第一女三朝告奉先殿收回脯醢果酒，頒賜輔臣三卓。

十五日乙丑，大學士沈一貫、沈鯉、朱賡題："昨晚文書官傳發巡按御史沈裕等五員敕書六道併敕稿六通到閣，除敕稿照常存閣外，其敕書臣等傳知鴻臚寺，今日引御史沈裕等五員詣文華門、恭領行禮訖。諸臣無不歡忭感激天恩之至。謹具題知。"

是日，又題："竊照巡撫一官，各省直皆不可缺人，而山西、大同、宣府三鎮，尤爲喫緊。蓋三鎮與虜止隔一牆，而宣府去京師一、二日，大同、山西去京師三、四日，若有聲息，則朝發而夕至。去歲虜王率衆臨邊，數月方退，當是時人心洶洶，內外各官可謂竭盡心力，而皇上北顧之懷更倍也。今宣府巡撫彭國光病故且數月矣，山西巡撫白希繡、大同巡撫張悌，

① 關 "關"當爲"閣"之誤。

② 勞 《敬事草》卷一五"勞"上有"報，亟宜分遣出巡，況前獄已決，裕等各效微"十七字。應補。

以考察拾遺閉門候命且半載矣。一應軍務停閣廢弛，各道無所統紀，將領無所號令，不逞軍民端恐生心，而狡虜聞之寧不颺起？人皆爲此三鎮危①，則京師不能頃刻安矣。物故之人既難歸咎，聽處之人亦且有辭，縱有新命，不能朝受鉞而夕對壘，秋防在眼，及今計之豈爲早乎？至於總督倉場一官，亦最喫緊。夫食②糧者，乃官府以至軍民胥待此養瞻③者也。人不能一日缺食，安可一日缺此官？今奉旨會推，又奉旨再推，豈無足以當上意者？而久未點用，何皇上吝一舉手之勞也？竊謂疆場無官，則胡虜之憂偪前，是自撤其藩籬而開門以延寇之入，倉場無官，則饑饉之患偪前，是自絕其咽喉而絕粒以待斃之及。臣等已經數請，更遲一日，恐害深一日。九重深邃，特未暇置念耳。伏乞皇上立命吏部，將前數本寫上省發，或於御前將屢次前本即賜檢發。臣等日夜徬徨懸跂俟命。"

十九日己己④，大學士沈一貫、沈鯉、朱賡題："照得吏部文選司郎中舊規，六選既畢，即出衙門，蓋任怨任勞之地，不可久居。六選未畢即出，嫌於速化，固爲不可，六選已畢而留，嫌於貪權，尤爲不可。累朝斟酌定規，六選則陞爲太常少卿，遵守爲例。今郎中景明已畢六選矣，堂官循例擬陞太常少卿、提督四夷館，於例相應，而本⑤官清慎有聲，於人亦相應也。未蒙俞命，然本官已出衙門，不敢復入，即以朝命留之，彼亦安復留哉？六月大選即在目前，得允其陞，則可另補選郎以舉其職。伏乞皇上俯念典選實難，已有成績者酬以一官，使將來者有所勸，本缺不可久稽，隨即補定，不誤六月選事。臣等無任懇祈之至。"

二十二日壬申，大學士沈鯉題："臣註籍日久，欽蒙聖恩遣官宣諭，宜即報名見朝。緣臣傷足甚重，恐有失儀，又復調理半月，期稍痊可而後敢出。然亦竟不能痊，乃於本月二十一日報名，以今日恭詣午門前朝見，並謝屢次天恩，隨即進閣，同二輔辦事。伏念臣生平樗櫟已不待言，惟頃朝見行禮之時，則

萬曆三十二年

① 危 明抄本"危"下有"之，三鎮危"四字。通行本脫此四字。
② 食 明抄本作"倉"，是。通行本作"食"，誤。
③ 瞻 明抄本作"贍"，是。通行本作"瞻"，誤。
④ 己己 "己"當作"己巳"。
⑤ 本 明抄本作"未"，誤。通行本作"本"，是。

實萬分艱難，欲傾再回，幾至不能成禮。蓋止即經一事已自外於生成，而大造不遺，猶復私之雨露，此臣所以刻骨銘心、不知所爲圖報也。謹述感激下悃，具題稱謝以聞。"

二十四日甲戌，大學士沈一貫、沈鯉、朱賡題："竊惟總督倉場及宣府巡撫缺官，臣等兩次具揭，皇上屢命再推。二十一日，該部推上，今復數日矣，尚未蒙點。此係軍國兵食大計，中外不勝惶惶。臣等敢以固請，惟乞斷自宸衷，灑翰點發，克期令之赴任供事，幸甚。謹具題請。"

二十五日乙亥，大學士沈一貫、沈鯉、朱賡題："該文書官冉登捧出聖諭：'朕見連日時序寒燠不調，正慎靜攝之際，今日覽文書，見天壽山守備內官李浚等具奏，本月二十三日夜雨，雷火燒燬祖陵明樓。朕心驚懼弗已。其恭行奉慰、修理及修省禮儀，卿等便擬出旨來。諭卿等知。欽此。'臣等昨日出閣已聞傳言，耳不思聽，心不忍信，今奉明諭，戰慄憂懼。天威屢嚴而孔赫，祖靈甚愒而靡寧，愈大愈迫近①，在皇上誠宜哀痛責躬，側身修行，以爲臣下率先，在臣等舉宜洗心滌慮，犯顏苦口，以固仰裨萬一。必修②實政，無務虛文，庶可少回上天之怒，而奉妥聖祖之靈。若猶泄泄因循，悠悠虛度，恐几席之間，旦晚之際，又有甚於此者，良可畏也。謹欽遵擬票上進外，敢以緊要一言陳之。蓋近來章奏不通、德意不宣、人心鬱憤，已到極處，天地祖宗日陟降於上下，幽明之事於何不知？偪反③蘊隆，無所發怒，故特於此再昭儆戒耳。皇上欲修實政，必自通章奏始，欲通章奏，必自撤疑情始，君開誠以任下，臣披誠以事上，上下之間渙然不疑，有疑即詢，有謀必用，有事即斷，有斷即行，則奸弊何所容隱？豐孽何所藏蓄？羣策自然畢舉，羣情自然舒暢，和氣充於宇宙，而宵旰④何勞獨憂？所以仰答天地祖宗、而昭⑤國家千萬年之祐⑥者，端在於此。若但有畏天敬祖之言而無其實事，則人尚難欺，天豈容僞？至靈昭昭，無一處可隱，至尊巍巍，無一物可對，飾貌飾辭詎能感移？祇增

① 愈大愈迫近　《敬事草》卷一五作"愈昭愈大愈迫愈近"。
② 修　明抄本無"修"字，誤。通行本有"修"字，是。
③ 反　"反"當作"仄"。
④ 旰　"旰"當作"旰"。
⑤ 昭　《敬事草》卷一五作"貽"。
⑥ 祐　明抄本作"祐"，是。通行本作"祐"，誤。

矯誣之術以速譴罰之重耳。臣等陳言至此，毛骨皆悚。皇上但疏通章奏，俯採羣言，申冤理滯，進賢達能，則人心悅而天意得，轉災為祥，化憂為歡，皆不難矣。臣等無任涕泣懇祈之至。聖諭尊藏閣中，謹具回奏以聞。"

二十六日丙子，大學士沈一貫、沈鯉、朱賡題："臣等竊惟，治天下當先防其患，而防患之術當先圖於早。今年大察之後，天下官員多缺，布按二司及各知府、運使、運同、苑卿共缺至一百七十一員，從來官之空未有如此之甚者。司道有缺，各道帶管，帶管者或遥制千里，或兼攝數道，事多漏遺，其職溺而不舉矣。知府有缺，佐貳官署管，而佐貳官率多舉貢監生出身，日暮途窮，既無為民之念，官卑望尠，又乏治民之才，撫理乖方，貪穢不治，民生日蹙，盜賊多起。故今年福建有白蓮社之盜，廣東有殊池之盜，雲南有嵋峨之盜，皆由地方無官致①也。又南來者言，河南歸德一帶歲歉民饑，死者枕籍相望，餓莩之在途者，人尚未死率臠而食之，本省巡撫久缺，巡按又病，誰為撫治？誰為彈壓？江北四道四府而缺官者五，關係祖陵、運道，又遭水災荒歉，盜賊樂於無官，而良民苦於無主，即此一處，他處可知，臣等聞此，為之骨寒②毛悚、哀痛而不能安也。謹查天下方面官員缺數，恭進御覽，伏望皇上惻隱保民，憂危保國，將吏部推補本章不時允發，幸甚。其各處知府，吏部曾有總推一本在御前，若即賜檢發尤幸。不勝惓惓引領之至。謹具題以聞。
　　計　開
見缺天下布政按察二司道及各府知府、各處運使、運同、苑馬寺卿等官數目，開具於後：
　　北直隸
知府七員，見缺三員：順德府、廣平府、大名府。
　　南直隸
知府十三員，見缺三員：鳳陽府、淮安府、揚州府。
　　浙江

① 致　"致"上當有"所"字。

② 骨寒　明抄本作"寒骨"，不甚妥。通行本改作"骨寒"，是。

司道共十七員，見缺五員：管糧道、金衢道、驛傳道、金衢兵巡道、溫處兵巡道。

知府十一員，見缺三員：湖州府、衢州府、處州府。

江西

司道十六員，見缺四員：按察使、南昌守道、九江兵備、徽寧兵備（南直地方）。

知府十三員，見缺六員：饒州府、建昌府、撫州府、瑞州府、九江府、贛州府。

福建

司道十五員，見缺五員：右布政使、按察使、分巡興泉道、分巡福寧道、巡海道。

知府八員，見缺七員：福州府、泉州府、建寧府、汀州府、興化府、邵武府、漳州府。

湖廣

司道二十六員，見缺六員，又告病一員：右布政使、湖北守道、上湖南道、鄖襄兵道、武昌兵道、常鎮兵道、南直告病未作缺。

知府十五員，見缺五員：漢陽府、黃州府、衡州府、常德府、永州府。

河南

司道二十員，見缺七員：大梁守道、汝南守道、懷慶守道、汝州兵道、驛傳道、潁州兵道（南直地方）、淮安海防道（南直地方）。

知府八員，見缺四員：彰德府、衛輝府、懷慶府、汝寧府。

山東

司道二十六員，見缺六員：右布政使、管糧道、驛傳道、巡海道、東昌兵道、天津兵道（北直地方）。

知府六員，見缺四員：東昌府、青州府、登州府、萊州府。

山西

司道二十六員，見缺六員：右布政使、管糧道、驛傳道、潞安兵道、井陘兵道（北直地方）、分巡口北道①。

① 分巡口北道明抄本有"分巡口北道"五字，是。通行本無此五字，誤。

知府五員，見缺三員：太原府、平陽府、汾州府。

陝西

司道二十二員，見缺十三員：關西守道、西寧守道、商洛守道、隴右守道、提學道、清軍道、洮岷兵道、漢羌兵道、分巡河西道、分巡關內道、神木兵道、分巡關西道、鞏昌兵道。

知府八員，見缺五員：西安府、鳳翔府、平涼府、臨洮府、延安府。

四川

司道二十二員，見缺八員，又告病一員：川北守道、下川南守道、提學道、清軍水利道、建昌兵道（告病未作缺）、上川南守道、威茂兵道、分巡下川南道、敘馬兵道。

知府九員，見缺一員：馬瑚府。

廣東

司道十八員，見缺六員：左布政使、嶺南守道、嶺西守道、管糧道、驛傳道、海北守道。

知府十員，見缺七員：韶州府、南雄府、惠州府、潮州府、廉州府、雷州府、瓊州府。

廣西

司道十四員，見缺六員：右布政使、驛傳道、提學道、府江兵道、蒼梧兵道、南寧兵道。

知府九員，見缺六員：桂林府、慶遠府、平樂府、梧州府、潯州府、太平府。

雲南

司道十九員，見缺九員：安普守道、管糧鹽法道、臨沅守道、提學道、臨安兵道、臨沅兵道、管屯水利道、典①靖兵道、姚安兵道。

知府十四員，見缺十員：大理府、臨安府、曲靖府、永昌府、鶴慶府、尋甸府、廣南府、廣西府、澂江府、武定府。

貴州

司道十二員，見缺七員：清軍管糧道、貴寧守道、新鎮守道、提學道、威清兵道、都清兵道、畢節兵道。

① 典"典"當作"曲"。

知府九員，見缺五員：思州府、鎮遠府、安順府、銅仁府、平越府。

天下運使六員，今俱缺，又缺運同二員：河間長蘆運使，兩淮運使，浙江運使、運同、福建運使、山東運使、河東陝西運使、運同。

陝西苑馬寺少卿缺。

以上司道共缺九十員，知府共缺七十二員，運使缺六員，運同缺二員，苑馬寺少卿缺一員，通共缺一百七十一員。"

二十八日戊寅，大學士沈一貫、沈鯉、朱賡①題："臣等受皇上知遇，待罪內閣，以輔養君德、出入綸命爲職守者也。頃來御前本章發票者既少，及至票擬，批行者又少，所行不過令部院知道者耳。部院之題覆不下，則與不令知道何異？若其是也，當亟從之，如其非也，當令再議，不宜久留而不斷也。竊見皇上優禮二三老臣，意亦專篤，聖德甚盛，但任其人而不行其言，其人雖在，而無能展其尺寸，欲責之以消戢災變、鎮安夷夏，得乎？精神不流貫於上下，法令不綱紀於域中，而求救寧之效，此必不可得之事也。長陵之變異極大，臣等固知聖心之驚惕甚深。顧警惕而以政事行之，方是真警惕，真與不真在政事之行與不行。尚有遲滯，則昭昭上天，赫赫祖靈，必將更加厭斁，若臣、若民、若夷、若虜、又若盜賊，皆將乘天地祖宗之厭斁，而生他心，至是則雖有二三老臣，無益於毫釐輕重矣。臣等連日上揭，望皇上省發章奏，今日奉有一二之發，心亦稍慰。但未發者多，如皮林之功雖敍，而播州之功尚阻，武官之推有點，而文官之推尚格。其他遺闕，舉朝若②口而未見曠然一新，中心如焚，不獲知少安。竊謂如此大變，決非一二小事可以塞責，必當以實心實政應之。伏乞皇上，將御前積下文書，凡已票該發者通行批發，凡已覽未票者通行發票，此乃收人心、回天變第一實事。臣等不勝跂望之至。"

① 賡 明抄本脫"賡"字，通行本未脫此字。

② 若 明抄本作"苦"，是。通行本誤作"若"。

萬曆三十二年六月庚辰，朔，大學士沈一貫、沈鯉、朱賡奏："爲隆恩誤被揣分多暫①懇乞聖明俯容辭免以逭譴戾事。昨吏部接出敕諭：'敕吏部：楚黔皮林惡苗作亂，將士宣威勦除，朕心嘉悦。内閣輔臣密勿決策，忠勳茂著，宜特加恩。元輔沈一貫加少師，兼太傅，蔭一子與做中書舍人，還賞銀五十兩、綵段四表裏。次輔沈鯉加太子太保，朱賡太子少保，各蔭一子入監讀書，還各賞銀四十兩、綵段三表裏，各餘官如故。俱照新銜給與應得誥命。如敕奉行。欽此。'備行到閣。臣等不勝悚惕，不勝兢惶。竊惟朝廷馭世之權，惟爵賞最重，臣子律身之法，惟辭受最嚴。無功之賞，是曰濫恩，非典也，無故獲之，是曰倖得，非義也。臣等緣遭逢之幸，荷特達之知，備位鼎司，享有崇廕，而容容度日，建竪靡聞，下無濟於時艱，上無裨於袞職，即今見在，難免素餐之譏矣。至於皮林之捷，督撫運其機宜，將士奮其拳勇，恭行天伐，成此武功，臣等何力之有焉？忝居密勿，未展一籌，進止不聞，謨謀莫興，所決何策？所著何勳？何敢貪天之力而冒非常之典乎？師保，崇階也，誥廕，特典也，金幣，醴賞也。非有大功，未易稱塞。武臣立功於外，臣等坐攘於中，靦然據廷臣之上，何所施其眉目？自皇上予之爲濫恩，自臣等受之爲倖得。濫恩非榮，幸得祗辱，不惟重臣等之愆，而於政體亦損矣。伏望皇上俯鑒悃衷，收回新命，俾臣等以原官佚事，則國恩不僭，而臣等愚分亦稍安也。臣等無任瀝懇仰祈之至。"奉聖旨："楚黔皮林惡苗勦除，捷功殊常，朕心嘉悦。卿等運籌帷幄，協贊勷勷，加恩示酬，原係彝典。宜遵成命，所辭不允。該部知道。"

二日辛己②，大學士沈一貫、沈鯉、朱賡題："臣等因祖陵災變甚大，日夜憂懼不寧，連上三揭，請亟下章奏、補缺官。蓋今百孔千瘡，誠不止此二事，第先舉夫至大、至緊、不可少緩、而又至易、至簡、可以立效者，無踰此二事。沛然行之，則凡德意之壅而不流，人才之滯而不疏，閭閻之困而無告，冤抑之沉而未白者，始可次第修舉，譬大旱之甘雨，雖未霑足，

① 暫　"暫"當作"慚"。

② 己　"己"當作"巳"。

亦自歡騰，人心咸悅，而天意可回，如此方是真實修省、轉災爲祥之道也。然不過皇上一指掌間耳，而候命數日，未睹施行。赫赫皇祖之命，昭昭聖祖之靈，洶洶臣民之心，囂囂盜賊之意，豈一二小事可以感孚？一二虛言可以堵塞？竊恐聖心之儆戒漸疎，而忠言之煩擾倍至，咈諫則衆心益離，留中則羣望亦絶，非所以昭敬畏而安天人也。伏望皇上將臣等前揭俯加詳察，敕下吏部，查照大小員缺曾經題推者，備細開寫以憑點用，一切章奏久留御前者，悉行檢發，或未當聖心者，乞明示臣等改擬施行。治亂轉移之機，在此一舉。臣等無任激切哀懇待命之至。"

是日，又題："先該禮部題准，萬曆三十二年及二十七等年，各處歲貢生員共一十三百四十三名、恩貢生員共六十三名、選貢生員一名，開送翰林院考試。臣等會同禮部右侍郎兼翰林院侍讀學士掌院事唐文獻，出題彌封，嚴加考試，取中歲貢文理平通上卷四卷、文理亦通中卷一千三百三十九卷，恩貢文理平通上卷二卷、文理亦通中卷六十一卷，選貢文理平通上卷一卷，俱應准貢。謹將各試卷進呈御覽，伏乞聖裁，發下臣等欽遵施行。謹題請旨。"奉聖旨："是。該部知道。"

是日又題："臣等因連日所請未見允行，再具一揭，正將上進，適文書官王體乾捧出聖諭：'朕覽卿等昨奏揭：省發積下奏章，乃今日收人心、回天變第一實事。具見忠愛懇至。但朕偶聞祀陵變異，驚懼戰慄①，以致頭目眩暈，身體虛軟，連日調攝，心神未尚②定靜。已知道了。諭卿等知。欽此。'臣等誦繹再三，不勝感涕。仰見聖心之眷注轉③弼惓惓如此之殷也，誓當唧結以報恩遇。伏惟祖陵之變，真出萬分異常，聖心之惕，實由一氣所感。蓋鍾祥發靈之所，乃源源本本之權輿，而創業垂統之君，尤子子孫孫之命脈。既兹告變，所傷實多，於此見喘息呼吸之相通，而敬畏修圖之宜急矣。夫人之一身，心神安則肢體安，人之一家，祖宗安則子孫安。皇上惟善養祖宗所遺之民，則祖宗之心始安，祖宗之心安，則皇上之心亦安，從此衛攝起居，迎祥集祉，社稷靈長之慶，端必賴之。此臣等惓惓

① 慄 "慄"當作"栗"。
② 未尚 "未尚"當作"尚未"。
③ 轉 "轉"當爲"輔"之誤。

上獻之愚忠也。屢次所請，諒已賜納，鵠立下風，惟乞見之行事。幸勿因循玩愒，竟成虛文，惶惶上天，非可矯誣，端恐災害並至，雖有善者亦莫如之何也。部①心血誠，再此喋喋。謹奉聖諭尊藏閣中，所有前揭仍並進，回奏以聞。"

三日壬午，大學士沈一貫、沈鯉、朱賡題："今日臣等入閣辦事，接得都御史溫純揭帖，謂浙江、廣東二者巡按御史皆報滿已久，曾擬御史王業弘往浙江、葉永盛往廣東，各接管巡按，候命未下，爲此具題再請。臣等照得，二省皆東南奧區，邊海要地，今倭奴出沒波濤，狼心叵測，所賴以鼓舞將卒、甄別功罪者惟按臣肅紀執法之力，關係地方輕重不小。伏望皇上軫念，早允前題二員，敕令刻期交代，亦目前一急務也。臣等無任仰望之至。"

是日，大學士沈一貫奏："爲懇辭誤恩仰祈亟允並陳票擬始未②允③下播敘以鮮人疑情以慰人渴望事。頃蒙皇上行皮林之賞，推念閣臣，賜之誤恩，臣等既以合疏懇辭，未蒙諒允。第臣等三人，各有委曲之欲伸也，謹以獨疏言之。此一恩也，必當聽臣辭免。蓋閣臣不預軍賞，臣謹守此約，不但爲身無橫草之功，而操文墨議論以分其賜之爲不義也，抑治世以文不以武，安民以善不以殺。臣從政多年，無一善狀，而區區惟武功之聞，以涉血履腸爲尋④常事，豈不上違天心、而下羞當世哉？況今天變示儆，士大夫憂惶待罪，而臣獨非分受功，恬不爲異，無恥尤甚。皇上縱十命之，臣必十辭之，惟及早收回，免臣玷瀆，幸甚，幸甚。且臣於此又有不容不瀆者。夫皮林之功與播州之功，雖云異地，而其時其人則彼此相因，有不可分而爲二。故今年正月兵部以兩本同時敘上，而臣之擬票因亦通融於兩本之間。皮林本中柄其事而功最大者，巡撫江鐸與總兵陳璘也，二人之功於播尤著，故並敘於播，而於此本中但敘其次，若戴懼、李如樟等。今皮林之敘下，而播敘猶未下，見者不察，必疑以爲遺鐸而敘懼、遺璘而敘樟，舛錯不倫，晦臣本心，而辱朝廷之鉅典，臣豈能須臾苟安哉？論功則皮林小、而播州大，論時

①部　明抄本作"部"，誤。通行本改"剖"，是。

②未　明抄本作"末"，是。通行本作"未"，誤。

③允　明抄本作"乞"，是。通行本作"允"，誤。

④尋　明抄本作"彝"，是。通行本作"尋"，誤。

則皮林後、而播州先，兩功之成三年而始敍之，然猶一行一留，何以慰忠勞之心，爲後來之勸？在皇上本非有意也，乃人壽幾何？河清難俟，能①待而誰能諒者？臣是以日夜踧踖，而輒爲之請。伏望稍輟萬幾，將兵部敍播功本即賜檢發，幸甚，幸甚。行臣之言，愈於榮臣之身，有功者庶無遺漏，無功者庶無冒叨，數年稽閣未了前件，一旦註銷，免臣有②戾，其爲恩光，孰大於是？臣一辭一請，皆出懇迫，伏冀聖慈曲垂矜允。臣無任戰兢仰注之至。"奉聖旨："皮林之捷，卿實居中運籌，加恩非過。既懇懇固辭，特允所請，以成卿勞謙之美。播州敍功疏，朕因細覽尚留，旦夕即當檢發，並論卿知。吏部知道。"

　　四日癸未，大學士沈鯉奏："爲天恩隆重揣分增慚再懇聖慈俯容辭免以安愚分事。頃蒙皇上敍錄皮林功次，推恩閣臣，加臣太子太保，蔭一子入監讀書，賞銀四十兩、綵段三表裏，給與應得誥命。臣不勝驚惕，謹從二輔後聯控辭，伏奉聖旨：'楚黔皮林惡苗勦除，捷加殊常，朕心嘉悅。卿等運籌帷幄，協贊劻勷，加恩示酬，原係彝典。宜遵成命，所辭不允。該部知道。欽此。'臣莊誦綸言，愈深惶悚。竊惟朝廷礪世，惟是賞罰兩端，人臣立身，亦惟是辭受一節。顧予之自上，必度其所可受，而賜不虛，受之自下，必承其所當予，而心無媿，是以君制命，臣制義，皆非可冒然爲之也。皮林之捷，本天威震蕩，王靈赫濯，底茲宏烈，皇上乃遜膚不居，而加恩帷幄之臣。夷考其時，則身在密勿，而運籌決策者惟有今元輔一貫始終其事，臣無預也。臣詔起田間，遡惟師期，方在草莽，邈不相聞，謀於何有？不當其時而論功，不在其位而行賞，彼披堅執銳、出萬死不顧一生者，其視臣必不心服也。此臣之所以不敢拜命也。抑又有大焉者。今天下懷材抱德之士，或以一眚而見斥，或以株連而被謫，其伏在岩穴、不得進用者，不知其若干人，其久次待擢、屢推不報、前壅後滯、上鬱下堙者，不知其若干人，其内外官聯久缺不補，以至於庶職叢脞、而牧民守疆、承流宣化無與任事者，又不知其若干人。以臣區區者，而在此若干人③中，則

①能　"能"上似當有"誰"字。
②有　《敬事草》卷一五"有"作"尤"。
③人　明抄本"人"下有"之"字。通行本脱此字。

豫章之一朽株也，既叨在此地，不能爲朝廷進一人，而徒多蹢取自潤，於避賢謂何？於以人事君謂何？竊位負乘，世所滋訽，此臣之所以不敢拜命也。抑又有急焉。今天下百姓，或以饑饉，或以工役，或以軍旅，或以徵榷，以致其父兄子弟鰥寡孤獨流離困苦者，所在而是，臣不能運一籌、出一力、以厝之安全，乃一夕而蒙恩四世，既顯其身，且逮其充①，復延其後，其視彼饑溺由己者，抑何其自爲厚而爲人薄也？此臣之所以不敢拜命也。抑有關於君臣大義者。主上方怵於陵園之變，誓修實政，日昃不遑，臣備員輔弼，不能分猷念以贊助憂勤，而乃於此時拜新命，且人爲非望之福，得無與泄泄沓沓者相類耶？應天以實不以文，夫既有明詔痛加修省，不引咎自責，而訑然自是，毋乃視天變爲不足畏耶？主憂臣辱，豈宜若是？此臣之所以不敢拜命也。夫以勵世之賞罰與立身之辭受，揆之於義，皆有不可，故臣今再有瀆陳者，匪專爲身，亦以爲朝廷重名器也。惟聖慈俯鑒臣愚，使臣得以義自安，不辱君命，不勝幸甚。臣無任懇切待命之至。"奉聖旨："卿贊襄密勿，懋繢②弘多，加恩原不爲過。但念懇辭堅確，朕宜體悉，特允辭免，以成勞謙之美。該部知道。"

是日，大學士朱賡奏："爲無功被賞自揣愧心再懇聖慈即賜俞允以安愚分事。比蒙聖恩，以皮林勦逆之功推及閣臣，加臣賡太子少保，廕一子入監讀書，給與應得誥命，賞銀四十兩、綵段三表裏。隨該臣等合疏懇辭，伏蒙聖旨：'楚黔皮林惡苗勦除，捷功殊常，朕心嘉悅。卿等運籌帷幄，協贊勩勤，加恩示酬，原係彝典。宜遵成命，所辭不允。該部知道。欽此。'帝眷彌隆，溫綸再渥，臣非木石，豈不銘心？顧揆之分義，反之本心，有萬萬不敢承者，謹披瀝爲皇上陳之。在昔邊功敘錄，原不及閣臣，即真有運籌決勝、仰佐廟算者，亦不敢以密勿燕閒之地，貪邊疆矢石之功。況此皮林一捷，在臣未任時事，及臣之身始勘明覆奏，何嘗贊一詞、展一籌？而偃然與當軸者同日而議功，安乎？不安乎？非獨如此而已也。自臣入閣辦事，兩年於此，功無可見，罪則有之。中外積資積望之士，在籍者多

① 充 "充"當作"先"。

② 繢 "繢"當作"績"。

未起，在任者多未遷，淹滯已極，臣不能設法疏通之，而己則加官晉秩，何以服士心？四方被災被害之民，墳墓不能保，父子不相見，困苦已極，臣不能設法全活之，而己則顯親蔭子，何以服民心？捨見任之罪置之不討，而竊未任之事冒以爲功，安乎？不安乎？又非獨如此而已也。今災異頻仍，毀及祖陵明樓，皇上方側身省愆，羣臣皆悚栗待罪，假令用漢制策免三公，必當自臣始。而乃驟膺非望之榮，增益本無之秩，安乎？不安乎？臣抱此三不安之真情，故爲此萬不可之抗議。伏望聖慈，斷以大義，立收成命，容臣以原供職。臣不勝幸甚。激切懇祈之至。"奉聖旨："卿贊襄密勿，懋績弘多，加恩原不爲過。但念懇辭堅確，朕宜體悉，特允辭免，以成勞謙之美。該部知道。"

五日甲申，大學士沈一貫、沈鯉、朱賡題："爲作養人才事。准吏部手本，內開辦事進士戴耆顯等一百八十名，俱堪考選庶吉士，伏乞敕下內閣，經自題請欽定考試日期，通行各衙門一體欽遵等因，奉聖旨：是，欽此。欽遵。備行到閣。除考選事理查照節年題奉欽依事例舉行外，所有考試日期，乞於本月十二日前後，欽定批示一日，臣等謹會同吏禮二部堂上官，公同考選，分別等第進呈，恭候聖明裁定。再照今次閱卷，臣等三員，吏禮二部堂上官止有三員，豈能精閱多卷？查得戊戌、辛丑二科，特命掌詹事翰①官同閱，今詹事府掌印官缺，止有翰林院掌院事禮部右侍郎兼翰林院侍讀學士唐文獻，伏乞欽准與臣等一同閱卷，庶分校可精，而真才無失矣。緣係作養人才事理，臣等未敢撫擅便，謹題請旨。"奉聖旨："是。着於十四日考選。"

是日，又題："自長陵異災以來，臣等遑遑不寧，五次具揭，綴集二三千言上進，蒙發聖諭，謂：偶聞變異，驚懼戰慄，以致頭目眩暈，身體虛軟，連日調攝，心神尚未定靜。臣等自聞此言，益甚遑遑不寧，如焚如灼。以一心愛國，而又以一心愛君，瞻天望日，仰詢②聖躬萬福，未有以一言下慰者。且近

① 翰 "翰"下似當有"林"字。

② 詢 明鈔本作"詢"。通行本作"詢"。

日文書批行亦少，中外臣工咸懷疑慮，亦欲上疏問安，臣等聞之，又恐聒擾太甚，阻之以為未可也。竊念古之君臣，相與朝夕唯誰①於一堂之上，以治天下，而臣等今乃違奉天顏，宮府間隔，常以紙筆代面，不能言其萬分之一，虛忝密勿之名，而毫無贊襄之功，不可以傳於天下，聞於萬世。今皇上即不御朝，臣等可以入見，敢乞先賜臣等面對一次，容詣仁德門起居，一則伸臣等瞻依之懷，一則罄臣等芻蕘之見，庶幾傳之在朝在野，知聖躬萬壽無疆，聖心廣運無外，其於時政不無少裨也。謹專題以請，伏候聖旨。"

七日丙戌，大學士沈一貫、沈鯉、朱賡題："文書官劉用捧出聖諭：'諭內閣：祖陵變異，朕心驚懼戰慄，連日調攝，尚未行切要實政，仰副仁愛之心。思得天下廣大，設官分職，慎重用賢圖治，國家第一要務。方今南北兩京大僚司屬，並各處撫按，及各省直方面官員，見缺數多，亟宜銓補，庶安民生。其三法司並錦衣衛見監罪囚，除重罪及欽定人犯外，有情可矜疑、牽連無辜者，宜當欽恤，用示好生。卿等傳示，便着各衙門從公推舉各堪任的，及逐一開寫所犯招由，通行具奏，以昭朕畏天敬祖、警惕至誠。特諭卿等知之。欽此。'臣等捧讀再三，不覺舉手加額，而慶聖德之增美、聖政之更新也。從此而日新又新，廣運於不已，如天如地，覆載於無窮，則頌天子萬年者，踵武相繼而至矣，何災之不轉為祥哉？蓋昔人有言，求福者善言不可離於口。竊為皇上願之。謹即傳發部科遵行外，所奉原諭，尊藏閣中，以示永久。謹回奏以聞。"

十二日辛卯，大學士沈一貫、沈鯉、朱賡題："為作養人才事。先該臣等具題考試庶吉士，請乞欽定日期等因，奉聖旨：'是。着於十四日考選。欽此。欽遵。'明日係欽定考試之期，臣等謹於今日先擬考試合用文題、詩題各二，臣一貫謹手書印封上進。伏乞聖明各點其一，明日清晨封發臣等遵行。謹具題以聞。"

① 誰 "誰"疑當作"唯"。

是日，又題："該文書官虛受恭捧聖諭到閣，'諭內閣：朕覽卿等昨奏揭帖，具悉忠愛懇切至意。但朕自聞祖陵災異以來，至今尚然驚懼，調攝未得安寧，以致虛軟，兼且足疾偶發，艱於步履，御朝不便，面見恐失禮儀。卿等屢奏應行時政，少俟檢發。其召見至誠，候旨從容行之。所請詣門起居，已知道了。諭卿等知。欽此。'竊惟臣等忝爲皇上股肱密勿之臣，義則君臣，恩猶父子，日祝聖躬康泰，聖心豫悦，享有萬壽萬福之全，而令臣等亦預隆天厚地之賜，此至願也。夫何天心不順，災變頻仍，累及祖陵，哀痛慘極？今小民之家，亦以墳墓風水爲重，而況帝王天系，始發禎祥之地可令少有傷動乎？是以聖心靡寧，臣等益甚，恭請面對，以申奉慰之悦①，而求交修之策。丹誠激發，良非獲已。兹承諭旨，敢不欽遵？恭惟皇上，平日起居，常有待於調攝，方兹驚懼，固宜萬分保重。然天心無他，出於仁愛而已，惟善體天心而力行仁政，則皇穹必將轉怒而爲喜，祖陵亦將轉危而爲安。聖心與天心合，而氣和、形和、兩間之和咸應之。如此，則聖政既善，聖德既新，而聖心亦愉，聖壽益永，神祇宗社降福穰穰，薄海內外翕然景順，祖宗大業傳之無窮，其爲利益豈不兼得？蓋人心一念正，則事皆出於正，一念邪，則事皆出於邪。出於邪，則怪徵妖應物象神符從而並集②，此理自然，古今不爽。《康誥》曰：'惟命不於常。'道善則得之，不善則失之，幾希之間，正在今日。皇上亦精擇而慎處矣。聖諭云不便面見，恐失禮儀。臣等不敢復請。聖諭云應行時政，少俟檢發。臣等實切拱候。今缺政甚多，各衙門亦能仰體聖心，遑遑修補。皇上惟隨題隨發，堅持此心，無煩於查檢，無待於少俟也。所念從容召見，乃唐虞明良之風，臣等未遂躬逢，不勝引領。其詣仁德門起居，臣等敬遵恩旨，明早恭趨行禮，少展瞻依之忠。所奉聖諭，尊藏閣中。謹具回奏以聞。"

十三日壬辰，大學士沈一貫、沈鯉、朱賡題："昨日伏奉聖諭：'所請詣門起居，已知道了。欽此。'臣等謹欽遵今日恭詣

① 悦 《敬事草》卷一五"悦"作"忱"，是。

② 集 明抄本"集"下有"出於正，則乾靈坤珍祥輝瑞祉亦從而並集"十七字，是。通行本脱此十七字，應補。

仁德門，行五拜三叩頭禮訖。仰惟皇上優禮閣臣，每加異等，特許叩閽之請，容臣等得以望雲就日，祝華呼嵩。臣等不勝慶幸遭逢，感戴恩遇。謹具題知。"

是日，輔臣恭詣仁德門起居，命司禮監太監田義、陳矩、成敬等待，賜茶。

是日，以祭長陵等陵並祭天壽山之神收回脯醢果酒，頒賜輔臣三卓。

十四日癸已①，大學士沈一貫、沈鯉、朱賡題："今日考選庶吉士，伏蒙封發試題，未有御點。臣等仰體聖心，必用首題，不敢再為瀆請，謹會同吏禮二部官遵奉考試外，謹具題知。"

十五日甲午，大學士沈一貫、沈鯉、朱賡題："為作養人才事。臣等於本月十四日，遵奉欽定日期，會同吏部署部事左侍郎楊時喬、右侍郎兼翰林院侍讀學士周應賓、禮部署部事左侍郎兼翰林院②唐文獻，將吏部開送進士戴耆顯等一百八十名，遵奉聖旨考選，得文理平通堪充正卷二十三卷、文理亦通堪充副卷八卷，各擬次③封進御覽。伏乞聖明裁定、發下，臣等仍會同該部拆卷、填名具奏。謹題請旨。"奉聖旨："是。正卷准改庶吉士作養。"

十六日乙未，大學士沈一貫、沈鯉、朱賡題："為作養人才事。本月十四日，該臣等會同吏部署部事左侍郎楊時喬、右侍郎兼翰林院侍讀學士周應賓、禮部署部事左侍郎兼翰林院侍讀學士李廷機、翰林院掌院事禮部右侍郎兼翰林院侍讀學士唐文獻，將吏部開送進士戴耆顯等一百八十名，遵奉聖旨考選，得文理平通堪充正卷二十三卷、文理亦通堪充副卷八卷，各擬名次封進御覽，伏乞聖明裁定、發下，臣等仍會同各官拆卷、填名具奏等因。二十二日欽蒙發下正副卷到閣，臣等欽遵會同吏禮二部堂上官、並翰林院掌院官，將正卷二十三卷照依名次開拆、填寫名籍、上進聖覽。伏乞敕下吏部，遵照欽依內事理，

① 已 "已"當作"巳"。

② 院 明抄本"院"下有"侍讀學士"四字，而據下文，以下缺"李廷機、翰林院掌院事禮部右侍郎兼翰林院侍讀學士"二十二字。通行本缺以上二十六字。

③ 次 "次"上脫"名"字。

將王家植等改授庶吉士，與同一甲進士楊守勤等三名、並前科庶吉士何如寵一名，俱送翰林院進學。臣等仍照例行工部，將本院房屋量行修理，並各該衙門合用卓凳、筆硯、紙墨、酒飯、皂隸等項，各照例辦送應用。其教書官，容臣等另行推舉上請。緣係作養人才事理，臣等未敢擅便，謹題請旨。

　　計　開

王家植（山東濱州人）、來宗道（浙江蕭山縣人）、徐光啟（直隸上海人）、鄧澄（江西新城縣人）、張鼐（直隸華亭縣人）、周炳謨（直隸無錫縣人）、韓文焕（陝西涇陽縣人）、姚士慎（浙江平湖縣人）、江煇（河南嵩縣人）、江瀬（福建漳浦縣人）、駱從宇（浙江武康縣人）、劉士驥（山東禹城縣人）、汪元極（湖廣黃岡縣人）、陳五昌（福建侯官縣人）、丘士毅（江西豐城縣人）、彭凌霄（河南淅川縣人）、黃立極（直隸元城縣人）、魏廣微（直隸南樂縣人）、梅之焕（湖廣麻城縣人）、唐之夔（廣西鬱林縣人）、王緝（山西寧鄉縣人）、黃儒炳（廣東順德縣人）、李應魁（四川內江縣人）。"奉聖旨："是。吏部知道。"

十九日戊戌，大學士沈一貫、沈鯉、朱賡題："臣等竊惟，祖陵雷火下擊，頃復睹虫傷之災，似此大變非常，天地祖宗之心已可知，而羣方萬姓之心又可知。數日以來，凡懷忠愛者，熱中如火，而章疏猶多未下，實政猶多未舉，殊覺聖心冷淡。豈謂一青衣角帶便稱修省乎？豈謂一仁德門起居便稱納約乎？又豈謂修齋建醮可以懺悔乎？夫怨詛徧於四海，而託祈禱於數巫，其何能勝？使祈禱而有益，則閭閻山澤失業被害之人，與士大夫之竄棄羈囚者，曷常一日不祈禱？而皇上未之聞也。皇上如聞之，則上天亦聞之矣。臣等比來屢揭，盈五六千言，而無一言足以感動聖心，實自傷其誠意之未積也。然皇上比來章奏非無省發，而人情之所急望者殊多留格，亦何以感動①聖祖地下之靈哉？皇上豈不之思耶？皇上宮禁之中，鎖鑰巡警最為嚴密，未嘗頃刻缺人，防不虞也。今日朝堂而外，人率異心，假令一旦突生不虞之事，皇上能獨守宮禁以為安乎？凡此部院百官，皆為皇上掌京師之鎖鑰而時加巡警者也，如之何可不備

① 動　《敬事草》卷一五"動"下有"天人之心而安"六字，是。應補。

也？又自三輔而外，人尤異心，假令一旦突生不虞之事，皇上能獨守京城以爲安乎？凡此撫按以至於羣有司，舉爲皇上掌郡國之鎖鑰而時加巡警者也，如之何可不備也？人必有心膂、耳目、手足，而後可以爲人，一有不備，非人矣。今夫部院，皇上之心膂也，科道，皇上之耳目也，撫按、羣有司，皇上之手足也，然而不備，其可以爲國乎？一體不備，則無論虎豹蛇虺、雖一飛蟲得而苦我矣，一官不備，則無論夷狄盜賊，雖一白挺得而侮我矣，此易見之理也。竊惟皇上之心，豈不儆惕？前所屢諭，信出至誠。聞宮中日夕焚香，願祈天永命。願祈天永命，要在修政立事，而不在焚香致禱。世人有所祈求，而或制於人，或制於天，力不能自得之，則無可奈何，而出於焚香致禱之計。皇上則不然，凡所祈求者，非制於人，非制於天，皆力可以自得之而自不爲者，誠奮然有爲，則言脫於口而仁流於天下，詔罷礦稅即礦稅罷，詔出囚繫即囚繫出，詔起廢棄即廢棄起，萬邦黎獻歡誦在茲矣。今日之事，乃天地求回皇上之心而不可得，非皇上求回天地之心而不可得也，乃天地不能禁皇上何，非皇上不能禁天地何也。天地祖宗降鑒孔赫，何煩焚香祈禱爲哉？皇上第一撤疑心而示人以信，一撤己心而示人以公，將近日吏部等衙門所推部院大臣及各撫按司道等官，與一切推選本章，早賜允發，分遣御史巡行天下，停不急之工，罷無藝之征，出久繫之囚，收廢棄之士，信能行此數者，一日而爲堯舜，何難之有？皇上以其至誠而祈之於天，臣等以爲太遠，臣等以其至誠而祈之於①，皇上一俯納焉，聖心回②矣。臣等憂懼迫於中，危亂迫於外，有日進一牘耳。若生視以負恩眷之厚，實所不敢，實所不忍。臣等無任戰慄之至。"

二十一日庚子，大學士沈一貫、沈鯉、朱賡題："臣等於十四日恭奉欽命，會同吏禮二部及翰林院掌印官考選庶吉士，十五日公同校閱，取正卷二十三卷、並副卷八卷，具揭上進。連日拱候，未蒙覽發。切思各進士既在闕下候旨，不敢赴部聽選，亦妨觀政辦事。伏乞皇上早將正卷裁定發行，作養教習，實爲

① 於 《敬事草》卷一五"於"下有"皇上，臣等以爲近，望"八字。應補。
② 回 《敬事草》卷一五"回"下有"即天心回"四字。應補。

恩便。謹題請旨。"

二十三日辛丑，大學士沈一貫、沈鯉、朱賡題："昨日欽奉御札：'諭內閣：朕自祖陵災變，驚懼哀痛，調攝未寧。近因連日暑雨濕蒸，足疾未愈，步履甚艱。昨又聞天壽山松樹生虫，多食其葉。朕五內如灼，心神恍惚，益覺頭眩，身體虛軟。所有修省實政，少俟次第發行。朕思祖陵工程隆重，恐該部措辦錢糧不敷，致誤工作，所有御前累年積省銀二萬兩，另有諭發該部，擇日興工，上緊修理，刻期報完。卿等為朕輔弼股肱，宜仰體朕朝夕菲懈、畏天敬祖、不敢自逸至意。特諭卿等知之。欽此。'仰惟皇上因祖陵大①變而震動於心，急圖工作，首發內帑，念修省之②惰窳，而責以仰體匪懈，此回天之漸也。幸甚，幸甚。竊思陵工重大，必非二萬之費所能了，然皇上之二萬便當得工部之囘萬，蓋聖意所注，內外儆惕，無敢侵漁，無敢需索，皆得實用，自省虛費，此亦修省政③之一端也。但今日祖宗之所望於皇上者，豈止工作而已哉？聖心自明，不待多設④真以實政為急，必當仰法聖祖，每夜思四方之正，五鼓而興，待旦而行，如坐針氈，如寢火薪，何能頃刻遲緩而猶曰少俟，不幾又成虛託乎？一日亦俟，一月亦俟，俟之為言，有何底極？臣等請皇上亟行此心，更勿遷延。臣等非不欲俟，而天下危亂在即，度日如年，真有不能俟者，故遑遑也。乘天下未變而圖之，則權在皇上，但一下明旨，而海宇大定矣。待天下有變而圖之，則權在匹夫，一經嘯聚，便難措手。在天聖靈早已先見幾微以示皇上，望皇上念之、念之。聖諭謂'五內如灼，心神恍惚'，此真實語，臣等皆信。幽明一理，祖孫一氣，固宜有此。然當思列聖神靈之心，恍惚又當何如，焦灼又當何如也。聖諭責臣等仰體淵衷，朝夕匪懈，臣等敢不刻骨銘肌奉以周旋？但臣等密勿近僚，不能自用一人、自行一事，第有集合眾思，入告於內，當行者請行，當止者請止，懷此苦心，竭此敝舌，如此而已。皇上若不虛中採納，臣等雖有匪懈愚忱，亦何所少概見哉？茲敢奉聖諭次第舉行一語以為左券，跂候德音，願皇

① 大　明抄本作"天"，通行本作"大"。
② 之　《敬事草》卷一五"之"下有"實政，而許以次第舉行，戒股肱之"十三字。應補。
③ 政　"政"上應有"實"字。
④ 設　"設"為"說"之誤。

上旦晚之間不負此一諭也。不勝戰惕之至。所奉聖諭尊藏閣中，以垂永久。謹具回奏以聞。"

二十五日甲辰，大學士沈一貫、沈鯉、朱賡題："臣等前者懇勸皇上，將內外缺官點補，實救時急務，皇上必不能獨守宮闈以為安，當賴在京官員共守京師，又必不能獨守京師以為安，當賴在外官員共守天下。方今各處討官之本無日無之，而不①補發，萬一有事，人皆得以推飾己罪，歸過朝廷矣。惟各有官守，則何推諉之有？臣等前查天下司道、知府，缺至一百七十一員，近雖有補，尚未十一，望乞皇上隨題隨用。其山西、河南、鄖陽、福建四處撫②撫，尤為緊要，所推皆可用之人，望乞皇上檢查點用。至於四月急選、揀選二本，尚在御前，此項小官守候日久，每向臣等悲號乞告，所不忍聞，並祈即賜早發。臣等不勝戰慄，謹題請旨。"

是日，又題："浙江、廣東二省巡按御史滿日已久，都察院擬御史王業弘往浙江、葉永盛往廣東，各接管巡按。臣等前曾揭請，昨該院復有催本。竊惟二省，邊海地方，防倭重寄，內地奸人素多通番接濟，而各將官軍士亦有弊竇百端，所賴肅紀振綱，實巡按之責。伏乞允其所請。臣等不勝惓惓之至。"

二十六日乙己③，大學士沈一貫、沈鯉、朱賡題："該禮部接出聖諭，萬曆三十二年六月二十五日酉時，皇第八子生。恭惟皇上至德格天，多男應祝，當昌明之盛候，發詵蟄之嘉祥，慶熙朝胤祚之蕃，占奕世本支之茂，臣民式忭，海宇同懽，臣等無任踴躍之至。謹具題稱賀以聞。"

二十七日丙午，以皇子三朝告奉先殿收回脯醢果酒，頒賜輔臣三卓。

二十八日丁未，大學士沈一貫、沈鯉、朱賡題："臣等每出入長安門，輒有京外臣民求訴百端，痌瘝切心，不得不奏聞於

① 不　明抄本"不"下有"之"字，是。通行本無此字，誤。
② 撫　明抄本作"巡"，是。通行本誤作"撫"。
③ 己　"己"當作"巳"。

皇上。他未暇論，第如揀選、急選二項官員，慰之不能去，麾之又復來。彼守候太久，桂薪玉粒，借貸無所，僕逃人散，諸苦所迫，言不能既。今日各揀選諸生又來投揭，謹封進御前，惟賜一覽。昔唐時徐敬業作亂，武后得其檄文而讀之，問誰所作，或對曰：'駱賓王。'武后曰：'有才如此而不收用，宰相之過也。'蓋才智之士，收之則爲朝廷棟樑，棄之即爲草澤嚆矢。天下洶洶，而不廣收賢才爲朝廷用，儻致後悔，臣等安辭其過？所以屢勸皇上補官，正爲此耳。亦不獨揀選一事也。皇上回心，即天下太平之日。臣等無任哀懇之至。"

是日，以皇上①誕生，頒賜臣一貫大紅雲紵絲二疋、金脚花二枝，臣鯉、臣賡每大紅雲紵絲二疋、銀抹金脚花二枝及講官周應賓等有差。

三十日己酉，大學士沈一貫、沈鯉、朱賡題："該文書官盧受捧出聖諭：'諭內閣：朕以祖陵災變，兢惕修省未已，正在服藥調攝。昨又有天壽山守備內官李竣具奏，各陵近因雨水連綿，衝毀神路、橋樑、樹株等項。朕心愈加驚痛不寧。且連日暑雨濕蒸，足疾腫痛，屢用藥水盪洗，步履甚難。今廟享在即，盧恐弗能成禮，暫行遣官恭代。及各執事務秉精誠，竭虔行禮，以稱朕孝敬至意。卿等傳示奉行。諭卿等知。欽此。'仰惟皇上每當廟享之時，必有特諭之發，雖孝思之誠多欝於攝養，而敬畏之意猶見乎言詞。恭代竭誠，臣子之分，欽遵傳示，其敢有遲？但今日之事與前有異，天地祖宗之所以示儆皇上者日新，而皇上之所以仰答天地祖宗者如舊，以調攝而廢禮，猶可詞也，以利欲而廢政，不可詞也。虛言何以表兢惕之懷？彌文何以覬感通之效？曾不如數行詔墨，大敷德意，與天下更始，使萬姓復蘇，則天地所生之民安而祖亦安，祖宗所養之民安而皇上亦安，是天下臣民之所翹首，亦社稷神靈之所注目者也。願皇上一割己私，早沛恩命，幸甚。臣等無任惶恐之至，謹回奏以聞。"

是日，又題："該文書官盧受捧出聖諭：'諭內閣：朕今日

① 上 "上" 當作 "子"。

覽卿等奏揭，具悉忠愛。其揀選、急選二項官員部本，朕因不時頭暈，偶有遺忘，又連日調攝，未細檢發耳，原無他意。昨已檢出命卿等票，今當批行。諭卿等知。欽此。'竊惟臣等冒進一言，輒蒙皇上虛受，且加溫諭，不勝感激。但查吏部揀選、急選，名則二項，實有三本。今所允發者，乃急選二本，尚有揀選同知張翼新等一本，在御前伏乞皇上一視同仁，即賜並檢票行。幸甚，幸甚。謹具題稱謝，並請以聞。"

萬曆三十二年七月庚戌，朔。

三日壬子，大學士沈一貫、沈鯉、朱賡題："臣等憂國之心實迫於衷，惟是黜陟不定，賞罰不明，何以振作人心、計安天下？今且以闕政之大者二事，望皇上目下行之。播州大功，今已四年，而敘賞之典尚格未下。功臣之死者無以慰，生者無以勸，後來有事，誰肯出力？臣等所擬，止有減薄，並無冒濫，似可允從。儻有未合聖意，寧以御筆改發，萬勿因一二人而沒百十人之功、失億兆人之望也。臣等顒望，顒望。各項缺官，悉宜允補，而所最急者山西、鄖陽、福建、河南四巡撫。此是一方軍民重寄，兵馬錢糧惟其料理，安危治亂皆其憂責，安可視爲泛常、任其久闕？臣等又顒望，顒望。伏乞皇上即將此二事先賜發行。謹題請旨。"

四日癸丑，頒賜輔臣，每員枇杷果一小簍。

五日甲寅，頒賜輔臣，每員鮮鱘魚二尾、鮮笋二十根。

六日乙卯，頒賜輔臣，每員拖鹵鱘魚五尾，及講官周應賓等有差。

八日丁己[①]，大學士沈一貫、沈鯉、朱賡題："該文書官金忠傳捧聖諭：'諭內閣：朕昨覽卿等票擬欽天監題本，甚合朕心。朕查通曆諸書，今歲悉皆坐向不利，必欲強違興建，切恐上干聖祖在天之靈怒責，朕心何安？況且合用木石諸料尚未治辦，若先興工，復又停待，殊非竭誠孝敬，不無糜費錢糧。可着該監先行擇吉治辦木石等項物料，還諭工部、內監會同上緊償造，年終俱要完備，來春擇吉興建，刻期報完，以慰朕心。特諭卿等知之。欽此。'臣等伏讀至三，不勝欣服。竊念明樓被燬，聖心急於興建，既恐曠日遲久無以申聖孝之誠，又恐坐向不利益以干祖靈之怒，乃令先治木石，償造完備，以待來春擇

① 己 "己"當作"巳"。

吉興建，刻期報完，其於敬畏祖考之心、慎重天時之意，可謂兩全而無害矣。除即時傳諭部、監遵奉施行外，臣等又惟，明樓之建雖不可遲，拘於通曆諸書猶可待也。至於一切修省之實，聖祖在天之靈懸於朝夕，人心仰望之切急於水火，何所拘泥而可以姑待？皇上誠於臣等累次所揭及各衙門大小臣工連章奏請者，猛一省悟，急行實政，則聖祖必懽然喜慰，人心皆樂頌太平？即明樓工程亦屬第二義，雖稍待半年無害矣。不然，興作徒勤亦何益哉？臣等不勝狗馬之心，仰望懇切，伏惟聖明鑒之。所有諭劄，敬尊藏內閣，謹回奏以聞。"

是日，又題："爲作養人才事。六月二十三日，臣等會同吏禮二部堂上官並翰林院掌院官，將原發考選進士二十三卷，照依名次開填上進。本月二十五日奉聖旨：'是。吏部知道。欽此。'查得節年事例，庶吉士教書官合用二員，臣等推得原任禮部尚書兼翰林院學士、今病痊于慎行，吏部右侍郎兼翰林院侍讀學士周應賓，俱堪教習，恭候命下，行令慎行掌理詹事府事，應賓協理詹事府，經筵日講照舊，專管教習，庶吉士與同一甲進士楊守勤等三名，並前科庶吉士何如寵一名，於翰林院讀書進學，每月終將批改各文課原本類送內閣看驗，臣等仍照例每月二次出題考試，以觀進益，其有怠肆不率教者，聽教書官開送臣等恭奏處治。伏乞敕下該部，覆奉施行。緣係作養人才事理，臣等未敢擅便，謹題請旨。"

九日戊午，大學士沈一貫題："伏念臣猥以菲才誤當揆路，上無以報明主簡毗之德，下無以答四方期望之心，惟是導揚衆善而進之天子，臣之分也。古者常以災異求直言，今滿朝文武臣工俱獻盡誠，不求而合，正聖主捨己從人、化災爲祥之日，皇上幸採而行之。臣謹撮諸臣之大指，直以三語爲獻：天變必當畏也，祖宗必當念也，人言必當恤也。蓋人主雖至尊，必託命於天地，受庇於祖宗，寄身於億兆臣民之上，所以處此者未盡其道，而欲享有安富尊榮，此必不可得之數也。今祖宗慍怒，故天變從之，天變屢見，故人言隨之，曾是而猶不思，天下將

① 壁 明抄本作"壁",是。通行本作"璧",誤。

無望矣。往時非無災異,然止於一方一事,猶可言矣,今則極大且多,而又日迫日近,不可言也。日食於四月,古今之所甚忌者也,而連歲兩見,則尤異矣。泗州、鳳陽、承天諸陵,比年悉有儆戒,而皇陵之雨雹,長陵之雷火,乃至連歲相尋,同在五月二十三日,上天之意豈其偶然?凡偶然者必不若此之符也。非但如此而已也,遂有孼蟲齕松柏徧於諸陵矣,遂有洪水毀神路徧於諸陵矣。又非但如此而已也,遂有霪霖連綿兩月不休,自京師達於輔郡,大者漂城,小者蕩村,樹藝無存,儲積亦腐。都門之內無復氣象,惟有敗房頹壁①家哭人號,煤貴米貴,炊烟幾絕。比又報都城多塌,而正陽、崇文二門之間有中陷者七十餘丈,夫不外剝而中陷,出於常理之外,豈二百餘年之築尚有未堅者乎?何其化爲烏有哉?甚可怖也。因想天下被災地方,遠者即不可知,近者悉恐不免,又因想糧船之在途者,不知無恙否?墩墻之在邊者不知無恙否?然而尚有愁雲四布,霽日難期,謂非天怒未鮮之徵可乎?夫父母怒而不鮮,爲人子者宜如之何?必且引咎而責躬矣。引咎責躬,必求所以致罪之由而實修之,以回其心,無務以虛言謝過一事塞責,明矣。煌煌上天,昭昭列聖,其聰明比皇上必大,其威靈比皇上必尊,而苟以一二尋常之事聊爲斯須抵塞之謀,一何愚視天地、而淺視祖宗也?罪當從此滋大,其孰有不覺?而孰有不怒?又孰有不重之罰者乎?皇上天性英明,不爲近習所惑,乾綱獨斷,不爲疑似所撓,此中外之所共信,亦皇上之所自許也。何不決去牽纏,斥遠邪孽,從病根處痛改一番,以回天地之心,以安祖宗之靈,而使億兆臣民歡然樂其更生?此真聖主之能事,亦真今日之急事,萬勿以社稷爲戲,以貨利爲常,以天地爲不足畏,以祖宗爲不足念,而置人言於若罔聞知也。臣愧稱股肱,慚見天日,心長氣短,無能盡言。同官二臣咸懷誠悃,各函一章,其憫時憂國之忱尤爲可涕可泣。臣謹偕與親齎,赴文華門叩首接進。惟皇上歷賜覽觀,神領心受而致行之,使郊廟神祇、海宇蒼赤,凡含悲茹歎者,皆化爲撫掌抃足,則皇圖鞏固,臣死無憾。臣無任戰慄之至。"

是日，大學士沈鯉題："伏自祖陵災變，諸臣以憂時言事者既章滿公車矣，臣何敢復贅？惟諸臣言人人殊，臣恐勞御覽且未徹也，謹參詳衆論，撮其大指，申以一言，惟幸乘察。臣仰惟皇上尊祖敬宗，盡倫盡制，所崇奉則列聖陵寢也，所尊親則慈聖太后也，所詒謀燕翼則太子諸王也，所欲傳萬世者大寶也，所欲與堯舜比隆者令名也，所欲使薄海內外盡入版圖者土地也，所隆欲①堂構者三殿也，所欲使充牣露積者內帑也。宜皆可必得必遂矣，願②所與共圖之而共守之者其誰乎？則在乎民心之無失而已矣。夫民，至眇眇也，而不得丘民不可爲天子，亦至蠢蠢也，而不得其心者不可以得民。故曰'有人此有土，有土此有財'，又曰'民惟邦本，本固邦寧'，曰'撫我則后，虐我則讎'。總是以觀，則君之於民也，龍憑雲，水載舟，不得則不可行也。夫民心亦何可輕失也？今天下人心何如哉？蓋自礦稅興，而中使徧天下，中使出而四方無籍之徒隨以爲爪牙耳目者，或分佈鄉村、城市，或把持關津渡口，或武斷於商賈湊泊所在，乃無不樹黃旂、揭聖旨、都興從、張氣燄以稱名內監者，而內監不能盡知也。其吮人之血吸人之髓孤人之子寡人之妻者，如蟁③集牛，蟻附膻，內監亦不能別真僞、使不假借也。又非徒如此而已也。前方征，後復榷，復告訐，或誣爲斷截皇槓，或誣執容隱罪人，或以爲曾發古塚而得奇珍，或以爲曾開古窖而致鉅富，或云某宅有礦也壞其宅，或云某墓有礦也掘其墓。其毒惡如鴟獍，其吞噬如虎狼，在在不聊其生，人人莫必其命。一林之內而縱數百鷹犬以蒐之，不盡其卵穀不止也，一池之中而汎十數網罟以漁之，不盡其鯤鮞不止也。故總計天下之財，十分爲率，皇上之所得十二，內監之所得十三，羣小之所得十五。利分入於衆手，怨總歸於一人，民安得不窮，而心安得不離也？夫君民一體也，割股實腹，詎能安飽？皮之不存，毛將安附？君門萬里，如斯景象何由得知？皇上第一覽祖陵松柏爲蟲所食若彼濯濯者，即可知民間剝削之苦矣。民心離散，所謂土崩，其勢必反，反則必至於用兵。國家當用兵之時，而祖陵得無震驚乎？聖母得無妨燕喜乎？九重得無旰食乎？令名得無

①隆欲 "隆欲"當作"欲隆"。
②願 明抄本作"顧"，是。通行本作"願"，誤。

③蟁 明抄本作"蟁"，古"蚊"字，是。通行本作"蟁"，誤。

少虧損乎？諸王之分茅胙土者得無憂屏翰乎？土宇得無有離析乎？三殿樂成無後時乎？內帑累年之積得無且發爲軍興之用乎？欲益而反損，何如知止而知足、猶可爲善守一策也？夫燕雀處堂，未可謂安也。臣不能見遠處、遂將來，惟據臣原籍一隅，則大河以南，長江以北，方數百里之內，僅六、七月之間，已擒獲巨寇李大榮、廖萬、楊思敬等數十輩，又安知四海之廣，九州之衆，無伺釁觀變而起者？特相視莫敢先發耳，一發則四方響應，臣懼其撲滅之難也。何也？民間苦徵榷久矣，父老子弟之流亡轉徙者衆矣，尺籍半虛，誰與爲兵？郡邑之府庫皆空，閭閻之囊橐如洗，公私俱困，孰與爲餉？地方官自撫按以下、知府而上，十缺其九，孰與爲料理之人？即有兵、有餉、而又有人也，當衆口嗷嗷之時，兵家勝負亦尚有難必者。何也？昔寧夏之變、播州之變，彼爲寇，我除寇也，爲除其所以害己也，故人皆用命，師有成功。今所虞蠢動者，良民也，非有意欲反也，以逼之朘削也而反，以驅之水火也而反。則反者之與捕反者，固一體之人，而一丘之貉也。兔死狐悲，物傷其類，臣恐其彎弓內向，反戈而助之攻矣。其肯爲朝廷捐助軀命、而盡忠於其所屬己者哉？臣故曰勝負猶未可知也。蓋朝廷之法，可行於尊君親上之人，不可必行於疾首蹙額之衆。曾子曰：'戒之，戒之，出乎爾者，反乎爾者也。夫民今而後得反之也。'故民心不可失，而尤不可久失也。今其失之已久矣，故其收之也宜亟。收之亦非有難事也，當其紛然漁獵之時，而闃然休之以鎮靜，茲人主之所爲善馭天下也。何也？天下，大物也，亦有脚能運之物也，惟鎮之以靜而馭得其道也，則常爲我有，常爲我用，自吾之身以至於子子孫孫，不必操一筴、囊一錢，而薄海內外林林總總者，皆我供帳，東西南北皆吾外府，舉四海九州難致之物，皆吾享用，不求自富。苟失其馭，雖桓靈西邸、唐德宗瓊林大盈，於我何有焉？臣稽覽載籍，則自漢①以後元以前，失馭之君何可勝數也？有衆叛而孤立於上者，有宗祧不守而倉猝出奔者，有蒙塵於荊棘霜露而不得息踵者，有三軍擁衆不行而口出餘語怨懟者，有日中常膳不供而野人獻麥飯豆粥者，有

① 漢　明抄本作"嘆"，誤。通行本改作"漢"，是。

皇子皇孫手掬粗糲而一霎已盡者，有分天下爲江南江北者，有身陷虜庭窘辱備至者。諸如此類，俱堪令人酸鼻，令人扼腕。當彼其時豈財不足用哉？惟其失人心至此也。皇上覽前史鑒往事，幡然改圖，必以鎮定者而馭之，必不肯以天下大物易阿堵無用之物，貽社稷莫大之憂也。方今稅監中，亦自有廉靜不擾、謹戢其下者，臣安敢盡誣以無人？惟礦稅不止，將舐糠及米，且至於盡，民何以蘇？故必須停礦稅、盡徹還中使乃可。臣三十年前備員講幄，曾進講外本內末、爭民施奪，與發財發身之義、悖入悖出之理，而終以生財大道，皇上未嘗不虛己以聽也。今豈遽忘之耶？人皆知一飽一煖外爲長物，皆知多積財於子孫爲貽害，皆知泉貨流行、無居而不散之理，豈聰明睿知之神聖，乃見不及此耶？始臣應召北來，年七十有二矣，所不憚風中之燭、不恤止足之戒與間關跋涉之苦者，惟眼見礦稅害人，欲以爲百姓請命，措天下於泰山之安也，豈猶有富貴之心哉？乃今書笏待命者兩期矣，猶未窺青蒲一膝之地有納約自牖之益，徒日見天災民怨，紛紜滿眼，中夜攬衣，徬徨步屋，如芒刺在背，時顏頸發赤撫膺自語：'此來謂何？危而不持，焉用爲相？'乃託之隱諫，以冀悚一入。蓋少年英銳，義形於色，或有爲危言激論者。臣老矣，又密勿近臣也，何忍以煩言憂君父？惟興衰理亂，近在眉睫，有不得不被髮纓冠、垂涕而道者，實出於無可奈何也。臣無任戰慄懇祈之至。"

是日，大學士朱賡題："伏自雷火燬明樓，蟊蟲蝕蔭木，陰霾蔽天日，霄雨浸陵京，皆古來稀有之變，今日剝膚之災。臣憂惶戰惕，不知死所。連與二臣具揭，無慮十數，意皇上必宵衣待旦，設誠而致行之矣。今猶未也，但諭竢次第發行，臣滋戚焉。夫所謂修省者，如大廈將傾，急宜修葺，使堅完如故，而後謂之修，又如醉夢未覺，急宜提醒，使清明如故，而後謂之省。稍遲則立傾，立覆，愈昏，愈迷，而無及矣。孟子有言：'如知其非義，斯速已矣，何待來年？'今之時當速而不當待，人人知之。獨皇上深居九重，目不見四方之顛連，耳不聞萬口之怨詛，而宵人奸棍妄謂衆心樂從，小亂易戢，搜括奇巧，蠱惑聖心，溺不知察，遂以憂危之言爲過計，忠鯁之語爲恐嚇耳。一旦積怨之民窮極計生，斬木揭竿，四面而起，前此聚斂之輩爲皇上所倚信者，鳥獸逃遁，何能戀主？止餘縉紳之士，忠赤之臣，寥寥二三，張空拳以禦羣盜，其將能乎？今之言者，大都不出罷礦稅、補缺官、下章奏、釋逮繫四大敝政。臣復思之，四病雖殊，而病根惟一，總不過礦稅一念之差耳。皇上誠割此一念，慨然下詔停止，則不必虞地方官之阻撓而缺官補矣，不必虞衆口之激聒而章奏下矣，不必虞後來有司之傚尤而逮繫釋矣。惟此一關鐍錮而不可開，故事爲之制，曲爲之防，前思後算，以冀保此，而不知皇上之所以保者，乃其所以失也。臣請以利害爲皇上較言之。自礦之開也，發人之墳墓，傷人之風水，猶曰他人祖宗，吾不恤也。鳳陽、淮泗、金陵、天壽諸山，非皇上自己祖宗所藏弓劍者乎？非萬世聖子神孫所憑以爲庇廕者乎？大龍大局來自千里萬里，靈秀所鍾必有肯綮要害之處。開掘十年，不知何脉受傷，以致王氣消索，災及諸陵也。奈之何不及早罷也？自税之興也，殺人之父兄，離人之妻子，猶曰他人骨肉，吾不恤也。皇上事、聖母至孝，稍拂意者不敢奏聞，撫太子諸王至慈，爲之計深遠，而必欲貽之以安。然往年詔罷礦稅、安萬民、保宗廟，非聖母意乎？久奉慈諭而久格之，得無少傷於孝否？子子孫孫世世爲帝，餘亦不失爲王，古今安有帝王子孫尚不足於財者？何必積而遺之？司馬光有言：'積金以遺子孫，子孫未必能守，不如積陰德於冥冥之中，爲子孫長久之計。'今不積陰德而積財貨，直貽之危耳，得無少損於慈否？以此利害兩端絜度之，區區之財，玩之何味？多之何益？而乃以其所至重，易其所至輕。況此財也，無聚而不散、悖入而不悖出之理，則奈何敲天下之骨髓，以增皇家之冤孽？豈不痛哉？滿朝諸臣，連章累牘，萬口一詞，誠謂天不能言而能怒，屢不知畏，天將忘之矣，祖宗不能言而能怒，屢怒而屢不知省，神將吐之矣，至於小民，雖能言而不敢言，雖不敢言而敢怒，屢怒而屢不加恤，民將讎之矣。皇上一人豈能勝此三怒？然不必求之祖①宗。百姓者，天與祖宗之所甚愛，而託之乎皇上者也。

① 祖　"祖"似應有"天"字。

皇上惟順其所欲，去其所惡，使死者復生，骨者復肉，則天意自得，祖靈自歆，釋三怒爲一歡，溢太和於兩間，不難致已。孔子曰：'有國家者，不患寡而患不均，不患貧而患不安。'伏望皇上猛力回心，一割利源，將見光明正大，何用不藏？福祿壽考，何祥不集？爲堯爲舜，特霎時間耳。臣不勝痛哭流涕哀懇仰祈之至。謹親齎，赴文華門，叩首投進，恭候聖旨。"

十日己未，大學士沈一貫、沈鯉、朱賡題："臣等昨自閣中出，至長安門外，見有揀選府同知等官張翼新等、急選巡檢等官鄭公星等，攔遮道旁，冒雨沾泥，述其久候艱苦，殊爲耳不忍聞，目不忍見。臣等已將昨者聖諭明示遣還。願念大信所關，傳佈天下，又不但事體人情求爲妥便而已。臣等既有聞見，不敢隱默，謹爲據實復奏。伏乞聖慈，即將本月初二日吏部題爲欽奉聖諭乞發張翼新等鄭公星等一本，允賜檢發，不勝幸甚。"

十一日庚申，大學士沈一貫、沈鯉、朱賡題："先該吏部題准，願告教職歲貢恩貢生員，行移翰林院考試，臣等欽遵會同禮部右侍郎兼翰林院侍讀學士掌院事唐文獻，出題彌對，嚴加考試，取中歲貢文理平通上卷四卷、文理亦通中卷一千二百三十二卷，恩貢文理平通上卷二卷、文理亦通中卷五十三卷，俱堪授教職。謹將各試卷封進，伏乞聖裁發下，開送該部，查照臣等先後題准事理施行。謹題請旨。"奉聖旨："是。該部知道。"

是日，又題："照得皇八子誕生，例應賜書各王府，並頒賜禮物。該禮部題奉欽依，備行到閣。查得萬曆二十五年皇七子生，該內閣題照皇祖親定事例，賜書王府禮儀止分二等，俱用衣襲，伏蒙允行。臣等看得，今次賜書各王府，合仍照前例，謹擬上書稿禮物等第進覽，伏乞聖裁，發下施行。其王書查舊規該用金箋二十六張書寫，乞命司禮監如數查發。謹具題以聞。

皇帝致書叔祖岷王：朕仰承天眷祖德，於今年六月二十五日第八子生，專書奉報，薄遣儀物，用表親親之意，至可收納，

惟叔祖亮之。　大紅織金閃色團龍常服　紵絲一襲　紗一襲　羅一襲

　　叔祖唐王：文與禮物俱同。

　　叔瀋王、叔楚王、叔肅王、叔蜀王：文與禮物俱同，但改'惟叔亮之'。

　　弟潞王、弟崇王、弟魯王、弟榮王、弟淮王、弟襄王、弟代王、弟吉王、弟韓王、弟慶王：文與禮物俱同，但改'致書'爲'書與'，又改'專書以報'，又改'惟弟亮之'。

　　姪周王、姪趙王、姪晉王、姪秦王、姪德王、姪衡王、姪孫荆王：文與禮物俱同，但改'致書'爲'書與'，又改'專書以報'、'惟王亮之'。

　　鄭世子、益世子、靖江王：大紅織金團龍常服　紵係一襲　文與禮物俱同，但改'致書'爲'書與'，又改'專書以報'、'惟亮之'。"

　　十二日辛酉，大學士沈一貫、沈鯉、朱賡題："今日文書官盧受捧出聖諭：'朕昨覽卿等奏揭，知卿等素服親赴文華門行①禮投進，朕心兢惕不置。天災屢示警象，祖宗陵寢震驚，朕躬日夕焦勞，致成憂鬱，寢食未遑，繹恩悔悟更始，轉災爲祥。前已屢諭卿等，修省實政次第發行。其文武諸臣所陳章奏，朕因不時眩暈，服藥調攝，尚未悉覽。元輔爲朕心腹股肱，贊襄懋著，素所眷知信任。二、三良輔，義同一體，俱爲講學舊臣，朕特召來輔政，信任共濟時艱，同寅協恭，弼成化理。所奏至誠懇切，朕知道了。今又覽卿等揭題揀選官張翼新等、急選官鄭公星等攔告艱苦情由，此本前檢誤作重復，是以未發，原無他故，即當批行矣。諭卿等知之。欽此。'竊惟臣等於初九日具揭恭進，昂首瞻天者兩晝夜於兹矣，倏奉諭旨，盎然春温，相顧而泣，萬行俱下，感皇上之優禮閣臣如此其厚也。伏念臣一貫久叨腹心之愛，待罪十年，臣鯉、臣賡，咸承一體之恩，起家二載，遡追周旋講幄，乃在二十年前，猶廑聖心記存，從容語及，念舊之情藹若，典學之意宛如，真所謂義君臣而情父子，

① 行　明抄本"行"下有"行"字，誤。通行本删下"行"字，是。

分天澤而合風雲者也。草茅之臣而遭逢至此，能不感泣乎哉？前所進揭，實臣等報效赤丹，既蒙許爲至誠懇切，似亦微有感動矣，臣等又不勝瞻望。臣等乃皇上親近之臣，又文學之臣，而今日又忝爲老臣者也。爲親近之臣，則沐恩最深，休戚咸共，敢不盡言？爲文學之臣，則古今治亂興亡之迹具在簡編，講之頗熟，驗之已真，又安敢不言？臣等此身，乃皇祖之所生長，皇考之所齒錄，而皇上之所簡用者也。受事頗久，聞見頗多，又安可不言？調護聖躬，誠區區愛君之至願，調燮聖治，尤耄耄憂國之極思。今天下之人，方居水火之中，謂臣等身在日月之旁，而不一開口爲皇上言之，虛忝恩遇之隆，大孤輔弼之義，皇上亦安取此腹心股肱爲哉？此臣等所以且感、且泣，而且謝且祈也。聖諭內'悔悟更始'一語，願皇上毋忘之，'次第發行'一語，望皇上毋①吐棄之，則臣等更無餘望，雖死瞑目矣。適蒙發吏部催請揀選急選本，除送會極門發科外，想見此際衆口之歡誦何如？所奉聖諭謹尊藏閣中，以昭皇上虛己聽言至德。謹具回奏以聞。"

是日，又題："今日該文書官盧受又捧出聖諭：'天雨連綿，京城坍壞房屋數多，壓傷人民甚衆，朕聞心甚惻然。便著太僕寺給發銀十萬兩，交與該部並該科及五城御史，公同查勘分明，每房一間欽賞銀五錢，以資修理賑濟。卿等查照舊例，參酌時宜，擬諭來行。諭卿等知。欽此。'仰見聖心至仁，發於自然，補化工之所偏，收民心於至急，推廣此意，治平何有？臣等謹擬諭上進，恭候聖裁發行。聖諭尊藏閣中，以示永久。謹回奏以聞。

擬　諭

諭戶工二部：天雨連綿，京城坍壞房屋數多，壓傷人民甚衆，朕聞心甚惻然。便著太僕寺給發銀十萬兩，交與該部並該科及五城御史，會同查勘分明，每房一間欽賞銀五錢，以資修理賑濟及醫藥津送之費。務先儘貧難下戶，仍不許官吏侵冒，必令沾受實惠。有舊例及時宜該舉行的，著題來行。"

① 毋　明抄本"毋"下有"忽之，文武諸臣章奏，又願皇上毋"十三字。通行本脫。

十三日壬戌，大學士沈一貫、沈鯉、朱賡題："蒙發工部尚書姚繼可請點本部左右侍郎一本。照得繼可目病已深，委妨視事，大工正興，所藉於左右侍郎甚急。皇上未有所命，臣等難以票擬，恭候點發，使臣等遵奉出旨。謹具題請。"

是日，又題："為東宮講讀事。照得維時溽暑已過，天氣漸涼，趁此清秋，正宜講學，以期進修。臣等謹擇得本月十九日、二十四日皆吉，伏乞欽定一日，照常講讀。謹題請旨。"奉聖旨："茲今暑雨猶勝，濕熱薰蒸，東宮着於八月初旬擇吉講學。"

十四日癸亥，大學士沈一貫、沈鯉、朱賡題："蒙發票本，內有吏部補南京太僕寺卿本，點用徐申。臣等查昨晚發下本內，已有林烴蒙補此缺，恭票上矣。此係重復，但恐聖意欲用徐申，今亦票上，惟皇上發一留一。又一本擬授毛永祖為鴻臚寺序班，亦於昨晚曾票，必係重復，宜請收貯。謹具題聞。"

十五日甲子，大學士沈一貫、沈鯉、朱賡題："臣行久蒙覆載之恩，實懷忠愛之意，但才疏性愚，不無戇直之遇，伏望皇上鑒其誠而採其意，幸無吐棄其言。昨日管鎮撫司李楨國來說，獄中房牆倒塌，積水成河，各囚難以存活。此監與刑部監不同，原是寄監，非久繫之所，初無多地多房，制度草創，亦無水溝，一牆之外便是通行大路，甚難防備。今年雨多，即牆外大路設有溝渠，亦皆淹沒。況此監中如同墼底，何能待其暗消？人多地窄，氣蒸臭穢，不論有罪無罪死生難保，情實可憐。敢請皇上作何處置。臣等竊惟皇上近念在京百姓，發太僕寺銀十萬兩賑濟，大惠普及，莫不歡呼。望推廣此意，以及諸囚。囚固有罪，而嫉惡太甚，亦非平等之心也。真犯難赦者，各有應得罪名，除死罪外，餘宜早與發遣發落。至於礦稅犯人，當坐因公之條。彼原為百姓得罪，儻政溢亡，益為百姓所憐，干傷天和尤甚。乘此災異示儆之時，而一加疏釋，上副天望，下慰人心，所釋者少，而所悅者衆。古者旱潦必先慮囚，王政之大端也。伏乞皇上霈發聖心，將馮應京等特恩赦宥。不然，發刑部分別坐擬，釋其幽囚，寬其目前死亡之急，以關天下哀憐之口。其餘各犯，亦通發刑部，擬罪奏請，庶罪人有所歸着，亦便於工部修理也，臣等無任懇祈之至。

是日，又題："七月二十五日，恭遇皇子彌月之期。臣等查得隆慶二年皇考欽定剪髮滿月、命名百日，迨萬曆十年皇長子生、十四年皇三子生、十九年皇五子生、二十二年皇六子生、二十五年皇七子生，俱奉旨遵隆慶二年例行。今照皇八子彌月之期將近，其剪髮之禮似宜照例於彌月之日舉行。臣等未敢擅擬，理合預請，伏乞聖裁。謹具題以聞。"奉聖旨："剪髮滿月，命名百日，俱照例行。"

十七日丙寅，大學士沈一貫、沈鯉、朱賡題："臣等連日見西山煤戶百十成羣、哀泣於長安門外，口稱：'窰口盡為水所渰沒，入地深二三里，無力掬①挖，生意已絕。本縣監追煤課，從何而出？叩天憐憫，投有揭帖。'臣等見之，為之涕下。謹將所投揭帖進覽，伏乞皇上深念京畿根本之地，特降一諭，量免課銀二三個月，少蘇其困。今見發太僕寺銀十萬兩，除給濟京城下戶之外，似猶可以分此濟彼，均蒙恩澤。不費之惠，易行之事也，雖不能人人霑被，亦使百姓知軫恤弘恩出自聖衷，挽回人心，此一機矣。臣等敢擬一諭，察對上進，伏望即賜允行。

諭戶部：西山被災窰戶，着比京城下戶一體給賞。即於見發太僕寺銀兩內通融分與，務令各沾實惠。水占窰口，免征課銀二、三個月。"

十九日戊辰，大學士沈一貫、沈鯉、朱賡題："今日文書官劉用傳出聖諭：'諭內閣：朕思雨水連綿，京師米價日貴，着於通州倉糧暫借十萬石，運赴京倉，支放該月折色軍匠米糧，候新糧到日，即與補完。其五城房號銀兩，除舊例免徵外，再着免徵一個月，以昭朝廷權宜救災德意。卿等擬諭來行。諭卿等知。欽此。'臣等恭捧細繹，不任踴躍。皇上敬天心誠，愛民念切，孜孜訪問，勤勤採行，積此善端，必崇至德，此臣等之所

① 掬　明抄本作"掬"，是。通行本作"掏"，誤。

欣忻一也。莊誦聖諭，意完詞足，本無俟於潤色，而尚令臣等擬議，仰見皇上素以股肱心膂視臣等，而不自神聖，推誠俯詢，委任之殷，接引之厚，又臣等之所欣忻而不勝感激者也。臣等謹膽擬諭帖一道上進，伏乞即賜裁定發行。所奉聖諭，尊藏閣中，謹具回奏以聞。"

諭戶部："朕思雨水連綿，京師米價日貴，便着於通州倉糧暫借十萬石，運赴京倉，支放該月折色軍匠米糧，候新糧到日，即與補還。其五城房號銀兩，除舊例免徵外，再着免徵一個月，以昭朝廷權宜救災德意。"

是日又題："今科庶吉士蒙皇上選定，臣等遵例題請館師，推得原任禮部尚書今病痊于慎行及吏部侍郎周應賓，俱堪教習，未蒙賜允。竊惟館選係國家儲才盛事，教習乃諸生師模重託，若不早定，恐致曠時，伏乞皇上俯命。臣等不勝瞻望之至。"

二十三日壬申，大學士沈一貫、沈鯉、朱賡題："臣等連日恭奉修省德意，力圖奉行，有遵諭擬上者，有循例題請者，皆係應天實政，拱候未得，不勝瞻跂。伏乞皇上乾斷早發，幸甚。謹開具以請。

一、西山被災窰戶，請比京城下戶，將見發太僕寺銀十萬兩內，通融分與賑濟，此係不費之惠，易施之恩。其水占窰口，原題有免課之例，並乞軫念，免徵二三月。臣等於十七日題上，望賜允行。

一、鎮撫司獄房為大雨傾塌，難以存身，雖是罪人，例宜憐恤。臣等於十五日，題請將各犯俱送刑部，其干係礦稅人犯，衆心尤共哀憐，即不敢過望瓦全，或釋放、或遣發，免其幽繫，亦聖恩也。望賜允行。

一、播州戰功久未敘賞，功臣之死者莫慰，生者莫勸，復如有事，難以用人。臣等所擬若有未合聖心者，乞明示增減，幸勿因一二人而並妨百千人也。望賜允行。

一、江北地方疊災，黎民逃散，田土荒蕪。該巡按御史高攀枝題留漕糧十萬，以作開荒牛種之需，戶部曾許六萬，臣等於二十二日票上，望賜允行。

一、教習庶吉士，例有館師二員。臣等擬原任尚書于慎行與見任侍郎周應賓一同教習，今進館之期已迫，永蒙准發。聖意淵深，望乞明示，以憑奉行。

一、各部院大臣及四省巡撫，與各大小官員缺，諒皇上次第有命，伏乞沛然一通，臣等不勝跂望。

一、牧地爲水所占，見以災荒乞賑，若復加賦，豈不搖動畿輔之人心乎？望早賜恩命，使各歌頌皇仁，以鎮四海。"

二十五日甲戌，大學士沈一貫、沈鯉、朱賡題："今日文書官金忠捧出聖諭：'諭內閣：朕覽卿等揭奏七款，皆係修省實政，具悉忠愛。朕因各官不以國體爲重，要直沽名，熾然煩激，連日憤懣眩暈，卿等前奏未行悉覽，今所奏已知道了。欽此。'臣等感戴皇上不忘眷答之厚，具諗皇上深懷修省之誠，雖隔雲霄，真同咫尺，不勝激切，不勝誦仰。竊惟王者，萬民之父母。父母在上，則一家之身衣口食皆請給於晨昏，子啼兒號每充盈於耳目，惟慈愛之甚切，故喜怒之交忘，雖頑劣而妄干，猶怵惕而垂憫矣。今四海依皇上爲天父母，羣臣期皇上爲大聖人、感時事之日非，睹上天之時儆，各輸積悃，爭獻讜言，此亦恃慈親在上而不覺其啼號之畢集也。謂其煩激，誠或有之，論其忠愛，實同臣等。臣等既蒙皇上如天之德，在宥之仁，敢望推此仁恩，一視無二，又敢望推此仁恩，俯採一二也。恭繹聖諭，許臣等之所奏'爲修省實政'，伏想旦晚之間次第省發矣，鵠立下風，以日爲歲，惟早發一日則早慰一日。更望皇上融和氣於胸中，調陰陽於宇內，樂善不倦，與物同春，性情中和，則憤懣自息，心廣體胖，則眩暈奚留？將聖壽高於山阜，而聖祚垂於日月矣。臣等不勝欣載顒俟之至。聖諭謹藏閣中。謹具回奏以聞。"

二十八日丁丑，大學士沈一貫、沈鯉、朱賡題："照得今年庶吉士蒙恩選定，例有教館[①]官二員。臣等擬上，未蒙賜允，

① 館 "館"當作"習"。

今不敢堅執，再推一員，望皇上就中點發二員，以便遵奉。謹具奏聞。

　　于慎行，原任禮部尚書，今病痊。如蒙照用，以原官起掌詹事府事，教習庶吉士。

　　經①筵、日講照舊，其吏部右侍郎作缺另推。

　　唐文獻，見掌翰林院印信，禮部右侍郎。如蒙點用，以原官教習庶吉士，掌院照舊。"

① 經　明抄本"經"字上有"周應賓，見任吏部左侍郎。如蒙點用，以原官協理詹事府事，教習庶吉士"二十八字。通行本脫此二十八字。

萬曆三十二年八月己卯，朔，大學士沈一貫、沈鯉、朱賡題：“七月十五日奉聖旨：'玆今暑雨猶勝，濕熱薰蒸，東宮着於八月初旬擇吉講學。欽此。'臣等謹遵旨擇得本月初四日、初四日①、初六日皆吉，相應照常講讀。謹題請旨。”奉聖旨：“是。東宮着於本月初八日開講，待過壽節假日，照常講學，該衙門知道。”

三日辛巳②，大學士沈一貫、沈鯉、朱賡題：“國家並建百職，階級繁多，遷擢之期，宜按時日，非時驟遷則開倖躐之途，久而不遷尤起沉淪之歎。比日皇上念科道官積有歲勞，一時九年考滿者，皆得優轉京堂，如久幽之中而俄然仰見白日，孰不誦德意之甚盛，侈為新政之美談也？然見在科道從此寥寥，侍班差遣動稱缺乏，固不能已於請矣。乃其待除其需次非止一人，累歲經年不離一青衣角帶，抑鬱之懷，比之久居臺省而不得遷者，其情更甚，亦聖主之所宜矜憐也。竊照二十九年庶吉士，舊年散館除留在翰林院外，有王元翰、呂邦燿、曾六德、袁懋謙等四人擬授給事中，宋燾、王基洪、陳宗契、馮奕垣等四人擬授御史，二十六年行取各官，除選授科道外，有已經考選起復候補吳道行、沈鳳翔、汪若霖、朱一桂等四人擬授給事中，朱燾一人擬授試御史，有未經考選起復候考熊鳴夏、周曰庠、蕭淳等三人，待考擬授，臣等屢揭請旨，今吏部又復題催。切念官不得人則為廢事，人不得官則為棄才。今科庶吉士送館在邇，而前科庶吉士尚未授官③，無俸無薪，窮年窮日，壯志銷於中間蹭蹬，精力耗於蹉跎，空受作養之恩，浸無報答之地，人才難得，廢置可憐。皇上躬修實政之中，必念及此一端也。伏乞蚤渙德音，令散館起復待命諸臣各到任管事，不惟諸臣霑被榮恩，而國家亦有裨矣。臣等不勝懇望之至。謹題請旨。”

六日甲申，以冊封順妃告奉先殿收回脯醢米酒，頒賜輔臣三卓。

① 初四日 明抄本無此三字，是。通行本有此三字，誤。

② 巳 "巳"當作"巳"。

③ 官 《敬事草》卷一六"官"下有"二十六年行取經今六年，各官久已任事，而同取尚未授官"二十三字，是。

七日乙酉，大學士沈一貫、沈鯉、朱賡題："今年庶吉士蒙恩選定，例有教習官二員。臣等擬上，未蒙賜允，不敢堅執，又經添推一員，亦未蒙發。聖意淵深，臣等莫測，茲不得已，再添一員，通前四員。伏望皇上就中點發二員，以便開館教習。時日迫近，望乞矜允。謹具奏聞。

　　于慎行，原任禮部尚書，今病痊。如蒙點用，以原官起掌詹事府事，教習庶吉士。

　　周應賓，見任吏部右侍郎。如蒙點用，以原官協理詹事府事，教習庶吉士，經筵、日講照舊，其吏部右侍郎作缺另推。

　　以上係原推。

　　唐文獻，見掌翰林院印信，禮部右侍郎。如蒙點用，以原官教習庶吉士，掌院照舊。

　　以上係添推。

　　葉向高，原任南京吏部右侍郎。如蒙點用，改禮部左侍郎，兼翰林院侍讀學士，協理詹事府事，教習庶吉士。

　　以上係今推。"

　　奉聖旨："是。吏部知道。"周應賓、唐文獻有點。

　　十日戊子，賜皇太子第一女名徽娟（嬋娟，美好貌）。

　　十二日庚寅，以萬壽聖節賜輔臣，每金萬壽字二副、銀萬壽字二副、金篆字八個、金書紅符一道，及講官周應賓等有差。

　　十四日壬辰，大學士沈一貫、沈鯉、朱賡題："伏蒙欽點皇太子第一女名，臣等恭視中書官用印邊龍箋寫進。所有頒賜吉期，恭候欽定填入。謹具題以聞。"

　　十五日癸巳①，大學士沈一貫、沈鯉、朱賡題："竊聞左②右有買雀放生祝延聖壽者，固是一點忠愛，臣等以為未廣也。羽族之微，施猶未徧，而欲昭格上帝，其將能乎？區區愚見欲推廣此意，於本月十七日，在廷文武百官及天下入賀人員、四

① 己　"巳"當作"巳"。
② 左　明抄本"左"上有"五福以壽為先，積善必有餘慶。恭遇萬壽聖節，聞"十九字，是。通行本脫此十五字。

夷朝貢之使山呼萬歲之時，皇上特渙綸音，停罷礦稅，以示普天同慶之意。此時滿朝萬口，必將歡聲如雷，仰徹穹昊，不崇朝而謳歌溢乎四海，協氣塞於兩間，上帝臨之，介以景福，八荒壽域歙而爲一人之壽矣。而況有本支之燕詒以昌厥後，有堯舜之鴻名以傳不朽，其爲利益何以加此哉？夫當礦稅之行也，是以天下爲籠，而萬物一無所逃也。今既撤也，釋倒懸之民，登春基之上，猶天空任鳥飛，而無一在樊籠之中者，何必買而放之也？《天保》之詩祝天子萬年，而必曰'羣黎百姓徧爲爾德'，意正如此。臣等不勝犬馬下情，輒敢以是爲獻。惟念恩自上出，不敢漏泄，謹親自潦草手書，密進御覽。因擬敕諭一道併進，伏候渙發施行。臣等不勝延頸跂望之至。

擬敕諭稿

諭户部：朕惟民者邦之本，財者民之命。朕自御極以來，無一念不在愛民節用，欲與同享太平。比因宮殿未成，不忍加派小民，權宜行礦稅之策。不意奉行者非人，反致貽害歛怨，朕甚痛之。今值天下華夷朝賀之辰，明示朕心。一切礦稅内臣，俱着撤回聽用，以後不許妄奏復行。錢糧已徵在官的，着盡數解進，未徵的不許再徵。布告四方，俾共知悉。"

是日，以中秋令節，頒賜輔臣上尊珍饌。又賜元輔膳九品、秋露白酒五瓶、月餅五個，次輔每膳七品、秋露白酒三瓶、月餅四個。

十六日甲午，大學①沈一貫、沈鯉、朱賡題："恭遇萬壽聖節，禮當慶賀，奉旨傳免。臣等謹偕在廷文武，暨天下華夷齎捧朝貢官員人等，於五鳳樓前大班行禮，恭伸祝頌，外伏念臣等備員輔弼，受恩深厚，與在廷諸臣不同，擬是日恭詣仁德門，行五拜三叩頭禮，少伸忠愛無已之心，竊比三祝聖堯之意。謹具題知。"

十七日乙未，萬壽聖節，輔臣詣仁德門叩頭慶賀。賜元輔燒割一分、甜食一大盒，次輔每燒割一分、甜食一小盒。管待

① 學 "學"後當脱一"士"字。

酒飯，又賜上尊珍饌。又賜元輔膳十一品、壽麪全、長春酒五瓶，次輔每膳九品、壽麪全、長春酒三瓶。

二十日戊戌，大學士沈一貫、沈鯉、朱賡題："照得東宮講筵侍班官原設二員，今缺一員，講讀官原設六員，今缺一員。臣等推得南京吏部右侍郎葉向高，堪補侍班官，詹事府少詹事兼翰林院侍讀學士黃汝良，堪補講讀官。伏乞敕下吏部，將葉向高改禮部右侍郎，兼翰林院侍讀學士，行取前來，黄①汝良合候命下，令各欽遵供事。臣等未敢擅便，謹題請旨。"

① 黄 "黄"上當有脱文。

是日，又題："爲作養人才事。先該臣等題奉欽依，將萬曆二十九年考選庶吉士王陛等二十二名，考試散館，評品得李胤昌等十四人除授翰林院編修、檢討等官訖，其王元翰等八人，蒙敕吏部將王元翰授吏科給事中、吕邦燿授户科給事中、曾六德授禮科給事中、袁懋謙授兵科給事中、宋燾授浙江道監察御史、王基洪授江西道監察御史、陳宗契授福建道監察御史、馮奕垣授湖廣道監察御史。三十一年九月具題，未蒙俞允。臣等看得，各官肄習三冬，才猷明練，同學諸臣一半授官踰年，而一半尚在候旨。今科庶吉士新者時下入館，而舊者未有着落，乃臣等作養人才未完前件，心實不忍，責亦難辭，何敢避煩瀆之嫌、而不爲之懇請？伏乞俯賜俞命，准各照原擬供職，實爲恩便。謹題候旨。"

二十二日庚子，大學士沈一貫、沈鯉、朱賡題："臣等繆充大任，過受鴻私，天下之人共攢責於臣等。皇上居深宫之中，不見羣臣、百姓，則自謂可塞耳掩目，而置人言於弗理矣，若臣等不然，日出入於長安門，勢不能避絕人事，必當與之相見也。兒童走卒，無非鞭策臣等之言，流離瑣尾，無非感悟臣等之狀。乃者齎捧官來，開口即說礦稅，各處書來，未開緘而知其說礦稅。今臣等如何抵對？如何搪塞？搪塞抵對，前非一朝，巧舌如簧，不過增謊。皇上於章疏可以留中，而臣等之書揭不可無答語。時時户外羅無對業之冤家，日日街前列不欠錢之債主。按劍相視，詬語橫加，更至迭來，曾無虛咎。欲解之不能解，欲償之無可償，開口亦罪，不開口亦罪。咸詈臣等之口非口，臣等之心非心。而自頭至足，無非可羞可恥之態，又何面孔向人也？每欲乞身，而皇上不許之乞矣。嘗求面見，而皇上又不許見之①矣。惟有揭帖數行，仰干御覽，而一閣之外，遠於萬里。智慮短淺，不當聖心，即蒙溫諭，亦少所施行，而非有益於短長之數，能不惜忝職之闕、而傷天聽之高乎？君父之過，臣子不宜顯言，於是結舌吞聲，掩袂回面，而使涕泗內流，抑癥爲病。知臣等者，謂臣等忠憤無聊，不知臣等者，謂臣等狂惑失志。每日過社壇門，則呼皇天后土而禱，過太廟門，則呼祖宗列聖而禱。願皇上回心向道，無搖丕基，放逐臣等，更付能者。此實區區之同情，而無一字之假飾者也。臣等所欲言者，皇上知之已久，不須再言，謹略據其危苦憂勞之極慮，冀回聰明剛健之聖心。皇上雖至尊，必不能縱情自便、居深宮以爲安，諺所謂'天下人安我亦安'，此至語也。必不可塞耳掩目，置人言於弗理。昔夏②丘邑人謂齊桓公曰：'願主君無得罪於羣臣百姓。'亦至語也。民者，邦之本，財者，民之命。棄其本，戕其命，而可以長享天下者，未之聞也。惟皇上念之，念之。臣等悲不自勝，涕如泉涌。謹具題以聞，祈候明命。"

是日，又題："爲纂修玉牒事。照得纂修官詹事府詹事兼翰林院侍讀學士唐文獻，已奉欽依陞禮部右侍郎，兼官及東宮侍班照舊，掌翰林院印信，教習庶吉士去訖，前項事務缺官管理。臣等推得國子監祭酒蕭雲舉，堪充纂修官，相應量陞詹事府少詹事，兼侍講學士，令其赴館供事。再照制敕房辦事大理寺左寺副孫能傳，係舉人出身考選入直，一應辦理文書、校對玉牒，頗效勤勞。節查嘉靖四十四等年事例，凡係舉人中書，資俸相及，例得優轉部屬，萬曆十四等年袁表等、二十二年張天秩等、二十五年汪一元、二十六年楊俊臣等，皆歷俸五年以上，前後推陞戶工部屬。今孫能傳歷俸六年，資序已久，事體相同，相應照例陞補部屬。大理寺左寺副加正六品俸章伯輝，歷俸已久，今校完帝系本冊，頗效微勞。及查有喬承華、陳珩事例相同，

① 見之　明抄本作"之見"，是。通行本作"見之"，誤。

② 夏　明抄本作"麥"，是。通行本作"夏"，誤。

合將章伯輝量陞禮部主客清吏司員外郎，照舊辦事。伏乞敕下吏部，查照施行。臣等未敢擅便，謹題請旨。"

二十三日辛丑，大學士沈一貫、沈鯉、朱賡題："今日文書官傳出聖諭：'諭內閣：朕因文武大小九卿科道官手執公本，齊赴文華門上本行禮，前有旨：修省實政，靜俟次第發行，文武大臣都着安心盡職，共濟時艱。如何又來瀆激奏擾？恭照祖宗制度，朝儀肅靜尊嚴，凡有軍國大計，許實封本從會極門授進，聽候裁奪處分。近來不知何物設意作俑，朝廷但行一事，若妨己之私弊，便烘然羣起，挾迫君上，要譽沽名，全不思念君臣大義，恣肆成風，是何禮體？卿等爲朕轉弼股肱，可即傳示省改遵行。諭卿等知。欽此。'宸旨森嚴，天威孔赫，臣等讀之，神魂戰越。竊惟近年以來，天下久罹礦稅之苦，而又習聞停止之言，跂望恩綸，以日爲歲，自縉紳至於兒童、隸卒，無人不同此意，自都會至於窮鄉僻塢，無處不同此言。諸臣之舉，實迫於天下之公心，發爲天下之公論，莫爲倡首，而羣然同詞，莫爲結約，而翕然並驚者也。不能稍移天心，而至於上干天譴，誠信未孚，能無悚惕？昔唐虞之時，君曰都，而臣曰俞，君曰吁，而臣曰咈，上無失德，故下無煩言。假使堯舜而有顛危之勢，則臯夔必不能守其趨蹌之節矣。語曰：'救焚者趨，拯溺者濡。'水火方急，而暇爲從容乎？今皇上所行之事，非常之事也。天下莫不失其常心，而臣子安能守其常禮？人心離，故人言生。人心急，故人言多。欲朝儀靜肅，天位尊嚴，當收天下之心。欲收天下之心，當恤天下之言。百姓不能言，而羣臣代之言，怒羣臣是怒百姓矣。羣臣不敢怒，而百姓皆敢怒，百姓怒則人皆讎敵矣。昔周厲王好利，以榮夷公爲卿士，萬民攻之，而出奔於彘。唐玄宗置左藏庫，聚歛無藝，而出奔於蜀。唐德宗置瓊林大盈庫，稅間架，除陌錢，而出奔於奉天。當此之時，委朝儀於草莽，爭糲飯而不飽，豈復有君臣上下哉？早聽人言，必不至此，覆轍在前，可爲永鑒。今諸臣受國深恩，感時多故，千章萬牘，總出懇誠，迹雖近於迫挾，而原其本心，不過欲安民，欲弭亂，欲皇上爲堯爲舜，此其迫挾處正是恭敬處，其心切故不知其迹之至此也。君臣大義，正當如此，豈可罪之爲激爲瀆乎？伊尹告太甲曰：'言有逆於汝心，必求諸道。'伏望皇上恢弘聖度，特賜優容，取逆耳以悅心，固宗社之永計，曠然改易絃轍，下一罷礦稅明詔於羣慮不及之時，使言事之口淡而無味，憂國之心化而若忘。朝儀常肅，天位常尊，都俞吁咈之風，當不遠矣。臣等不勝惓惓，謹奉御札尊藏閣中外，回奏以聞。"

二十四日壬寅，奉聖旨："天陰落雨，皇太子八月二十四日暫免講讀一日。"

二十六日甲辰，大學士沈一貫、沈鯉、朱賡題："竊照戶部錢糧，年復一年，極爲難處。昨日尚書趙世卿來，備細講求，因出一揭示臣等，臣等不得不明爲皇上言之。內庫金花銀兩，每年額進一百萬，此祖宗定制也。皇上增加買辦銀二十萬，初亦謂之暫時加耳，不意遂爲永制。太倉所入止有舊額，而此項買辦原無加派，自萬曆六年至今共進過五百二十萬，從何處得來？不過將邊餉錢糧那移湊數耳。彼既取盈，此益空罄。今年邊餉該三百七十二萬，而僅發得一百八十四萬，尚欠發一百八十七萬。轉眼十一月，又該題發三十三年分錢糧矣。內供固急，而邊供尤急，脫巾而起，當奈之何？邊臣催如星火，部臣憂在燃眉。敢以是請於上前，即不能渙發內帑以助邊計，亦宜稍寬買辦而急邊計也。蓋計臣之所以忠於皇上者甚大，所以慮夫社稷者甚深，皇上允其請，亦必出此策，即不允其請，何能不出此策？惟蒙賜允，則皇上之大惠，計臣之至幸也。又惟今年順天、保定、遼東、山東、陝西、鳳陽六處撫按俱報水旱災荒，請發內帑漕糧，以爲賑濟。即今道路流移如繩似水，民已悉去其鄉矣，當年秋糧、夏稅斷不能完，來歲京運、民運斷不能供，然則邊餉之難處更數倍矣。蓋彼六處撫按地方，居天下之半，又沿邊一帶緊要去處也。沿邊不能自給，安得不告求於部？告

萬曆起居注

求於部者尚急，又安得有徵解到部？戶部處發循常京運尚爾拮据，又安能代出民運之一半乎？又安能旁及賑濟之特典乎？空乏之來，已非一日。苟可以搜括催趲者，係是部臣職掌，豈敢更愛餘力？惟是無藝之徵，原非額內常派，則在皇上曲加體念耳，安得不懇懇以請也？蓋民供自有定額，而不可加，近又以稅使撓之，而民供益詘。邊餉自有定額，而不可損，近又以內供妨之，而邊餉益詘。皇上如不以九邊爲急則已，如以九邊爲急，尚宜大發內帑，以慰庚癸之呼，何可不且停買辦以寬持籌之急也？譬之取羊皮太多，則羊羣自稀，構宮室太盛，則林木必少，安有帑藏之陳陳相因若是，而財源能滾滾不竭者乎？剖①之百姓則百姓窮，攘之有司則有司窮，此理之常，近而易見。但有司窮，是有司之苦，猶得哀訴於上前，百姓窮，百姓受苦不過，九邊窮，九邊尤受苦不過，彼必不哀訴於上前，而自爲所欲爲，國家大憂何忍言也？臣等與尚書趙世卿語及於此，相對涕泣，敢不爲之助奏？伏乞聖明大加之意。臣等不任徬徨之至。"

是日，頒賜輔臣，每員楊梅一小簍。

二十七日乙己②，大學士沈一貫題："臣入秋以來，嚏病屢作，勉強趨事，每日汗流如漿。二十四日夜，感冒發熱，今雖稍解，尚須將息。緣以三日不入閣，敢乞賜假調理。臣不勝俯伏待命之至。"奉聖旨："卿偶疾，暫時准給假旬日。上天示警，朕正修省不遑，卿爲元輔，調爕匡弼，共濟時艱，眷倚方切，稍可即出佐理。吏部知道。"

二十九日丁未，大學士沈一貫、沈鯉、朱賡題："昨該兵部覆奏宣大總督楊時寧《爲狡虜挾賞突犯官兵拒堵出邊查參失事官員等事》，蒙皇上發下臣等票擬。臣等伏思，該鎮失事重輕，雖未輕勘報，而地方官員不協力堵戰，不能無罪。當此秋防正嚴，宜加天語戒飭，使各邊知警。乃一時擬上，未及嚴旨處分，恐無以激勸將士。今增擬數言，伏候聖明裁奪施行。不勝願望之至。謹具題以聞。"

① 剖　《敬事草》卷一六作"掊"，是。

② 己　"己"當作"巳"。

萬曆三十二年九月戊申，朔。

三日庚戌，大學士沈一貫、沈鯉、朱賡題："昨日管鎮撫司李楨國投臣等揭帖三個，分別見監人犯上請聖裁。臣等看得，重犯王官等一本及内犯牛雲鵠等一本，俱有輕重不等罪名，打問既已明白，合送法司坐擬。其犯官華鈺等一本，俱因礦稅事起。臣等虛心評論，諸臣沉淪既久，懲創已深。天下之民未出於水火，所以驚相傳告，日傳日多，縉紳見時，語必首及。其中有素著名稱者，至今地方尸祝而祀之，人心同悲，若悲其親戚，而無不求所以出之者，誠急之也。民之所好好之，此之謂民之父母。皇上宜曲體羣情，俯從寬典。臣一貫往年親奉玉音："許釋放他，有官的選與他官做。'恭繹此旨，乃天地父母之心也。今天時人意交屬更切，臣等敢以爲請。即不仍與官做，亦宜早從恩釋，以證皇上之於礦稅果有停止之日，以證皇上之於萬民實有仁愛之心。先露端倪，解其饑渴，所赦之人有數，所感之人無窮。此聖政之一大端，不可以復緩者也。臣等用是不憚屢瀆，懇懇仰跂。伏乞即賜裁斷，將李楨國疏批發施行。幸甚。"

四日辛亥，大學士沈鯉奏："爲衰年廢足復遭跌損寸步難行懇乞天恩憐允休致事。臣年七十四歲，而有痿廢之疾，故有去年九月至今年五月，累疏乞休，實非得已。只緣兩奉宣諭，臣子之禮，不敢不扶病強出。嗣是每晨每夕，左扶右掖，出入長安門中，既褻朝廷之體，且違止足之義，引疾求去，理固宜然。乃適天災時變，主憂臣辱，臣亦何忍言去？而頃累奉明詔，仰見聖心克謹天戒，勤恤民隱，駸駸太平可望，臣益不忍言去，居恆心口相語，自今以後惟有鞠躬盡瘁而已。不期本月初三日，自閣還寓，偶值陰雨，下階傾跌，以致久廢之足，傷損加重。其痛如刺，其骨欲折，但一輾轉牀蓐，必須倩人扶掖，豈能勉強趨直？豈復望有起色？伏乞聖慈垂憐，准臣老疾致仕，少被曠瘝之罪。臣無任悚仄待命之至。"奉聖旨："上天示譴，正君

① 瘳 明抄本作"瘳",是。通行本作"廖",誤。

臣交儆之時,卿宜殫竭忠猷,佐修實政,以稱朕眷倚之意,何可遽求引去?足疾未瘳①,准暫假調治,稍可即出贊理。不允所辭。吏部知道。"

六日癸丑,大學士沈一貫、沈鯉、朱賡題:"爲公務事。照得內閣書寫制敕等項文書並四夷館教習官生年例,該用炭二萬斤。合無照例於內俯惜薪司、工部各支一萬斤應用?未敢擅便,謹題請旨。"

七日甲寅,大學士沈一貫、沈鯉、朱賡題:"准兵部手本開稱,該本部題,萬曆三十二年九月十五日考試天下武舉官生,例用考試官二員,合行翰林院題請簡用。奉聖旨:是,欽此。備行到院。臣等推得堪任正考官二員、副考官二員,列名上請,伏乞於內各欽點一員,令於十三日早入場供事。內左春坊左中允區大相,年資已深,如蒙點用,乞量陞右春坊右諭德,兼翰林院侍講。臣等未敢擅便,謹題請旨。
　　計　開
堪任正考官二員:左春坊左諭德兼翰林院侍講吳道南、右春坊右諭德兼翰林院侍講翁正春。
堪任副考官二員:左春坊左中允兼翰林院編修區大相、右春坊右中允兼翰林院編修楊繼禮。"奉聖旨:吳道南、楊繼禮有點。

是日,又題:"照得今月係武舉會試之期,初九日第一場,十二日第二場,十五日第三場。例有御史二員充監試官。先該都察院具題,將吏部擬補河南道監察御史王業弘、山東道御史葉永盛,請旨委用,未蒙俞命。今試期已迫,欲臣等代催。臣等竊惟,試期在初九日,今已初七日,即得命下,明日尚可辭朝入場,不致誤事,否則監察無人,奸弊叢集,何以成制舉?今御史見在缺人,掌道、侍班、管城及各監收、巡視等項,常以一人兼數事,委實不敷,而王業弘、葉永盛皆原任巡按丁憂服滿候補之御史,與他未任候補者不同,況此監場不過旬日暫差，又與大中等差不同，伏乞皇上俯念，即賜允發，庶彝典無誤，獲告成事。臣等謹爲代題，伏候敕旨。"奉聖旨："朕因動火足痛，連日調攝，未經細覽文書，原無別意。卿等即傳王業弘、葉永盛，准着監試武舉去。該衙門知道。"

八日乙卯，大學士沈一貫、沈鯉、朱賡題："昨該臣等具揭，請速點監試武場御史，未蒙批發。明日初九日已屆初場，當事諸臣今早皆辭朝去矣，而監試者尚缺，誰爲稽察弊端？此國家大典，臣等不敢不再請。伏乞即賜允行，不勝跂望之至。謹具題以聞。"奉聖旨："是。該衙門知道。"

九日丙辰，以重陽令節，頒賜輔臣上尊珍饌。

十日丁己①，大學士沈鯉奏："爲恭謝天恩事。臣抱病乞休，伏蒙聖恩遣御前牌子張進，臨臣私寓，頒賜臣鮮豬一口、鮮羊一腔、白米二石、甜醬瓜茄一罈、酒十瓶。臣扶病望闕叩頭祗領訖。伏念臣燮調罔效，災異時聞，久貽尸素之羞，積有陰陽之患。籲嚴宸而待斥，未許投閒，廑溫詔以勉留，仍蒙予假。布陽春於中使，分湛露於尚方，白粲黃流晶光相映，兼牢旨蓄芬苾俱陳。無能正席先嘗，徒有撫牀以泣。對揚休命，寧忘大造之恩？歸正首丘，猶冀曲成之澤。無任感激陳謝之至。"奉聖旨："覽卿奏謝，朕知道了。卿宜善加調攝，早出佐理，以副眷懷。禮部知道。"

十一日戊午，大學士沈一貫題："臣於八月二十七日因病乞假，伏蒙聖慈容臣旬日調理，感激鴻恩，何勝名刻？今病未愈，謹以悃款上聞。臣入仕三十七年，叨承皇上非常知遇，在講幄者十二年，在政府者十一年，人臣遭際聖明，隆眷厚錫，未有如臣者。皇上幸不棄臣，臣何忍內顧其身、以負天地弘造？顧臣有欲言而不敢言、又不忍言者，遲回久矣，人子至情，終天大恨，方寸已亂，有難收拾，今不得不言，輒敢泣血號呼於聖

① 己 "己"當作"巳"。

主之前。臣於萬曆三年喪母，家寒力薄，營葬無資，臣麻衣草鞋，獨入深山，霜雪偃薄，手足皸裂，如是兩年，始買得一席之地，斂容旋葬，極其草略。及萬曆十九年喪父，不忍分葬，合阡一處，深山之中，土功難起，因陋就簡，取沙石以補空缺，臣雖身親畚鍤，猶忖築欠堅①。今離家十二年，乏人看管，草木湮沒，有同丘隴。目前義男來報，墳基傾壞開裂，有縫道不等，再上二三尺便是正穴之處，未知的係何日，又未知是山水浸灌、是牧豎侵伐、是牛羊踐踏，皆無指證。臣亦不忍追究下落，以驚動山隣，只自悲愴原欠堅固，久不經管，以至於此。躃踴哭泣頭暈如輪，忽然昏黑，不知人事。合家奔救，良久始蘇。臣之病情原出於此，臣豈不戀闕？乞②假，但臣有千難萬難不可盡言者。事干墳墓，偶與祖陵災變相似。從實奏請，恐皇上以爲託辭。若不實言，臣心無由上達。又恐疑臣以爲借此求去，昧臣本心。欲姑遣胸中，付之於無可奈何，則事關父母，所③，從來，修葺不早，暴露棺槨，非人子之情。風氣日泄，人口不安，亦非家門之利。心中缺處，無從而補，縱有良藥，於何可施？待斃而已，何益之有？古今諺云：人被遠人呼喚則嚏。臣今日日噴嚏，有連數十聲不休者，明是父母喚臣。方寸之中，如同亂麻，真是立不安、坐不寧矣。查得《大明會典》，京官六年，許請假省墓。正統朝大學士④張孚敬，皆係當國首臣，曾讀展墓，俱蒙恩許。臣憑恃恩私，欲請展墓，但恐倉猝披陳，皇上未必俯亮。臣心鬱而不明，臣言抑而不行，不惟加愆，抑且加病。謹將此一片哀苦，先具揭帖上聞。儻蒙俯照臣萬不得已之情，垂憫臣父母棺槨暴露之苦，許臣暫歸，俾得及早擇日補築掩閉，則狗馬之心少安，而狗馬之病可治。聖心如未厭臣，臣不敢不竭蹷赴闕以效餘忠也。伏叩聖慈，必祈示許，乃敢恭具奏本，大廷披陳。臣無虛一辭以負恩眷。不勝徬徨哀懇之至。"

十四日辛酉，大學士沈一貫、沈鯉、朱賡題："竊惟目下至急之務，惟在邊餉缺乏，下半年尚欠發一百八十七萬，十一月

---

① 忖築欠堅 明抄本作"悔杵築欠堅"，是。通行本作"忖築欠堅"，誤。

② 乞 《敬事草》卷一六"乞"上有"豈不愛身？日夜延醫調理，亦欲奏聞"十四字。是。應補。

③ 所 明抄本"所"字上有"身"字，是。通行本無此字，誤。

④ 士 明抄本"士"下有"楊士奇，嘉靖朝大學士"九字，是。通行本無此九字，誤。

以後又該發萬年之餉矣。要在此兩三月內盡補前數，各處災荒之地徵解不來，戶部真束手無策，不得已請停免內府買辦，爲此項原無加派，每年在邊餉內那移，今那移之計亦窮，惟有上懇聖明俯賜停免而已。臣等非不知上供當急，而邊情之急關係尤重，祇得再爲之請。儻蒙慨賜停免，幸甚，不然，即如該部所議少寬一、二年，竢餉充之日照舊辦進，惟皇上命之。該部又欲再借老庫銀三十萬以救燃眉，本內不敢言，而央臣等言之，蓋又萬不得已而出此策也。竊念邊軍爲皇上執干戈衛社稷，萬分勞苦，萬分窮困，先朝常於例外賞犒，豈得缺其常例？近日虜中動靜不比往時，中外人心凜凜，有叵測之憂，望皇上萬分加意邊事，急急整理，勿以尋常視之，以貽噬臍之悔。臣等不勝願望之至。"

　　十六日癸亥，大學士沈一貫奏："爲恭謝天恩事。本月初十日，臣因臣父母墳墓圮壞，欲請假暫歸修理，誠恐下情難於上達，先具揭帖備陳苦悰。十六日該文書官冉登，恭捧聖諭到臣寓所：'諭元輔：卿前偶疾，朕已有諭調理旬日，即出贊理，何以省墓乞去？朕覽惻然弗寧。卿自講讀，忠勤啓沃，簡任察勿，懋著勳勞，純誠敬慎，朕素鑒知。矧災變異常，正君臣交儆之時，且國家多事之日，卿爲元輔，特賴贊襄，豈宜離朕？安忍求歸？宜早出輔政，以副朕惓惓佇望至意。特諭卿知。欽此。'臣謹焚香叩頭祇領訖，不勝感泣。伏念臣以中下之材，被非常之眷，自筮仕至今日，無時不荷生成，自祖父及子孫，無人不霑榮渥，天地覆載，莫可名言，體髮肌膚，視非己有，豈惟皇上不欲棄臣？臣何忍暫歸①皇上？況茲天變頻仍之日，聖心憿動之時，雖至愚極陋，無所建明，而效涓呈埃，真其始願也。緣八月間原籍義男林哲，來報臣父母墳地圮壞之狀，臣聞之四體若焚，五內如割，覺有一物擊臣首者，顛隕仆地，良久始蘇，自此不能頃刻安矣。但時值慶辰，情深戀闕，再思三思，千忍萬忍，不敢遽塵於至尊之前。乃今則旅夢數驚，子情日迫，欲不請則不能不請，欲遂請又恐不得請，故未上奏本而先以揭帖，

① 歸　"歸"當作"離"。

誠冀皇上鑒臣之苦，有出於尋常敷奏之外，允臣之去，亦出於尋常批發之外也。乃聖諭惓惓，是猶以曩時厚臣之心厚臣，而所以被飾之玉成之者，有加無減，誠體貌之盛節，教忠之至慮，千古一契，三生偶遭。臣跽讀未畢，而心神慟絕。葵猶向陽，犬尚戀主，物類如此，人寧不知？孤聖恩而求私便，誠罪也。顧臣之求假，非臣之心，實臣之命。父母生臣，臣猶在而父母不復在矣，父母不復在而丘隴在，猶父母也，岸爲谷而不顧，顙有泚而不戚，此以路人視親，而烏用此子爲也？臣在朝言朝，求去似忍於違君，在家言家，不去實忍於忘親。分身無術，狼狽難居，第有百頓千叩，感激聖恩而已。臣茲陳謝，胡敢縷言？臣不勝辛楚瞻戀之至。所有聖諭一道，祗奉尊藏，以爲鎮家之寶。謹具奏恭謝以聞。"奉聖旨："覽卿奏謝，朕知道了。卿宜遵諭旨，先國後家，即出贊襄，以副朕眷倚之意。禮部知道。"

十九日丙寅，大學士沈鯉奏："爲衰病已極任職實難再懇天恩俯容休致事。臣以望八之年，而有篤廢之疾，頃者具疏乞休，伏蒙聖恩，溫旨眷留，中使存問，臣即捐糜頂踵不能圖報，何忍固辭？惟臣備員以來，入直之日少，而養病之日多，尸位素餐，官常久曠，神降之罰，三折其股，臣已受刖於蒼蒼之天矣。所恃仁覆閎下，畣賜骸骨，不致顛隕道路者，則皇上臣之旻天也。臣疲癃殘疾隱痛難堪，既苦不欲生，匡弼論思分毫無補，尤愧不欲生，是人之有死一，而臣之籌死二，臣不敢愛其死，惟得正首丘、無速官謗，臣得死所矣。伏乞聖慈憐而許之，臣不勝哀鳴懇籲之至。"奉聖旨："昨已有旨諭卿，調治稍可，即出佐理，何又有此奏？自災變以來，朕警惕不遑，正倚老成良弼，佐修實政。卿素秉忠誠，豈忍連章求去？宜勉遵前旨，加意調攝，以俟痊可即出。慎勿再有乞陳。吏部知道。"

二十一日戊辰，大學士沈一貫題："今日兵部題，會武宴例該閣臣一員主席，請旨簡命，發閣票擬，三輔臣虞將臣名擬上。伏念臣乞假註籍，豈能趨命？即次輔臣鯉，亦方請告，恐亦難承。宜即命三輔臣廩,庶爲便益。臣謹改票上進,幸賜允發。謹具題以聞。"

二十三日庚午,大學士沈一貫、沈鯉、朱賡題:"該南道御史王藩臣九年考滿,吏部擬陞恭政職銜,兩次具題,未蒙發票。照得南北科道,舊規一體陞轉。近者北道御史九年考滿,俱蒙皇上垂憫,准其推陞京堂,今藩臣以南道擬轉外任參政,爲其曾推副使故也,吏部於此已有斟酌,不爲過優。若九年考滿既無復任之例,又無陞任之職,則此官何所着落?伏乞皇上一視同仁,將吏部本允發,庶使士類知感,報禮並重矣。謹爲題請以聞。"

是日,大學士沈一貫奏:"爲驚聞墓圮寸腸百裂懇恩賜假歸省以申子情事。臣仰被知遇,超踰等倫,緣講幄之微勞,荷鼎司之重任,叨逾十載,躐冠羣僚,寵眷優隆,錫予頻渥,遭時遇主,無如臣者。曾無毫髮補報,豈敢愛惜捐糜、內顧私家、遠違天闕?但臣近有一片苦情,言之似孤負恩私,輕於去國,不言實虧損孝治,果於忘親,魂慘蕩以難招,心瞀亂而先去。躊躇經月,輾轉萬端,具揭上聞,備陳委曲,未蒙慈允,更勤手諭。除恭疏申謝聖恩外,實係萬分不得已之事,敢哀鳴於丹陛之前。臣先年喪母,無力營葬,匍匐萬山,兩易寒暑,纔實一地,僅如掌大,負土成墳。及臣父見背之時,不忍別阡,勉依合葬,窮山僻塢①,難施土功,培補空缺,半夾沙石,臣雖躬親畚鍤,已抱不耐經久之憂矣。頃家童來報,臺基傾圮,開裂多縫,去穴甚近,暴露可虞。臣聞之不覺驚呼號慟,昏暈仆絕。父母乃身所自出,墳墓乃體魄攸歸。前此杵築欠堅,罪已難逭,今又離家十二年,未遑省視,不早葺理,則山水齧蝕日深,樵牧踐踏日衆,必至暴露屍棺,泄越風氣。先靈失妥,後嗣何依?忠孝一理,孝有未盡,則忠無可移,君臣一心,臣有苦情,則君必矜亮。臣方寸已亂,涙下不絕,愁病日增,噴嚏不休,無愛乎有坐矣。伏睹《大明會典》,京官六年許假省墓。英廟時大學士楊士奇,世廟時大學士張孚敬,皆係當國首臣,

① 塢 "塢"當作"塢"。

請歸展墓，俱蒙恩允。臣今離家爲六年者二，而父母墳圮，尤前二臣所無。伏望皇上憫臣最苦難居之情，俯加哀憐，准暫假省墓，以廣聖明孝治，以畢微臣情事。臣意劇心悲，不能擇辭，無任涕泣懇祈之至。"二十九日奉聖旨："近來國家多事，卿爲首輔，正宜爲朕分憂贊襄，忘家報國，豈可堅意捨朕求去？不允所請。展墓事，着卿子尚寶司丞沈泰鴻馳驛代行修理。卿宜時下即出，勿得再陳。吏部知道。"

是日，又題："臣昨因父母墳墓傾圮，寸心割裂，舊病涌發，日深一日，先具揭帖陳見苦情，伏蒙皇上特賜手諭，遣中使到寓慰留。臣感激哽咽，謹具題稱謝外，日夜欲勉抑私衷，仰酬聖眷。今又八日矣，而天性莫掩，真情難抑，千廻萬想，窒塞難通，不得不再瀆天聽。臣年六十八矣，旦暮之事不可預知，而臣父母墓，原以一棺之地，強作兩穴，補轃客土，杵築欠堅，致有今日。是臣經手工程，須臣親手整理，不然則前已一悔，今復一悔，終天之恨，何可償哉？臣皮膚日皺如雞，腰支日削如柴，噴嚏歷回、五月不休，遂成鼻淵，豈是久生之兆？雙親墳墓，決宜臣自一歸。皇上有羣臣在朝，二臣在閣，惟所委任，可以無臣。而臣父母之所倚注者，獨臣一身，偃臥丘隴，患切膚①，臣不奔救，豈成人子？今天變雖多，聖心已轉，應舉實政，次第發行，太平在目，何必臣留？事在聖心，幾在聖斷，欲治即治，欲速即速，何必臣留？臣處朝端，真如針芥之在天地，而臣父母望臣，則如重圍之望救兵。臣老病難保，又如危葉之寄秋枝，權量緩急，輾轉至熟，乞假歸省，千該萬該也。臣若不顧皇上深思，而但圖一己私便，得已不已，則九廟神靈亦當殛臣，即臣父母亦當殛臣，臣心亦有神靈，亦當殛臣。實乃事出不料，勢在攻心，命之使然，非心之欲然。況臣止是乞假，未敢便言長往。儻天命覽臣，皇上不厭臣，則此身猶國家之身也。久羈長愁，想殺②，此身亦非國家之身也。皇上亦宜權量輕重，置臣於可生之路，尤愛臣之大者也。謹具奏於大廷之前，伏乞即賜親批，允臣一假。請假與告病不同，固請恐滋煩聒。又祈不發閣票，二臣雖甚憐臣，緣係同官有難下筆也。

① 膚 明抄本"膚"上有"剝"字，是。通行本無此字，誤。

② 殺 《敬事草》卷一六"殺"下有"悶殺"二字，是。

臣不任哀籲之至。"

二十四日辛未，大學士沈一貫、沈鯉、朱賡題："伏蒙命臣等擬皇第八子名，臣等謹欽遵恭擬上進，伏乞聖明簡擇點用。謹具題以聞。

謹擬皇第八子名常字行溥（音普，大也，徧也）。"

是日，大學士朱賡題："伏念臣才識短淺，年力衰遲，竊祿三年，愧無寸補，惟賴聖明獨斷，同官協恭，臣竊在下風，碌碌受成事而已。頃自災變流行，聖心兢惕，一應修有實政，次第舉行，正四方翹仰之時，萬幾紛沓之日，所需於老成良弼，非淺鮮也。乃首臣一貫以展墓請，次臣鯉以足疾請，杜門不出相將一月矣。二臣各有至情，雖無別故，而社稷爲重。機務方殷，今①衰病無用之人代之，即每事諮詢，不敢專擅，而揆之政體，終屬未妥。儻少有差誤，臣安所逃罪？臣不足惜，如國事何？頃聞臣一貫又具疏揭申請，臣鯉亦稱病不已，臣往叩其門，不得見。夫皇上方敬天勤民，維新聖政，舉朝無不歡欣鼓舞，願觀德化之成，而一二心膂之臣，乃猶閉門不出。臣謂二臣平生忠愛，必不忍若是恝也。伏望皇上特渙綸音，諭以大義，亟促二臣早出佐理。使政本有人，不以代庖廢事，而實政之修益將沛然溢乎四海，豈獨臣伴食者之私慶哉？臣無任懇切仰望之至。謹具題以聞。"聖諭："朕覽卿奏，具見忠愛敬慎。今上下交儆之日，國家多事之時，且先國後家，事君致身，乃是綱常大義，政本股肱，豈宜虛曠？使着鴻臚寺堂上官，前去二輔之寓宣諭，時下即出，弼成化理，以副朕眷望至意。卿即傳示遵行。特諭卿知。"

二十五日壬申，大學士沈一貫、沈鯉、朱賡題："今日文書官傳出聖諭：'諭內閣：朕覽卿等奏揭，鎮撫司見監人犯，上請特恩，具見體悉敬慎。且各犯昨爲礦稅羈囚，原因衆官不顧君臣大義，只圖要譽市恩，牽扯瀆激，故致遲緩處分。今災變異常，正修省之日，既卿等懇奏，前李楨國所開監犯王官等，俱

① 今　明抄本作"令"，是。通行本作"今"，誤。

送法司擬罪具奏，內犯牛雲鵠等，都着解送錦衣衛監候發落，不許疎縱，犯官華鈺等，俱姑着革了職爲民，不許朦朧推用，以昭朕仰體上天好生、祖宗仁愛誠意。卿等傳示遵行。諭卿等知。欽此。'又奉聖諭：'諭內閣：朕覽卿等屢奏戶部急缺邊餉數多，朕豈不知邊關緊要寒苦？但宮中進賜費用，比與先年不同，故增員辦銀二十萬兩，內帑尚不足關支，今加礦稅銀兩協濟支用。卿等爲朕輔弼股肱，亦宜體悉朕意。其買辦銀兩，俟有積餘，盡數停免。還着或動老庫，或馬價銀兩內可借支的，作運給發，毋得遲延，待催徵拖欠銀兩補給。卿等傳示遵行。諭卿等知。欽此。'臣等捧讀，仰見皇上寅畏天變，修行實政，舉手加額，口呼萬歲者三，蓋愁腸一開，不自覺其手足之舞蹈也。伏念繫獄諸人，困苦已極，天下無不哀憐之，延頸而望今日久矣，一旦放之牢籠之外，傳播道路，歡聲動天，所以頌皇仁而祝聖壽者，何但二三縲囚？必崇朝而啟迪四海。而臣等亦得施面目以見天下士大夫，其爲私感私慶，又可知也。惟是四海九州仰望如天之澤、出之水火之中者，不止此數人，誠一推廣此心，使人人無向隅之泣，亦不過一舉手之間而已。至於庫藏錢糧，臣等豈不知近日進賜繁多、不比往昔？苟使戶部稍可通借，民間稍可支吾，敢不仰體聖意？無奈財之入孔，止有此數，自有買辦以來，太倉進過五百餘萬，彼盈此虛，邊餉安得不缺？財之出孔，亦止有此數，自有礦稅以來，民間不知將幾百萬填補溝壑，拖欠安得不多？戶部不得已而請停免買辦，又不得已而思借老庫，即臣等前揭亦議及此。近訪得老庫之積，今止存五十萬，即太僕馬價，屢借不還，寺臣爭執，如割己肉，此等通那，總非長策，滿目災傷，從何追補？既奉明諭，臣等當與諸曹商議，且救眼前，其餘再作區處耳。竊觀近日缺官漸補，稅棍漸除，憲濫漸釋，正聖政維新之會、天心景順之時也。而比者客星猶復告眚，占在燕分①，則至迫矣。意者天下之所最苦、而天心之所最屬望者，尚不止於前數事乎？伏望皇上於根本緊切處，一大轉移，則無有急於罷礦稅者，爲泰爲否，惟聖明裁擇。臣等無任跂望哀懇之至。所奉御札二道，敬尊②藏

① 分　明抄本"分"下有"夫客星者，賊星也，占家之所最忌也。而占在燕分"十九字，是。通行本脫此十九字。
② 尊　"尊"當爲"遵"。

閣中。謹具回奏以聞。"

二十六日癸酉，大學士沈鯉奏："爲病苦萬難供職再懇天恩俯容休致事。臣本月十九日具奏乞休，伏奉聖旨：'昨已有旨諭卿，調治稍可，即出佐理，何又有此奏？自災變以來，朕警惕不遑，正倚老成良弼，佐修實政。卿素秉忠誠，豈忍連章求去？宜勉遵前旨，加意調攝，以俟痊可即出。慎勿再有乞陳。吏部知道。欽此。'臣聞命自天，兢兢業業，已自不安。隨又該同官臣賡具揭，以閣務殷繁，首輔一貫與臣不宜相繼乞歸，其言甚正。臣上感天恩，下激友誼，國爾忘身，自其本心。乃崛起牀蓐再三，而氣息奄奄，旋復困卧。臣將奈何？夫首輔之請假乞歸也，往年未了之事，一時偶觸之情也，事或可以人代，情不妨於漸伸，急固可急，緩亦可緩，何必是時？若臣所以呼天呼父母者，則剝牀切膚之災、而危急存亡之秋也。禮法所在，既不可舁疾趨朝，機務所關，復不能忍痛辦事。臣縱欲犬馬圖報，不惜此旦暮餘生，而退憂曠瘝，進虞覆餗，反復躊躇，惟有一歸或可逭責。臣今於送終衣衾已無不備，所少者一旦二日之可爲者而已。伏望皇上軫軍國重務，特敕首輔亟出贊襄，推矔貸餘恩，准賜羸臣得歸骸骨，斯仁至義盡，而公私兩得其便也。臣無任懇切待命之至。"奉聖旨："國家多事之秋，朕眷留老成，業有屢旨。卿既云國爾忘身，何又疊求引去？元輔朕已勉留了，卿宜與協恭戮力，共襄化理。稍可即出，勿得堅辭。吏部知道。"

是日，以皇子誕生，頒賜臣一貫銀一百兩、紵絲四表裏，臣鯉、臣賡每銀八十兩、紵絲四表裏，及講官周應賓等有差。

二十七日甲戌，大學士沈一貫題："臣於二十二日具奏《爲驚聞墓圮寸腸百裂懇乞賜假歸省以中子情事》，又因奏詞踢踽，未足以盡達臣意，另具一揭，隨本同進，庶望聖慈憫臣迫切至情，異於尋常，祈請一覽而斷，不俟終日也。今既數日未奉聖俞，五内如灼，何勝懸跂？念臣乞假省墓與告病不同，病者有時而愈，愈則可無再請矣，若臣情事至苦且急，無可中止之理，又非可使人代爲之事，臣之二揭二奏，淚出痛腸，殆滿一斛，伏惟皇上大孝錫類，至仁體物，冀垂俯照，敢復再揭恭請恩命。臣初營葬地，止容一棺，第以合葬爲心，勉強分爲兩穴，局勢逼促，殊多補葺。又南方地薄，葬淺不淺①。今也不幸，至於發洩，定須臣經手營造之人，方可爲下手補葺之計。而臣老矣，恐一旦溘亡，即抱終天之恨，爲不孝之鬼。夫臣子一心，忠孝一道，不稱孝子，安稱忠臣？皇上何賴此不忠不孝之臣、而容之於朝乎？臣入仕三十七年，犬馬筋力，銷鑠已盡。今衰殘望七，而尚有人子不了之事，不可委託他人、徐待來日，烏鳥私情，莫此爲切。在廷少一臣，不過滄海粒粟，而臣父母九原之下，不可無臣，不啻餓之望食，寒之望衣，震風凌雨之望屋廬，臣棄不顧，大非人理。伏冀皇上憫念臣父母，以念及臣，賜之俞命，容省墓一行。訖工之後，若未即死，尚可趨赴闕廷酬報鴻造也。恭候親斷早允，幸勿發閣票擬，二臣同官，難以下筆，恐妨臣請。臣不勝涕泣哀鳴之至。"

①淺　明抄本作"深"，是。通行本作"淺"，誤。

萬曆三十二年閏九月戊寅，朔。

二日己卯，大學士沈鯉奏："爲恭謝天恩事。臣以極哀之年，而有篤廢之疾，猶復胃痛、疝氣，衆苦交攻，偃仰私室，官常久曠，方虞斧鉞之嚴，乃冒絲綸之寵，伏蒙敕諭傳示內閣：'朕覽卿奏，具見忠愛敬慎。今上下交儆之日，國家多事之時，且先國後家，事君致身，乃是綱常大義，政本股肱，豈宜虛曠？便着鴻臚寺堂上官，前去二輔之寓宣諭，時下即出，弼成化理，以副朕眷望至意。卿即傳示遵行。諭卿等①知。欽此。'隨該鴻臚寺堂上官張棟等，到臣私寓，臣強違病榻，謹設香案，恭聽宣諭，望闕叩頭謝恩訖。伏念臣九頓方興，旋復困臥，一息尚在，猶自呻吟，嗒爾繩樞，居然木偶，手不能執筆，口不能繪辭，惟感激涕零、啣結圖報而已。謹據衷悃，用矢對揚。臣無任感戴天恩悚息陳謝之至。"奉聖旨："覽卿奏謝，朕知道了。卿宜勉遵諭旨，以綱常大義爲重，亟出贊襄，勿負朕眷望至意。禮部知道。"

三日庚辰，大學士沈一貫奏："爲恭謝天恩事。臣以親墓圮壞，乞恩歸省，時二輔臣沈鯉亦稱病乞身，三輔臣朱賡上揭，欲留臣等。奉聖旨：'朕覽卿奏，具見忠愛敬慎。今上下交儆之日，國家多事之時，且先國後家，事君致身，乃是綱常大義，政本股肱，豈宜虛曠？便着鴻臚寺堂上官，前去二輔之寓宣諭，時下即出，弼成化理，以副朕眷望至意。卿即傳示遵行。特諭卿知。欽此。'該鴻臚寺卿張棟等，恭捧到臣寓所宣讀，臣望闕恭行五拜三叩頭禮謝訖。伏念臣猥以庸劣，久玷樞機，積罪萬千，貽災父母，遂令安厝之所不免傾圮之虞，痛攢於心，若嬰芒刺。乞歸修治，在禮宜然，未遂請祈，過勤諭命，聖恩基厚，臣誼何逃？第處君親而難之間，實當進退維谷之日，天下無無父之國，不子何以爲臣？臣親有已歿之災，不救何以爲子？綱常並重，權量宜平。伏念化國之日舒長，況聖孝隆於錫類，太行之雲欲斷，況王政先於掩埋。惟泉臺獲長寢之安，而臣心釋

① 諭卿等　據上下文，當作"特諭卿"。

終天之恨。尚欲嗣請，庶冀恩俞。臣既啣環，親當結草。臣無任感戴瞻依之至。"奉聖旨："覽卿奏謝，朕知道了。卿宜勉遵諭旨，以綱常大義爲重，亟出贊理，勿負朕眷望之意。禮部知道。"

五日壬午，以皇子百日命名告奉先殿收回脯醢果酒，頒賜輔臣三卓。

六日癸未，大學士沈一貫、沈鯉、朱賡題："該吏部題奉欽依，左都御史溫純等誥敕命到閣撰述，臣等欽遵於九月二十六日撰過七十七道，封進御覽，未蒙批發，難以書寫請寶。照得舊規，每以秋季以九月二十九日用寶，茲已過期，伏望皇上俯賜檢發，以便遵行。謹具題恭請。"

七日甲申，大學士沈一貫題："臣屢承恩命，溫渥繾綣，極宜遵奉，何敢再瀆？但有不能不言者，伏望皇上宥其萬死，俯垂清聽。臣子泰鴻尚未敢謝恩，日日抱持臣身悲號躑躅，臣已老病，儻一旦不可知，亦不忍遣之去。蓋臣親之墓，若止經管一節，臣已差義男先回矣，必欲修葺，非臣不可，臣子雖去，無益分毫也。皇上慈旨，本爲省臣憂念，但臣父子處此，更增一番苦楚。生離死別，並在心頭，欲奉不能，欲違不敢，連日草奏草揭，屢作屢止，不能成一字，必臣與臣子同去，乃克有濟。計無所出，只得再叩皇上，伏望大發慈悲拯救之心，賜臣一假，上自父母，下至子孫，皆受無量恩德也。臣子因此亦感病註籍，尚俟後命。臣非敢抗違明旨，孤負恩知，以家爲先，以國爲後，實是萬不得已。情惛神悅，言不盡意。臣無任悲涕之至。"

是日，又奏："爲恭承慈旨冒罪再陳懇回聖衷俯俞哀乞事。臣以臣父母墓圯求假歸省，凡三次揭帖，二次謝疏，一次乞疏，六干聖覽矣。奉聖旨：'近來國家多事，卿爲首輔，正宜爲朕分憂贊襄，忘家報國，豈可堅意捨朕求去？不允所請。展墓事，着卿子尚寶司丞沈泰鴻馳驛代行修理。卿宜時下即出，勿得再陳。吏部知道。欽此。'又以同官朱賡具揭，伏蒙特遣宣諭。臣何勝感激？何勝慕戀？恭惟皇上固留臣行，又深卹臣私而曲處臣父母之事，尋常想不到處，悉以慈衷想到，至於'爲朕''捨朕'之旨，雖木石心腸亦當感激。而臣子泰鴻，么麼稚子，特辱馳驛之命，尤推恩異典，自來所無者。舉家損糜，莫酬弘造，臣敢復有所祈哉？然自命下，以至於今，臣父子日日抱頭痛哭，雖三尺童稚，莫不慘淡傷情，滿地淋漓，幾成溝壑，則真性難昧，深悲難遣，有不自知其所以然而然、難以言語形容者。臣十年唯諾於上前，雖有休致之請，而猶勉強承事，誠報國而忘家也，今豈以家事先國事哉？天心仁愛，聖心祇惕，日睹新政次第發行，事出宸衷之密移，非關臣下之贊助，固無須臣之留也。臣所獻替，不能於廷議之外更添一辭，枝①亦止此，又留須臣之留也。若夫修理親墓，必須臣經手之人方可下手，而臣子年少，未諳諸務，葬法多忌，尤難鹵莽，此一行也，明知其無益於輕重之數矣。臣乘國家之間暇，而以藁捏②掩親，惟此時爲然，非敢爲家而忘國也。昨奉明命，本出皇上體悉之至愛，然翻增臣一家之苦情。地下父母之急難未遑手援，而眼前父子之別離早已腸斷，臣年迫日暮，百病攻身，全賴臣子在傍相依爲命，一旦南北，誰饘誰藥？更有意外，於誰囑付？原在家鄉，亦宜呼喚前來，原在身畔，豈能遣發遠去？無益於臣親之毫釐，而先妨於臣身之萬分。臣子見臣病勢不常，所以徬徨無計，徒依依孺慕而仰天號泣也。伏惟聖明聖慈，既恤臣私出於常格之外，則臣父子含茹難言之情，亦何嫌縷縷披陳、冀垂回照？敢乞推廣孝治自臣家始，特賜暫假一行，以畢終天大事，臣得與臣於泰鴻同行，扶持有人，免棄道路，則臣一家，自父母及子孫，皆終始於大造中也。臣不勝恃恩固請萬萬祈天傷心哀苦之至。"奉聖旨："朕以卿孝思懇切，特命卿子馳驛代行，此乃曲體人情，忠孝兩盡之道，有何不便必欲捨朕而去？父子既難暫別，君臣獨可遠離？卿平生自許何爲？今日擔當何事？而可恝然如此？朕必不能從卿。徒言無益，便宜亟出，毋傷朕心。吏部知道。"

① 枝　明抄本作"技"，是。通行本作"枝"，誤。

② 藁捏　通行本作"藁捏"，明抄本作"藁椏"，皆誤。當作"藁椁"。

十三日庚寅，大學士沈一貫題："臣因親墓報圮，情迫於中，屢疏瀆陳，祈求賜假，伏承慈旨以君臣大義諭臣留臣，命臣子泰鴻代臣歸省，聖意堅確，何敢固違？連日臣與臣子相對而泣，躊躇徙倚。今祇奉明命，先令臣子馳驛，看議詳悉，再圖作止。臣子報名謝恩，臣宜入閣辦事。但自悲思以來，繼之別離多緒，老病彌增，噴嚏不歇，容臣再加旬日調理，堪勝衣帶即趨闕廷也。伏思臣以愆累餘生，特蒙聖慈體念殷篤，臣親以嚴泉枯骨，猶蒙曲軫掩藏餘露，臣子以牛馬小走，亦蒙推恩傳歸者，一家三代皆受非恒寵遇，報答何由？臣不勝感涕激昂之至。謹具申謝以聞。"奉聖旨："朕覽卿奏，知卿祇奉大義眷命，令子泰鴻馳歸省墓，朕心嘉悅，事畢即來供職。卿宜慎攝加餐，早出輔政，以慰朕紆望眷懷。該部知道。"

二十日丁酉，大學士沈①奏："爲奉旨日久患病難痊萬不得已再懇天恩准賜休致事。臣頃以狗馬之病，具疏乞休，伏蒙聖恩，遣官宣諭，天語眷溫，且明示綱常大義，如揭日月。臣感激非常恩遇，寧忍死旦夕，不忍再開口言去。故自奉旨至今，多方延醫，並日服藥，冀倖時下稍痊，可圖犬馬之報也。乃緣年過衰而藥圖奏功，心愈急而病益轉篤，臣自是無復可望矣。蓋臣年七十有四，已爲風中之燭，而又瘺癈②一足，又曾因感寒而患胃痛、疝氣，故每當冬寒蟬時月，輒便劇發，發而痛不可忍，惟願速死爲幸。其不發不痛之時，雖嘗勉強入直，猶須倩人扶掖，一步一顛，幾歇而後可到。比至閣中，則已不勝惛憒矣，豈復能辦理文書，商度可否，爲代草論思之臣，稱股肱心膂之佐乎？夫君命之不承，君恩之未報，而固言求去者，罪也，猶在一身。知其不能而貪昧隱忍，以至於覆餗債轅，則不惟罪也，抑且於萬幾有妨，俾上德鬱而弗宣，海內交受其弊，斯其罪不可勝原矣。臣雖展轉牀蓐，而一隙之明有未泯者，執其兩端，就中斟酌，敢不知所趨違？語云：'薄乎云爾，烏得無罪？'臣今以之。臣患苦多端，猶有不敢以瀆天聽者，儻幸覽臣奏，少垂睿思，世曾有年近八旬不能行動之人，而又有種種難

① 沈 明抄本"沈"下有"鯉"字，是。通行本脫此字，誤。

② 癈 "癈"當爲"廢"。

療之疾、如臣尫羸疲憊者，尚可尸此位以辱朝廷、而誣當世以無人乎？茲臣心所甚不安矣。伏望皇上念綱常之爲重於所謂臣子大義者，無使臣居其名而實背之，小不忍而大虧之，則臣雖尸素日久，無能逃既往之愆，而戈殳去身，猶可弭方來之罪，此臣萬不得已之計也。惟聖慈憐而許之，臣不勝仰天急籲悚栗待命之至。"奉聖旨："卿德望隆重，朕倚賴正殷，豈得頻章求去？非所願聞。疾患已平，宜即遵屢旨，入閣贊襄，以成綱常大義。慎勿再請，不允辭。吏部知道。"

二十四日辛丑，大學士沈一貫、沈鯉、朱賡題："臣等接得湖廣巡按吳楷揭帖，内開楚王進助大工銀兩至漢陽縣，被惡宗數百，提刀劈門，綑綁解官，盡行劫去。本府通判等官，擒獲三十二名，並贓銀二千九百餘兩。閏九月初五日，惡宗二千餘人，各持兇器，突入撫院，將副使周應治、寶子倆俱毆重傷，將巡撫趙可懷登時殺死，搶去劫扛盜宗等因。臣等面問承差，口稱可懷家眷已歸，止有一子在傍，混逃不知下落。周副使被赤剝亂打，生死未審。各惡仍圍困布政司，要劫庫銀，縱橫城中，四行搶掠。楚府不知消息。巡按出巡在荆州，聞報即馳歸省城。本係荆州發行。兇焰薰天，恐即據城造反，惡黨繁多，途中搜檢劫打，承差亦難行也。臣等聞此，不勝驚駭，竊惟楚人輕剽好亂，大①難撫治，而楚宗蕃衍，武昌城中有三千餘人，雖多善良，實繁兇暴，撫按以皇家支派，不敢施法，若有舉發，止是啟王戒節。而楚王近以華越②之誣，身且被辱，安能鈐人？此輩目中既無撫按，又無楚王，復何忌憚？是以劫贓③搶獄，甚至手刃鎮府，旁及憲臣，尚可逭誅乎？今彼處情形雖未盡悉，要之必不遽靖，蓋其積漸然也。惟固假借過優，是以釀成大惡。巡按職在澄肅，正宜大振紀綱，豈得顧忌宗室，猶有假借？捕治何疑？但衆勢方熾，不易爲力。宜且先發嚴旨，又即補巡撫，刻期到任，一面着各兵備集兵協擒，庶幾有濟。若稍緩時日，恐其滋蔓，益難圖也。趙可懷前因氏變特選以去，今不保其身，則繼此以往者，非雄略長才、文武具足之人不可。乞亟下廷臣

① 大　明抄本作"本"，是。通行本作"大"，誤。
② 越　明抄本作"趆"。通行本作"越"。
③ 贓　"贓"《敬事草》卷一六作"扛"。

① 羼 "羼"當作
"闌"。

② 殁　明抄本作
"没",是。通行
本作"殁",誤。

③ 慄　"慄"當
作"栗"。

④ 己　"己"當
作"巳"。

會推，嚴限星馳赴任。其河南、鄖陽二處，皆與楚地接壤，臣等屢請早點撫臣，正慮此等不測。今恐凶孽散漫難捕，又恐聞風響應。伏乞並賜點用，以示彈壓之重。各處巡按，亦乞並賜遣用，以昭憲紀之肅。其兩司之中，兵備尤要。承平日久，不無羼①冗，宜令吏部特加妙選，或更調以資實濟。此皆目前切務，臣等已恭要上，惟聖明亟行之。又查湖廣巡撫，原非軍門，無兵可恃，即有民快數人，豈敢輕犯宗室？征播之時，曾暫設偏橋總兵，事寧已革，故人無憚憺，稱亂者屢矣。自今以緩縱不設總兵，而巡撫下宜置標兵二三千，以為羽翼，儻蕭聚不鮮，據城阻命，或逃迸山澤，出殁②為寇，則勢不能不用兵，容臣等相度時宜，再加擬議也。大抵今之天下，非無事之時，比者太白晝見翼軫，分野正當楚地，然尚未沒，深可憂念。伏望皇上克謹天戒，大收人心，則以至仁伐至不仁，誰敢不服？惟聖明亟圖之。再照趙可懷原以安楚特遣，未有所酬，近因三考加銜，亦是常例，今死王事，相應優卹，惟以特旨賜行。臣等不勝戰慄③之至。"

二十六日癸卯，大學士沈一貫題："臣頃以親墓圮壞，請告歸省，伏蒙皇上以國家多事不允臣行，特遣臣子尚寶司司丞泰鴻馳驛歸家，代臣修理，恩眷優渥，體念周詳。臣何人斯？過厓隆造。臣祇奉明命，遣發臣子就道，別離愁緒，疢病纏綿，尚欲稍加將息，而適聞楚中之變，徬徨憂虞，不敢寧處，謹於今日匍匐見朝謝恩，入閣辦事。隆天厚地，非麼麿之軀所能報答。不勝激切感戴之至。謹具題知。"奉聖旨："覽卿奏謝，知卿入直贊襄，朕心忻慰。已知道了。特諭卿知。"

二十八日乙己④，大學士沈一貫、沈鯉、朱賡題："該文書房官王體乾口傳聖諭：'傳與內閣說，平播功大，乃是平定一國，開疆展土，奇勳懋績。如何題敘陞賞內，無一當封侯伯世爵，使朝廷威鎮華夷？激勸大典，不盡宣揚，何以顯忠勞之臣、血戰之將、傳行天下後世？彼時欲即傳出，恐奸佞之畜借言，鼓簧之輩誣害良善，故以遲緩耳。先生每可體朕意，詳擬改票來看。欽此。'臣等望此命久矣，今蒙傳諭，不勝踊躍。初臣等擬旨之時，亦謂酬之似薄，但據兵部揭帖已稍加矣。兵部之意，以多口難調，疑謗易起，故寧從薄斂耳。至於封拜大事，尤非輕言也。惟天子制威福大柄，酬功不嫌加厚。皇上執權衡至公，鼓舞又有妙術，欲議對爵，敢不祗從？但此事甚大，非倉卒可定，容臣等今日與該部商議，明日改擬上進，以候聖裁。原本並原票未敢繳進，謹具回奏以聞。"

二十九日丙午，大學士沈一貫、沈鯉、朱賡題："昨日文書官傳示聖諭，仰見皇上嘉獎軍功，激勸後來至意，正臣等所久欲贊襄而不可得者，敢不祗承？隨於本日出閣時，到朝房內約同兵部官，虛心面議。俱說平播一功，開疆展土，奇勳懋績，誠如聖諭，委應從厚陞賞。惟是徧查舊例，如宣德九年平松潘功，總兵官方政止加陞左都督。成化三年平都掌蠻功，提督程信止加兼大理寺卿。萬曆二年平九絲蠻功，巡撫曾省吾止加陞侍郎，總兵劉顯止加陞都督同知。此皆四川最著軍功，並未有對侯伯世爵者。若近年總兵官李成梁封寧遠伯，則遼東虜①功與留蠻功不同，又係積功累級，歷十數年而後得，非以一次大功便與封爵。且成梁係一身獨將，非有二三同事也。今播功雖大，而在事各官有一總督、三巡撫、五總兵。俱同功一體之人，眾擎易舉之事，概行封拜，人將謂之濫，擇一特加，人又謂之偏。以故眾議謂封爵未甚合例，眾功又難盡對，不若於原擬陞賞上各加優厚，使與者受者於心皆安。臣等仰體聖意，擬議再三，竊謂文臣中調度忠勞，總督為首，武臣中行間血戰，總兵為首。將督臣李化龍原擬加太子太保，今改擬加少保，原擬世蔭指揮僉事，今改擬指揮使。總兵劉綎原擬復官，陳璘原擬加右都督，今俱改擬陞左都督，仍將原蔭副千戶俱改擬指揮使。馬孔英降虜起身，吳廣、李應祥武生起身，原擬襲陞職級，今改擬世蔭正千戶。郭子章、江鐸等，俱於原擬量行遞加。夫文官至少保已列公孤之尊，武職至左右都督可稱侯伯之亞，而蔭

① 明抄本作"虜"，是。通行本作"膚"，誤。

至揮使，世世承襲，與國同休，抑又隣於勳爵之崇。似此恩典，極爲優異，近年寧夏、朝鮮、松山諸功，皆未有此，足以播之青史，誇之外夷，傳之天下後世，爲不朽之大業，昭代之盛舉矣。臣等謹遵旨一一改擬，并發下前票一併進覽。如聖意必欲議加封爵，則事體重大，條例未備，臣等既難定擬，須下五府、六部、九卿、科道官廷議。但恐衆人意見不同，人心忠奸難測，或因此吹毛求疵，或因此爭長竟短，使朝廷一場好事，諸臣一番大功，反增一段話柄，有傷全美。語云：'築舍道傍，三年不成。'此言雖小，可以喻大。以臣愚見言之，如前改擬，庶幾公典輿情兩得其當。況文武諸臣之待敍者已五六年，猶大旱之望雲霓，但求速得，不論多少。陞賞若速，則感荷眼前之光寵，即稍從減省，人必不以爲薄。萬一再遲，則滋多日久之熱中，即較前特厚，未必便以爲恩。此固公論所同然，而實激勸一關係也。恭候聖明裁定施行。"奉聖旨："朕覽卿等奏揭改票，議加封爵，條例未備，今播功雖大，而督撫總兵衆多，世爵難以盡封，文武李化龍等俱擬加陞職蔭，具見恭敬忠順，仰體朝廷優恤開疆展土血戰之意。朕已知悉，依擬即行。卿等爲朕輔弼股肱，朝夕贊襄，運籌調度，勤勞懋著，當有恩賚勸酬，擬諭來行。丕顯天朝武功，毋得遜讓推避。特諭卿等知之。"

是日，又題："今日文書官盧受傳出聖諭：'諭內閣：上天示警，朕甚憂懼，孟冬廟享，朕本欲親行。今夏多濕薰蒸，以致朕左足心腫痛，步履艱難，又且頭目眩暈，身體軟弱，見今服藥湯洗未愈，恐弗成禮，暫行遣官恭代。卿等可傳示遣官及各執事，務秉精誠，竭虔行禮，以副朕孝思、罔敢自逸至意。諭卿等知。欽此。'臣等竊惟，廟享宜親，本非可代，暫時遣代，亦非可常。況當上天示警之時，聖心憂懼之際，九廟聖靈思一見神孫，其情必尤甚於皇上也。今聖躬既在違和，廟靈諒垂降鑒，暫行遣代，事出權宜，供事諸臣敢無肅慎？臣等謹遵奉傳示遣官及各執事外，但天變可畏，非皇上不能挽回，祖德宜承，非皇上莫能率履，是又臣等所惓惓仰望，不止於區區祼獻之末者也。謹具回奏以聞。"

萬曆三十二年十月丁未，朔，大學士沈一貫、沈鯉、朱賡題："臣等竊惟，近日京師各衙門堂上官見任太少，百事廢弛，氣象蕭索，無以鎮服夷夏，撫安軍民。吏部、禮部止一侍郎，戶部止一尚書，兵部無官，以刑部尚書蕭大亨兼管，而刑部止一侍郎董裕，又告病未出，工部止一尚書姚繼可，人兩目已盲。總計六部，止有六官，而病者二人，餘四人者雖日夜拮据，精力固有限也，則何以周天下無窮之事乎？都御文溫純昨與臣等言，本院職掌，惟題差爲急，今差滿當代與差缺當補者極多，止靠候補者數人可以少濟耳，乃兩月之中未奉一旨，風紀廢墜，實切惶懼。然則京師與天下氣象悉皆蕭索，殊非治天下之理也。湖廣之變，若非一巡按在，憑誰爲之支持？彼各差上皆有應爲之事，無人則卒有意外，誰任其咎？能不寒心乎？臣等伏思，吏部係百司領袖，況目下有京察大事，不宜缺官。兵、刑二部以蕭大亨一老臣兼之，左顧右盼，不遑喘息，非所以示優厚也。刑部侍郎董裕雖稱有病，猶可支持，似宜催出供職。工部尚書姚繼可目病已深，一無所見，宜聽其致仕。都察院綱紀之司，各處差缺乃其職掌，今御史不換，或死或病，何望其釐察①弊？彈壓地方？至於六科之官，亦寥寥無多，聽補聽選之科道似宜早允。夫尚書、侍郎與各科道，皆極緊要之職，朝政於此焉出。臣等憂國憂時，宜以此爲先務，不得不懇爲皇上請也。惟望統賜點命。幸甚，幸甚。"

是日，又頒賜輔臣每員中厝权本民曆一百本，及講官周應賓等有差。

三日己酉，大學士沈一貫、沈鯉、朱賡題："臣等昨暮出長安門，接得湖廣巡按吳楷書揭，因面問承差。巡按在承天府調兵，候旨進討，城中賊黨縱橫，城外官兵圍守，御史尚未知新巡撫之命，殊遑遑也。二疏之外，又有揭帖。疏投通政司封進矣，揭帖臣等謹封上覽。逆宗出榜，約以二十二日舉事，今不知若何。榜中之詞，無狀特甚，反形大著，王法必誅。朝命多停一日，則逆焰更張一日，寧急而促之，勿緩而縱之。料新巡

① 察 明抄本"察"下有"奸"字，是。通行本無此字，誤。

① 法禁理 明抄本作"法不能禁，理不能諭，勢"，是。通行本作"法禁理"，誤。

② 鎣 據北京大學圖書館藏善本《定陵註略》卷六《楚獄始末》第三頁，似當作"鈐"。

撫梁雲龍，此時可到任行事矣，賊氣必奪，但武昌城中焚劫之禍，楚王宮中儆戒之嚴，不知今何如也。楷疏有云：若輩所以敢於恣肆不道者，不過恃爲陛下親屬，刑不能加，法禁理①不能格。此實骨髓至論。惟令有司必行朝廷之法，以法勝恩，然後可以明上下之分，折亂逆之萌耳。其榜中至云：'順流而下，鎮坐南京。'可恨殊甚。故近日廷臣諄諄題請各處整節兵備，意正慮此，諄諄題請各處填補撫按，意正爲此。伏乞皇上留意，皇上作主，則大事亦小，處置不難，若不留意，則小事能大，處置難矣。臣等不勝惓惓。凡可與各衙門商量者，不敢不盡。但本惡肆出榜文，謀反已真，御史方候旨進剿，恐失事機，廷臣具有同憂。請皇上發一特諭，天威震臨，人方盡力。不然，恐其猶礙宗室二字，畏首畏尾，養癰成疽，流毒愈大也。惟冀即賜裁發施行。謹題以請。"奉聖旨："朕覽卿等奏揭及御史稟帖，逆宗出諭無狀特甚，反形大著，仍控假王之意，王法必誅。祖宗法度，治安國家，既係強劫叛亂，何論宗人？且楚省遼濶，逋逃衆多，討惡安善，務保萬全。朕已知悉，諭卿等知。"

四日庚戌，大學士沈一貫、沈鯉、朱賡題："據湖廣巡按奏稱，盜宗崇仁，的名蘊鎣。臣等查玉牒，並無蘊鎣，有蘊鎣②，係通山王府輔國將軍華堦第七子，封奉國將軍。本內寫作蘊鎣，必誤。謹具題知。"

是日，以中宮千秋令節，頒賜輔臣上尊珍饌。

是日，大學士沈鯉題："臣久病楊，動履艱難，尚欲稍加將息，而適聞楚中之變，視前益急，不敢寧處，謹於今日扶病見朝，入閣辦事。伏念臣職業久曠，既蒙寬假之恩，更霑垂慈之渥，銘鏤徒切，酬報未能，臣不勝感激陳謝之至。"奉聖旨："覽卿奏謝，知卿入直佐理，朕甚嘉悅。已知道了。特諭卿知。"

七日癸丑，大學士沈一貫、沈鯉、朱賡題："臣等竊惟，楚宗爲亂，因素恃天潢一派，謂朝廷必相假借，有司無奈我何，憑驕逞兇，以至於此。皇上特諭擒拏，國法既昭，羣力可效矣，舉朝不勝慶幸。惟是穀殺之下，畿輔之中，直到河南、山東，一路滿目饑荒，盜賊出沒，南來北往皆云旦夕難保。項①楚中齎本承差，亦被二次打劫。窮民嘯聚比之宗室尤繁，而畿輔近郊又比江漢爲切，臣等之憂甚於楚事也。伏思皇上困在京霖雨，特發太僕寺銀十萬賑濟，當時各官欲儘銀分散，惟老成長慮者謂畿輔皆災，太倉罄竭，宜奉聖諭查極窮下戶賑之，而留六萬有餘以爲預備。既而果有煤戶告急，分此散賑，歡聲如雷，咸戴聖恩而呼萬歲矣。今薊保撫按屢次請賑，戶部乞此六萬以分賑之，誠宜早發。蓋太倉如掃，戶部方以邊餉爲急，無可發賑，而又不敢輕請內帑以緩時日，計出無聊，不得不爾。雖六萬餘兩所濟無何，亦庶乎光昭聖恩，以爲遏亂銷萌之助耳。然尚憂其不足也。臣等竊謂，當責成薊保撫按，即將此銀作本，便宜行事，差官四出販糴，以求饘粥之資。又恐錢糧無處，官販有限，尤宜招商通市，庶幾所濟益多。而山東、河南、浙直、江西、湖廣各撫按，亦宜以陵京社稷畿輔根本爲憂，各效忠君憂國救災弭患之悃，多方設法，移粟前來，但得到八府境內，災民亦有一濟。顧非明諭鼓舞之，諸司必不敢輕動錢糧、而擅爲格外之事也。更有喫緊，則稅使是已。祖宗設關津諸稅，惟米糧無稅，農具無稅。今以皇上聖慈，尚發糴本以拯捐瘠之民，弭憂患之萌，諸稅使皆當隨其力量，出心協施，上以爲國，下以爲其家，使桑梓猶存，亂虞不作。儻猶越格廢令，以抽稅留難之，是助天爲虐，而阻壞國家之大事，大罪也。望皇上特加禁止。疏通轉糴，支持冬春，以至於麥熟，是社稷生靈之大幸。臣等謹擬諭旨一道上進，伏乞聖裁，早賜發行。

諭戶部：近畿八府，水患異常，道路流離，民生不保，朕深切憫慮。前太僕寺賑濟銀兩，尚有餘剩，着分發薊保二處各三萬兩，與該撫按，作爲販糴資本，分糧煮粥，以濟目前。仍許其便宜設法，通融堪動錢糧，差官往熟處和買，並招致商人，前來接濟。其各省及南直隸撫按等官，亦宜以京畿根本爲慮，各貢忠誠，移粟通商，或到京灣，或至災所，與地方交割救濟。有成績的，俱奉②來敘錄。所至關津，不論官商軍民，但係賑

① 項 "項"當作"頃"。

② 奉 明抄本作"奏"，是。通行本作"奉"，誤。

糴之資，不得阻格抽稅，違者參來重處。便着欽遵馬上傳示行。"

是日，又題："臣等竊惟播功數年未行敍賞，中外之人頓生疑議，茲蒙傳諭欲加封爵，始知皇上所以體悉戰士報答勳臣者甚厚，羣心盡慰，羣疑盡忘，臣等亦得釋其愆責。幸甚。第以令甲當詢，衆議當訪，故昨與樞臣再三斟酌，寧各遞加等數，不敢侈駭見聞也。伏蒙俯採，如票允行，使臣等又得守其常職。幸甚。今蒙恩旨，至欲賚及臣等，聞命震惕，若無所容。此一功也，上而廟社威靈、聖天子神武肅昭之力，下而閫幕用命、羣有司敬恭匪懈之力，臣等碌碌，第守文墨之事，略無橫草之裨，萬萬不敢預一絲一星之賞，以滋十目十手之議也。吐露肝鬲，無少虛假，惟皇上俯亮而亟止之。臣等奉此恩旨，已至榮矣。不任感戴之至。謹具回奏以聞。"

九日乙卯，大學士沈一貫、沈鯉、朱賡題："爲作養人才事。先該臣等題，將萬曆二十九年庶吉士散館，除李胤昌等十四人各授翰林院編修等官外，其王元翰等八人，吏部擬授王元翰吏科給事中，呂邦燿戶部給事中，曾六德禮科給事中，袁懋謙兵科給事中，宋燾浙江道監察御史，王基洪江西道監察御史，陳宗契福建道監察御史，馮奕垣湖廣道監察御史，分別疏請。又該臣等自三十一年冬以至於今，屢次題催，未蒙允發。臣等看得，各官學習既久，才識明練，以之任事，不無可觀。臺省原非可虛，而御史又處處缺差，需人尤亟。況同學者授職年餘，而新選者又已肄業，諸臣獨無着落，係①作養人才未完之事。伏望皇上敕下吏部，准照原擬各到任供職。臣等不勝跂望之至。謹具題請旨。"

十三日己未，大學士沈一貫、沈鯉、朱賡題："竊見今年災荒異常，畿②輔尤甚，流離滿路，盜賊橫行，根本可憂，消弭無術，戶部請將秋間所發太僕寺賑濟京師餘剩銀六萬兩，給薊保巡撫，以救目前垂斃之民。臣等猶以爲未足，因推廣此意，

① 係　明抄本"係"上有"實"字，是。通行本無此字，誤。

② 畿　明抄本作"畿"，是。通行本作"幾"，誤。

於初七日謹擬諭旨一道上進，事關民命，至亟至重，憂在蕭牆，至迫至切，死生判於呼吸，變亂藏於目前，非可視爲尋常文書、可行可止、可速可緩之事也。從古天下之亂，起於盜賊，盜賊之作，起於饑荒。昔人一遇饑荒，發廩出帑，無所吝惜。但今太倉苦於邊餉，欲發而無可發，內帑係於上供，欲請而不敢請，四顧躊躅，莫可措手。惟賑餘六萬，其銀見在，其事易行，故臣等乞分發薊保，令其收糴，以充糜粥之資，推廣皇上不盡之恩，下及畿輔待哺之衆，聊示朝廷之德意，使民有所繫戀，而不致動搖，聊爲官僚之率倡，使人有所感發，而共爲賑救。亦崖崖耳，豈便濟事？故更責成二處撫按，許其便宜那借，多方區處，或差官收糴，或招商出糶。又責成各省直撫按，欲其自獻忠讜，共救根本，移粟通商，至於災所。祖宗舊制，但係米豆粟麥，不許抽稅攔阻，況今救荒大事，則經過關津，自合申明此意，非欲盡蠲他物、一切不徵之謂也，蓋米價既高，徵稅若重，則商賈折閱，誰肯出途？雖官府曲加招徠，終無應者，故必朝廷明示此意，然後天下商賈肯來耳。以上臣等雖竭慮極思，夜思旦行，猶恐無裨於拯溺救焚，而今猶泄泄延緩，彼展轉溝壑者，何能忍死相待？揭竿斬木者，豈不攘臂爭起乎？此臣等所謂至危而至急者也。謹再以所擬諭旨一道上進，並爲催請。伏望聖明速賜裁發施行。臣等方草此揭，又接戶部揭帖《爲饑民日聚日危荒政愈遲愈急等事》，臣等讀之，萬行淚下，非爲百姓憂，實爲皇上憂。切膚之災一至於此，剖肝之論何可不從？伏乞將告荒諸疏盡數批發，講求無策之策，以免傾亂之憂①。臣等不任哀禱之至。伏候敕旨。"

① 憂 《敬事草》卷一六作"階"。

十六日壬戌，大學士沈鯉奏："爲考課無功殊常恩命不敢冒承懇乞俯容辭免以安愚分事。頃該吏部《爲給由事》奏臣歷正二品俸六年考滿，於本月十五日奉聖旨：'沈鯉簡任密勿，協贊忠誠，茲當滿考，勞績茂著。着復職，加少保兼太子太保、文淵閣大學士，尚書如故，蔭一子中書舍人，照新銜給與誥命。欽此。'臣聞命自天，不勝跼蹐。除奉旨復職報名廷謝外，伏念臣才質凡下，學術迂疎，自昔待罪禮卿，因循四載，嗣後參知國政，荏苒二年。追惟林壑之人，幸際昌隆之會，本圖報塞，矢竭忠勤，乃緣力短時艱，莫副疇咨之意，而亦衰年善病，恒多瘝曠之愆，以故屢疏乞休，實謂虛縻無用，猥蒙使過，未便黜幽，勉就班行。逮兹考課，在銓臣則概循積日累勞之法，粵聖主尤敦尚篤老求舊之風，不覈實於職業之廢修，而遹責於考功之評汰，既優容以復職，又越等以需恩，進列加銜，品秩冠羣工之右，襃先延後，仁恩渝四世之餘。極知屈法以仲情，豈謂因能而授任？且臣身居表率，職在賛襄，依依蒙旅進之羞，碌碌鮮具瞻之望，名器至重，分義難勝，私則貽夢魂衾影之慚，顯則關民社軍國之議，爲憂滋大，拜寵逾驚。輒控下情，仰干天聽，伏冀收還成命，姑容仍守舊官，則未填溝壑之年，皆勉效馳驅之日也。臣無任懇切控籲之至。"奉聖旨："卿碩德忠猷，勳勞茂著，考績加恩，原係彝典，宜承眷命，不允所辭。吏部知道。"

是日，大學士朱賡奏："爲明試無功隆恩難副懇乞聖慈准免非常渥典以安愚分事。臣以二品三年考滿，該吏部題請復職加恩，奉聖旨：'朱賡簡任密勿，協賛忠誠，兹當滿考，勞績茂著，着復職，加太子太保、文淵閣大學士，尚書如故，蔭一子中書舍人，照新銜給與誥命。欽此。'臣聞命自天，不勝驚惕。竊惟虞廷考績，黜陟幽明，蓋考其不稱①而黜陟之，非單言陟也。國朝令甲，越三月不報滿者有罰，則又專爲黜者設矣。今朝臣中最不稱而當黜者，孰有踰於臣乎？七月間臣已叨滿三年，宜及期報部，以聽處分，而會有異常災變，義當分君父之憂，不敢避位自陳。既而同官二臣並求引去，臣屬有有②代庖之責，又不敢雷同自陳。至此已多支三月之俸，多增三月之罪矣。據明試之典，固宜罷歸，循越期之例，亦當參罰。而皇上過念舊臣，猥存閣體，准令復職，亦已寬矣，乃增秩驟遷其階級，疏榮兼逮其後先，宮保亞三孤，非潦倒之夫所堪陞授，明綸光四世，豈蓬蓽之户所敢仰承？而況自召用以來，略無善狀可錄，悠悠度歲，碌碌因人，忠欲殫而誠不足以感乎，志徒勤而力不

① 不稱 明抄本作"稱不稱"，是。

② 有 通行本有此"有"字，誤。明抄本無此"有"字，是。

足以匡濟，論功則緲無毫末，計罪則重若丘山，當去而留，已非本願，宜黜而陟，夫豈公評？竊恐位愈高則顛危愈速，恩彌厚則報塞彌艱，衰年得之，臣不謂安，庸人得之，臣不謂福。儻責備於本分之內，天下所求多於輔佐者，尚有繁言，即反觀於本心之明，臣所自愧於衾影者，尤難縷數，此臣所以跼蹐不寧，而披瀝於君父之前也。除奉旨復職，黽勉廷謝外，其諸駢錫之典，萬不敢當。伏望聖慈鑒此真情，盡收成命，容臣以舊貫供職，則天地覆載之內果無私恩，而黜陟予奪之間少存公論，所以安臣福臣者更無涯矣。臣無任激切懇祈之至。謹具奏以聞。"奉聖旨："卿令德弘猷，勳勞茂著，考績加恩，原係彝典，宜承眷命，不允所辭。吏部知道。"

十七日癸亥，大學士沈鯉奏："為恭謝天恩事。頃刻臣以二品六年考滿，伏蒙聖恩准臣復職，又蒙遣御前牌子劉昇到臣私寓，頒賜臣原封鈔三千貫、羊二隻、酒二十瓶。臣謹叩頭祇領訖。伏念臣幸際昌辰，叨躋膴仕，六年再考，片善無聞，方虞譴斥之嚴，忽拜駢蕃之寵，慈惠傳乎中使，實鍰出於尚方，法酎分良醞之黃封，饋牽儷《周雅》之肥羜。三錫隆重，蔑為可紀之功，兩署平常，謬膺滋至之福，蓋陽春之駘蕩，不以豐菲而見遺，故雨露之沾濡，若栓枯朽而加意也。臣下拜登受，伏楮颺言，對王之休，期勒銘以傳來世，彰君之賜，謹陳斝以薦先人。齲技已殫，雖自量涓塵之靡效，葵心猶赤，尚益思傾向之無忘。臣無任感戴天恩之至。"奉聖旨："覽卿奏謝，朕知道了。禮部知道。"

是日，大學士朱賡奏："為恭謝天恩事。臣以二品三年考滿，伏蒙聖恩，遣御前答應牌子馮忠，齎賜原封鈔二千貫、羊一隻、酒十瓶，到臣私寓。臣謹焚香叩頭祇領訖。伏念臣召自田間，參陪密勿，荷特達之隆遇，涓埃未酬，顧老病之殘軀，居諸空惜，積咎但深於歲計，課能奚有於年勞？乃當洪恩寬貸之餘，復拜殊錫駢蕃之渥，出尚方之寶鍰，寵溢千緡，分禁署之珍牢，尊傳九醞。殊榮疊寵，交集於一時，飲聽飫恩，直銘於五內。尚當殷薦祖考，彰玄貺之焜煌，抑且分醪里鄰，詫黃封之芬鬱。顧餂腹已滿，懼容受之弗勝，儻駑骨未銷，尚驅馳而匪懈。臣無任激切感戴天恩之至。除報名廷謝外，謹具本奏謝以聞。"奉聖旨："覽卿奏謝，朕知道了。禮部知道。"

十八日甲子，大學士沈一貫、沈鯉、朱賡題："伏蒙發總河李化龍本擬票。竊惟化龍丁憂已逾四月，久留未代，使子道有虧，旅櫬不歸，禮廢教弛，實非盛世所宜有。而河道一役，必有總領之臣，然後其患可息，其利可興。蓋雖堯舜在上，不能遙斷水事，必使伯禹胼胝，遲之歲月，以責其成功。今所推李三才、黃克纘、曹時聘皆可用之才，望皇上簡命一人，庶令大事有托，不至妨廢明歲之漕，幸甚。謹具附奏以請。"

二十一日丁卯，大學士沈鯉奏："為辭恩未允拜命未安瀝悃再陳仰祈天鑒事。頃該臣以二品考滿，伏蒙聖恩加臣少保兼太子太保，仍以禮部尚書進兼文淵閣大學士，蔭一子中書舍人，賜給誥命。臣聞命自天，不勝踧踖，謹具疏控辭，伏奉聖旨：'卿碩德忠猷，勳勞茂著，考績加恩，原係彝典，宜承眷命，不允所辭。吏部知道。欽此。'臣仰奉溫綸，伏自思念，皇上之所為加恩優厚而不聽辭免者，曰以德、以猷、以勳勞也，而又獎之以忠碩、侈之以茂著，蓋天育海涵之度固若此。顧以臣私計，德於何有而敢云碩？猷於何有而敢云忠？一手一足之勞，一民一物之勳，何所著明而敢徼如天之福至此也？臣良心未泯，自知甚明，如臨淵谷。蓋先是臣老疾宜罷也，而不遂乞歸之請，逮今則曠瘵宜罷也，而猶逭考功之法。皇上之貸臣至矣，乃今貸之未已也，而至加恩。恩之未已也，而又加厚。臣何敢寧處焉？國家之官品固有極，而人之材器亦有極。極滿而猶復注之也則溢，極疲而猶復馳之也則蹶。臣已滿、已疲、已溢、已蹶矣，從茲未已，有載胥及溺覆輗償轍於周道而已，獨溢與蹶乎哉？先朝固亦有宮坊史局簡任察忽者，未嘗不恢焉展布，爛焉榮寵也，詎以官哉？即以官，而臣已備員股肱矣，又業以東閣學士參知政事矣，即不一品，固亦帝佐，即不文淵，固亦帝廷，豈必兼得此而後可行其志哉？且輔臣之所貴於能舉其職者，在左右人主，以調適陰陽，咸熙庶績，康阜民物，俾主德寵乎下，人心聯乎上，功能不考課可知也。而臣以監竽誤事，以天心則災異可徵矣，以人心則離亂可徵矣，以庶政則叢脞可徵矣。荒遠無論，即畿輔之流離失所者，鄭俠已不可勝圖，閭閻無論，即萑葦之嘯聚爲盜者，龔遂亦難以偏安。若其他隱伏之憂，容有出意料之外。而臣誠不足以格天，才不足以應變，而猶曰'獻德'，曰'煦勞'，得無以明陟代幽黜，以衮華爲斧鉞乎？光前裕後，孰無是心？荷戈與殳，人有遺議，臣所以聞命而錯愕、飲河而量腹者謂此也，非矯焉而爲廉讓也。故輒敢不避煩瀆，再有陳懇。臣無任悚仄待命之至。"奉聖旨："卿輔政忠勤，加恩酬庸，原非超格，何爲再疏固遜？宜遵成命，以副優眷，慎勿復有所陳。該部知道。"

是日，大學士朱賡奏："爲天恩過渥揣分愧心再瀝悃誠仰祈俞免事。頃該臣具疏懇辭考滿恩命，伏奉聖旨：'卿令德弘獻，勳勞茂著，考滿加恩，原係彝典，宜承眷命，不允所辭。吏部知道。欽此。'臣再奉温綸，益深感怍。竊惟得位行志，人臣之上願也，徼榮荷寵，人情之同豔也。臣非性與人殊，而上固予之，臣固讓之者，無他，則前疏所稱責備於職分之內，人有繁言，反觀於衾影之間，心有餘愧，而尚未深言之也，讀畢其說。蓋羣臣中任最重、職最難稱者，無如今日之閣臣，而閣臣中才最劣、職最不稱者，無如臣。語云：'不知其人，視其事，不知其事，視其功。'今臣之事功何如也？陰陽失調，災害併至，道殣相望，奸宄公行，中外怨咨，賢愚同滯，種種亂象誰爲厲階？昔伊尹思天下有不與被堯舜之澤者，若已推而納之溝中，丙吉路逢牛喘，下車引罪。今天下之納於溝中者多矣，其不爲牛喘者寡矣。臣雖不敢上擬名世之賢，而實身伴中書之食，假令臣有一綫一絲可補朝廷之衮闕，一謀一斷可佐僚友之下風，則皇上不至有宵旰之憂，二臣尚可分手足之力。惟其至愚極陋，焉能爲有無？故雖蒿目焦唇，無救於緩急，譬之航海者一夫不習，則長年束手矣，舉鼎盛者一力不支，則烏獲失任矣。臣故曰今日之閣臣最難稱，而臣最不稱也。不稱而還其職，則已誤矣，職外而加之恩，可再誤乎？曾子曰：'十目所視，十手所指，其嚴乎？'夫獨知獨覽之中，心猶難昧，衆視衆指之處，誰其與之？己之自明，即人之公論，今之課書，即後之史册，可無畏與？如蒙皇上俯鑒愚誠，旁採輿論，稽其事不昵其人，考其功不拘其例，則渙汗不妨亟反，異命無庸再申，而臣亦得少施面目於人世矣。臣無任瀝血懇祈之至。爲此具本再奏以聞。"奉聖旨："卿輔政忠勤，加思酬庸，原非超格，何爲再疏固遜？宜遵成命，勉承以副優眷。慎勿復有所陳，吏部知道。"

二十二日戊辰，大學士沈一貫奏："爲叛宗狂逞造言義當闡揚聖政昭示罔極因祈迴避嫌疑以光天討事。該湖廣巡按吳楷報楚宗蘊鈐等作亂情形，內有告示，欲殺假王、下南京，又有刻榜，歷數撫臣趙可懷黨助親王、以假作真，又妄指該藩行賄於皇上，又僞捏撫臣與臣書，及僞傳文書房索賄等情。臣惟蘊鈐之罪，上通於天，不爲蘊鈐所訾，豈復爲人？本不足辯，然皇上昭雪假王，實彪炳千古一大聖政也，反誣爲賄，臣實痛心，胡可不明言以宣颺之？所以及臣，爲臣在耳。夫討罪，天下之至公也，何必臣在？惟聽臣去，則天討益光，而奸心愈服，不獨區區全臣名節而已也。初華越①疏至，皇上一覽即云：'三十年王，豈可說假？夫告妻證，何足憑信？'此中外所共傳聞，不待會議而始發者也。聖心既久定而不移，宸斷又至公而不爽，羣臣於此，有對揚之之不暇耳。況趙可懷在遠，安所黨助爲哉？至於臣時正乞身闔門，不能出入綸命，比至，見朝事已大定，又何庸臣黨助也？今僞捏可懷通臣書，不知作何語，不過以賄巇臣耳。夫蘊鈐之奸，尚敢以賄誣至尊，則其汙臣何有？尚欲弒親王、下南京，則其蔑臣人何有？獨念臣今而不言，則煌煌聖德爲奸徒蔀蔽，而天下萬世何繇聞知？眇眇微臣，身蒙貪昧隱忍之名矣，又何以恭贊天討哉？御史疏中言七國之叛，借言鼂錯，蓋念到此矣。臣用是颺言於朝，一以表皇上昭雪楚王，

①越　明抄本作"趆"，通行本作"越"。

臣下莫贊一詞，臣尤無能贊一詞，一以表臣才謭德庸，無能增重朝廷，而鎮安反仄，宜早罷去。伏乞聖明將臣賜罷，俾無預楚事，而公與在廷之臣議兵進止，評罪輕重，則嫌疑既絕，而大公益昭，聖政愈光，而羣心彌肅矣。臣不勝激切屏營之至。"奉聖旨："自古奸人謀叛，無不假借事端，肆言誣衊，以圖煽情結人心，抵飾己罪，何所忌憚？昨年楚府一事，朕心原自了然，及下廷臣會議，亦皆僉同，朕乃從公裁決，與卿何干？卿廉正忠謹，朕所鑒知。據奏不求自明而務宣颺大政，傳信方來，甚得大臣之體。軍機至重，尚須專精帷幄，以贊廟謨，何必引嫌求退？所辭不允。該部知道。"

二十四日庚午，頒賜輔臣每員鮮藕三支。

萬曆三十二年十一月丁丑，朔，大學士沈一貫、沈鯉、朱賡題："恭遇長至令節，禮當慶賀，奉旨傳免。臣等謹偕在廷文武暨天下華夷齎捧朝貢官員人等，於五鳳樓前大班行禮，恭伸祝頌。外，伏念臣等備員輔弼，受恩深厚，與在廷諸臣不同，擬是日恭詣仁德門行五拜三叩頭禮，稱祝聖壽，以少伸臣子慶忭之誠。謹具題知。"

二日戊寅，以冬至令節，輔臣恭詣宮門外叩頭慶賀，管待酒飯。又賜元輔燒割一分、甜食一大盒，次輔共燒割一分、每甜食一小盒、伏黃一盒。又賜上尊珍饌。

六日壬午，大學士沈一貫、沈鯉、朱賡題："萬曆三十年二月二十一日，該吏部接出聖諭：'朕惟行取科道，待命日久，況各差缺多，妨廢政務，你部院屢次列名擬職，朕已具知，可着即到任管事，仍具本題知。欽此。欽遵。'除見在各官授科道外，有同選吳道行、沈鳳翔、汪若霖、朱一桂、陳嘉訓擬為給事，朱燾、喬允升擬為御史，適各丁憂未授，至服闋趨朝，該吏部具題，未蒙俞旨。又有同時行取而至今候考熊鳴夏、周曰庠、蕭淳等三人，亦未蒙俞旨。又萬曆三十一年九月二十日，臣等奉命將辛丑科庶吉士考試散館，除留授翰林院官外，有王元翰、呂邦耀、曾六德、袁懋謙擬為給事，宋燾、王基洪、陳宗契、馮奕垣擬為御史，該吏部具題，亦未蒙俞旨。竊惟行取之命，茲已七年，及奉允授之諭，亦已三年。辛丑科庶吉士作養三年，及奉散館之命，亦已一年。此皆昔時隨請俞①者，而今遲延此②。朝廷培植人才，欲其奮精鼓神，以肩任天下之事，士子觀光上國，亦欲乘時效力，以畢靖獻之忠。而取之如異材，置之如散木，居諸空閱，一無補報之階，人壽幾何，堪此淹滯之久？切為數臣惜之。且同一行取也，同一館選也，已蒙錄用也，或直金門，或按所部，得以奉恩光、效尺寸久矣，而獨此數臣，未沾一命，昔人譬為滿堂謔笑，而有一人焉向隅涕泣，則滿堂為之慘然不樂，此不獨數臣之悲，亦眾人之所共悲也。

① 俞　明抄本"俞"上有"隨"字，是。通行本脫此字，誤。

② 此　明抄本"此"上有"至"字，是。通行本脫此字，誤。

皇上如天雨露，豈有偏遺？既嘗錄用乎彼，必不厭棄乎此，特因一日萬幾未遑省察耳。履長之慶，師濟充朝，援茅榮征，正惟此際。臣等若不爲言，何人當爲之言？故敢激切上請，實承初命以光盛典，爲諸臣計乃爲國體計也。伏望統賜俞旨，敕下吏部查照施行。幸甚。幸甚。"

　　七日癸未，少保兼太子太保禮部尚書文淵閣大學士臣沈鯉奏："爲恭謝天恩事。臣於三十二年十月十五日以六年考滿，伏蒙聖恩加少保兼太子太保、文淵閣大學士，尚書如故，蔭一子中書舍人，照新銜給與誥命。臣謹於本月二十四日，赴鴻臚寺報名，二十五日，午門前行五拜三叩頭禮，謝訖。例該二十六日、二十九日、十一月初三日俱候面恩，遇蒙皇上免朝。查得萬曆十七年三月初九日奉聖旨：'今後在京陞授等項官員，應面恩的，如候過三次，着具本奏知，不必再補。欽此。'臣謹遵奉明旨。理合具本恭謝天恩。下情無任感戴之至，謹具奏以聞。"奉聖旨："覽奏，朕知道了。"

　　是日，太子太保禮部尚書兼文淵閣大學士臣朱賡奏："爲恭謝天恩事。臣於三十二年十月十五日以三年考滿，伏蒙聖恩，加太子太保、文淵閣大學士，尚書如故，蔭一子中書舍人，照新銜給與誥命。臣謹於本月二十四日，赴鴻臚寺報名，二十五日，午門前行五拜三叩頭禮，謝訖。例該二十六日、二十九日、十一月初三日俱候面恩，遇蒙皇上免朝。查得萬曆十七年三月初九日奉聖旨：'今後在京陞授等項官員，應面恩的，如候過三次，着具本奏知，不必再補。欽此。'臣謹遵奉明旨。理合具本恭謝天恩。下情無任感戴之至，謹具奏以聞。"奉聖旨："覽奏，朕知道了。"

　　是日，以聖母慈聖宣文明肅貞壽端獻皇太后萬壽聖節，頒賜輔臣，每金萬壽枝各二副、銀萬壽枝各二副、金篆壽字八個、金書黃綾符一道、金書紅綾符一道、銀書紅綾符一道，及講官周應賓等二員有差。

八日甲申，以祭景惠殿收回祭設，頒賜輔臣三卓。

十二日戊子，大學士沈一貫、沈鯉、朱賡題："昨接禮部揭帖《爲恭遇聖母六袠誕辰恭請皇上臨朝受賀以光孝德事》，臣等竊惟，萃萬國之歡心以事其親，古所稱聖天子之大孝也。本月十九日，恭遇聖母慈聖宣文明肅貞壽端獻皇太后萬壽令旦，乙巳之新曆既頒，甲子之周天斯屆。皇上至孝性成，色養具備，聞近日宮中頌祝駢繁，禧事絪縕，歡忭之聲既囘，徹於邦域矣，獨惟臣等限於禮法，無由一展舞蹈之誠，如獲仰瞻皇上聖顏，致詞稱賀，臣子區區忠愛孝敬之意，亦庶乎可以少盡。故禮部請是日皇上御文華門，又復請御文華殿，據典禮而言，亦合羣情而言也。皇上因奉親之大孝，修視朝之曠儀，可法可傳，盛典盛事。伏乞俯賜俞命，令臣下皆齋潔祗候。臣等不勝瞻祈之至。"

是日，又題："國家之制，凡遇巳亥年，吏部都察院合兩京六年官員而大考察之，明年乙巳正月及其期矣。期日已迫，而未有專官，如吏部當有尚書、及右侍郎與考功郎中，今左侍郎楊時喬懇以爲請。如都察院當有掌管河南道印信御史，七月內都御史溫純以御史吳達可請，已得賜允，但吳達可從江西巡按入京復命，例有回道一旨，尚未蒙發，何敢管事？伏冀皇上俯允，庶令察事有着。幸甚。臣等又惟國家設立御史，巡行天下，欲其秉憲肅紀，察吏安民，小大之事，無不周到，以爲非紀私務公而聚精會神不可，故不許帶一家眷，即音信亦斷絕不通。其事權雖尊，而拘束亦甚，其應接不暇而精力易銷，止可一年一換，非宜久留而不代也。今報滿而未代者甚多，如浙江吳崇禮，蘇松馬從聘，河南方大美，陝西黃陛，甘肅楊文蒞，山東嚴一鵬，淮揚高攀枝，廣東林秉漢，河東曾舜漁，山西汪以時，四川李時華，應天曹楷，廣西沈裕，或鬱久而臥病，或病久而溘亡，豈惟拂於人情，實乃大妨國事。故各差御史日來告代，甚至告病，甚至乞休，又甚至棄職竟歸、不復顧官者。夫御史，膴仕也，而厭棄之如此，人情亦大可見。使士大夫有輕朝廷官爵之心，誰復爲朝廷出力？而朝廷何以成至尊哉？故臣等切願皇上將各代差本章以時賜發，然後天下巡按皆行實事，而不爲虛設，朝廷有所寄託，地方有所倚賴。即如近日湖廣之變，若非巡按吳楷在任，則馳奏無人，討逆無人，而一方岌岌乎殆矣。國家血脉所係，不宜使之壅遏不通也。伏祈皇上俯採而大加之意。臣等不任懇切之至。"

十七日癸己①，大學士沈一貫、沈鯉、朱賡題："本月十九日恭遇聖母慈聖宣文明肅貞壽端獻皇太后萬壽聖旦。律應黃鐘，時迎長至，六十歲之花甲方此一周，億萬載之桃觴從今伊始，豈直合宫之慶？實惟率上之依。仰惟皇上純孝因心，至誠建極，袞衣五綵，老萊之娛於膝前，玉食萬方，虞帝之養以天下，寶婺叶齊天之福，璇宫覃愛日之懷，蓋聖母所以儀家教邦者，真女中之堯舜，而皇上所以承顏順志者，亦帝中之參騫矣。臣等備員近輔，目睹熙辰，舞蹈惟同，欣騰尤萬。竊以常年祝賀，惟恭詣慈寧宫門外拜叩，乃於今日似難循常，雖至敬無文，未有報乾坤之加禮，而中心誠喜，實懷依日月之篤情。擬於是日恭詣慈寧宫門，行五拜三叩頭禮，以祝聖母萬萬壽，隨詣仁德門，行五拜三叩頭禮，以賀皇上奉聖母萬萬壽，續周室《思齊》之雅，如再咏於詩篇，修漢宫長樂之儀，永有聞於史册。臣等不勝踴躍之至。"

是日，又題："今日欽奉聖諭：'諭内閣：朕昨朝謁聖母，面奉慈諭云：予今六十延齡，寔乃祖宗默佑洪庥，爾純誠孝養所致，嘉悦弗已，奉先殿祖宗神位前，欲遣官行祈謝之禮，以伸予敬感之意。朕欽承慈命，親恭詣内殿行禮，合用告詞及脯醢果酒，卿等撰擬來行。諭卿等知。欽此。'皇上恭奉聖母，茂享遐齡，感念列聖洪恩，躬申祈謝，仰酬祖德，益表孝思。臣等謹撰擬内殿告詞一道，進呈御覽。其中不稱聖母徽號者，在宗廟則禮然也。伏惟聖明裁定施行。所奉御札一道，敬尊藏閣中，謹具回奏以聞。

維萬曆三十二年歲次甲辰十一月丁丑朔十九日乙未，孝玄

① 己 "己"當作"巳"。

孫嗣皇帝御名，敢昭告於祖宗列聖帝后曰：茲遇玄孫母后六袠誕辰，仰賴洪庥，介茲遐壽，緬惟祖德，敬感不勝。謹承慈命，用申祈謝，伏惟鑒知。謹告。"

十九日乙未，大學士沈一貫、沈鯉、朱賡題："今日文書官傳出聖諭：'諭內閣：朕覽卿等奏揭，恭遇聖母六袠誕辰，請朕臨朝受賀，以光孝德。具悉忠愛孝敬。心甚嘉悅。朕惟聖母鞠育隆恩，感戴無極。自頒新曆以來，慶忭弗已，至日亦欲御門，顯楊君臣頌祝。但朕日前恭請聖母陞座，躬率后妃、嬪御，並皇太子、諸王、公主，及合宮六局女官、內官，祝壽行慶賀禮，祇奉慈諭面傳：爾純誠孝養，予心嘉悅，惟欲簡便，節省勞煩，其慶賀宴享諸禮俱免。朕欽承面諭，敬遵傳行。思得聖母免行慶賀諸禮，朕豈宜臨朝受賀？御門暫免。卿等傳示禮部遵行。特諭卿等知之。欽此。'恭惟皇上至仁建極，大孝尊親，養以萬方，躋於上壽，不惟皇上一人之大慶，實乃臣等與九州四海之同歡。區區下情，滿望皇上臨朝受賀，以少伸羣臣頌祝之敬，光昭九重慈孝之全。乃聖母鑒皇上之純誠，不以繁縟為禮，皇上奉聖母之慈訓，惟以養志為先，欽承面諭，傳免慶賀諸禮。聖母之謙德，愈增壽考之光，而皇上之至孝，亦超儀文之外也。臣等謹欽遵傳示禮部遵行訖。聖諭謹尊藏閣中，以垂永久。但萬年大慶，不比尋常，臣等私衷，無能自已。臣一貫、臣鯉、臣賡，恭詣慈寧宮門、仁德門，各行五拜三叩頭禮，已經另題。謹具回奏以聞。"

是日，恭遇聖母慈聖宣文明肅貞壽端獻皇太后萬壽聖節，輔臣詣慈寧宮門、仁德門叩頭慶賀，遣司禮監太監由義管待酒飯。又賜元輔酒飯一卓、燒割一分，次輔每酒飯一卓。又賜元輔金枝各六副、金壽松四枝、黃綾符三道、甜食一盒、絲窩糖一盒、硬糖餅一盒、伏薑一盒，次輔每金枝各四副、金壽松二枝、黃綾符一道、甜食一盒、絲窩糖一盒、伏薑一盒。又頒賜上尊珍饌。

二十日丙寅①，以聖母慈聖宣文明肅貞壽端獻皇太后萬壽聖節，奉先殿行祈謝禮，收回脯醢果酒分佈賜輔臣三卓。

二十一日丁酉，大學士沈一貫、沈鯉、朱賡題："臣等於本月十二日具揭，因京察在邇，都察院例該有御史一員掌管河南道，與吏部、吏科共主其事，已經欽定差吳達可矣，但本官回道，尚在候旨，不敢遽任。今該都察院又題，伏乞允其回道管事，庶可責令到任，料理考察。臣等又惟，天下各巡按差滿者多至十三處，該都察院於十三日具題，因御史缺少，先題七差，亦未奉旨。此誠四方安危所係，難以久滯久缺。臣等身叨輔弼，憂樂皆同，心實惶惶，亦望統賜允發。幸甚。"

二十四日庚子，大學士沈一貫、沈鯉、朱賡題："比者恭遇聖母萬壽聖旦，皇上躬修孝養之禮，一切章奏多留未下，中外臣工不勝瞻望。臣等竊惟，聖母之心，無一日不周於天壤，存於宗社。《孝經》謂：'德澤加於百姓，廣愛形於四海，乃天子之孝。'伏冀皇上加意而率行之，以承聖母之歡心。臣等此月之內，有揭帖數通，不知曾徹聖覽否？輔職在身，憂慮在心，爰此遑遑，萬非得已，伏乞採納允行，並將各衙門章奏時賜檢發施行。幸甚。"

二十七日辛丑②，大學士沈一貫、沈鯉、朱賡題："竊惟明年正月當大察京官，吏部、都察院，其專職也。今都御史溫純上疏告病，既非其時，又況本官素秉公誠，衆心信服，方今國家恃爲禎③幹，安可聽其自便？伏乞皇上將純疏親賜批留，或發臣等擬票上進，以隆大臣之體，以重京察之典。臣等不勝瞻望。"

① 寅 "寅"當作"申"。

② 二十七日辛丑 "二十七日"當爲"癸卯"，"辛丑"當爲"二十五日"。此處"二十七日辛丑"當有誤。

③ 禎 "禎"當作"楨"。

萬曆三十二年十二月丙午，朔。

三日戊申，大學士沈一貫、沈鯉、朱賡題："竊惟國家六年一次京察，乃最大彝典，不可輕忽，凡從事於此者，孰敢不盟誓天日、夙夜黽勉以幸無罪？若委任之不先，詢謀之不周，而至於倉卒受命，苟且了事，伊誰之尤？臣等亦不能逃其責矣。今去察期止一月耳，歲除歲首諸務怱偬，又多假日，中間循常奏事能幾何時？而猶此稽遲，必致擔誤。近者都御史溫純兩次請告，未蒙賜留，河南道御史吳達可累題回道，未蒙賜允，即吏部侍郎楊時喬疏告，考功司郎中劉一焜推補，皆未蒙發。該部院吏科及該道御史敦請之章，前後相繼，臣等亦既兩揭矣，憂懼實深，計無所出，安敢避冒干之嫌、而忘再三之請乎？竊惟此數日內發票之本亦多，仰見皇上勤勞萬幾，未嘗少懈，但過於詳慎未沛然耳。純與時喬等各以察事重大，有難輕任，謙讓未遑，亦其小心之義，皇上正宜委任而責成之也。黜陟幽明，虞廷重之，若開因循之端，滋卤莽之漸，使賢者受枉而不肖者幸逃，為清朝之累不小。惟乞俯納瞽言，亟下明命，促諸臣上緊管事，幸甚。

六日辛亥，大學士沈一貫、沈鯉、朱賡題："照得玉牒開館今已數年，臣等日夜催纂，而天潢之派比至十六萬位，加以世系名封數多，不可勝計，纂修缺人，見在止有少詹事楊道賓一員。臣等題請將國子監祭酒蕭雲舉同管纂修，未蒙俞旨。今有南京吏部右侍郎葉向高，原係翰林出身，見在考滿進京，留用尤便。伏候命下，將葉向高改禮部右侍郎，蕭雲舉陞詹事府少詹事，俱兼翰林院侍讀學士，與楊道賓同管纂修玉牒，專精上緊責成，刻日進呈。其校對年深有勞官制敕房辦事大理寺左寺左寺副章伯輝，應與加陞二級，仍留在館供職，大理寺左寺副孫龍傳，應陞部屬敘用。俱乞敕下吏部，查照施行。臣等未敢擅便，謹題請旨。"

八日癸丑，大學士沈一貫、沈鯉、朱賡題："昨日文選一司官員對臣等言，本部成規，每遇雙月有推陞、考遠、揀選、急選等事，最爲繁冗，今堂官告病未出，煩乞轉請於上前等因。臣等竊惟，吏部左侍郎楊時喬，清修敏練，克勝厥職，偶感告病，允宜慰留，銓堂獨此一官，安可一日虛曠？大選月分，官吏鱗集，窮冬盛寒，尤宜體悉。況明春京察逼近，尤當早爲料理。伏乞皇上將楊時喬告病本及其題請等本，特賜溫諭，或發臣等票擬，恭候裁發，庶銓堂得人，不誤選察等事。謹題請旨。"

十日乙卯，大學士沈一貫、沈鯉、朱賡題："昨日文書官趙金捧出聖諭到閣：'諭內閣：朕覽卿等奏揭：國家六年一次京察，乃最大彝典，不可輕忽，且時日促近，缺官恐有擔誤。具悉忠愛、詳慎懇切。今歲雪寒，朕自入冬以來，不時微感足疾未愈，屢屢動火眩暈，近又齒痛，是以服藥調攝，諸凡章奏未經細閱，原無他意。卿等奏請，今已發票，諭卿等知。欽此。'竊惟爲政之道，以得人爲先，得人之法，以察舉爲急，稂莠不去，則嘉禾不生，故國家有六年京察之制，甚重也。頃主察之官各求退休，若不慰留，誰其肯任？故臣等不避煩瀆，冒進一言。前日蒙將河南道御史吳達可本發行，昨日蒙將都御史溫純、左侍郎楊時喬本發票，又下考功郎中劉一焜本，仰窺聖意採納，臣等不勝欣忭，何期更垂雲翰，敷示腹心？捧誦之餘，尤深感激。但臣等無已之請，尚謂吏部尚書未命，右侍郎未命，若得統賜簡定，尤於察事完美。其他一切章奏，咸冀及時省發，庶寬臣等尸素之罪，且免臣等聒擾之愆。至於深冬雪寒，崇攝宜倍，無窮忠愛，惟有嵩呼。聖諭謹尊藏閣中，以傳罔極。謹具回奏以聞。"

十四日己未，大學士沈一貫、沈鯉、朱賡題："竊惟皇上眷留大臣，待以手足腹心，自明主之盛節，臣等所欣奉而仰承者也。然不問其情之緩急、請之真否，一切不放，如籠中之鳥，有入無出，則師師百寮竟鮮一完歸之臣乎？似非聖世所宜有。竊願俯垂體悉，間有所允許，以昭君臣始終之義。昨接工部尚書姚繼可書，自言目病以來，請告已二十八疏，未蒙俞允，比來兩目盡盲，一隙無見，萬不得已，將部印固封，並內外往來文移俱行停閣，專候明旨賜骸還里等情。夫今之工部，正當煩劇之時，而本官目患已深，病廢已極，委於國事於國體胥稱不便，不獨其一身之苦情也。請而不得去，致有誤事，臣等不能無失職矣。伏乞特賜慈旨，准其致仕。臣等不任瞻禱之至。謹題請旨。"

是日，又題："竊惟流光不待，歲事①忽臨，朝端庶政，多廢不舉。士庶人治家者，猶以歲終而考其成，臣等於此，不能不縈縈也。近者京察大事，蒙皇上沛然下部院諸臣之命，真得委任責成之道，不勝喜躍。但各處巡按，差滿當代者多至十餘處，屢請未命，使其心介於去住之間，而寡專精之力，委任責成似猶未盡。且朝廷無明作之政，而欲天下有肅靖之心，必不可得。此命久稽，天下孰肯信皇上之在宮中終宵聽覽而不倦乎？意者聖慮以為各差既補，則朝端缺人耳。然今候補散館諸臣，行取者七年，作養者三年，觀政既久，練事甚熟，而其人數亦不為多，人情事理又當體恤，吏部屢次催補為科道官，欲資以濟各差之急，而分舉國家中外綱紀之事，委任責成又不可緩者也。臣等未了前件，不敢不請，仰叩皇上即賜檢發施行，庶幾歲暮歲首稍寬顰蹙之眉，苦臣苦民同樂三陽之泰。臣等不任懇祈之至。"

十八日癸亥，以立春令節，頒賜輔臣上尊珍饌。

二十一日丙寅，大學士沈一貫、沈鯉、朱賡題："竊惟歲事將闌，臣等屢揭所懇未蒙允行者，皆係緊要事件，難以姑置，輒敢開款催請，伏乞皇上賜之允俞。夫前事不了，何以待後事之來？日積月壅，必成痌毒。臣等忝為輔臣，實多愧色，惟聖明一採其言，而加之意。幸甚。

① 事 《敬事草》卷一六作"時"。

一、吏部京察在邇，尚書、侍郎未點，此見今急務，乞早簡用。

一、各部尚書、侍郎未點者，乞並點用。其工部尚書姚繼可目病已深，宜聽其去。戎政尚書王世揚已丁母憂，亟宜簡補。

一、各省直巡按御史差滿者十餘處，亟宜聽都察院代差。

一、各行取考選、庶吉士散館諸臣，題補科道者，亟宜准其到任差用。

一、河南鄖陽二處巡撫久缺，極宜簡補。兵部憂其地方生變，戶部患其催徵匱乏，最爲懸望。

一、臣等內閣題東宮講筵缺侍班、講官一本，乞賜俞發。

一、臣等內閣題玉牒纂修官一本，乞賜俞發。"

二十三日戊辰，大學士沈一貫、沈鯉、朱賡題："先該題奉欽依，每年終將講過經書講章類寫進呈，以備皇上朝夕觀覽，已經節次進呈訖。今查撰進講章，謹將《通鑑纂要》太宗簡文皇帝咸安二年秦加王猛都督中外諸軍事起至遣都督謝玄率師伐秦止一本、十①四年以范甯爲豫章太守起至仲堪奉天師道止一本、四②年詔桓玄都督荆江八州諸軍事起至魏改官制止一本、義熙元年劉毅等入江陵起至遣益州刺史朱齡石歸師伐蜀止一本、九③年朱齡石入成都起至恭皇帝元熙元年宗室司馬楚之據長社止一本、宋公裕始受進爵之命起至有司奏車駕依故事臨華林園聽訟止一本、宋元嘉二年宋主始親聽政起至宋主性仁厚恭儉止一本、宋元嘉十六年魏命崔浩、高允修國史起至魏及宋平止一本，以上共八本類寫裝潢進呈。伏望皇上萬幾之暇，時加觀覽，以求溫故知新之益。臣等不勝惓惓效忠之至。謹具題以聞。"

是日，又題："照得本年十二月二十四日起該放除夕假，連年節上元假至新年正月二十日方滿。臣等查得連年日講，皆於二月間照常舉行，容臣等於二月上旬另擇日恭進講章，以後接續恭進。謹具題知。"

是日，大學士沈鯉奏："爲懇乞天恩准移妻封以及祖母事。臣頃以正二品考滿，欽蒙聖恩，准給四世誥命。臣祖母李氏、

① 十 "十"上應有"晉孝武帝太元"六字。
② 四 "四"上應有"晉安帝隆安"五字。
③ 九 "九"上應有"義熙"二字。

妻張氏、繼室周氏，俱贈一品夫人，獨臣前祖母張氏、前繼祖母李氏，以例不得並對，此自國家憲典，臣既叨冒過分，何敢復有覬覦？惟是臣前祖母、前繼祖母，皆在臣父所出祖母之前，而今贈階居下，臣祖母既有不安，且臣妻張氏、繼室周氏亦皆受封一品，直躐祖姑而上之，於情更有不安者，伏乞聖慈，格外推恩，准移臣妻贈階貤贈臣前祖母張氏、前繼祖母李氏俱爲一品夫人，使臣一門之內尊卑前後情禮俱伸。臣不勝感荷天恩之至。"奉聖旨："卿前祖母俱准贈，不必以卿妻恩移贈。吏部知道。"

二十四日己巳①，大學士沈一貫、沈鯉、朱賡題："爲纂修玉牒事。目今歲暮，所有官吏人等例於二十八日放假，至明年正月初四日赴館供事。其起居注館官吏人等，亦合照例遵行。臣等未敢擅便，謹題請旨。"奉旨："是。"

二十五日庚午，大學士沈一貫、沈鯉、朱賡題："謹按禮部每以年終類奏災異，雖循舊制，固非靡文，往者皇上於此未嘗不惕然責躬，而諄然飭羣臣，以痛加修省也。今年該部既題，猶未發票，不知聖意云何。臣等竊後佇焉。蓋今年災異，上天實有深意，而萬萬不可以尋常視者。青衣角帶未稱修省。昔人有云：應天以實，不以文。此明主急務也。臣等竊嘗數之，陳天鳴地震、河決旱澇諸種種害民傷物載在四方之牘者，未暇枚舉，乃若正陽日食，諸陵雷火，變豈有大於是者乎？而又連年疊見，與日盡同，決非偶然之故，明矣。況又有京師久疹，三輔大侵，蟲嚙陵樹，妖星經天，都城禁城並報坍塌，官廬民舍頹敗無數，水潦所游，儲積如洗，城邑漂沒，晝日晦冥，如是者從夏至秋、從秋至冬，後先相仍而無虛日，千里一望而無平土。家懷天墜之憂，人切陸沉之懼，罔不椎心抆血，號泣於雙闕九門之下，祈聖主順天心敬天戒，霽天怒回天和，爲元元延轉壑之命，爲宗社蠲復隍之憂。皇上難震動心顏，屢沛恩旨，修廢官，發倉廩，出囚繫，誅奸邪，而人心猶嗷嗷然以爲未愜，

① 己巳 "己巳"當作"己巳"。

萬曆三十二年

何也？謂礦稅根本之害未除，而凡此善端，特其扶疎枝葉，無益於起死回生之大計也。臣等竊惟，皇上以至聖之資，握至尊之權，即舉超帝越王之事，特易易耳。而久道之後，翻爲蘖孽之始，意甚惜之。惟二三大臣，並以一人兼數事，手口並作，補輳不前，一日尚難知，何能爲十①百年長久之計，臣等亦甚自惜也。皇上雖居深宮，豈不見天下危端有如此急？而猶不若臣等在外，真見有不可一朝居之勢。皇上試揣度之，儻有胡騎一二萬窺京邊，能保必禦之否？儻有亂民一二處弄干戈，能保必除之否？臣等實不能保，而皇上獨以爲可保乎？萬曆初年，皇上勵精圖治，故紀綱肅張，官常謹飭，帑藏充牣，兵戎簡練，節用愛民而上供不乏，委任責成而賢才畢來，皇上端拱無爲而稱聖主者以此。十年以後，羣言囂凌，曠官離局，政體旁落，莫適主持，然猶可諉曰此朝士之紛紜耳，於聖德無損也。其後哱賊首亂，東倭繼之，煽動干戈，羣萌四起，然猶可諉曰此外患之侵凌耳，於聖德無損也。乃至於礦稅興而部院詘，敕使出而民心搖，則誰實使之？謂非聖德之累不可矣。前此不靖，由天下生也，不得歸咎於朝廷也。今此不靖，由聖心生也，不得諉罪於天下也。由天下生者，皇上一加振奮，而次第就平，事幾甚難，而轉旋甚易，何也？皇上能以其神武行之於天下故也。由聖心生者，皇上數奉天戒，而未新天命，事幾甚易，而轉旋甚難，何也？皇上不能以神武斷之於心故也。皇上之意，必謂數年礦稅而不亂，今安得亂？亂則吾能收之耳。臣等又請譬之。皇上亦聞牧人之剪羊毛者乎？羊一歲三剪其毛，以牟其氈罽之利。然近冬不敢復剪，恐羊無以禦寒而凍且死也。今天下之民，有正供，有加供，有不時之供，加以水旱凶荒、盜賊之虞，此寧獨三剪之而已乎？又以礦稅之災益之，痛於骨髓，非直皮毛也，民有不斃而死乎？皇上又不聞郵人之騎驛馬者乎？蓋馬主甚愛其馬，故能用其馬。彼郵人之騎驛馬也不然，視非己馬而徒虐使之，馬不能堪，故其弱者中道殞而已不免於匍匐，強者詭御②竊轡，奮臆憑怒，而有碎首洞胸折脊之慘也。皇上之鞭策民，可謂極矣，今猶未亂，則自以爲能收，而不知既亂之後

① 十 《敬事草》卷一六作"千"。

② 御 《敬事草》卷一六作"衘"。是。

勢必不可收，皇上亦將安所御以托於民上哉？積數年之苦，苦之於前，而恃一日之仁，收之於後，尚恐勢重難回，時危易失，而寧可泄泄然也？頃者，在廷之臣私竊相語，謂皇上敬天勤民之意頗不逮前，蓋以章奏之不時下卜之耳。臣等語之，以爲皇上甚敬天，無日不焚香而祝也，甚敬祖，無日不沐手而祈也，礦稅之罷當在旦晚，羣臣百姓無事於囂譁爲也。然臣等能爲皇上宣颺，而不能必皇上爲臣等證實也，則安得不齋戒而禱求於宸扆之前？惟皇上亟除礦稅權宜之法，務修初年恭儉之政，則凡此下民有所怙恃，而臣等亦拜下風之賜，免誤國之誅。臣等不勝惶恐之至。"

是①，以以正旦令節，頒賜輔臣，每員二樣吊屏門神等物。

二十八日癸酉，大學士沈一貫、朱賡題："二十二日同官臣沈鯉，因近日考滿蒙給誥命，奏乞移其妻之封以贈其前祖母，此乃爲人子孫者之至情，往時閣臣亦有此等陳乞，俱蒙允許。今鯉疏已七日矣，皇上萬幾正繁，未蒙發票，臣等敢代爲之請。伏祈賜允，幸甚。謹具題以聞。"

二十九日甲戌，以告祭太廟祧廟收回脯醢果酒，頒賜輔臣三卓。

三十日乙亥，大學士沈一貫、沈鯉、朱賡題："恭遇元旦令節，禮當慶賀，奉旨傳免，臣等謹偕在廷文武暨天下華夷齋捧朝貢官員人等，於五鳳樓前大班行禮，恭伸祝頌。外，伏念臣等備員輔弼，受恩深厚，與在廷諸臣不同，擬是日恭詣仁德門行五拜三叩頭禮，稱祝聖壽，以少伸臣子慶忭之誠。謹具題以聞。"

① 是 明抄本"是"下有"日"字，是。通行本無此字，誤。

萬曆
三十三年

三①十三年正月丙子，朔，正旦令節，輔臣詣仁德門行慶賀禮，頒賜元輔燒割一分、酒飯一卓、甜食一大盒、硬糖餅一盒、絲窩糖一盒、伏薑一盒，次輔共燒割一分、硬糖餅一盒、絲窩糖一盒、每酒飯一卓、甜食一小盒、伏薑一盒。待茶。復賜上尊珍饌。

　　八日癸未，大學士沈一貫、沈鯉、朱睿②題："正月初四日，吏部左侍郎楊時喬一本《爲京察在即臣實不能勝任懇乞聖明早定主計署印宰臣以濟急務事》，已經具奏，未蒙發票。臣等看得此本，關係京察，不得不爲之請。蓋京察重典，往時常以一年之力專心料理，今近在本月內矣，而擬議尚未有定，則因無吏部尚書故也。楊時喬雖見署印務，然以侍郎而行尚書之事，不便，故科臣曾請特命大臣一員主筆。然主筆而不管印，亦不便，故時喬此本請特命大臣即署印管察。考察與朝審不同，朝審主筆止一二日即已訖事，考察則過堂奏處之後，尚有推陞量處之本，有覆拾遺之本，覆南京考察之本，覆各巡撫自陳之本，終始此事非一二月不了，若不暑③印，真實不便。時喬此本專爲讓印耳。臣等竊惟各部大臣，惟蕭大亨官尊，堪以署印管察，然楊時喬颺歷年深，久署銓印，即令管理京察，亦無不可。惟聖明早賜批發，令有遵守。惟復別有聖裁，臣等不敢擅擬。謹具題請旨。"

　　十二日丁亥，大學士沈一貫、沈鯉、朱賡題："該文書官劉用捧出聖諭：'諭內閣：修建祖陵碑樓工程，前有諭旨，着年終造辦物料齊備，以待今春報完。朕心朝夕懸望上安祖宗在天聖靈，卿等仰體，傳示該部及經管官員，上緊併工建造，尅期完備，以慰朕孝思誠心。特諭卿等知之。欽此。'臣等竊惟祖陵碑樓，舊年皇上祇奉天戒，深切孝思，亟欲具工修理。但因欽天監擇吉有妨，特令造辦物料以待今春舉行，慮至悉也。入春以來，臣等正切下情，欲圖上請，仰蒙聖諭渙發，具見純孝肫至，頃刻不忘，所以宅天命而作新民者端在是矣。臣等何勝踴躍？

①三　"三"上當有"萬曆"二字。

②睿　"睿"當作"賡"。

③暑　"暑"當爲"署"。

謹於即刻傳示該部欽遵。外，惟是工部尚書姚繼可自言目疾已深，無復疼①理，而部務日弛，滋戾更多，欲臣等力言其不宜留之狀，早賜簡代，並乞補左右侍郎以督分理。蓋工部目今工程最稱繁巨，錢糧匱乏，既患設處通融之難，人役猥雜，又患提調督責之難，原非一耳目所能稽察，一手足所能徑營。往時遇有重大工作，類多添設官僚，至如今日，即不望添，而常設三員亦宜補足，宜增而減，甚非便計。繼可兩目既肓②，則其百體都廢，乞身之章三十餘上，尤宜矜而許之。不然，則經管官員孰有大於該部堂上者？堂上無一官，而責典司各効其力，報成必如其期；工程不待督而自舉，資用不待處而自饒，大③皆知其難能矣。臣等因奉聖諭，計及該部事宜，輒爲代請，伏乞聖明採納。除原奉御禮尊藏閣中，謹具回奏以聞。

　　二十一日丙申，大學士沈一貫奏："爲自陳不職乞賜罷免以清政本事。茲者皇上明詔部院修改典章，考察兩京官員，既有日矣。臣惟政有秉成，官有領袖，百辟卿士特分効一職者耳，黨不可不密櫛而嚴汰焉。乃如閣臣者，叨居密勿，預聞政幾，六官之事皆其事也，所係不啻甚重，而臣行能淺薄，文④玷典司，躐長清班，示⑤復五載，聖明在御而無臣⑥襄之術，賢喆滿朝，而靡率作之方，以致天行沴錯，國是紛紜，邊藩警⑦，民生轉蹙，官方耗亂，法紀陵夷，岌岌乎有厝火積薪之勢，無能寧處者。夫古之稱輔相者，謂上佐天子，理陰陽，下順萬物之宜，使卿大夫各得其職，內親附百姓，外鎮撫四夷諸侯，此律令也。雖今之閣臣本非其任，而人則以相目之，臣安得而辭之？既不能辭，復不能舉，居然一物，靡所短長，則將安用臣爲哉？臣嘗因考滿考而以幽黜請矣，亦嘗因災異而以策免請矣，皇上循佑⑧貌之文，而不忍彰其骫骳，舉修省之實，而不欲移諸股肱，假以至仁，及於寬政，今何可託之於使過而猶容其濫吹也？朝典在前，公論在後，內省甚晰，斥休甚宜。蓋治室者易棟樑不若得一棟之急爲⑨，治何⑩者疏下流不若滌上源之爲要。論事寄惟臣最重，論瘝曠惟臣最先，誠宜首加簸揚，爲溺職不舉者

①疼　《敬事草》卷一七作"瘳"，是。

②肓　《敬事草》卷一七作"盲"，是。

③大　《敬事草》卷一七作"人"，是。

④文　"文"當作"久"。

⑤示　"示"當作"亦"。

⑥臣　"臣"當作"匡"。

⑦警　《敬事草》卷一七"警"上有"數"字，是。

⑧佑　《敬事草》卷一七"佑"下有"體"字，是。

⑨急爲　"急爲"當作"爲急"。

⑩何　"何"當作"河"。

戒。伏望皇上大賜乾斷，罷臣歸里。庶幾行法自近，而政本以澄，懲一戒百，而衆心交勸。臣等謝《詩》人彼己之刺，無汙清時雪霜之簡。率父老以供賦，羣耕鑿以呼嵩，此至願也。臣無任悚息待命之至。"奉聖旨："卿輔贊首臣，公清端亮，茂著勳猷。朕方切倚毗，豈得引例求退？宜益緒前勞，弼移①至理，不允所辭。吏部知道。"

二十三日戊戌，大學士沈一貫、沈鯉、朱賡題："本月十九日該左都御史溫純一本《爲考察自陳事》，本②蒙發票。臣等竊惟，考察欽命在二十八日，而本官職掌其事，例宜首先自陳。今既五日，尚未發票，本官何所遵守？中外不勝跂望也。伏乞皇上即賜檢發，容臣等票擬。或親發宸批，溫留任事，尤見體貌大臣德意。謹具題請。"

二十四日己亥，大學士沈鯉奏："爲自陳不職乞賜罷免以清政本事。該吏部題奉欽依，京官考察四品以上例當自陳。臣待罪輔弼，敢不具列其不職之狀，以俟幽黜而彰明主之紀法？除六年以前者不敢瀆陳外，惟自萬曆三十年七月奉召主③京，備員密勿，諸所爲曠官溺職、扞考功之文綱者，則已有三事，臣不敢不明言。蓋閣臣之職，有在止君心、弼至德、澄化源於穆清之上者，有在備顧問、擬批答、視草誥敕、誕宣綸綍、爲國家政教號令之所從出者，其大端若此矣。然非學術足以備獻納、精誠足以徹穹昊、翰④旋轉移有足回下濟之光而成泰交者，不能辦此也。又非夫才優經濟，而發謀出慮適中乎機宜，學子淵源，而捴藻摛辭深得乎體要者，不能辦此也。臣豈其人乎？豈曾有一於是乎？不惟是，閣臣雖不有相名，實默有相道焉。則上而節宣寒燠，以不累之⑤光之明，下而調適酸鹹，以不咈萬民之性者，亦自其本業，而非可他諉也。臣在事以來，不能識大體及此，顧徒見閭閻之若⑥徵求者無虛日，四方之報水旱者無虛月，星官之陳災變者無虛時，潢池之弄兵革者無虛歲，海內舉紛紛憂亂焉。此非臣溺職而誰也？夫鼎足之列，而公餘⑦

①移 《敬事草》卷一七作"於"，是。

②本 《敬事草》卷一七作"未"，是。

③主 "主"當作"至"。

④翰 "翰"當作"幹"。

⑤之 此字當有誤。

⑥若 "若"當作"苦"。

⑦餘 "餘"當作"鍊"。

不覆，鼇極四柱，而方隅以奠，天下之事，類非一人之所能爲也，故曰'舜有臣五人，而天下治'。今二臣俱克振舉其職矣，臣不能有所助，而二臣復爲臣彌補其闕失，此臣之溺職者一也，而律之以考功之法爲不及。臣，顓蒙人也，居之以斗筲之器，既不能有蘊藉，以遇事有不可，輒不勝紛紜，倉卒而不知主之以深沉，出之以鎮定，以求其委曲濟事，即臣亦自知爲福心，爲深氣①，於藥物臭味中爲佐使之材，不可當國老之任，此臣之溺職者二也，而律之以考功之法爲浮躁。淺露其臣，既老憊若此矣，又時有陰陽之患，狗馬之疾，以耳目則不聽不明，以行動則爲顛爲蹶，以心思知慮則朝聞夕忘、夕見朝忘，身其餘幾，過此以往，將崦嵫日以迫，膏肓日以深，《伐檀》荷戈之議且日有招延之者矣。往者不可諫，來者猶可追，胡爲乎役役之弗休，營之乎而不知止乎？此臣之溺職者三也，而律之以考功之法爲老疾矣。國家懸功令以澄肅國內之吏治，僅疏爲六事，而臣已有三焉，此即在銅墨之吏、管鑰之司不可倖免也，矧其膺股肱心膂之寄乎？矧其處巖瞻之地爲士林表儀乎？矧復以惟蓋蒙恩虧旌赴召爲千古希遘遇乎？易一櫰②不若易一棟，察乎邇乃能見乎遠。皇上如欲爲山藪藏納以寬庶蜜乎？則臣不敢知。必且徹疏鈇，審衡鑑，使朝無倖冒，國有紀綱，大臣法而小臣廉，非先罷免臣不可。臣無任悚息待命之至。"奉聖旨："卿贊襄政幾，忠誠端亮。朕兹澄清百職，正資弼成化理，倚毗方切。不允所辭。吏部知道。"

是日，大學士朱睿③奏："爲自陳不職乞賜罷免以清政本事。今年當察京官之期，大臣許照例自陳去留，請自上裁。夫大臣不加考察而聽其自陳，體也，然亦必有去留，以示天下之公法也。臣以爲法行當自近始，欲清九流，宜先政本，欲清政本，宜先考其無關於有無者而去之，則莫如臣矣。臣每誦周任之言曰：陳力就列，不能者止。夫人臣所可自效者，惟此力耳。力能盡職，則當就刻④，以攄自靖之忠，力既不能，則當知止，以明勇退之分，此萬世人臣之準也。今臣之力能乎哉？臣家居以十二年，皇上召臣畎畝之中，俾參國政，此不世之遇也。而

①氣　疑有誤字。

②櫰　"櫰"當作"榱"。

③"睿"當爲"賡"。

④刻　"刻"疑當作"列"。

頃又以三年滿①，隆恩異數，視故事有加焉。恩愈渥則報塞愈難，位愈高則貴②望愈重。每於清夜，心口相訟曰：以若人受若直，能進盡忠、退補過、上不負天下、子③不負所學乎？不能也。能佐天子理陰湯④、調鼎鼎⑤，使大⑥不災、地不震、旱乾水溢之不爲厲乎？不能也。能使饑者食、溺者起、胥詭者息、作慝者化、壯者不散於四方、老稚不轉於溝壑乎？不能也。能使朝無壙⑦職、野無遺賢、紀綱不墜、風俗不頹、內安外攘之長可恃乎？不能也。此四不能者，昭昭在人耳目，雖愛臣者莫能爲臣飾說。其他不職之狀自知而自愧者尤難枚舉，而猶靦然厠輔弼之末，位僚寀之上，其能一朝居乎？且臣年七十有一矣，耳善鳴，臣⑧善昏，頭善眩暈，乎⑨足百骸時時作不仁狀。人壽幾何？而鐘鳴漏盡，猶不知止，抑自恥之。伏覬⑩考功令，罷軟無爲者去，才力不及者去，年老者去，有疾者去。由前言之，臣有四不能，義固當止。由後言之，臣有四宜去，例亦當止。此臣所以三復周任之言，而顧皇上法行自臣始也。臣蓄此意久矣，至於今止⑪臣稅駕之日，故敢直陳底裏。伏望皇上裁以主公，斷以大義，准臣罷免，用全始終，實澄清政本、淬勵庶寮之首務也。臣不勝懇切待命之至。"奉聖旨："卿贊襄政幾，忠塡⑫端直。朕茲澄清百職，正資弼成化理，倚毗方切。不允所辭。吏部知道。

　　二十六日辛丑，大學士沈一貫、沈鯉、朱賡題："臣等切照，京察奉旨於二十八日行，今日已二十六日，至近矣，乃都御史溫純自陳尚在候旨。伏望皇上即賜批發，使其得以明日謝恩，後日供事。臣等不任懇祈之至。謹題以請。"

萬曆三十三年

二二〇七

①滿　"滿"字上当有"考"字。
②貴　"貴"當作"責"。
③下、子　"下、子"當作"子、下"。
④湯　"湯"當作"陽"。
⑤鼎　此"鼎"字當作"鼐"。
⑥大　"大"當作"天"。
⑦壙　"壙"當作"曠"。
⑧臣　"臣"當作"目"。
⑨乎　"乎"當作"手"。
⑩覬　"覬"當作"覩"。
⑪止　"止"當作"正"。
⑫塡　"塡"當作"慎"。

萬曆起居注

二①月乙巳，朔。

二日丙午，大學士沈一貫、沈鯉、朱賡題："爲日講事。先該題奉欽依，每年開講日期於二月上旬，擇日恭進講章，以後接續每日進呈，奉聖旨：'是。欽此。'今臣等謹擇本月初七日吉，恭撰講章照常進覽。謹具題知。"

是日，又題："先爲東宮講讀擇吉上請，未蒙允發。臣等竊惟，春已過半，景入陽和，展舒簡編，正維其時。謹又擇本月初九日、十一日皆吉，伏乞欽定一日，照常講讀。臣等無任跂望之至。謹題請旨。"

六日庚成②，大學士沈一貫、沈鯉、朱賡題："該文書官金忠捧出聖諭：'諭內閣：朕昨節間恭謁聖母前行禮，面奏正月二十六日天壽山長陵等處具工修建，親奉聖母慈諭：祖陵工程隆重，本宮恭助工銀三千兩，另行差官齎送工所犒工新舊錢四十錠。朕即面承慈恩。朕欽發助工銀五千兩、犒工新舊錢一百錠，皇后、皇貴妃等妃嬪，及皇太子、福王等王，同妃、公主，共進助工銀三千三百兩、新舊錢三十錠。卿等傳示該部，並內外經管官員，今次與先發銀兩行③正支用，其犒工錢陸續賞給。務使人匠軍夫得霑實惠，作速修建報完，上慰聖母同朕懸望誠心。特諭卿等知之。欽此。'又接得黑字揭帖，內開：'二月初六日，御前請出銀五千兩。司鑰庫請來寶號錢並舊錢一百錠。御司房請來坤寧等宮並昭妃等妃嬪、及皇太子、福王等王、公主、妃進助工銀三千三百兩，寶號錢並舊錢三十錠。差文書房官金忠捧送內閣。'到閣④。臣等仰惟，皇上畏天甚處⑤，念祖彌切。從去年來，長陵並⑥工無日無時不關軫慮，既發御前節省銀兩以助工役矣，今當宮庭燕喜之時，者⑦督陵寢鳩厓之事，奉聖母之慈念，發聖心之至誠，因率后妃諸妃嬪，以至皇太子、諸王、妃至⑧，各助出⑨犒，以期速完。聖母、皇上，以祖宗之心爲心，后妃而下，又皆以聖母、皇上之心爲心，宮闈禁御肫然孝敬之流通，祖父子孫藹爾精成⑩之周浹。水衡有藉，何難

① 二　"二"上當有"萬曆三十三年"六字。

② 成　"成"當作"戌"。

③ 行　《敬事草》卷一七作"作"，是。

④ 到閣　此二字當爲衍文。

⑤ 處　"處"當作"虔"。

⑥ 並　"並"當作"等"。

⑦ 者　《敬事草》卷一七作"首"。

⑧ 至　"至"當作"主"。

⑨ 助出　"助出"當作"出助"。

⑩ 成　"成"當作"誠"。

鼓舞以就工？百姓雖勞，孰不歡欣而趨事？臣等遵奉即膳聖諭，傳發部科。其御前送出助工銀兩、犒工錢錠，即差典籍秦焜、郭安民押送到尚書姚繼可處交收，並從①內外經管官員作速修建，刻期報完，以早慰聖母、皇上惓惓懸望之心。所有御禮一道，謹尊藏閣中，昭示萬世，以彰皇上純孝之美。謹具回奏以聞。"

八日壬子，大學士沈一貫、沈鯉、朱賡題："吏部、都察院奉旨於正月二十八日考察京官，二十九日具本上進，今已八日，未蒙發票。各官拱候明旨，莫知去留，不惟當去者待罪，而當留者亦不敢管事，省署空虛，政務廢閣，殊爲不便，伏望皇上早賜覽發，以定人心，以重政體。臣等不勝瞻望之至。"

十四日戊午，大學士沈一貫、沈鯉、朱賡題："照得工部尚書姚繼可兩目皆盲，一無所見，行不能正履，居不知嚮方，臣等目擊甚真，委非假託，年齡襄②晚，醫藥難施，司空大任，恐致尸曠，今其司③身之疏至於三十四懇，極誠甚哀，良可憐也。伏乞皇上准與致仕，庶全大臣進退之節，而昭聖朝絡始之恩。謹題以請。"

十六日庚申，大學士沈一貫、沈鯉、朱賡題："該臣等爲東宮閣④講兩次擇吉上請，未奉俞旨。臣等竊惟，學貴及時，功宜繼續。向者天氣寒凝，今已和暢，睿學進修，正惟此時。伏望皇上於本月二十二日、二十六日二日之内，欽定一日，照常講讀。臣等不勝待命之至。講⑤題請旨。"

十九日癸亥，大學士沈一貫、沈鯉、朱賡題："爲印信事。照得南京翰林院掌院事右春坊右諭德劉曰寧，近奉欽依，陞南京國子監癸⑥酒訖，前項印信缺官掌管。臣等推得右春坊右中允翰林院編修楊繼禮資序相應，堪補前缺。伏乞敕下吏部，將本官量陞右春坊右諭德，掌管南京翰林院印信。臣等未敢擅便，

① 從 "從"當作"促"。

② 襄 "襄"當作"衰"。

③ 司 《敬事草》卷一七作"引"，是。

④ 閣 "閣"當作"開"。

⑤ 講 "講"當作"謹"。

⑥ 癸 "癸"當作"祭"。

謹題請旨。"奉聖旨："是。吏部知道。"

一①十一日乙丑，大學士沈一貫、沈鯉、朱賡題："臣等照得，吏部會題考察疏三本，覆四品京堂自陳號②一本，南京吏部題考察疏一本，俱臣③久未蒙發票。皇上之威福尚鬱而未行，羣臣之去留皆疑而難定，公務因之廢閣，人心因之惶惑，關係政幾，深爲未便。伏乞早賜檢發，容臣等擬票上進，恭候聖裁施行。臣等不任瞻仰之至。謹題。"

二十九日癸酉，大學士沈一貫、沈鯉、朱賡題："照得償運御史一差，乃漕糧至重急務，日久未命，今即命下，恐無及於事。該都察院題以淮楊④巡按高攀枝就近改委，庶可朝受今⑤而夕行事也，伏乞皇上即賜允發。臣等謹爲之代請。不任瞻望之至。"

① 一 "一"當作"二"。
② 號 "號"當作"疏"。
③ 臣 "臣"當作"日"。
④ 楊 "楊"當作"揚"。
⑤ 今 "今"當作"令"。

二①月乙亥朔，大學士沈一貫、沈鯉、朱賡題："臣等不佞，謬充揆路，休戚皆同。切謂人君之德，惟明與斷。不明而斷，妨事固大。明而不斷，所妨豈小？皇上至聖明，又至雄斷，而今多未斷之事，臣等深爲國憂焉。先是各官缺②，大臣尤甚，臣等數請點補而未得也，則屈指京察事畢，一並上請耳。今京察之疏已踰月矣而不下，即題覆京堂疏、拾遺疏、南京察拾諸疏、南京京堂各自陳疏，亦皆未下。臣等心如炎火，兩以揭清③，兹不得不再清④。伏望皇上亟下諸疏，以定人心，亟補渚⑤缺，以修廢政也。臣等無任跂望之至。"

是日，又題："先爲東宫開講三次擇吉上請，俱未奉俞旨。臣等竊惟，方今入春過半，距夏不遠，講學之日無幾，輟講之期復臨。故不避煩數，謹又擇本月初八日、十一日皆吉，伏乞欽定一日，照掌⑥講讀。臣等無任跂望之至。謹題請旨。"

四日戊寅，大學士沈一貫、沈鯉、朱賡題："國家與虜爲鄰，備宜最急。皇上御極以來，正值虜王款服之日，故得以坐而制之，無煩聖慮耳。然狼心叵測，烏可頃刻忘戒備哉？舊年五路一酋跳梁犯邊，首敗款事。近日宣府撫臣馬鳴鑾寄臣等書，言五路狡酋不聽順義王罰處，以十三年前久斷之實⑦而要挾補給，知必不可許也，明欲假此爲入犯之端，不待秋高馬肥之日矣。總兵梁秀衰頹重聽，即無失事之參，亦當聽其自引。惟是代者須素有戚⑧望而又熟於宣大虜情之人，處置得宜，猶可以奪狂狡之氣，而不至昭⑨莫大之患。不然，則新河覆輒，猶其小者耳。臣等因此即於鳴鑾疏内票擬：梁秀革任，亟推新總兵代之。已蒙允下，幸甚。昨日有前巡按宣大御史黃吉士來，臣等詢之，言五路乃虜王之弟，老於兵事，憑恃凶狡，久欲決一戰，不待秋深，但草苗一青，便欲長駈⑩而入。而本鎮兵馬久不習戰，總督、總兵皆未補，士心懈怠，危如朝露，即日命下，猶恐其猥⑪，况猶未命？促臣等急催。臣等聞之，不勝戰慄。蓋黃吉士久在本鎮，知之甚深，其言不可不採也。皇上用人，常到期迫始遺⑫，此於濡緩之事、寬閑之時尚可，使人竭蹶補

萬曆三十三年

二二一一

①二 "二"當作"萬曆三十三年三"。
②缺 《敬事草》卷一七作"多缺"。
③清 "清"當作"請"。
④清 "清"當作"請"。
⑤渚 "渚"當作"諸"。
⑥掌 "掌"當作"常"。
⑦實 "實"當作"賞"。
⑧戚 "戚"當作"威"。
⑨昭 "昭"當作"招"。
⑩駈 "駈"當作"驅"。
⑪猥 《敬事草》卷一七作"緩"，是。
⑫遺 "遺"當作"遣"。

輳而干係兵機者，決不宜爾。況防虜大事，尤所不宜。虜騎之來，倏如風雨，一有消息，則狼馳虎奔，推山倒海，轉盼之際，已到眼前，豈能待遠水而救近火哉？信當及早綢繆，不俟終日。茲者吏部所推總督，伏望早賜點發。至於總兵，昨職方司以堂官莆大亨破①拾閉門，無人推舉，皇上亦宜早將大亨去留一言裁定。臣等竊惟，兵事至重，不此②吏事，非久在行間、習知虜情之人，不能擔當，而環視滿朝，盡書生也，大亨若去，淮③可代者？僉謂大亨當留。如蒙留之，亦宜早留，庶幾無誤兵事。又今三月大閱，而京營協理亦缺大臣。武備怠弛，無踰今日，萬一宣大有警，京師戒嚴，此時朝中無一人知兵，憑誰調度乎？皇祖庚戌之變，文武如林，分遣巡行，各得其職，故底定無虞。今大臣寥寥，又皆衰老之人，精神智慮，旦夕難支，危機密發，淮④其勇往？皇上但見承平之時省事省官可免聒擾，而不念危急之日失左右手倉皇何救？至於事後而始悔之也，亦何益哉？臣等連日有揭，不知曾經省覽否？心焦背熱，若火灼焚。請乞加意邊事，即日精選堪用總督、總兵二官，刻期促令任事，一面將考察本盡數早下，將六部九卿及各大小官缺⑤員統賜早定，以圖修內攘外至計，救燃眉之急，絕噬臍之悔。臣等無任懇求之至。謹具題請。"

十三日丁亥，大學士沈一貫、沈鯉、朱賡題："臣等竊惟，今年京察伏蒙聖明乾斷，中外臣工同⑥不聳然洗心易慮以承休德，不勝感仰，不勝欣頌。惟是應發章疏尚多未下，瞻注無已。臣等董⑦摘其至緊至要不容遲緩者，開其款目，伏祈即賜檢發，使賢者威⑧恩效忠，而不肖者亦有策發也。謹齋沐題請。

　計　開

一、吏部因户部尚書趙世卿三年考滿例該復職引奏及題各一本。

吏⑨部、都察院覆四品京堂自陳疏一本、覆各僉都巡撫一本。

一、南京吏部、都察院考察南京庶官一本。

---

① 破　"破"當作"被"。

② 此　"此"當作"比"。

③ 淮　"淮"當作"誰"。

④ 淮　"淮"當作"誰"。

⑤ 缺　此"缺"字爲衍字，應刪。

⑥ 同　"同"字似爲"無"之誤。

⑦ 董　"董"當作"謹"。

⑧ 威　"威"當作"感"。

⑨ 吏　"吏"上應加"一、"。

萬曆三十三年

一、南京六科拾遺二本。

一、南京十三道拾遺二本。

一、南京吏部尚書曾同享、右侍郎葉向高、戶都①尚書張孟男、倉場尚書王基、刑部尚書趙參曾、工部尚書范崙自陳各一本。

一、吏部會推京營協理一本。

一、吏部會推宣大總督一本。

一、吏部會推川貴湖廣總督一本。

一、吏部會推江西巡撫一本。

一、吏部會推河南巡撫一本。

一、吏部會推鄖陽巡撫一本。

一、都察院題各差御史本。

以上俱緊要章奏，關係政幾甚大，敢乞皇上特賜留神，盡檢發行。幸甚。"

是日，又題："自春以來，恭請東宮講讀日期，已經回疏，俱未蒙允發。臣等竊推②，一年之計在春，今已近夏，過隙韶光豈宜虛度？謹又擇本月十六日、十八日皆吉，伏乞即賜批允。臣等不勝跂望之至。謹題請旨。"

十六日庚寅，大學士沈一貫、沈鯉、朱賡題："今日工部尚書姚繼可扶掖匍匐竭文華門上疏，固求致仕，蓋為目盲已深，三十六懇未允，部務盡妨，叢責交集，而為此不得已之計。意欲接本內官，眾驗甚真盲非假，庶幾轉達天聽也。臣等在閣，不能不為之奏聞。伏乞皇上早賜一斷，而允其去，以全待大臣之體。別求精力任事者代之，以免叢脞之虞。聖朝濟濟，何患無賢才哉？又戶部尚書趙世卿以三年考滿，吏部引奏已久，亦未賜俞，不敢入部。臣等曾為之請，昨又於發餉本內擬令照舊復職。蓋本官未及九年，例止復職，無他加恩也。但候明命一下，則部事有託矣。比者兵、刑二部皆以無人管印，蒙催蕭大亨、重③裕即出。六部事體報④同，無一可緩，望皇上推念而一視之。至懇，至懇。臣等不勝戰慄之至。"奉聖旨："覽卿等所

①都 "都"當作"部"。

②推 "推"當作"惟"。

③重 《敬事草》卷一七"重"作"董"。

④報 《敬事草》卷一七作"相"，是。

奏懇切，具悉。朕因春時寒熱不調，不時動火眩暈，静攝調理。一應文書陸續檢發，恐有情弊，致妨政務。目今大工並具，姚繼可職居司空，經年推託，不出理事，官守奚存？是以遲疑未發原疏，豈有他故哉？今又狂躁若此，殊非人臣①禮體。已知道了。候首②行。諭卿等知。"

十九日癸巳，大學士沈一貫、沈鯉、朱賡題："爲印信事。照得翰林院掌院事禮部右侍郎兼翰林院侍讀學士唐文獻病故，所有前項印信缺官管理。臣等推得原任國子監祭酒今病痊方從哲，資序相應，堪補前缺。伏乞敕下吏部，將本官量陞禮部右侍郎，兼翰林院侍讀學士，掌翰林院印信。臣等未敢擅便，謹題請旨。"

二十二日丙申，大學士沈一貫、沈鯉、朱賡題："准禮部手本，内開：工部遍稱長陵明樓磚石造完，擇於本月二十七日聖安③，行翰林院差官書石等因，到閣。臣等看得，制敕房辦事章伯輝、孫能傳堪以差用。合候命下，行令各官前去恭書陵碑字樣。謹具題請旨。"

二十五日己亥，大學士沈一貫、沈鯉、朱賡題："旨④春以來，請東宮講讀日期，已經五疏，未奉俞旨。查得舊例，原於正月中開講，近年稍遲，然亦不過春仲。今立夏已七日矣，臣廷累向臣等開⑤東宮何故久不出講，臣等無可置對。竊惟一年講學不塞⑥不暑之候，惟春與秋。今講猶未開，溽暑將近。臣等不避煩數。謹又擇四月初六日、初九日皆吉。伏乞即賜批發，以便遵行。謹題請旨。"

是日，又題："爲印信事。照得翰林院掌院事禮部右侍郎兼翰林院侍讀學士唐文獻病故，所有前項印信缺官管理。臣等推得原任國子監祭酒今病痊方從哲，資序相應，堪補前缺。伏乞敕下吏部，將本官量陞禮部右侍郎，兼翰林院侍讀學士，掌翰林院印信。臣等未敢擅便，謹題請旨。"

①人巨 《敬事草》卷一七作"大臣"，是。
②首 "首"當作"旨"。
③聖安 疑有誤文。
④旨 "旨"當作"自"。
⑤開 "開"當作"問"。
⑥塞 "塞"應爲"寒"。

二十六日庚子，大學士沈一貫、沈鯉、朱賡題："連日科道諸臣來見臣等，言兩衙門缺官差用，實是拮据不給。該吏部、都察院等衙門，皆具疏以候補諸臣爲請，欲臣等轉達於皇上之前。伏冀俯賜允俞，俾各就職，一以免諸臣等候多年之苦，而昭皇上體恤之恩，一以免兩衙門差用不給之苦而昭皇上明作之意，即臣等亦得稍解責望，免致頻瀆也。不任瞻涇之至。謹具題請。"

二十七日辛丑，大學士沈一貫、沈鯉、朱賡題："該文書官傳出聖諭：'朕覽工部題請，大典所關，朕心悚然。恭惟我太祖肇造寰宇，創業開基①，文祖撥亂反正，靖難繼統中具，世宗惶②倫麻孝，禮制一新。彼時議改太宗廟號，尊稱成祖矣，而長陵碑號未敢輕動，木套册書，誠爲一時權宜之計。去歲碑石爲雷所轟，寔乃成祖在天之靈實式臨之，事理昭然。朕今孝思，鼎新之日碑號遵照八陵石碑同書，不用木套，以昭上天皇祖之仁愛示警，亦明朕修省、纘述換安、畏天敬祖之孝心，卿等詳擬出旨來。特諭卿等知之。欽此。'欽惟長陵石碑，原題太宗廟號，與八陵同制，後因世廟尊稱太宗爲成祖，禮宜政③題，但不敢驚動聖靈，加以木套，而涂丹書之，誠權宜之計也。今既鼎建碑石，合宜緒正尊號。皇上超世之見，洞達禮意，不惟慰成祖陟降之靈，亦且成肅皇欲行之志矣。工部題本欲不④禮部議，臣等以爲禮無二制，事在不疑，仰奉特諭，即宜恪承。謹恭票上進，以昭皇上修省之誠、纘述之烈、奉安之孝。惟裁定施行。諭札尊藏閣中，以傳永久。謹具回奏以聞。"奉聖旨："碑號禮宜改題，尊安成祖陟降之靈，且成肅皇欲行之志。卿等所擬，深慰朕修省誠意、纘述孝心。已知道了。諭卿等知。"

二十八日壬寅，大學士沈一貫、沈鯉、朱賡題："昨該翰林院印信缺官掌管，臣等推得原任國子監祭酒今病痊方從哲堪以起補，已經兩疏題請，未奉俞者⑤。臣等本當候命，但本院事務繁多，掌印不可久缺，即如見今天下貢生雲集，禮部題於四

① 基 本月紀事自此"基"字之下，原本各頁順序混亂，以下紀事順序業經輯校者調整。
② 惶 《敬事草》卷一七"惶"作"惇"，是。
③ 政 "政"當作"改"。
④ 不 《敬事草》卷一七作"下"，是。
⑤ 者 "者"當作"旨"。

月十五廷試，期日過近，尤難稽緩。而本官係京師人，可以朝拜命而夕受事，且其資俸才學又甚相應。伏乞皇上俯允，將方從哲量陞禮部右侍郎，兼翰林院侍讀學士，掌管前項印信，敕下吏部遵行。臣等不勝跂望之至。謹具題以請。"

是日，又題："該吏部題奉欽依，原任總督川湖貴州軍務兼理糧餉巡撫四川地方都察院右都御史兼兵部右侍郎加少保兵部尚書李化龍等誥敕，命到閣撰述。臣等欽遵，於三月二十四日撰過一百四十三道，封進御覽，未蒙批發，難以書寫請寶。照得舊規，每年春季以三月三十日用實①，兹已迫期。伏望皇上俯賜檢發，以便遵行。謹其②題恭請。"

①實 "實"當作"寶"。
②其 "其"當為"具"。

四①月乙已②，朔。

三日丁未，大學士沈一貫、沈鯉、朱賡題："竊惟人主欲天下治安，惟在收天下人心，使爲朝廷用而已。欲收天下人心，惟在收天下人才，使爲朝廷用而已。朝廷之黜陟明，賞罰當，精神煥發，無所凝滯，則上行下效，自然振肅紀綱，修舉政刑，天下不勞而治矣。故疏通章奏，至意務也。前月臣等撮緊要十三事以請，一月於茲，僅行一事。夫前事未了，而後事復來，日積月多，妨廢無極，朝廷之精神何能施於百官、而可以及天下乎？故行前事以待後事，此省事之法。臣等謹將未了前件，加以續到緊關開款上請，伏乞聖明留意。幸甚。

計　開：

一、吏部、都察院覆四品京堂自陳一本、覆各處僉都巡撫自陳一本。

一、南京吏部、都察院考察南京庶官一本。

一、南京六科拾遺工③本、南京十三道拾遺二本。

一、南京吏部尚書曾同亨、右侍郎葉向高、戶部尚書張孟男、倉場尚書王基、刑部尚書趙參魯、工部尚書范崙自陳各一本。

以上皆京察未了之事。按京察六年一舉，大合百官而簡汰之，係至大重典，久未奉命，去留莫分，則不肖者無懲而賢者無勸。至於南京滿朝官員素衣角帶者三分矣，尤爲不雅之甚。惟乞早賜裁發。

一、吏部題各考滿官本。

按前本係吏部於二月二十五日引奏考滿官，例該復職，待命未下，難以遵守，自遠方來者尤爲守候艱苦，惟乞檢發。

一、吏部會推吏部尚書一本、禮部尚書一本、刑部尚書一本、京營協理一本，及各部侍郎等官本。

一、工部尚書姚繼可告病本。

一、吏部會推宣大總督一本、川貴湖廣總督一本。

一、吏部會推江西巡撫一本、河南巡撫一本、鄖陽巡撫

①四　"四"上當有"萬曆三十三年"六字。
②已　"已"當作"巳"。

③工　"工"當作"一"。

一本。

　　以上皆内外京邊緊要任事、提綱挈領之官，綱無綱則萬目不張，衣無領則百摺不分，綱領衙門無人則所屬衙門盡皆效律①怠玩，雖有如無，權提②之官終不如真官有專責可奉取③也，關係重大，惟乞④賜簡命。

　　一、都察院題各差御史本、及吏部題補科道本。

　　前件各差御史守候交代甚苦，而各官之聽補科道者又置之無用，臣等屢具揭以請，惟賜俯俞，一以免諸臣守候多年之苦，而昭皇上體恤之恩，一以免而⑤衙門若⑥用不給之苦，而昭皇上明作之意。不勝贍⑦望。

　　一、三法司會議湖廣乱宗獄情一本。

　　臣等竊惟，楚乱之具，皇上霄時⑧憂勞，故羣臣得以書⑨心畢力，而旋奏寧謐之功。今甫就寧謐，而章奏又阻，奸人將謂皇上之心未嘗急此，仍前藐視國法，而無所忌憚也。誠宜早賜裁決，以昭聖天子精明果斷之意。臣等不勝惓惓。"

　　七日辛亥，大學士沈一貫、沈鯉、朱賡題："爲作養人才及印信缺官事。照得教習庶吉士原設二員，一詹事府協理府事吏部右侍郎兼翰林院侍讀學士周應賓，近報丁憂，一掌翰林院印信禮部右侍郎兼翰林院侍讀學士唐文獻，近報病故。兩項印務并兼教習，一當推補。臣等推得詹事府少詹事兼翰林院侍讀學士楊道賓、黃汝良，資序相應，俱各堪補前缺。伏乞敕下吏部，將楊道賓量陞禮部右侍郎、兼翰林院侍讀學士、掌管翰林院印信，黃汝良量陞禮部右侍郎、兼翰林院侍讀學士、協理詹事府事，各教習庶吉士。臣等未敢擅便，謹題請旨。"奉聖旨："是。吏部知道。"

　　十日甲寅，大學士沈一貫、沈鯉、朱賡題："竊惟皇上每有格外舉動，則臣等必先受人無端之疑。德意之所在，臣等未嘗不將順，乃如常⑩行而不行，當了而不了，使疑端橫開而叢口交起，切爲國憂，亦爲身憂也。考察國家公典，採之於衆，而

①效律　當作"放肆"。
②提　"提"當作"攝"。
③取　"取"當作"職"。
④乞　"乞"下当有"早"字。
⑤而　"而"當作"兩"。
⑥若　"若"當作"差"。
⑦贍　"贍"當作"瞻"。
⑧時　"時"當作"旰"。
⑨書　"書"當作"盡"。
⑩常　"常"當作"當"。

斷之於獨，至易易耳。今年此舉，始則持而不下，今又下而不盡，未知聖意之所在，妨事最大，而開疑最多。使在京四品堂官，在外四品巡撫，在南京滿朝大小羣臣，自春徂①夏，青衣角帶，氣象蕭颯，悉從變禮，非復漢官威儀，心搖搖而難居，目脉脉而相唶，口噚噚而生訾，妄猜妄度，一倡百和，無中生有，誰能禁之？即萬幾至繁，而幾之所在孰有大於此者乎？臣等請之五六矣，而寂然故如，心亦自疑，而安能使人無疑也？從來朝中有一事，臣等先罹其殃，風波猝具，若小艇之汎巨海，刀劍交集，若孤羇之涉三軍。皇上天開日朗，自然天下無疑端，皇上雷厲風云②，自然天下無疑事。且黜陟留汰，朝政之常，順其自然，因甚固然，何煩聖慮之經營也？望亟下諸疏，容臣等擬票上進。臣等亦不敢擅便，裁斷惟命。臣等常勸皇上填補各缺，以了公事，登進人才，以收人心，意正爲此。無任瞻望祈請之至。"

　　十七日辛酉，大學士沈一貫、沈鯉、朱賡題："前該吏部題准，萬曆三十三年及三十二年各處歲貢生員共四百四名，恩貢生員共三十名，開送翰林院考試。臣等會同禮部右侍郎兼林③院侍讀學士掌院事楊道賓，出題彌封，嚴加考試，取中生④貢文理平通上卷三卷、文理亦通中卷四百一卷，恩貢文理平通上卷一卷、文理亦通中卷二十九卷，俱俸⑤准貢。謹將各試卷進呈御覽，伏乞聖裁發下，臣等欽遵施行。謹題請旨。"

　　二十二日丙寅，大學士沈一貫、沈鯉、朱賡題："今日蒙再斧⑥奉差使臣夏子湯⑦本，遞出黑字揭帖：'琉球國摟了好幾遭了，他也知道，改票還着他兩個去，欽此。'臣等不敢不遵奉票擬。但事體關係重大，臣等正具一揭，以於天聽，茲謹附聞。愚老千慮，或有一得。儻蒙俯賜覽察，聖裁既定，真見妥帖，不致貽日後之慮。明諭再傳，臣等方敢票擬也。無任戰兢之至。謹題以聞。

　　　題：竊惟琉球册封，在福建撫按，請以武臣往，在奉使給

① 徂 "祖"當作"徂"。

② 云 《敬事草》卷一七作"行"。

③ 林 "林"上當有"翰"字。

④ 生 "生"當作"歲"。

⑤ 俸 "俸"當作"應"。

⑥ 斧 "斧"似應作"覆"。

⑦ 湯 "湯"當作"陽"。

① 不　此月記事自此"不"字之后，原本各頁順序混亂，以下記事順序业经辑校者調整。
② 之　"之"上當有"征"字。

事夏子陽等，請以身往，在禮部，則請並罷文臣武臣，俱弗往，但令彼差官前來福建恭領。三議不同，臣等籌之亦久。竊謂禮部議宜於從也，敢爲皇上言之。謹按《皇明祖訓》：限山隔海之國，禁不許無故具兵。夫既不①加兵矣，豈得加之以禮？若遣使行禮，而萬一彼有侮慢不恭之罪以加於我，不爲無故矣，將置之弗問乎？抑舉兵征之乎？置之則損天威，之②則悖《祖訓》，當如之何？故宜預爲節制，而絕啟寵納侮之端，但典封而不遣官可也。況今海上多警，不獨憂在琉球，而倭奴之跳梁，諸番之出没，波濤之叵測，誰保其必無？儻有差跌，罪將安歸？彼必有詞於我，而我則空損國威耳。查得尚寧之自立，在我戊子年，不戴天朝累代之恩，而懾於關白一朝之威，陰持兩端，觀望逡巡，經十餘載不來請封，特未告絕耳。惟是王靈赫昭，關白震死，海外悚栗，而始修故事，豈真能恭順如朝鮮者？是以二十三年聖旨遣官頒封福建省城，聽彼國使臣面領，聖意正爲此發。古之王者不治夷狄，來不拒，去不追。朝廷赦而不誅，付之不較，德已弘甚，何必奉如驕子，求册封即予册封，求文官即予文官，惟其意而莫之違乎？天下事不可知，儻倭使又在其國，而彼之所以待吾使者不及待倭使之厚，禮意頓衰，變起倉卒，當此時也將如之何？此謀國者不審於今而貽患於後，臣等不敢不慮，不得不言也。至於舟資裝送，爲閩人費者不下數萬金，造舟數年尚欠一桅，則費未能半。當兹財匱帑乏之時，騷動地方，徵發傍午，敝所恃以奉夷狄，甚可以已。彼不能爲吾海外長城，亦無能爲吾海上螫螯，無毫厘輕重於我，而於典制、於時宜、於邊防、於財計，種種妨礙。伏乞皇上垂覽而明斷之。幸甚。"

二十四日戊辰，大學士沈一貫、沈鯉、朱賡題："琉球册封一事，前日臣等擬所見聞直據胸臆，而未暇想及時事之宜也。因奉諭旨，靜夜三思，有踧踖不寧者，敢再一言以備採擇。按先臣尚書鄭曉《吾學編》所云'陪臣請命於京師，王人致命於海上'，乃至當之論，斷在可行。但以個日言之：照舊遣官，久奉明旨，差去文臣業抵閩境，使册亦將其備，使臣又請必行，彼國來迎亦復兩次，勢難中止。聖慮高明，非臣等所及。僉謂遲久不決，益致擔閣。此番宜恭奉明諭，照前遣行，使彼國君臣知感特恩，益加欣戴，即令差去使臣宣諭：以後朝使往來，彼此俱免煩擾，着爲定制，嗣有乞封，許陪臣於福建領封，照北虜、安南事例而行。如此則朝命不致輕褻，而中國懷柔之體常尊，封典刊有定儀，而彼國供億之煩亦省。臣等一得之愚，自知無當，敢再布聞。謹將北虜、安南請封事略並呈聖覽，可見聖朝之封外夷，在境受命原係典故，用待琉球非爲簡也。伏乞聖裁，將原本發臣等票擬，或特諭禮部施行。謹題請旨。

　　北虜請封事略

　　隆慶五年五月二十一日，該宣大軍門遣原任副總兵趙伯勳、田世威，原任參將方琦、張咸，原任遊擊康綸，聽用參將鄒沂，同禮部題遣署丞王勳，與通事鮑崇德、李寧等，赴大同北東路得勝堡外，於近邊去處搭葺蘆蓆棚廠一所，陳設黃幃香案。至日，俺答率領見在部落恭迎敕賞。入棚，先行謝恩禮，畢，分班俯伏。隨將敕諭開讀，各酋咸呼萬歲。本日晚，趙伯勳等回還，報稱齎捧劾賞出邊，俺答亦於棚廠率衆照前行禮，仍行夷禮，御帽叩拜，分受敕賞，訖，具進貢表文、馬匹，擇日互市。其後嗣封興克都隆哈黃台吉、三封扯力艮，行禮同前。

　　安南請封事略

　　宣德二年，詔棄交趾，封黎利之孫太陽爲安南國王，給以金牌印信，所有齎敕遣官一節，舊本未經詳載。至嘉靖十九年，遣兵部尚書毛伯溫等征剿安南，先往諭焉。已而削去藩封王號，降莫登庸爲都統，使於十一月納降鎖①南關。至期，築壇具儀，獻表伏罪，未見遣官。至萬曆二十五年，黎維潭請封，係本道付②使楊寅秋宣諭行事。於賓州南關昭德臺陳設龍幄，令維潭皁絹③縞衣，率通國臣耆北面叩頭行禮，進金人代身，進具疏乞恩，錫以敕印。未見遣官。"

是日，又題："先該禮部題奉欽依，於四月十五日廷試歲貢、恩貢生員。臣等欽遵考試，分別上中卷進呈御覽。伏望皇

①鎖　"鎖"當作"鎮"。
②付　"付"當作"副"。
③絹　《敬事草》卷一七作"帽"，是。

上俯賜允發，以便遵行。謹具題恭請。"奉聖旨："是。該部知道。"

二十五日己巳，大學士沈一貫、沈鯉、朱賡①題："今日係雙月二十五日，爲吏部大選之期。舊規椎②陞缺出，方可開選。該部於本月十二日上推陞本，後又三次催請，未奉俞命，今日遂不能舉選事。多官會集闕下，訴言守候艱苦，殊可憫憐。伏乞皇上允發推陞本，仍令命下次日，補舉大選，庶典章不廢，而候選之心亦大慰也。臣等不勝瞻企之至。"

二十八日壬申，大學士沈一貫、沈鯉、朱賡題："伏蒙皇上以聖母慈聖宣文明肅貞壽端獻皇太后萬壽聖節，頒賜臣一貫銀五十兩、紵絲四表裏，臣鯉、臣賡每銀四十兩、紵絲三表裏。臣等頓首祇領，及謹③官周應賓等二員，俱各照數分給訖。臣等不勝感戴天恩之至。謹具題謝恩。"

① 廣 "廣"當作"賡"。
② 椎 "椎"當作"推"。
③ 謹 "謹"當作"講"。

萬曆三十三年五月甲戌，朔。

二日乙亥，大學士沈一貫、沈鯉、朱賡題："爲清黃事。照得軍職貼黃，例用翰林院官一員。原管貼黃官詹事府少詹事兼翰林院侍讀學士黃汝良，近奉欽依，協理詹事府，教習庶吉士，所有前項事務，缺官管理。臣等推得國子監祭酒蕭雲舉，資俸已深，堪以差用。伏乞敕下吏部，將本官量陞詹事府詹事，兼翰林院侍讀學士，前去會同兵部、都察院各堂上官，清理貼黃。臣等未敢擅便，謹題請旨。"奉聖旨："是。吏部知道。"

是日，又題："照得玉牒開館，今已數年，臣等日夜催纂，而天潢之流比至十六萬餘位，加以世系名封數多，不可勝計，纂修將完，止有詹事楊道賓一人，今已掌管翰林院印信去訖，缺管官①理，需人甚亟。臣等推得左春坊左庶子兼翰林院侍讀全天敘、右春防右庶子兼翰林院侍讀王圖，堪補前缺。各官資俸已深，相應量陞詹事府少詹事，兼翰林院侍讀學士，充纂修官，專精上緊刻期進呈。其校對年深效勞官制敕房辦事加正六品俸大理寺左寺付②章伯輝，量陞禮部儀制清吏司員外郎，仍加俸一級，照舊辦事。誥敕房辦事大理寺右寺右評事譚學閎，原係玉牒謄錄官，今病痊到部已久，相應復以原官謄錄玉牒。伏乞敕下吏部，查照施行。臣等未敢擅便，謹題請旨。"奉聖旨："是。吏部知道。"

三日丙子，以萬壽聖節，頒賜首輔銀六十兩、綵段四表裏，次輔每銀五十兩、綵段四表裏，及講官周應賓等有差。

又，以楚黔皮林大捷，頒賜首輔銀五十兩、綵段四表裏，次輔每銀四十兩、綵段三表裏。

又，以冊封順妃捧冊，頒賜首輔銀三十兩、紵絲一表裏、羅一表裏、原封鈔三千貫。又以禮成，頒賜首輔銀三十兩、紵絲二表裏、羅二表裏、原封鈔三千貫，次輔每銀二十兩、紵絲一表裏、羅一表裏、原封鈔二千貫，及中書官馬繼文等八員每銀十兩、羅一表裏、原封鈔一千貫。

①管官 "管官"當作"官管"。

②付 "付"當作"副"。

又，以命皇第八子名，頒賜首輔銀十五兩、紵絲一表裏，次輔每銀十兩、紵絲一表裏，及中書官馬繼文等五員每銀五兩。

八日辛已①，以恭視寫順妃冊文，頒賜首輔銀三十兩、紵絲一表裏，次輔每銀二十兩、紵絲一表裏，及中書官馬繼文等八員每銀三兩。

十一日甲申，大學士沈一貫、沈鯉、朱賡題："竊惟爲政以用人爲先，中外之所惓惓仰望者惟此耳。近日吏部本章多留未下，如兩京大僚，乃朝廷政務之綱領，各處督撫，則地方倚賴所至急，司道部屬以至郡縣一命之士，皆有專職，難於懸缺待②，題本皆在御前。又四月間急選一本，三月間教職一本，皆各有催本，關係人多，守候日久，盤費罄盡，常向臣等御哀告急，臣等不能不爲之嚬蹙動情者也。伏乞皇上將各本賜覽批發。無任瞻望之至。"

十四日丁亥，大學士沈鯉奏："爲衰病至極鴻恩難報萬不得已引義乞休懇祈矜允以全脫節事。臣惟士君子立身行已與出處進退，大節所關，總惟一義。臣至駑下，豈云辦此？惟生平硜硜成性，亦頗知守是一言以爲繩趨。故今患病乞休，敢具述先今所以出，所以不去，所汲③汲懇恩求去者，併陳於君父之前，惟聖明憐察之。始臣應召至京，已七十一歲，豈④當行役之時，爲千古知遇而欲少效涓埃，萬民疾苦而欲少圖拯濟，以故不得不出？乃昨歲以閣部兩俸歷正二品考滿，臣私自計算，曾不能有一事納忠，一言寤主，一物有濟，而犬馬之病且日益篤，義不可以去乎？臣自惟陵園有災，楚宗有變，俱國家大事，臣叨備股肱，義當爲主上分憂，何忍言去？嗣是而蒙恩四世，尚未有一日犬馬之報，又何忍言去？夫臣出與不出，去與不去，豈足爲當世輕重？惟義有所在，故不敢不出，亦不敢苟去也。今豈遽忘之哉，而汲汲若是？蓋臣犬馬齒增而七十有五矣，犬馬病增而徧頂踵薄膏肓矣。頃又於本月十二日自閣中辦事出，忽

---

① 已　"已"當作"巳"。

② 待　《敬事草》卷一七"待"上有"相"字，是。

③ 汲　"汲"上當有"以"字。

④ 豈　"豈"下似漏"非"字。

感患癨亂，吐瀉兩晝夜，僅有人形，若猶復濡忍不決，猶然常蹩躠兩足、左扶而右掖、日入直伴食塞責，大義謂何？晚節謂何？將以需青蒲之對，則天門九重，瞻望無期。將欲奮澠池之翼，則虞淵日迫，河清難俟。而日糜大官之饌，負竊位之譏，儻一息不續，溘先朝露，詎不明有人非，幽有鬼責，而曰'夫夫也，貪位慕祿，死而後已'乎？夫生死，晝死①耳。豈臣將八十人，猶怖死？獨念臣四十餘年，日夕冰兢以奉爲周身之防者，僅以一義字，而一旦敝屣之，豈不亦可憐之甚乎？臣爲是輾轉思惟，萬不得已，敢祈天鑒以垂恤老疾之仁，全愚臣咫尺之義，死且不朽。儻必以私惠庇臣，而豢以祿位，納之樊籠，臣妨賢病國不足惜，抑有妨聖主知人之明、與當年求舊之意矣。惟聖慈憐察之。蓋諸臣紛紛求去，臣適與相值，豈不知嫌疑可避？顧臣自入仕以來，止孤立行一意，絕不瞻視人眉目，不茹不吐，不爲比周，惟義所在，各行其志而已，何避嫌之與有？此亦臣一念隱情也。故亦敢併陳之，以附於勿欺之義。臣無任攴血待命、懇切祈望之至。"奉聖旨："朕以卿舊學鴻儒，清忠博達，正殷眷用，仁聞嘉猷，何爲倏爾引疾求歸？非朕所望。方今時事多艱，調燮寅亮，此老臣事，宜即入閣辦理，毋得再有所陳。吏部知道。"

十八日辛卯，大學士沈一貫、沈鯉、朱賡題："先該吏部題，願告教職歲貢、恩貢生員、行移翰林院考試。臣等會周禮部右侍郎兼翰林院侍讀學士掌院事楊道賓，出題彌封，嚴加考試，取中歲貢文理平通上卷三卷、文理亦通中卷三百六十四卷，恩貢文理平通上卷一卷、文理亦通中卷二十八卷，俱堪授教職。謹將各試卷封進，伏乞聖裁發下，開送該部，查照臣等先後題唯事理施行。謹題請旨。"

是日，又題："前者臣等因各官候選艱苦，具揭以請，蒙皇上俯採，將四月急選本章檢發，不勝慶幸。但尚有願就教職一本，係舉人葛邦才並貢生蕭開第等三百四十四名，未蒙允發。以係窮途寒儒，盤費罄盡，每來哀泣，真可悲憐。且匍匐而滿

①死 "死"似當作"夜"。

街衢，甚不雅於觀視，非聖世所宜有也。至於各處司道，吏部前後推舉林如楚等四十八員，各處知府，吏部前後舉汪國楠等三十二員，俱有匯疏催請。近又有起復官張鳴鶚等八員候命日久之本，有南北卿貳久虛欽奉聖旨再推之本，有中外重臣久虛催點京營協理及兩處總督之本，俱係緊要事①，比之泛常不同，仰祈皇上早賜俞命。蓋仕路通塞，乃世道陞降之基。臣等常恩，爲官求人，以重社稷生靈之寄，非特爲人求官、而憫其積薪抱璞之情也。皇上聖明獨運，舉念生春，惟少輟萬幾清心總發。幸甚。"

是日，大學士沈一貫、朱賡題："照得同官臣鯉，以十四日偶感請乞，未見發票。臣等竊謂皇上必親灑宸綸，自中而下，有不俟臣等之擬票故也。今既數日矣，而祇候未命，敢不以一言請？皇上從來體貌閣臣，賜之優禮甚厚。今國家多事，最難變調，必賴老成德望之臣，同心共濟，庶賢弘博之益。此臣等所以惓惓切望也。惟冀即賜檢發，容臣等擬票上進，恭候聖裁，促其早出贊理國事。幸甚。臣等不勝瞻盼之至。謹題候命。"

二十一日甲午，大學士沈一貫、沈鯉、朱賡題："數日前，臣等爲吏部三月分所選教職未下，具揭催請，並及向來吏部陞除等疏，並乞檢發，恭候數日，未蒙賜允。今日長安門外，諸選教職者攔街哀哭，謂窮儒年老力衰，又歲荒米貴，盤纏罄盡，借乞無門，有饑餓不能出者，有疾病不能療者，有物故不能殮者，再遲數日恐無復有能匍匐長安者矣。臣聞之不勝感愴，爲此補牘再請，伏望皇上大發慈悲，先將此本檢發，以活三四百儒生之命。尋將一切陞除本，以次發下。皇上一動心，一舉手，無非如天功德，諸臣呼祝萬歲者，當必聲徹於天，弘福無量矣。臣等不勝懸望懇切之至。"

二十三日丙申，大學士沈一貫奏："爲聞言省愆惟天可表懇祈明示以釋人疑並懇早賜罷免以重政本事。臣惟居今之時，當國甚難，臣求避位，不欲與人分辯久矣。顧事有質之皇上而易

① 事　《敬事草》卷一七"事"下有"件"字，是。

明者，不能無請也。比者因察疏不下，臣嘗言皇上每有格外舉動，則臣等先受無端之疑，當行而不行，當了而不了，使疑端橫開而叢口交起，切爲國憂，亦爲身憂也。今臣言驗矣。昨有聽補郎中劉元珍論臣，大率謂考察一事，皇上之留錢夢皋、留臺省諸臣，一貫漫無隻語救正，原非皇上本心，由一貫曲庇私人，爲術甚巧等語。臣讀之閔然自憐也。錢夢皋之論林秉漢也，臣實遵命出旨，但未嘗擬秉漢之降與夢皋之留，此降以留特出御筆，安可謂非皇上之本心也？考察本發票時，奉有傳諭留科道官，所傳之語，臣未嘗潤色一字，孰不知其出於皇上之本心也？元珍所以疑臣有巧術者，以臣無隻語救正爲驗。然人之論事，每因後而追前，見今之有紛紛，故咎前之無救正，若使今而寂然，必無此論矣。方是時察本久格，人皆疑皇上必多有所怒斥，而適出於寬留。幸得命矣，因而奉行。蓋二臣有同願，雖滿朝亦願之也。隨奉聖諭，有洩忿結黨堅權之①威之責。赫赫威靈，中外震動。則當時不敢磯激，豈其失乎？不然，人又不咎此論從磯激生哉？斯可以見當事難、論事易矣。臣素愚無巧，且焉所用其巧？用之②。皇上至尊、至嚴、至聖、至明，豈容臣以巧試？而臣亦要③用巧爲哉？錢夢皋之所建明者，楚事也，而適與察事會。楚事者，國家之大事，滿朝之公論也，豈臣私事？而謂爲臣之私人，可乎？臣之心，無私庇也，亦嘗議出之於外，而未嘗必留之，於此皇上以特旨留之也。顧以留夢皋、留科道、發諭旨，皆臣所謂格外之舉動也，發於淵衷，出於九重，外人豈能盡知？即知之者，豈能盡信？則無怪乎有此疑矣。臣雖百口無以自明，不得不叩閽而乞言於皇上之前，伏望皇上明發詔旨，將獨斷之本心曉然布告於天下，以見威福之權未嘗下移，臣雖在閣，無敢干預，然後主勢尊，國事定，而臣亦得以釋蒙上箝下之謗也。臣初欲不言，爲以事牽連不了，疑謗將大，不得不言。至於臣之當去，不獨此一事，咎責實多，尤祈皇上早賜罷斥，以爲不職者戒。臣不勝戰兢屛營之至。"奉聖旨："朕日總萬幾，悉由獨斷。昨林秉漢妄言楚事，朕從公降處，與卿何預？考察槩留科道，及嚴示諭責，皆亦④出朕本心，

①之 "之"當作"立"。

②之 《敬事草》卷一七"之"下有"大廷，衆目見之矣，用之秘閣，二臣見之矣，用之票揭，司禮諸臣見之矣"二十七字，是。

③要 "要"當作"安"。

④皆亦 "皆亦"當作"亦皆"。

萬曆起居注

校注

① 惟 "惟"當作"能"。
② 付 "付"當作"副"。
③ 已 "已"當作"己"。
④ 超 "超"當作"起"。
⑤ 者 "者"當作"旨"。
⑥ 就 "就"似當作"豈"。
⑦ 以 "以"似當作"而",或作"似"。

豈有予奪大權朕不惟①操而聽之臣下者？況卿素秉公正，亦豈用巧之人？外廷不知密勿清嚴，橫生猜疑，卿宜自信自安，何必因而求去？可即出贊理，付②朕眷倚至意。慎勿再陳。吏部知道。"

二十六日已③亥，大學士朱賡題："連日二臣皆求去不出，獨臣賡在閣辦事，伏蒙皇上遣文書官王體乾捧聖諭到閣：'朕前熟覽大察本，見有科道數多，不得無疑，又思近年行取及出館超④補各官，朕因屢以市恩瀆擾，未經檢發，而差用乏人，是以恤念出自朕心，裁斷傳者⑤留用，嚴示諭責。何乃聽補郎中劉元珍，以補官未遂，輒造妄言，排誣元輔，蔓及言官，牽引楚變，播惑人心？且總攬乾綱，威福出於人主，若行一事不便己私，即疑謗大臣，就⑥敢盡心任事？治亂攸關，是何紀綱制度？卿等看詳，重加懲治，曉示中外，擬諭來行。特諭卿等知之。欽此。'臣恭誦至三，不勝感服。仰惟皇上天縱神明，臣下莫及，總攬既久，閱歷益精，日月照臨之中，而雷霆震擊隨之，誰能營私？誰敢營私？即首臣一貫，亦時與臣等諄諄告戒，誓以奉公守法，仰報殊恩。考察一事，久留不發，一旦傳旨，將科道被察者一概留用，臣等相顧且喜且愕，何敢復有激奏？乃聽補即中劉元珍，過疑首臣陰爲之地，誠爲失言，不能無罪。但念外廷小臣，不諳密勿中事，無知妄語，以⑦本無他，若因其詆忤首臣，遂加貶謫，則言者反得以要切直之名，而首臣益重其不安之意，將必堅求一去，而議論滋多矣。伏望皇上少霽聖懷，不必深較，或徑從曲貸，或量行罰俸，寬小臣乃所以安大臣，而聖度包荒，真天之高而海之闊矣。謹遵旨擬諭，上請聖裁。所有聖諭一道，尊藏閣中。謹具回奏以聞。"

皇帝敕諭中外大小臣工："朕近年雖事靜攝，而一日萬幾，未嘗不親自處斷。二三輔臣雖時有獻替，而亦必取自上裁，其於威福予奪之柄，從未有下移者也。今歲考察疏，朕檢閱良久，見科道數多，不能無疑。又思近年行取及散館起補各官，諸衙門屢來市恩瀆擾，未經檢發，恐差用乏人，是以恤念，將被察科道一概留用，仍嚴諭切責，以警將來。皆斷自朕心，誰能參預？乃聽補郎中劉元珍，以補官未遂，輒造言生謗，排擊元輔，支連蔓引，搖惑人心。將使人主事事徇人，漫無主宰，大臣時時畏謗，不敢擔當，然後爲快歟？則何以振紀綱、成政體也？治亂所關，特兹諭知。爾中外大小諸臣，務宜捐私體國，臻於蕩平，毋得更起疑端，淆亂國是。劉元珍本宜重治，但念寬小臣所以安大臣，姑降一級，調極邊方用。再有隨聲附和的，並治不貸。故諭。"初擬劉元珍姑免究，或姑罰俸幾月。上以御筆塗抹，竟從降處云。

二十八日辛丑，大學士沈一貫奏："爲特蒙天恩昭雪恭申感激深悰再祈俯容言事之臣益廣聖度貽臣以安事。頃臣因聽補郎中劉元珍論列，具疏自陳，奉聖旨：'朕日總萬幾，悉由獨斷。昨林秉漢妄言楚事，朕從公降處，與卿何預？考察概留科道，乃①嚴示諭責，亦皆出朕本心，豈有予奪大權朕不能操之而聽之臣下者？況卿素秉公正，亦豈用巧之人？外廷不知密勿清嚴，橫生猜疑，卿宜自信自安，何必因而求去？可即出贊理，付②朕眷倚至意。慎勿再陳。吏部知道。'隨節奉聖諭到閣：'劉元珍本宜重治，但念寬小臣所以安大臣，姑降一級，調極邊方用。欽此。'臣且感且驚，宜謝宜請，輒以一言上陳。臣至庸愚，叨塵揆路，無才略以佐時，徒迂遠而闊事。雖不敢暫時忘匡弼，而威福予奪惟禀上裁，以臣小心之義也。考察一事，臣謂此部院之職掌，而未嘗參一參③於其間，竊自以爲可幸無罪矣。既不爲私於部院之前，又豈敢爲私於皇上之前？理可信也。乃或疑皇上之留錢夢皋、留科道，非皇上之本心，爲臣之巧術，則臣不能不自理矣。臣念此事，本由獨斷，非皇上明詔不可以釋疑。仰蒙特灑宸翰，宣揚本心，又特諭中外大小臣工，俾咸知威福惟辟，未嘗假人，戒毋更起疑端，勗以捐私體國。臣幸猜嫌可明，浮言可息，而尤幸國是可定，太和可還，所以拜命而感泗交頤，祝聖壽於無疆也。除扶病强起，於私家恭設香案，望闕叩頭謝恩外，然猶不能無請者。臣力小任重，叢疢積多，

① 乃 "乃"爲"及"之誤。

② 付 "付"當作"副"。

③ 參 "參"當作"語"。

① 政 "政"當作"故"。

誓於此生不敢以己之私事、而傷言者之一毛。天幸從前未嘗有此，乃今而有元珍之謫，流汗驚惶，無以起處。伏誦聖諭，謂'寬小臣所以安大臣'，仰見如天廣覆，何所不容？寬乃皇上之本心，而嚴爲適然之權用也。以臣之政①而致多此一權用，臣所不安，即臣以晚節末路而違其素願，亦非所欲。且元珍有何成心？必由誤聽。而臣因元珍之言，得以明白此心於天下，尤甚感之。是以叩天仰祈，復有此請，伏願聖慈特免元珍降調，庶元珍蒙大寬之賜，而臣亦蒙大安之賜，尚可收拾餘息，勉報鴻恩，實由衷之惓惓也。臣無任感荷激切之至。"奉聖旨："覽卿奏謝，具見小心忠謹。朕知道了。劉元珍本欲重處，恐卿不安，已從寬量處了，何又有此請？且懲前戒後，法紀當然。卿心事已白，便可入贊幾務，共濟時艱。朕日望之。該部知道。"

二十九日壬寅，大學士朱賡題："伏蒙發下首輔一貫謝恩疏，令臣擬票。臣看詳疏中，大略謂：皇上以臣故特灑宸翰，宣揚本心，特頒敕諭，曉示中外，使臣心迹大明，感激無極。惟是劉元珍本無成心，必由誤聽。邊方遠謫，臣心猶屬未安，欲懇皇上再從寬處等語。其詞出於至誠，良非矯飾。昨該臣賡回奏揭中亦云：外廷小臣，不知密勿中事，心實無他，寬之則益宏聖度，益安首臣。正與此疏忽合。今既蒙發票，敢再申前請。合無將劉元珍往賜寬宥，或量降俸一級？則恩威皆出朝廷，而彼益知感愧矣。未敢擅便，謹以擬票呈覽，伏候聖裁。臣不勝戰慄待命之至。"

六①月甲辰，朔，大學士沈一貫奏："爲災異頻仍燮理無狀敬竭愚悃伏冀聖明大加轉移亟罷罪臣以清政本事。臣備員首輔，尸素有年，頃致煩言，實其自取。過蒙聖恩，特爲昭雪，頂踵圖報，正宜在兹。但思此事，特萬中之一耳，今四海九州何人不責臣？百司庶府何事不責臣？皇上雖欲一一爲臣昭雪不能也。輒敢披瀝上請，儻蒙採擇而見之施行，則豈獨臣之幸，實皇上宗社無疆之福，而所以庇臣者尤甚大矣。昨接太常寺少卿桂有根揭，稱天壇雷火擊燬燈杆。按去年此時，有祖陵碑樓雷火之變，今五月二十七日方行合龍門安吻獸祭告之禮。而不先不後又有此變，皇上深加警戒，省躬思咎。臣竊惟之，職在贊襄，而秕政甚多，不能匡諫，罪安可逭也？夙宵震慄，輒敢罄輸所懷，以爲聖明修省之一助。臣惟自兩宮三殿告災以來，南京孝陵、鳳陽祖陵、泗州祖陵，風雷水火連年告災，太廟樹木亦罹雷火，後先相繼，曾無虛歲。蓋往年上天以災異告皇上，舊年上天以災異告祖宗，而今年上天直告於郊祀之所，仁愛之意愈切而愈迫矣。臣又思，日食於四月之朔者連年兩見，正陽之月古所深忌者也。舊年霖潦自秋徂冬，都城坍塌，陵橋漂壞，三輔饑荒。迨於今年，瘟疫盛行，麥收僅半，米價又踴，生靈何辜而可以丁此？且山東、河南亦有災傷，黃河四溢，不循軌道，南陽一帶匯爲巨浸，運道阻絕，人力難施，盜賊所在成羣，需時而發，若此諸變又可不謂岌岌乎？《詩》曰：'天之方蹶，無然泄泄。'方今之時，正宜君臣各任其責，修德行仁，以回天心，以妥地靈，以釋祖譴，以弭人怨，不宜泄泄而已。蓋天之與地，神之與人，本同一氣者也。今興②財不括，無物不稅，生靈既苦極矣。無山不鑿，無地不搜，后土亦苦極矣。壬寅之歲，皇上親宣玉音，收回礦稅諸使，一時頌聲方行，而隨有反汗之命，遂使謳歌之語復爲怨讟，凡有血氣皆爲皇上惜之。皇上富有天下，而孳孳焉盡小民之脂膏，以實其不用之帑藏，謂之何哉？伏想寶閣珍臺今已充斥，有不可以數計者矣，持盈守滿，知足知止，宜在今日。留有餘不盡之財，以活小民，俾無生他心，亦宜在今日。此一大急務也。考察之事，於③正月，

①六 "六"前當有"萬曆三十三年"六字。

②興 "興"當作"無"。

③於 《敬事草》卷一七"於"上有"始"字，是。

典制有尝，永宜循守，今之不無屑越矣，奈何又因循未了？四品京堂自陳覆本，南京考察總本，及南京大臣自陳本，兩衙門拾遺本，通未批發，青衣角帶五月於茲，豈稱漢官威儀氣象哉？宸斷何難而久稽閣如此？此又一急務也。中外之官懸缺本多，近該吏部仰體聖心，加意遴選，而留中如故，使大小臣僚多所虛曠，猝有大政事、大議論，誰爲任此？宣大、川貴二處總督，河南、浙江、江西、鄖陽四處巡撫，皆一方軍民之總管也，天下兩司知府，又一方之師師①也，不補者相望，猝有意外，又誰責成？此又一急務也。各差御史，舊規一年一換，今淹留三年，而疾病相仍不得一代。科道起復散館行取候補候考等官，需次亦二三年，有物故者矣，而未得一命。南京試御史亦三年於茲矣，而猶未實授。至於行取之命，益又絶望。夫科道，皇上之耳目也，而自蔽之如此，儻有奸弊，其誰舉之？此又一急務也。章奏付之沉閣，則下情不能上達，而上令亦不下行，深居九重所以通四方之情者，獨此一綫路耳，而鬱塞之，故堂下遠於萬里，叩君難於叩天，其間有必不可廢之常典，如皇太子、福王講讀之命，熱審之命，楚中善後之疏，皆至今不下，刑部鎮撫司礦稅寔係人犯釋之而不盡釋，不可謂之細故而已。此又一急務也。至於起廢之命，壬寅玉音至今在耳，而吝於一行，終爲聖政之天闕。夫天地霜雪亦有消時，皇上雷霆竟無霽日，然則陰陽可以獨偏，而冬夏總行於一令也，何以召大②和而成歲功哉？誠宜開張天心，賜之環召，布列周行，必有可觀，縱不能一時並用，亦當先拔其尤，四③海所惓惓汪望者一大急務也。也④積貯，天下之大命也。太倉錢糧原待京邊之費，非爲宮中之供而已也，今取用日增，老庫亦窘矣。太僕馬價專待軍具買馬之用，非可與各衙門通融者也，今賞賜等項借用無已矣。工部錢糧原自不多，而近年營造織造大工小工搜括不休，百計千方竭髓涸指，至今都下商人僉報殆盡，妻孥離折⑤，逃亡日繼。焉有民散於下而君獨安於上者乎？焉有外帑罄空而内帑獨守者乎？在外則鹽法關法悉行壞盡，財源利孔無一不竭，猝有一方之變，軍馬從何而發？糧餉從何而備？賞給從何而取？土

① 師　《敬事草》卷一七"師"作"帥"。
② 大　"大"當作"太"。
③ 四　《敬事草》卷一七"四"上有"此"字。
④ 也　此"也"字爲衍文。
⑤ 折　"折"當作"析"。

崩瓦解，誰戰誰守？真如抱火於積薪之下，火未及燃則謂之安耳。各邊士卒往往脫巾，此輩與亂民合夥易，爲公家服役難，那移應付是何長策？古稱國無終年之畜者，國非其國，今豈直無終年之畜而已哉？不終日之計也。尚不顧念而責取之，內供不休，嚴旨如火，中人如織，則將使司徒、司空爲神運鬼輸之計乎？節用愛人，安可謂非今之一大急務也？九邊之計，在虜王沉湎昏迷，政由諸酋，狼心思逞，將壞貢事久矣。五路要挾於宣雲，宰賽跳梁於遼東，察漢縱橫於迤北，火眞時螫於甘而①固，皆可寒心，安得高枕而已？糧餉時缺，既思鼓譟，閱視之疏又久不下，將吏不見賞格不肯用命，此又一急務。凡此數者，何事不急，而臣深思機要，尤以用人補官爲先，用人補官而②機要，又以起廢陞謫爲先也。蓋以③用人補官，庶位而④充足，則爲皇上修廢舉墜者有所托矣，起廢陞謫，則賢才畢至而鬱塞疏通，一日之間可致和氣，豈惟士林稱快，抑令百姓改觀，此於政體最爲緊切。何也？蓋此建言諸臣，廢者概不一起，謫者概不一遷，遠者二十餘年，近者亦十餘年。人生幾何，堪以摧剝？一旦賜環，則天下曉然知聖心開霽，若披雲霧而睹青天，歡聲震於八陲，協氣通於九幽，天地祖宗有不居歆於上者乎？故臣以爲，事約而當務者宜莫先此。其次則待大臣宜以禮，不宜使之進退觸藩，待羣臣宜以恩，不宜使之桂玉無措，皆至急務也。此皆甚易爲，甚易行，而未之爲，未之行，臣日望一日，亦日急一日，良藥苦口何能諱避？時乎時乎，慮不再來。臣密勿之對，何所不有？精誠不篤，無所感通。今天意人心叢責於臣，臣雖以一事泯泯去國，終無裨於天下，無辭於萬世，但得皇上回光俯採，更調化瑟，臣雖死之日，猶生之年。漢時嘗以災異策免三公，今此天變，臣宜當之。伏乞早賜罷臣，以爲不能上調陰陽下遂物宜者戒。臣無任悚息待命之至。"

是日，大學士沈鯉奏："爲再懇天恩憐允休致以全晚節事。臣前月十四日，因有痼疾，復感重病，萬不得已奏乞休，伏奉聖旨：'朕以卿舊学鴻儒，清忠博達，正殷眷用，佇聞嘉猷，何爲倏爾引疾求歸？非朕所望。方今時事多艱，調燮寅亮，此老

① 而 "而"字當爲衍文。

② 而 此"而"字爲衍文。

③ 以 此"以"字爲衍文。

④ 而 此"而"字爲衍文。

① 懇 "懇"當作"貌"。

臣事，宜即入閣辦理，毋得再有所陳。吏部知道。欽此。'臣捧誦綸言，感激泣下。仰見我皇上天地之量，父母之心，既寬貸臣愚罪過，又假之體懇①而噢煦獎藉之。臣非草木無知，何忍堅意求去？獨念臣年近八旬，殘疾潦倒，僅存一息，雕朽磨鈍既所不能當，惟有臥病延醫、曠官廢職而已。夫曠廢之罪在小臣有限，臣叨居此地，則所曠乃丞弼之位，而所誤人主萬幾也。矧天下人之談議，千百世之斧鉞，凜凜也，臣爲是食不下咽，臥不貼席，病乃滋甚。伏望聖慈垂念講幃舊臣，特准休致，使不至積累日深，罪不可逭，乃所以曲全恩禮之終始也。臣無任懇切祈望之至。"奉聖旨："前有旨諭卿早出，共圖匡濟，何又有此奏？今災變頻仍，朕心兢惕，卿爲輔臣，正宜表率百僚，分猷共濟，何可杜門謝事、屢疏求歸？尚亟出燮理，以稱君臣交儆之義，慎勿遲疑。吏部知道。"

五日戊申，大學士朱賡題："伏念臣賦質最愚，兼之年衰善病，備員三載，毫無建明，不過伴食二臣、旅進旅退而已。自五月望後，二臣相繼求去，臣不得不暫爲代庖。一日萬幾，智識有限，何能辦理？且又冒雨觸炎，扶搊出入，頭目昏暈，肌肉盡銷，即不敢雷同稱疾，已居然一行尸矣，倏而仆地，便爲異物，尚安能爲皇上效手足之力哉？臣爲此懼。伏乞皇上念幾務之重大，矜病臣之尩羸，亟諭二臣同日入閣，並贊化理，以修回天實政。臣不勝大幸。臣又伏睹，皇上因災致儆，策勵百官毋偷安廢事，辭旨甚嚴，而部院大臣夙負當世之望者，尚猶躑躅進退之間，杜門不出，何以率屬具事？乞將温純、楊時喬及董裕諸臣累次請告之疏，悉發臣等累票擬，立令入署管事。至於中外大小官員，各有當修之職，不宜強半空虛，事皆兼攝。更望聖明將向來吏部本章積而未下者，一一檢出，應點者親灑御筆，應票者悉發票擬，使數年間曠而未舉之職，數百人鬱而未伸之情，一旦豁然疏通，以收四海人心，以召天地和氣。此實修政弭災至緊至急之務，亦至易至簡之事，在皇上一動念而已。臣叨心膂之寄，見得理亂關頭，斷不出此，不敢不瀝血披誠齋沐上請，伏惟聖慈鑒察。謹具題以聞。"

八日辛亥，大學士沈鯉奏："爲郊壇變異非常懇乞聖明弘采納罷曠瘵以圖消弭事。本月初一日，臣因久病曠職，具奏乞休，至今未奉明旨，方在屏息靜聽，乃聞南郊望杆之變，實爲古今異常。臣愚不勝兢惕，輒敢再申前請，伏望皇上察臣備員密勿，曠官不職，亟賜罷斥，以圖君臣交儆之實，仍將首輔一貫頃所條上八事、以及九卿科道衙門因變陳言諸疏，悉賜採納，以圖消弭。蓋古聖帝明王遇有災變，側身修行，未有不由此道者，此實捷於影響者也，伏惟聖明留意。臣不勝戰兢祈懇之至。"奉聖旨："昨有諭旨，以君臣大義屬望卿等甚殷，卿爲輔弼，不於此時出身贊理，爲朕分憂，卻因災求罷，自爲身名之計，平生忠愛謂何？疏中所陳欲朕弘納讜言者，正待卿等出而共圖之。朕早夜佇望，萬不宜緩，可即日入閣辦理，勿得再陳。吏部知道。"

十日癸丑，大學士朱賡題："臣自聞災變，晝夜惶惶，思今日所宜急行者，不可枚舉，而喫緊關鍵尤莫大於用人。初五日業具一揭，請皇上亟諭首輔、二輔入閣贊理，亟出部院大臣率屬修職，亟檢吏部久留章奏，悉賜允行，此不過諸廷臣奏牘中一事耳，非謂足以盡補諸政之闕、遞召天地之和也。謂爲政在人，人存而後政舉，使中外衙門署署有人，大小官員人人效職，則一應善政尚可責成，一應秕政尚可匡救，猝有不測尚可協力支持，故欲皇上先急其所當急，先行其所易行，而隨與天下一切更始，庶幾修政弭災不託之空言耳。揭奏數日，未蒙省發，固知犬馬微誠不足以動天聽，夫亦前旨所稱市恩激擾云者尚凝滯而未化歟？《書》曰：'惟辟作福，惟辟作威'，'臣之有作福作威'，'其言①於而家，凶於而國。'夫掠人主之恩以市於人，其凶害及於家國，罪孰大焉？自非至不肖之人，必不爲此。聖明在上，清議在下，凜凜三尺，誰敢奸之？此念不化，臣恐一事疑而事事皆疑，一事格而事事皆格，究使國無人才，朝無政

① 言 "言"爲"害"之誤。

事，而何以爲治？願皇上開廣此心，勿自隘其天高海闊之量，而離其股肱耳目之交，此又拔本塞源之説也。臣老病支離，扶掖入直，力衰氣喘，不能盡言，伏望皇上憫念孤忠，早賜採納，臣言得行，臣目可瞑矣。臣不勝哀籲懇望之至。"

十一日甲寅，大學士沈一貫奏："爲叢憂劇疾妨政日深懇乞天恩俯賜餘骸以終鴻造事。臣以奉職不效，致被人言，仰蒙皇上天地生成之恩，特加保全，臣夢寐之中亦知感激而思報稱也。顧臣自今歲以來，精神不收，言語錯誤，動輒迷忘，莫能追憶，竊自惟之，以爲不詳①，果於前日之夕，感冒蒸暑，吐瀉並作，始則包絡爲楚，繼乃徧身交急，至於不可着手撫摩者，寸肌縷肉皆似仇讎，萬念千思悉成灰燼，經半日夜而後氣息稍甦也，決非久生之理矣。蓋臣性本多憂，又處危地，居常自撝自責，以爲孤負皇上之重託，而致天時人事災眚相仍，賜②一日九廻而三斷焉。今病在膏之上、肓之下，當心之中，臣稍通醫理，自度其難爲，而諸醫亦皆吐舌束手，無能爲臣發一藥。皇上方祇畏天戒，改圖政幾，革故鼎新，宜斷然從今日力行之，臣雖氣息奄奄，願小③須臾無死以觀德化之成。至於進賢退不肖，尤係喫緊，幸無以疾病尸曠之罪臣復縈於聖懷，斷然決去，實斷祈禱。伏乞俯賜哀憐，准臣照年老有疾例致仕，放釋還鄉，俾猶生入里門，以正丘首，實皇上莫大之寬恩，而殘生沐此，萬幸過望，啣結之誓，永世無極矣。臣無任頓稽瞻仰哀號祈祝之至。"奉聖旨："昨有諭旨，以君臣大義屬望卿等甚殷，卿爲首輔，於④此時出身贊理，爲朕分憂，却稱疾未已，自爲身名之計，平生忠愛謂何？疏中所陳欲朕斷然力行者，正待卿等出而共圖之。朕夙夜佇望，萬不宜緩，可即日入閣辦理，勿得再陳。吏部知道。"

是日，大學士朱賡題："前日臣以天壇災變聖心憂惶，隨上一揭，諄諄以用人行政爲修省急務。候旨數日未下，昨又進一揭催請，今日伏蒙皇上遣文書官趙金捧出聖諭一道：'諭內閣：朕覽三輔奏揭，二輔俱未入閣，部院諸臣日久不出，中外缺員未補，是何政體？悉見爲國忠懇。但朕自入夏以來，寒熱不調，濕氣熏蒸，頭目時常眩暈，章奏未經細閱。昨聞天壇災變，又同祖陵行禮之期，驚惶弗已，省愆思咎，以致痰喘屢作，足疾發痛，動履難禁，連日服藥未愈。其諭出諸臣、點發章疏諸務，以召天地和氣，修政弭災之事，朕知道了。卿等爲朕輔弼，股肱心腹，休戚相關，各宜贊襄化理，共濟時艱，豈可固避求閒，使朕孤立於上？卿等務思君臣一體大義。特此諭知。欽此。'臣不勝感激，不勝欣慰。竊惟皇上畏天之威，至誠懇坦，致聖躬痰火未寧，服藥珍攝，臣子聞之，可勝懸戀？伏望皇上保重玉體，順養天和，以付①天心仁愛、臣民仰戴之誠。除恭謄聖諭，傳宣二輔臣即出贊襄外，其溫純等請告疏、吏部向來陞補官員疏、都察院差委御史疏、諸衙門陳言時政疏，伏望總賜檢發，盡見施行。蓋大君有言，必有行事，天以實不以文，既蒙知悉，必須實有踐履。臣雖病劇，尚當匍匐入直，忍死須臾以贊德化之成也。所有聖諭尊藏在閣。爲此具揭回奏以聞。"

　　十八日辛酉，大學士朱賡題："昨該臣連上二揭，力請皇上亟用人才以修回天實政，伏蒙皇上賜諭，謂聖躬方在調攝，未暇細覽章奏，乃知聖必②原無他，止欲細覽而後發耳。顧其間有萬萬不可緩者，請皇上先行檢發，以安人心，則南京考察等疏典部覆四品自陳疏是也。蓋兩京官員由部院考察，本是國家大政，而六年方行一次，亦是朝廷寬政，不可得而更也。往時朝上而夕報可，故留者留，去者去，各安其分，不生一心，各惕於制，不吐一語，而天下帖如也。今歲止緣臣等愚昧，不能仰佐皇上早完此局，致紛紛議論，首臣獨受其謗。頃見吏部員外賀燦然、陳清平之論，亦復責備閣臣，臣讀之不勝愧悚。真③所謂'當行不行，當了不了，生令千官半廢，萬政俱隳'，與臣前揭所稱'國無人才，朝無政事，而何以爲治'，何其似也？伏思前此之失於補救者無及已，今臣代庖業已匝月，而猶然有未行未了之局，以煩人言，非臣一身之罪而誰也？夫二百餘禩六年一舉之典，決無格而不行之理，兩京數百餘員當留當

① 付 "付"當作"副"。

② 必 "必"當作"心"。

③ 真 "真"似當作"其"。

① 卷 "卷"當作"巷"。

去之官，決無渾而不白之理，祖宗盡善盡美萬世常行之政，決無變而不守之理。今當事大臣不進不退躑躅如觸藩然，無非爲此，中外羣臣街談卷①議囂然如鼎沸然，亦無非爲此。藉第令臣能以微誠格天，能以素望信友，寧有此景象乎？此臣所以直任其過而不敢辭也。伏望皇上盡釋羣疑，將南北院之疏凡有關於察典者，悉賜發行，爲祖宗守舊章，爲四海收人心，而又爲臣等解嘲解懸，天下之幸，亦臣等之幸也。臣病劇矣，所不憚匍匐誶詔而蚤暮掖之出入者，聖恩不忍負，閣職不可曠故也。恐一旦不起，終負此心，仍望皇上早促首輔、二輔即出共理，容臣得少就醫藥，苟延殘喘，而尋爲首丘計，感戴天恩，豈有紀極？臣不勝痛哭流涕懇祈之至。"奉聖旨："朕覽卿奏，情詞懇切，具悉忠愛。已知道了。卿宜慎攝，共濟時艱。特諭卿知。"

十九日壬戌，大學士沈一貫、沈鯉、朱賡題："今日刑部十三司官來見臣等，言熱審已奉特諭，不敢稽遲，而本部止有堂官一員董裕，未奉新旨，難以到任。昨又具疏陳奏，望皇上特賜檢發，督其到任管事。庶皇上好生德意有所奉行，而襄裞召和亦在於斯矣。秋期具近，千百人望此恩澤如解倒懸，伏惟聖慈垂憫。臣等無任仰望之至。謹題以請。"奉聖旨："欽恤熱審之諭已發日久，如何尚未遵行？是何職守？卿等便傳，着董裕即督同司官審錄具奏。"

二十一日甲子，大學士沈一貫、沈鯉、朱賡題："今月二十五日爲吏部欽定大選之期。舊規必推陞缺出，而後急選、大選可次第舉行。今距二十五止三四日耳，該部屢上催本，未奉俞命，其勢誠急，其情誠苦。前此四月幾誤大選，今萬萬不可再誤也。伏望皇上思銓選日期爲祖宗定制，人才進退爲國家大政，即賜檢發允行。其左侍郎楊時喬，公平廉靖，正宜銓職，屢以老疾欲借別部堂管代管選事，雖其真情，非由矯餙，而責任豈可他諉？尤望皇上降一明旨，督令即出任事，不宜使之進退維谷，坐廢職業也。臣等以銓政廢具，關治亂不小，故不敢不言。無任懇切瞻企之至。謹具題以請。"

是日，大學士沈一貫奏："爲忝職實多聞言滋病四懇天恩亟賜罷斥以新聖政事。臣以非才充位，鑒於前轍，一切部院之事悉歸其曹，而無敢忝預，意謂耆賢滿朝，必能各舉其職，以上慰聖懷，下孚羣情，而臣雖支離食粟於其間，猶可幸無大罪矣。不謂察疏之上，皇上有特留，有概留，復有嚴諭。臣既當揆路，誠宜率先引伏，協恭匡時，因婉曲開陳，有光聖政，然未能也。且臣之所未能者，何啻千萬？一夫不獲，孰非臣辜？是以觸變條言，席藁待命，瞻望天地，真以一日爲一歲矣。茲吏部員外賀燦然、南京吏科給事中陳嘉訓各論察事，内燦然責臣諉格外舉動於皇上，而不爲補救，鮮格心正事之益，嘉訓謂錢夢皋、鍾兆斗巧詆橫誣，若陰有所恃而無所畏忌，疑臣念其私勞。臣伏枕讀之，益自愧歎，犬馬報主心固無窮，蚊虻負山力乃止此。所謂不能格心正事以補救格外之舉，臣實心服，自責自咎，非一日矣。若夫言官論事，乃其職掌，而謂陰有所恃，念其私勞，臣實無之，嘉訓亦偶未之諒耳，乃意則甚善，臣安敢不服膺乎？惟是臣衰病侵尋，終難勉强，比來心火益攻，邪炎愈熾，昏然瞶眊，眩頭①暈時作，視屋角如輪轉，聞履聲若獅吼，惡見醫工，厭親藥物，蓋知寓形之非久，而天命之有窮矣。奄奄氣息，尚戒淵水，感道義之良規，惜措躬之無所，及早歸休，尚可附於不能者止之義矣。伏乞皇上哀憐其意，亟行罷免，俾得生還，以正丘首。臣幸甚，幸甚。至於當今闕夫，實恃聖明在上，少垂睿思而更張之。其考察之事，尤易決斷，第發一明旨，即可澄清了結，願皇上亟圖焉。臣病不可留，罪不可留，望及此時賜之骸骨。天海深恩，報答不盡，是用畢其垂死之愚。"奉聖旨："卿十年輔弼，猷望茂隆，朕鑒甚明，公論難泯，豈可以浮言介意、連章乞休？且今天人交變，時事可虞，亦非當軸首臣浩然長往之日。宜置身是非之外，殫力盡忠，以全始終大義。竚卿即出，毋傷朕懷。吏部知道。"

① 頭 "頭"當爲衍字。

二十三日丙寅，大學士沈鯉奏："爲曠官日久負罪日深懇祈天恩垂憐廢朽特准休致以全晚節事。臣頃緣久病，具奏乞休，旋因天變自陳，乞賜罷免，俱未奉旨。臣方屛息待命，不敢更有煩瀆。尋復自揣再三，當此極衰之年，而有難愈之疾，既不能夙夜在公，又不以老疾求退，乃遂使曠官之罪積累日深，以至於不可赦原，而誤國家，所關非小，臣用是萬不得已，敢復昧死瀝血以煩天聽。蓋臣切身之疾不止一端，而其所極患苦、所由曠瘝者，乃不在險急呼謈之症，而在乎不險不急不見不聞者，以中臣之膏肓，而使之不能盡職也。何也？臣雖一足已廢，動履艱難，可需人扶掖而行也，雖胃痛疝氣不時舉發，而當其不發不痛之時，亦猶可勉強趨直、旅進旅退也。臣所憂不在此也，惟是眼目昏花，對面看人如遮雲霧，心志健忘，當日之事如隔歲年。向來曾有時獨在閣中辦理文書，展卷之間，惟見墨蹟成行，而就中所言爲何辭語與何事情，大半不能分曉，此一苦也。及當舉筆票擬，則又反復想像，如在夢中，殊不能通前徹後、了然明白，又一苦也。密勿之地，既不敢假視於人，頃刻之間，又不可闕疑待問，一有差錯，乃上妨明主之萬幾，而下虧股肱之重任，臣安得不日凜凜也？夫以垂盡之年，抱極危之病，懷隕越之憂，故雖饑而食不下咽，雖困而卧不貼席，旦夕冰兢，如臨淵谷，病乃日劇，所延諸醫見臣狼狽若此，無不爲臣憐惜者。屢疏乞骸，實出無奈。不然，則職司鼎鉉，日近雲霄，孰與河干之寂寥？公糜廩餼，私潤身家，孰與田間之辛苦？而必欲去此而之彼哉？蓋臣與首輔一貫、次輔賡，雖雖①皆並稱老臣，然首輔少臣六歲，次輔亦少四歲，且皆精神甚王②，經濟淵涵臣不及其百一，故臣去而心安，雖死而目可瞑也。禮所謂力不必出於己者是也。夫量其能而恪恭乃職、鞠躬盡瘁者，敬也，知其不能而不敢覆餗溺職、妨賢病國者，亦敬也。蓋迹異而心同者也。伏望聖慈憐臣苦楚已及萬分，察臣心迹非有規避，特准解釋重負，不以尸素終身，而得爲碌碌無聞之人，與草木同一腐朽，不留罵名在世，臣爲得死所矣。臣不勝懇切祈望之至。"奉聖旨："卿謀猷茂著，簡在朕心，正思倚

① 雖 此"雖"字爲衍文。
② 王 "王"當作"旺"。

任老成，以竟宏抱，豈可引疾求去連章不休？且今天人交變，時事可虞，亦非輔弼重臣浩然長往之日。宜遵屢旨，即出贊襄，慎勿再陳，使朕解望。吏部知道。"

二十五日戊辰，大學士沈一貫、沈鯉、朱賡題："臣等於二十一日具揭，爲吏部大選在二十五日，而推陞本未發，難以出缺，請皇上速賜允行，候旨未下。今日臣賡進閣，接得吏部侍郎楊時喬揭帖，內云：大選業已逾期，推陞猶未奉旨，懇乞聖明亟賜俞允，仍祈欽定選期，以便遵行。又言：時喬因病註籍，欲請皇上命別部堂官代管選事等因。臣等看得，雙月一選，乃二百餘年不易之大典，其推陞者與待選者不下千百餘人，又皆應陞應選之數，此月一滯，則後月益壅，不惟國體、人情大有未便，而吏部亦無從效其職矣。至於銓選，乃時喬職掌，亦無借署之理。伏望聖明即日發票，欽改大選日期，督令時喬即出管事，尚可及此月之內竣事，不至大駭耳目，又生一番激擾也。臣時①無任懇望之至。謹具題以請。"

是日，大學士沈一貫奏："爲流言未已伏乞聖慈早賜罷免仍祈留用直臣少寬叢責事。臣比以考察一事，無能匡正，屢被指摘，引罪乞休，昨南京御史朱吾弼又言矣。夫吾弼才品名行，臣素敬之，而責臣亦如此，是知流言孔多。臣實自恨，不宜自辯，然終不免一言，臣亦語其實事，以明著其無裨贊襄、不堪再留之意耳。茲事紛紜，祇爲一錢夢皋。臣何受②於夢皋而留之？前疏既已略備，今請復引趙世卿爲證。夫戶部尚書趙世卿，非有柄察之責者，臣何爲渙之使留夢皋，而至云'處夢皋即處我？'臣雖至昏，不應有③謬語。使臣而當處也，亦當以靜聽公論，不宜向人乞留。而況人之去留，顧以其身爲之共存亡乎？少知自愛者不爾。世卿固在，可以質問，必不爲臣諱也。抑此猶寄之口語，而非載之筆札，流之人間，而非存之禁中者。若票擬一事，內閣有底簿在，御前有票帖在，大有實擬，焉可誣也？今年正月初九日吏部侍郎楊時喬一本《爲計事迫近請欽定日期特選大臣署篆等事》，是時時喬苦辭管察，請一尚書代事，

① 時 "時"當作"實"。

② 受 《敬事草》卷一七作"愛"，是。

③ 有 《敬事草》卷一七"有"下有"此"字。

臣不之辭，而爲兩票，一述其言，一反其言，以取裁於上。一云：'京察着於本月二十八日行。楊時喬文署銓事，就着管理察務，不必推讓。'此即皇上之所允用者也。一云：'京察着於本月二十八日行。既屢請命官，着蕭大亨暫往署印管理，事完交印回部。'此皇上之所不用者也。蓋從閣中公議之如此，曷嘗忘清正方嚴之時喬、而私於大亨？且時喬非虛讓者，必不此以①誤臣。而閣中票帖舊無外傳，何云見於邸報？則傳者之過②也，又明甚。又以皇上留用被察科道聖諭，有'洩忿結黨竪權立威'之切責，而疑臣陽施陰設、內交近侍。此又安得輕信夫傳疑而③莫須有坐人也？是日部院接出聖諭，移時而臣閣始從部院抄來，臣等始知，於是相顧驚懼，各省愆尤，前此寂無所聞也。九重嚴閟，即至今尚不審聖意所指，而臣當時安所施設交結是非於其間？此固聖心之所自知，而不必臣之辯者。大抵遠人謬傳，多出猜忖，指虛成實，類皆如此，又何在乎清論之易淆乎？若乃臣之力不能禁夢皋輩使其無多言，易④之誠不能感通皇上使早訖察事，南京待命尤久，故其議論尤多，臣惟空言無補，則謂疏揭爲故套，固宜，此實臣之不任，復何詞也？若非吾弼，不能勤攻臣過。尚欲拂拭臣愚，責以後效，意則甚厚，而不知臣之駑劣，終不可強。莫扶莫持，能竭智素，既若此矣，安可以再誤國家？斯臣衷言，非敢飾語⑤。且臣親墓未修，情事抑鬱，危病日甚，僅有骨存。惟皇上哀憐，賜之退休，萬幸，萬幸。其劉元珍忠直敢言，若不復其原官，不足以光聖德，而臣之後咎餘責終無已時，望皇上俯採而亟賜之環命。臣尤不勝懇款禱祈之至。"七月初二日謹奉聖旨："當國首臣，百責攸歸⑥萃，流言之至，自來不免。況卿任事既久，又值時事紛紜，猜忖流傳，何所不至？其實密勿票擬，中禁森嚴，外廷豈得知之？卿亦不必一一與辯，但自信本心，益據忠悃，即出贊理，毋復遲疑，乃見純忠之忱，包荒之度。蚤夜望之。劉元珍業從卿請，已寬處了。吏部知道。"

二十九日壬申，大學士沈一貫、沈鯉、朱賡題："今日文書

---

① 此以 《敬事草》卷一七"此以"作"以此"，是。

② 過 《敬事草》卷一七"過"下有"言"字，是。

③ 而 《敬事草》卷一七"而"下有"以"字，是。

④ 易 "易"當作"臣"。

⑤ 語 "語"《敬事草》卷一七作"說"。

⑥ 歸 《敬事草》卷一七無此"歸"字，是。

官冉登捧出聖諭：'諭內閣：朕以修省動心，致有痰喘之恙，連日服藥靜攝，少愈。昨又感受暑熱，腹瀉身軟，且眩暈時作，足痛未瘳。恭惟廟享在即，力疾恐弗成禮，卿等傳諭遣官及各執事，秉處潔供事行禮，以昭朕畏天敬祖誠意。特諭卿等曉示遵行。欽此。'伏自災變以來，聖心儆惕不遑，兼之濕熱常①，以致聖躬未豫，臣等時切懸戀。茲當廟享之期，已屆秋爽之候，謂玉體必已康勝，大祀正可躬親，而不意尚須珍攝，致孝思之誠久鬱而未伸也。除恭傳聖諭，令遣官及將事諸臣竭虔行禮外，伏望皇上加意靜養，益保天和，以慰宗社臣民之望。所有聖諭尊藏在閣。謹回奏以聞。"

① 常 "常"上當有"不"字。

萬曆起居注

①七 "七"上當有"萬曆三十三年"六字。
②丑 "丑"當作"酉"。
③巨 "巨"當作"臣"。
④日 《敬事草》卷一八作"口"。
⑤目 "目"當作"自"。

七①月癸丑②，朔，大學士沈一貫奏："爲祭典未完臣事未畢懇乞聖明早賜裁發以慰中外之心仍乞允臣罷歸以延殘喘事。臣比日四懇罷斥，奉聖旨："卿十年輔弼，猷望茂著，朕鑒甚明，公論難泯，豈可以浮言介意、連章乞休？且今天人交變，時事可虞，亦非當軸首臣浩然長往之日。宜置身是非之外，殫力盡忠，以全始終大義。佇卿即出，毋傷朕懷。吏部知道。欽此。'臣備員綸扉十有餘年矣，幸在皇上覆幬之中，教育之下，即才力綿薄，無所建明，而猶免於人之彈射也。乃今而言者踵矣，則以欽留科道，臣不能救正，考察未了，臣不能固請，故求多於臣耳。今諭旨甚明，若可置身於是非之外，而臣心未白，不免混迹於是非之中，皇上念天人交變，時事可虞，謂非巨③長往之日，臣即病骨支牀，感泣可勝言也？臣於二十五日因南京御史朱吾弼參論、拜疏乞身之後，百病隨作，洞瀉如注，至今不能粒米。然雖瀕於死也，而心實展轉國事。適有自南來者，言南都久不得考察之旨，衆情徬徨殊甚。此目今第一要務，諸闕政之中，日夜盼望未有如此之急。六年大典，與尋常論劾不同。譬如卿會試，若不開榜，豈不使人駭愕？衆人之疑，逐日加添。又謂前者比察之留科道，壞國典，拂人情，今南察若止照常，猶可半救，儻若再留，政體壞裂盡矣。且留而有益，猶可言也，反招不靖，何貴於留？寧屈人以伸法，毋屈法以伸人。人屈而有時可伸，法屈無時而可挽。臣聞此言，不勝震慄。蓋南都人情難調，物論易起，不比輦轂之下，知政事之原委與事情之虛實也。況各官未得察命，青衣角帶，脉脉相唁，半年於兹矣。即閭巷小民，亦羣聚而駭觀，又何恠乎日④語喃喃而流行不已乎？查得南京考察全疏，近日彼處又補牘前來，已經發閣擬票，伏乞即賜照票檢發，以慰彼五品以下諸臣之心。其南京四品京堂自陳疏，並南科南道拾遺疏，及吏部覆北京四品京堂自陳，俱乞早賜檢發。至於欽留科道，更望俯從察典。即錢夢皋特旨留用，然既經考察，實難展布，皇上之所爲愛惜人才者，不必定與以臺省之任，而人臣所以效忠朝廷者，亦不必臺省始可報稱也。伏乞皇上夭加旋轉，率由舊章，斷目⑤宸衷，出之於外。豈獨使臣置身於是非之外，而所以補國事之闕遺者良在是矣。臣前疏之所條請，必蒙聖明鑒納，計旦暮之間次第採行。至欲仰徼特斷，早訖察事，則尤臣所首先惓惓者也。臣老病侵尋，日加一日，狼狽支離，實難勉強，更望矜憐，賜之骸骨，臣愚舉家幸甚。臣不勝懇款祈禱之至。"奉聖旨："朕覽卿奏，具悉忠悃。南京察疏業已發閣票擬，隨當批行。錢夢皋已有旨了。卿心迹既明，宜遵屢旨，早出贊理，慎勿再以疾辭。吏部知道。"

　　二日甲戌，大學士朱賡題："臣前有奏揭，請皇上亟發南京考察疏及吏部覆四品京堂自陳疏，以畢大典，以安人心。隨蒙皇上賜諭：'朕覽卿奏，情詞懇切，具悉忠愛。已知道了。卿宜慎攝，共濟時艱。特諭卿知。欽此。'臣佩誦明旨，感激殊恩，真不啻天地父母之戴已。次日，蒙將南京大臣自陳疏次第批發。又次日，蒙將南京考察全疏發臣票擬。臣自度言之見採，喜不自勝，敬依該部院所擬，一一照常票上，謂旦夕必下矣。今既七日，尚未批發。固知聖躬靜養，未暇詳覽。然留之半年，不為不久，一覽而發，不為甚勞。何其宜行而不行、宜了而未了也？外廷喧然，復生猜疑，恐皇上照北察例，再有欽留。臣不得不昧死言之。夫考察，自來付之部院，一成而不可變，此祖宗法也。昨者欽留科道，偶一為之，臣等不及援古證今，力行補救，以致紛紛詳論歸①首臣。臣等至今悔之。然猶可諉之曰三臣也。今二臣不出，臣獨代庖，臣不預為調劑，萬一復有聖斷，既不敢諉過於君父，又不可分過於同官，區區雞肋，能禁此衆手之擊搏哉？雖皇上萬萬無此，而一日未發，則添一日之疑，傳至南都，又不知作何猜忖。臣是以不敢不預白也。伏望皇上念祖法不可屢更，人情不可久拂，即乞照票批發，無緩須臾。其南北一切自陳、拾遺疏，凡有關於察典者，統望逐一檢查，一了百了，此目前第一急務也。臣又見昨者留用諸臣，皆跼蹐不安，上疏求去。臣愚以為留之無益，及②開訟場，不若聽其請告而去，既可望他日之用，又可息今日之喧，亦聖朝清

① 歸　"歸"似當作"疑"。

② 及　"及"當作"反"。

① 入 "入" 當作 "又"。

净寧一之政也。統惟聖明裁納。臣不勝願望之。謹具題以聞。"

是日，大學士朱賡又題："伏蒙皇上發首輔一貫疏，令臣出溫旨來，臣謹當遵擬。入①傳：'南京科道也少，兩京一事，也要留用。'則臣不敢不昧死以言。夫祖宗之制，以六年京察付之吏部、都察院，部院廣詢博採，務求至當，而後敢上，朱有從中更變者。蓋進退人才，萬目所矚，公論難掩，不可得而更也。今歲所以紛紛激擾至今未已者，止因留用科道，決裂舊典，啟後來徼倖之門。所以中外爭之，責備臣等不敢救正，首輔到今不敢舒眉目，皆為此也。然是時旨從中出，猶然如此猜疑，今票擬出自臣手，則二百餘年大典自臣壞之，臣一身榮瘁不足惜，如得罪名教萬世唾罵何？臣側聞外廷藉藉有言，所以今早特上一揭，極言前此已誤，今不可再誤，想未經進覽，故復有此傳。皇上亟取觀之，必豁然開悟，收回此命之不暇矣。伏望將南京察疏，照臣前擬批發，以慰人心，免得又生一番激聒。臣受皇上殊恩，一念犬馬之忠，惟望皇上率由舊章，動無過舉，豈敢阿諛苟容、自負聖明？望皇上哀憐微悃，曲賜採納。必欲臣如旨票上，臣有死不敢奉詔也。所有原本封上，伏候聖裁。臣無任戰慄待罪之至。

三日乙亥，大學士沈鯉奏："為老疾狠狽十分可憐引年明例踰期太久懇乞聖慈矜允休致事。臣前月二十三日，為曠職日久，負罪日深，具奏乞休。休奉聖旨：'卿謀猷茂著，簡在朕心，正思倚任老成，次竟宏抱，豈可引疾求去連章不休？且今天人交變，時事可虞，亦非輔弼重臣浩然長往之日。宜遵屢旨，即出贊襄，慎勿再陳，使朕觖望。吏部知道。欽此。'臣仰承聖眷，且諭以時事可虞，實不忍再有瀆陳。惟臣病委為不堪，又私計引年之例踰違太久，是臣以一身去留而壞國家典憲也，於心尤有不安，敢再援例以請。臣聞《禮》云：'大夫七十而致事。'我朝稽古定制，使及七十者引年，豈徒為衰老之不能任職而已乎？或亦憫念其西榆已下，光陰無幾風②之燭，草頭之露，有堪憐也而故佚之乎？抑謂其精力竭而知慮昏，儻及僨事不能保

② 風 "風" 下疑有 "中" 之類文字。

全，不免於國體有妨也，而故全之乎？不然，則謂其勉策疲駑，奔走道路，竭蹶喘汗，衹速斃乎？惟體念及此，故矜其所不能而不及以政，全其所無用而不暴其短，蓋皆有深意焉，非徒曰老者安之而已也。夫以優高年則有思①，敬大臣則有礼，維世教則有風，一舉而三物具焉，所以為聖朝美政也。臣今逾引年之期又五矣，舉臣廷文武諸臣無有如臣之衰朽不堪矣，而尤且百病攢身，五官俱廢，偃仰一榻，朝不保夕，送終之事已無不備矣。伏望聖慈垂憐，使及一息尚存，一望見先臣之丘壟以沒，而不隕身於逆旅之舍、道路之間，亦熙朝之一盛舉也。臣不勝收淚悲鳴，仰天懇祝之至。"奉聖旨："卿精力未衰，猷為未竟，且國家多事，正賴老成，何必拘引年之常談，忽致身之大義？自為誠得，報國謂何？宜曲體朕心，勉遵屢旨，乘以秋爽，亟出贊襄，慎勿再有陳瀆。吏部知道。"

　　五日丁丑，大學士朱賡題："今日蒙皇上發下科臣錢夢皋、鐘兆鬥論劾都②察史溫純三本，令臣票擬。臣再三思之，大臣進退，必採之公論，斷自宸裹③，而後可以服天下之心，怨隙之言，恐難定擬。今九卿皆老成忠實之人，必不敢阿私以欺皇上，付之看議，公論自明，皇上據之以定是非之極則，不惟溫純心服，而中外人心亦帖然無議矣。謹將原本封還，伏惟聖裁。幸甚。謹具題以聞。"

　　六日戊寅，大學士沈一貫奏："為罪狀多端責言可繹懇乞聖明乾斷亟賜罷斥以新政幾事。臣虛點樸樕，孤負恩知，入夏以來，言者疊至，不勝惶悚。用是患病益深，退避益切。昨復接兵部主事龎時雍揭帖，論臣奸佞欺罔、誤君誤國，灑灑二千言，讀之尤不勝丑心矣。內閣欺罔者十，誤國者十。欺罔十事，乃摘臣疏中所言格外舉動、及未嘗潤色一字、迄今不知聖諭所指、議將錢夢皋外用等語，大都不諒臣心而加之以指折者也。誤國十事，如不能罷礦稅，不勸郊廟朝講，不批答疏章，不補中外缺官，以至行取久廢災異頻仍等事，則舉今日之弊政而叢責臣

①思 "思"疑當作"恩"。

②都 "都"下當有"御"字。
③裹 "裹"當作"衷"。

者也。臣本樸樕，小才，皇上不知其不肖而誤用之，待罪閣中十有二年於茲，雖犬馬尚知報主，臣猶人也，豈不知欺罔爲人臣大罪而甘自蹈乎？夙昔盟心，萬不出此，近日諸疏，具以實對，臣竊以爲不欺矣。今既坐之以欺，猶無領受，而復曉曉置辯，豈不亦再受其辜哉？尚恃有君父聖明，照鑒於上，如謂臣欺也，臣安敢逃其誅？儻猶見察而憐其非欺，則臣之幸也，不敢冀也。惟是臣自壬寅以來，無日不病，無歲不乞身，而未蒙賜允，則不敢不扶服趨事，從此精益敝，神益銷，智益短，力益竭，皇上具堯舜之資而臣不能仰贊下風，遂使國多紕政，民不聊生。如時雍疏中所列誤國之事，臣誠自責自咎，復何辭之有？非幾未動而臣不能防之於初罪也，過舉已彰而臣不能挽之於後罪也，知其不可而不能苦口力爭罪也，言之徒煩而不能積誠感動罪也，千罪萬罪，臣皆甘之。臣素以碌碌無能之才，加茲奄奄就木之日，思慮不續，莫可圖維，慶①骸僅存，更難驅策，無復望矣。伏願皇上亟賜罷斥，君②誤國者戒，仍祈注思澄念，早自爲社稷計，急下恩詔，沛發新政，與天下更始。臣伏在斧鑕之下，行與擊壤歌衢之民同一歡慶、呼萬壽於無疆矣。無任延領跂足祈望之至。"奉聖旨："卿竭誠體國，無事不言，外廷不知而朕知之。今不問其時勢何如，一切責之於卿，規諷其上，天下必能諒之，卿何庸言？惟是國家多事，委非一端，維新政幾，必賴元輔，豈可以人言決去，自隳其未竟之功？宜刻歛入直，畢殫忠猷，乃見始終爲國之實。朕念茲釋茲，佇望甚切，慎勿再有託陳。吏部知道。"

九日辛已③，大學士沈鯉、朱賡奏："爲輔理無狀貽累同列懇乞聖明亟賜罪免以彰協恭大義以肅官常事。臣鯉頃緣老病具奏乞休，未奉明旨，臣賡勉扶殘病在閣辦事，各接得兵部主事庞時雍揭帖，內言首揆一貫欺罔、誤國各有十事。除前十款皆擬首輔辯疏逐一駁正，臣等不敢越俎代辯，至於誤國款內所列變理無伏④、綱紀日頹、師表不立、點⑤陟不明、邊圉不請⑥、經費不支、災異疊見、臺諫久缺等款，亦皆臣等職業，安敢陽

① 慶 《敬事草》卷一八"慶"作"餘"，是。
② 君 《敬事草》卷一八"君"上有"以爲誤"三字，是。
③ 己 "己"當作"巳"。
④ 伏 "伏"當作"狀"。
⑤ 點 "點"當作"黜"。
⑥ 請 "請"當作"靖"。

爲不知，而若無罪然者，以宴然居於其位？蓋臣等之與首撥，地分密切，班聯相次，分猷分念，無事不相與聞，譬之昂三足，車兩輔，一有不備，必至覆餗而散輨也。時雍雖爲臣等含垢匿瑕，不肯一一指數，以存厚道，臣等豈不自知？蓋昔有虞之時，契敷五教，稷教稼穡，皋陶明刑，以暨咨夔咨益各爲一事，故不相及也，今茲股肱之臣之在密勿者，分耶合耶？宜未可專罪首輔而獨於臣等偏有原恕矣。我朝設六卿以分任六曹之政，黜陟不公則問主爵，不可以責司馬，教化不明則問宗伯，不可以責司寇，亦猶虞廷遺意也。假令一部之事闕而不舉，將只本部尚書獨任其責乎？抑亦左右侍郎均任之乎？前代相臣平章軍國，其次同平章事，宰專臣知大政，其次忝知政事，瑜則俱瑜，瑕則俱瑕，未可專委罪於首臣矣。臣等良心不昧，目見首輔引咎自陳，殊所不安。伏乞聖明洞察，臣等委屬不職，爲寅長累，特賜罷免，以肅官聯。仍乞點檢時雍疏內所刺臣等不能彌補袞闕之事，爲今撥亂反治之策，有可以備採納者，亦即次第舉行，斯不但免臣於戾，亦可以成首輔之美矣。臣等不勝戰慄懇祈席藁待命之至。"奉聖旨："朕覽卿等奏。主事龐時雍誣論首輔，貽累卿等，朕所鑒知。一日萬幾皆由裁奪，況今國家多事，正賴老成，卿等爲朕輔弼，素秉公忠，豈可因而求去、自隳其未竟之功？宜遵屢旨，即出贊襄化理，共濟時艱，慎勿再有所陳。吏部知道。"

十一日癸未，大學士朱賡題："臣連日伏睹皇上留神政務，乾斷精明，於南都察疏則盡從原擬，以見舊章之不廢，於留用科道則盡准養病，以示聖心之無私，當去者去，當留者留，慰四海懸望之情，完兩京未了之局，至公至平，盡善盡美，縉紳舉手以相慶，道路交口以歡呼，大聖人作爲真出尋常萬萬，自此而一新庶政，太平可立睹已。臣何幸躬逢其盛？惟是天下萬幾當旋轉於此時者不可枚舉，閣中庶事當協贊於此時者必待寅恭。臣代庖兩月，百病叢生，智短力窮，度日如歲，每旦扶掖出入，常恐顛仆不前。今首輔賴聖明昭雪，心迹已明，次輔當秋氣清涼，病亦良已，不於此時協成新政，共濟時艱，更復何待？伏望皇上欽發一諭，令鴻臚寺官傳宣入閣。二臣素懷忠悃，且畏簡書，必當同日趨朝，以匡大政。臣殘病之軀，兼得少就醫藥，暫請在告，以延旦夕之喘，又區區私情也。謹撰擬一諭，請自上裁。臣無任懸切之至。

諭首輔一貫、次輔鯉：當今天變頻仍，人心嗷嗷，維新庶政，協和萬邦，正在今日。朕以一人焦勞於上，而股肱心膂之臣尚猶自顧身名，杜門不出，卿等自爲則得矣，如國家大事何？古之任天下之重，委身於是非利害之場者，當不如此。着鴻臚寺堂上官宣諭朕意，即日入閣辦事，同寅協恭，以佐朕之不逮。毋得再有託陳。諭卿等知之。"

十三日乙酉，大學士沈一貫奏："爲聞諭驚悚冒威納忠冀一轉旋以光聖德以薄臣罪事。臣閉戶省愆，飾口①待盡。正當呻吟宛轉之中，聞吏部接出聖諭，降處賀燦然等三人，詞旨嚴切。臣捧誦終篇，至禁黨救激擾，敢不恪遵？顧此事不惟於聖朝有關係，而於臣亦大有關係。被降三臣方求多於臣，臣非黨救甚明，而冒進一言，則爲皇上，非爲三臣也，願少垂開霽而俯納焉。臣惟士生聖世，欲建一名、策一勳，其抗志不無過高，而持論或有未審，然本忠義之所感發，仰恃聖明在上能優容之、採納之耳。今賀燦然、劉元珍、龐時雍諸疏，皆感時輸悃，期以報效朝廷，藥之苦者利病，未可以誤聽過揣之失而棄其言並棄其身也。皇上因科道乏人，特留被察諸臣，非常之舉，自是衆心所疑，豈惟三臣詆毀及臣？臣實有罪。臣入仕以來，幸未嘗傷一人，今一日而傷諭②者三臣之心，曷能自安？而臣之罪頓以增重。徬徨踢蹋，寧以身受多愆，而不願目見三臣之顛沛也。前劉元珍之降，臣申救未俞，方用爲愧，豈知人數更多，降處尤重，疼上加疼③，愧中生愧，復何顔面立於人間哉？夫犯鱗觸領，人臣所甚難，藏垢納汙，人君之盛事，容之則譽歸朝廷，而臣亦與其有榮，罪之則譽歸言者，而臣當顯受其戾，萬世之下使朝廷有不能容言之名，而事始於臣，此實臣所痛心，

① 口 "口"爲 "巾"之誤。

② 諭 《敬事草》卷一八 "諭"下有 "臣"字，是。

③ 疼上加疼 《敬事草》卷一八 "疼上加疼"作 "疚上加疚"。

宜亦聖明所熟念也。臣恭繹前諭，寬小臣所以安大臣，日祖顧諟，勤之心胸，輒敢援此而申約牖之請，願皇上寬賀燦然、劉元珍、龐時雍三臣之罰，復其原職，以增聖德之光，其波之餘亦足爲臣賜。大溥天慈，責以後效，有不誠悅心感捐糜而圖報者，非忠義之夫也，必不然矣。臣無任瀝血祈望之至。"奉聖旨："賀燦然等出位狂肆，沽名圖報，諷朕誣卿，本當重治，知卿休休忠悃，已從輕處了，何又來奏救？還該重處，姑且置之。卿宜祗承屢旨，仰體朕懷，即出贊襄化理，勿以浮言託陳。吏部知道。"

十四日丙戌，大學士沈鯉、朱賡題："本月十一日，臣等見吏部接出聖諭，降處賀燦然等三人，臣等祗誦嚴綸，不勝戰慄。天威有赫，臣等何敢激擾？但三臣以言事得罪，皇上以言事處三臣，其於政體關係頗大，臣等叨股肱之列，休戚是同，敢不披瀝丹誠，爲皇上言之？方今堯舜在上，大小臣工如星之拱極，水之朝宗，誰敢不竭誠輸悃以媚於一人？萬萬無私相黨比，挾制君上之理。惟是九重密勿，外廷有所不及知，而一時感發，意氣有所不及制，故賀燦然等遂縷縷爭之。語誠過當，心實無他。聖明之朝有此妄言之輩，正以見聖度之寬弘，而無損於聖德之光大也。惟天覆海涵優容之而已。且自來言事之臣，上爲震怒，則其氣愈壯，而其銳愈長，故名歸於下。上爲優容，則其氣自銷，而其言自淡，故名歸於上。三臣之言未必可以成名，而今之重爲降處，是皇上與之以名也。況此事與首輔相關，首輔從來不欲少傷於人，自其素志。恭繹前諭寬小臣所以安大臣，真體恤臣下之至，臣等無不感激。今不免復有此舉，不惟人將求多於首輔，即首輔之心以爲三臣由我而處，必愈加跼蹐不寧，堅意求去，甚非所以安首輔也。伏望皇上稍霽天威，收回威命，姑容賀燦然、劉元珍、龐時雍策勵供職，或照朱吾弼例罰俸示懲，則聖度益廣，聖德益光，可以安首輔之心，而臣等亦與有榮施矣。臣等不勝懇切祈望之至。"奉聖旨："朕覽卿等所奏，已知道了。且賀燦然等妄言諷上，誣詆首輔，貽累卿等，已從輕處了，如何又來奏救？還該重治，姑且置之。卿鯉宜遵屢旨，即出與同卿賡協恭贊理，慎勿再有託陳。吏部知道。"

十五日丁亥，大學士朱賡題："臣昨晚出閣至午門外，適逢大雨，徧體透濕，遂成感冒，或寒或熱，大似瘧狀，終夜呻吟，勢已不能起矣。伏念閣中無人，恐誤今日票擬，祇得扶掖而入。到閣時，昏暈不省人事，幸本章少，勉強完事而出，然病勢比昨日更甚矣。伏念七十一歲之人，冒雨衝炎，力疾出入，不敢偷一刻之安者，已八十日於茲。每早出門，輒恐仆地，幸而善歸，則家人相慶，以爲更生。前揭所稱行尸①，真不敢欺也。今又有此大感，軀命尚未可知，爲此乞假於皇上，容臣在私寓服藥調理，少息旬日。更望皇上將臣前日擬進諭旨，急宣二臣早出辦事，自今一應本章，徑發首輔或次輔擬上。庶潦倒垂斃之臣，不至久擔越俎僨事之罪也。臣不勝祈禱望恩之至。"奉聖旨："朕覽卿奏，偶冒雨感寒，暫准給假調攝。稍可即出贊襄化理。特諭卿知。"

十七日己丑，大學士沈一貫奏："爲恭謝天恩事。臣頃以奉職無狀，屢致煩言，七疏祈骸，未蒙矜許。七月十六日，鴻臚寺少卿李承華等恭捧聖諭到臣寓所宣讀：'諭首輔一貫、次輔鯉：當今天變頻仍，人心嗷嗷，維新庶政，協和萬邦，正在今日。朕以一人焦勞於上，而股肱心膂之臣尚猶自顧身名，杜門不出，卿等自爲則得矣，如國家大事何？古之任天下之重，委身於是非利害之場者，當不如此。着鴻臚寺堂上官宣諭朕意，即日入閣辦事，同寅協恭，以佐朕之不逮。毋得再有託陳。諭卿等知之。'臣謹扶病望闕叩頭謝恩訖。伏念臣朽質難雕，蓬心不暢，遭逢聖明，濫竽政府，不惜頂踵，敢顧身名？然心力既限於天賦，盤錯復交於時機，積罪叢愆，屢經指摘，義難辱國，故請退躬。茲者特頒諭旨，責以大義，督令佐理，仰分焦勞，臣亦有心胸，豈後犬馬？正以天哭②人青，並集一時，心膂股肱，寄之身責，立不諱之朝而無片言之裨，居可爲之地而乏一

① 户 "户"當作"尸"。

② 哭 "哭"當爲"災"之誤。

試之效，上無以陳謨贊猷，彰九重之德意，下無以弭虞銷寡，發四海之謳聲，愧攻於心，病乘於外，積壅成錮，積虛成羸，實鬼神之誅夷，黎元之詛祝也。前此既已甚慚，後來安堪更誤？即君父猶勤延佇，如分誼不可苟容，感極涕零，慚深汗浹。竊謂協和萬邦，由敕幾之唐帝，維新庶政，本望道之周王，有君則臣皆拔茅，有政則民皆偃草，會見虞夏商周之世，何言是非利害之場？將遠人願立於朝，豈仕者退耕於野？此聖主自爲社稷計，非微臣所能一二言也。臣雖憊病，敢獻餘忠，仰惟聖明俯垂亮鑒。臣不任感激之至。"奉聖旨："覽卿奏謝，朕知道了。卿宜勉遵諭旨，以股肱心膂爲重，亟出贊理，仰副眷懷。禮部知道。"

　　是日，又題："今日文書官送本到臣寓所票擬，因次輔、三輔一時請告調理、未即直閣之故。伏念臣以被論兼病乞休，至今人言未已，與二臣不同，不當預票事。今次恐誤政幾，從權票進。以後望皇上特命次輔或命三輔，俾之遵奉行事，若臣萬萬不敢也。聖明俯亮，謹題請旨。"奉聖旨："朕覽卿奏。前被誣詆，已有明旨了，何不當預票事？且內閣贊襄密勿、票擬本章，乃祖宗制度，非自今創始，豈可推避、致失政哉？已知道了。可遵屢旨即出佐理，以體朕佇望主①意。諭卿知之。"

　　是日，大學士沈鯉奏："爲恭謝天恩事。臣頃緣老病具疏乞休，未奉俞旨，隨於本月十六日欽蒙聖恩，遣鴻臚寺②官上官李承華等到臣寓所，傳宣聖諭：'諭首輔一貫、次輔鯉：當今天變頻仍，人心嗷嗷，維新庶政，協和萬邦，正在今日。朕以一人焦勞於上，而股肱心膂之臣尚猶自顧身名，杜門不出，卿等自爲則得矣，如國家大事何？古之任天下之重，委身於是非利害之場者，當不如此。着鴻臚寺堂上官宣諭朕意，即日入閣辦事，同寅協恭，以佐朕之不逮。毋得再有託陳。諭卿等知之。欽此。'臣謹扶病力疾跪聽、望闕叩頭謝恩訖。伏念臣衰殘已甚，調燮無能，陳力有愧，周任答譴，宜加漢策。屢章乞罷，祇勤歸骨之思，三錫傳宣，猶冀格心之益。寵綍益渙，命使親臨，蓽門爛有光輝，繩牀不堪扶掖。仰承恩數，欵高天厚地之

①主 "主"當作"至"。
②寺 "寺"下當有"堂"字。

難酬，俯竭謭愚。知墜露飛塵之無補。謹攄下悃，少對鴻私。惟病骨尚爾支離，豈丹誠忍總傾繫？臣無任感激陳謝之至。"奉聖旨："覽卿奏謝，朕知道了。閣務繁重，卿宜旦夕即出，以付①延佇之意。禮部知道。"

十八日庚寅，大學士沈一貫奏："爲邇閔孔多萬宜退避八懇聖恩早放還山以清簡書仍留被降三臣以通言路事。比臣以察事未了，屢致煩言，安敢自謂無罪？皇上特爲昭雪，至降處賀燦然、劉元珍、龐時雍三臣。夫欲雪臣之罪，而先罪言事之臣，適足以重臣之愆，尤茲②天下之口語也。已具疏請留，冀望賜允。昨接吏科侯慶遠等、十三道李楠等、及提學御史周家棟揭帖，同辭申救。皇上方許臣需維③之政，則前此放逐者尚俟賜環，現在三臣豈宜降黜？霽威寬宥，正惟此時。臣不勝懇禱。內侯慶遠等疏謂，親臣善託以自翳。臣不敢不戢其良規也。其所舉舊年錢夢皋年例外轉、臣等揭留一事，亦誠有之。初，楚藩與妖書二事遞具，錢夢皋責備臣等，而於次輔尤甚。次輔嘗與臣言：'大臣當務休休，往時爲某某輩攻擊不遺餘力，然終不以一毫意氣相加。'又嘗勸臣：'勿以某某輩衡於胸中。我於夢皋絕無芥蒂。'臣心服其言。方次輔堅卧不出，吏部適以年例陞夢皋，臣告之次輔，次輔書來有云：'昨見銓曹此舉，心甚不安。我輩一方忠誠，絕不以人言介意。天下誰能諒之？今惟留之，深有益於世道，不但弘雅度而已。宜加懇惻，以有妨大體阻言路爲詞，或可濟事。不然，生無顏面復出矣。'臣等因其④揭請留。當是時，瞰囚之獄未結，嗡嗡之風尚存，臣惟恐次輔之美不彰，次輔之出不早也，惟恐臣等之休休不著，朝端之紛紛不息也，且欲召目前之和氣，未暇計後來之毀譽矣。寧知留之後復有察，察之後復有留，而致今日之多口乎？自當時言之，留言官，美名也，次輔之容德也。自今日言之，陞而復留，誠多事也，臣之過舉也。臣亦追悔之矣。臣聞再植之木，其根必傷。臣蒙皇上誤恩，愈植則癒傷，生平之問望不彰，而此日之瑕疵具見。強役筆札，謬爲分疏，涸精竭神，病乃滋甚。凡此

①付 "付"當作"副"。

②茲 "茲"當作"滋"。

③維 "維"下當有"新"字。

④其 "其"當作"具"。

十餘年中，經常人所未經之憂患，受少壯所未受之苦辛，心長志短，叢爲過端，雖欲與天下共改之，道無繇也。臣聞君子有過，謝之以質。三臣不留，則臣過益重，臣不亟去，則病骨將銷。皇上未遂臣①，而使三臣先受其禍，萬口所攻，寧有餘息？萬手所搏，寧有完膚？聖明在上，亦有意哀憐之乎？伏望大轉天心，將賀燦然、劉元珍、龐時雍仍復原官，以光聖德。憐臣萬苦孤踪，決無復出之理，罷斥還山，使不至於身爲的，舉家幸甚。臣不勝瀝懇祈禱之至。"奉聖旨："朕覽卿奏，辯白悉明。閣臣每奉特諭，揭奏商確時政，乃係票中密勿，外廷何得流傳？且錢夢皋誠有卿等揭留，出朕裁斷。若以外轉考察奉旨留用疑詆卿等，如先今科道有擬陞外轉的，部本非止一人，多有因乏人留中，莫也疑是卿等揭留？昨大察朕見兩京科道缺人，故傳特旨留用，非自一錢夢皋耳。朕心鑒知，天下必能諒之。卿宜遵屢旨，仰體朕懷，時下即出輔政，慎勿託陳。吏部知道。"

是日，大學士沈鯉題："昨蒙發下票本二十本，內有首輔謝宣諭疏，臣謹一同擬票封進訖。伏念首輔謝疏，臣自當擬票，其餘章奏，似當仍發首輔，始不越次，亦可以催首輔速出。不然，臣一代庖，首輔出未有期矣。況今臣亦被論待罪，而又兩目昏花，本章細字茫然不辨，亦久在告，蓋與首輔事體無不同者，獨有一定之序，不敢借越也。伏乞聖明裁奪，以後本章仍發首輔擬票，臣謹具題以聞。"奉聖旨："朕覽卿奏。前被貽論，已有明旨了，何必引嫌？且內閣贊襄密勿，票擬協恭，乃祖宗制度，非自今創始，豈可推避、至誤政哉？已知道了。可遵屢旨，即入辦事，以體朕延佇之意。諭卿知之。"

二十三日乙未，大學士沈一貫、沈鯉、朱賡題："昨日大②醫院官徐文元等到臣等寓所，口稱聖躬十七日偶爾眩暈，捧出皇上痰涎紙花，以示臣等及禮部官。臣等驚詢諦視，蓋由聖躬一時動火所致。即欲恭申起居，聞部官到會極門，睹見宮庭暇豫，仰知萬福如常，臣等遂不敢輕率上本問安。蓋恐府部九卿大小衙門俱申問安，傳之四方，疑駭觀聽，非所以崇尊極而鎮

① 臣 《敬事草》卷一八"臣"下有"請"字。

② 大 "大"當作"太"。

人心，昭景福而熙泰運也。惟一念犬馬之誠，日夜焚香告天，祝萬萬歲無疆之壽。伏思皇上體陰陽之全稟，萃萬靈之擁持，素善珍調，微痰何慮？更望清心静養，保合太和，則火不上陞，痰自消化，當勿藥而有喜也。臣等不勝懸切祈懇之至。謹具題以聞。"奉聖旨："朕因不時動火眩暈，有疾作喘，昨示醫官，修合藥餌進用。今覽朕①等所奏，焚香告祝，不敢輕卒②問安，惟恐傳聞，駭疑觀聽，具悉忠愛一體，正合朕靜攝保養慎重之意。已知道了。諭卿等知。"

是日，大學士沈一貫奏："爲九懇天恩早放歸田以重政本以延餘年③事。臣不稱任使，交叢嘖言，伏蒙皇上屢降德音，趣令視事。臣雖冥頑不靈，而一隙微明豈不知聖心未厭薄，臣尚可以補前過、勉後圖也。顧念内閣謂之政本，關係緊要，少有蹉跌，患害非輕。臣首玷揆路，十年於兹，狗馬之年亦六十有九矣。往時精力未衰，勉加鞭策，猶能補苴罅漏，不煩人之白簡。比來年運日頹，形神日憊，智慮日短，愆尤日多，左支右吾，時捉襟而見肘，東④西抹，或補孔而成瘡。人言之攻臣與病魔之攻臣，一時並至，病則痊可無期，言則昭雪無日，縱蒙昭雪，而天下之溺如故，終身之慚有餘，面目可增⑤，語言無味，病又乘之，祇見求工而反拙，却行而終不可前，適以身爲天下質，益來四面之攻耳。皇上能分臣之謗，不能釋臣之慚，能白臣之誣，不能起臣之病，兩月之中，霍亂者再，曾不知天之在上、地之在下、晝之爲陽、夜之陰明、生之爲樂、死之爲苦也。欲舉一思而勿⑥忘其所思，欲出一言而又舛其所言，柴骨僅存，脊亂已甚。間復扶頭草疏，如垂楚交下之際，不能擇聲，因而膏肓二竪牢擬於臣之中，耳目肺腸非復臣所能⑦，呻吟喑噎非復臣所知。雖然自狀其苦於疏，而不可勝狀也，何由而感通於至尊旒纊⑧之前？譬之乳子，痛苦第知叫號躑躅，惟恃慈親曲加體恤、自有神應而潛通者，寧待於言乎？總之老病與厄苦相兼而不可留，屍曠與罪戾相兼而不可留，報國無資，庇身無術，前此已誤，今不容再誤矣。伏望皇上特弘至仁，俯垂昭鑒，放歸故鄉，俾疲驚之骨逸於荒郊，微蟻之生游於大造，

①朕 "朕"當爲"卿"之誤。
②卒 "卒"當作"率"。
③年 《敬事草》卷一八"年"作"命"。
④東 《敬事草》卷一八"東"下有"塗"字，是。
⑤增 《敬事草》卷一八"增"作"憎"，是。
⑥勿 《敬事草》卷一八"勿"作"忽"，是。
⑦能 《敬事草》卷一八"能"作"有"，是。
⑧纊 "纊"爲"纊"之誤。

臣舉家焚香祝萬萬歲、不忘啣結也。臣無任瀝泣懇祈之至。"奉聖旨："卿心事光明正大，朕所鑒知，人亦自能體諒。昨已屢有諭旨，趣卿即出商確時政，何以又有此奏，使朕懸念不釋，政體久虛？宜體眷懷，亟入贊理，慎勿再有託陳。吏部知道。"

二十四日丙申，大學士沈一貫、沈鯉、朱賡題："爲東宮講讀事。照得維時溽暑已過，天氣漸涼，趁此清秋，正宜講學，以期進修。臣等謹擇八月初三日、初九日皆吉，伏乞欽定一日，照常講讀。謹題請旨。"

八①月癸卯，朔。

八日庚戌，大學士沈一貫、沈鯉、朱賡題："昨接得都察院揭帖二通，一爲請差緊急巡按官員事，一爲請差刷卷官員事。此係副都御史詹沂署印首疏。本官素懷忠誠，事有斟酌，此二疏者望皇上留神自覽，亟賜允行，使沂等知所感激，益圖報效。蓋近來臺紀廢弛，振飭無術，誠宜及今漸次修舉。如山西、浙江、山東各巡按御史，及南京刷卷御史等差，皆當急代者也。舊例各差御史，耳目欲其常新，故一年一代，不合②久淹，精神欲其常奮，故先期題代，不令久候，今山西已踰四年，浙江、山東已踰三年，候代之久，自來所無，情苦病劇，性命是憂，其於公事豈能無廢？至於巡歷既周，無再行出巡之例，故戶部亦以催徵不前、贓罰欠數，皆由於此，則其餘之事可知矣。刷卷御史係於錢糧重務，舊差御史劉曰梧既九年考滿，例不復職，今擬差代，亦不容緩。臣等心知其急，不得不代爲之請，伏惟皇上允俞即發，俾各交代行事，實激濁揚清、振肅紀綱一大機也。謹具題請，伏候敕旨。"

十日壬子，大學士朱賡題："臣自七月望後，蒙皇上賜假調理，尋遣中使賜粥米等物，而又諭臣旦晚入閣辦事。臣叨此隆恩，深感愧極。伏念政本之地，任不爲不重，官不爲不備，而三臣一時在告，閣如無人，臣等甚不自安。且萬壽屆期，四方慶賀之臣並集闕下，臣等祝頌之悃尤倍羣情。緣二臣尚須調治，臣不得不携藥餌先出。今早廷謝後，已遵旨入閣矣。其實止可直閣，非能辦事也，僅愈於無，不足爲有也。伏望皇上念政幾最重，責任當專，再趣二臣亟出贊理。其票擬本章，除臣在閣不敢推諉外，其或事關重大，所當集思，或臣已出閣，所難獨擅者，望皇上仍發首輔、次輔擬上。二臣忠誠練達，識見自殊，且於資序不紊，臣亦可免自用自專之罪也。更祈天語叮嚀，俾勿推諉，實亦綱領所係，政體宜然。臣無任願望感戴之至。謹具題以聞。"

---

① 八 "八"上當有"萬曆三十三年"六字。

② 合 《敬事草》卷一八"合"作"令"，是。

十三日乙卯，大學士朱賡題："臣於初十日力疾入閣，隨具揭謝恩，並請皇上再發綸音，早趣首臣、次臣同入贊襄，蓋不惟政本之地不宜久虛，而萬壽屆期，進表官員畢至，亦非所以爲四方觀也。候旨三日，未蒙批發，臣不敢不披瀝再請，誠謂閣中有大綱大領，不宜先後倒持，人臣有大忠大義，不宜身名獨重也。今屈指萬壽之期不過數日，於此不出，更待何時？伏望皇上撿臣前揭，或即於此揭批發，嚴示丁寧之意，二臣自不容不出矣。臣不勝懇切待命之至。"奉聖旨："朕前覽卿奏，知卿已入閣辦事，具悉忠順，心其①忻慰。首次二輔屢有諭旨，如何通不進閣？輔弼股肱一體，居家身心何安？殊非禮體。卿可傳諭二輔，即日入閣贊襄，以付②朕惓惓佇望至意。特諭卿知。"

① 其 "其"當作"甚"。
② 付 "付"當作"副"。

十六日戊午，大學士沈一貫、沈鯉題："臣等修治無術，攝理有疎，負懘引休，實由自諒。伏蒙皇上高厚恩造，弘加貸留，昨者三輔賡又恭奉明綸，到臣等寓所宣示，德意蒸蒸，於茲甚盛，臣等感惕交增，豈勝愧怍？謹於今日勉力匍匐報名廷謝、入閣辦事。衰朽餘生，何敢惜匪躬之蹇蹇，菲葑下體，猶望憐極慮之區區。臣等無任感戴天恩之至。謹具題知。"奉聖旨："朕覽卿等所奏，即同進閣贊襄，具見忠愛大義，心甚忻慰。知道了。諭卿等知。"

十九日辛酉，大學士沈一貫、沈鯉、朱賡題："爲東宮講讀事。照照③得東宮講筵侍班官原設二員，講讀官原議六員，今共缺三員。臣等推得禮部右侍郎見在講官楊道賓、協理占④事全天敘、右諭德周如砥，堪補講讀官。其侍書官亦缺一員，臣等推得中書舍人范可慘原係侍書官，相應以原官兼司經局正字，充侍書官。伏乞敕下禮部，查照施行。臣等未敢擅便，謹題請旨。"

③ 照 此"照"字爲衍文。
④ 占 "占"當作"詹"。

二十日壬戌，大學士沈一貫、沈鯉、朱賡題："臣等猥以匪才,並蒙簡寄,臣一貫尤不職之甚,極宜斥休。而聖諭嚴切,責以君臣大義,許以待出共圖,是以冒顏入班,冀效尺寸。天下方謂臣等自今以後,必果能贊明主維新新之政,而慰四海倒懸之情,不宜悠悠度日,復如昔矣。臣等竊惟,爲政之道,貴知先務,先務之急惟在用人,而當今用人之所最急者,則在吏部、都察院。在京在外缺官缺差,無一日不奉聞於上前,至於吏部題官、都察院題差,皇上卒持其章不下,故朝廷之政令無統而事多廢閣,天下亦人人觖望而口語煩多也。今惟將用人之途一通,則欲①挈裘順,綱舉目張,自兩都以及天下,處處有爲皇上持法者,而法紀自彰,有爲皇上理財者,而財用自足,明刑有人而刑自清,弭亂有人而亂自息,諸事可以漸舉,而坐見天下太平矣。如此則皇上之所以許臣等出而共圖者,不徒託之空言,而臣等此一出亦不爲虛負國恩,有所施其面目也。故臣等再三思維,謂用人爲當今第一要務,而必欲責成於吏部、都察院,未暇言及他事,先以此節懇求皇上。乞將吏部、都察院一應本章加意省發,使部院咸知仰承休德,奮發飭勵,以共贊維新之政。其事至易至簡,其效至大至速。臣等不勝願望,謹具題請。"奉聖旨:"朕覽卿等所奏爲政先務,急在用人,部院本章,加意省發,具悉忠愛懇切。但因近來各官不務舉賢盡職,惟圖要譽沽名,詳覽可否,故爾遲緩。已知道了。候旨行。諭卿等知。"

二十一日癸亥,大學士沈一貫、沈鯉、朱賡題:"爲印信事。照得左右春坊俱缺掌印官,相應序轉。推得左諭德掌司經局吳道南,堪陞左庶子,掌管左春坊印信。右諭德莊天合,堪陞右庶子,掌管右春坊印信。其遺下司經局印信,右諭德馮有經堪以掌管。反照咨②俸已深各官,右中允顧天埈、陳懿典,右中允管國子監司業事李騰芳,相應各陞右諭德。其見在右諭德馮有經、周如砥、翁正春,相應轉左。內各庶子仍兼翰林院侍讀,各諭德仍兼翰林院侍講,各到坊局供職,李騰芳回坊管事。又照原任庶子黃輝,諭德陶望齡,中允傅新德、史繼偕,

①欲 "欲"當作"領"。

②咨 "咨"當作"資"。

贊善林堯俞，或給假病痊，或丁憂服闋，相應催取前來供職。伏乞敕下吏部，查照施行。臣等未敢擅便，謹題請旨。"

二十二日甲子，大學士沈一貫、沈鯉、朱賡題："今日該禮部接出聖旨：'萬曆三十三年八月二十二日丑時，朕第十女生。禮部知道。欽此。'仰惟皇上丕承天眷，茂衍繁禧，皇女誕生，宮闈洽慶。臣等不勝忻忭，謹稱賀以聞。"

二十五日丁卯，大學士沈一貫、沈鯉、朱賡題："爲東宮講讀，兩次擇吉上請，未奉俞旨。臣等竊計，一年之內惟春秋二時最宜講學，今已深秋，稍逾兩月，遂迫冬寒，似爲虛度。臣等不避煩數，謹又擬本月二十八日、九月初三日皆吉，伏乞即賜批發，照常講讀。臣等前所擬侍班、講讀官，各有常職，皆不可缺一者，統望皇上併賜允發，以便供事。謹題請旨。"

二十七日己己①，大學士沈一貫、沈鯉、朱賡題："臣等於二十四日，爲吏部推陞本未下有妨大選，具揭催請，今尚未蒙檢發。竊照雙月大選欽定二十五日，乃從來定制，然必推陞本下而後大選可照缺銓除也。前此四月、六月二選，皆已逾期，猶幸在本月之內。今屈指月內不遇②二三日，少有遲延，即出月外，非祖宗雙月大選之制，骇人耳目甚矣。候選人員不下千百，何以付③其懸懸之望、塞其嗷嗷之口哉？臣等非爲吏部代催，實爲朝廷惜此舉動耳。伏望聖明即刻賜發，不勝激切懇祈之至。"

是日，大學士沈一貫題："久病餘生，齒牙落盡，飲食妨礙，本無滋養，近又頻經大瀉，脾氣益壞，徧身發熱，焦灼眩運④。輒請告調理，以便醫藥。伏祈皇上俯賜矜許，不任哀懇之至。謹題請旨。"奉聖旨："朕覽卿奏有疾，暫准給假調攝，稍可即出贊襄化理。特諭卿知。"

二十八日庚午，大學士沈一貫奏："爲恭謝天恩事。臣舊年

① 己己 "己己"當作"己巳"。

② 遇 "遇"當作"過"。

③ 付 "付"當作"副"。

④ 運 "運"當作"暈"。

冬間，聞父母墳塋圮壞，乞假歸省，伏蒙皇上特加軫念，遣臣子尚寶司司丞泰鴻代臣歸省。臣子辭朝，以臘月至原籍親塋處所週廻踏看，實有大小不等拆縫十數處，難以輕動，隨便運土補茸，然非經久之計，謂必臣歸方可商略。前月到京，因患暑濕等證，又因臣疾，日視湯藥，今病少愈，赴鴻臚寺報名見朝。臣不勝感激天恩，謹具謝者。伏念臣一違岵屺，幾歷春秋，抱長恨於終天，託遺思於寸壤。俄告樵蘇之見及，似叢荊棘以難存，聖慈未許其假歸，宸諭特令其子往。雖未違於畚鍾，已薄掩夫虆梩。松楸流不夜之輝，嚴窆被重昏之照。非君恩之殊甚，將子道之彌虧。朽骨猶仁，誓不忌夫啣結，藏舟可慮，祈終聽其告寧。臣無任銘蒙榮寵激昂戢佩之至。"奉聖旨："覽卿奏，知卿子泰鴻到京見朝，具悉能體卿意，繕修塋壟，克付①孝思，卿心以寧，朕用加忺。已知道了。禮部知道。"

二十九日辛未，大學士沈鯉奏："為勉遵諭旨扶憊入直甫及半月頓覺難支懇祈聖慈特賜生還以全始終恩禮事。臣年七十五歲，而有胃痛疝氣足跛脾瀉日昏健忌之症，因於五六等月屢疏乞休，未蒙俞允。比及八月中旬，則向者②輔一貫約，於萬壽聖節之日勉力同出，以隨在廷文武諸臣山呼稱慶，稍申傾向之忱，又適奉有嚴旨詰責臣等久不進閣，臣即報名見朝，以及慶賀禮成，猶日倩人扶掖入閣辦事，不敢以病為言。不意今月二十八日，行近閣門，忽然疾暈欲倒，賴有人扶，不至顛撲。隨即披至候朝直房，急延醫生傅舜良，強灌下痰藥劑，良久始蘇。既還私寓，則又延醫陳守芳等處方調治。諸醫環而相視，俱皆不肯用藥。叩其所以，則向臣言：'人生年紀至於③，譬之草木萎黃，已迫深秋，灌溉雖勤，已無生意，而又身嬰諸症，俱犯條款乃，猶日逐奔走，勞心勞形，雖有盧扁，安能奏功？'臣聞其語，不覺戾④下。夫其所以下戾⑤者，豈謂年已至此而猶貪生？誠謂如此之年，為日幾何？而猶貪位慕祿，營營而不知止，殊有負弓旌之召，為聖朝之辱耳。蓋昔漢宣區區，猶有疏廣、疏受，荷擔東都門外，以為當時君臣點綴光景。矧今堯舜在上，

①付　"付"當作"副"。

②者　"者"當作"首"。

③於　"於"疑為誤文，或下有脫文。

④戾　"戾"當作"淚"。

⑤戾　"戾"當作"淚"。

而臣身備股肱，既已碌碌無聞，猶挤歿身旅邸，報國謂何？處已謂何？躊躇再四，萬不得已，輒敢不避煩瀆，懇乞骸骨。蓋上以重國體，而下以惜臣節，非敢兢殘喘於風燭，戀餘光於草露也。伏望聖慈鑒臣以苦，特允生還，以全終始。臣不勝懇切祈望之至。"奉聖旨："卿德望才猷，正宜及時展設。頃者入直未久，何得遽稱難支？宜詳思朕屢旨眷留之意，即出襄贊，慰朕至懷。慎毋再有所陳。吏部知道。"

萬曆起居注

九①月壬申，朔。

四日乙亥，大學士沈一貫奏："爲親墓未修夙心增割懇乞聖恩俯容給假歸省以光孝治事。臣幼服庭訓，長值明時，忠孝大節，頗知砥礪。蒙皇上眷顧隆渥，超越等倫，即糜骨粉身，未足報酬萬一也，又何忍頃刻離丹陛之前？但臣今日事關父母，萬難恝然，輒復哀鳴，以祈矜許。臣父母葬地，止有一席真土，勉作兩穴，以厝二棺。南方土薄，而山中之土尤薄，穿鑿不深，僅可數尺。二棺之外，全借客土幫賠②，一時杵築不堅，年來漸至圮蝕。臣之哀痛，徹於骨髓。且臣連遭蹇厄，身苦多病，家衆不寧，事緒紛拏，口舌交併，日煎月偪，動逢兇咎。堪輿家以爲墳墓欠安亡靈見責之兆。臣思一身禍福，猶其小者，二親骸骨，豈可久令不妥？昨臣子代行，空往空返，毫無裨補，揆之事勢，必宜臣身一歸，庶可葺理無悔。臣兩年以來，精神短少，舉動顛倒，功效蔑聞，咎殃叢集。年已七十，來日無多，若再需遲，必抱終天之恨。福過難以消受，運往豈能復還？病甚又不易醫，脾敗必非久理。明有人非，幽有鬼責。山靈誚讓，天道不容。堪輿之言，信有明驗。以國家視臣，不過九牛一毛，何關輕重之數？而臣父母望臣甚急，不啻水火，倚臣甚重，不啻丘山也。尚可不乞一日之身，以慰地下魂魄乎？且人臣謀國，全賴方寸，方寸既亂，將愈舛愈錯，誤國誤民，敗壞而不可收拾。是臣身雖留，亦負皇上，負天下，負臣父母，並負臣生平矣。伏乞皇上容臣給假一行，歸葺親墓，使不至暴露棺槨，洩越風氣，庶幾陰寧陽泰，合家免於災虞。儻臣身尚活，則報效鴻恩似猶有日。臣又惟巨③忝爲近④，進退予奪惟皇上命，敢徹乾斷，從中迅發。若發閣票，則寮寀多情，必相牽制。惟聖明哀憐之。臣無任瀝懇祈望之至。"奉聖旨："卿前以修墓爲請，朕曲體卿意，特遣卿子泰鴻代往，足慰孝思了，何乃又有此奏？國事多艱，者⑤臣任重，豈得以內顧爲憂、展轉請乞？可即出贊理，勿負朕眷倚之意。吏部知道。"

是日，又題："臣奏本內情劇語繁，煩瀆聖覽，臣謹撮略即

① 九 "九"上當有"萬曆三十三年"六字。

② 賠 《敬事草》卷一八"賠"作"培"，是。

③ 巨 "巨"當作"臣"。

④ 近 "近"下當有"輔"字。

⑤ 者 "者"當作"首"。

以表臣萬分急苦之意。舊年臣以親墓告圮，請假省視，蒙聖恩眷留，省①臣子尚寶司司丞沈泰鴻代臣歸省，不勝感激。今臣子來，備細語臣，不敢主持修葺，必待臣歸而自圖之。臣心增痛酸，時刻難過，因方族罪，未及披陳。今荷聖恩見容，輒敢再申前請。此實臣萬不得已，求免不孝罪名，非有假託也。皇上以至孝治天下，幸賜聽允。臣在闕下不過一鴻毛耳，無益重輕，而臣視②之望臣，有急於水火。方寸已亂，雖留無益，非敢負皇上之弘恩大德也。必祈俯垂矜憐，親加裁斷許允。臣無任哀泣禱求之至。"

是日，大學士沈一貫、沈鯉、朱賡題："臣等前奏揭請皇上檢發部院章奏，伏奉聖旨：'欲詳覽可否。'想正在詳覽間，謹屏息恭候外，惟是散館八人，王元翰、呂邦耀、曾六德、袁懋謙擬授給事中，王基弘、宋燾、陳宗契、馮奕垣擬授御史，則皆臣等閣中職掌，非由部院推舉。作養三年，歷試而後授之，非有一毫私意。祖宗二百餘年舊制，每科庶吉士散館，則翰林、科道同日擬上，亦同日授官，各任厥職，原無先後，非特國家得四方人才之用，亦閣中了三年一舉之局也。今留任翰林者，業已授官二年，分任科道者，尚猶未沾一命。彼獨非委質之臣？獨非養成之士？而令其似官非官，不進不退，垂首喪氣，窮無所歸。臣等每見其廖落之狀，輒靦顏不能舉視，每聞其責望之語，輒塞口不能措對，每會科道衙門稱缺人缺差，輒扼婉③不能不為之悲歡。此皆臣職等不職，無以取信於皇上，故致皇上亦以疑部院者歸臣等，而概不肯檢發也。輔相之職，以薦賢為首務，四海人才尚欲揚於王庭，為明時用，而區區館中作養之士，猶齟齬若此，閣職謂何？且非獨入人也。今見在館士，臣等方申嚴切，令期不負皇上作人之意，彼見其前科如此，寧無解體？於其人才消長，關係豈小小哉？伏望皇上諒臣等苦心，先將此八人即賜批發，照部原擬，俾各就職。儻未見俞，臣等不敢不補牘期於得請而後已也。伏惟聖明原宥。不勝激切祈懇之至。"

①省 "省"字當為誤文。

②視 "視"當為"親"之誤。

③婉 "婉"當作"腕"。

七日戊寅，大學士沈一貫、沈鯉、朱賡題："自秋以來，請東宮講讀日期已經三疏，未奉俞旨。臣等竊惟，典學之功，貴在時敏。今年春夏，並未開講，茲秋逾兩月，轉眼又逼寒冬。時不可虛，學不可廢，臣等之請自不容已。伏望皇上於本月十一日、十三日二日之內，欽定一日出講。臣不勝侍命之至。謹題請旨。"奉聖旨："覽卿等所奏，具悉忠敬。已知道了。但今歲自春至秋，寒熱不調，朕念皇太子氣質清弱，以此暫免出講，還候旨行。諭卿等知。"

十日辛已①，大學士沈一貫奏："爲情迫痛深思歸日切再懇聖慈特准賜假以慰苦衷以遑大戾事。臣以親墓傾圮，五內如割，具疏乞假歸省，庶圖修理，未蒙賜俞。皇上知臣眷臣，皆出於異等，臣之心非同木石，何忍輕於言去？自非臣父母急難到十分至極、而有大不忍者迫臣之心，何敢屢瀆焉也？自臣子到京，群②言丘墓圮壞之狀，旬月以來，急親之心與戀闕之心日夜交持而不能安。既伏思，若使今日國家之事必賴於臣，則臣親之事不得不少緩，乃今萬幾萬微，總在皇上一念，欲通即通，欲了即了，一日霈然命下，即可盡數舉行，更不須論次第，亦何須資贊襄？濟發乾斷，而事事就理矣。臣至愚極陋，豈能於閣議廷議之外更出一奇？此實皇上之事，亦舉朝羣臣之事，而非獨臣之事也。至於臣親之事，則所望惟臣一身，別無可以諉託。忠所同也，孝所獨也，皇上以至孝治天下，俯念及此，亦當爲臣一動心矣。臣之痛楚，如啞子茹荼，心甚苦之，而口不能言。身所自出，性所自鍾，天不可欺，人不可假，是可忍也孰不可忍？臣無日不與臣子相對而泣，是以病日益深，心日益亂，舛謬日益多，咎日益集，不待堪輿家言，而久占人事，已遠於吉利之兆矣。以此謀國，豈不顛倒錯亂、而益滋其罪？亦何益於天下之分毫乎？修墓一事，動多拘忌，非臣子少年所能勝任。昨歲之行，明知無益。臣往者躬親杵築，猶不堅牢，以有今日之悔，詎可再行轉託，漫無經心？後日之悔，復何可及？臣年已七十，日薄西山，憂病相仍，旦暮難保，及今不自補葺，將

①已 "已"當作"巳"。

②群 《敬事草》卷一八"群"作"詳"，是。

來終無所望，日損月蝕，與棄屍同，不孝之罪，通於天地，尚何可以稱人也？臣舊年以①堅此請，非於今日始有此請。苟可遲緩，何必頻煩於至尊之前？惟臣親有剝膚之災，臣有剜心之痛，日夜摧切，勢難復留，縱使強留，亦萬無久留之理。是以補牘哀祈，不能自止，儻復不蒙亮允，則生無歸期，死難瞑目。伏望宸慈親賜乾斷，許臣省墓一假，使臣補情事之大缺，戴面目於人間，子子孫孫感戴天恩，永世無極。臣無任號泣懇祈之至。"奉聖旨："覽卿所奏，具悉至情。豈不體念？惟卿先塋卜兆已吉，安厝已定，即今不過修補，卿男已曾代為，何又親自請行，再三未已，國事多艱，卿為首輔，即云廷議已備，亦須贊襄乃決。卿宜勉遵前諭，時下即出，毋得過信堪輿，負朕懸懸之意。吏部知道。"

　　十三日甲申，大學士沈一貫奏："為方寸已亂萬難復留懇祈聖慈特賜矜允以免屢瀆事。臣以修墓情急，兩疏乞假，而未蒙亮俞。祗誦溫綸，惟餘涕淚。借使臣此身，尚介於可去可留之間，而仰荷隆眷若此，敢不再圖一堪，徐為後計？顧臣今日苦至極矣，事關父母，若有刺臣之心者。情迫彝倫，若有剝臣之面者。號泣呼天，方寸亂甚。於此不用其情，惡乎用其情？其所厚者薄，無所不薄矣。具瞻之地，而有臣如此，亦何以教天下之孝乎？人言曰：'慢父母，褻神明，則雷霆下擊之。'犯雷霆之所擊，而猶欲託身於日月之傍，理所不可也。天下無無父母之國，持此無父母之心，而尚求效其許國之忠，又不能也。臣必須此一行，以謝天譴而庶無點於維新之治，非止為身謀，乃為國謀也。臣聞先朝大學士楊士奇，嘗三以省墓請，而悉蒙允許。士奇當國家草昧之時，正夙夜經綸之日，身為首揆，受眷特深，宜不可一日遠去者。然而明主為之哀憐，同寅為之贊成，豈非熙朝之雅尚必以孝弟為本治哉？臣待罪碌碌，眇無寸長，惟賴聖明在上，每於臣遺闕處，曲為之彌縫，每於臣危險處，曲為之保持，時有抵忌觸諱，亦皆天海優假，故能因仍至今，苟免於戾。然短不可以終護，倖不可以屢徼，鼫鼠之技既

萬曆三十三年

① 以 《敬事草》卷一八"以"作"已"，是。

窮，襮線之長莫續，況乎含酸茹痛，心折骨驚，神與形離，回頭錯應，曾謂者之所難者，今而反易？昔之所不能者，今而反能乎？鬼神怒臣，而降罰於臣親，臣親亦怒臣，而示災於丘墓。皇上留臣，臣敢不恪恭？然退而自省，以理以情，萬萬不可留矣。士奇三蒙恩於先朝，臣敢一祈恩於今日，惟皇上憐而許之。臣况①具此疏，欲以上聞，適接御史吳達可揭帖，教臣改過遷善，則增臣之慚愈甚。臣已浣之衣，何堪再濯？既朽之木，豈任重雕？責之贊襄，謹謝不敏。其謂不可則止早宜自灾，則臣今日之所服膺、以哀籲於九重者也。惟冀皇上悲憐其極苦，特准一假，則天恩浩蕩，有若再生，舉家存殁皆頂戴於無極。或以恩深報淺，罷臣逐臣，爲人臣負君之戒，亦所甘承，幾微無憾。惟皇上早賜裁決。臣無任涕泣悲號瀝懇祈望之至。"奉聖旨："卿再疏展墓，朕諭已明，何爲又有此奏？方今國家多事，與先朝事體不同，豈得援以爲例？卿宜爲朕少耐，忠孝自可兩全，何在今日？其尚體朕延佇之意，即出贊襄，慎毋再有所陳。吏部知道。"

是日，又題："臣一腔血誠，有難盡述，敢再陳瀆。臣自舊年聞父母墓圮，心魄飛去，不在四體矣。欽蒙皇上至恩，特賜留臣，臣敢不奉命？但臣身雖留，而如夢如呆，果有今年之多難，亦臣自取，怨尤何人？但再不歸，則墳墓日圮，風氣日洩，臣親不安，臣身不保，臣家不寧，心益昏愚，事益倒置，壞國家之大事，負皇上之委託。此時雖寸斬臣，寧足憐恤乎？恭睹皇上新政次第舉行，即太平之漸，臣留此亦無贊助，去此示②無憂虞。留無所益，去無所損，望皇上一斷決之，賜臣行也。懸睎極望，哀泣如雨，皇上若再不斷而惟付閣票擬，則二臣必不放臣，臣無望於生還，臣親無望於寧處矣。惟哀憐之。無任萬叩萬禱之至。"

是日，大學士沈一貫、沈鯉、朱賡題："頃爲漕河梗塞，運道可憂，河臣兩疏告急，科部諸臣復相繼疏請。待命日久，未蒙省發。竊惟國家有漕運，如人有咽喉，咽喉不通，妨礙飲食，此利害之最大者。夏鎮、南陽一帶，淳淤百餘里，失今不治，

① 况 《敬事草》卷一八"况"作"既"，是。

② 示 "示"當作"亦"。

恐其日甚一日。且河患譬之虜患，無十年可恃之黃河，無一日可滯之漕河，治之原無上策，正宜隨時宣防，雖至勞費亦不容已。中外人心十分遑急，此何等事，而臣等敢置之度外也？建議在河臣，酌議在廷臣，虛①斷在皇上。伏乞即發河臣科部諸疏，令九卿科道後②長計議，作何區處，恭祈聖裁而急行之，庶黃流不至侵漕，而運道得保無虞也。臣等無任顒望之至。"

　　十六日丁亥，大學士沈鯉奏："爲老病委不能支萬懇天恩特允休致事。臣前月二十九日具奏乞休，伏奉聖旨：'卿德望才猷，正宜及時展設。頃者入直未久，何得遂稱難支？宜詳思朕屢旨眷留之意，即出襄贊，慰朕至懷。慎毋再有所陳。吏部知道。欽此。'臣遵奉明旨，仰戴洪恩，趑趄數日，未敢瀆奏。然終不能自已者，誠爲公非爲私也，請敬陳之。蓋臣之所極患苦者，在胃痛疝氣，足跛而行步艱難，而其所尤不便者，則目昏健忘，票擬或有差錯也。臣此等疾苦之形狀，豈能自達於九重之前？惟據理原情，少垂睿思，世曾有七十五歲之人，而眼目有不昏花、心志有不健忘者乎？目昏則本章細字安能看詳得出？健忘則本內事理安能悉想得到？而臣對面看人，如隔雲霧，當日行事，如閱歲年。儻蒙發票，或有差錯，則上有妨於萬歲，而下有誤於民社，爲罪非淺，臣安得不懼？又安得不自量不能而乞身以歸也？夫目昏健忘無迹可見，人或有不信也。若胃痛疝氣足跛艱難，則在廷諸臣及長安門外有耳有目共聞共見者，臣豈敢有一字飾說而涉於欺乎？伏望皇上鑒臣血悃，特賜矜憐，俾得早釋重負，不至有誤固③事。臣愚幸甚。"奉聖旨："朕以卿老成碩望，眷倚甚殷，屢旨勉留，冀圖共理，何又稱疾未已、堅求引去？宜善自調攝，即出贊襄，以付④朕惓惓舊學之意。吏部知道。"

　　是日，又題："臣老病尫羸，萬不能支，輒敢昧死瀆陳，附揭申懇。蓋臣在三十年前，曾待⑤皇上春宮講讀，而稱從龍舊臣，受恩深重，故兢兢欲望生還，不敢委君貺於草莽。且臣無子，止有一繼嗣之子，尚年幼不省人事，甚爲孤苦。若臣復隕

①虛　"虛"疑爲"睿"之誤。

②後　"後"當作"從"。

③固　"固"當爲"國"之誤。

④付　"付"當作"副"。

⑤待　"待"當作"侍"。

身於外，而令生者流離於旅寓，没者顛頓於長途，則又爲苦中至苦矣。伏望聖慈矜憐，准容休致。臣不勝哀懇之至。"

十八日已①丑，大學士沈一貫、沈鯉、朱賡題："臣等連日見皇上檢發章奏，於吏部題官、都察院題差，漸次有允行者，臣等不勝欣幸，滿廷大小臣工亦懽然手額，謂從此次第細覽，次第檢發，如水流不息，無復壅滯，則旬月之内，便濟濟之風，太平景象，端有望矣。臣等只宜靜聽，何敢復言？惟是目前有至緊至急不可一日缺者，臣等嘗披瀝言之，未蒙發下，不敢不補牘以請，則散館八人該授科道是也。臣等前揭所陳，止就閣中之職掌與歷科之舊典言之，未及國家之急需也。近見部院該科極稱科道缺乏，差用不敷，汲汲遑遑，計無所出，以爲非行取改用大收一番不可，即不然，姑將散館及前次行取聽補諸人，總不過十餘輩，且令點綴目前，稍承匱乏，此亦萬不得緩之計也。臣等竊惟，祖宗設置科道，原有定額，其取數也廣，其選擇也精，故人人盡職，屏故②事事就理。今皇上精擇之心太重，若視天下無一可用之人，以致當補者不得補，當差者不得差，東移西借，左支右吾，使言路幾於絕響，神氣幾於不張，綱紀法度廢弛殆盡，太平不諱之朝，豈宜有此？《易》曰：'窮則變，變則通。'天下之事行到不可行之處，則不得不改途易轍，以求其必行，今殆其變而通之之時矣。臣等備員密勿，何苦好爲激聒？惟是關係重大，人心責望臣等，如火斯烈，不敢不極口陳之。伏望皇上體念臣等苦心，先將散館及聽補行取十餘人，慨然賜允，少濟目前之急。不惟國事有裨，而臣等亦得施面目於朝寧之下，榮幸甚矣。謹具題以聞。"

二十六日丁酉，大學士沈一貫奏："爲情事迫中蒙留滋苦四懇聖慈俯准一假以抒沉痛事。臣以親塋圮蝕，三疏請假，援照先朝大學士楊士奇例以請，實係迫切至情，伏蒙皇上勉留，未即許可。捧誦綸音，大慟伏地，感聖恩之過渥，而憂天遠之難通，恨此身之爲多，而嗟進退之維谷也。既而繹思，聖慈未嘗

① 已　"已"當作"己"。

② 屏故　"屏故"疑爲衍文。

不見憐，未嘗不見許，諭臣少耐，許臣兩全，若謂聽臣之歸自有日者。臣復私慶，以爲猶有一線生存之路，九死可出之期。連日勉强自排，千忍萬耐，愁病癡絕，欲有所陳，但以不擇鳴音，非可上塵睿覽，謹復粗陳梗概，實冒萬死以祈兩全。臣惟楊士奇先朝事體，誠與今不同也。成祖躬擐甲胄，萬里親征，於時九鼎未定，京都猶稱行在，海內之民方出塗炭，草昧之業正須經綸，歷仁、宣、英三朝，尚非無事之時，所以左右匡弼、奠萬世之策者，實惟三楊，而士奇爲之首，真重臣也。今累朝熙洽，皇業鞏固，皇上主持於上，羣工奉指於下，臣以不肖之身，忝竊其間，何益於有無輕重之數乎？時非先朝之時，臣非士奇之臣，顧士奇尚可三告，臣亦可以一告矣。即以士奇事遠而不可比，如近日大學士王錫爵，乞假奉母，前後兩次，皆蒙恩俞。臣姑捨遠而比近，以徼恩於皇上，皇上以孝治天下，所以憐臣者必不異於錫爵矣。甘旨之聯違，錫爵尚且不忍，屍棺之洩越，臣心復何能忍？況錫爵一親也，臣二親也，臣之情尤倍加急也。錫爵再告也，臣一告也，臣之請又非屢煩也。皇上於錫爵再告而再允之，應之如響，亦不厭頻，謂天理民彝之在天下不可亡，故亟俞之也。伏冀聖慈，惟此心以憐臣，而使臣亦可以爲人，亦可以爲子，以免於萬世不孝之罵名，是臣之所以仰天長號，而懇求於丹陛之前者也。不然，臣有痛死耳。夫忠孝原是一事，不孝必不可爲忠，雖賢不肖殊品，而皆人臣也，皆人子也，士奇三告，錫爵再告，臣遠不得比士奇，近不得比錫爵，天地一罪人也，將焉用哉？皇上憐而放之惟今日，罪而竄之亦非①今日。臣欲報皇上罔極之恩，此生不能，尚有唧結，若貪榮戀祿而一不赴亡親之急，臣生何爲？臣仕何爲？臣言哀矣，生臣者父母，憐臣者皇上，放臣則補報有期，留臣則隕越無日。情迫辭竭，不知所云。臣無任號呼慘切瀝血懇恩之至。"奉聖旨："朕覽卿四懇之疏，情詞愈切，豈不爲卿動情？惟所援省親一事，主②愛日，自難延緩，塋墓補修，不妨稍遲，亦可人代。卿還勉遵屢旨，亟出贊襄，付③朕眷倚之意。慎勿再有所陳。吏部知道。"

① 非 "非"當作"惟"。

② 主 《敬事草》卷一八"主"上有"意"字。

③ 付 "付"當作"副"。

是日，大學士沈一貫題："臣惟感恩戀闕，人心皆然，臣豈獨異於人乎？臣今日之請告者，萬不容已者。伏思國家之事，有皇上主張於上，綱紀肅然，若將用人理財數事沛然詔行，即可收聖明之永譽，綿宗社之大福，此在聖心一揆度間，不待臣之仰神於分毫也。臣懇去之意，爲親墓未修，臣老且病，來日無多，恐遺終天之長恨。臣十餘年來，心思夢寐無一毫不在國家，自聞墓圮，心思夢寐只在丘壠，日病一日，迷謬困憊不自知所以然，此臣福祿已盡之秋也，雖留無益，又恐有損。臣之哀情，具在奏本，然尚不能盡言。望皇上哀憐，照王錫爵例，一視同仁，賜臣一歸，以畢忠孝之大事，以全出處之大節。幸甚，幸甚。"

是日，大學士朱賡題："伏自夏秋以來，首臣一貫、次臣鯉，皆累疏求去，至今未已，臣以隻身代庖五匝月矣。二臣之疏雖各持一說，總之不過謂老當去、病當去、不得其職當去，三言而已。臣年七十有一，老與二臣同也。耳鳴目昏，頭暈足軟，病與二臣同也。佐理無功，時事孔棘，不得其職與二臣同也。而才品智識，則不逮二臣遠甚。然而不敢言去者，以二臣無歲不求去，又無歲不同時求去，臣復雷同言之，見謂效臏①，見謂避事，見謂傷國體，見謂辜聖恩。所以千忍百忍，自苦自知，匍匐烈日之中，淋漓驟雨之下，朝入暮出，日行五百里，雖臣子分義不敢言勞，而筋骨則已竭矣。本月初八日在閣票擬，忽作寒疾，手足如冰，不能運動，即今兩脅痛楚，頗似癱狀。亦復裹藥入直，不敢以病上聞。此猶自一身言之也。天下一日萬幾，誰非閣臣之職？往以三臣佐之而不足，臣何人而可獨當其難？天下百孔千瘡，誰非閣臣之罪？往以三臣分之而不足，臣何人而可獨任其辜？此臣所以食不下咽，寢不貼席，而病益不能支也。今亦不敢以一息未絕之身急求引去，惟乞皇上亟趣二臣入閣辦事，令臣得少就醫藥，徐爲乞骸之計。蓋二臣調攝多時，病亦良已，必不忍屢拂君上之命，立視同僚之斃也。伏望皇上再降嚴綸，遣官宣諭，要之必出，庶幾政本不爲虛設，萬事不致叢脞，而臣亦可以少延旦夕之命。臣無任懇切控籲

① 臏 "臏"當作"矉"。

之至。"

　　二十七日戊戌，大學士沈鯉奏："爲病苦至極瀝血陳情懇恩休致事。臣頃以目昏健忘，累疏乞休，特爲票擬不便，而其所以極患苦有妨性命者，則以胃病疝气與脾瀉等症。見今同列二臣俱所深知，而偃伏一榻，骨立如柴，又昨欽遣中使趙進目所親見者，皇上可一問而知也。夫鞠躬盡瘁，臣職當然，在官在家，均之一死，有何足較？然所以乞哀君父、苦求生還者，惟有關出處之晚節而不可苟也。臣請得歷陳其始末。蓋臣昔應召之日，已七十一歲矣，鐘鳴漏盡，猶不知止，臣實羞之。而鄉人勸臣則曰：'此千載希奇之遇、而得君行志之日也，若徒知守硜硜之蒙，而不思秉時自奮，致吾君於堯舜，挽斯世於唐虞，而頓令聖主用賢圖治之盛心，自爾而壅閼不揚，太平不見於當世者，亦爾之罪也。'臣感於其言，既以趨君命爲敬，又以得行志爲榮，乃遂單身獨騎，即日就道，不以家累自隨。比入京之日，猶不敢必臣言之有足獻納、備聖明之採擇與否，故暫止逆旅之舍，以徐觀機會之若何，爲去留審處之計。而今且羈栖四年矣，逆旅主人不能久容，臣不得已而問舍矣，妻孥恐臣之老死於外而不及與訣，亦皆相卒以來，而臣亦遂有室家矣。惟鄉人之所以望臣者竟歸烏有，而不能以一言效忠藎，有毫毛答知遇。儻一旦長畢，臣向來此行真老不知止、而反爲硜硜者非矣。臣失已不足惜，如千載知遇何？夫君行令，臣行意，臣請告不得，何敢置半武於都門之外？而盡職未能，又安敢日跋足於閣門之内也？蓋昔孟軻有云：'諫行言聽，膏澤下於民。'以上臣之事也，臣已不能。周任有言：'陳力就列，不能者止。危而不持，顛而不扶，焉用彼相①？'此臣愚罪案，亦可爲策免臣之詞命矣，臣實安之。不然，則終年卧病，尸位素餐，死而後已，民斯爲下，臣不忍爲。惟聖慈憫臣篤老，特允生還，得少全晚節之萬一。臣不勝懇切祈望之至。"奉聖旨："卿千里赴召，於茲四年，雖獻替時聞，而謀猷未竟，正須忘身體國，共濟時艱。既稱千載知遇，何忍連歲乞休？其尚勉遵屢旨，亟出贊襄，以

①焉用彼相 "焉用彼相"當作"則將焉用彼相矣"。

萬曆起居注

付①朕眷倚老成之意。毋得再辭。吏部知道。"

是日，大學士沈一貫、沈鯉、朱賡題："臣等連接吏部侍郎楊時喬揭帖《為大選教職伊邇推陞需缺甚殷欲請皇上檢發推陞原本以便大選事》，臣等竊惟祖宗舊制，以三月、九月各選教職一次，此定規也。然必推陞命下，然後可照缺選除，亦定規也。今照九月內不過數日，而教職大選例有三推，即汲汲為之，日亦不給矣。延至出月，又有十月大選許多急務，焉能了此？況聽選教職者，皆四方歲貢老儒，日暮窮途，望選甚亟，而桂薪玉粒，度日尤艱，不可以其職畢而忽之，此臣等所以不敢不為之一請也。伏望皇上即日檢發，以便遵行。嗣後有關係舊制必不容已者，統望皇上早賜批允，免臣等數數然煩瀆聖聰，無已時也。臣等不勝懇②待命之至。"奉聖旨："朕覽卿等所奏，具見敬慎懇切。已知道了。但朕自夏至秋，感受濕熱薰蒸，生有濕毒痛癢，坐亦不能，又兼流痰下注，足心作痛，不時眩暈，日每靜攝服藥、燙洗，未經詳覽，故爾遲緩。今已檢發，諭卿等知。"

二十九日庚子，大學士沈一貫、沈鯉、朱賡題："今日文書官金忠捧出聖諭：'諭內③，朕自夏至秋，感受濕熱重④蒸，致今下體及足生有濕毒，坐亦不能，又兼流痰下注，足心作痛，步履甚艱，況且不時眩暈，日每靜攝服藥燙洗。廟享在即，恐非成禮。卿等傳示遣官及各執事，務秉精潔虔誠，恭代行禮。諭卿等知。欽此。'臣等竊惟，廟享躬親，乃聖子神孫所由以假於祖考而昭孝享之誠，禮之所不可廢也。今聖躬既在靜攝，廟靈諒必居歆，事出權宜，禮當加謹。臣等謹遵奉明諭，傳示遣官及各執事，竭虔供事。外，伏望皇上倍加珍攝，益養天和，以慰九廟在天之靈。所有聖諭尊藏閣中。謹具回奏以聞。"

是⑤，又題："為恭進玉牒事。先該臣等具題，恭報玉牒纂錄已完，行禮部擇日具儀。隨該禮部擇到本月二十九日進呈，恭遇傳免陞殿。臣等謹欽遵將前項纂完玉牒正本一百四十五冊，計六十七套，同纂修等官全天敍，恭詣文華殿進呈訖。謹具題知。"

①付 "付"當作"副"。

②懇 "懇"下當有漏字。

③內 "內"下脫"閣"字。

④重 "重"當作"薰"。

⑤是 "是"下當有"日"字。

萬曆三十三年十月壬寅，朔。

四日乙巳①，大學士沈一貫、沈鯉、朱賡奏："爲懇辭例外恩典以安愚分事。昨該文書官傳奉手敕：'敕吏部：兹纂玉牒成，內閣輔臣監修總裁，劾有勤勞，兹特加恩。首輔沈一貫，加少師兼太子太師，蔭一子與做中書舍人。次輔沈鯉，加少傅兼太子太傅，朱賡加少保兼太子太保，各蔭一子入監讀書。俱餘官如故，仍都照新銜給與應得誥命。如敕奉行。欽此。'仰惟皇上誼敦親睦，恩聯本支，睹玉牒告成，有睟天顔，是以加恩臣等。世等叨承眷渥，不任戰兢。有何寸勞，堪以勝此？謹據實爲皇上言之。查得節年書成敍勞故事，或輕或重，雖各有差等，惟玉牒一編進呈，比之訓錄會典不同，賞賚原不從厚。蓋詞臣持槖簪筆以從事，其於他書，不無草創封論修飾潤色之勞，至於玉牒，惟類編磨勘，書寫校對，悉可以分授諸人，而總視其成者，不煩一心思之擬議，一手筆之裁成也。第爲宗支綿衍，册籍繁多，各員役効勞，十倍往昔。先年遵奉聖諭，臣等不得不量爲題敍。而臣等實無勤勳，故前此加恩，先任大學士王錫爵等具疏控辭，即蒙俞允。蓋錫爵等亦因前例之無受，而非創爲此辭，皇上亦信錫爵等之非虛辭，而特允之亟也。臣等今日安敢違例而拜命，以愧前人、羞當世哉？臣等今日不患恩寵之②過多，皇上之所念臣等者殊太厚，而臣等之所以報皇上者殊太薄，即使舊例可受且內慚外惡，逡巡趑趄而不敢當，況起例之所未有、而受前人之所未受，滋不敢矣。皇上存此相沿之典，以示不忘股肱之誼，聖主之至厚也，臣等惟有銘心鏤骨、懷恩荷榮而已。若夫已事有據，實難冒昧，非博廉讓之稱，實逃貪鄙之咎也。臣等不約而同，謹連名具疏以辭。伏望皇上試詢前例，俯察款誠，亮臣等萬萬無可拜承之理，亟收新命，以免再三之瀆。臣等無任慚悚懇祈之至。"奉聖旨："纂修玉牒重典告成，卿等分猷嘉績，朕心忻悦，特以加恩示酬，原係國家彝典。宜遵成命，不允所辭。吏部知道。"

① 巳 "已"當作"巳"。

② 之 《敬事草》卷一八"之"下有"不多，而患恩寵之"七字，是。

八日己酉，大學士沈一貫、沈鯉、朱賡奏："爲往例當循誤恩難受懇乞聖明亟賜允辭以存大體以免屢瀆事。頃以恭進玉牒，奉敕加恩，臣等查照先年舊例，合疏控辭。奉聖旨：'纂修玉牒重典告成，卿等分猷嘉績，朕心欣悦，特以加恩示酬，原係國家彝典。宜遵成命，不允所辭。吏部知道。欽此。'祗誦恩綸，彌增慚悚。竊惟人臣辭受之節，有義有例，賞當其功則受，不當其功則辭，義也。義所當受，前人必已先受，義所當辭，前人必已先辭。人受亦受，人辭亦辭，例也。纂修玉牒一事，臣等僅僅督率於上，未嘗身親其勞。密勿委寄，既不當借筆札之役以呈功，殿閣臣工，尤不當分小吏之勞以饗賞。此一恩也，萬萬無可受之理。前此閣臣並無受例，臣等可靦顔以受乎？國家見行事體，無不稟之於例，例者，酌於累朝，而傳於今日，前人行之，後人以爲楷，稍有踰越，輒得以例裁之，所以絶人覬覦而杜無涯冒濫之端也。例猶規矩準繩也，可一日而屑越哉？人雖至廉，例所當受，欲辭之而不可，例固可以裁天下之賢①者。人雖至貪，例所當辭，欲受之而不可，例亦②可以裁天下之不肖③者。不必問其事，但問其例，一言而可決也。臣等束身踵迹，事事問例，尚不免於戾，豈可復創所無，而使人謂殿閣重臣，先自弁髦舊章，冒昧無恥，與小吏分勞掩功，寧不玷盛典、負明主、爲不肖之率乎？此時臣等效無纖毫，而罪有千萬。見在職守方難稱塞，引罪而逃，謗猶交集，即例之所有，猶當辭避，而況其無者，其爲不可不待言矣。榮爲愧謀④，寵爲辱府，臣等同心一意，萬所不敢，故復以合詞再疏上懇。伏望皇上推待先年閣臣之意以待臣等，及早收回成命，庶臣等不至瀆陳，而皇上亦免於聒擾。臣等無任悚息懇祈之至。"奉聖旨："朕以玉牒書成，卿等勞績，加恩眷酬，實遵舊典，原不爲過。卿等宜當勉遵成命，勿得再有所陳。吏部知道。"

十日辛亥，大學士沈一貫、沈鯉、朱賡奏："爲特恩非典萬不敢承懇乞亟賜准免以存政體事。頃以恭進玉牒，奉敕加恩，臣等再疏辭免，奉聖旨：'朕以玉牒書成，卿等勞績，加恩眷

①賢 《敬事草》卷一八作"過讓"。
②亦 《敬事草》卷一八作"尤"。
③不肖 《敬事草》卷一八作"過求"。
④謀 "謀"當作"媒"。

酬，實遵舊典，原不爲過。卿等宜當勉遵成命，勿得再有所辭。吏部知道。欽此。'捧誦恩綸，彌增慚悚。竊惟玉牒一事，惟是收掌、校對、謄錄官吏委有其勞，不可不酬，臣等斟酌具題，亦皆斤斤，不敢多假。若夫編纂儒臣全天敍、王圖及先後編纂諸臣，雖係經心經手，顧文學侍從，地望清華，筆札之役特其小節，不當與中書等官論功而同敍，考之前典亦所未有，故臣等皆不之及。豈有待人者如此，而自待者又如彼？則臣等萬無受恩之理亦可諒矣。我朝政體，原尚簡質，疏無纏綿之語，人無虛假之讓，即特授大拜，不過一讓而已，至如請乞不待多言。皇上初載，此意肅然，惟至近日，浮靡成風，故陳託漸煩，而至情反滯，所以亟挽頹靡之波、還醇實之舊者，宜從臣等此辭始。伏望俯察懇情，蚤賜俞允，不惟臣等之幸，亦國之幸也。臣等無任瀝懇悚息之至。"奉聖旨："朕覽卿等所奏，具見忠慎。總裁年久勞績，朕已鑒知，恩命示酬，亦係常典，卿等宜當勉從成命，慎毋遜辭。吏部知道。"

十六日丁亥①，大學士沈一貫、沈鯉、朱賡題："頃吏部文選司官來，對臣等言：'本部左侍郎楊時喬以病請告疏，凡八上，未蒙批發，本官踧踖候旨，進退維谷。一切銓事可與司官酌議者，雖未嘗敢廢，而會推大臣及十月大選，皆必本官身自爲之，一日不出，則誤一日，大事責任選司，咎將誰諉？'臣等看得，楊時喬老病喪子，情雖迫切，然本部堂官止此一員，職不可以他諉，本月選期正此旬日，時不可以少延，而會推者乃工部尚書、宣大總督、四川巡撫，又皆至緊至急，不比他官，力疾一出，方可完目前重務。伏望皇上檢發時喬之疏，降一嚴旨，敕令即出任事，待點有尚書、侍郎，更作區處，庶幾不誤大事。臣實爲銓政所關，不敢不言，非爲時喬緩頰也。不勝懇切待命之至。"

二十三日甲子，大學士沈一貫、沈鯉、朱賡題："今日文書官金忠捧出聖諭到閣：'朕自夏來感受濕毒，足心疼痛，且不時

① 亥 "亥"當作"巳"。

眩暈，前已有諭服藥靜攝，尚未痊癒，即前壽節、進曆，聖母慈諭亦免行禮。茲禮官題請郊祀親行，朕思何以成禮？況今殿門未備，城工未完，出警入蹕豈便嚴肅觀瞻？朕每覽發章奏，冒嘗自逸？卿等宜當體念，傳示該部、遣官、及各執事，務秉精虔行禮，以昭朕敬天祈祐誠意。特諭卿等知之。欽此。'臣等竊惟，國之大事在祀，而饗帝尤祀之大者。皇上敬天之誠，雖無時不對越，而親郊之禮不行久矣，即今災變頻仍，天心未豫，弭災祈福正在今日。此禮臣所以具疏懇請，而臣等所以翹首顒望者也。茲奉聖諭，聖體尚須靜攝，警蹕恐有未嚴，暫行恭代，事屬權宜，臣等敬遵奉明諭，傳示該部及各遣官、各執事，務竭虔行禮，以昭皇上祈天永命之誠。所有聖諭一道，尊藏在閣。謹具揭回奏此聞。"

是日，大學士沈一貫、沈鯉、朱賡奏："爲恩命殊恒控辭非瀆懇乞聖明蚤賜矜允以逭愆戾事。項因玉牒進呈，加恩臣等，三疏辭免，奉聖旨：'朕覽卿等所奏，具見忠慎。總裁年久勞多[①]，朕已鑒知，恩命示酬，亦係常典，卿等宜當勉從成命，慎勿遜辭。吏部知道。欽此。'竊念臣等猥以淺薄，蒙皇上簡命，俾居輔弼之任，贊機匡務，爲職實繁。若纂修特其一事，而玉牒尤不甚難者。何功可言，而冒濫若此？既以三疏懇辭矣，猶未矜允，是使臣等滋甚跼蹐也。夫以尺五之近，不能自通，展轉日時，仰費裁諭，皇上之慈惠如天，臣等豈不感涕？而例無可循，義又難起，惟有仰天叩首，祈收成命而已。自昔閣臣之恩，亦有異同。有前人不可受而今人可受者，有彼人不可受而此人可受者，故有例辭，有誠辭，有一辭，有再辭，有分辭，有合辭。今臣等不特一辭、再辭、三辭，而爲四辭，又不爲分辭而爲合辭，此正所謂誠辭，非例辭也。況此特就事論事而已。臣等罪過彌天，擢髮難數，方茲待黜，何復言陟？若或濫叨，則臣等悉貪昧隱忍，寡廉鮮恥之人，無一可立於班行之上者矣。故以必辭爲期，而又以蚤允爲快也。君父之前，奚敢勦説一字？皆出血誠，絕無同異。伏望皇上俯察悃誠，即賜俞允，庶臣等少寬萬分之責，雖九遷三錫之榮，不是過矣。臣等無任悚息懇

[①] 多 "多" 當作 "續"。

祈之至。"

二十四日乙丑,大學士沈一貫、沈鯉、朱賡題:"今日乃吏部大選日期,因侍郎楊時喬請告之疏未奉明旨,不敢入朝管選,遂致踰期。竊惟銓除人才,乃國家大政,祖宗定制,萬萬不可缺者,臣等叨居政地,不敢不言。伏望皇上檢查時喬原疏,臣等已曾擬票者,即賜批發,督其力疾早出,仍請欽定日期,以完大選。臣等不勝籲望之至。"

二十八日己亥①,大學士沈一貫題:"臣頃者屢疏求去,言與涕俱。非不知從命爲恭,居官爲寵,惟是人臣報國全以方寸爲主,方寸既亂,無所不亂,反白爲黑,遇樂成悲,何怔乎視簪紱若幽囚,等榮華爲憔悴?亦可憐矣。臣自聞親墓圮蝕一慟之後,魄不附體,神不牽形,若癡若狂,半生半死,醫無措乎,命懸須臾。皇上錫以溫綸,臣豈不感?然不能承,惟知有去而已。即臨以嚴諭,臣豈不悸?然不能改,惟知求去而已。臣非爲近日煩言,去年此情先已傾瀝,緣欽命臣子泰鴻代行,不敢再瀆,今臣子已來,毫無解於臣心,是以固申前懇。痛楚萬狀,疏中略陳。憐而放之惟命,竄而逐之亦惟命,許其一去,竄逐亦榮。呼天而天不聞,臣祇有一死。再惟聖明憐察,早賜裁許。臣無任號泣請命之至。"

是日,大學士沈一貫奏:"爲痛極詞煩懇求一去伏叩蚤賜宸允以免屢瀆事。頃臣四疏乞假,實迫至情,荷蒙皇上眷留,未即許可。天旨愈溫,臣心愈痛,舉家慟哭,以盡一哀。今違皇上之命而固求去,臣罪當死。然奉皇上之命而不求去,臣罪亦當死。臣神魄已飛,方寸已亂,千思萬思,千苦萬苦,惟有涕泣而道之,以祈皇上哀憐耳。國事誠重,而留臣非所以重國也。皇上試數從來諸大事,何者不決於聖心?固非臣所能裨補也。其有待於更新者,羣牘蒲前,惟在聖心乾斷而亟行之,亦無藉於臣之贊襄也。有日新不倦之聖天子在上,有引君當道之賢公卿在下,安用久留一不肖之臣爲哉?臣奄奄就木,而不能復當

① 亥 "亥"當作"巳"。

事。人咸知之矣。兼有二親之急，又天性所最牽，而老病所不能待者，或刺其中，或刺其外，或束之上，或束之下，虧心損孝，何以爲生？塞過謝愆，祇欠一去。皇上雖留臣，臣則安可留？昔人自陳有謂五宜去、五不可往者，臣加多矣。無功有罪，當退休。年衰病憊，心神困竭，當退休。皇上待臣甚優，天下責臣甚急，臣實不足以通上而達下，宜退休。二親暴露，以身爲質而呼臣，痛於嚙指，不容不退休。此位此地，難以久居，自來相臣以貪戀一念，遂成權奸之名，急宜退休。皇上不博任天下賢才，而獨留臣，天下謂聖主有私人，以臣之故致累君父，又急宜退休。以一生強壯之力報君，而以垂死無用之身報親，宜亦聖慈所矜允也。昔漢昭烈不強留徐庶，以慰人子急親之心，我皇朝不強留楊士奇、王錫爵，以昭君臣一體之誼，豈於罪臣獨靳一去？固官一臣①非不知臣之痛苦，苦②祇以避嫌之故，不肯爲臣一言，非皇上俯賜哀憐，誰則憐之？或責臣且爲皇上大轉移一番，然後去。是何輕量聖明之主不自作轉旋而爲此語，以重臣之罪也？皇上舉新政不循③臣，即新政盡舉，臣亦當去。壬寅以來，臣無歲不求去，借令得去，臣無今日之多口，而國家亦無今日之多事，豈惟臣之福？實國家之福也。蹉跌至此，尚無戒乎？數日來萬楚攻中，厥逆幾死，若不見救，勢無久生。三十八年侍從之微勞，乞恩惟在今日。皇上哀而許之，臣無任痛哭流涕哀籲懇祈之至。"

二十九日庚午，大學士沈鯉、朱賡題："今日伏蒙皇上發首臣沈一貫乞假第五疏，命臣等擬旨。臣等仰體皇上任賢勿貳之意，自應擬溫旨留之。但前此四疏，首臣每奉明旨，必欷歔④嗟嘆，謂臣等不諒其苦心，徒存閣中體面，避同官嫌疑，切責無已。臣等屢不自安。今次若仍擬前旨，必將責讓逾深，未免傷僚友之誼。竊思大臣去留，原由聖斷，伏望皇上親賜裁決，則彼自無辭，而臣等亦可終遂同寅協恭之願矣。爲此仰瀆聖聰。臣等無任惶恐待罪之至。"

①固官一臣 《敬事草》卷一八作"同官二臣"，是。
②苦 此"苦"爲衍字，應删。
③循 《敬事草》卷一八作"須"，是。
④歔 "歔"疑爲"歔"之誤。

十①一月辛未，朔。

四日甲戌，大學士沈一貫、沈鯉、朱賡題："前者臣等以科道缺甚，差用不敷，懇請皇上先用散館及候補諸臣十餘輩，且救目前之急，揭奏再三，詞已窮矣。茲見部院科道諸衙門，又合詞連章以請，其萬不容緩之故，具在諸疏中。皇上明如日月，豈不知朝綱必不可無糾彈，大祀必不可無供奉，工程必不可無監督，錢糧必不可無稽查，都民必不可無禁理，兵戎必不可無巡詰？而至今未蒙賜允，豈謂諸臣合奏盡是市恩，諸疏懇言盡是激擾，而直以國家要務與臣下相執難哉？天之高也，人之所不敢犯也，而旱乾水溢，則竭誠以籲，無弗應者。今事理窮戚，急於水旱，臣等無他術，亦惟有一念精誠，不憚再三之籲而已。伏望皇上乘一陽來復之初，渙然回春，立命散館候補科道諸臣，各照部擬授職管事，則聖政自此日新，士氣亦漸抒邑，推而廣之，太平可坐致矣。臣等無任激切懇望之至。"

七日丁丑，大學士沈一貫奏："爲控疏求去未荷允俞乞早賜玦以免煩瀆事。十月二十八日，臣又上疏求去，連日未奉聖旨，不勝遑遑。竊念臣奉職無狀，致召煩言，皇上保持於眾論之中，拭試以觀其後，隆恩大造，蕩蕩難名，臣雖驚魂未定，寸心不泯，豈愛犬馬餘力而不圖所以報稱哉？第奉職無狀既當去，情事迫中又當去。不職不去，難託命於恩私，情迫不去，莫逃辜於天壤。蒲柳既秋之質、所存幾何？而節節皆病。桑榆垂盡之年，所待幾何？而時時皆病。乃主②神明之用，半是眊昏，寐囈之言，罔非悲痛，不必跰蹮索鑑，而知天殁之莫解矣。臣是以益歎光陰之無幾，嗟忠孝之傷生也。皇上蓋謂簪履之遺，未忍終棄，而不謂寒灰枯木，徒費吹噓。何不假臣須臾，投臣間曠？猶可修松楸之事，全父子之恩也。臣一息僅存，百念皆冷，是非付之公評，予奪聽之朝典，躬之不閱，遑恤其他？而獨以朽骨餘骸，徼惠於皇上。蓋窮而呼天，疾痛而呼父母。非皇上哀憐，誰可遂其祈禱者？爲此再控血誠，伏冀洪慈，特允休罷。

①十 "十"前應有"萬曆三十三年"六字。

②主 《敬事草》卷一八"主"作"至"。

臣得整理親墓，因正首丘，誓與子孫共圖結草於世世矣。"奉聖旨："方今時事多艱，正賴端方老成忠直之臣，共圖康濟，何爲屢疏求去，愈請愈切？朕連日覽卿此奏，尚且不忍釋手，其忍聽卿之去？矧輔弼重臣，宜先國後家。特遣鴻臚寺堂上官齎送卿寓宣諭，卿當體朕此意，自可無庸再請，即日入閣贊襄。吏部知道。"

十六日丙戌，大學士沈一貫、沈鯉、朱賡題："伏蒙命臣等擬皇第十女名。臣等欽遵恭擬上進，伏乞聖明裁擇點用。謹具題聞。

　　恭擬皇第十女名：

　　　　軒嬍（嬍音美，嘉也，好也）

　　　　軒婉（婉音宛，順也，美也）

　　　　軒嫻（嫻音因，親和也）

　　　　軒媞（媞徒妥切，安詳也）

　　請旨點一字。"

十七日丁亥，大學士朱賡題："蒙發工部條陳大工一本，臣匆匆擬票，但云次第舉行，未及明言其故，敢爲皇上一一陳之。蓋皇居臨涖之所，在臣豈不願速成？而財盡民窮之時，在皇上不可無遠慮。疏中所陳，遠則稽嘉靖間三殿故喋，近則引十年前兩宮成規。不知嘉靖間司空物力有餘，各衙門協助可辦，四方庫藏不空，百姓科派亦易。今何時也？即兩宮經始，節慎庫尚有十餘萬金爲主。今罄然無分毫之蓄，且有累年數十萬之逋，而欲具一千萬金之役，該部能爲無米之炊否？昨見倉場侍郎游應乾所進會計之數，老庫不過三十萬，外庫不及數千，而九邊嗷嗷之兵枵腹以待，能以三十萬助工否？又見太僕寺卿連標疏云，該庫馬價各處借用外，老庫僅存二十餘萬，恐一旦有事無從得馬，議欲增買本色以備不虞。又能以二十萬助工否？又如湖廣川貴三省，自征播之後，瘡痍未起，民方憔悴，一旦責以大木不貲之費，重以一侍郎奉敕督催，地方能堪之否？又如各省直，旱潦相仍，兼以織造、燒造、包礦、包稅，所在怨咨，可目之爲無事之地而復行科派否？此猶自在外者言之也。京師細民，非皇上膝前赤子乎？近來閭井蕭索，十室九空，昨歲僉報商人不過十餘名，猶且滿路哀告，有自縊投河者。今一則曰行五城僉報若干，一則曰行順天府僉報若干，總之不下百餘家。旨意一出，富者各投勢要，百方避匿，止餘中下人家力不能營求者，抵數代死，立見輦轂之下，擾嚷號啼，變且莫測，此尤其不可者也。蓋工部職掌所關，在工言工，不得不一條陳？以盡厥職。皇上以四海爲家，萬民爲子，可不顧痛癢而輕動天下之民乎？絲綸最重，一擬允行，則必責天下以敬應矣。責之而不應，則輕王言，責之而必欲應，則輕民命，理亂之機，在此一舉。臣所以謂寧緩毋急也。文王之作臺囿也，曰經始勿亟。惟在上者有勿亟之言，以孚人心，故在下者有子來之誠，以終王事。臣票擬亦經始勿亟之意也，非敢謂大工可已也。至於礦稅之具，原爲大工而設，上成主信，下溥主仁，於聖德大有關係。謹另具揭密請，而未敢顯言也。伏惟聖明鑒察。"奉聖旨："朕覽卿奏，具悉忠愛詳慎。今河工國家咽喉，城工切近保障，最爲緊急，便着設處錢糧，刻期奏績。其鼎建殿門，理不可緩，但工程浩大，財盡民窮之時，且內外帑藏匱乏，各處奏報災傷，委應遠慮議處，次第落成，以昭朝廷寬民固本德意。卿還會同元輔、二輔擬諭來行。特諭卿知。"

十八日戊子，大學士沈一貫謹題："十九日恭遇聖母慈聖宣文明肅貞壽端獻皇太后萬壽聖旦，臣備員輔弼，仰戴隆恩，比之恒情倍切欣忭。茲因在告，不能恭詣慈寧宮門行禮，謹於是日扶掖在寓，恭設香案，望闕行五拜三叩頭禮，少伸臣子慶忭之誠。臣不勝瞻戀感戴之至。謹具題知。"

十九日巳①丑，大學士沈一貫、沈鯉、朱賡題："昨臣賡在閣直票，因工部題請殿門大工，一時擬上，隨具揭以請，伏蒙聖恩批發：'朕覽卿奏，具悉忠愛詳慎。今河工國家咽喉，城工

① 巳 "巳"當作"己"。

切近保障，最爲緊急，便着設處錢糧，刻期奏績。其鼎建殿門，理不可緩，但工程浩大，財盡民窮之時，且內外帑藏匱乏，各處奏報災傷，委應遠慮議處，次第落成，以昭朝廷寬民固本德意。卿還會同元輔、二輔擬諭來行。特諭卿知。欽此。'臣賡即傳示到臣一貫、臣鯉，臣等不勝欣忭，不勝頌服。竊惟殿門工程至大至難，非一時可成，天下皆以爲憂，臣等時刻關念。今蒙聖慈煥然明示，寧緩皇居，毋傷民力，仰見皇上長慮遠猷，寬民固本，德意殷厚，真超出古帝王之上。即此一諭，可以收將渙之民心，可以感降臨之天意矣。臣等謹會同擬諭，而聖諭悉已詳盡，不必多爲潤色，但望推廣此心，益弘仁政，使四方安於磐石，則大工自當落成。謹擬諭一道，伏候聖裁。"奉聖旨："覽卿等奏推廣仁政，大工自當落成，朕知道了。"

擬上聖諭："諭工部：今河工國家咽喉，城工京師保障，最爲緊急。你部宜上緊設處錢糧，期於奏績，毋得遲延。其鼎建殿門，雖理不可緩，但工程浩大，比別項具作不同。今財盡民窮之時，內外帑藏俱匱，各處奏報災傷，又當賑恤，時詘舉贏，朕甚不忍。你部當深惟遠慮，酌量工程緩急，次第舉行，以昭朝廷寬民固本德意。還詳議來說。"

二十一日辛卯，大學士沈一貫、沈鯉、朱賡題："恭遇皇太子第一子誕生，該禮部題奉欽依，照萬曆十年皇太子誕生例行。臣等查得萬曆十年，欽奉敕諭尊上聖母徽號。茲者正值聖母六十萬壽之辰，親見曾孫誕生，多福齊臻，百順攸聚，此古今最難得之盛事駢集熙朝。皇上純德格天、大孝尊親、神祇錫佑，乃克臻此。臣等竊惟，尊親之典，有加無已，恭請仍前尊上聖母徽號，特諭禮部擇日具儀行禮，容臣等備辦冊文、詔書等項，以備欽用。其皇孫誕生詔書，宜有曠蕩洪恩，覃敷慶澤，合候各衙門開送條件到閣，臣等敬當參酌上請。統候聖明裁定施行。臣等未敢擅便，伏候敕旨。"

二十三日癸巳①，大學士沈一貫奏："爲恭謝天恩事。臣於

① 已 "已"當作"巳"。

十一月初七日奏《爲控疏求去未蒙允俞乞早賜玦以免煩瀆事》，奉聖旨：'方今時事多艱，上賴端方老成忠直之臣，共圖康濟，何爲屢疏求去，愈請愈切？朕連日覽卿此奏，尚且不忍釋手，其忍聽卿之去？矧輔弼重臣，宜先國後家。特遣鴻臚寺堂上官齋送卿寓宣諭，卿當體朕此意，自可無庸再請，即日入閣贊襄。吏部知道。欽此。'隨該鴻臚寺堂上官李承華等恭捧到臣寓所，臣恭設香案，扶掖匍匐跪聽宣讀，望闕叩頭謝恩訖。伏念臣一紀辛苦，一腔愁苦，徧身是口，亦不能言。皇上而不忍釋臣，豈臣而忍釋皇上？人臣孰不求得君而用之？豈其固留之而反不肯留？大非理之所宜有也。然則臣之苦情，亦可諒而知矣。煌煌聖明，何所不照？未准臣一去，更加之以寵光訓辭。夫寵光愈增，訓辭愈溫，則臣之罪戾於此愈甚矣。臣號天無路，訴①地無門，報答主恩，惟賴此身，身跕危亡，將何擔任？君命及門，倉卒不能言，惟有惶恐，惟有感激。謹具疏陳謝。隆天厚地覆載難比，臣不勝涕泗悲號嗚咽之至。"奉聖旨："覽卿奏謝，朕知道了。卿可即出贊襄，慰朕懸望之意。禮部知道。"

是日，又題："昨臣等仰體皇上大孝尊親之意，據例密請，蓋在皇上有必至之情，在臣等不可無密勿之奏，禮固然也。今擬得聖諭一道，乞發禮部擇吉具儀，以見聖孝有加無已之義。伏乞裁議施行。臣等不勝顒望。"

擬上聖諭："諭禮部：皇太子第一子生，正值聖母六袠萬壽，親見曾孫隆茂。慈闈大慶，宜崇加徽號。尊稱之禮，可擇日具儀來行。"

二十五日乙未，大學士沈一貫、沈鯉、朱賡奏："爲隆恩誤被揣分難堪懇乞俯容辭免以安臣節事。昨吏部接出聖諭：'敕吏部：河州大獲奇捷，朕心嘉悅。內閣輔臣殫忠運謀，勞績茂著，茲特加恩示酬。元輔一貫加少師，兼太子太師，蔭一子與做尚寶司司丞，賞銀五十兩、綵段四表裏。次輔鯉加少傅，兼太子太傅，賡加少保，兼太子太保，各蔭一子與做中書舍人，還各賞銀四十兩、綵段三表裏。俱餘官如故，都照新銜給與應得誥

① 訢 "訢"當作"訴"。

命。如敕奉行。欽此。'臣等捧誦綸音，感激欲涕。顧惟分義實難祗承。竊聞國家有一定之典，賞必蘄於當功。臣子有自安之分，恩無容於濫據。賞非其功，則褻恩，受非其據，則踰分。褻恩非國家之盛事，而踰分尤臣子之大戒也。河州之捷，寔賴皇上威靈、將士勇敢，敉寧疆場，功在行間。臣等待罪密勿，未嘗借一箸之籌，佐一臂之力，而靦焉叨此寵榮，真有心口交慚、魄夢自惕者。自昔閣臣不與邊功之賞，非為虛讓，凡上為朝廷惜典章，下為一身惜名節，故有所不敢耳。況年來贊襄寡效，時事紛然，奉職無狀，惶恐待罪。今日之咎，已誤皇上昔日之恩，若更叨非分之恩，將益致無涯之咎，是皇上貽臣等之榮者，適以重臣等之過，而臣等不敢承皇上之命者，正所以全皇上之恩也。伏望俯察愚誠，亟收新命，使臣等得安微分，而天下知恩寵不可濫徼，則非獨臣等幸甚，而於國典亦庶乎有裨矣。臣等不勝激切惶悚之至。"奉聖旨："河州狡虜謀犯，官兵大獲奇捷，卿等輔弼運籌，忠勳茂著，加恩示酬，寔係舊典。宜遵成命，不允所辭。吏部知道。"

二十九日己亥，大學士沈一貫，沈鯉、朱賡題："今日文書官劉用捧出聖諭：'朕以頻年天象示警，朕心兢惕，殊切省躬。昨覽工部再疏，題請鼎建殿門，以完鉅典。但物力難支，何時就緒？朕連日熟思，見今河工、城工一時並舉，工程浩大，錢糧數多，內外帑藏俱匱，民窮財盡之時，朕甚惻然。已遣內官監經管內官，查理通灣見貯木植回奏。且人工浩費不貲，其開礦抽稅原為濟助大工，不忍加派小民，採徵天地自然之利。今開礦年久，各差內外官俱奏，出砂微細。朕念得不償費，都着停免。若有見在礦銀，就着礦差內外官員，一併解進，馳駟回京，原衙門應役。凡有礦洞，悉令各該地方官封閉培築，不許私自擅開，務完地脈靈氣。其各省直稅課，俱着本處有司照舊徵解稅監，一半解進內庫；以濟進賜供應之用，一半解送該部，以助各項工費之資。明顯朕仰體上天仁愛、祖宗鑒臨、敬畏修省實政，昭示朝廷權宜濟助大工、愛民固本德意。待大工稍有次第，奏請通行停免。卿等擬諭來行。欽此。'臣等不勝欣忭，不勝頌仰。恭惟皇上本具堯舜至聖之資，全體天地好生之德。初御以來，恭儉禮下，取民有制，仁心仁聞洋溢於四海，豈於久御之日而顧殖貨厲民爲哉？惟因工役繁多，取資無術，所以出此不得已之下策。顧君有不得已，民亦有不得已，上下交征，而失其樂生之心，至於今日極矣。臣等固謂聖明在①，且晚轉移，決不令百姓久困也。不圖一旦恭奉特諭，如重陰之際而日月忽開，如亢旱之餘而甘霖忽降，非常恩澤濬發宸衷，於是人人曉然知聖主原自仁慈，天下徒多疑慮矣。雖稅未盡撤，而礦已盡停，即稅未盡撤，亦付之撫按徵收，以一半入內供，以一半解該部，令棍徒游手不得漁獵於其間，民間纔出一錢，朝廷即獲一錢，上既享利，下亦甘心，此亦子來之衆、愛戴之情也。臣等連日草詔，正苦此條，今奉明諭，手足踴躍。皇上令臣等擬諭來行，臣等何必再贊一詞？惟有稍加潤色進呈耳，伏候覽裁。此事不獨工部之幸，亦戶部之幸，臣等敢並及之，使其咸知感激，恭祝萬萬歲壽。所奉聖諭，謹尊藏閣中，垂示永久。謹具回奏以聞。"奉聖旨："覽卿等奏，具見忠愛，體悉詳慎，朕心嘉悅，已知道了。今值聖母徽號典禮隆重、國家有事之時，元輔二輔屢頒諭旨，何不遵承？安忍在家自逸？殊非同寅協恭、朝夕獻納之義。還着文書官齎送兩處，傳宣即日入閣贊襄，以慰朕佇望至意。該部知道。"

擬上聖諭："諭戶工二部：朕以頻年天象示警，心常兢惕，責己省愆，不遑寧處。昨覽該部再疏，題請鼎建殿門，以完鉅典。因思物力難支，何如②就緒？連日熟計，見今河工、城工一時並舉，工程浩大，錢糧數多，內外帑藏俱匱，民窮財盡，困於征輸，致使正供錢糧反無所出，京邊之費一時多乏，朕甚惻然。已遣內官監經管內官，查理通灣見貯木植回奏。且大工浩費不貲，其開礦抽稅原爲濟助大工，不忍加派小民，採徵天地自然之利。今開礦年久，各差內外官俱奏出砂微細，朕念得不償費，都着停免。若見在礦銀就着礦差內外官員一併解進，馳馹回京，原衙門應役。凡有礦洞，悉令各該地方官封閉培築，

① 在《敬事草》卷一八"在"下有"上"字。

② 如 "如"當作"時"。

不許私自擅開，務完地脈靈氣。其各省直稅課，俱着本處有司照舊徵解稅監，一半解進內庫，以濟進賜供應之用，一半解送該部，以助各項工費，有餘以濟京邊之用。其各處奏帶員役，俱令撤去，不許私設關津，容令地方棍徒肆行攘奪，致民生不安，商旅不行，反虧國家正課，撫按官還同該監不時訪拏治罪。明顯朕仰體上天仁愛、祖宗鑒臨、畏敬修省實政，昭示朝廷權宜濟助大工、愛民固本德意。待大工稍可措辦，便奏請通行停免。爾部概行各省直內外官遵行毋忽。故諭。"

十①二月辛丑，朔，大學士沈一貫、沈鯉、朱賡題："臣等竊惟天下之望治已久，祈恩甚處，於聖母早見曾孫、皇上早見元孫，此最難得之喜慶，普天率土所以歡忻同情者也。昨奉聖諭，停止礦事而取回差官，處置稅事而許以停止之期，若臣若民孰不呼萬歲、祝萬壽者？臣等竊惟，礦稅事大，皇上既不吝一轉移，其餘諸事特小小者耳，聖心之不吝轉移可知，輒敢博採部院之所款開，參酌歷朝舊詔，會同纂輯，進取上裁。臣等區區一腔忠赤，惟祈推廣聖德，浸潤乎生民，發揚聖名，洋溢乎後世，鞏萬年社稷之固，以貽聖子神孫於無窮，在此一舉也。跂望俯允而惠行之。其中尚有未能填字樣，如皇太子第一子生之下，宜有係某封某氏出數字，伏乞欽定批示，或下禮部擬請封號。頒詔日期尚未命下，亦空二字，容俟命下填入。臣等未敢擅便，謹題，伏候敕旨。"

二日壬寅，大學士沈一貫、沈鯉、朱賡題："爲印信事。照得左右春坊俱缺掌印官，相應序轉。推得左諭德掌司經局吳道南，堪陞左庶子、掌管左春坊印信，右諭德莊天合，堪陞右庶子、掌管右春坊印信。其遺下司經局印信，有諭德馮有經堪以掌管。及照資俸已深各官，右中允顧天埈、陳懿典，右中允管國子監司業事李騰芳，相應各陞右諭德。其見在右諭德馮有經、周如砥、翁正春，相應轉左。内各庶子仍兼翰林侍讀，各諭德仍兼翰林院侍講，各到坊局供職，李騰芳回坊管事。又照原任庶子黃輝，中允傅新德、史繼偕，賛善林堯俞，或給假病痊，或丁憂服闋，相應催取前來供職。伏乞敕下吏部，查照施行。"奉聖旨："是。吏部知道。"

是日，大學士沈一貫、沈鯉、朱賡②："今日該文書官趙金捧出聖諭內閣正：'正一嗣教大真人張國祥，在京修建醮典，保國佑民。恭遇聖母六十萬壽之齡，先今二年建設祝延醮典。恭敬虔誠，宜加恩典示酬。卿等擬諭來看。欽此。'臣等竊惟，皇上大孝因心，至仁錫類，雖聖母無疆之壽由天心篤佑之徵，而連年延祝之功亦有不可泯者。加恩示酬，良不爲過。第張國祥應得何等恩典，無舊章可稽，臣等未敢擅擬。且加之過隆，外廷亦必有執。臣等竊謂，皇上特賜一諭，以爲其子孫世世恩光，似爲尤勝，且優以金幣，亦甚從厚矣。敬擬議以請，統望聖明裁斷施行。所有聖諭一道，尊藏內閣。謹具回奏以聞。"

擬上聖諭："諭正一嗣教大眞人張國祥：爾在京修建醮典，保國佑民，積有勤勞。兹者遇聖母六十萬壽之齡，先今二年建設祝延醮典，恭敬虔誠。朕心欣悅，宜加恩典示酬。今特賜汝恩諭一道，賞銀六十兩、紵絲三表裏。汝其欽承之。故諭。"

三日癸卯，大學士沈一貫奏："爲恭謝特恩宣諭事。十一月二十九日，議①皇上渙啟天心，特示撤礦處稅德意，令臣等擬諭來行，臣等謹擬上回奏。十二月初二日奉聖旨：'覽卿等奏，具見忠愛，體悉詳慎，朕心嘉悅，已知道了。今值聖母徽號典禮隆重、國家有事之時，元輔二輔屢頒諭旨，何不遵承？安忍在家自逸？殊非同寅協恭、朝夕獻納之義。還着文書房官齎送兩處，傳宣即日入閣贊襄，以慰佇望至意。該部知道。欽此。'該文書官劉用恭捧到臣私寓宣示，臣恭設香案，謹扶病叩首恭領訖。欣感萬端，一時併集。臣惟礦稅之行，爲日既久，今一旦發自聖心，解民倒懸，眞如饑渴之甚，易爲飲食，寬一分，民受一分之賜，此固天下與臣所以共懷感戴者也。若如臣者，本係窮巷寒儒，少時苦讀，凡醫經所載之病半在於身，幸逢聖世，供事講筵②者十有三年，股慄汗流，精神半減。今直閣又十有二年，拮据竭蹶，憂讒畏譏，智不逮而強思，力不逮而強任，年來勠勤多難，尤百倍於往年，故臣之精神減盡，而病患日深。除時作時止、忽仆忽起者不計外，即今冬至之日勉強拜天，輒痰厥迷悶，倒地不醒，至今兩耳重聽，兩目眊酩，頭沉足浮，腰肢如折，肌體消瘦，十去七八，只是藥餌不離牀褥，此臣之未及上聞者也。兹睹皇上大政一新，又恭上聖母徽號，宮闈慶洽，詔赦恩覃，臣之心情歡欣鼓舞、精神始覺爽發，而猶未能離門屏一步，則以膏肓③牢痼，非時日所能遽瘳耳。文書官劉用眼見甚眞，爲臣驚訝，皇上試召而問之，當知臣言無

①議 此"議"字當爲衍文。

②延 "延"當作"筵"。

③盲 "盲"當作"肓"。

萬曆三十三年

一字虛假矣。屢勤諭旨，感涕已枯，以非木石，何忍自逸？伏祈聖慈俯亮而原宥之。臣戀結殊常聖恩，遽逢維新聖政，實不欲自棄於生成之外，當倍藥調治，再圖尺寸，惟皇上以天海汪度覆露纖塵之微軀。臣無任感戴涕泗惶恐之至。"奉聖旨："覽卿奏謝，朕知道了。慶典在邇，卿可遵旨亟出，以襄大禮，不必遲擬①。禮部知道。"

① 擬 "擬"似當作"疑"。

是日，大學士沈鯉奏："為恭謝特恩宣諭事。十一月二十九日，蒙皇上特示撤礦處稅德意，令內閣三臣擬諭來行，謹已擬上回奏訖。十二月初二日奉聖旨：'覽卿等奏，具見忠愛，體悉詳慎，朕心嘉悅，已知道了。今值聖母徽號典禮隆重、國家有事之時，元輔二輔屢頒諭旨，何不遵承？安忍在家自逸？殊非同寅協恭、朝夕獻納之義。還著文書官齎送兩處，傳宣即日入閣贊襄，以慰佇望至意。該部知道。欽此。'該文書官劉用恭捧到臣私寓宣示，臣恭設香案，謹扶病叩頭祗領訖。臣仰誦嚴綸，伏自思念，臣雖至愚極陋，而西揄②已下，一切世味俱已淡然，亦頗懷當世之慮，獨安敢偷閑自逸？惟臣犬馬之病，不在風寒暑濕與霜露之為祟，而在應召初心無能自達，以故藥雖瞑眩，不能有圭七之益也。茲蒙明需德音，特諭戶工二部，示以罷礦條稅、安民固本德意，臣見得都城之內無小無大無不歡欣鼓舞，以誦吾君為堯舜，而望斯世為唐虞。臣雖伏在牀褥，一旦睹斯景象，如覺沉痾去體，且更期少延犬馬之生，以親見德化之成，而至於稅摧並罷、稅使徵還為快也，獨安敢以病為言？矧時下且恭上聖母徽號，典禮隆重，又何敢不勉攝衣冠，隨二臣後入閣辦事？惟臣一足已癈③，不但跪拜艱難，而亦行走未便，此在欽遣中使所親見者。伏乞聖慈少容將息數日，臣必不敢違誤。臣無任感激惶恐之至。"

② 揄 "揄"當作"榆"。

③ 癈 "癈"當作"廢"。

四日甲辰，大學士沈一貫、沈鯉、朱賡題："昨日文書官趙金口傳聖旨：'傳與內閣：日進講章只一本，還著照舊再添一本。應進何書講章，先生每開具來覽。欽此。'臣等仰見聖上日新聖學，雖講延④希御，而遜志時敏，朝夕孜孜，臣等不勝忻

④ 延 "延"當作"筵"。

服。查得前年，臣等因《大學衍義》講章進完，《學》《庸》《語》《孟》及《易》《書》《詩》《禮》俱已講過，惟《春秋》係聖人筆削之書，未經進講，又我朝太祖高皇帝、成祖文皇帝嘉謨善政，備載寶訓，可爲萬世子孫法程，允宜進講，具揭題請，或將《春秋》，或將兩朝寶訓，接續進講。未蒙允發。今蒙聖諭，恭請於前書內欽定一書，以便撰進講章。再照日講官，自協理詹事府事吏部右侍郎周應賓丁憂去訖，見在止禮部左侍郎李廷機一員，每日獨撰講章，兼理部務，力不暇給，若增進一本，愈難辦理。臣等推得原任禮部尚書兼翰林院學士于慎行，久已病痊，係舊講官，堪補前缺。合敕吏部，以原官掌詹事府印信，催取前來，與李廷機一體供事。臣等未敢擅便，謹題請旨。"奉聖旨："朕覽卿等所奏，具悉忠愛。着撰《春秋》講章，日每進覽。原任禮部尚書于慎行，着以原官起掌詹事府印信，催取前來，照舊講官。還着推補翰林見任官二員，即補日講供事。吏部知道。"

① 已 "已"當作"巳"。

五日乙巳①，大學士沈一貫奏："爲殊命難承病臣滋愧再懇聖恩俯容辭免以逭多戾事。頃以河州之功，荷蒙皇上加恩臣等，臣謹同二臣合疏辭免，奉聖旨：'河州狡虜謀犯，官兵大獲奇捷，卿等輔弼運籌，忠勳茂著，加恩示酬，寔係舊典。宜遵成命，不允所辭。吏部知道。欽此。'伏誦恩綸，彌增慚悚。竊惟河州醜虜跳梁，邊鎮克收奇捷，此皆我皇上攬威制福，處置得宜。賞不濫恩，罰不廢典，能使臂指齊力，旗鼓效靈。凡茲文武將士，或徼榮名，或希重賞，或畏謫罰，或圖贖起，或逃鞭撻，或避刑誅，恃朝廷之無私，知功令之必信，蹈白刃而不懼，齊勇怯以爭先，故奏績也。上之聖皇制命，下之將士用命，實有其功，臣何力之有焉？況臣受恩最深，逾分已極，糜臣之軀，不足以仰答高厚。近緣衰老疾病，心力盡枯，屢疏乞歸，未蒙俞允，朝夕危慄，誠懼留一日則多一日之罪，矧此非常恩典而可靦顏冒叨乎？用是跼蹐靡寧，不容已於控辭。伏望俯察悃誠，收回新命，俾朝廷賞勸之典，既公佈於臣鄰，而臣罪戾之餘，幸少安於頃刻。臣不勝懇切惶悚之至。"奉聖旨："卿輔弼首臣，運籌帷幄，成此大捷，敘勞加恩，原不為過。既卿懇辭，特勉從所請，以成卿謙讓雅意。該部知道。"

是日，大學士沈鯉奏："為非分蒙恩義難冒領懇乞俯容辭免以安愚分事。臣伏蒙聖恩，以河州大捷敘及閣臣，臣已隨同列二臣合疏控辭，伏奉聖旨：'河州狡虜謀犯，官兵大獲奇捷，卿等輔弼運籌，忠勳茂著，加恩示酬，實係舊典。宜遵成命，不允所辭。吏部知道。欽此。'臣仰惟聖眷，優厚輔臣一至於此，臣亦何敢固辭？獨念臣雖不才，既而在表儀之地，為眾庶之倡，則凡爵賞辭受之間，皆當為轉移世風之計，而不可苟也。頃者纂修玉牒，未敢蒙恩，惟不敢攘人之有以自為功耳。軍旅之事，敘及閣臣，而居之不疑，攘孰大焉？誠恐介冑之士因而解體，以隳其出力報效之心，章縫之士聞而效尤，或虧其廉謹辭讓之節。一取而二失具焉，此臣之所以不敢拜命也。伏望皇上俯容辭免，使得安其本分，或于世風不無少裨。臣不勝懇切祈望之至。"奉聖旨："卿輔弼重臣，計安邊境，既奏膚功，懋賞非過。覽疏懇辭愈切，特允所請，以成卿勞謙之美。該部知道。"

是日，大學士朱賡奏："為殊恩過渥自揣難勝再懇聖慈俯容辭免以安愚分事。頃以河州之功，荷蒙皇上加恩臣等，臣謹隨二臣合疏辭免，奉聖旨：'河州狡虜謀犯，官兵大獲奇捷，卿等輔弼運籌，忠勳茂著，加恩示酬，寔係舊典。宜遵成命，不允所辭。吏部知道。欽此。'臣伏誦恩綸，益深慚悚。竊惟邊功敘及閣臣，在昔容有之，然必其人真有輔弼之勳，實效運籌之力，則上非濫予，下非濫受，明旨所稱舊典者，蓋謂此也。臣何人哉？襪線無長，奚補袞衣之闕？內治未舉，時切外寧之憂，以故甘肅之賞，臣嘗四辭，皮林之賞，臣嘗三辭，皆蒙皇上恩許，此即近日見行之例，不必遠稽舊典矣。況河州之虜，久為邊患，實賴皇上威靈顯赫，有以讋狡虜之狂謀，賞罰嚴明，有以鼓將卒之敵愾，是以人人用命，獲此奇功，臣何嘗借一箸、佐一籌、而敢當斯典哉？夫貪天功以為功，罪也，攘眾勞以為勞，恥也，不受於前而受於後，舛也，皆臣之所不敢出也。且臣衰病侵尋，福量有限，尤不當以旦夕暫留之身，爲士林有識者所誚。伏望皇上俯察悃誠，特允辭免。臣不勝懇切祈禱之至。"奉聖旨："卿輔弼重臣，計安邊境，既奏膚功，懋賞非過。覽疏懇辭愈切，特允所請，以成卿勞謙之美。該部知道。

　　六日丙午，大學士沈一貫、沈鯉、朱賡題："臣等昨日伏睹皇上批發吏部都察院催請補用科道二本，一則曰：'各官候補已久，俱准補用，差着該科題來。欽此。'一則曰：'朕覽閣臣奏揭，懇請再四，見今科道缺官數多，不敷差用，這奏內散館候補，都准照部擬陞授。欽此。'臣等恭誦綸音，不勝欣頌，即大小羣臣，亦皆手額相慶，不獨見蒙補用科道官感激而已。但查散館庶吉士原共八人，今列名部院疏中、奉有俞旨者，止五人。其王元翰、袁懋謙、曾六德三人，原擬科臣者，尚未得旨。蓋緣吏部止請巡視光祿戶科一差，未及別科，都察院止請御史差用，未及科臣，此三人所以見遺也。均一散館士也，均一科道臣也，皇上業有俱准補用之旨，似無庸疑，而三臣名不列於疏中，未敢授職，此臣等所以復爲之請也。伏乞聖慈即賜批發，令三臣一體授職，以完散館之局，臣等不勝顒望。再照臣等屢次揭奏，尚有先年行取未經考選官周曰庠、熊鳴夏、蕭淳三人，此三人者以行取之期計之，相將十載，以服闋入京之期計之，又踰三年，數窮理極，情亦可矜，統望敕下吏部即行考選授職，以濟差用之不敷，亦今日維新大政之要務也。臣等無任懇切祈仰之至。"奉聖旨："是。吏部知道。"

　　七日丁未，大學士沈一貫、沈鯉、朱賡題："恭遇皇太子第一子誕生，該禮部題奉欽依，賜書各王府，並頒賜禮物，俱照萬曆十年皇太子誕生例行。臣等查得，先時閣臣題，照皇祖欽定事例，賜書王府禮儀止分二等，俱用衣襲，伏蒙允行。臣等看得，今次賜書各王府，合仍照前例，謹擬書稿禮物等第進覽，伏乞聖裁，發下施行。其王書舊規，該用金戔①二十六張書寓，乞命司禮監如數查發。謹具題以聞。"

①戔　"戔"當作"箋"。

擬上"皇帝致書叔祖岷王：朕仰承昊穹錫佑、祖德垂庥，於今年十一月十四日皇太子第一子生。專書奉報，薄遣儀物，用表親親之意，至可收納，惟叔祖亮之。"大紅織金閃色團龍常服：紵絲一襲、紗一襲、羅一襲。叔祖唐王，文與禮物俱同。叔瀋王、叔楚王、叔肅王、叔蜀王，文與禮物俱同，但改"惟叔亮之"。弟潞王、弟崇王、弟魯王、弟榮王、弟準王、弟襄王、弟代王、弟吉王、弟韓王、弟慶王，文與禮物俱同，但改"致書"爲"書與"，又改"專書以報"，又改"惟弟亮之"。姪周王、姪趙王、姪晉王、姪秦王、姪德王、姪衡王、姪孫荊王，文與禮物俱同，但改"致書"爲"書與"，又改"專書以報"，又改"惟王亮之"。鄭世子、益世子、靖江王，大紅織金團就常服：紵絲一襲。文俱同，但改"致書"爲"書與"，又改"專業①以報"、"推②亮之"。

是日，題③："恭遇皇太子第一子生，伏奉聖旨，着於十二月十五日頒詔。臣等於本月初一日已經具草進覽，尚未批發。計開讀並齎往各省直等處，共用十六道，今期日已近，日短天寒，書寫不前，恐致誤事。況書寫、請寶、封奏，又須數日，時不可緩。伏乞蚤賜栓發，以便遵行。臣等不勝跂望之至。"

"奉天承運皇帝詔曰：朕惟自古帝王祈天永命，咸曰子子孫孫至於萬年。蓋申命用休，惟此爲大。朕以眇躬嗣登大寶，三十三年於茲矣。睠惟國本至重，戀建元良，具舉婚儀，廣生綿緒。恭荷皇穹純佑、列聖厚培，以今年十一月十四日，皇太子第一子生，係欽命選侍王氏出。克昌胤祚，朕心載寧，上愜聖母之徽懷，下愜臣民之悅懌。宜宣德惠，以光典彝，所有條頒，開刊於後：

一、自萬曆三十三年十一月十一日昧爽以前，官吏軍民人等有犯，除謀反、叛逆、子孫謀殺祖父母父母、妻妾殺夫、奴婢殺家長、殺一家非死罪三人、採生折割人、謀殺、故殺、蠱毒魘魅毒藥殺人、強盜人命、十惡至死罪者，及永遠充軍並欽依人犯不赦外，其餘已發覺未發覺，已結正未結正，罪無大小，咸赦除之。敢有以赦前事相告言者，以其罪罪之。

①業　"業"當作"書"。
②推　"推"當作"惟"。
③題　"題"上當有"又"字。

①厶 "厶"當作"畝"。

一、王府宗枝日繁，祿米歲增，民間地厶①所出有限，兼以有司徵解往往先儘別項，緩視宗糧，以致節年拖逋，養贍不同，深爲可憫。詔書到日，撫按官各將境內宗祿及坐派民糧額數通融計算，嚴行設法徵給。如有不敷，仍酌議衷益通變事宜，奏聞朝廷區處。通限半年以裏奏報，毋得視爲故常，致使貧難失所，有孤親親至意。

一、開宗室入仕之例，與海內賢才比肩而進，分祿而食，親親賢賢，此意甚美。業有明旨，未見遵行。自今有王府省分，宗學子弟入試，與生員一體編號，但有中式，即行登榜，不許引嫌遺棄。違者監試官參處。

一、宗室子女應請名、選婚者，該府即與具奏，承奉長史等官不許抑勒。

一、鳳陽高墻庶人已故，所遺子孫妻妾，撫按官查明，奏請釋放。其節年越關赴京、遞回閑宅拘住者，如止係請乞奏辯、別無違礙，亦准釋放。

一、公侯駙馬伯等、內外文武官員旗士人等，有因過誤罰住祿米俸糧者，准照舊關支。

一、兩京三品以上文官，例該蔭子前給者，准照今階選用，已給未出仕者，照例與補。在任未及三年考滿者，准蔭一子入監讀書。

一、兩京文職官員，署職試職俱准實授。其先經考選起復散館各候補科道者，俱填補實授。候考選者，即考選授職。科道官年質最深、曾經擬陞者，即與敘陞。兩京科道其缺，着照舊例行取考選充用。其候補部屬及起復等官，已到部者，有缺填補，無缺添注。見任官潦滯殊多，查郎中歷俸七八年以上、應陞外任者，擬與應得職銜授補，員外主事六年以上、應陞本部者，陞職管事。俱即題行。

一、在外司道知府官員多缺，署攝官展布爲難，事多廢弛，先經部擬補用者，照缺與補。布政司正官，有再考稱職、可內轉者，與陞轉。俱即題行。

一、內外文職官，有養病致仕及降謫罷閑等項，除考察去任及永不敍用外，其餘年力未衰、才識可用、曾經科道及撫按官舉薦者，吏部查奏，分別起用。註誤拘逮者，釋放爲民。爲民者，與冠帶閑住。冠帶閑住者，與致仕。

一、凡文武官員，曾經敍功勘覆題允、見今赴部題補者，該部查照原擬衙門題行到任管事。

一、兩京各營見任操備武職，係部推欽點四品以上署職、見遇頒詔者，准依萬曆二十九年例實授，仍支署職俸糧。如遇推陞，亦止於署職遞加。

一、軍職萬曆三十三年十一月以前爲事降調兩廣等處煙瘴衛所病故，不分已未到衛，子孫爲因路遠不能赴所調衛分起文承襲者，許令原衛起送承襲，帶俸差操。其終身軍，已經開伍回衛、年六十以上者，比照爲民事例，子孫准其承襲。其爲事降級，年六十以上、有子孫赴部替職者，准復祖職，未及六十者，止許暫替所降職事①。爲事立功者，許令復職差操，與支半俸，扣至限滿全支，有限未滿病故者，子孫襲職，免其減俸。

一、凡應襲武職，比試違限、應該住俸者，免其住俸。比試不中、應給半俸者，准支全俸，俟二年之後起送再比。總小旗因誤並鎗革役者，該衛所查無別礙，不論年月久近，許令起送補並還役。

一、侍衛東宮管領指揮等官，量加職銜，其帶刀控馬舍人並隨侍大漢將軍二十八名，俱令冠帶。

一、兩京各衙門歷事監生及承差，各免辦歷事二個月，辦事官一個月，辦事吏二個月，當該吏四個月。禮部鑄印局儒士食糧候糧及納銀冠帶見在歷事者，各免三個月。工部各工效勞員役曾經題敍者，一體查敍。

一、近年四方災報頻仍，民困日久，一應夏稅、秋糧、馬草、農桑人丁絲絹、布疋、綿花絨、户口鹽鈔、皇莊子粒、屯田牧馬新增草場子粒租銀、歷日、防夫、水夫、民壯、弓兵、機户、蘆課、富户等項，及諸色課程、門攤商稅、魚課、棗株鈔貫、果品，拖欠帶徵者，自萬曆二十八年以前悉與蠲免。其順天及北直隸八府連歲重災，比他省直多蠲一年，以恤畿輔

① 事　據《明神宗實錄》卷四一六，"事"當作"級"。

重地。

一、萬曆三十四年天下稅糧，除起運外，其存留者准免十分之二，以蘇民困。鄰河省直州縣，節年繁費苦累，准特免十分之五。其免過錢糧有必不可少者，於合府內通融措處。

一、稅契銀兩原有舊制，近因國用缺乏，申飭徵解，有司奉行不善，重疊徵收，着各遵舊例、隨南北地方、照畝照銀徵收解部，不得重徵擾民，並虧國課。

一、頻年征播征倭，煩費百姓，一應錢糧有因軍具加派者，撫按官查明盡行停免。

一、邇來民困極矣，地方有司不能悉力撫綏，分外侵漁。有僉報富民、義民，借以供應者，有派當庫役、豐級，累年陪苦者，有差遣省祭義官，經歲奔走者，有立名行户、鋪户，虧損價值者，有於罪贖之外橫律科罰，多至十石、百石者，有於條鞭之外立小條鞭，火耗之外復加秤頭，任意乾没者。詔書到日，一切禁革。撫按官嚴督所司刊榜曉諭，如違查參重處，該部科有聞亦即參奏。

一、各府州縣官及衛所掌印管屯官，催徵錢糧完不及數及積穀不及數，住俸者，俱唯開復補支。降俸者，復俸不補支。降級及立功調衛者，撫按官通查分數，奏請定奪。如係軍人拖欠，照帶徵民糧年限一體蠲免，京衛仍准多蠲一年。

一、天下各鹽運司鹽課司提舉司，自萬曆二十八年以前拖欠額課，除已徵在官者盡數起解，如係商人輸納不前、以致逋久①，悉准蠲免。其因防倭征播加派新增浮課，蠹累商民，除之。

一、各鈔關先因倭餉增稅，致難充額，唯將新增銀數免其徵解。

一、京城內外居民，比歲兩潦倒損衝壞田房數多，未盡修復，其房號准免三個月。

一、廣東珠池採取多年，屢據撫按官奏報蠙蚌日虛，不宜竭澤。詔到之日，即便封閉。原差內官李敬，馳駔回京，原衙門應役。其雲南寶井干涉夷方軍情，遠人易亂難安，今礦洞既

① 久 "久"當作"欠"。

閉，着一體停止勿採。

一、各處解部贓罰，近因數稍加增，以致搜拏土豪積役，株連多人，故入人罪，因而所在窩訪通家，乘機中傷、廣開騙局，此近日地方一大害也。自萬曆三十四年爲始，撫按等官贓罰，都着查照舊數解部，一切新增盡行停止。若非大奸臣蠹，聽從告發究治，不許輒行訪拏。如有撫按在任被論謝事候代及事故者，原無問理，致令新任處解，未免煩擾，悉准停免。

一、兩廣川貴福建等處，地方遼遠，起解内庫銅、錫、蠟、茶、硃漆等項到京，屢被包侵勒掯，以致解官久稽陪累，多斃杖獄，情實可矜。該部通查本色錢糧，非本地土產或可改折色者，酌議奏請。其各處解官及引商花費前項錢糧，如正犯監故，家屬監追日久，已經變產盡絕者，准與豁免。

一、生員及俊秀子弟，有納粟入監者，准於萬曆三十四年分照近例減銀二十兩，一年停止。

一、侵欠還官銀兩，情重數多，例不應免。其正犯已經監故正法、拘禁家屬年久產盡者，及各項追贓人犯，有係查盤坐侵、訪察坐入、風聞參論、原無證據者，或正犯已故、監並家屬累及親族者，備細查明，分別年月久近、贓數多寡，酌量題豁。

一、沿邊沿海倉場官攢商人，守支糧料草束五年之外，查盤浥爛虧折、不係正數者，不分正犯、家屬，軍罪以上開具奏請，徒罪以下俱准免追釋放。

一、浙江等總運糧官員，有因漂流掛欠、監追五年之上、產盡或身故者，子孫准其襲替，照例扣俸還官。如係侵盜正犯，奏請定奪。其違限註誤，及中都等處違誤領班，各提參、住俸、降俸、降級、立功者，准與查復宥免。

一、畿内各府州縣，節年寄養馬匹，有瘦弱不堪者，負累小民餒養，各掌即官即便勘實，呈報該寺，照依時佑①變價，解寺貯庫。其節年例無②，勘無作踐情弊，准免陪補。

一、京營並在外各營騎操及苑僕孳收馬匹，倒失被盜應追買補樁贓等銀，除已徵在官截數起解外，其萬曆三十三年十一

①佑 "佑"當作"估"。
②例無 "例無"當作"倒死"。

月以前未完者，俱准蠲免。

一、南北直隸、山東、河南各府州縣，應徵萬曆三十四年牧馬草場子粒、餘地租銀，俱量免十分之二。其備用馬匹，除本色外，萬曆三十四年派徵折色者，每匹價銀免四分之一，其三十四年派徵本色者，於三十五年折色內亦免四分之一。

一、近來馹遞疲困，支應不給，馬戶僕夫往往逃亡。各省直撫按官，行查地方衝僻繁簡，將原額貼銀酌量增加，其偏僻處所有支剩銀兩務令通融協濟。仍照節年申飭事例，嚴查應付，各該衙門毋得徇情，濫給勘合、牌票，如有多乘馹馬、廣用人夫、勒要銀兩、擅用金鼓、分外需索、及夾帶騷擾等項，撫按官指實參來。近今礦稅已清，各監宜嚴加約束參隨人等，毋許故違有犯，如違一體拿問參處。

一、國家設兵以備不虞，一鎮之兵凡以備一鎮之用。近來軍餉不減，而每遇調發，輒稱無兵。俱歸何處？各鎮總督撫按，將食糧文冊嚴加揀選，精壯者操練，老弱者汰換，虛名冒占者俱宥往罪。其有虛文塞責、漫無實用者，指名從重參究。

一、充軍、充徒，並編發口外為民，及遷徙安置人犯，已到配所者，軍除永遠為民，遷徙安置人，除謀叛、逆黨、強竊、盜賊、人命、窩訪、指稱、打點、夤緣、鑽刺、貪淫、失機外，其餘罪有可原及年七十以上者，悉准放回原籍原衛，寧家隨住。

一、免死充軍，本矜疑寬典，而致累子孫，為輕反重。仍照萬曆二十五年新例，免死充軍者，發煙瘴極邊衛分充軍終身，不許赦宥，若復逃歸，仍坐以死。

一、寧夏、朝鮮、播州、雲貴、兩廣，連年用兵，釁自外起，乃朝廷不得已之役。今蕩平已久，屢加赦宥。念當時諸務業沓，文武將吏軍民人等有因此獲罪，或死，或黜，或繫，或戍，或及妻孥，未被恩澤。該部分別查明，死者優恤，黜降者議處，繫者、戍者宥還，末減釋放，以昭浩蕩之恩。

一、今歲熱審，情可矜疑人犯，即照新例發遣，有詞再問，篤疾釋放。

一、內外監追贓犯，已及三年，別無家產，不論入官給主，二百兩以下者竟自開豁。

一、侵盜係官錢糧，間擬永遠充軍，若所侵贓銀在三個月以裏盡數通完者，准辯豁。

一、浙江、直隸蘇松常鎮等處，拖欠綾紗歲段錢糧，自二十三年以前，如已徵在官、機戶領侵者，嚴追織解，果本犯已故、及監追年遠、家產尽絕、無從變賣者，聽撫按勘明議免。其未徵在官，委係小民拖欠者，查明蠲免。俱類冊奏請定奪。

一、各省直拖欠四司料銀、匠價、麂狐皮、翎毛、天鵝、蘇麻、甄料、葦課、黃麻、熟釪等料折色銀，及額辦白麻、生鐵、紅生熟銅、生漆、魚膠、桐油、銀硃、猫水班竹、椶毛、樹棕等項本色物料，自二十一年起至二十五年止，已徵辦在官者，截數起解，未徵在官、果係小民拖欠者，悉行蠲免。

一、內外遠軍在工人役，曾經侵犯贓私，監追十年以上，未得完贖，查果家產盡絕，行原問衙門，照擬定罪名發遣，原侵贓私悉准豁免。其有聽信誘哄、希圖赴工侵剋、妄奏審虛、監候年久、未經處分者，悉送法司，分別問擬發落。

於戲，元子元孫，協震符而浹瑞，永年永世，流解澤以凝祥。詔告萬方，咸宜知悉。"

八日戊申，大學士沈一貫、沈鯉、朱賡題："恭遇皇孫彌月，皇上請聖母宴會，合用奏書、致語，例該用金箋寫完，於文華殿用寶封進。臣等謹撰稿呈覽，伏乞聖明裁訓。其金箋合用正付①二張外，銷金黃綾小包袱一個，乞命司禮監查發應用。謹具題以聞。"奉聖旨："朕已恭請聖母，特奉慈諭：'早見元孫，實為喜慶。免陞座，只行家禮，以省勞煩。'朕即欽承。奏書、致語俱免。諭卿等知。"

元孫彌月請聖母宴會奏書："子皇帝臣謹奏。伏以甲觀儲祥，吉逢彌月，重闈集祉，宴啟需雲，纂洪胄於萬年，奉宸歡於嘉臘。恭惟聖母慈聖宣文明肅貞壽端獻皇太后陛下，德紹虞英，徽侔周姒，仁心若旭，恒咨貽燕嘉謀，和氣如春，載迪含飴篤愛。屬當陽長，肇育孫曾，瑞呈麟趾之振，禎應龜圖之熾，

①付 "付"當作"副"。

洶凝庥於純佑，爰錫羨於雲仍。睹諟誕彌，胥深抃慶，念坤慈之罔極，紓鼎養之微虔。謹以某月某日，穆敕內庖，敬陳法膳，稱觴玉陛，寅伸愛日烏情，介壽瑤池，庚祝齊天鶴算，永藉後昆之祐，長垂中壼之儀。臣無任顒切懇祈之至。謹具奏聞。"

　　元孫彌月聖母宴會致語："伏以天休滋至，龍樓快睹虹祥，月吉誕彌，鸞禁欣承燕喜，一家四世之慶，九重萬年之觴，今古罕倫，臣民胥作。恭惟皇太后陛下，夢占龍據，肇真人以奠萬方，澤咏螽詵，綿本枝而昌奕葉。我皇上堯仁浹物，舜孝自天，席累聖之成謀，尊慈闈之懿訓，寧修小節於寢膳？蓋決大計於宗祊。既忻得主兕之賢，復賀遂含飴之念。幻①海之海重潤，前星之星載輝。官家率孫曾，以承膝下之歡，壽母周甲子，而迎履長之慶。葱蒨光騰於樽俎，謳歌曶發於管絃。孫生孫而復生孫，恐皇圖於盤石，老吾以及老②，登帝治於華胥。以天下養而愈隆，則百斯男而未艾。臣等叨忝法部，幸觀昌辰，翩躚敢衬於九成，宛轉願抒乎三祝。爰陳口號，仰溷宸聰：'周家任、姒最稱賢，未必孫曾捧壽筵。天保瑤圖方啟後，星輝紫極又光前。歡聲沸入金懸奏，佳氣霏爲玉篆煙。見說春來熙寶號，一齊催發萬花妍。'"

　　十三日癸丑，大學士朱賡題："昨日臣同次輔在閣直票，蒙皇上發下吏部一本《爲缺官事》，內開通政司缺右通政，推太常寺少卿朱敬循、南京鴻臚寺卿衛承芳，內朱敬循有點。次輔遂據以票上。臣退而思之，萬不自安。敬循，臣之子也。以少卿轉通政，雖加③於四品之秩，以太常陞銀臺，則已廁於九列之班。臣男年資尚淺，物望未孚，其不可一也。臣叨④受國恩，未報萬一，天下方聞之士淹滯下僚、棄置林穴者，不知其幾，臣不能薦用一士，而又使其子弟爲卿，其不可二也。承芳，臣同榜進士，四十年制科，最稱恬退，才望俱優，正宜及時大用，而使後生小子躐居父執之前，其不可三也。宋臣呂蒙正以身居政地，請留一子在京侍養，其餘皆出爲外官，古人不私其子⑤如此。臣願倣其意，欲令臣男竣差回京，即以原官作缺，留侍

① 幻　"幻"當作"幼"。

② 老吾以及老　"老吾以及老"疑當作"老吾老以及人老"。

③ 加　據《明神宗實錄》卷四一六，"加"上當有"無"字。

④ 叨　"叨"下一百二十一字原缺，據《明神宗實錄》卷四一六補。

⑤ 子　"子"上一百二十一字原缺，據《明神宗實錄》卷四一六補。

京邸，則臣男既得安其愚分，而臣衰老待斃之身，亦有所托而無恐，父子感恩榮於九遷多矣。臣生平恥爲矯飾之事，惟是一念真情不得①仰瀆天聽，伏願皇上曲體臣私，改用衛承芳，以慰人望，令臣男仍守舊銜作缺侍養，敕吏部勿復再推。待臣旦夕乞身，臣男許國酬恩尚有日也。臣不勝懇切祈禱之至。"奉聖旨："覽卿奏，具見忠慎廉讓，朕嘉尚不已。卿子敬循，暫仍以原官供職，以成卿美。衛承芳既資深望重，依卿所薦，吏部還優擬來用。"

是日，大學士沈一貫、沈鯉、朱賡題："臣等恭視中書官遵奉欽定詔書條款，俱已寫完，計一十六道。先將一道封進御覽，伏乞即賜發下用寶。謹具題知。"

十五日乙卯，大學士沈一貫、沈鯉、朱賡題："今日恭遇皇上以皇太子第一子生詔告天下，覃恩域中，凡行政用人，省刑薄斂，舉人情之所願望，皆聖澤之所旁流，德意先陽春而早布，國慶與泰運而俱新，臣工舉額以嵩呼，父老携仗而鵠聽，如沍寒之後一日而登春臺，蔀屋之中頃刻而瞻霽景。信乎天地之化時至則行，誠哉堯舜之君有爲則是，真古今大聖人之作用，而乾坤一再造之境界也。雖海汲春育，在聖心容有無外之深仁，而虔始厚終，在羣情尚需無窮之渥澤。伏願皇上益懋鴻圖，永詒燕翼，由一念之不忍，達之於其所忍，念念皆仁，由一事之不爲，達之於其所爲，事事皆義，使一人之恩舉而加之四海，將四海之福斂而歸之一人，所以開萬世之太平、垂百王之令譽者，方臺②今日始矣。臣等不勝犬馬之忱，謹具奏爲百官萬民稱謝，伏惟聖明鑒照。臣等不勝激切屏營之至。"

二十日庚申，大學士沈鯉、朱賡題："臣等昨者入直，行至長安門外，見有執狀痛哭而向臣等訢③冤者，問之知爲柴炭商人。臣等不覺凄惻。蓋聞帝王施恩，篤近舉遠，《詩》所云'惠此京師，以綏四方④'者是也。我皇上頃頒恩詔，免在京小民雨塌房屋者房號三月，又特免煤窰私稅，德意蒸然，似亦在此。

① 得 "得"下當有"不"字。

② 臺 "臺"應作"自"。

③ 訢 "訢"當作"訴"。

④ 方 "方"當作"國"。

何近年舉報商人鋪戶，乃無不傾家蕩產，而至有削髮投河自縊身死者？篤近舉遠之謂何？祖宗朝廷富民以實京師，凡以爲深根固本之計。今普天皆沾雨露，而都內小民，但有一衣食纏足稍稱得過之家，便即報商人鋪戶，一經舉報，未及數月便即至傾覆流離，眇無踪影，一時景象蕭條，殊不稱豐邑鎬京居重馭輕之地。若不及今早爲區處，年復一年，後將何極？臣等恐不但小民受累，將尚方取用誰與供給？茲所關非細故也。伏乞敕下該部，亟講求優恤衰便之策，要見得當此財用缺乏之時，而有此必不可已之役，如何可隨給價直，使不至揭債賠償，如何可減免鋪墊，使不苦多方需索，用仰付①我皇上篤近舉遠之意。臣等叨備股肱，不勝幸甚。"

二十一日辛酉，大學士沈鯉題："本月二十日，臣與同官賡同在閣中辦事，移時而賡以感寒先出，臣獨在閣，蒙發內供用庫太監等官孫成等一本《爲拖欠蠟茶芝蔴等物屢不解進懇乞聖明亟賜嚴催以濟供應事》。臣據本內事理反復參詳，皆各省直歷年拖欠正供之數，委當擬票嚴旨發下該部，立限督徵。獨念皇上此時，方爲天災民瘼發政施仁，特下寬恤之詔，一時都城內外，無小無大無不欣欣喜色，若忽有督逋之旨相繼而下，則雨露霜霰一時並行，非所以將順九重德意，斯臣愚失職之罪也。故止擬'戶部知道'，以爲戶部尚書趙世卿精明綜覈，通達治體，凡有題覆，既不虧國用又不忌民隱以覆，該部所奏必有善處之方，故票擬僅僅若此。今蒙發下改票，臣自當奉命惟謹，惟不敢二三其說，以致與恩詔相妨，而壅閼聖澤不行也。蓋昔陽城小臣也，猶知催科撫字不可得兼，而自甘心勞政拙之罰，矧臣叨輔弼之列，而事堯舜之主，又且當恩詔初頒之際，乃急急於責逋催欠之事，夫豈不南轅北轍乎？蓋逋欠積於累年，而催督嚴於一旦，勢必不能速完。有司林②於嚴旨，惟恐得罪，則又必欲速完。欲速完則必且嚴刑峻罰以見風力，而敲樸喧於公庭，桁楊接於道路。當是之時，山中野人或有扶老攜幼以入城市而聽開讀恩詔者，睹斯景象，豈不駭觀？蓋《易》稱'損上益下'之謂'益',而'損下益上'之謂'損',損益,夫豈在取予之間?哀益亦別有乘除之數。矧今奏內所開,不過米鹽細碎已經遺棄之物,即盡蠲以予民,益可推廣聖澤、而內供亦無損者,臣特爲朝廷存大體耳。敢仍以原票冒昧封進,而附其一揭以明臣區區如此。伏乞俯鑒臣愚,仍允前擬發部,臣不勝幸甚。"

二十二日壬戌,大學士沈一貫、沈鯉、朱賡題:"伏奉聖諭重刊,《大學衍義補》,命臣等撰序。臣等欽遵,謹具草進呈,但愧學術荒疎,文辭鄙陋,不足以闡揚聖蘊,增光盛舉。恭候皇上裁教。臣等不任戰慄之至。謹具奏知。"奉聖旨:"朕覽卿等所奏撰序,具悉仰體忠愛,且闡揚聖蘊,增光盛舉,心甚嘉悦。元輔賜銀四十四兩、綵段三表裏、酒飯一卓,二輔、三輔每賜銀三十兩、綵段二表裏、共酒飯一卓。該衙門知道。"

御製重刊《大學衍義補》序:朕惟帝王之學有體有用。自仲尼作《大學》一經,曾子分釋其義,以爲十傳。其綱明德、新民、止至善,其目格致、誠正、修齊、治平,闡堯舜禹湯文武之正傳,立萬世帝王天德王道之標準。宋儒眞德秀因爲《大學衍義》,掇取經傳子史之言以實之。顧所衍者止於格致、誠正、修齊,而治平猶闕。逮我孝宗敬皇帝時,大學士丘濬乃繼續引伸,廣所未備,爲《大學衍義補》,揭治國、平天下、新民之要,以收明德之功,採古今嘉言善行之遺,以發經傳之指,而後體用具備,成眞氏之完書,爲孔曾之羽翼,有功於《大學》不淺。是以孝廟嘉其考據精詳,論述該博,有補政治,特命刊而播之。朕踐祚以來,稽古正學,經史諸書博涉殆褊①,因念眞氏《衍義》,我聖祖大書於廡璧②,累朝列聖實之經筵,肅祖聽講之餘賦《翊學詩》以紀之,朕爰命儒臣日以進講,更數寒暑至於終篇。然欲因體究用,而此書尤補《衍義》之闕,朕將紬繹玩味,見諸施行,上遡祖宗聖學之淵源,且欲俾天下家喻户曉,用臻治平,昭示朕明德、新民、圖治至意,爰命重梓,以廣其傳,而爲之序如此云。"

①褊 "褊"當作"徧"。
②璧 "璧"當作"壁"。

是日，大學士沈一貫奏："爲屢承恩諭恭趨難期萬不得已照例辭俸以明國典懇祈賜閑以安臣分事。臣以久病餘生，蒙皇上非常恩造，兩遣鴻臚寺官宣諭，特遣文書房官宣諭。茲者聖心天啟，善政一新，慶溢宮闈，恩覃海宇。臣既蒙千載一時之特知，復睹千載一時之新政，萬倍歡欣，手足鼓舞。昔漢文帝布詔天下，山東老羸之人，皆扶杖而往觀之，願須更①無死，以見德化之成。豈臣今日幸在日月之傍，而敢不忍死強出，效明時一奔走乎？奈國運正當泰來，而臣身已遭否極，皇上愈以恩寵生全之，而造物愈以錮疾纏綿之，臣之命也。臣於半月內，屏絕思慮，專心調理，倍加藥餌，希圖速效。不虞峻劑爲害尤大，初六日徧體瘢瘰，癢痛次骨。急用發散，又傷過多，倐感寒邪，口噤身戰，如火焦灼，日輕夜重。蓋因先此冬至之日，曾經痰厥仆地，血氣不復，以致再感。料度病勢痊可未期。切照臣於五月二十日席藁，至八月間將及三月，因恭祝萬壽，扶掖見朝，隨於本月二十七日病發，至十一月二十七日又滿三月，例應住俸。況兩經三月，尤難素餐。本欲勉強，而今年之病比前異甚，畏寒、畏熱、畏勞、畏思，補之不得，治之不得，年時晚暮，醫術無功。絕無一毫假託，實有萬分慚負，敢復爲不揣之請，望皇上容臣照例辭俸，以明典制，特憐微臣四十年犬馬微勞，賜之骸骨，歸正首丘，以全臣分誼，使不至玷缺之甚，乃天地鴻恩，報酬罔極。臣幸見今日太平，魂魄皆安，死無所恨。臣無任懇祈涕泣之至。"

二十三日癸亥，大學士沈一貫、沈鯉、朱賡題："先該題奉欽依，每年終將講過經書講章類寫進呈，以備皇上朝夕觀覽，已經節次進呈訖。今查撰進講章，謹將《通鑑纂要》魏主攻盱眙起至魏以孔乘爲崇聖大夫止一本、宋江州刺史桂陽王休範舉兵反起至齊州刺史韓麒麟爲政尚寬止一本、齊以竟陵王子良爲司徒起至魏禁明語止一本、魏主游華林園起至時佛教盛於洛陽且②一本、魏以高肇爲司徒起至賊勢日盛止一本、魏秦州莫折大提反起至魏楊播及弟椿津皆有名德止一本、魏高歡立勃海太

① 更　"更"當作"史"。

② 且　"且"疑爲"止"之誤。

守元朗起至绰性忠俭止一本、侯景復以河南叛附於梁起至陳以安成王頊爲司徒錄尚書事止一本，以上共八本，類寫裝潢進呈。伏望皇上萬幾之暇，時加觀覽，以求溫故知新之益。臣等不勝惓惓效忠之至。謹具題以聞。"

萬曆
三十四年

萬曆三十四年正月庚午，朔，大學士沈一貫、沈鯉、朱賡謹題：「伏蒙皇上以正旦令節，頒賜臣一貫燒割一分、酒飯一卓，臣鯉、臣賡共燒割一分、酒飯一卓，臣等頓首祇領，不勝感戴天恩之至。謹具題謝恩。」

是日，大學士沈鯉、朱賡謹題：「茲遇正旦令節，臣等恭詣宮門外叩頭慶賀，伏蒙皇上頒賜臣等每甜食一小盒、伏薑一盒、共硬糖餅一盒、絲窩糖一盒，臣等頓首祇領，不勝感戴天恩之至。謹題謝恩。」

是日，大學士沈一貫、沈鯉、朱賡謹題：「伏蒙皇上以正旦令節，頒賜上尊珍饌，臣等頓首祇領，不勝感戴天恩之至。謹具題謝恩。」

十一日庚辰，大學士沈鯉、朱賡題：「臣等在閣辦事，蒙發下各衙門本章擬票，見得吏部、都察院皆缺正官，其列銜皆有署部事、署院事等字。因私計吏部缺尚書將二年，都察院缺左都御史亦數月矣。夫吏部尚書，世稱冢宰，統百官而均四海者也，都御史，總持憲紀，振肅百僚，俱為要職，俱關係吏治隆汙、民生休戚、地方理亂，豈宜久缺至此？伏望皇上特發一諭，將此兩缺已經會推者，就中各點一員，使各率屬供職。蓋當官聯久曠之餘，而兩大僚一時俱備，則人皆改觀易聽，亦新政煥然之一端也。臣等因事納忠，義不容默，曷勝懇切祈望之至。」

十九日戊子，大學士沈一貫、沈鯉、朱賡題：「臣等竊惟，皇上十餘年來，日為海內憂勞，而尤為寧夏、朝鮮、播州、雲貴、兩廣等處用兵憂勞。天祐國家，有亂輒平，真乃聖謨獨運、皇威遠揚、文武將吏用命之效。然其間蔓延波及，或死、或黜、或繫、或戍①、或及妻孥，未蒙恩澤者不無其人。茲者詔書軫念，加之宥卹，以昭浩蕩之恩，尤足以還元氣而召太和，聖政也。昨刑部奉詔為犯官曹學程請命，臣等敢以一言仰資贊成，惟聖明俯納。切惟學程之禁，十年於茲矣，聞其在獄中，悔艾已罪，感戴聖恩，甘萬死而不辭，每咋舌而自痛，此人人之所

① 戌 "戌"當為"戍"。

知也。臣等每逢秋審之時，爲之凛凛惴慄，即在廷文武諸臣，無不爲之凛凛惴慄。非臣等及在廷諸臣舉有私於學程，亦非學程能一一而徧懇之，然而共加哀憐如此。豈謂學程盡無罪？亦天理人情有所感發而不能自遏也。蓋御史雖七品官，而立螭頭之下，爲天子所恃①盼，嘗許以風聞言事而不追咎其②非，其來久矣。乃者一旦不免，則顧惜國體者咸曰：'煌煌聖朝，安可有殺言官之名？'爲御史惜者又曰：'此等事豈臣子忍見忍聞？'諺云：'兔死狐悲。'物亦有情，而況於人也？抑不獨縉紳爲然，凡此都人每遇秋審之時，滿街聚觀，指而相語曰：'此曹御史也。'有爲之下淚者。抑不獨悲之，而又有慰之者曰：'聖天子在上，必有矜赦之日，毋過自苦。'故學程每每對人泣，而人亦爲學程泣，此亦何心哉？不過爲冠裳體面生此一悲愴，非有私也。其間知學程家事者，悲之愈甚。學程有母，年九十餘矣，而日夜望其子之歸，一訣以死，至欲自來叩閽，而遠不可來，且老又不可來，此尤人子之至痛也。宜學程之羸③瘠如鬼物，鬚毛盡白，不能久待餘命矣。然而人雖悲之，莫敢爲皇上言之，誠畏天威在上，誰敢輕犯？今幸有覃恩詔書，臣恃此無恐，昧死一言。竊謂學程得罪，原因朝鮮之事，推本其意，乃爲國家。自朝鮮蕩平以來既有詔赦矣，而不能及學程，辛丑覃恩兩下詔書矣，而又不及學程。今復下詔書矣，數經大赦之後，望皇上姑略其罪，而不惜一特恩也。矧聖主以孝治天下，恭上聖母徽號在邇，儻垂錫類之仁，念及其母於至情，又宜寬宿怒、霽威顏也。臣等與合朝及都人共祝禱之意，不敢爲皇上論法，但爲皇上論情。情有所可憐，法有所可詘，事有所不可以例拘者，惟此一大慶典，望聖主以天地至仁而原宥之。若萬一尚謂罪不可釋，則乞從末減而坐之戍遣，恩威莫非至德，輕重惟求一生。此朝野之同瞻，聖明之美事也，惟皇上俯察羣情而賜之俞允。蓋學程真犯龍鱗，天下莫不知，而皇上尚肯見容，則凡天下偶觸法綱過誤獲罪者，更何人之不宥？豈獨解三面之綱？真乃流天覆之慈。天下謂皇上不難克己弘物一至於此，真三代以下人主所無，非堯舜不能也。宥一人而千萬人悅，正此之謂。從此

①恃 明抄本作"特"。
②其 明抄本"其"下有"是"字。
③羸 《敬事草》卷一九作"贏"。

謳歌頌祝續續相望，以前怨咨一朝都泯，豈非聖明至美之事超出今古者哉？臣等不勝顒望稽頓之至。"

二十日己丑，大學士沈一貫、沈鯉、朱賡謹題："今日該禮部接出聖旨：'朕第八子於萬曆三十四年正月二十日卯時薨逝，合行事宜，照沅懷王例行。禮部知道。欽此。'臣等不勝驚愕。仰惟皇上聖德裕昌，仁昆茂衍，方欣振詵之多，宜享恒昇之永。至如皇第八子甫離襁褓，隱重屏藩，胡從維嶺之遊？乃悵西河之淚。其在聖衷，能無惋惜？但降年修短，本自有期，而錫祉駢蕃，方興未艾。伏望皇上順承理數，寬慰聖懷。臣等不勝懇祈之至。謹具題恭慰嘆聞。"

二十一日庚寅，大學士沈一貫奏："為報國多慚引年宜亟懇乞聖慈俯容休致以全終始事。臣惟萬物之理，無有春而不秋、夏而不冬者。自古人臣七十致仕，具載典章。在朝廷為體下之仁，在臣子為自諒之智。所以明分誼、重政機，皆在於此。況老病難支、久宜罷免如臣者乎？臣稟氣最薄，與疾為生，終年樂餌參豐飲食。自隆慶二年偶叨一第，竊祿三十九年，中間供事講筵者十有三年，供事內閣者又十有三年。一生閱歷，皆在日月之旁，仰惕威嚴，俯深憂灼，但圖竭蹶，何論精神？是以暗鑠明銷，不可具述。歷懇閒退，誠自知其鞭策之不可復施也。今年已七十歲，例該休致。首揆重荷，豈得久叨？昨被人言，幾成虀粉，獨賴聖主在上委曲保持，尚得遷延至今，偷存苟活，臣每念此，不勝感涕。豈不戀恩？亦非避事。正以才本庸虛，身又老病，血氣衰耗，心思昏塞。今聖政一新，四海歌頌，雖手足抃舞，樂觀德化之成，而病已沉綿，有難復起。譬如百卉方生，而蘼草先死，亦臣祿命之已盡故耳。呼天號地，誰與憐恤？不得不涕泣祈禱於君父之前。昨十二月二十二日，具瀝此情，兼請辭俸，未蒙省發。敢因引年明例，仰望皇上俯加矜哀，准容致仕，庶全臣道之終始，不至折鼎覆餗、辱命殞身，以為國體國事羞。當今萬物皆得其所之時，臣亦得臣之所矣。臣無任迫切哀籲之至。"奉聖旨："卿忠誠練達，燮理功高，精力有餘，正堪繁鉅，何可循例引年、復堅前請？且朕尊上聖母徽稱大禮在邇，輔弼首臣，尤宜率先百僚，聿成盛典。便可仰遵屢旨，亟出贊襄，以副朕惓惓注望之意，慎勿再陳。吏部知道。"

二十四日癸己①，大學士沈鯉、朱賡謹題："今日臣等在閣直票，見發下批紅本，有督理陝西稅務卿馬監太監梁永一本奉御批：停礦分稅，已有諭旨，有司何不仰體朝廷德意？乃敢抗違，狂悖出示，主唆奸徒劫去稅銀，擅將奉差校番混拏，酷刑監禁，却又打傷土民參隨，以致地方百姓不寧，好生可惡。奏內咸陽知縣宋時際，並有名奸惡，都着撫按官嚴行拏解來京究問。咸寧知縣滿朝薦既任未久，姑降一級調用。其拘禁見監人役，即行釋放，毋得連累無辜，務安地方。該部院知道。欽此。'臣等不勝駭愕。夫停礦分稅，出民於水火之中，此皇上好生之德，洽於四海，太平景象已在目前。地方有司自宜仰體德意，與民擊壤謳歌，以樂太和之盛可也。乃至如梁永所奏，主唆奸民，劫去稅銀，混拏校役，打傷參隨等情，有人心者不應狂悖如是，皇上怒而治之，良不爲過。但梁永膚受之愬，出於一面之詞，或以過激雷霆，自逞胸臆，亦未可知。皇上方調停礦稅，以行仁政，而又以礦稅之故械逮有司，竊恐株連無辜，激生事變，且與前旨若不相合，未免有傷聖德。臣等一念忠愛之誠，不敢不一匡救也。伏望皇上且停拏解之旨，令臣等另行票擬，敕下撫按官，從公查勘有無主唆、劫奪、酷打等情，據實奏聞，然後議處未晚。臣等非敢惜此二縣官，但恐此旨一傳，天下人心舉皆轟動，頓使一時頌聲轉爲嗟怨。臣等職在輔弼，魂夢何安？爲此竭誠懇請，不勝惶恐待命之至。"

是日，大學士沈鯉、朱賡題："恭惟皇上達孝尊親，時下且恭上聖母徽號，典禮隆重，而首輔一貫尚在註籍，無有爲文臣班首者，似屬缺典。伏乞特降綸音，趣令入閣辦事，領袖班行，以贊揭大聖人尊親至孝。臣等不勝祈望之至。"

① 己 "己"當作"巳"。

二十六日乙未，大學士沈一貫奏："爲久病宜斥聞言省疢懇乞聖明早賜乾斷全臣晚節事。臣自揣至愚，素無榮望，伏蒙皇上不世恩造，寄以政本。非不欲勉策疲駑以報萬一①，而疾疢侵凌，襄年益甚。自舊夏以至今春，痰火纏綿，頭目眩暈，腸胃秘結，飲食不進。又左臂麻木，不能屈伸，背心發消，如火燋灼，逢寒畏寒，逢熱畏熱，醫不能定一人，藥不能主一方，終日徊徨，委化待盡。仰荷聖恩見寬，不加譴責，屢勤使命，促出供事。計伏枕以來八閱月矣，調理絕無一效，而病勢日有增加，非惟不能趨閣辦事，至如極大典禮，聖母萬壽聖節、冬至令節、元旦令節、元孫誕生慶典頒詔天下，臣皆不能扶掖赴闕，少伸舞蹈之忱。今恭上聖母徽號在邇，頒詔又在邇，惟有中熱，而兩足已廢，不能發跬步矣。正月二十一日引年及期，援例懇乞，又奉②旨未俞，使臣局踳踳彌甚。聖政一新，中外大小之臣咸精白承休，而臣忝首揆，終年在告，諄諄丐去，數數瀆尊。豈獨無犬馬之心哉？皇上過憐臣，臣亦未嘗不自憐，而天不憐臣，誠有所限之也。且臣被人刺螫，幾無完膚。而昨建言者，猶以隱語相加，罪戾餘生，何宜復辯？但既有指名，不得無一言。切惟白瑜之謫，出自中旨，其時臣有揭帖申救，必尚在御前。即瑜未嘗有一語疑臣，而倏言謀洩，至此茫然，不知所謂。瑜見在京，可質閣也。王士騏，臣之門生也，豈不欲厚之而故擠之乎？事發於御史康丕揚，丕揚嘗論臣者，非阿臣者，不可謂臣意也。至其爲民，則再三奉上命出嚴旨，而士騏亦自謂得此厚幸。非臣擠之又明甚，臣無負於士騏也。今萬方嗷嗷，誰非臣罪？而獨以二事責臣，亦厚甚矣，臣幸甚矣。然不罷退，終不足以少贖臣罪，而慰天下之心。伏乞皇上察臣情實危苦，病實顛連，早賜允歸，苟全終始。臣無任哀泣之至。"奉聖旨："朕以大禮將行，趣卿早出，以成盛典，望之甚殷，何又續有此奏？卿調理多時，病且良已。至於白瑜、王士騏之去，各有所爲，昭昭在人耳目，與卿何干？卿宜以國事爲重，勿介浮言，益堅去志。便遵前旨，速出贊理，毋負朕始終倚毗之意。吏部知道。"

① 一 "一"字以下共二百一十五字，原書脫，茲據《敬事草》卷一九補。

② 奉 "奉"字以上共二百一十五字，原書脫，茲據《敬事草》卷一九補。

是日，大學士沈一貫、沈鯉、朱賡題："該文書官劉用發下禮部一本，口傳聖諭：'如何不開日期？欽此。'臣等竊意，該部侍郎李廷機素極小心，定不敢有意疎略。豈爲儀注内曾已題明，而於此略之耶？或照上次舊稿一概抄謄，亦未可知。總屬差錯，伏乞聖慈寬宥。臣等謹擬二票進呈，恭候聖裁。"奉聖旨："朕覽卿等所奏，已知該部原無疎略差錯。但頒詔大禮，前已擇吉頒布，卿等傳示，今次還着擇吉奉行。"

是日，大學士沈鯉、朱賡奏："爲聖政聿新需人爲急乞敕該部及九卿科道公舉海内佚賢以備録用以協贊太平景運事。臣等往伏田間，並蒙非常知遇，召以弓旌，而處之輔弼之地，迄今四載，無能有涓埃報效，私心常用爲憂。已而求之古人，則公叔文子之臣大夫僎，與文子同升諸公，而孔子稱其爲文，臧文仲知柳下惠之賢而不與立，而孔子譏其竊位，乃知閣臣之所謂盡職者，不在乎自賢自能，而在舉天下之賢以爲賢，舉天下之能以爲能，而以人事君，然後爲大，不但以一身區區也。臣等於是始交相勸勉，各以盈尺之幅摺爲手簡，納之懷袖，凡有聞四方之賢者、能者，輒濡毫而識之，用比於昔人之夾帶，以備遺忘。積之既久，遂以盈幅，方相擬諏吉齋沐，具奏以聞，用比於芹曝之獻。尋又思，臣等各兩耳兩目爾，今主上方且明四目，達四聰，豐蔀幽隱無不畢照，卷阿車馬無不具陳，何需此道聽塗説爲？乃遂削其牘而不敢奏，而但請命於上，敕下該部及九卿科道，各舉所知，亦各務以人事君。如所舉而與臣等之所私擬者無不符合也，則臣等之言已行矣，雖削牘可也。或亦有意見稍殊，大同小異，則以相參酌而補苴罅漏，以共成斯舉，亦可也。蓋臣等以一念之公心，而付之舉朝之公論，夫是以不敢先亦不敢後也。抑臣等之所以爲此者，豈目前是爲？亦竊有深長之慮焉。何以故？爲人才長養之難也，爲遺大投艱之不易也，爲戡亂反治之不可無人也，故爲是私憂過計也。請一一熟慮之。聖神在御，菁莪棫樸，作人於三十四載之間，而後有雲蒸豹變，如斯之盛。向惟其用之不早，而使之沉淪於山阿海澨蓬門蓽巷之中，乃多化爲異物，而不得其半臂之力，今之存而未泯者，十之二三耳。若更不及時賜環，漸以澌滅，於作養人才之謂何？蓋樹人猶樹木，當種樹之初，其殷勤撫摩培灌者，扶把柔條也，何望之甚殷也？豈既成參天之材，而棄為溝中之斷乎？亦祗覺前勞之可念矣。故臣等為是惜。何言乎遺大投艱之不易也？一榱一桷，可隨地而求之，亦可以隨手而得之，彼巍乎隆棟如今邁三殿之材者，其安可驟得乎？蓋必其險阻艱難無不閱歷，而後能增益其德慧，此在千百中一二也。故以為遺大投艱之不易也。然此猶論其常也。自古及今，事變之高高下下、驚心駭目者，安有定形？其芟薙荊榛、蕩滌邪穢、廓陰曀而耀光明者，亦何代蔑有也？故在唐則狄仁傑為五王，在宋則王旦薦寇準，乃卒能定難呼吸，成旋乾轉坤之烈，假令其臨渴而掘井，亡羊而補牢，亦何能有濟於事？故臣等區區愚見以為，世有一奇偉非常、可排難解紛之人，常當及無所可用之時，布在周行，備一旦緩急之用，乃不致臨時無措，此戡亂反治之不可無人也。抑又有不止於此者。賢才不在朝則在野，其所在有多寡，則國家之氣象亦自有不同者。故野無遺賢，而史必書之曰：萬曆之盛，君子滿朝，即《詩》《書》所稱濟濟師師，不加於此矣。不亦榮乎？其不然者，則書曰：賢才徧野。將百世而下有遺議矣。夫由前三車①則關係在當時，由後一說，則是非在來世。皆臣等遠慮也，故不敢不盡焉。抑又有私願於會舉諸臣者。威福，人生之大柄也，人臣其誰敢干之？苟當會舉時而稍著一意，登汰不公，則其所舉者即為市恩，市恩與作福一意也。科道官得指名糾劾，以防冒濫。亦更宜仰體聖心，與天地同廣大，與父母同恩勤，即先年放逐諸臣，有偶觸注誤而困衡已深者，自不妨從眾公舉，一體敘錄，以昭我王道蕩平，無作好惡，亦卓絕古今一事也。蓋昔人有舉其讎而不為諂者，人稱其揚善。齊桓公，霸主也，猶能忘射鉤之恥，而授管仲以國政，人至今頌之不衰，矧當今堯舜之主乎？其慎勿妄有將迎也。臣等不勝懇切祈望之至。"

二十七日丙申，大學士沈一貫、沈鯉、朱賡題："昨日伏蒙

① 車　明抄本作"事"，是。通行本作"車"，誤。

皇上發下禮部一本，請差行人等官，齎捧詔書，前往各處開讀等因。此係非常慶典，自應開寫日期，而本內偶有遺失，委屬差錯，不能無罪。今早臣等詰問侍郎李廷機，彼惶恐不勝，云：'二十九年堂稿具在，據以抄謄，並不敢有意疎略。'竊照廷機素性誠實，決不敢以小小寵辱，飾詞文吾，以蹈欺罔大罪，其堂稿可取證也。茲蒙皇上遣文書官盧受持本到閣，特賜下問，臣等不敢不從實回奏。伏念吉典方行，正覃恩肆赦之日，而廷機又係日講近臣，更祈皇上特從寬宥，尤見浩蕩殊恩。謹另擬二票，伏請皇上酌議施行。臣等無任願望之至。

　　是日，大學士沈鯉、朱賡題："頃該陝西榷稅內監梁永劾奏咸陽縣知縣宋時際，致干聖怒，下彼處撫按官械繫來京，咸寧縣知縣滿朝薦降一級調用。俱旨從中出，經即發行。臣等叨在輔弼，恭遇皇上加意小民，調停礦稅，而忽有此事，既不能將順德意，使陽春之候反而飛霜，又不能彌補衮闕，致日月之明暫時而晦食，徒相視神沮色喪，頓足拊膺，雖曾具題，未蒙俞允。伏自思念，數年以來，海內百姓困於徵榷，在在離心，處處盜起，有識者方為社稷隱憂。幸天啟聖聰，仁恩一敷，頌聲大作。今又復繫累其父母，其子弟有不疾首蹙額、而胥怨以感者乎？竊恐民心一散，不可復收，後有仁言，亦不復信，天下且從此多事矣。皇上方恭上聖母徽號，至孝遵親，正宜宣鬯和氣，萃天下之歡心，以賛吉典，而乃參之以向隅之泣，於聖心得無未有慊者乎？伏望乘亮臣等區區一念，止知愛戴君父，非有市恩於素不相知之人。如其不然，何肯為一二小臣、而輕忤聖意、自甘不測？儻蒙特霈俞音，免其逮繫，或容令彼處撫按提問具奏，其滿朝薦應否降調，奏到之日一併議處，臣等幸甚，宗社幸甚。"

萬曆三十四年二月庚子，朔。

二日辛丑，大學士沈一貫奏："爲備陳病苦真情仰懇天威亟放還山事。於正月間奏《爲報國多慙引年宜亟懇乞聖慈俯容休致以全終始事》，奉聖旨：'卿忠誠練達，爕理功高，精力有餘，正堪繁鉅，何可循例引年，復堅前請？且朕遵上聖母徽號大禮在邇，輔弼首臣，尤宜率先百僚，聿成盛典。便可仰遵屢旨，亟出贊襄，以副朕惓惓注望之意，慎毋再陳。吏部知道。欽此。'隨又奏《爲久病宜斥聞言省疚懇乞聖明早賜乾斷全臣晚節事》，奉聖旨：'朕以大禮將行，趣卿早出，以成盛典，望之甚殷，何又續有此奏？卿調理多時，病且良已。至於白瑜、王士騏之去，各有所爲，昭昭在人耳目，與卿何干？卿宜以國事爲重，勿介浮言，益堅去忠。便遵前旨，速出贊理，毋負朕始終倚毗之意。吏部知道。欽此。'臣五年乞去章無慮數十上矣，以至愚不肖多罪戾之餘生，而皇上過眷過留，委任隆重，開諭至切，昭雪甚明，即百身萬死莫能報稱，復敢循例稱老、堅卧求去、負生成之恩、干欺謾之僇哉？今旬月之間，兩次煩瀆，正以幾務殷繁而精力耗竭，爕理無狀而謗議叢生，自見極明，自量極審，更無補報之期，惟一去可以明志耳。伏誦明旨，謂臣精力有餘，以①謂臣猶自愛其餘，而不爲國家用者。臣自戊戌以來，獨直五年，左右前後，絶無可語，風雷霜雪，一不敢避，自分九死横分，持赤心以報主恩，不敢有自愛之心也。顧自今而言，則毛骨猶聳。蓋向也精力尚存，恃愚忠而妄任。今也精力盡竭，一追思而輒驚。任愈久而心愈碎，疾愈深而膽愈破。時命乖謬，動逢凶咎，欲如向者之所爲，數不可得矣。榮枯生落，各惟其時，人能與造化争命乎？加之家難頻仍，情事迫逼，魂夢紛擾，涕淚淋漓，鐵石爲人亦當銷殞，蒲柳深秋，桑榆大暮，益難堪此。恭遇皇上尊上聖母徽號，瑞日騰輝，鑾輿鳳駕，正臣子快睹天顏、歡承慶典之日。況臣違奉既久，拜辭不遥，心馳闕廷，萬分中熱。然以八閱月之卧蓐，實不能一朝驟起。與其顛越班行，以爲百執事羞，而再辱柱下惠文之章，則寧輸

① 以 《敬事草》卷一九"以"作"似"。

瀝苦情，冒瀆宸嚴，冀承憫恤，早賜罷免，臣之誼也，亦臣之幸也。臣之今日，狼狽已極。伏望皇上始終矜臣，聽其歸老，以釋重負。生不能效犬馬之勞，死亦圖蛇雀之報。臣不勝激切哀鳴之至。"奉聖旨："卿昨引年乞休，已曾奉旨勉留。大禮在邇，尚須時下即出，副朕惓惓之意。所辭不允。吏部知道。"

三日壬寅，奉天承運皇帝詔曰："朕惟自古帝王祈天永命，咸曰子子孫孫，至於萬年。蓋申命用休，惟此爲大。朕以眇躬嗣登大寶，三十四年於茲矣。睠惟國本至重，懋建元良，具舉婚儀，廣生綿緒。恭荷皇穹純佑，列聖厚培，以三十三年十一月十四日皇太子第一子生，克昌胤祚，朕心載寧，上慰聖母之徽懷，下愜臣民之悦懌。詔爾海國，咸使聞知。"

是日，皇帝敕諭朝鮮國王李昖："兹朕皇孫誕生，覃恩宇内。念王世守東方，恪修職貢，宜加恩賚，以答忠誠。特遣翰林院修撰朱之蕃、禮科左給事梁有年充正副使，捧齎詔諭，並賜王及妃綵幣文錦。至可受賜，見朕優禮之意。故諭。"頒賜朝鮮國王：紵絲十疋，骨朵雲十①疋（大紅一疋、青一疋、黑綠一疋、鶯哥綠二疋、翠藍一疋），素四疋（大紅一疋、青一疋、黑綠一疋、鶯哥綠一疋），粧花絨錦四段（盒子葵花大紅二段、鎖子如意連毬花柏枝綠一段、纏枝金蓮寶相花柏枝綠一段），熟素絹十疋（木紅五疋、藍青五疋）。王妃：紵絲六疋，細花四疋（大紅一疋、青一疋、黑綠一疋、鶯哥綠一疋）、素二疋（青一疋、鶯哥綠一疋），花絨錦二段（盒子葵花青一段、纏枝金蓮寶相花翠藍一段），熟素絹六疋（木紅三疋、藍青三疋）。

五日甲辰，大學士沈一貫、沈鯉、朱賡題："伏蒙皇上以祭三皇於景惠殿收回祭設，頒賜臣等三卓，臣等頓首祗領，不勝感戴天恩之至。謹具題謝恩。"

是日，大學士沈一貫奏："爲求去當亟人言可思仰望皇上聽臣引身全臣曉節事。臣聞古人之出處，三讓而進，如此其緩者，禮也。一辭而退，如此其急者，義也。乃今而知進欲緩、退欲

① 十 "十"疑爲"六"之誤。

急，非惟禮義當然，抑亦見幾之智也。臣之宜去，勢窮理極，臣之求去，情迫詞危，而猶未蒙一俞，此誠皇上之謬愛，而非臣之所宜自處。昨見御史蕭淳揭帖，臣深感其相成之雅，能言臣之所欲言者。臣之待此一去甚急，而皇上之視此一去益緩，舉家傍徨，至於痛哭，誠無所聊賴之甚矣。昔申時行、王錫爵之賢，人之譏刺者猶不遺餘力，終無以安其身，故王家屏寧抗皇上之威嚴而拂衣以去，不能濡忍忍以受騰沸之口，人言之可畏，甚於天威之可畏如此。臣無三臣之賢，而集有三臣之苦，有不可不避之鈷鋒，無再可以銷之朽骨，萬難遲留。伏懇皇上俯垂矜憫，以允三臣之去允臣一去，早放一刻，免臣一刻之災。官九遷不足爲榮，恩九鼎不足爲重，臣當啣環結草。臣無任激切懇祈之至。"奉聖旨："卿屢疏乞歸，朕再回勉留，君臣大義已自分明，何爲又有此奏？非朕所望。宜即出贊襄，不允所辭。吏部知道。"

　　八日丁未，大學士沈一貫、沈鯉、朱賡謹題："兹者加上聖母慈聖宣文明肅貞壽端獻恭熹皇太后徽號禮成，皇上請聖母宴會，臣等謹擬奏書、致語，進呈御覽，伏候聖明裁訓，遵行書寫。合用金箋正副二張、銷金黄綾小包袱一個，乞命司禮監查發應用。謹具題以聞。

　　是日，前一日該衙門設進奏書案於慈寧宮殿之東，至日，上具翼善冠、黄袍，詣慈聖宣文明肅貞壽端獻恭熹皇太后宫。司禮監官捧書由中門人，置於殿東案上。內導引官導上由殿左門入，至拜位。奏跪，上跪。奏進書，司禮監捧書官以書跪進於上右，上受書、獻訖，仍付司禮監官，捧詣慈聖宣文明肅貞壽端獻恭熹皇太后前，跪展。皇太后覽畢，復置於案。奏俯伏、興、四、拜，奏禮畢。上還。

　　是日，子皇帝臣御名謹奏：伏以禮重尊親，特舉鴻稱之典，孝隆備養，虔修燕喜之儀。御玉輅以承歡，調金莖而薦祉。恭惟聖母慈聖宣文明肅貞壽端獻恭熹皇太后陛下，功侔玄化，德配坤元，至仁克享於天心，景福允符乎人祝，升恒伊始，六甲重開，胤祚式昌，曾孫誕啟。謹合康衢之歌頌，敬摹盛德之形容。宇宙春暉，難罄昊天之報，宮庭明發，少伸愛日之誠。將敞宴於瑤池，敢叩閽於璇殿。謹卜日之吉，肆陳鐘鼓，肅奉軒輧，伏願雲蓋凝輝，霞裾垂燦。萬方玉食，茂膺萬載尊榮，百世本支，永荷百靈擁護。臣不勝悃切祈仰之至。謹具奏聞。

是日，伏以祥開寶婺，翟褕聯南極之光，瑞藹璇宮，紫幄敞西池之宴。帝孝增輝於愛日，孫謀貽燕於仍雲。歡同萬國之心，喜彭六宮之氣。恭惟聖母慈聖宣文明肅貞壽端獻恭熹皇太后陛下，德備含弘，功侔持載。月魂①倪天之兆，虹流誕聖之符。軒莢重開，坤厚衍罔②陵之運，桐枝繼茂，復陽回天地之心。含飴而喜溢曾孫，載咏振振於麟定，視膳而歡承帝子，式瞻穆穆於龍顏。前有為後而後有為前，光裕朕無窮之間，子又生孫而孫又生子，繼承開長發之祥。子育羣生，皇澤體慈衷而日彭，母儀萬宇，陰功隨帝力以時雍。人羣共抃於嘉逢，樂奏同聲於顯號。雲連寶氣，宛延龍紐之華，日暎天章，燦爛虬書之色。開芳筵於椒掖，侈曠典與蘭陔。帝袞翩𦒘，三世上萬年之壽，天漿絡繹，一庭合四代之歡。鸞詔奏而翠虞③摐金，鷺羽陳而朱絃弄玉。八千歲之春秋伊始，膺饗用之隆禧，六十年之甲子方新，綿有開之景曆。臣等叨參法部，快睹鴻儀。心和氣和形和，共上泰和之曲，天大地大道大，同遊廣大之仁。敬緝輿言，用陳口號：'翠輦鳴稍下九閽，千官雲擁睹金根。婺星光啟前星曜，南極祥開北極樽。帝子雲中環帝子，文孫階下見文孫。一人慶洽齊天樂，萬國歡依厚地恩。'

是日，子皇帝臣御名謹奏：伏惟聖母慈聖宣文明肅貞壽端獻皇太后陛下，受性弘仁，發祥綿遠。彭慈恩於三紀，德光大而品物咸亨，歙福極於九疇，身用康而子孫逢吉。乃甲子初迴於永日，適震離迭曜於前星。睠惟列祖凝圖，未見曾孫繞膝，豈眇躬之能裕後？實慈幄之善貽謀。宜備隆稱，用昭顯懿。卜以二月十一日恭率文武羣臣，敬奉冊寶，加上尊號，曰'慈聖宣文明肅貞壽端獻恭熹皇太后'，伏冀俯同燕喜，誕受鴻名。慶衍無疆，益多歷乎年所，祜延有秩，用坐撫乎雲仍。臣不勝祈

① 魂　明抄本"魂"作"夢"。

② 罔　明抄本"罔"作"岡"。

③ 虞　明抄本"虞"作"虡"。

望之至。謹具奏聞。

是日，維萬曆三十四年歲次丙午二月庚子朔十一日庚戌，子皇帝臣御名謹稽首再拜上言：伏以祚發元祥，開熙明於累葉，喜符聖豫，介純嘏於萬年。酬高厚以何能？極揄揚而莫罄。恭惟聖母慈聖宣文明肅貞壽端獻皇太后陛下，大虹毓粹，霽月披華，勤儉以贊先皇，六宮式德，慈仁以迪眇質，九有響風。遂藉鴻庥，爰開龍種，震惟長子，已煥彩於前星，復啟元孫，又重輝於少海。燕禖繼應，綿姬宗卜世之禎，麟趾駢臻，慰堯壤多男之祝。博採康衢之歌頌，仰摹盛德之形容。謹率文武羣臣，敬奉册寶，加上尊號，曰'慈聖宣文明肅貞壽端獻恭熹皇太后'。伏願允孚元吉，茂享純禧。子及子以日昌，寶籙衍無疆之祚，孫又孫而彌熾，瑤輿迎有道之長。臣御名誠歡誠忭，稽首頓首，謹言。"

九日戊申，大學士沈鯉、朱賡謹題："臣等恭遇皇上於本月十一日尊上聖母徽號，先御文華後殿。臣等伏自思念，蒙召以來，四載於茲，未一瞻望天顏不勝犬馬之戀。謹擬是日，偕執事、導駕等官，恭詣便殿致辭，行叩頭面恩之禮，少伸葵向日之忱。臣等未敢擅便，謹具題以聞。伏候敕旨。"奉聖旨："卿等講幄舊臣，朕亦欲面見，以成交泰之義。但大典吉時，恐致遲慢，免行面恩之禮。"

十日己酉，大學士沈一貫、沈鯉、朱賡題："伏蒙皇上以寫篆聖母慈聖宣文明肅貞壽端獻恭熹皇太后金册、金寶，頒賜臣一貫銀五十兩、紵絲四表裏，臣鯉、臣賡每銀三十兩、紵絲二表裏。臣等頓首祗領。及中書官包漸林等十二員，每銀十五兩、紵絲一表裏，俱各分給訖。臣等不勝感戴天恩之至。謹具題謝恩。"

是日，大學士沈一貫、沈鯉、朱賡題："伏蒙皇上以尊上聖母慈聖宣文明肅貞壽端獻恭熹皇太后徽號文華殿用寶，頒賜臣一貫銀二十兩、紵絲二表裏，臣鯉、臣賡每銀十五兩、紵絲一表裏，臣等頓首祗領。及中書官包漸林等十二員，每銀五兩、段一疋，俱各分給訖。臣等不勝感戴天恩之至。謹具題謝恩。"

是日，大學士沈一貫奏："爲恭謝天恩事。臣乞身在寓，蒙皇上欽遣文書官廬受齋捧聖諭：'諭元輔：朕尊上聖母徽稱，大典在即，卿爲元輔，宜率百官行禮，恭祝萬壽，庶全君臣大義。且卿眷委年深，任勞任怨，朕所鑒知，豈可執浮言引身求去？卿心可安？宜即出贊襄，以副朕惓惓佇望至意。特諭卿知。欽此。'到臣私寓開讀。臣伏枕叩頭，令臣男尚寶司司丞沈泰鴻代臣就香案前，望闕謝恩訖。恭遇皇上躬舉大禮，尊上聖母徽號，千載一時，從來希有。臣忝首揆，誠宜匍匐闕庭，快瞻盛美。況蒙特遣近臣，下臨宣諭，尤係非常恩眷，凡有人心者，感激思奮，豈容更有遷延？但臣四體委實難支，恐致失儀，妨玷大典，用是震悚，不敢輒出。容臣再行調理，揆度進退。臣感戴天恩，真萬萬倍於常情，自知報答不盡，世世生生願爲犬馬也。所奉聖諭，臣謹什襲尊藏，以爲鎮家之寶。臣無任感激深切之至。"奉聖旨："覽卿奏謝，朕知道了。卿宜善加調攝，早出贊襄，以副朕眷望之意。禮部知道。"

十一日庚戌，大學士沈一貫、沈鯉、朱賡題："伏蒙皇上以尊上聖母慈聖宣文明肅貞壽端獻恭熹皇太后徽號、祭告郊廟社稷收回脯醢果酒，頒賜臣等三卓。臣等不勝感戴天恩之至。謹具題謝恩。"

是日，大學士沈一貫、沈鯉、朱賡題："伏蒙皇上以尊上聖母慈聖宣文明肅貞壽端獻恭熹皇太后徽號、恭上冊寶畢、謁告奉先殿收回脯醢果酒，頒賜臣等一卓。臣等頓首祗領，不勝感戴天恩之至。謹具題謝恩。"

十二日辛亥，大學士沈一貫題："恭惟皇上德厚皇彝，孝鍾天性，所以尊養聖母、順志承歡者，無所不備。兹復以元孫篤上，崇加徽號，皇上躬御殿廷，祗奉冊寶。天日熙和，神人協慶，百官萬姓靡不欣欣布聞，九有彌多喜色，光天盛事，動地歡聲。臣猥以在告，不獲隨侍班行，同伸嵩祝，下情不勝踴躍忭舞之至，謹具稱賀以聞。"

是日，大學士沈一貫、沈鯉、朱賡謹題："該臣等恭擬詔草進覽，未奉御批。於初三日、初九日兩次具揭催請，尚未蒙批發。臣等看得，期日已迫，條款又多，即今日奉旨，猶恐辦理不前，有誤大典。躊躇顧慮，斷難稽緩。爲此不避煩瀆，立候批發。謹具題以聞。"

奉日①聖旨："朕連日恭行聖母徽號大典，詔草未經細覽。已知道了。諭卿等知。"

是日，大學士沈鯉、朱賡謹題："臣等昨同文武百官齊赴文華殿門外，恭候聖駕，見得二品班內止有戶部尚書趙世卿一員，各部都察院止兵部尚書蕭大亨在告，其餘正官皆缺，而左右侍郎員缺更多。竊惟先朝時，六部除掌印尚書外，仍有以左侍郎帶尚書銜者，在吏部亦有以別部尚書職銜管本部左侍郎事者。蓋不但無缺員，而且溢於額外之②，茲所以官無廢事，而吏治以修，民生以遂。天下之所以平太平，由此也。今皇上方綜覈吏治，而官職殘缺乃至於此，將政務叢勝，誰爲修明？弊孔滋多，誰爲振刷？關係國家理亂、生民休戚，夫豈細故？其何以副皇上孜孜求治之心乎？伏乞敕下吏部，查各衙門見缺、並前後會推人數，總具一本，亟賜點用，以復先朝濟濟之風，慰中外懸懸之望。宗社幸甚。臣等幸甚。"

十三日壬子，"英國公臣張惟賢等，恭遇皇上以皇太子第一子生，加上聖母皇太后徽號禮成，謹奉表稱賀者。臣等誠歡誠忭，稽首頓首上言。伏以天祚本支，啟元祥於甲觀，聖殿典禮，熙鴻號於璇宮。聯奕代之嘉禎，備一人之尊養。廷闈慶篤，宇縣歡騰。恭惟皇帝陛下，仁弘天覆，德懋日新。有殷武之威攘，而道常恭默，有周成之宥密，而學務就將。鮮綱施仁，彌恢惶於新政，因心止孝，益綢沓於舊章。維神孫四世重光，正聖母六旬初度。對揚鼇事，丕舉上儀，累寶字以拜金函，霈紫泥而邕玄澤。惟母儀之載德，厚地安貞，惟聖孝之盡倫，光大熿耀。鼓邕域中之和氣，迎將天上之鴻休。臣等幸際昌朝，躬逢鉅典，

① 奉日 "奉日"當作"是日奉"。

② 之 "之"下當有脫文。

聆克衢而倚頌，象周雅以揚言。伏願赫煜乾行，榮紓泰祉。華封三祝，多男和集於雲仍，天保九如，茀祿駢聯於慈壽。臣等無任瞻天仰聖、歡忭踴躍之至。奉表稱賀以聞。"

是日，"英國公夫人妻王氏等恭遇皇上以皇太子第一子生，加上皇太后徽號禮成，謹奉表稱賀者。妾等誠歡誠忭，稽首頓首上言。伏以青殿儲祥，星彩重輝於甲觀，瑤池集慶，雲章載絢於坤符。禮重宮闈，歡騰臣妾。恭惟聖母慈聖宣文明肅貞壽端獻恭熹皇太后陛下，倪天鍾淑，啟聖陶和，雞鳴效儆於先皇，燕翼詒謀於今上。崐岡月永，開壽域於八荒，閬苑春熙，苗瓊枝於四世。無疆慈極，既受祉而施曾孫，不匱孝思，用介福而歸文母。至尊至養，萃四表之歡心，盡制盡倫，創百朝之曠典。重升顯號，永振徽音。妾等身以夫榮，拜椒塗而祗肅，生逢典盛，窺芝檢以快覯。佳氣鬱鬱葱葱，占五百年聖人之瑞，螽斯詵詵揖揖，卜億萬世有道之長。妾等無任歡忭踴躍之至，謹奉表稱賀以聞。"

是日，"具官臣等恭遇皇上以皇太子第一子生，加上聖母皇太后徽號禮成，謹奉表稱賀者。臣等誠歡誠忭，稽首頓首上言。伏以青宮錫胤，貽燕翼於周孫，紫禁凝禧，薦鴻稱於文母。德允孚乎受命，孝莫大乎尊親。慶洽殿廷，歡騰宇縣。恭惟皇帝陛下，深仁必世，至健統天。盡制盡倫，怡慈顏於長樂，有典有則，揭帝範於承華。茲重闈之甲子環周，正宸戾之春秋鼎盛。必得其壽，坤輿元應無疆，長發其祥，震器重開一索。永懷啟佑，載極尊崇。蕩蕩巍巍，令譽昭升於顯冊，蒸蒸翼翼，孝思明發於貞符。爰覃浸地之恩，用錫敷天之福。洪輝照後，景烈光前。臣等職列外藩，心懸內闕，共睹龍章之下賁，咸歡鳧藻以遙馳。伏願保日之申，與天同久。家祥國慶，綿茀祿於岡陵。海潤星輝，茂嘉禎於雲耳。臣等無任瞻天仰聖、歡忭踴躍之至。謹奉表稱賀以聞。"

是日，"具官臣等茲者恭遇皇上以皇太子第一子誕生，加尊上皇太后徽號禮成，謹奉表稱賀者。臣等誠歡誠忭，稽首頓首上言。伏以重闈衍慶，天心弘佑，啟之謨顯號增輝，聖孝戀尊，崇之典光騰宗祐①，喜溢寰區。恭惟聖母慈聖宣文明肅貞壽端獻恭熹皇太后陛下，柔順倪天，安貞應地。弼成先帝，翼泰運以龍光，鞠育今皇，萃坤禧而燕翼。履甲子重開之壽域，睹曾孫誕啟之元禎。少海衍波，喜動瑤池之色，前星吐瑞，歡聲寶婺之顏。縟儀崇玉冊之稱，覃惠布黃麻之澤。十二字本朝未有，千億年永譽於茲。合萬國以貢歡心，孫孫子子，聚一堂以娛太母，尊尊親親。臣等官服外藩，躬逢盛典，由中歡忭，實倍恒常。伏願有赫鴻名，齊昊天而同極，無疆聖壽，並化國以俱長。臣等無任瞻仰忭躍之至。謹奉表稱賀以聞。"

十三日壬子，大學士沈一貫、沈鯉、朱賡謹題："恭惟皇上加上聖母徽稱，實維曠古盛典，在廷文武諸臣，無不揄揚歡忭，已經禮部進表稱賀外，伏念臣等叨備察勿，受恩厚重，傾葵一念，什百恒情，謹再稽首颺言。伏以璇宮應泰，誕應純嘏之禧，寶冊儀坤，曆舉推尊之典，祿介九重備養，名揚百代隆崇，慶洽慈闈，歡騰寰宇。恭惟皇帝陛下，仁開麟定，孝啟鴻稱。天下奉親，已極前無之烈，大德必壽，肇光昌後之端。喜翼文孫，讓懿王母。捧琅玕而上冊，仰襘翟以稱觴。含飴衍慶於曾玄，舞綵率先乎臣庶。蓋不懈為德，聖善符如月之恒，有功安人，休聞則惟天之大。似茲景爍，允愜揄揚者也。臣等幸際明昌，祇深慶忭。伏願福隨德厚，壽與名齊。孫又生孫，愈見本支之盛，世復繼世，永綏有道之長。臣等無任踴躍歡忭之至。謹具表稱賀以聞。"

十五日甲寅，"今②早該文書官劉用捧出御批詔稿一道，口傳聖諭，着另寫一幅，同原發詔稿呈上查覽。臣等即令中書官謄寫。緣詔紙潤大，字盡繁多，必儘一日工夫，方寫得一道，恐致稽遲，有妨御覽。今將揭帖紙照原發詔稿一樣謄寫一本，同原稿進覽，以備查封。時日甚促，更望速發原稿，令各中書官連夜分寫、請寶，庶不致誤大典。謹具題以聞。

奉天承運皇帝詔曰：蓋聞關雎麟趾之化，子孫蕃昌，實惟

① 祐 明抄本"祐"，作"祐"，是。

② 今 "今"上當有脫文。

文母之德也。朕以菲薄，纂承祖宗之弘緒，仰憑聖母懿訓，安享治理三十有四年於兹。深惟桃匜之重，茂建元良，具舉嘉儀，以廣胤嗣。今聖母壽躋六衰，適誕元孫。帝祉弘施，豈予一人所能祇受？揆厥慶源，慈澤之所鍾大矣。是用涓今春二月十一日之吉，祇告郊廟社稷，率文武羣臣，奉册寶，加上聖母慈聖宣文明肅貞壽端獻皇太后尊號，曰慈聖宣文明肅貞壽端獻恭熹皇太后。光鴻名於彝典，貽駿德於海隅。慶典具成，大賚宜溥，所有恩例開列於後。

一、親王年八十以上者，具奏，遣使存問。親郡王年七十以上者，賜羊酒幣帛，地方官存問。其有衰病，一應禮儀不能自行者，許子代行。將軍以下年七十以上者，各賜米十石、絹十疋。庶人量給三分之一。

一、親郡王嫡母生母併存者，許奏請。嫡母加封太妃，生母封次妃，與敕知會。親王庶子受封後，生母例封夫①淑恭宜安人者，果年踰七十，奏勘無礙，亦准給與誥敕。

一、宗室節年因事減革祿糧者，除敗倫傷化、奸盜人命重情外，其餘全革者准支三分，減一分二分者准照舊全支。原係革爵者，不得借此復爵。

一、宗室詞訟，除敗倫傷化、奸盜人命重情，及自行告訐者，方行停祿，問明補支，其餘小事牽連，照常給祿，止勾攝其府校等人代爲對理，即早與歸結。

一、宗室有飭躬修行、孝親敬長、敬睦恬静、樂善好學者，許各撫按官具實奏聞獎勸。

一、勳臣公侯伯襲封見爵者，俱給與應得誥命，未領者准補給。

一、輔臣家居者，差官請敕存問。文官一品致仕養病者，有司月給米三石，歲撥人夫四名應用。八十以上，撫按官具奏遣使存問。二品八十者，有司備綵帛羊酒存問。九十以上，具奏，遣使存問。五品以上以禮致仕、年七十以上者，進本品散一階，有廉貧不能自存者，有司量與資給。學行超卓、朝野共推者，撫按官優禮，以端風尚。

① 夫　明抄本"夫"下有"人，將軍、中尉受封後，生母例封夫"十三字。通行本脱，應補。

一、兩京文官，一品至九品各給與應得誥敕。先給領者，進本品勳階一等。品同而職銜不同者，照見任改給。試御史、試中書、庶吉士，及給假、守制等官，俟實授、授官、復除之日補給。其行人司務給本身，仍照萬曆三十一年例，陞改之日補給。父母及妻，凡願移封、移贈者，聽。先已移封、移贈者，給與本身及妻。吏部守部進士，俟選京職給與。兩京科貢八品以下官，准照行人例行。在外方面官二品至五品，有司官正四品，已未考滿、有正薦或陞改者，准給與。州縣正官，有正薦、歷俸二年以上，准給與。歷俸三年，未遇撫按復命，曾經給由保留或復職或陞任者，俟撫按復命薦至補給。其在任候代，與見任同。父母先已受封，其子官職遷轉者，服色許與子同。前母繼嫡母准三母封贈。繼妻受封已故者，見在繼妻准封。

一、各王府官，有年老願致仕者，進散官一階。其長史歷俸三年，無過，父母見存者，給與應得誥命。

一、文職官員降謫罷閒等項可用之才，已詔吏部查奏，分別起用。其有註誤觸犯，懲創已久，操行清修，才猷卓絕，衆所共推，確裨實用，不可以一眚終棄者，該部院公同精加品題，酌量奏起。但毋得因而矇昽徇情冒濫，以孤盛典。

一、考選久格，應取官歷俸六七年始陞部屬，誠爲淹滯。除外俸四年，餘俸准量算部俸三分之一。

一、歲貢出身艱苦，自今廷試後准冠帶。不願仕者，遙授職銜。在外撫按類奏遙授，劄付發布政司分給。所在有司，一體禮待優免。歲選兩貢入監者，仍多優選，以示風勵。儒學生員有願告侍親者聽，親終之日仍許復學。年五十以上者，許告衣巾終身。有食糧年深、挨貢不前者，許告給冠帶。正貢及期不願出仕者，提學官開送吏部、遙授儒官職銜，俱免本身雜泛差役。吏典兩考已滿無過、不願赴京者，准遙授省祭官冠帶，免本身一丁，有司不許差遣。

一、兩京京衛指揮千百戶等官，係祖職功陞署試職級者，准授實銜，仍支原俸。其例應請續黃誥者，與京營實授各官一體題給。

一、武職襲替舊例，十年以上人文不到部者不准。內有路遠家貧，不無可憫。應量寬至二十年。但恩例通行，宜有限制。今自三十四年二月十三日起，至三十六年十二月終止，文結到部，查係真正枝派、未過二十年者，准與襲替。如過期文到者，仍依常限。

一、大漢將軍侍衛二年以上者，給與冠帶。已冠帶，又歷四年以上，授試百户。年及五十，侍衛二十年以上者，不拘在役、退閒，俱與冠帶榮身。其退役將軍兒男，見在守候大選襲替者，免其守候，查照其父歷役年月久近，准與襲替。旗校力士，若年分未及、與例未合者，不許冒濫襲替。

一、武官五品以上致仕、年六十以上者，各進本品實授勳階一等。一品致仕、年九十以上者，有司具奏、存問。爲民者，與冠帶。閒住者，與致仕。若父係武職，子係文職見任，其父應受子封、而職高於子者，雖係署職，亦進本品實授勳階一等。

一、東宮直宿、巡緝旗校，量照舍人例給以冠帶。如原係後七所者，量改前五所通事舍人，陞一級。

一、太醫院見差供事冠帶醫士，准照監儒事例，免役四個月。內殿供事者，加免二個月。其候缺吏目、曾經考試支俸者，准令預授，止許支俸，不支柴薪，亦不得扣滿。原係預授，三年以上者，准令實授，遇有本科員缺，仍照原題挨次銓補，不得浮於額外。四夷館譯字生，亦優免四個月。

一、軍民之家，五世以上同居共爨者，有司覆實奏聞旌表。詔書到日，先給羊酒獎勵。三世以上者，申報撫按衙門獎勵。其有好義樂施，置立義田、義倉，周恤族里者，一體獎勵。

一、義夫、節婦、孝子、順孫，有司勘實奏聞，照例旌表。已旌表、年及六十者，男子與冠帶榮身，婦人照年八十以上例，給賜絹帛米肉。其節婦有苦節異常、拘於年限、不預旌表者，有司給扁，仍給羊酒獎勸。

一、鄉賢、鄉飲，典禮隆重，風化所關，有司漫不留心，浸多猥濫。以後鄉賢，提學官及有司詳加採訪，果賢即與崇祀，毋忽幽微。鄉飲必舉有德之人，毋徇貴富。

一、軍民男婦、查無過犯、年七十以上者、計①一丁侍養，免其雜泛差徭。八十以上者，仍給布二疋、米一石。九十以上者，倍之。內男子有德行著聞、鄉里敬服者，給冠帶榮身。男婦百歲者，表宅優異，仍歲給布米，養贍終身。

一、民間孤子十三歲以下、嫠婦獨居無人丁侍養者，准於萬曆三十四年見當差役，免糧一石、人一丁，以示哀恤。

一、各省直洿下田土、濱臨大河、衝塌不常，或山菁荒地、小民自用工本開墾、旋復拋荒者，產去糧存，貽累里甲包賠。有司勘實，申詳撫按，悉與豁免。武清、寶坻二縣牧地，連遭水潦，新增牧稅有逋負者，准蠲免一年。

一、各鹽運司浮課，蠹累商民，侵損正餉，如防倭工本年久火燒潯消存積引鹽，除萬曆三十三年以前已經召商開中、納銀在官、尚未掣鹽者，姑准補掣外，自三十四年為始，前項等鹽，分別奏請定奪。

一、各省直差官起解京庫錢糧，有難易不等，佐領官往往越次營求美差，以潤私橐，其煩難苦差，反用闒茸無能之官，多有領解出門，已報劣轉，每不自愛，以致侵欺。今後各省直正官，先將應解錢糧，查照難易，搭配均停，其差官務選廉能經獎者，方許差用。到京完日，該部查係難差，向多悞事，本官獨能依限全完者，部堂給與獎勵，撫按據為優考。

一、各省直貧民，先年戶部題准，照五城事例，每年冬月動支預備倉穀，煮粥救濟，春初撫按具數奏聞，歲以為常。比來饑荒頻仍，撫按尤宜督率有司，著實舉行。如有司不歲舉，撫按不歲報者，該部科遵照原旨參奏處治。其鰥寡孤獨見在養濟院者，各給米三斗、布一疋。

小②民因差役苦累，多將田產投進王府，以希影射，有等豪暴強宗，往往擅離封城，於各州縣吞佔田產，有司知而不問。撫按官申明舊制，宗室不許出郭，百姓不許私賣田產於王府。除以前置買者，姑聽家人看守，如有仍踵前弊，百姓，著有司究懲，宗室，長史司啟王戒諭、鈐束。

一、省直先遇災傷，曾有官民助賑，未經獎勸者，撫按官

萬曆三十四年

二三三一

①計 明抄本作"許"，是。

②小 明抄本"小"字上有"一"字，是。

查明，如在籍仕宦捐助錢米穀值百兩以上者，送扁優禮，軍民義士捐助五十兩以上者，給冠帶榮身，免其本身雜泛差徭，五百兩以上者，不論官民，建坊表異。以後有助賑者，照此行。

一、畿輔，天下根本，尤宜首先優恤。近年僉報舖商，各衙門公私弊賄不少，內府舖墊使費日增，刑偪威傷致令逃死相繼，京師空虛，深可憂懼。該部及科道等官務肅清弊源泉，奠安根本，使舖商各安閭閻無擾，有踵弊不悛者，便參劾處治。

一、清勾軍丁，本為填實軍伍。但有年遠子孫故絕者，一翻清勾，一翻煩擾，反為里甲之累。今後逃絕年久，准行豁免住勾。

一、各邊軍民人等，或因犯罪逃入虜中，或因搶去遂為虜用。有來歸者，咸赦往罪，所在官司務加存恤。如有率歸衆多及番夷歸附者，厚加撫恤，仍具奏酌賞錄用。

一、內外各衙門見監應決重犯，今歲暫免行刑。

一、文武官員人等，有原無贓私，牽連詿誤，及事出風聞，贓非見獲，坐罪降級、革職、革役，情有屈枉者，許辯復。

一、古者囹圄空虛，稱為至治。近來因禁繁多，填委獄底，所司不與清理冤滯，殊傷天地和氣。見監重犯，除欽依奉旨外，有情輕律重、律例不合，及人命無屍可檢、無證可據，強盜贓仗不明，並情可矜疑，及年老篤疾者，各該衙門即與辦理，奏請定奪。其犯該徒流，行勘未報，及正犯在逃，家屬證佐監禁年久，悉令保候歸結。詿誤逮繫者，該部輕重分別奏來，准與宥釋。見問人犯，或有事無的證者，不許深入。刑部囚多，至於衣糧窘乏，遺累舖戶，聽將罪贖酌量留貯，優給諸囚。

一、陝西織造羊絨，萬曆二十三年原派四萬八千餘疋，今解過三萬六千餘疋。當此民窮財盡之日，工料繁鉅，措處實難。但係御用不可缺之需，未完數內，前歲已有旨每年織進三千疋，今於每歲再減一千疋，以蘇民困。

一、工部邇來庫藏匱乏，惜薪司內外未派完柴炭錢糧，不係各商見比拖欠預支的，准與盡數蠲免。

於戲，貽孫謀以翼子，萬年開長發之祥，聚大順以怡親，四海霈旁流之澤。布告中外，嘉與同休。"

十七日丙辰，大學士沈一貫、沈鯉、朱賡謹題："今日文書官盧受捧出聖諭到閣：'諭內閣：朕以元孫誕生，尊上聖母徽號，書諭天下宗藩。復思皇太子生母恭妃王氏，先年每欲進封，蓋因帑藏錢糧未備，是以暫行停止。今宮闈喜慶，大典告成，恭妃宜進封皇貴妃。其太子下欽命選侍王氏，亦當封號，以襄慶典。卿等查照典禮，擬諭來行。諭卿等知。欽此。'臣等伏惟，天祐聖德，元孫誕生，皇上尊上聖母徽稱，下逮天下宗藩，恩禮咸備，而恭妃進封之典尚闕而未行，誠國制家猷所不容緩者也。茲於慶典靠成之後，特下進封之旨，而又推元孫所自出，並加封號，可謂盡制盡倫，得禮義之中正矣。臣等不勝欣服，謹遵旨擬諭一道，令禮部查照舊制覆請，擇吉舉行，以成昭代完典。所有聖諭尊藏閣中。敬回奏以聞。"

諭禮部："朕以元孫誕生，遵上聖母徽號，書諭天下宗藩。復思皇太子生母恭妃王氏，先年每欲進封，因帑藏錢糧不敷，恐禮文未備，是以暫行停止。今宮闈大典業已告成，恭妃宜進封皇貴妃。其皇太子下欽命選侍王氏，亦當有封號，以襄慶典。爾部便查照典禮，擬議上請，擇吉來行。故諭。"

是日，大學士沈一貫、沈鯉、朱賡謹題："臣等恭視中書官遵奉御改詔書條款，已①寫完，計一十三道，謹先將一道封進御覽，伏乞即賜發下用寶。謹具題知。"

是日，大學士沈鯉、朱賡謹題："臣等竊惟，為政以得人為先。皇上一兩月間，點用內外官員不可數計，臣等仰見我皇上孳孳用人圖治之盛心矣。惟是六部都察院堂官尚多缺員，臣等竊恐屬官雖備，而總率於上者乃無其人，則綜覈必有不到，而賢者無以見長，不肖者得以藏拙，非大小相維、臂指相使之義也。臣等前已具請，未蒙批發，輒敢再瀆。伏乞敕下該部，將前推過職名，開具上請，取旨點用，則綱②而眾目自張，衣挈其領而下裳自隨，不惟有師師濟濟之風，行且見熙熙皞皞之治矣。臣等叨備輔弼，職事所關，不勝懇切祈望之至。"

① 已 明抄本"已"上有"俱"字。

② 綱 明抄本"綱"上有"網提其"三字，是。

萬曆起居注

① 己 "己"當作"巳"。

十八日丁己①，大學士沈一貫、沈鯉、朱賡題："臣等恭誦三十三年十二月十五日恩詔一款，內開：'郎中歷俸七八年以上、應陞外任者，擬與應得職銜授補，俱即題行。欽此。'隨該吏部酌量各部司官資俸，推得郎中楊初東、李長庚、李炳、朱化孚、沈麟祥、董肇胤、胡瓚、陳民志，各應陞右參政，擬注各布政司。請旨已經兩月，未蒙俞音。切照各官，雖稱七八年以上，其實有歷俸十四五年者，若從此積俸愈深，則以後將與何官？不免隨任事者之心，而無以勸勞臣，且令後來者不得循序而上，而選法於是乎益壅矣。臣等備員輔弼，止知爲國體人心計，不敢有一毫要譽市恩之私。伏乞聖明，於新詔初頒日，將前疏檢發，以示詔旨之不虛。臣等不勝跂望之至。"

是日，大學士沈一貫、沈鯉、朱賡謹題："前月二十四日、二十七日，臣等爲咸陽縣知縣宋時際奉旨被逮、兩具揭帖爲之申救，到今兩旬，未奉明旨，遂已不敢瀆奏。顧見都下人情，爲此一事比前景象頓覺不同，臣等叨備股肱，義關休戚，心殊不能自安，敢復掇拾前語，以瀆天聽。蓋一國之人心，可以覘天下之人心。今都內人心如此，若以傳之天下，誠恐爲有司者必皆以宋時際爲戒，而不肯護庇小民，爲監司者亦皆恐禍之及身，而不敢約束下吏，則今茲之舉、只爲闒茸罷軟者樹赤幟耳。況此風一倡，各處稅監無不效梁永之所爲，而參官參吏，其爲稅監牙爪者，無不效梁永之牙爪，而如虎如狼，儻復有臨清之變、湖廣之變、悔將何及？夫自罷礦分稅以來，海宇清明，神人悅懌，朝端方晏然無事，止爲永有此疏，遂多一番章奏、一番擾攘，若不及早賜區處，誠恐言者愈多，而朝廷之上紛如聚訟，不免有煩聖裁，且非清靜寧一之體矣。蓋民惟感上恩德如其父母，故平居而好義終事，臨難而出力報效，不愛其死。此事一行，忠義之民不其僅僅與？民心一散，不可復收，海內將不免多事矣。臣等心知其然，安忍不爲我皇上明言之？《論語》云：'事父母幾諫，諫②志不從，又敬不違。'《禮》云：'三諫不③聽則號泣而從④之。'蓋忠臣事君，孝子事親，義當如此。臣等惟有知忠孝之理而已，不知其他。伏乞皇上俯鑒愚衷，毅

② 諫 "諫"爲"見"之誤。
③ 不 "不"上當有"而"字。
④ 從 "從"當作"隨"。

然收回成命，特免宋時際械繫，則普天下皆仰大聖人之作爲，與成湯之改過不吝者古今同一盛事，而頃繫逮一旨不足爲聖德累，反足爲轉圜納諫之美談也。不然，則恩詔在途，械繫者亦在途，南來北往道路喧傳，人將謂何？古有云：'仕則慕君，不得於君則熱中。'臣等豈獨遠於人情哉？惟揆之心膂之義，大有不安，故不得不煩瀆至此，實非敢沽名市恩也。臣等不勝懇切祈望之至。"

是日，大學士沈一貫奏："爲病篤難瘳終負恩眷望乞聖慈矜憐即賜退休事。臣老病妨誤，乞休乞假之章屢上，而恩諭輒下。昨又蒙遣文書官特捧聖諭，促臣即出，以恭承母徽號大典，且憫臣任怨任勞，不宜以人言求去。聖眷殷惓，天語諄切，即父母愛憐不能逾此。臣伏枕叩謝，不覺失聲號慟。誠念受眷極深，既難堅執求去，而又念嬰病已篤，無以仰慰聖心，去住兩難，進退維谷。當即回奏敘謝，且求再寬調理。外①不料數日以來，病不減而加甚，春肝鬱火欲發不發，耳目都無見聞，心思益以憒亂，撫躬悲嘆，必不能爲今生犬馬，止可作來世蛇雀矣。功名富貴盡同浮雲，利害毀譽都付身外，惟親墓未修尚懷耿耿，得一睹丘隴，悉灰萬念，即死不恨。臣以老病則宜致仕，以罪戾則宜削籍，以省墓則可予告，惟皇上早賜一命。此恩視留恩更大，天地不足比高厚，江海不足比寬廣也。臣無任泣血哀苦披陳仰望之至。"

十九日戊午，大學士沈一貫、沈鯉、朱賡謹題："伏蒙命臣等擬皇太子第一子名，臣等謹欽遵恭擬上進，伏乞聖明裁擇點用。謹具題以聞。"

是日，大學士沈一貫、沈鯉、朱賡題："爲印信事。照得南京翰林院掌院事右春坊右諭德楊繼禮病故，遺下前項印信缺官掌管。臣等推得翰林院修撰朱之蕃，資序相應，堪補前缺。伏乞敕下吏部，將本官量陞右春坊右諭德，掌管南京翰林院印信。臣等未敢擅便，謹題請旨。"

① 外　"外"字當爲衍字。

二十一日庚申，大學士沈一貫、沈鯉、朱賡謹題："十九日，伏蒙皇上命臣等擬皇太子第一子名，臣等於本日恭擬上進，未奉欽點。今二十三日告奉先殿，二十四日命名，二十五日發敕，日期迫促，不可稽緩。伏望即賜點發，以便欽遵行事。謹具題知。"

是日，恭擬皇太子第一子名："由"字行。"本"，布袞切，根氐也，又治也，始也。"校"，居效切，"夏曰校"，學名，校者教也，以教民爲義也。"果"，古火切，木實也，果敢也，信也。"格"，柯額切，式也，量也。請旨點一字。

是日，大學士沈一貫奏："爲老病餘生萬無留理懇乞聖慈亟賜放逐事。臣於十八日又具疏請去，祗候俞旨，未蒙批發。臣今命如朝露，氣急聲嘶，敢此復瀆，幸哀憐之。皇上愛臣太過，留臣太殷，臣報答不盡。祗緣臣福薄運窮，擔載不起，非負恩也。膏肓深錮，絕無可出之望，徒延時日，適增罪尤，惟皇上早發天心，賜之休罷，雨露臣者至深，覆幬臣者至大也。昨見給事中王元翰論臣之疏，析義至精，辯理極密，字字皆足爲臣助請，行行皆足爲皇上贊決，臣見之不勝心感，不勝忻喜。臣老病智竭，昏迷錯謬，多言多過，引喻失詞，但其本意總爲急求一去。仰望皇上略其詞而憐其意，哀臣醉生夢死之人，無益有損，縱囚鹿於山林，放窮魚於大壑，舉家合掌頂戴不盡。臣無任哀懇之至。"

二十二日辛酉，大學士朱賡謹題："竊惟內閣爲正本之地，首輔乃執政之臣，其去留甚不可苟也。祖宗朝當留則留，可去則去，所以政無叢脞，而閣體亦重。今首臣一貫杜門十閱月矣，皇上再回勉留，恩禮愈渥，而首臣再回求去，情詞愈悲。人亦孰不戀主恩？孰不畏主威？而延綿至此，豈得已哉？首臣常對臣言：'我每見溫旨勉留，必向妻子慟哭。一則感雨露之偏私，一則懼雷霆之不測，計無所出，惟有號泣於旻天而已。'近觀其病益支離，身益狼狽，精神意氣消沮殆盡。昨又先遣家屬南還，獨留一身待命，蕭條寂寞，如窮人無所歸，雖抱孤忠，恐難矣①。次輔鯉以位次偪近，推讓不敢言，宜也。臣居閣僚之末，既無反李之嫌，而與之同鄉同年，復有香火之誼，可徒徇形迹、坐視其斃，而不爲君父一言乎？查得閣臣去留，從來出於聖斷，非同官所敢輕擬。今首臣連日奏本俱留中未發，伏望皇上親自裁斷，早賜施行，不致政務久弛、閣體決裂，亦今日之一急務也。臣不勝惶恐仰望之至。"

二十三日壬戌，大學士沈一貫、沈鯉、朱賡題："伏蒙皇上以皇太子第一子百日告奉先殿，收回脯醢果酒頒賜臣等三卓。臣等頓首祇領，不勝感戴天恩之至。謹具題謝恩。"

是日，大學士沈鯉、朱賡謹題："前該臣等具揭爲刑部見監罪犯曹學程請命，未奉俞旨。竊念皇上臨御以來，疏通言路，未嘗處一言官至死。近聞學程顛連困頓，存亡未卜，儻一旦病死獄中，人將謂其以建言柬事而死，誰不憐之？況有九十瞽母，望子不至，亦必相盼而死，又誰不憐之？傳之天下後世，豈不爲聖德少累哉？今恩詔兩頒，普天肆赦，中間豈無罪浮於學程、而亦幸及於寬政者？獨學程向隅而泣，似與詔書所稱末減釋放若不相似。然今亦不敢望釋放，如家未減充戍，使得歸與老母一訣，上以隆聖德、彰大信，下以開法網、慰人情，斯其所全者多矣。臣等與學程素不識面，祇一念樸忠，純心爲國，遂不覺煩瀆至此，伏惟聖明垂察。臣等不勝幸甚。謹具題以聞。"

二十五日甲子，敕禮部："朕元孫已恭請命於皇祖、皇考，名曰由校。可登識於所司，故敕。"

二十七日丙寅，大學士沈一貫奏："爲直陳危苦至情早乞天恩賜骸歸里事。臣以病極難强，自去冬固求休免。恭遇元孫誕生，大典肇舉，未敢數陳。正月以來，節假日多，遇徽稱詔發，又未敢瀆。今國家慶祥駢會，悉已告成，皇上德政俱新，海宇歡誦，伏乞少垂睿思，放臣歸休。臣衰病日篤，委實難起。心神恍惚，都無想念，祇一親墓未修，寸草猶在。消息盈虛，四

① 矣　明抄本"矣"上有"展布"二字。是。

時有自然之序，人力無能如何，皇上即留臣，而天命不留，亦不能強也。臣戰戰慄慄，怯於修詞，似亦不必再以煩詞上瀆尊聽。惟皇上俯念臣千苦萬苦之情，亟賜一允，俾之生入里門，歸正丘首。臣無任悲酸禱祈睇望之至。"

二十九日戊辰，大學士沈一貫、沈鯉、朱賡題："臣等竊惟，科道爲朝廷耳目之官，耳一日不聞則壅，目一日不見則蔽，大舜明四目、達四聰，正以防壅蔽也。祖宗額設科臣五十員，道臣一百一十員，南科七員，南道三十員。官若此其備也，猶恐無以待匱，或歲一行取，或間歲一行取，大都俸不過四年，皆得連茹而進，蠹①筆承明。以故讜議日聞，足備採納，差用不乏，足任驅馳，盛世太平之象，二百年如一日，率由此也。今自己亥行取之後，迄今八年矣，人數寥寥，動稱缺乏，兼攝代署，東那西移，苟且目前，安論政事？即一切祖制，如每年當有甄別，每差當有考覈，皆以人少之故，廢格不行，事體決裂甚矣。今者皇上概發詔書，今②照舊行取充用，一時人心無不懽欣鼓舞。隨該吏部遵奉，於去年題准中行推知等官列銜部寺、候補臺省者，及續取資俸相應者，再三諮訪，疏名上請，日久未蒙批發。今六科見在不過數人，而南北兩道一應緊要大差時刻不可緩者，並無一人可推，中外惶惶急於星火，吏部科道補牘不啻再三，而皇上若以爲可緩而姑置之，非所以廣耳目、重政事、信詔旨、收人心也。臣等叨居心膂，義同休戚，不敢不言。伏望皇上查檢部疏，亟賜批發施行。臣等不勝懇切祈仰之至。"

① 蠹　明抄本"蠹"作"橐"，是。

② 今　明抄本"今"作"令"，是。

萬曆三十四年三月己己①，朔，大學士沈鯉、朱賡謹題："臣等數日前得陝西巡撫顧其志揭帖，極言梁永虐害地方、抗旨激變之狀。臣等謂皇上見之，必速行處分，不敢瀆奏。不意如許大事，至今猶付之不聞也。昨晚又有顧巡撫續差一人星馳到京，慌忙口稟，大略謂：梁永聽信樂綱、呂四等撥置，欺哄朝廷，凌辱職官，打搶商人貨物、嚇取百姓貲財，以百萬計，酷死平民，強搶人口，以數百計，勒取各縣絨毯等物以數千計，吸人骨髓膏血俱乾。秦人怨恨，思食其肉，聚衆數萬，飲血酒設誓，約日起手，先殺梁永，次殺樂綱、呂四等，以除陝西大患。然後齊赴京師，面奏至尊，自請誅戮等語。臣等聞之，不勝驚愕。竊思秦人性最剛悍，況聚衆萬餘，雖巡撫不能諭止。又聞梁永自造弓矢器械，畜養軍丁亡命共千餘人。萬一彼此相殺，延及無辜，立見關中作戰場，而生民肝腦塗地，不但如往日湖廣之變而已。誅之則不可勝誅，赦之則法難盡赦，將何術以靖之乎？且天下被稅監參隨之虐而思以一逞者，不止一陝西，誠恐望風而起，處處變生，天下從此多事矣。夫制變於未發之時易，制變於已發之後難，不知此時陝西已作何狀。伏望皇上深惟遠慮，急發巡撫顧其志本，速行乾斷，或將梁永、樂綱等械解來京，以安秦人之心，或令撫按遣官押護出境，如陳奉敵事，免其死於亂民之手，仍將知縣宋時際等，責令撫按勘實具奏，庶幾亂可潛消，不至蔓延而不可收拾也。臣等與梁永無讎，止爲皇上紀綱惜，爲皇上金甌惜，不忍不早言。惟皇上裁察。謹具題以聞。"

二日庚午，大學士沈鯉、朱賡謹題："今日該文書官劉用齋出禮部一本《爲欽奉聖諭事》，口傳聖旨："冊封皇貴妃日期迫近，錢糧尚未造辦，何以成禮？且查覽《皇明典禮》書內，皇太子正妻皆封妃，次皆才②人，如何部擬不合？着另擇吉期、再議封號具奏。先生每出旨來。欽此。'臣等聞之，不勝欣服。仰惟皇上具聰明睿智之資，爲禮樂綱常之主，不惟祖述憲章，盡倫盡制，而且徧觀採③，至精至詳，天縱聖人，真非臣下所

萬曆三十四年

二三三九

① 己己 "己己"當作"己巳"。

② 才 明抄本"才"上有"稱"字，是。

③ 採 明抄本"採"上有"博"字，是。

能及也。除遵奉擬旨外，惟是《皇明典禮》一書，閣中無存，恐禮部未必有之。當令其搆覓一部，藏之部中，以備查考，庶嗣後議禮有所憑據而不差也。謹具揭回奏以聞。"

三日辛未，大學士沈鯉、朱賡謹題："今日伏蒙皇上遣文書官金忠捧出御批臣等揭帖：'覽卿等奏，朕知道了。御覽過《皇明典禮》書一本，卿等存貯閣中，又一本降與禮部，用備議禮稽考成法。諭卿等知。欽此。'竊惟皇上稽古考今，貫串諸書，動協典禮，又念臣等寡陋無聞，將御覽《皇明典禮》一書特賜臣等存貯閣中，兼降與禮部各一本，用爲稽考成法之資，臣捧閱再三，曠若發矇。謹叩首祗領，分降禮部。臣等不勝感戴天恩之至。謹具奏稱謝以聞。"

四日壬申，大學士沈一貫奏："爲久病尸官沉痼難起懇乞聖恩早放以飭新政事。臣奉職無狀，自壬寅來無歲不引去，所上奏揭有六十六懇矣。煩瀆聖聰，即臣亦自厭之，而況於至尊乎？頃日連上三疏，俱未蒙發。臣非不欲再效尺寸，顧衰憊無比，氣息奄奄，不能一日苟容於此。皇上靜攝深宮，朝講久廢，臣等寥寥數人，又偃臥私室，曹署空虛，君臣宴安，脱有叵測，雖寸斬臣等何益？皇上宜決然大奮乾綱，一①郡吏，當去者去，當留者留，當補者補，始可震耀觀聽，以安國家。如臣冒忝，合應首黜，不敢覬求寬典而累新政也。世罪戾當罷斥，老病宜致仕，惟復哀憐其情事未伸，或賜一假。幸皇上命之，謹束身負鑕以請。臣不勝涕泣懇禱之至。"

是日，大學士沈一貫題："臣仰荷皇上隆恩天高地厚，皇上留臣數四，而臣求去益堅，豈臣忍負恩私、戀主之心不若犬馬？念臣豐深力竭，理極勢窮，斷斷不可復留，亦斷斷不能復留，泣候俞音，以刻爲歲。去冬具疏辭俸，雖未蒙允發，然曠職經時，萬難素食。入春以來，一切常俸柴薪廩餼，俱不敢收受。閣中文書雖尚列臣名，然自是相沿舊規，旬月以來，一切奏題票擬，俱不復預聞。輾轉呻吟，僅存喘息，形如朽木，氣同死

① 一 據《敬事草》卷一九，"一"下當有"肅"字。

灰，皇上縱欲留臣，不過人世一枯骸，明廷一剩物，豈徒無益？爲累滋多。萬苦千悲，總欠一去。非皇上憐許，誰其憐之？臣之狼狽，命懸絲髮，皇上未忍迫臣以死，宜及早放臣一歸。臣死生去就，於國家僅如蠛蠓，而無用之臣，勿使誤國，有罪之臣，勿使辱國，其關非細也。儻垂念舊物，未便捐棄，亦乞以省墓一假，暫歸田里。聖明曲體人情，當有允日，但祈早決耳。臣無任痛哭懇禱之至。"

五日癸酉，大學士沈鯉、朱賡謹題："臣等接得總督宣大三邊今致仕候代楊時寧、及大同巡撫都御史霍鵬各揭，稱虜酋順義王病勢沉重，夷心渙散。儻一旦物故，其各部酋長五路台吉等，最稱桀驁，必且各圖爭立，以至渝款敗盟，爲宣大三邊啓釁。宣大不寧，則京師撼動，不可不早爲隄備等因。看得禦虜籌邊，全在總督。舊任楊時寧，以病致仕，候代經年，威令不行久矣。新任鄭汝璧，尚在延綏候代，而延綏巡撫命猶未下，則鄭汝璧之抵任宣大，尚未有期。儻於邊計有誤，關係豈淺小哉？故今延綏巡撫，所宜亟賜點用。而兵部左右侍郎，協同本部尚書，居中調度，尤爲喫緊，亦乞早賜點用，以籌一切邊務，以爲桑土之備。此宗社安危大計，非可以尋常玩視者也。伏望皇上亟賜裁決。臣等不勝懇切仰祈之至。謹具題以聞。"

十一日己卯，大學士沈鯉、朱賡題："臣等在閣辦事，接得雲南撫按總鎮等官陳用賓等揭帖，知有內官楊榮被殺之變。臣等不勝驚歎。竊照自有礦稅以來，激變地方，如湖廣、臨清等處，亦時有之，然未至於戕殺內使、焚其屍骨、如楊榮之極慘者也。以皇上之命使，而敢於如此，豈非古今一大變哉？其主謀下手之人，並宜明正典刑，以昭國法，不待言矣。惟是楊榮播惡地方，業已滿貫。其非刑拷死指揮千百户，則皇上之世臣也。其殘虐民命、劫奪民財、立斃於杖下者，數千人，則皇上之赤子也。所逮①府第，僭擬宮室，人稱之曰千歲，僭擬宗親，其心已不知有朝廷法紀久矣。全滇之人，怨入骨髓，思食其肉，

① 逮　明抄本作"建"，是。

不願與同生，而願與同死。人情至此，豈復顧朝廷三尺法哉？天道好還，假手賀世勳、韓光大等，爲匹夫匹婦復讎，以事論之謂之變，以理論之雖謂之常可也。此番處分，國家法紀之修廢，四海人心之從違，皆係於此，可不慎與？伏請皇上稍霽天威，速行乾斷，發下撫按總鎮本，令兵部會同三法司詳看，將見獲首惡賀世勳等十人，依律擬罪，行撫按總鎮官再加覆訊，即於彼處明正刑章，以昭朝廷有必不赦之法。其餘官民人等，量開一面之網，以明朝廷有不盡法之仁。儻十人之中更有迫於脅從、情可矜疑者，不妨暫時行監候，再與具奏，請旨定奪，庶無冤濫。蓋天子撫有萬方，所以馭衆安民者，不越德威二字，而德可過，威不可過。《書》曰：'殲厥渠魁，脅從罔治。'自古帝王戡亂之道，不出於此。在寇賊猶然，而況吾民乎？滇南在萬里之外，一往返便經三四月，恐彼中亂民日增疑懼，或生他變，尤須作速裁決，一了百了。仍歷數楊榮罪惡，以見皇上至公之心，以慰滇人切齒之恨，以服四海觀望之志，亦今日撥亂反正之急務也。臣等更有欲言，尚當另請。伏惟聖明照鑒。"

是日，大學士沈鯉、朱賡題："伏惟定亂之道，速則有功，需則釀害。雲南亂民，撫按總鎮等官奏聞三日矣，未蒙發票。固知聖心慎重，必有萬全之畫，而據臣等所聞，有不容不速處者。連日細問齎本承差，云：亂民自知罪在不赦，人人自危。而本內人犯如指揮賀世勳、韓光大，俱素曉兵機，兼養死士，監司懼有他變，南與之款洽慰勞，不敢擒拏。撫按至今閉門，街坊至今罷市，且撤日征緬之兵，防護省下。諸人愈益疑慮，歃血誓天云，朝廷若不撫安我輩，左右是死，拚命再做一番等語。臣等竊恐夷性難馴，窮獸難攖，日愈久則號集愈衆，人俞衆則釁孽愈深。萬一復如寧夏、楚宗之變，此時勦之不可，赦之不可，難爲力矣。又況天下苦內監之虐者，不止滇南一處，風聲所播，觀望益多，尤不可不深爲之慮也。伏望皇上即發撫按總鎮三本，令臣等仔細參詳，務使恩威並行，遠近悅服，擬請聖裁，急與決斷，庶不至釀禍無窮也。再照此事皆兵部職掌，今堂上官並無一人，誰與擔當？更望就近速點左右侍郎，會同法司議覆。臣等不勝祈仰之至。謹具題以聞。"

十二日庚辰，大學士沈一貫奏："爲病篤情危懇望天恩早賜放免事。臣累疏陳懇，乞求退身，聖恩至弘，未蒙矜允。然臣桑榆景晚，不可回光，犬馬病深，難以療藥，未遂投間之請，日增妨誤之憂。今攀想都盡，情思凄慘，但得一歸，以正丘首，則志願永畢，感戴世世矣。不敢以重復多言瀆干聖聽，寂寥短章，意則悲切。惟聖慈哀憐之。臣不勝戰兢涕泣之至。"

十三日辛己①，大學士沈一貫、沈鯉、朱賡題："伏蒙皇上頒賜臣等，每員銀錢綵扇六把、銀釘鉸扇十把、碑碌扇二十把，臣等頓首祇領，及講官李廷機照數分給訖。臣等不勝感戴天恩之至。謹具題謝恩。"

十五日癸未，大學士沈鯉、朱賡題："臣等連日爲雲南變亂之事未蒙裁斷，早夜憂惶，既懼天威之不測，或至過嚴，又慮訛言之易興，旋成大變，以此寢食俱廢，不遑寧居。今從會極門傳出聖旨，於楊榮，則數其孽由自作，死不足惜。於通省官員，則念其邊地窮荒，姑免究治。於倡亂兇犯，則付之無按總鎮，會官鞫審，分別奏請。於脅從之人，則一切寬宥，更不窮追。上以正國法，振紀綱，而天討斯張，下以慰遠人，定反側，而人情胥服。傳之海宇，收四方將渙之人心，書之册史，成萬世無疆之令譽。各處內官，必以楊榮爲監②，曰：聖心之公平如此，孰敢怙恩而啟釁？各處官民，必以諸兇爲戒，曰：聖政之張弛如此，孰敢玩法而犯科？此一舉也，文武併用，仁義兼施，繫天下之命脈不細。信乎大聖人之作爲，非臣等所能佐其萬一也。爲此欣服不勝，叩首稱謝。謹具揭以聞。"

十八日丙戌，大學士沈鯉、朱賡謹題："臣等昨晚出閣至右長安門，有宣大總督今致仕候代楊時寧遣官投送揭帖，口稱：虜王病重，各部酋長五路等，俱帶領兵馬，會集一處，藉口去

① 己 "己"當作"巳"。

② 監 "監"當爲"鑒"。

年京賞不堪，應陞虜官敕書未領，故將表印刁難不進，為挾賞寒盟之計，必須預選將官，整捌兵馬，以戰固款，而後可伐狡虜之謀。而新總督鄭汝璧尚在延綏候代，延綏一日無巡撫，則鄭汝璧一日不得到宣雲，事體牽制，旦夕可虞等語。隨又接得薊鎮總督蹇達揭帖，謂薊昌為神京後門，而宣大據薊昌上游，地勢聯絡，唇齒相依，今揚總督候代經年，諸將領應更易者久未定議，兼之火光示異，虜情叵測，宣大事既未可知，薊昌諸鎮安得晏然無事？必須速點延綏巡撫，使鄭總督早至宣雲，庶各將領有所責成，而可戰可款，疆圉始固也。臣等見之，終夜不能寐。夫神京之安危，係於邊鎮，邊鎮之安危，係於總督，而總督之任事與否，係於交代之遲速。則延綏巡撫之一點，所關於邊鎮神京者何如？而可以濡滯為也？邊鎮者，皇上之邊鎮也。神京者，皇上之神京也。人以為危如累卵，而皇上視之若泰山四維，人以為憂在蕭牆，而皇上視之若金甌無缺，臣等之所未解也。至於本兵，乃樞筦之地，機務之所自出，而一堂之上，闃如無人，至使被論將領，猶然在職，已缺偏裨，至今未補，闒茸如此，可令夷虜聞乎？先朝嘗設左右侍郎三四員，無事則練兵講武，有事則握符出塞，而尚書運籌帷幄，隱然有禁中頗牧之勢焉。蓋桑土之謀如此，臣等所及見也。曾幾何年而一變至此也？伏望皇上深惟遠慮，亟將延綏巡撫並兵部左右侍郎，俱就近點用，不過一舉手間，無甚勞心勞力，而安攘之業定於頃刻，亦何憚而不為耶？蓋皇上一振勵，則人人奮志，一勑勤則人人解體。古之帝王，其精神無一日不注念軍國，而肱股大臣，其謀猷無一事不入告爾后，君臣交儆，故中外乂安。臣等所以不敢避再三之瀆，而竊有望於皇上之轉圜也。臣等無任懇切籲禱之至。謹具題以聞。"

二十日戊子，大學士沈一貫奏："為哀懇聖慈俯憐決去病臣早賜裁允事。臣之求去，自二月十八日至今三月十二日連上五疏一揭，不蒙省發，臣雖至愚，豈不知畏威？豈不知感恩？何宜懵然蠢然觸突無已？臣竊自揆量，萬難再留。骨肉並銷，涕淚俱盡，狼狽情狀，舉朝共知。草疏乞歸，亦已六十九懇矣，伸紙吮筆，詞語亦窮，然胸中鬱勃，而口中囁嚅，不敢有言，又不能不言也。頃者雲南一事，滿朝方奔走祈請，而皇上以一言立斷，臣雖病憒之中，不覺躍起歎服。使皇上英斷，每事如此，允臣一去亦復何難？庶政立見改觀，羣寮誰不悚息？螻蟻微臣，亦何必經歲杜門、抱向隅之泣也？臣今氣如游絲，忽斷忽續，支體僅具，而營衛脉理無不敗絕，減燈之焰豈能久延？回頭而望，生門甚難，順途而入，死也甚易。譬之折翼敗毳，不飲不啄，投之深林，未必能活，而閉以密樊，縻以華纓，主人以為恩，此鳥以為苦，必無長幸，祇速其死耳。臣一去之外，更無餘望，皇上允臣之去，即是隆恩，千懇萬懇，惟在皇上早決。臣不足惜，毋貽國羞。臣無任痛哭懇祈之至。"

　　二十八日丙申，大學士沈鯉、朱賡謹題："竊惟我朝以天下國家之事分任六部，而付都察院以綱紀之司，則夏屋之有柱礎也。今吏部尚書乃缺已三年，都察院左都御史亦一年，豈其以柱石之臣而視為冗散之秩乎？夫既曰統百官，肅百寮。如此乎？任大而責重，又胡以屑越至此也？刑、工二部亦各有尚書及左右侍郎，載在《會典》，其不為剩員，無疑也。乃今僅以一侍郎相兼而治，日僕僕往來其間，縱不辭鞅掌，於設官分職專任責成之謂何？夫今之工部，非昔之工部也。大則有殿工，有城工，而又有河工。當事者方持籌而計，日不暇給，又使兼評讞，豈以為細事乎？當聖明師濟之朝，即欲倣虞廷，命官而曰咨皋陶明刑，咨伯益作虞，豈其乏人而襤褸若此？大司馬以九伐平邦國，今既久在告，而左右司馬亦未有代匱者，顧惟聞邊報日急，則居中調度者誰乎？臣等每嘗過兵部與刑工二部，而見其門常晝掩，寂然無人，殊不類聖朝景象。又私念禮部，止有一侍郎李廷機，今亦在告，其門亦晝掩可知也。而戶部，止有一尚書，無左右侍郎。蓋總計六部、都察院，額設堂上官共三十一員，而見缺乃一十四員，其久注門籍者尚不在數內。此猶可為國乎？夫人君所恃以分理庶務而寅亮天工者，惟部院大臣為之綱維也。

今寥寥若此,將孰與率其屬而式序整齊之?官常以墮窳成風,國紀以因循不振,所關於治忽理亂非小矣。臣等既叨備輔弼,真見得事體如此,其安忍不盡言?謹具題以聞。"

萬曆三十四年四月己亥，朔。

二日庚子，大學士沈一貫奏："爲纍深病篤虛忝恩私一月四請懇求罷免以除朝籍事。臣之乞骸，前月內具有三疏一揭，今復拜疏，通計已七十懇矣。日夜涕泣待命，惟冀聖明一俞。臣螻蟻之身，何關輕重？蜉蝣之命，無益存亡。但忝居首列，與任一事一職者不同，尚係朝籍，愧怍猶甚，辱國良多，不但辱臣一身而已也。臣病深思涸，每草一疏，心如烈火，通身內外，無不焦灼。豈不欲少自寧息，靜聽處分？而憂思輾轉，困於虺尵，誠恐得罪愈深，不可救解，故不覺煩瀆至此。臣心不勝急，而皇上視之與等閒無異，非視臣事太緩，乃視國事太緩也。臣不足惜，如病國何？臣向嘗徐徐待命，今不可以更爲徐徐。何啻臣心萬萬當去，即滿朝臣民誰不謂臣當去？而狀簪顧望，晷刻捱延，是何不揣之甚？又何無恥之甚？安有不揣、無恥之人，而尚可稱百揆之首？此臣所謂辱國也。待命經年，古今未有，閣體政體虧損已極，真明時一怪物，必不可復留於此，萬國四夷傳言觀聽，當謂之何？國家用人，乃取實用，無用宜去，更何持疑？伏望皇上俯從人心，以慰天下之公願，俯從臣心，以慰一物之私願，省發臣疏，亟允罷歸，臣縱不能報國，猶可不甚辱國。臣無任號呼禱籲之至。"奉聖旨："今國家多事，卿爲元輔，正宜極力擔當，如何日久不出？非朕所望。宜即勉強入閣贊理，毋辜朕心。吏部知道。"

七日乙己①，大學士沈一貫奏："爲牢疾纏身萬難再起七十一懇仰祈聖慈放歸田里事。本月初二日，臣奏《爲纍深病篤虛忝恩私一月四請懇求罷免以除朝籍事》奉聖旨：'今國家多事，卿爲元輔，正宜極力擔當，如何日久不出？非朕所望。宜即勉強入閣贊理，毋辜朕心。吏部知道。欽此。'臣垂死之人，氣急聲嘶，欲陳歘感激，而詞不達意，非負恩也。臣耳聾目暗，齒髮俱盡，不復成人。入春以來，脾肺盡傷，四肢拘攣，又加一痰迷之疾，已成牢固之症，僅餘游絲，未斷氣息，無醫可療。

① 己 "己"當作"巳"。

遷延不去，千負萬負，雖死之日，罪將安逃？臣惟今日，國家誠爲多事，竭力擔當，臣之分也。顧竭力必資精力，而臣力不能呼吸，期臣擔當，適成擔誤。皇上如以國家爲念，必宜振奮乾綱，大加整頓，不宜留羸敗無用之臣，虛填朝籍，更滋煩聒。自昔首臣休致者甚多，即近如申時行、王錫爵、王家屏，俱蒙聖恩允去，惟趙志皋溘亡京邸，至今使人悲酸。臣若不自懇請，皇上何由而知？何由而憐？伏乞聖斷迅發，允臣休退，免令後人復以悲志皋者悲臣。臣不勝哀涕凝盼之至。"

九日丁未，大學士沈鯉、朱賡題："臣等每日出入長安道中，不能不與人接見，或内外官員朝房議事，或遠近吏民遮道愬苦，一日不知幾許事，幾許人，大抵皆爲章奏不下，事情急切之故。臣等不敢一一具奏以瀆天聽，惟擇其事之至大、情之至迫者，列三款於後，以備皇上一覽。近來日色昏霾，亢旱不雨，皆人間鬱氣不宣，上干天和所致。望皇上亟將臣等所奏，即賜施行，在皇上舉之如反掌，在天下被之若甘露，解愠召祥，端在於此，伏惟聖明留神。

一、六部都察院堂官，所以分代天工、率屬行事者也。今尚書止蕭大亨、趙世卿兩人，侍郎止楊時喬、李廷機、沈應文三人，已寥寥矣，而此五人者四人被論不出，獨一沈應文拮据於刑、工二部之間，不幾於空無人乎？國家方岌岌多事，而大臣一空，可爲寒心。且各屬無所統領，吏胥固緣爲奸，安得不壞事？思及於此，堂官何可不急補也。

一、各邊自貢市以來三十餘年無警矣，人情久則必變，況於犬羊？世界①安則必危，況於邊境？今虜王印表不至，各酋兵馬叢郊，釁端已形，款不足恃已。而將吏狃於承平，士卒不充行伍，訓練無素，轉餉不時，大將應斥不斥，偏裨應補不補，至於宣大總督猶然未任，延綏巡撫至今尚虛，秋防之期近在眉睫，戎馬之來疾如風雨，不知何以應之？思及於此，督撫何可不急補也？

一、設官各有常額，陞除各有定期，額少則差用不敷，期

① 界　明抄本作"界"，通行本作"久"。

過則愚同滯，必然之理也。今考選之命不下，至御史各差無人可遣，何以察吏緝奸？陞之命不下，至藩臬方面在處，皆空，何以承流宣化？不獨此也。二月之急選，三月之教職，亦停閣不發，彼皆遠方卑官，垂老貧士，桂薪玉枝，稱貸無門，多候一日則有一日之苦，滿路哀告，無非饑餓疾病之人，臣等不忍見之，而皇上不知也。更乞亟發此二本，以救數百人之命，且使需選者得次第疏通，亦所以復選法之舊也。"

　　十一日己酉，大學士沈鯉、朱賡題："爲乞復擬票舊規以防漏洩以尊朝廷事。竊惟內閣之爲密勿者，豈不以軍國大事運籌幃幄、機宜密而不宜洩也，故因而有是名乎？先朝懸榜閣門：'一應官員閒雜人等，不許擅入，違者治罪不饒。欽此。'夫外者固不可擅入也，內者其獨可擅出乎？臣鯉於嘉靖年間改庶吉士，臣賡於隆慶年間改庶吉士，先後中秘肄業，猶及見內閣輔臣辰入申出，辦事閣中，擬票旨意，所得預聞者獨寫票中書而已。其於諸司章奏，誰敢攜之出而越閣門一步者？後不知起自何年，內閣輔臣偶然患病，不能進閣，遂將本發其私寓，權一擬票。自是以後，乃遂相沿爲常。一往一來，十手十目，始不能無漏洩矣。夫公事而議於私室，大政而決於委巷，非體也。機事不密而有害，豈不於朝廷之體統太褻乎？且臣等亦因是有不能盡職者，何以故？中使臨門，啣命守催，則不得從容審處以竭其心思，二三寮友各自爲寓，復不得湊集商確以資其謀斷，故率有進呈甫畢，而旋即後悔，以爲不當者，茲所爲不能盡職也。夫首輔平章軍國，臣等同平章事耳。首輔於天下國家之事，無不燭照數計，臣等今始爲首輔代庖耳，乃遂亦因循故事，擬票私家。寬之則見謂苟且，急之則指爲專擅，或以爲高下其手乎①，亦安敢獨任一見而居之不疑也？若至於時當暮夜，然燈秉燭，衰朽之人眼目昏花，連篇累牘微芒細字，欲逼近則懼有疏虞，不逼近則不能看見，雖看見亦終不了了，茲所以進呈甫畢而旋即後悔者，此固亦一端也。抑更有可虞者。印在閣中，臨時開用，用畢封鎖，亦宜慎密。今祗因用印無時，印不能隨

① 乎　明抄本"乎"作"者"，是。

官出入，遂預印封筩，常至三五十副，付之直票中書，使得隨便使用。幸今中書皆甚循謹守法，可保無他者，安知異日後，無不肖之人與意外之事出其間乎？臣等亦不得不爲是凜凜矣。伏望皇上深惟遠慮，仍復先朝舊規，發本閣中，公同擬票，以上尊朝廷之體統，下盡臣子之職分，旁塞窺伺之孔隙，亦革故鼎新之一事也。臣等不勝懇切祈望之至。"

十二日庚戌，大學士沈一貫奏："爲修實政放朽臣以圖維大計事。臣猥以薄劣，忝竊首揆，贊襄無功，斡旋無術，天下日就危殆，罪皆在臣。切思忠臣愛君，死猶尸諫，逐婦出門，猶頻回首。雖旦晚去國之身，尚存喘息，安能己①於一言？夫政貴行仁，事在徵實，若以虛詞當實惠，以詔旨爲戲言，無論人心皇惑，即宗社大計將焉賴之？昨歲宮闈大慶，臣在危病之中，不覺喜躍而起，恭草二詔以上，中所條列，仰模皇上維新德意。不謂御筆勾去數條，未盡海內之望。又豈謂今日即詔內所載之事，尚未舉行也，況詔外之事乎？在閣二臣對臣灑泣，揭帖之外，無計可施。皇上宜自念宗社生靈之重，爲憂勤振刷之圖，何待臣下之諄諄也？若臣則血氣已耗，形神久離，新政行則臣含笑入地，不行則含恨入地，終無神醫靈藥，起死回生，再奉奔走以效尺寸之報。七十二懇盡出血誠，伏乞特賜矜允，哀臣罷免，乃新政中第一善政。其餘更望次第舉行，天下猶尚可爲也。臣無任痛哭流涕叩頭哀懇之至。"

十三日辛亥，大學士沈鯉、朱②題："昨該臣等具揭條列三款，皆國家至大至急之事，未蒙允發，自知淺陋，不足以當聖意，而一念樸忠，終不能自己③。今且就六部堂官一款，爲皇上復陳之。皇上之有六部，猶元輔之有股肱，缺一不可者也。今署吏部侍郎楊時喬、戶部尚書趙世卿、署禮部侍郎李廷機、兵部尚書蕭大亨，皆先後被諭，杜門不出，更無一人可代者，析而言之似不過少四人，合而言之則已廢四部事矣。平居無事之時，猶且不可，今何時哉？吏部此月爲大選之期，有堂揀，

① 己　明抄本作"已"，是。

② 朱　明抄本"朱"下有"赓"字，是。

③ 己　"己"當作"已"。

有推陞，有急選，有大選，又有不時會推與內外給由等事，此月不完則後月益壅，而選法壞矣。可令時喬一日不出乎？戶部爲錢穀之司，在今日最難調劑，若邊餉，若國課，若催徵，若蠲免，又若內供錢糧與外解官吏，錙銖一爽則奸利叢生，而國計匱矣。可令世卿一日不出乎？禮部典禮之官也，時下有宮闈之進封，有宗室之冊封，有考官之題差，有貢生之考試，以及日講講章壹春未進。皆責之廷機，可令束裝待去、進退維谷乎？至於今日之兵部，尤有大可慮者。虜情反測，挾賞寒盟，烽火戒嚴，戎馬四集，而軍政考察尚未處分，要害將官尚未推補，至於鎮守必須會推，秋防即宜申飭。皆責之大亨，可今跼蹐待命、坐失機宜乎？此四臣者，各以身名爲重，必不樂臣之留，而臣等國事爲重，不忍見朝寧空虛，如無人之境，庶事叢脞，有不測之虞。故請皇上悉發四臣之疏，嚴諭早出，即有偶疾欲暫時調理者，亦宜各舉其職，不得因私廢公，以壞國事，實今日新政之一急務也。臣等不勝仰望之至。"

十七日乙卯，大學士沈一貫等題："先該禮部題准，萬曆三十四年及三十二年等年各處歲貢生員共一千四百二十名，恩貢生員五名，開送翰林院考試。臣等會同禮部右侍郎兼翰林院侍讀學士掌院事楊道賓，出題彌封，嚴加考試，取中歲貢文理平通上卷四卷、文理亦通中卷一千四百一十六卷，恩貢文理平通上卷一卷、文理亦通中卷四卷，俱應准貢。謹將各試卷進呈御覽，伏乞聖裁發下，臣等欽遵施行。謹題請旨。"

十八日丙辰，大學士沈一貫、沈鯉、朱賡題："伏蒙皇上頒賜臣等，每員藕三枝，臣等頓首祗領，不勝感戴天恩之至。謹具題謝恩。"

二十日戊午，進封恭妃王氏爲皇貴妃。冊文："維萬曆三十四年歲次丙午四月己亥朔二十日戊午皇帝制曰：朕惟三靈孚佑，聿開樞電之祥，六服協推，爰正軒龍之序。瑞鍾女士，祚襲子孫，駿澤既頒於海隅，鴻章宜賁於宮掖。咨爾恭妃王氏，蚤膺妙選，久侍宸闈。柔嘉允輯令儀，淑慎式襄內治。始叶占於裖祀，元良之國本以貞。屬衍緒於青宮，長發之瑤枝方茂。惟天克篤爾祐，惟爾克承天休。是宜茂進鼎封，增重震器。茲特遣使持節，晉封爾為皇貴妃，錫之金冊、金寶。於戲！曠典逡巡於數載，待時而行，嘉儀肇錫於一朝，普天同慶。爾其恭勤益懋，祗畏愈加，永綏後昆，式昭朕命。欽哉。"

二十一日己未，大學士沈鯉、朱賡題："竊惟祖宗設六部都察院，分理天下之政，每署設堂官三員，分理一署之政，使之率屬興事，謀斷相資，二百餘年以來，無庸缺一者也。今或以一堂官兼管三堂，或以一部臣兼署兩部，識見有不逮處，誰與商量？精神有不到處，誰與振刷？政事所以日廢，奸弊所以叢生，皆坐於此。國家曷嘗乏人，而至寥寥如是？豈所稱師師濟濟之朝乎？皇上聰明博達，豈不念此？惟是慎之太過，擇之太精。慎而不已，反生淆惑，擇而不已，反重猜疑。以故推後常至補牘，候旨常至累年。卒有緩急，恐弊壞者不堪整理，呼召者未必湊集。於時將手足無措，悔之遲矣。且老成人最易凋殘，資淺者不可躐進，其於用人之道亦胥失之，臣等所以日夜憂惶，不憚再三之瀆也。伏惟聖明諒臣等之無他，亟賜點發，以救燃眉之急，以免噬臍之悔。臣等不勝哀懇之至。"

二十二日庚申，大學士沈一貫、沈鯉、朱賡題："伏蒙皇上以尊上聖母慈聖宣文明肅貞壽端獻恭熹皇太后徽號辦理事務，頒賜臣一貫銀四十兩、紵絲四表裏，臣鯉、臣賡每銀三十兩、紵絲二表裏，臣等頓首祗領。及中書官包漸林等十二員，每銀十兩、紵絲一表裏，俱各分給訖。臣等不勝感戴天恩之至。謹具題謝恩。"

是日，大學士沈一貫、沈鯉、朱賡題："伏蒙皇上以尊上聖母慈聖宣文明肅貞壽端獻恭熹皇太后徽號寫詔並禮成，頒賜臣一貫銀四十兩、紵絲三表裏，臣鯉、臣賡每銀三十兩、紵絲二表裏，臣等頓首祗領。及中書官包漸林等十二員，每銀三兩，俱各分給訖。臣等不勝感戴天恩之至。謹具題謝恩。"

是日，大學士沈一貫奏："爲病苦日劇祈天力窮七十二①懇乞恩罷免以光新政事。臣積病積苦，困頓牀簀，今已一載，有加無瘳。昨又瀆陳，恭候明旨，將謂生還有日，不意尚蒙誤留。臣不勝感慟，蓋悶絕良久而始蘇也。竊念臣之一身，自頂至踵，孰非皇上覆載生成之賜？即矢竭捐助縻，莫能報稱。寧不欲須臾忍死，靜聽處分？顧臣之今日，命如游絲，神思沉迷，魂魄顛倒，眼光浮動，若有若無，惟耳亦然，但聞人聲，不辨人語，百節疼痛，焦灼如烹，旬日之間，齒落幾盡，不過一朽骨枯骸，無複比於人數矣。皇上亦知臣萬難再起，不過羈縻時日，視同贅疣耳。獨不念朝常不可重損，國體不宜久辱乎？臣於往年亦曾告病，然何敢如今之屢瀆？正爲其時筋力猶可勉强，今犬馬之心雖在，而犬馬之力盡亡，百念灰冷，一身厭多，久留何爲？徒滋罪戾。臣不敢復冀致仕，亦不敢復求予假，第祈賜之骸骨，放還田里。一字一血，絕無虛飾。伏乞聖明乾斷，俯從臣請。臣苟活一日，啣感一日。無任籲祝涕泣之至。"

二十三日辛酉，大學士沈一貫、沈鯉、朱賡題："爲乞補記注官以重史職事。皇上御極初年，特倣祖制，開設起居館，令史臣紀言紀動，凡皇上一政一令，及閣臣章奏事體祕密者，皆逐日記載，垂之萬世，典至重也。原以日講官六員充其任，萬曆十五年後，講筵稀御，日講遂不備官，至於今止侍郎李廷機一人，前項起居已辦理不贍矣。乃本官又請告不出，業經三月，此三月間皇上嘉謨嘉猷，皆未及紀載。若復因循日久，愈積愈多，他日何以成信史？此朝廷一大闕典也。臣等叨知起居，責將誰委？謹擬於翰林中推擇資俸應陞、見任在京者，各擬量陞坊局職銜，令其入館，記注起居，並閣中有所撰述，悉以付之。蓋以史官而供記載，乃其分內之事，以資深而轉坊局，亦非例外之榮。自此而聖德聖政垂訓無極，亦所以修復祖制，而光昭皇上之初政也。未敢擅便。謹題請旨。

① 二 "二"當作"三"。

計開

擬陞左春坊左中允兼原官：翰林院編修湯賓尹、孫慎行。

擬陞右春坊右中允兼原官：翰林院編修何宗彥、陳之龍、鄧士龍。

擬陞右春坊右贊善兼原官：翰林院檢討蔣孟育。"

二十四日壬戌，大學士沈鯉、朱賡題："臣等竊惟御史之缺久矣，往猶東那西移，粗應目前之急。至於今，則那移已盡，計無所之，政體人情，窮蹙到極處。臣等敢坐視而不言乎？查得見在御史，止張大謨、何爾健、葉永盛三人。此三人者，先已各當三差，無復再差之理。而内外見缺，卻有一十二差。若南畿督學，廣西巡按，河東、兩淮巡鹽，陝西巡茶等差，皆經年不補，地方有事，誰為耽當？此外差之不可缺一者也。又若在京，有巡視五城之差，禁緝奸究，斷理詞訟，一日不知幾許，即今四方亡命、外府饑民，無不叢集都城内外，連日劫財、殺人，公行無忌，妖星示警，内變可虞，此内差之不可缺一者也。又每日朝班，該有御史整肅朝儀，四方外夷觀望不小，三人輪流侍班，戴星而入，常恐誤事，而張大謨、何爾健又有出巡之行，止存一葉永盛在京，凡侍班、巡風、監禮等項，皆於一人責之。夫以朝廷大體，止一御史侍班，詎所以肅朝儀？而又夜不遑寐，日不遑食，何堪此苦也？由前言之，既非政體，由後言之，亦非人情。國家濟濟多才，行取候命者豈少精敏練達之士、而至窘蹙困苦若無人然？亦可異矣。臣等憂時情切，不得不屢瀆宸嚴，非敢為諸臣緩頰也。伏望皇上亟發部院之疏，從公考選科道，以信詔旨。如謂人數未齊，將南北臺臣先行選用，以濟一時之急，餘俟陸續再選，亦通變宜民之政也。臣等不勝懇禱之至。"

二十六日甲子，封王氏為才八①。詰②文："奉天承運皇帝制曰："朕惟穹昊垂祐，誕育神孫，家國發祥，爰資淑女。睠慶源泉之攸濬，斯寵命之宜隆。咨爾王氏，秉性柔嘉，提身敬慎。

① 八 "八"當作"人"。

② 詰 "詰"當作"誥"。

蚕以綺質，簡侍青宮。鳴珮無違，儀已彰於燕婉，夢蘭有喜，瑞允叶於熊占，肇衍孫枝，足徵婦順。茲特遣使持節，封爾爲才人，錫之誥命。於戲，禎符繼震，繁昌式裕乎宗祧，恩渥承乾，秩號有光乎舊典。爾其益嫻內則，協贊儲修，永綏錫羨之庥，疇若駢蕃之祉。欽哉。"

是日，大學士沈一貫、沈鯉、朱賡題："伏蒙皇上以進封皇貴妃告奉先殿收回脯醢果酒，頒賜臣三卓，臣等頓首祗領，不勝感戴天恩之至。謹具題謝恩。"

是日，大學士沈鯉、朱賡題："臣等辦事閣中，職主代言。每蒙發下諸司章奏，隨即擬票，擬票畢，隨即進呈，亦隨即登記於簿。其奉有批紅者，恭紀之，未奉者，則缺之。缺之而猶復不下，則日兢兢焉不寧。豈所票有不當聖意者乎？而在諸司具奏者，亦日兢兢焉，仰天而望，不遑寧處。蓋成命一日不下，即有軍國大事，不免停積廢閣，以致天工久曠，而況密勿渙號，一出一納，名曰政本，比於咽喉之地，一有不通，則四體百脉皆不周貫，而身怳瘁，所關係豈淺淺哉？我朝自祖宗以及列聖，諸司章奏無不隨①下，即我皇上御極以來，萬曆二十年前尚亦如此，乃今遂爲希②矣。夫以我皇上，聰明睿知，文武聖神，本曠古大有爲之君，而惟近年發號施令，多有優柔不斷，以下循晚近之迹者，人遂不能無疑，以爲萬幾至繁，綜覈難徧，故不免壅滯至此。臣等竊以爲不然。明主之所謂總攬者，不徧物以爲知也，爲天下得人焉而已。儻亦總大綱於九重之上，而以其精力之所以難周者，任部院以代股肱，任輔弼以代心膂，任科道以代耳目，斯君明其義，臣能其事，君主其要，臣職其詳，即所謂總攬之要機，無爲而無乎不爲也。古今惟舜稱大知，而孟軻贊之曰：'捨己從人，樂取於人以爲善。'孔子論帝王相傳之統，以爲'敏則有功'，而《易》言需則有害。夫需以害事，非淺淺也。以事機則多失，以政體則無常，以人心則蓄疑，以奸萌則潛滋。御座之旁，斧扆之設，豈徒也哉？蓋真見治忽理亂決幾於此，而反復三致意云爾。伏望皇上俯垂聽納，將各衙門章奏已經御覽者，即發臣等擬票，擬票上即賜裁決施行，務

① 隨 明抄本"隨"上有"隨上"二字。是。
② 希 明抄本"希"下有"音"字。是。

復萬曆初年不過三日舊規。宗社幸甚，臣等幸甚。"

是日，大學士沈鯉、朱賡題："竊惟皇上御極以來，日講官原設六員，兼講經史。後以講筵稀御，乃進講章二本，尋又以講官乏人，止進《通鑑》講章一本。頃者天啟聖衷，銳然以務學為急，命兼講《春秋》，日進二本如故，臣等欣躍不已。隨奉明諭，推擇儒臣資望最深者三人，在籍則尚書于慎行，在任則侍郎葉向高、楊道賓，並充日講官，與李廷機分撰經史講章，總不過四員，視前額已減其二矣。乃于慎行雖得旨，辭本未下，葉向高、楊道賓尚未得旨，今李廷機又杜門不出，自春及夏，並未進講章一字，求如往時止進一本亦不可得，殊有負皇上終始典學之意。伏望亟諭李廷機早出，並檢臣等屢揭，將于慎行、葉向高、楊道賓並下俞旨，令供事講筵，其於聖學聖政非小補矣。"

是日，大學士沈鯉、朱賡題："照得本月二十五日，為欽定大選之期。先該吏部將內外各官推陞出缺，以便如期舉行，已於十三日等日屢疏上請。隨蒙發下，臣等票上矣，至今尚未批發。竊思前此大選，往往逾期，猶幸在本月之內。今屈指此月不過二三日，少有遲延，即出月外，非祖宗雙月大選這制，駭人耳目甚矣。且候選人員，無慮千百，揆之人情，亦屬不便。臣等叨居政本，此亦政體之大者，不得不言，非為吏部代催也。伏望聖明即刻檢發推陞一本，仍更定大選日期，以便遵行。其侍郎楊時喬以病給假，或令其強出供職，或准令司官代銓，統望聖明裁定。臣等不勝懇仰。"

二十八日丙寅，大學士沈一貫、沈鯉、朱賡題："伏蒙皇上以誥命封皇太子下欽命選侍王氏為才人告奉先殿，收回脯醢果酒頒賜臣等三卓，臣等頓首祗領，不勝感戴天恩之至。謹具題謝恩。"

是日，大學士沈鯉、朱賡題："昨蒙皇上發下吏部大選改期一本，臣等以楊時喬告稱病篤，待其出而後行，必誤選期，因查先年曾有該司代行之旨，雖非經制，猶愈於並其選而廢之也，用是不得已擬暫准給假，無非爲四月完選計耳。伏又思之，堂官給假，司官代銓，乃一時權宜，終不可以爲訓，及今不一申明，後日遂爲故事，是堂官可以無設，而大政可以下移，其失祖制甚矣。臣等深爲此懼，不敢不完其弊源泉。伏望皇上速簡尚書、右侍郎，令銓政有所歸一，不至臨時匱乏，展轉通融，此實所以重祖制而尊朝廷也。臣等不勝祈望之至。"

萬曆三十四年五月戊辰，朔。

三日庚午，大學士沈一貫、沈鯉、朱賡謹題："先該禮部議得，歲貢廷試向無定期，合無比照鄉會殿試欽定日期事例，擬於四月十五日初試，五月十五日再試？已經題奉欽依、遵行。外，今照本年十五日再試？已經題奉欽依、遵行。外，今照本年四月十五日初試過歲貢、恩貢生員，臣等欽遵分別上、中卷，隨本進覽，試卷已發閣中，所有臣等原本未蒙批發，不敢擅自拆卷出序。目下五月十五日，又該吏部再試廷試過文卷，若不出序，其間有不願就教、例應分撥兩監讀書者，何以分別？時日迫近，尚有投卷、領卷、習禮等項成規，事體甚繁，勢難再緩。伏望皇上早賜檢發，以便遵行。謹具題恭請。"

五日壬申，大學士沈一貫、沈鯉、朱賡謹題："伏蒙皇上以端陽令節，頒賜上尊珍饌，臣等頓首祗領，不勝感戴天恩之至。謹具題謝恩。"

六日癸酉，大學士沈一貫、沈鯉、朱賡謹題："伏蒙皇上以纂修玉牒成，頒賜臣一貫銀四十兩、紵絲四表裏、新鈔五千貫，臣鯉、臣賡每銀三十兩、紵絲二表裏、新鈔三千貫。臣等頓首祗領，及纂修官王圖、中書官包漸林等，俱各照數分給訖。臣等不勝感戴天恩之至。除赴鴻臚寺報名廷謝外，謹具題謝恩。"

是日，大學士沈一貫、沈鯉、朱賡謹題："伏蒙皇上以河州大捷，頒賜臣一貫銀五十兩、綵段四表裏，臣鯉、臣賡每銀四十兩、綵段三表裏。臣等頓首祗領，不勝感戴天恩之至。除鴻臚寺報名廷謝外，謹具題謝恩。"

是日，大學士沈一貫、沈鯉、朱賡謹題："伏蒙皇上以恭視寫永思王諡冊文，頒賜臣等每銀三十兩、紵絲二表裏。臣等頓首祗領，及中書官吳大山等二員，俱各照數分給訖。臣等不勝感戴天恩之至，謹具題謝恩。"

是日，大學士沈一貫、沈鯉、朱賡謹題："伏蒙皇上以恭視寫永思王銘旌，頒賜臣等每銀十兩、紵絲一表裏。臣等頓首祗領，及中書官孫胤奇等二員俱各照數分給訖。臣等不勝感戴天恩之至。謹具題謝恩。"

是日，大學士沈鯉謹題："伏蒙皇上以册封永思王，欽遣臣捧册，頒賜臣銀五十兩、紵絲四表裏。臣頓首祗領，不勝感戴天恩之至。除赴鴻臚寺報名廷謝，謹具題謝恩。"

是日，大學士沈一貫奏："爲七十四懇祈恩賜骸以明人臣分義事。臣屢疏乞罷，仰干宸聰，冒昧已極，不勝戰慄。臣每草一疏，輒增一病，豈好爲多事？誠以尸居彌久，罪戾彌深，不能已於瀆請也。近日恭遇徽號禮成，皇上兩賚閣臣，尚及於臣，且循舊例，視在直二臣有加，臣萬分踧踖不安。至於節時賞賚，亦復相及。誠欲控辭，而至尊之賜，臣子於禮不敢辭，每拜一賜，魂驚汗浹，殆無地以自容也。即閣中公題，尚列臣名，尤涉欺罔，所當改正。總因臣控請不虔，朝籍猶在，是以名不正、言不順，旦暮入地之人，豈宜復多戾？跋前躓後，狼狽已極，惟有一去，庶可以稍自贖耳。令甲病滿三月者，放回原籍。近制病真者，不必三月，堂官即與題放。今臣患病乃滿一年，無人不知，臣當去而無人爲臣代題者，若謂臣猶可留，則是臣之七十四懇乃七十四欺也，何可傳聞於天下後世？臣無他長，獨此小心敬畏一念，自誓決不敢欺。今豈若此？伏乞皇上矜賞方愚誠，早發乾斷，賜臣骸骨，使臣免顧望曠誤之誅。臣無任哀號流涕之至。"

十三日庚辰，大學士沈一貫、沈鯉、朱賡謹題："伏聞皇十女薨逝，臣等不勝驚悼。仰惟聖衷深受，若何爲情？顧惟修短有數，原非今日能爲，仙質非凡，蓋已逍遙昇舉。伏望皇上順天定命，保頤泰和，輟①無益之悲，迓方來之慶。臣等無任仰祈之至。謹奉慰以聞。"

十九日丙戌，大學士沈一貫奏："爲病淹經年辱國已甚懇祈宸斷早放還山事。臣乞身之章凡七十五上矣，從來諸臣求去，

① 輟　明抄本作"輒"，誤。通行本改"輟"，是。

未有如臣疏之多。自非陰陽之患，難以一朝居，豈忍煩瀆至此？皇天后土，實所鑒憐。何期聖慈未即矜允？頃爲去年玉牒進呈、河州大捷，又爲永思王寫册、寫旌，因臣名籍尚存，欽賞銀兩、表裏，三及於臣，此尤不安之甚。臣有罪無功，既負恩矣，久病偷閒，死在旦夕，而猶以羈縻之蹤，屢廛駢蕃之賜，是負恩之中又負恩也。隆恩自天，無福消受，恩亦是苦。官如羈靮①，無路解脱，官亦是苦。身同桎梏，百病煎熬，身亦是苦。入夏以來，心火炎熾，幾欲狂顛，閉置旅舍，生意都絶。皇上不即釋放，不過日憔月悴，一旦溘死，爲異鄉游魅②而已。縱未即死，而心已不能謀政，身已不能造朝，經歲歷時，偃卧呻吟，掛名仕版，爲丞弼首，國事墮壞由臣，閣體玷損由臣，豈不仰累聖政，爲古今一罪案乎？皇上容臣，如天地之容朽物，有罪不加譴呵，無用不即吐棄，臣豈不感？但容之太過，害生於恩，必將大麗於法，而反至於不得容。何如鑒其病苦，早賜便閒？此容更爲尤大也。殘喘如絲，懸於皇上，伏望皇上超拔而生全之，比之蕃庶晉錫萬萬有加矣。臣無任號泣待命之至。"

二十四日辛卯，大學士沈一貫、沈鯉、朱賡謹題："先該臣等具題二月二十六日恭進日講講章，因侍郎李廷機被論乞休，不撰講章，數月以來進講久曠。今廷機已遵旨見朝，進部管事，所有日講講章，合行照常進呈。臣等謹擇六月初六日吉，恭撰講章進覽。謹具題知。"

二十七日甲午，大學士沈一貫奏："爲聞言增懼請乞亟圖治幾以保大業早放罪臣以息流言事。臣之求去，已經七十五疏，病篤至此，豈能久生？延生猶幸，豈能復出？臣身已矣，如國家大事何？頃見邸報該鳳陽巡撫都御史李三才一本《爲極陳國家治亂大關懇乞聖明省覽收拾事》，内言恩詔既布，旋復中厄，道路所傳，其説有二。一謂前日新政，原非上意，不過一時喜心，旋開旋蔽。三才此論，誠皇上所宜聽覽而深思者。一謂臣一貫恐沈鯉、朱賡逼己之位，既忌其每有諫説，形己之短，又

① 羈靮 明抄本作"羈靮"，是。通行本作"羈靳"，誤。
② 魅 明抄本作"鬼"。

恥其事不由己，欲壞其成，故賄買左右，百計相傾，或冷言熱語，以惑聖聰，或借秦指滇，以激聖怒，遂致一應好事，俱不得行。此一語也，即三才不之信，必能諒臣矣。臣聞此言，寧不驚心而刺骨也？臣每被人言，輒請皇上為證，心實不安。顧事關密勿，人所不知，而天獨知之，不得不求明於皇上。夫新政一行，自朝廷以至九邊，人人歡慶，處處寧妥，如陽春和暢，一草一木皆受君賜。臣雖退伏草野，臣身、臣家、臣之子孫、臣之宗族親友，實咸利賴，心非倒生，猶不願太平乎？方今之時，合天下士大夫，羣心羣力以挽氣運之衰，感至尊之心，猶恐不逮，而可更離氣類，增多隙端，負而又負，臣豈無鬚肩面目乎？臣幸遇皇上之知，何待左右之助？皇上御下甚嚴，非寄聽於左右之主，冷言熱語以惑聖聰者何詞？借秦指滇以激聖怒者何事？其有其無，難逃睿察。皇上屢命臣出，二輔亦勸臣出，臣自以病求去，或留或去，判然兩途，何嫌於逼？何忌於形而壞其成？臣不能成，宜望二輔之成。成則目前可以稍寬，身後亦免餘責，臣利甚大。終不成，則罪終不可釋，而國家之大命隨之，臣禍甚大。臣何忌二輔之成也？流言止於智者，宜三才未之信。抑或有舌人鼓扇其間，以甚臣罪，亦不可知。則剖心自明，臣何容己？臣自戊戌獨直，屢疏乞增閣僚，蒙簡二臣，喜極欲舞。蓋臣在翰林時，仰止二輔，自謂不如，深慶國家得人，而亦幸己有所請益也。數年以來，此羹彼調，心心相照，即令可以求去，正恃二輔在閣。而道路之言似此，掩臣素心，離臣素交，臣竊自傷其德薄誠微，不能感動人一至此極。皇天后土，九廟神靈，實鑒臨臣，臣若有一毫忌二輔阻新政之心，雷霆下擊之，臣死不恨。臣自入春以來，政事不預，俸給不支，書揭不收，交游不接，門外若天涯，此身如夢中，而猶不免於人之疑，則無他焉，總因新政未行故耳，總因臣未得去故耳。然求去而瀆聽如臣者，古今所未有也，求去而增口如臣者，古今又未有也。臣是以仰天哀號而祈皇上，少加矜憐，賜一俞命也。舊年宮闈大慶禮宜頒詔，其時臣未謝事，恭草二詔，偕二輔一一詳定以進，此乃臣等仰窺皇上德意，浩蕩如天，浸漬如海，秉此機遘而一對揚之。隨蒙聖慈嘉納，批寫發行，內御筆增減者甚多，何者不出於上意？第因皇上每事濡遲，近於吝惜，道路之口遂謂無意求治，皇上之心不白，而臣等之心益昧矣。今日所祈，惟皇上設誠力行，見諸事實，使天下關其議天之口，而轉爲頌天之謠，二輔雍容於廟廊，臣亦歌謳於耕鑿，以畢一時同心體國之誼，豈不至盛至盛偉事歟？幸勿久留此而不發，失天下心也。臣之立朝，最爲孤立，未嘗求天下士大夫之助，豈求左右之助？流言之意，祇爲皇上留臣而不放，羣臣彈之又不放，所以日深一日。臣愚不識皇上不放臣出於何意，必宜早加聖斷，一允臣去。方今之時，臣不但爲人所棄，抑病實深，爲天所棄，萬萬無再留之理。今七十六懇矣，伏乞早放孤臣，解臣寃業。臣無任哀泣徬徨禱祈號呼之至。"六月初四日奉聖旨："宮闈大慶詔草，皆出卿手，豈有忌二輔、阻新政之理？且朕前誰敢進言？昨已有御旨說明了，卿不必再辯。一應詔條，正在次第舉行，豈遂中厄？卿以疾篤求去，朕已洞悉。時下且宜靜攝，以俟後命。吏部知道。"

萬曆三十四年六月戊戌，朔。

二日己亥，大學士沈一貫、沈鯉、朱賡謹題："先該吏部題准，願告教職歲貢恩貢生員，行移翰林院考試。臣等欽遵，會同禮部右侍郎兼翰林院侍讀學士掌院事楊道賓，出題彌封，嚴加考試。取中歲貢文理平通上卷四卷、文理亦通中卷一千二百七十卷，恩貢文理平通上卷一卷、文理亦通中卷四卷，俱堪授教職。謹將各試卷封進，伏乞聖裁發下，開送該部，查照臣等先後題准事理施行。謹題請旨。"奉聖旨："是。該部知道。"

五日壬寅，大學士沈鯉、朱賡謹題："臣等竊惟，當今之務有極而當反、窮而當通者，無如考選科道一事。先該臣等與吏部都察院兩京臺省，再三陳，或援祖制，或引詔旨，或明國體，或陳時艱，其說已窮，計必有概於聖衷矣。使時可少需，自宜靜聽明旨，何敢復聒？惟是目前有急切大事，如大計羣吏，此時急宜分單諮訪。蓋郡國大小官員幾千百人，不博訪則欺蔽之弊乘之，不早訪則苟且之弊乘之，吏治污隆，胥此焉係，可徒付之一吏科、一河南道、而不以廣其耳目之助乎？又如科場大比，兩京最多奸弊，監試不可乏人。南畿尚無督學，廣西尚無監臨，人才進退，胥此焉係，可徒付之內簾考官，而不以防其外至之奸乎？此兩事者，皆國家大典，皇上之所夙重、而時下之所甚亟者，乃濡遲至此。豈以人才不足使令與？今在闕下備行取之選者，不乏老成練達之士，候之已踰半載，羣居終日，無所事事。胡不因而錄之，以朝廷素所養育之才，還而為朝廷用乎？推之時勢既如彼，驗之人情又如此，臣等所以謂極而當反、窮而當通者此也。其他所已陳旨，姑弗贅也。伏惟聖明深思而早決焉。臣等不勝顒望之至。"

六日癸卯，大學士沈一貫奏："為聞命驚惶彌增病困七十七懇仰祈天心開照早放朽骨還山事。臣聞舟車不行，仝侶相訴，薪米不續，一室徧謫，事固有相左而相成者。昨總漕督御史李三才之疏，皇上何督過之深而加之罰也？臣聞之，驚惶無措。經歲杜門，請告未允，人之流言何所不有？三才以聞於上，恃借此以贊新政之行耳。今新政未行，而遽加罰，臣之病戾餘生又不得去，從此以後，臣之被言當愈多，而獲罪當愈甚矣。此臣之所以聞命而隕越也。惟臣之疏，皇上洞悉篤疾，諭以靜俟後命，臣舉家大小，皆如死中更生，而望就途之有日。臣數日以來，病乃少蘇，始知人耳。是用焚香對天，百叩百稽，齋潔肅虔，復爲瀆請。伏乞聖慈，弘開天網，縱放羈囚，使臣猶得以苟延餘喘，不增多戾，則臣尚有辭於天下，而天下信皇上雄斷迅發，前旨不虛矣。臣無任涕泗徬徨哀祈懇禱之至。"

是日，大學士朱賡謹題："五月二十三日，該次輔臣沈鯉以一足小傷，給假調理，今已半月，未蒙批發。伏自首臣請告，閣中政務向賴次輔裁決，臣才識不逮遠甚。今以一身直閣，當新政漸布之時，一日萬幾，誰謀誰斷？稍有失誤，關係非輕。況疾病人所時有，臣衰老之軀，見深①霍亂，亦復扶掖而入，抵暮而出，能保其旦旦如是乎？伏望皇上將次輔請假一本，即賜批發，趣令入閣辦理，俾臣少舒一息之喘。政本幸甚，臣愚幸甚。"

十三日庚戌，大學士沈一貫奏："爲七十八懇仰祈信前旨放病臣以全終始事。臣老病危篤，當去無疑。昨蒙皇上哀憐，令臣恭候復命，且念及前輔趙志皋，引以爲喻，臣不勝感泣。即今時事甚多，與志皋之時不同。往者皇上不聽志皋之去，終殞都下，聖心惻然，爲之矜憐。今豈復使臣爲志皋之續？伏想至仁，必所不忍。臣此兩月，病委愈重，旦夕難文，惟恐溘先朝露，以至損辱國體。聖世進退大臣以禮，留臣不但累臣，而又累及他人，臣實惜之。早放還山，臣得死所，朝廷寧帖。伏乞聖心加憐，無忘前旨，即賜允退，全臣晚節。臣無任戰兢哀懇之至。"

十九日丙辰，遣禮部員外郎劉觀文，皇帝敕諭少師兼太子

① 深　明抄本作"染"，是。通行本作"深"，誤。

太師吏部尚書中極殿大學士申時行："惟卿贊襄多年，始終一德，雖居林壑，忠愛不忘，國有吉祥，諒同歡慶。今者聖母萬壽六袠，親見曾孫，泰洽慈闈，鼎安宗社，遡厥慶源，加上聖母尊號，曰慈聖宣文明肅貞壽端獻恭熹皇太后，敬修盛典，備極尊崇。推廣慈恩，均霑率土，而況一二元寮，尤曰休豫，恩施可獨後哉？兹遣官齎敕存問，特命所司備花銀五十兩、綵段四表裏、並羊酒一同持送，以示優眷。卿其加餐自愛。特諭知之。"

是日，遣行人司行人牟志夔，皇帝敕諭太子太保吏部尚書建極殿大學士王錫爵："惟卿贊襄多年，始終一德，雖居林壑，忠愛不忘，國有吉祥，諒同歡慶。今者聖母萬壽六袠，親見曾孫，泰洽慈闈，鼎安宗社，遡厥慶源，加上聖母尊號，曰慈聖宣文明肅貞壽端獻恭熹皇太后，敬修盛典，備極尊崇。推廣慈恩，均霑率土，而況一二元寮，尤同休豫，恩施可獨後哉？兹遣官齎敕存問，特命所司備花銀五十兩、綵段四表裏、並羊酒一同持送，以示優眷。卿其加餐自愛。特諭知之。"

二十日丁己①，大學士朱賡謹題："照得雲南焚殺楊榮一事，皇上業有明旨處分矣，近該撫按鎮臣先後具本。先一本在明旨未到之前，請遣京官勘問，臣時擬票止着遵照前旨，會同三司詳審明白，分別奏請定奪。後一本在明旨已到之後，業已會審明白、分別奏請矣，臣時擬付三法司詳審奏聞，經行彼處撫按處決。蓋滇南萬里而遙，一往一復，動經半年，恐日久變生，不無意外之慮，故須早完此局耳。今日見批發者乃前一本，恐此旨傳到彼處，再行會審，未免重復遲誤。伏望將後次一本速賜批發，即付三法司詳議上請，則事體經決，無路途往復之煩，而一了百了，地方亦相安於無事矣。爲此具奏申請，伏惟聖明垂鑒。臣無任仰望之至。"

二十二日己未，大學士沈一貫、沈鯉、朱賡謹題："伏蒙皇上頒賜臣等每員鮮筍二十根，臣等頓首祗領，不勝感戴天恩之

① 己 "己"當作"巳"。

至。謹具題謝恩。"

是日，大學士沈鯉奏："爲衰年病廢曠官日久圖報無期懇乞天恩俯容休致以全晚節事。臣年七十六歲，病苦多端，昏眊至極，不敢瀆陳。惟是一足已廢，又遭跌損，曾於前月二十三日具揭乞假調理，至今已及一月，病勢愈加沉重，向來倩人扶掖猶可勉強趨直，今雖扶掖行矣。政本之地，輔弼之臣，所居何官？所司何事？而偃仰牀蓐，尸位素餐，茫無痊可之期，於心何以能安也？伏乞聖慈垂憐，准照老疾例容令致仕。臣無任感荷天恩之至。"

二十三日庚申，大學士沈一貫、沈鯉、朱賡謹題："伏蒙皇上頒賜臣等每員枇杷果一小簍，臣等頓首祗領，不勝感戴天恩之至。謹具題謝恩。"

二十五日壬戌，大學士沈一貫奏："爲無端汙衊萬死難甘懇乞聖明亟賜罷斥以謝人言並乞敕下查勘以昭公道事。臣賦質愚憃，本無競心，不幸處非其地，豈惟侮辱之不免？今大患又至矣。臣乞去之急，更無此比。惟皇上久不放臣，故人恐死灰復燃，更相溺之。不知臣之爲灰滅盡久矣，此寃此苦無從控訴。敢請問皇上，所以久留臣者何故？祇因久留，遂有買結左右、忌阻二輔之誣，遂有陽爲退避、陰實彌縫之誣，屢變其說，愈出愈奇。昨見邸報，有南京御史孫居相參臣奸貪一本，臣讀之口噤色勃，不覺厥死數回。臣何負於天下，而辱臣汙臣貽此大患？諺曰：盜憎主人，民惡其上。虎豹遠於人羣而爭搏之，利其皮也。臣之皮猶在，宜擊搏者踵至。臣之見攻，已一歲所，百計洗索，身無完膚。若有奸貪，何人不言，而待至今日？臣亦人也，豈無忿恚？徒念大臣之道，當以忠厚立身，休容待物，寧人負我，毋我負人，故隱忍曲受。何應脫空駕虛，一味誣捏？雖在川海，豈不勝溢？然臣終不盡言也，姑就其疏而辯之。凡納賄者必攬權。自臣輔政，未嘗參預部院一事，終年累月無人至臣之門，納賄何由？凡植黨者，資其助也。數年以來，人之齮齕臣者何限？絕無一人出一語以助臣，植黨何在？麻承勳、麻承蕙①納賄之事，今遍查承蕙②，並無此名。昔年有麻承訓、麻承恩，科道以參本兵田樂，且下其人於詔獄、送法司矣，當時未嘗及臣，今又移以誣臣耶？展轉駕空，昭昭明甚。麻氏與居相皆山西人也，名尚不真，事寧得實乎？楊應龍之誅，總督有李化龍，巡撫有郭子章，又有三者監軍御史、司道等官，不獨一江鐸在軍中也，鐸安能獨以其所積之物、越萬里而饋臣？破囤之日，文武將士有二十餘萬人，今具在，可質問。皇上念陳璘③、劉綎等功，特諭到閣，欲行封拜，臣以爲不可，上揭執止之。使臣嘗受其饋而許其封，此時順旨而行，最甚便事，何爲諫止？且此事蒙皇上納諫如流，定於密勿，未嘗經科道參論也。王維忠大奸賊，拿到之日，臣票：'下詔獄，好生打問。'招成之日，復票嚴旨：'着法司用心刑鞫，詳供重擬。'今見在詔獄，必不輕恕。與臣何親？臣何當庇？自臣入閣以來，並不曾考監生爲中書。今云受吳汝元之賄，考中上疏，旨從中格。此何年何月之事？既無此事，何得謂臣授意同邑考官？果得中式，影響何在也？進士項鼎鉉考館進呈，拆卷之時，臣與同考李戴、馮琦等查對殿試卷子，筆迹不同，臣即時上揭參退，可謂至公。該科之參，乃在臣參之後，發覺者非該科也。鼎鉉自請覆試，久之不出，部覆降調。臣何私之？世豈有受其賄而發其弊者乎？孟宗文總兵廣東有無冒功，臣不能知，勘在御史，覆在兵部。潘大復之陞遷與其辯復，有無奧主，臣不能知，事在吏部。其人皆在，可以質對，不可以賄汙臣。賈應元以侍郎家居，臣未嘗游揭其名，彼老於仕途，雖至愚人不應爲臣揹騙。未預廷推，尚爾污臣，若曾經推，又當何似？各處礦稅內官參隨司房，若有臣所用跟隨之人，豈無姓名？臣家僅數人悉皆見在。沈士問不知何人，既有妻在，可一鞫而明矣。沈子木家於湖州，於臣爲同姓，又隔府甚遠，不爲臣之姻親可知也。指爲臣黨者，不過襲郭正域本中語耳。同朝大臣，何至以賄相污？其云天下章疏，有關於臣者，子木匿不以聞。不知何人之疏？何不一指其實也？又言朝覲、進表、考滿官有送，門生、故吏

① 蕙　據下月記事，"蕙"似當作"惠"。
② 蕙　據下月記事，"蕙"似當作"惠"。
③ 璘　"璘"當作"璘"。

有送。夫往來交際，自古有之，臣素不以苟苴自汙，人所共曉。且交際與賄賂不同，臣不能予人奪人，饋臣何爲？又言臣子泰鴻歸時，用車數百輛。臣一室斗大，安所貯如許物？用車如此，用船當與此相稱，驛遞中可查而可知也。且居相，臣門生之門生也，嘗爲外吏。其朝覲、行取時饋臣幾何？居相不饋尚得此官，臣不受賄亦可類見。何乃受人指使，而遽忘其身所經歷之事乎？上有天理，中有人心，傍有鬼神。古稱萋菲貝錦，亦須稍依事實，加以裝點，説小成大。何至爲此夢語？臣一意求去，不與人分辯，見臣不辯，固易爲侮。當事年久，所任勞怨極多，欲加臣罪，何患無辭？今稅務未罷，缺官未補，科道未選，章奏未通，儘足坐臣之罪，何必更生枝節？一官之爲臣累，乃至於此，求一罷官之難，乃至於此。一日不去，則忌臣嫉臣而魚肉臣者不休。皇上如有意憐臣，則幸放臣，如欲罪臣，亦早正明誅，以示天下。幸勿久留不決，爲熙朝日增恠事。人急則呼天、呼父母。臣急極矣，皇上①最遠，臣呼之亦當聞，皇上孔邇，臣呼之猶未聞。人之擊臣者既苦臣，皇上之容臣又苦臣，臣何所歸命？垂死之人，一切是非毀譽皆身外物，忠奸清污無足較擇，憐願皇上早放臣出國門，使朝端早就寧息，亦畢臣報國之意。仍乞將居相本敕下各衙門，一一查勘，臣罪名真，甘受斧鉞，如若不真，亦昭公道之不泯，此係柄世者之責，臣無預矣。臣無任驚惶隕絶痛哭俟命之至。"

是日，大學士朱賡謹題："臣年七十有二，衰矣。又不幸有脾泄之疾，遇夏輒不可支。飲食不能進，所需者參术耳，手足不能舉，所藉者牀褥耳。年甚一年，日甚一日，自度無長久之理。蓋自去年四月內首輔、次輔一時請告，臣以一身匍匐於烈日暴雨之下、嚴霜大雪之中，迄於冬盡，始得次輔出而共事，藉其謀猷可幸無失。今次輔於前月給假，昨又上乞歸疏，臣復代庖一月餘矣。使力可獨支，才可獨運，亦非政體，而況兩者無一焉，尚可強其所不能哉？畜馬者不忍盡其力，乍盡則疲，再則病，數則斃，必然之理也。今臣數矣非久，且當立斃，一身不足惜，如皇上之萬幾何？臣爲此懼，不得不哀告於君父之

① 上 "上" 當作 "天"。

前。伏望早發次輔前疏，趣令刻日入閣佐理，容臣少就醫藥，以緩須臾之斃。臣不勝懇切懸望之至。"

二十六日癸亥，大學士沈鯉、朱賡謹題："竊惟行取考選，乃祖宗舊章，皇上屢次遵行，治效可睹。近年科道缺少，差用不敷，皇上業已軫之宸衷、形之詔旨矣。至於今缺者愈缺，少者愈少，無一可差，無一可用，不但不敷而已。臣等及南北部院科道諸臣，請之已數，言之已窮，而皇上至今停閣，尚未施行，以致糾察無人，諮訪無人，巡方督學無人，監試查刷無人，上陵下替，吏玩民偷，紀綱不張，風俗日敝。人情洶洶，莫曉其故，則謂臣等利科道之不補，得以掩其玼瑕，而不肯奏請，臣等之心滋戚矣。查得吏部開具候選職名，不過六十人，都察院又請揀擇老成持重之士，則其數已自不多，而況分之兩衙門，又分之兩京，各居其方，各事其事，猶之不敷耳，天寬地濶之朝，豈不能容此數十輩，以充侍從之列，而至因噎廢食？無乃示人以不廣耶？令甲有每年外陞之例，有考試刑名之例，有回道考察之例，未嘗廢一切之法，而人不乏，何也？行取之制間歲一行，足以代匱，故也。自行取久廢，而人始乏矣，自人乏，而一切之法始廢矣，自一切之法廢，而朝廷之權始不足以制人而制於人矣。祖宗二百年來未嘗有此，皇上二十年前亦未嘗有此，奈何至於今而弁髦之也？理亂所關，臣等不敢避再三之瀆。伏望皇上思祖制之當遵，繹詔旨之當信，推物極之當反，念人心之當妝，立命部院從公考選，分隸各差，以濟目前之急。其南京及外任官已經疏名者，檄取來京，接續考選，庶幾言路常通，百廢具舉，而臣等亦得有辭於天下矣。不勝懇切待命之至。"

是日，大學士沈一貫、沈鯉、朱賡謹題："伏蒙皇上頒賜臣等每員鮮鰣魚二尾聲，臣等頓首袛領，不勝感戴天恩之至。謹具題謝恩。"

二十七日甲子，大學士沈一貫奏："爲人言踵至朽骨難勝懇乞亟賜罷歸以救危苦仍敕併勘以明顯誣事。臣經年乞身，皇上以趙志皋比臣。臣之時，非志皋之時也。志皋不得去，猶可從容醫藥，以至老死，臣則不然。外難慘於外感，內憤劇於內傷，頃刻難居，安能待久？疏至八十上，乃古今希絕之事，皇上何難一放而苦臣至此也？人臣求做官難，求去官易，臣之求去獨難。固不即去，遂日增其惡名，大可悲矣。昨南道御史孫居相論臣奸貪，臣具本略辯，今南科陳嘉訓又有疏至，大抵與居相相同。除陳璘、江鐸、孟宗文、賈應元、王惟忠等事，臣前疏已具，程守訓與王惟忠同一事，亦不必再辯。其科道陞遷一節，按舊例，科道間陞京堂，而無九年考滿者，近來多至九年，部院議以京堂處之，此亦一時義起，臣但依部院所擬耳，何機械之有？臣當事任，以公事來者宜與之接見，若指為密謀坐畫、奔走承順，必絕人逃世而後可乎？臣之無一私黨，誰不知之？薊遼總督蹇達會推起用，乃合朝公論，當時無議之者，何得以賄誣臣？萬全之饋，自川江達鄞縣，經過萬里長途，豈無一人指證？張似渠舊為臣府推官，離任已久，因其與達同鄉而誣之為通，實迹安在也？兵部所掌，乃軍機大事。用兵之時，尚書田樂、蕭大亨豈無商確？方將綏靖疆宇，何債帥之能堪？而至為分贓之說，無復人理矣。考察拾遺，例無盡去。陳用賓、戴燿之留，從眾議也，若以此等為賄，何事不可橫誣？至於家僮李四，蠢然一物，僅供奔走，何所知識而能致人之賄？益令臣愧死矣。暮夜之金，古人亦誓知於天地，固未易與人分辯，抑爭名於朝，爭利於市，臣如貪濁，必不固請山林。所嗟束身修行，至於白首，此言何為至於前？是以自撾自責，而傷厥死之復蘇也。病廢之人，久留長安，譬之敗梗枯枝，當人門路，有妨趨走，宜乎指為不祥，目為妖孽，愈久則愈增其怔矣。臣氣息奄奄，哀鳴絮聒，惟皇上俯賜矜憐，拔之苦海，遣歸丘隴，無玷聖朝。仍乞敕下大小九卿，一一從公詳勘定議，以明公道。臣無任剖肝瀝血惶悚哀號之至。"

二十八日乙丑，大學士朱賡謹題："今日該文書官劉用，持首輔一貫本到閣，口傳聖旨：'着出溫旨來。欽此。'臣看詳此疏，蓋爲南道御史孫居相參論首臣奸貪之故。夫首臣在事十有二年，有無奸貪，天下自有公論。當今之世，事事皆由聖斷，閣臣可以恣其奸貪與否，天下亦自有公論。臣安敢代人辯是非，以自罹於是非之傷？況臣與首臣同鄉同年，非私亦私，非黨亦黨，瓜李之嫌尤臣之所當避也。然而皇上既命臣出旨，臣安敢負君命而圖自全？謹擬兩票，以俟聖明裁奪。而臣又有一言以進。夫首臣去志已決，精神意氣消阻殆盡，萬萬無復留之理。臣當一具揭、再擬票，請皇上早賜一允，而至今未奉俞旨。所以人心疑上生疑，沸外加沸，昨南科陳加①訓又有疏至，迄無已時。總之，首臣一去，而天下之論息矣。更望皇上即允其去，以免後來者之紛紛，則首臣安而人心亦安，閣體重而國體亦重，此亦清靜寧一之治也。伏惟聖明乾斷。臣不勝懇切祈禱之至。"

二十九日丙寅，大學士沈一貫、沈鯉、朱賡謹題："伏蒙皇上頒賜臣等每員鮮鱘魚五尾，臣等頓首祗領，及講官李廷機照數分給訖。臣等不勝感戴天恩之至。謹具題謝恩。"

三十日丁卯，大學士沈一貫、沈鯉、朱賡謹題："今日伏蒙皇上遣文書官金忠，捧出聖諭：'朕偶中暑腹瀉，頭目眩暈，連日服藥靜攝，稍愈，身體尚爾軟弱，又因濕熱燻蒸，足疾復痛，廟享恐弗成禮。卿等傳示遣官及各執事，務秉虔誠，精潔行禮。諭卿等知。欽此。'竊惟廟祀乃國之大典，皇上孝思純篤，必將躬親行禮。不意聖躬尚須珍攝，謹恭傳聖諭，令遣官及將事諸臣竭誠行禮，以副聖心。伏望皇上加意靜攝，以慰宗社臣民之望。臣不勝惓惓。所有聖諭，尊藏在閣。謹回奏以聞。"

① 加 "加" 當作 "嘉"。

① 一日戊辰 "一日戊辰"當作"戊辰朔"。

萬曆三十四年七月一日戊辰①,大學士沈一貫、沈鯉、朱賡題:"爲科舉事。准禮部手本,該本部題,應天府例該於萬曆三十四年八月初九日開科鄉試,合用考試官二員,照例行翰林院定擬,上請差用,奉聖旨:'是。欽此。欽遵。'備行到院。臣等推得堪任正考官二員、副考官二員,列名上請,伏乞於內各欽點一員,令其照例馳驛星夜前去,及期考試。再照兩京考官,舊無用編修例,今因缺人,以編修資深者郭淐、鄧士龍陪點,如蒙點用,乞量陞右春坊右中允、兼翰林院編修,以便供事。臣等未敢擅便,謹題請旨。

　　計　開

堪任正考官二員:左春坊左諭德兼翰林院侍講馮有經、翰林院編修郭淐

堪任副考官二員:"右春坊右中允兼翰林院編修傅新德、翰林院編修鄧士龍。"

五日壬申,大學士沈一貫、沈鯉、朱賡題:本月初一日該臣等具題,應天府開科鄉試,謹擬堪任正考官二員(左諭德馮有經,以編修郭淐陪點),堪任副考官二員(右中允傅新德,以編修鄧士龍陪點),恭候聖明點用二員,前去供事,至今未奉欽命。但應天去京三千餘里,非旦夕可到,即日發行在途,猶不滿一月,若復稽延,必至有誤大典,關係非小。伏乞即賜擒發,以便欽遵行事。時日甚近,臣等不避煩瀆,再爲題請,立候敕旨。"

是日,大學士朱賡題:"臣今日冒雨入直,行至承天門,忽然頭暈目昏,不知身世所在,急令兩人搊住,幸不倒仆。即欲扶歸私寓,恐誤今日票擬,祇得掖至端門廊房,暫憩片時。急取人參生脉散,連服二劑,稍知人事。蓋老年當暑濕之候,日行五六里,無一息少休,正與去年代庖時同一光景,而事體之難又非去年之比,所以鬱鬱成疾。自知必有今日也,前曾兩次奏揭,請檢發次輔請告疏,趣令入閣辦事,俾臣得少就醫藥,未蒙批發。今病已至此,不得不再爲懇請。伏望皇上憐臣犬馬力盡,速催次輔即出替理。次輔忠於謀國,而慈以愛人,必不

忍坐視臣之斃也。臣不勝懇切哀籲之至。"

九日丙子，大學士沈一貫、沈鯉、朱賡題："先該臣等具題，應天府鄉試，擬推正考官左諭德馮有經、副考官右中允傅新德等，各二員，又該臣等具揭催請，初六日已蒙欽點發票。經今數日，尚未奉旨。看得應天道路既長，試期又迫，兼之沿途大水，陸行則車馬不前，舟行則茫無絆路，萬一途中少阻，奔趨不及，將若之何？伏望速賜批發，使二臣星馳前去，庶不致誤大典。臣等不勝跂望之至。伏候敕旨。"

十日丁丑，大學士沈一貫、朱賡題："昨該臣等以應天考試日期迫近，具揭催請速下考官之命，候之竟日，未蒙批發。查得上科考官，七月初三日命下，初五日辭朝，日夜兼程，僅僅及期而至。今比上科已遲六七日，又值途中大水，風波難測，有如奔走不前，致誤大典，將若之何？且各省賓興皆如期從事，而南都首善之地，萬一稍有差遲，恐人心疑惑，訛言四起，又成朝廷一大闕典。臣等叨為輔佐，何以自解於天下萬世也？為此寢食不寧，不得不再三瀆請。伏望聖明俯亮，速賜批發，以釋遠近人心之疑，以竣曆①世不刊之典。臣等不勝懇切跂望之至。謹具題以聞。"奉聖旨："着有點的去。"內馮有經、傅新德有點。

先是，六月二十五日壬戌，大學士沈一貫奏："為無端汙衊萬死難甘懇乞聖明亟賜罷斥以謝人言並乞敕下查勘以昭公道事。臣賦質愚譫，本無競心，不幸處非其地，豈惟侮辱之不免？今大患又至矣。臣乞去之急，更無此比。惟皇上久不放臣，故人恐死灰復燃，而更相溺之。不知臣之為灰滅盡久矣，此冤此苦，無從控訴。敢請問皇上，所以久留臣者何故？祇因久留，遂有買結左右、忌阻二輔之誣，遂有陽為退避、陰實彌縫之誣，屢變其說，愈出愈奇。昨見邸報，有南京御史孫居相參臣奸貪一本，臣讀之口噤色勃，不覺厥死數四。臣何負於天下，而辱臣汙臣貽此大患？諺曰：盜憎主人，民惡其上。虎豹遠於人羣而

① 曆　明抄本作"歷"，是。通行本作"曆"，誤。

人争搏之，利其皮也。臣之皮猶在，宜擊搏者踵至。臣之見攻，已一歲所，百計洗索，身無完膚。若有奸貪，何人不言，而待至今日？臣亦人也，豈無忿恚？徒念大臣之道，當以忠厚立身，休容待物，寧人負我，毋我負人，故隱忍曲受。何應脫空駕虛，一味誣揑？雖在川海，豈不勝溢？然臣終不盡言也，姑就其疏而辯之。凡納賄者必攬權。自臣輔政，未嘗參預部院一事，終年累月無人至臣之門，納賄何由？凡植黨者，資其助也。數年以來，人之齮齕臣者何限？絕無一人出一語以助臣，植黨何在？麻承勳、麻承惠納賄之事，今遍查承惠並無此名。昔年有麻承訓、麻承恩，科道以參本兵田樂，且下其人於詔獄、送法司矣，當時未嘗及臣，今又移以誣臣耶？展轉駕空，昭昭明甚。麻氏與居相皆山西人也，名尚不真，事寧得實乎？楊應龍之誅，總督有李化龍，巡撫有郭子章，又有三省監軍御史、司道等官，不獨一江鐸在軍中也，鐸安能獨以其所積之物、越萬里而饋臣？破囤之日，文武將士有二十餘萬人，今具在，可質問。皇上念陳璘、劉綎等功，特諭到閣，欲行封拜，臣以爲不可，上揭執止之。使臣嘗受其饋而許其封，此時順旨而行，最甚便事，何爲諫止？且此事蒙皇上納諫如流，定於密勿，未嘗經科道參論也。王惟忠大奸賊，拿到之日，臣票：'下詔獄，好生打問。'招成之日，復票嚴旨：'著法司用心刑鞫，詳供重擬。'今見在詔獄，必不輕恕。與臣何親？臣何嘗庇？自臣入閣以來，並不曾考監生爲中書。今云受吳汝元之賄，考中上疏，旨從中格。此何年何月之事？既無此事，何得謂臣授意同邑考官？果得中式，影響何在也？進士項鼎鉉考館進呈，拆卷之時，臣與同考李戴、馮琦等查封殿試卷子，筆迹不同，臣即時上揭參退，可謂至公。該科之參，乃在臣參之後，發覺者非該科也。鼎鉉自請覆試，久之不出，部覆降調。臣何私之？世豈有受其賄而發其弊者乎？孟宗文總兵廣東有無冒功，臣不能知，勘在御史，覆在兵部。潘大復之陞遷與其辯復，有無奧主，臣不能知，事在吏部。其人皆在，可以質對，不可以賄污臣。賈應元以侍郎家居，臣未嘗游揚其名，彼老於仕途，雖至愚人不應爲臣揹騙。

未預廷推，尚爾污臣，若曾經推，又當何似？各處礦稅內官參隨司房，若有臣所因跟隨之人，豈無姓名？臣家僅數人悉皆見在。沈士問不知何人，既有妻在，可一鞫而明矣。沈子木家於湖州，於臣爲同姓，又隔府甚遠，不爲臣之姻親可知也。指爲臣黨者，不過襲郭正域本中語耳。同朝大臣，何至以賄相污？其云天下章疏，有關於臣者，子木匿不以聞。不知何人之疏？何不一指其實也？又言朝覲、進表、考滿官有送，門生、故吏有送。夫往來交際，自古有之，臣素不以苞苴自汙，人所共曉。且交際與賄賂不同，臣不能予人奪人，饋臣何爲？又言臣子泰鴻歸時，用車數百輛。臣一室斗大，安能貯如許物？用車如此，用船當與此相稱，驛遞中可查而知也。且居相，臣門生之門生也，嘗爲外吏。其朝覲、行取時饋臣幾何？居相不饋尚得此官，臣不受賄亦可類見。何乃受人指使，而遽忘其身所經歷之事乎？上有天理，中有人心，傍有鬼神。古稱萋菲貝錦，亦須稍依事實，加以裝點，說小成大。何至爲此夢語？臣一意求去，不與人分辯，見臣不辯，固易爲侮。當事年久，所任勞怨極多，欲加臣罪，何患無辭？今稅務未罷，缺官未補，科道未選，章奏未通，儘足坐臣之罪？何必更生枝節？一官之爲臣累，乃至於此，求一罷官之難，乃至於此。一日不去，則忌臣嫉臣而魚肉臣者不休。皇上如有意憐臣，則幸放臣，如欲罪臣，亦早正明誅，以示天下。幸勿久留不決，爲熙朝日增怪事。人急則呼天、呼父母。臣急極矣，皇上最遠，臨呼之亦當聞，皇上孔邇，臣呼之猶未聞。人之擊臣者既苦臣，皇上之容臣又苦臣，臣何所歸命？垂死之人，一切是非毀譽皆身外物，患奸清汙無足較擇，惟願皇上早放臣出國門，使朝端早就寧息，亦結臣報國之意。仍乞將居相本敕下各衙門，一一查勘，臣罪若真，甘受斧鉞，如若不真，亦昭公道之不泯，此係柄世者之責，臣無預矣。臣無任驚惶隕絕痛哭俟命之至。爲此謹具本奏聞，伏候敕旨。"是月十六日奉御批："卿輔朕多年，持廉奉公，任怨任勞，贊襄籌盡，朕所鑒知，公論亦自難泯，何須以人言求勘？卿求去之疏至八十上，朕心惻然，情詞愈懇，何忍勉留？准給假回籍調理，以明卿昭雪志意。着差官護送，馳驛去。仍賜路費銀一百兩、綵段六表裏。卿宜善攝，痊可之日，撫按具奏召用。該部知道。"

先是，六月二十二日己未，大學士沈鯉奏："爲衰年病廢曠官日久圖報無期懇乞天恩俯容休致以全晚節事。臣年七十六歲，病苦多端，昏眊至極，不敢瀆陳。惟是一足已廢，又遭跌損，曾於前月二十三日具揭乞假調理，至今已及一月，病勢愈加沉重，向來倩人扶掖猶可勉强趨直，今雖扶掖難行矣。政本之地，輔弼之臣，所居何官？所司何事？而偃仰牀蓐，尸位素餐，茫無痊可之期，於心何以能安也？伏乞聖慈垂憐，准照老疾例容令致仕。臣無任感荷天恩之至。爲此謹具本奏聞，伏候敕旨。"是月十六日奏御批："朕以卿講幄舊臣，特召任用，共濟時艱，乃屢因年老足疾懇辭，情詞愈切。朕體念優禮，准令致仕。着差官護送，馳驛去。仍賜路費銀五十兩、綵段二表裏。該部知道。"

十六日癸未，大學士朱賡題："臣連日抱病入直，奄奄氣息，實不能支。早間再具一揭，請皇上連發次輔之疏，亟令入閣贊理。正拜疏間，忽於會極門抄出御筆親批旨意，首輔次輔俱准辭去。臣不勝驚惶，汗流浹體。竊惟首輔十二年來，勞績茂著，今因病懇請，勢難雖留，得請而去，誠天地覆載之至恩，君臣始終之大義。不惟首輔感激，臣亦與有榮施也。惟是次輔夫心報國，雅志未酬，一念懇誠，臣所獨議，常與臣有同來同去之盟。今若獨遂其高，於次輔得矣，如政本空虛何？如臣愚殘喘何？臣病勢已危，朝不保夕，又削其左右手而付以扛鼎之重，必無幸矣，臣萬萬不敢奉詔。伏望皇上勉留次輔，令臣以綿力佐之，或可黽勉從事。不然，統望聖慈放臣同歸，別選名賢以新朝政，尤社稷無疆之福也。所有次輔旨意，不妨收回，益見聖主轉圜之明。臣不勝涕泣叩首懇祈之至。"

十九日丙戌，大學士沈一貫謹奏："爲竭愚慮以獻餘忠事。

臣以老病得請，行當遠離，感念隆恩，報答難盡。自古人臣去國，皆有惓惓餘忠獻於君父，臣雖技殫智憊，無可仰裨，然微息尚存，寸丹自耿，追思夙昔已吐之言，猶可掇拾以備採擇，何忍以區區芹曝，遂置不獻也。仰惟皇上，英謀睿斷，超越古今，誠非羣臣敢望，乃一二新政尚未慰於人心，意者視天下事以為無足關聖衷、視天下人為無足當聖意乎？積疑成玩，積玩成弛，成①弊，今亦蠱極宜飭之時也，臣請略陳梗概，惟聖明垂納焉。皇上深居九重，所以通上下之情惟章奏一脉耳。今疏者不盡見報，報者不盡及時，吏部推陞寢閣尤甚，以致外庭觀望，橫生猜疑。臣願皇上無復留中，朝上夕報，明示當否，俾臣下有所遵奉施行，國事幸甚。國家設部院大僚，率屬分猷，不可缺一，今南北九卿僅止數人，甚至有合署空虛、經年借代者。太宰、中丞，關係至重，尤不宜久虛。臣願皇上補大僚之缺，於廷推中遴選才望者而亟點用之。國事幸甚。科道為朝廷耳目，糾察官邪，振起事功，不可少也。今缺人太多，臺中尤甚，內外差用極其不敷，而行取諸臣則經年待命，空積於不用之地，非設官分職之意。臣願皇上下考選之旨，以濟急差，以廣耳目。國事幸甚。昔人謂使功不如使過，謂懲創深則德慧進也。今詿誤諸臣，一經遷謫，永無陞敍，錮人於聖世，惜才之謂何？臣願皇上起諸廢滯，慎加甄別，而責之以後功。國事幸甚。獄罪民命所關，一有冤濫，能傷天地之和。今逮繫流放之人，推情議法，不無可原，冠蓋章縫，尤足憐憫。臣願皇上廣泣罪之仁，熱審及天下伸理等疏，察其矜疑而開釋之，俾囹圄空虛。國事幸甚。京師密邇胡虜，外患切膚，近年所恃惟區區市賣耳。今虜②王病，三娘子老，耽耽其視，而樞庭少人，戶曹無餉，一有緩急，以何支吾？臣願皇上念邊事之重，多補樞臣，並敕計臣治餉、邊臣治兵，鞏國家之門戶。國事幸甚。民為邦本，本固邦寧。今礦雖已撤，而稅猶未停。夫天下財力止有此數，盈於稅取，則縮於正供，無怪乎敲朴日繁，而蕭條日甚，凜凜乎有羣起為盜之憂也。臣願皇上軫小民之窮，召還中使，而以理財之計一責之戶部。國事幸甚。王道本乎人情，聖

① 成 明抄本"成"上有"積弛"二字，是。通行本脫此二字，誤。

② 膚 明抄本作"虜"，是。通行本作"膚"，誤。

王必加體念。今差滿多時而不得代，白首郎署而不得遷，羈旅都門而不得補，謫徙邊徼而不得還，困頓拂鬱，人情何堪？臣願皇上體羣下之情，咸與邕適，毋令死結愁憤，以干和氣。國事幸甚。語有之，多藏者厚亡。聚財既多，罕有能善散者。今內帑之積，充滿衍溢，聞之四方，非爲美談，播之虜中，尤滋隱慮，虜性貪鄙，能無生心？臣願皇上時發內帑，或餉邊，或助工，或備賑，使天下聞散財之名，而絕其覬覦之心。國事幸甚。國家初造燕京，永樂辛丑三殿成而輒災，因循勿議，直至正統辛丑，歷四十年而始成，營造之難如此。今水衡無錢，諸帑交匱，畿輔內外無復中人家產可供舖商之役，號泣流徙，誰與守國？臣願停殿門之工，寬展歲時，俟財充力贍而後圖之。國事幸甚。至於經筵日講，諷詠詩書，穆清閒暇可以怡聖情，聞見弘多可以恢聖智。皇上宜增補講官，以資啟沃。其皇太子、福王，睿齡正茂，尤宜及時進修。瑞王今亦長成，可以及時出閣。玉雖精粹，功在琢磨。皇上非博覽古今，雖天縱聰明，何能每事立斷？《書》曰：'念終始典於學。'一日學則有一日之益，此尤臣切望於今者也。臣荷高厚之恩，子子孫孫無能爲報，惟皇上採臣餘忠，見之行事，則紀綱復張，政事復舉，天意可回，人心可收，疆場①永固、宗社永安，臣雖去國猶賢於留，是亦臣報皇上之萬一矣。臣言止矣，自今日以往，殘喘苟延，歌帝力於耕鑿，隆恩未報，祝聖壽於華嵩。臨疏哽咽，不知所云。臣不勝瞻戀祈望之至。"奉聖旨……

十九日丙戌，大學士朱賡奏："爲政本空虛需人其亟懇請聖明亟簡元僚廣延衆正以重政幾事。國朝設內閣之臣，地居密勿，號爲政本，歷朝以來，備官甚盛，原無定員。皇上御極之初，間用四、五人，後亦不下三、四人，而秉政當軸、弼亮天工者，元輔爲重，二輔次之。臣以至愚極陋，備員末僚，不過承其下風而已。一、二年間，二臣終歲在告，臣不得不黽勉代庖。然上賴聖明乾斷，下從二臣謀諏，猶可塞責。今不意一日之間，皇上並允二臣之請，鼎趾有三，僅存其一，已無獨立之理矣，

---

① 場　明抄本作"埸"，是。通行本作"場"，誤。

而況衰病交侵，日甚一日，欲任則力已不逮，欲去則時未可言，惟有仰瀆聖聰，亟簡耆賢，以重端揆，廣延諸彥，以資贊理，則庶乎得心膂之助，而徐爲骸骨之計也。方今在籍在任之賢，濟濟稱盛，伏望皇上念首輔、二輔之缺不可久虛，敕下吏部會官廷推，以俟聖明簡用。此今日第一義，皇上自爲社稷計宜必及此，無俟臣言之畢矣。臣不勝翹首待命之至。"

　　二十九日丙申，大學士朱賡題："臣於本月十九日具本，請皇上亟簡元僚以重端揆，廣延衆正以資佐理，候旨旬餘，未蒙批發，知聖心自有簡在，無庸催請。惟念臣潦倒餘生，直閣四載，曾無涓滴可報洪恩，其不足爲皇上分猷可知。又終歲代庖，疲於奔走，奄奄氣息，風燭難期，不能爲皇上出力又可知。夫以四海九州之事，一日萬幾之繁，何等責任？何等艱危？而付之一老病無能之人，以致無一事不關聖慮之處分，無一時不勞聖心之憂惕。臣職何在？臣心何安？矧今災異頻仍，中外多事，尤須得人贊理，共濟時艱。臣爲一身之計小，爲社稷之計大，所以終日乾乾，終夜反側，不能已於再三之瀆也。皇上臨御久，閱歷深，在廷在籍之臣，孰非聖朝之所明試、聖鑒之所洞知？望即命廷推，亟賜特簡。早一日則慰天下一日之望，而臣亦得少紓一日之憂。爲此不憚煩瀆，瀝誠再請。臣不勝戰慄皇恐待命之至。"

萬曆三十四年八月丁酉，朔。

三日己亥，大學士朱賡謹題："爲科舉事。准禮部手本，該順天府題，萬曆三十四年八月初九日例該本府開科鄉試，合用考試官二員，伏乞簡命等因，奉聖旨：'是。欽此。欽遵。'備行到院。臣謹推得堪任正考官二員、副考官二員，列名上請，伏乞於內各欽點一員，令其前去考試。再照，兩京考官舊無用編修例，今因缺人，以編修資深者湯賓尹、郭淐陪點。如蒙點用，乞量陞右春坊右中允兼翰林院編修，以便入場供事。臣未敢擅便，謹題請旨。

堪任正考官二員：左春坊左庶子兼翰林院侍讀吳道南、翰林院編修湯賓尹

堪任副考官二員：右春坊右贊善兼翰林院檢討孫如游、翰林院編修郭淐"

奉聖旨……

四日庚子，大學士朱賡謹題："伏蒙 皇上以萬壽聖節，頒賜臣金萬壽字二副、銀萬壽字二副、金篆字八個、金書紅符一道，臣頓首祇領，及講官李廷機照數分給訖。臣不勝感戴天恩之至，謹具題謝恩。"

五日辛丑，大學士朱賡謹題："照得順天府本月初九日開科鄉試，臣於初三日推得堪任正考官二員、副考官二員，已經具題，尚未奉旨。但日期迫近，事不容緩，伏乞速賜欽點批發，以便初七日入場供事，庶賓與大典不致有誤矣。謹具揭立候敕旨。"初六日奉聖旨："着點了的去。"吳道南、孫如游有點。

七日癸卯，大學士朱賡謹奏："爲三請聖明亟簡元僚廣置輔佐以光聖政事。該臣於七月十九日具揭，請皇上亟補首輔、次輔之缺，候旨旬日，未蒙俞發。隨於本月二十九日再具揭催請，又將浹旬矣，不惟臣心惶惶，日夜焦灼，即在廷諸臣，亦無不

爲政本慮、爲臣愚慮者。天下，重器也，輔臣身任安危，險地也。譬之扛鼎，必衆擎而後舉，譬之涉川，必協力而後濟，未有以一手一足之勞，可以舉天下之重、而涉天下之險者也。況今陰陽失調，災異屢見，中外多事，變亂將形，所當責成於變理弘化之臣者，何如其急切也？而可使四年不效之人獨當其事乎？部院各任一職，且有司屬爲之左右，猶不可以一人理，安有政本之地，孑然一身，上之無所禀承，下之無所商確，而可以冒昧爲者？脱有錯失，皇上即明正誤國之罪，何益哉？微獨此也。今萬壽屆期，四方玉帛之臣與四夷朝貢之使，拜舞闕下，而以一衰老無望之臣，立於百僚之上，令縉紳見之，詫表率之無地，遠夷見之，誚中國之無人，亦非所以快天下之觀望矣。伏望聖慈上廑社稷之計，下恤老臣之私，立命吏部會同九卿科道等官，推舉在任在籍之賢而著者，疏名以俟簡用，實救時急務也。臣不勝懇切待命之至。"

十一日丁未，大學士朱賡謹題："臣蒙皇上召置密勿，託以心膂，因循四載，未展一籌。兹遇皇上沉幾獨斷，將與天下更始，而臣猶得備員輔地，竊佐下風，固臣畢力報主之日也。静夜焚香，仰天自矢，不敢市私恩，不敢沽虚譽，不敢竊威福，不敢植黨與，不敢望治太急而瀆聖聰，不敢宣洩機宜而害成事，惟竭盡一腔血誠，隨事納忠，以請皇上之施行，而臣乃順之於外，俾人頌堯舜之聖，家被唐虞之澤，則臣所自盟而願報聖恩於萬一者也。即今中外當行之事，不可枚舉，而施爲緩急之間，宜有次第。如簡用閣僚，乃目前第一義，臣已另本三請。外，尚有二、三急務，關係人心之向背者，不敢不爲皇上陳之。國家三年一外察，必須部院正官先期採訪，主持公道，方能壓服人心。今冢宰缺三年，中丞缺一年有餘，事無統領，誰爲主張？官不預設，誰爲諮訪？謂宜亟簡吏部、都察院正卿，以重察典，而因補南北六卿，以備股肱之良。此一大急務也。國家間歲一考選科道，是以差不乏人，事無廢弛。今越七、八年不一行取，致處處缺差，事事停閣，法紀蕩盡，奸弊叢生，而候補諸人亦且羣居無事，議論滋多，不一收之何所着落謂？宜亟敕部院，將見在者先行考選，而因及在外行取之官，以廣耳目之任。此又一大急務也。國家五年一審獄囚，擇其情可矜疑者，分別赦宥，乃天地好生之德，朝廷法外之仁也。前五年未經舉行，今次乃十年一舉，亦已稀矣，可中格而不發乎？謂宜亟允法司之請，以昭曠恩。而欽犯曹學程者，縲絏十年，狼狽已極，九十瞽母望一訣而無由，此又諸囚中最可矜憐者。儻蒙並賜釋放，尤錫類之鴻恩也。四方遺佚之士，創艾已久，蓄養益宏，本皆用世之才，而置之無用之地，遂有抱鬱而老、齎志以没者。皇上兩次詔書，皆令分別起用，而部中所擬不過十之一，皇上所點不過百之一，殊未足以愜天下之觀望也。謂當亟拔其尤，及時效用。而欽降官白瑜者，候旨四年，不進不退，伏處斗室，如窮人無所歸，此又林壑諸人所無者。儻蒙並賜原補，尤惠下之特恩也。此四事者，皇上行之無甚難，而在天下如大旱之得霖雨，如饑渴溫飽之得飲食，無不人人悦之，人心悦而天下之事思過半矣。其他中外當行之務，容臣次第密請，而皇上次第行之，不踰數月，天下可大治。爲堯、爲舜、爲唐、爲虞，正惟今日，執簡御繁、旋乾轉坤，亦惟今日，伏望聖明加之意焉。臣不勝懇切跂望之至。"

十二日戊申，大學士朱賡謹題："伏蒙皇上以皇太子第二女三朝，告奉先殿，收回脯醢果酒頒賜臣三卓，頓首祇領。不勝感戴天恩之至，謹具題謝恩。"

十六日壬子，大學士朱賡謹題："恭遇萬壽聖節，臣謹偕在廷文武暨天下華夷齎捧朝貢官員人等，於五鳳樓前大班行禮，恭伸祝頌。外，伏念臣備員輔弼，受恩深厚，與在廷諸臣不同，擬是日恭詣仁德門行五拜三叩頭禮，少伸忠愛無已之心，竊比三祝聖堯之意。謹具題知。"

十七日癸丑，大學士朱賡謹題："伏蒙皇上以萬壽聖節頒賜上尊珍饌，臣頓首祗領。不勝感戴天恩之至，謹具題謝恩。"

是日，大學士朱賡謹題："伏蒙皇上以萬壽聖節，頒賜臣膳十一品、壽麫全、長春酒五瓶，臣頓首祗領。不勝感戴天恩之至，謹具題謝恩。"

是日，大學士朱賡謹題："恭遇萬壽聖節，臣恭詣仁德門叩頭慶賀。伏蒙皇上頒賜臣燒割一分、甜食一大盒，管待酒飯，臣頓首祗領。不勝感戴天恩之至，謹具題謝恩。"

十八日甲寅，大學士朱賡謹題："爲作養人才事。萬曆三十二年六月內，該臣等題奉欽依，考選得進士王家植等二十三名，改翰林院庶吉士，並一甲進士楊守勤等，及前科復館庶吉士何如寵、錢象坤等二名，俱在院教習讀書，每月二次考試。今經三年，驗其所學，頗有成效。照得舊例，庶吉士教習有成，各授翰林院等官。隨查萬曆三十一年九月內，該臣等照例題准，將庶吉士李胤昌等考試授官訖。今次合無俯容臣查照前例，於本月二十五日，將見在庶吉士十八名，從公考試，評品文字高下，擬開等第名次，封卷上進，恭候聖明裁定施行？再照前科庶吉士龔三益、戴章甫，起送到部，行移到院，已經具題復館，未蒙批允。今遇散館之期，相應一體考試授職。緣係作養人才事理，臣未敢擅便，謹題請旨。"

二十一日丁己①，大學士朱賡謹題："照得東宮講讀，題奉欽依，以春秋二季舉行。蓋恤其寒暑之勞，而又不廢及時之學，愛之誨之並行而不悖也。春間，臣等三次題請，未蒙允行，工夫不無可惜。今溽暑已過，天氣漸涼，趁此清秋，正堪講習。臣謹擇得本月二十六日、二十九日皆吉，伏乞欽定一日，命皇太子、福王俱出開講，照常講讀不廢，庶養正之功日就，作聖之益可期。謹題請旨。"

二十二日戊午，大學士朱賡謹題："伏蒙皇上頒賜臣楊梅一小簍，臣頓首祗領。不勝感戴天恩之至，謹具題謝恩。"

① 己 "己"當作"巳"。

二十七日癸亥，大學士朱賡謹題："爲東宮講讀事。照得東宮講筵，侍班官原設二員，講讀官原設六員。今各缺二員，合當推補。臣謹推得禮部右侍郎兼翰林院侍讀學士掌院事楊道賓、協理詹事府事禮部右侍郎兼翰林院侍讀學士黃汝良，堪補侍班官，詹事府詹事兼翰林院侍讀學士蕭雲舉、左春坊左諭德兼翰林院侍講翁正春，堪補講讀官。其侍書官亦缺一員，查有大理寺左評事范可愍，原係侍書官，相應以原官兼司經局正字，補侍書官。伏乞敕下吏部，查照施行。臣未敢擅便，謹題請旨。"

三十日丙寅，大學士朱賡謹題："爲作養人才事。國家令甲，每科庶吉士教習三年，學業有成，内閣題請散館，分別授官，此二百年來舊制也。今照萬曆三十二年六月内，該臣等題奉欽依，考選得進士王家植等二十三名，改翰林院庶吉士，並一甲進士楊守勤等，及前科復館庶吉士何如寵、錢象坤等二名，俱在院教習讀書，每月二次考試。今經三年，驗其所學，頗有成效，例該散館，各授翰林院等官。合無俯容臣將見在庶吉士十八名，前科未復館庶吉士龔三益、戴章甫二名，一體考試，評品文字高下，擬開等次，封卷上進，恭候聖明裁定施行？已於八月十八日具本上請，未蒙批允。今又擇得九月初四日，容臣從公考試，照例題請授職。緣係作養人才事理，臣未敢擅便，謹題請旨。"

萬曆三十四年九月丁卯，朔。

六日壬申，大學士朱賡謹題：“爲公務事。照得內閣書寫制敕等項文書、並四夷館教習官生，年例該炭二萬斤。合無照例於內府惜薪司、工部各支一萬斤應用？未敢擅便，謹題請旨。”初八日奉聖旨：“是。該衙門知道。”

八日甲戌，大學士朱賡奏：“爲政本重地萬難獨任披瀝悃誠懇乞聖明亟賜推補事。臣素無技能，兼有老疾。自去年三月迄於今年九月，中間三臣同事者僅二個月，兩臣同事者僅三個月，其餘皆臣代庖。獨往獨來，星出星入，趨而蹶，蹶而復趨，病而起，起而復病者，一年餘矣。長安中非無老臣，有日行六七里、寒暑無一日之息者乎？非無病臣，有藥餌不及嘗、終年不註一日之籍者乎？鞠躬盡瘁，臣子常職，此猶其小者也。至如四海九州，悉仰國成，一日萬幾，盡由廟斷。其中有因、有革，有因革參行者，查覆何可不詳？有操、有縱，有操縱並施者，商確何可不審？皆非一人智力所能爲也。而況票本之多寡無定數，發本之早莫無定時，卒然至前，讀之不能終篇，而遽欲取決於寸晷之間，或立判於漏下之頃，能無錯誤乎？此猶其常者也。今四方水旱，民瘼未瘳，邊備廢弛，虜情叵測，內有嘯聚之患，外有闌入之虞，兼之官屬星稀，府庫罄竭，一旦有事，手足何施？臣每接郵筒，惟恐邊腹告急，至不敢啟視。此何等時而可以自用自專也？且夫知人善任，亦甚難矣，上雖聖，非素鑒則不精，下雖才，非素習則不達。及今不備官，至臨事倉皇用之，恐遠者未必速至，至者未必夙嫻。何若論相於閒暇之時，練才於羣居之日，取之左右而不匱乎？由前言之，臣性命所關，尚可已也，由後言之，國家理亂所關，臣雖百齎可但已乎？伏望皇上深思遠慮，早賜一俞，免致數有玷瀆。宗社幸甚，臣愚幸甚。爲此謹具本奏聞，伏候敕旨。”

九日乙亥，大學士朱賡謹題：“伏蒙皇上以重陽令節，頒賜上尊珍饌，臣頓首祗領。不勝感戴天恩之至，謹具題謝恩。"

十一日丁丑，大學士朱賡謹題："先爲東宮講讀擇吉上請，未蒙俞旨。臣竊計一年之內，惟春秋二時最宜講學。春間廢講，已爲虛擲，今入秋已深，距冬不遠，轉眼又停講之日，似不可終年廢學也。臣爲此不避煩數，謹又擬本月十八日、二十一日皆吉，伏乞即賜批發，照常講讀。臣前所擬侍班、講讀、侍書官，各有常職，皆不可缺，統望皇上併賜允發，以便供事。謹題請旨。"

十六日壬午，大學士朱賡謹題："照得國家令甲，庶吉士作養三年，學業有成，即題請散館，授官供職，此祖宗舊制，內閣職掌，二百餘年未之有改也。今科庶吉士教習已成，宜於八、九月間散館，歷例可查。臣已兩次題請，未蒙俞旨。儻再致愆期，則越例失職，自臣而始，臣何以率多士？伏望皇上曲垂體念，早賜批允，容臣於命下次日，將先今庶吉士王家植等二十人，從公考校，品騭高下，封卷進呈，以憑聖裁。臣不勝懇切待命之至。"

二十三日己丑，大學士朱賡謹題："臣於本月十九日，接得遼東總督撫鎮等官塞連等揭帖《爲夷情事》，內稱東虜頭目都令等，聚兵二萬餘騎，要搶前屯衞東西一帶地方，擺腰兒等聚兵一千餘騎，要搶高平雙臺等處，五路孩四杜剌兒等聚兵一千餘騎，要搶減家堡等處，長漢營內大小台吉共聚精兵萬餘騎，要搶山海以東一帶地方，小歹青威正把兔乃馬多羅台吉根根那等，或領二千餘騎，或領八千餘騎，或領三千餘騎，俱至河州一帶下營，對照大鎮堡，不知犯搶那地方等因。臣看得遼左最稱孤懸，都令等酋最稱黠悍，所欲逗者既不止一部，所欲犯者又不止一方，且糾結適中之處，情形叵測，變在須臾，不可視爲尋常塘報而忽之也。況宣大之五路擁兵要挾，甘延之火赤釋怨合兵，皆欲觀釁而動，關係非小。謂宜急傳天語，馬上令人督責遼鎮文武將吏，勵兵秣馬，相機戰守，使諸虜聞之而喪膽，三軍聽之而生氣，有不戰，戰必勝矣。今兵部覆本留中數日，尚未發票，使虜衆生心，我兵解體。一旦有急，何以支持？伏乞皇上念疆事之至重，秋防之孔棘，即檢兵部一本，速賜發票施行。宗社幸甚。謹具題以聞。"

　　二十九日乙未，大學士朱賡題："臣荷皇上特達之恩，天高地厚無可仰報，惟朝夕焚香，祝我皇上爲萬年有道之天子，享萬年太平之景福。而皇上所以自求多福者，無他術焉，亦惟採衆言之獻納，而折之聖衷，推衆心之願欲，而措之實政，則合天下之心以爲心，亦斂天下之福以爲福，治與唐虞比隆，壽與天地同久矣。昨見萬壽聖旦皇上渙然下審錄之疏，中外臣工呼嵩之聲與頌德之聲，交相勝踴，不知增皇上幾多洪福。今寶曆初頒，歲功新布，由三十五年以及億千萬年自今日而始。誠採臣言，再布於頒曆之日，將閣臣速推以重政本，吏部尚書、左都御史速補以主考察，庶吉士速與散館授職以重人才，科道速與考選以開言路，至於曹學程，亦併賜原釋，則臣民歡祝，又將何如？而皇上享無疆之曆服，又當何極也？臣一念犬馬之忠，不能自已，統祈聖明垂察。臣不勝懇切願望之至。"次日，傳旨釋曹學程，遣戍終身。

萬曆三十四年十月丙申，朔，大學士朱賡謹題："伏蒙皇上頒賜臣中曆十本、民曆一百本，臣頓首祗領，及講官李廷機照數分給訖。臣不勝感戴天恩之至，謹具題謝恩。"

四日己亥，大學士朱賡謹題："伏蒙皇上以中宮千秋令節，頒賜上尊珍饌，臣頓首祗領。不勝感戴天恩之至，謹具題謝恩。"

十四日己酉，大學士朱賡謹題："伏蒙皇上以皇太子第三女三朝，告奉先殿，收回脯醢果酒頒賜臣三卓，臣頓首祗領。不勝感戴天恩之至，謹具題謝恩。"

十五日庚戌，大學士朱賡謹題："臣備員輔地，凡翰林官作養陞遷，皆臣職掌，所當題請，非分外事也。今次庶吉士教習已成，例該秋間散館，臣三疏催請，未蒙俞旨。茲已及冬，愆期矣。諸士既不入館，又無職業可修，虛縻廩餼，殊屬未便，皆臣失職之故也。為此，不憚煩瀆，再為陳請。伏望皇上曲垂體念，早賜批允，容臣於命下次日，將先今庶吉士王家植等二十人，從公考校，品隲高下，封卷進呈，以憑聖裁。臣不勝懇切待命之至。"

二十四日己未，大學士朱賡謹題："本月十八日，伏蒙皇上發下都察院催請考選科道一本，命臣擬票。臣伏見計期日迫，諮訪委不可緩，又恐徇私濫取，徒多無益，故擬敕下部院，秉公考選，務求精當，不許市恩濫及，期於得人共濟而已。候之數日，未蒙批發，人心惶惶，轉多猜忖，事體沓沓，終無了期。此於聖政大有關係，臣承乏政本，不敢不一言之。及照庶吉士散館過期，中間當為科道者亦不過五、六人，是皆斷斷乎不可濡遲者也。統乞聖明，一體撿發施行。臣不勝懇切佇望之至。"

二十九日甲子，大學士朱賡謹題："臣於九月間，接得薊遼督撫等官搴達等塘報，謂屬夷長昂阻貢挾賞，勾連班白二虜，合兵謀犯薊遼，情形叵測。臣以爲長昂與白洪大原係親戚，往來或未必有謀犯之意，雖曾具揭上聞，不敢張皇其事。本月二十六日，再得塘報，謂前賊合兵大舉，謀犯山海，羅城東西旱水關地方總兵等官尤繼先等，各帶領兵馬馳赴應援，則其情形甚的，勢頗猖獗矣。該兵部即刻馬上差人，移文督撫官，遵照屢旨，督率大小將領，嚴行堵勦。去後，隨蒙皇上發下兵部本，命臣票擬。臣已擬嚴旨，許督撫官便宜行事，不得仍前玩愒。此旨一下，大小文武官員及主客將兵，知皇上雖居九重，而憂勤邊事如此，必聳惕天威，勇氣自倍，臣亦無庸瀆奏矣。乃今日又接得順天巡撫劉四科揭帖，謂前虜聚精兵數萬騎，要在薊鎮山海迤西，不拘那個口子，得空三股進搶。一應主客兵馬調遣應援，師行糧從，不可臨渴掘井。若餉不預備，士有饑色，不惟不用命，且有脫巾之患，其禍又不在外而在蕭牆之內也。等因。臣見之不勝凜凜汗下，正欲與戶部議處那借別項錢糧，星夜解赴該鎮接濟，忽接尚書趙世卿揭帖，極言太倉罄竭，無一分可借，無一毫可那。有如虜衆不退，援兵四集，日費數千金，不知該鎮能爲無米之炊否？此時即有錢糧解到，必不能從容均給，操戈爭奪，勢所必至，尚何望其出死力以禦敵哉？據督撫疏內，欲請預發內帑數十萬兩，貯之薊、昌，隨取隨足，然後事有條理，可以得濟。有事則充客兵之需，無事仍扣年例之數，進還內帑，於內帑無秋毫之損，而足以慎固邊圉，保全社稷，計莫便焉。不然，京師震動，人情洶洶，能保內帑鞏固而無虞乎？臣言及此，極知唐突，顧義關休戚，不敢不昧死言之，伏惟聖明深思而早決焉。臣不勝戰慄恐懼之至。"

萬曆三十四年十一月丙寅，朔。

五日庚午，大學士朱賡謹題："臣自七月以來獨當政務，已歷四月，總計以前代庖之日，蓋兩年於茲矣。伏念萬幾繁劇，關係重大，決非一心一力可以擔當，披瀝懇請簡補元僚、廣延衆正，詞且窮，舌且敝矣。而至今未蒙俞旨，豈以臣年力尚可支持耶？又豈以承平無事，尚可苟且塞責耶？臣年七十有二矣，夙有眩暈之疾，近以積勞積瘁，觸暑觸寒，舊疾轉加，日甚一日，目不能瞻視，足不能奔走，心思不能運籌。扶掖出入，即當禁闥之間，其知者憐之，其不知者笑之。皇上以爲此等人可任以天下之重否？往者事體雖繁，猶可從容議處，近報虜勢大舉窺犯薊遼，寇在門庭，患及肘腋，議防議勦，悉仰廟謨，足食足兵，胥由中出。皇上以爲此等事，可付之一人之手否？今在任在籍之臣，誰非皇上素所鑒照？或降中旨，或命廷推，祖宗朝皆有故事，今皇上亦親行之矣，何獨遲疑於今日也？昔季文子三思而後行，孔子曰：'再斯可矣。'豈不以再則已審，三則私意起而反惑乎？皇上聰明睿智，超出千古，一再思之，自可立斷，何待臣病仆不能起，然後倉卒議補？天下事決裂不可爲，然後造次求人乎？臣言及此，不覺涕下。伏惟聖明垂察。謹具題以聞。"

九日甲戌，大學士朱賡謹題："伏蒙皇上以察三皇於景惠殿收回祭設，頒賜臣三卓，臣頓首祗領。不勝感戴天恩之至，謹具題謝恩。"

十一日丙子，大學士朱賡謹奏："爲會試屆期乞考官知貢舉官並缺乞即賜推用以重大典事。國家令甲，三年會試天下舉人，例該内閣具題，請命閣臣一員爲正考，掌詹翰官一員爲副考，此從來定制。二十九年專用詹翰爲考官者，變例也，不可以爲訓也。其知貢舉例該禮部堂上官三員，一在部管事，一入簾，一進題，亦從來定制。三十二年借用詹事府官知貢舉者，亦變例也，不可以爲訓也。今照萬曆三十五年二月爲會試之期，距今不過兩月餘耳，而閣臣未推，掌詹事府官未到，則兩考官俱缺矣。禮部尚書及右侍郎皆未補，則知貢舉官又缺矣。賓興大典，人才進退所關，祖宗朝首以爲重，豈可苟簡屑越取應故事而已哉？且我皇上久道化成，正千載文明之會，而名儒濟濟，又不必借才於異代，在皇上一簡命之耳。臣請敕下吏部，速推在任在籍堪任閣臣者，疏請簡用。其原推禮部尚書及右侍郎，俱開寫職名，以憑欽點。至於奉旨起用掌詹事府尚書于慎行，向以辭本未下，難以赴任，並乞檢發原本，趣之早來，則考官與知貢舉官惟上所命，而賓興大典視昔加隆矣。此係內閣職掌，臣不言則爲溺職。用是披瀝上請，伏望聖明鑒允施行。臣不勝懇切候命之至。"

十二日丁丑，大學士朱賡謹題："伏蒙命臣擬皇太子第二女名，臣謹欽遵恭擬上進，伏乞聖明裁擇點用。謹具題以聞。

擬賜皇太子第二女名：徽姮，音恒，姮娥也。

徽嫙，音前，福也，吉也。

徽妍，音年，美好也。

徽婉，音媛，媚也，順也。"

十五日庚辰，大學士朱賡謹題："伏蒙皇上以聖母慈聖宣文明肅貞壽端獻恭熹皇太后萬壽聖節，頒賜臣金萬壽枝各二副、銀萬壽枝各二副、金篆字八個、金書黃綾符一道、金書紅綾符一道、銀書紅綾符一道，臣頓首祗領，及講官李廷機照數分領訖。臣不勝感戴天恩之至，謹具題謝恩。"

是日，大學士朱賡謹題："伏蒙欽點皇太子第二女名，臣謹恭視中書官，用印邊龍箋寫進、請寶。謹具題以聞。"

十六日辛己①，大學士朱賡謹奏："爲科場公典義當遠嫌乞發科臣二疏下吏禮二部議處以請宸斷事。本月初七日，該禮部②

① 己　"己"當作"巳"。

② 部　明抄本作"科"，是。通行本作"部"，誤。

① 編　明抄本作"篇"，是。通行本作"編"，誤。

都給事中邵庶等一本《爲東省違式試卷濫數充名謹按例查參等事》，内稱山東中式第七十一名李衍賞試卷，文氣短促，《易經》末編①有遺落不講處，因參本房考官丁遂及正副考官彭遵古、張汝霖等，校閱不精，乞行議處。臣讀之深服其議論之公，而内言'原無私弊，量從薄罰'，未嘗不稱其持論之平也。顧張汝霖實係臣壻，臣當避嫌，擬候此本發下，付公論於禮部，聽其酌處，而臣不敢預聞焉。此臣之本心也。不意本尚留中，事無歸結，昨又接得禮科右給事中汪若霖揭帖，參張汝霖爲輔臣子壻，則臣不覺汗流至踵，而自訟其訓迪之不嚴矣。二科臣之言，皆其本科職掌，至公至當，臣不敢爲所親飾辯，亦不敢少有庇護。惟乞皇上俯從汪若霖之言，將二科臣之疏并發吏禮二部，從公議處，徑請聖斷施行，免發内閣擬票。則事有歸結，羣疑釋然，而皇上大道爲公之治，因之而益彰矣。臣不勝惶恐待罪之至。"二十七日奉御批："卿忠貞公慎，朕所鑒知，豈有庇護子壻之事？該科二疏已有旨了。卿宜安心輔政，毋得避嫌。該部知道。"

十八日癸未，大學士朱賡謹題："十九日恭遇聖母慈聖宣文明肅貞壽端獻恭熹皇太后萬壽聖誕，臣備員輔弼，仰戴隆恩，比之恒情倍切忻忭，謹於是日恭詣慈寧宮門行五拜三叩頭禮，以少伸臣子慶祝之誠。謹具題知。"

是日，大學士朱賡謹題："今日伏蒙皇上遣文書官趙金捧出聖諭一道：'諭内閣：朕昨覽各官疏，請冬至親郊行禮。但朕足疾復發，步履不便。昨朔日恭詣聖母前行禮，勉力起拜甚艱，聖母慈諭：加意調理，慎勿過勞，暫免行禮。朕面祗承，連日盥洗，服藥靜攝，尚未全愈。卿可傳示遣官及各執事，務秉虔誠，精潔行禮，以昭朕敬天尊祖之誠意。特諭卿知。欽此。'臣竊惟國之大事在祀，而饗帝尤祀之大者。皇上敬天之誠，雖無時不對越，而親郊之禮不行久矣，即今災異頻仍，尤宜祈天永命，以造萬方無疆之福，此諸臣所以具疏懇請，而臣所以翹首想望者也。兹奉聖諭，聖躬尚須靜攝，且仰體聖母慈諭，加意調理，暫行遣官恭代，禮雖權宜，而聖心一念精誠則已上通於天矣。臣謹遵奉明諭，傳示遣官及各執事，竭虔行禮，以仰副皇上敬天尊祖之誠意。所有聖諭，尊藏在閣。謹具揭回奏以聞。"

十九日甲申，大學士朱賡謹題："伏蒙皇上以聖母慈聖宣文明肅貞壽端獻恭熹皇太后萬壽聖節，頒賜上尊珍饌，臣頓首祗領。不勝感戴天恩之至，謹具題謝恩。"

是①日，大學士朱賡謹題："恭遇聖母慈聖宣文明肅貞壽端獻恭熹皇太后萬壽聖節，頒賜上尊珍饌，臣頓首祗領。不勝感戴天恩之至，謹具題謝恩②。"

是日，大學士朱賡謹題："恭遇聖母慈聖宣文明肅貞壽端獻恭熹皇太后萬壽聖節，臣恭詣慈寧宮門外叩頭慶賀，伏蒙皇上遣司禮監太監陳矩管待酒飯，頒賜臣酒飯一卓、燒割一分，又蒙聖母賜臣金萬③壽枝各二副、黃綾符一道、甜食一盒、絲寫糖一盒、伏薑一盒、膳十四品、酒二瓶，臣頓首祗領。不勝感戴天恩之至，謹具題謝恩。"

二十一日丙戌，大學士朱賡謹奏："為時逢長至運際泰交瀝懇聖明及時推補閣臣兼采用人末議以新聖政事。臣自七月以來，蒙皇上姑留政地，獨當其難。該臣疏請亟簡元僚，廣延輔佐，並條議用人急務，前後凡八上矣，或合言之，或分言之，或法語之，或巽語之，詞已竭盡，所未剡而出者肺腸耳。乃誠不足以動天，至今未蒙允發。藉使時尚可待，亦非政體。而今何時也？臣不敢遠舉，即以數月之內，所接四方奏報及部院臺省章疏，一日不知其幾，中間不曰災異流行，民不堪命，則曰錢糧缺乏，杼軸一空，不曰大小缺官，賢愚同滯，則曰吏治不飭，紀綱日隳，頃又以狡虜猖獗，窺犯薊遼，各鎮戒嚴，盡稱缺餉。安攘之計如此，太平之象謂何？臣安得不懼？懼則安得不言？竊謂今日救時之務，莫急於用人，用人莫急於爰立。謀斷相資，雖賢者不廢，而況臣之庸老乎？枚卜之命，即今日下，猶以為晚矣。至於計吏將入國門，而主計正卿尚虛，則部院之長不可不急點也。賓興且在目下，而知貢舉之官不備，則禮部卿貳不

萬曆三十四年

二三九三

① 是　此"是"字至下面"恩"字共五十六字，明抄本無。通行本衍此五十六字，應刪。

② 恩　此"恩"字至上文"是"字共五十六字，明抄本無。通行本衍此五十六字，應刪。

③ 萬　明抄本"萬"下仍有一"萬"字，衍。通行本"萬"下未衍"萬"字。

可不急補也。言路日湮，臺差更蹙，則科道不可不急選也。人才廢佚，野多遺賢，則衆正不可不急收也。至於庶吉士教習已成，皆國家英俊，而養之三年，尚未用之一日，則散館又不可不急也。凡此皆用人要務，所謂衮之闕也。衮有闕而不補，安用臣爲？天下嗷嗷然責備於臣者，不啻萬目所視，萬手所指。日復一日，今且卒歲，而猶然泄泄也，臣亦何顔立朝寧之下，塞中外之口哉？臣上憂公家，下畏公議，日夜焦灼，食少事繁，計非久於世者，用是不敢不補牘再請。譬之旱乾水溢，竭誠籲禱，則天必鑒之。皇上即天也，臣之禱久矣，望皇上俯鑒犬馬之誠，深惟社稷之計，亟敕吏部會推閣臣，以及疏中所列用人諸事，一一賜之施行。則斡旋元氣，保合泰和，以迓無疆之福者，在此一舉。臣不勝懇切願望之至，謹齋沐具本，親齎文華門，叩首以聞。"

二十三日戊子，大學士朱賡謹題："恭遇長至令節，禮當慶賀，奉旨傳免。臣謹偕在廷文武，暨天下華夷齎捧朝貢官員人等，於五鳳樓前大班行禮，恭伸祝頌。外，伏念臣備員輔弼，受恩深厚，與在廷諸臣不同，擬是日恭詣仁德門行五拜三叩頭禮，稱祝聖壽，以少伸臣子慶忭之誠。謹具題知。"

二十四日己丑，大學士朱賡謹題："伏蒙皇上以冬至令節頒賜上尊珍饌，臣頓首祇領。不勝感戴天恩之至，謹具題謝恩。"

二十六日辛卯，大學士朱賡謹題："臣於二十一日，齋沐具本《爲時逢長至運際泰交瀝懇聖明及時推補閣臣兼采用人末議以新聖政事》，内請推閣臣以資謀斷，點吏部都察院正卿以主考察，補禮部卿貳以重貢舉，選科道以備差用，舉廢棄以收遺賢，散庶吉士以完職掌。皆斟酌目前之急務，缺一事則誤萬幾，遲一日則滋衆口，勢窮理極，萬不可姑待來年者也。候旨六日，未蒙發下，日夜焦灼，無顔見人，祇合再叩天閽，仰希聖鑒。伏望亟檢前疏，早賜施行。臣不勝哀籲懇祈之至。"

萬曆三十四年十二月乙未，朔。

三日丁酉，大學士朱賡謹題："伏蒙皇上頒賜臣鮮藕三枝，臣頓首祗領。不勝感戴天恩之至，謹具題謝恩。"

六日庚子，大學士朱賡謹題："今日該文書官趙金捧出聖諭：'諭內閣：朕先年面奉聖母慈諭，傳聞浙江南海普陀寺古剎被毀，基址尚存，欲要發心修復，不費官資民力，欽發銀兩修造，繼續祝延香火，用表護國佑民之誠。朕即遵奉，與同皇后等俱進助工銀兩，遣官，今已修完。朕思聖母面命，朕發虔誠，理當勒石，恭誠始終，以傳永久不朽。卿可作一碑文來。特諭卿知。欽此。'竊惟南海普陀，乃古今靈異之地，有禱必通，無感不應，剎寺雖毀，靈爽如存。皇上祗承聖母慈諭，發心修復，用以祈天永命，護國佑民，慈與孝而並隆，作與述而俱美，誠萬世無疆之福地也。而又捐積助工，無勞民力，以成此不可思議功德，豈可無所紀勒，以垂不朽哉？臣雖愚陋，敢不虔遵聖諭，撰擬碑文一通，上請聖明改定？所有聖諭，尊藏在閣。謹先具揭回奏以聞。"

十四日甲辰，大學士朱賡謹題："該臣伏奉聖諭，擬撰御製重修南海普陀寺碑記，臣謹欽遵撰完，進呈御覽。但疎淺不文，無能揄揚聖德。恭候聖明裁訓施行。謹具題以聞。

擬御製重修南海普陀寺碑

朕御寓三十有四載，嘉與海內臣民咸用康乂，一切嶽瀆諸祀不疎不數，用以寧吾民而徵信於神。唯是聖母慈聖宣文明肅端獻恭熹皇太后，含純懿之真性，秉慧覺之上資，諸所焚修祝釐、氣血保民者，朕一一欽承，無所愛惜。先是南海普陀寺燬於祝融，我聖母惻然發念，欲緣故址而鼎新焉。朕仰承慈諭，無騷民，無煩將作，無費水衡金錢，蓋示以愛護蒼生、綿延國脈至意。朕益用祗承，首捐內帑，其自朕躬而下，悉輸誠發願，以次助施。遣官督建，迄今落成，而聖母喜可知也。寺在洛伽山頂，大海波心，是觀音大士説法道場，顯靈應處也。大士圓通三昧，普照十方，三十二應身，隨處變現，十四種功德，不可思維。朕無所庸其贊歡，第白馬開緣，赤鳥建刹，雨花靈鷲，在在有之，而海上最著。蓋其慈悲大旨，普度法門，不可以意智得，不可以色聲求，遠而彌尊，近而難即，離此苦海，便登彼岸，指點最爲真切，其密證丁義，則有望洋已耳。夫惟修之默默，應之昭昭，禔福在宮中，靈感在外海，有若響答然者。即今聖母燕喜，天錫難老，朕荷兹百祿，延及孫子，以至萬邦黎庶，海寓宴然，良由聖力護持，神功默祐，非偶爾也。嗟乎莊嚴妙相，今古皈依，功成而不擾，教尊而不瀆，則今日盛事，與前代瘠民佞佛者大有間矣。工起於年月日，迄於年月日。是用勒石鑄詞，使羣臣百姓咸知朕奉揚聖母德意，且以昭示後來，傳諸不朽云。銘曰：茫茫萬有，欲愛同纏。業風振海，識浪滔天。惟此苦海，千古渺彌。彼岸寥廓，竟渡其誰？如來法身，累刼修行。妙通圓明，反照見性。慈悲廣大，功力無邊。破昏揭暗，慧炬高懸。音聲萬億，遥入我觀。由聞起見，尋根窮端。所見非日，所聞非耳。靡有見聞，詎有我彼？恒河世界，悉歸掌輪。隨願畀福，隨溺拯津。如汲海水，罇盎具足。滄溟不虧，人飲滿欲。如月印川，萬壑皆圓。清光不減，皎皎中天。洛伽浮空，瀛波旋繞。梵宮蔚起，翹望雲表。大士耀靈，遐邇傾就。貴賤聖凡，拜禮恐後。猗我聖母，心契大慈。願言錫祚，以保羣黎。予承慈訓，啟我覺慧。如天好生，聿嘉二帝。栽培國脉，瓜瓞綿延。與天同久，億萬斯年。"

十三日丁未，大學士朱賡謹題：“臣連日在閣辦事，接得兵科右給事中吕邦耀揭帖《爲計典屆期敬陳末議以裨聖治事》，中間敷陳士風法紀，約千餘言，其大指無非贊成蕭大亨之一去而已。昨日又接得蕭大亨揭帖《爲衰病乞歸之身指摘不已哀懇聖慈特賜放免以釋猜疑以明心迹以全晚節事》，中間自陳衰病難留，亦千餘言，其大指無非力求一去而已。大臣去留，出自聖裁，臣何敢妄言？惟是道路訛傳，聽聞可駭，臣不敢不據實爲皇上陳之。先是吏部尚書之缺懸之三年，天下望皇上之特簡久矣，今計吏已到國門，計期不越數日，人心惶惶，輒加猜忖，謂皇上必臨時點用大亨。抑何妄窺聖心如此也？夫皇上所以屢次勉留大亨者，止爲大亨老成練達，熟諳邊務，本兵不可無此人耳，非欲用之於吏部也。此意惟臣知之，未嘗敢以語人，宜天下之未能盡信，而科臣以是爲大亨誚也。今亦不必深言，惟求皇上速點一精明端亮、人心共服之人，使爲冢宰，以主大計，於大亨或念其練習樞務，仍留本兵，或憫其情詞真切，曲全大體，則天下曉然知聖心之無他，而羣疑自清，輿情自服，大道爲公之治復見於今日矣。伏惟聖明鑒照而採納焉。臣不勝哀籲仰望之至。"

是日，大學士朱賡謹題："伏蒙皇上發下吏部左侍郎楊時喬一本《爲外察當期恭辭印務謹祈簡用尚書專理以修大政事》，其意欲特簡尚書，以主大計，而又爲權宜之計，請借別部尚書如往年故事也。臣伏思見在尚書止蕭大亨、趙世卿二人，蕭大亨方有道路訛言，兼被科臣指摘，難以遽用，臣早間已有揭帖明言其故矣。伏望皇上將臣前揭特賜詳覽，急點用一人，以主大計，甚幸。萬不得已，令趙世卿代理，而以楊時喬佐之，終不可爲訓，亦苟且之政，非臣所敢望也。謹擬二票，統俟聖明裁定施行。臣不勝竚望之至。"

十五日己酉，大學士朱賡謹題："臣備員輔地，凡翰林官作養陞遷皆臣職掌，所當題請，非分外事也。今次庶吉士教習已成，例該秋間散館，九疏催請，未蒙俞旨。慈已冬盡，轉盼又逢新春矣，揆之事體，參之舊例，萬萬無姑待來年之理。臣忝爲人師，每以遵守成憲爲訓，而身自背之，何面目見諸士乎？爲此日夜慚惶，懇乞皇上曲垂體念，早賜批允，容臣於命下次日，將先今庶吉士王家植等二十人從公考校，品騭高下，封卷進呈，以憑聖裁。臣不勝懇切待命之至。"奉旨："是。王家植等照例考選。該部知道。"

十八日壬子，大學士朱賡謹題："爲明職掌遵舊例題陞翰林久滯官員事。照得内外各衙門陞轉，皆吏部職掌，論資論俸，以次題陞，其有久滯而不推者，吏部之失職也。翰林坊局官，除已爲三品四品、應會推部堂者、屬吏部外，其餘皆内閣職掌，論資論俸，以次題陞，其有久淹而不推者，内閣之失職也。查得詞林典故一款，正德六年敘遷年深翰林蔣冕等九人，十一年敘遷顧清等十一人，嘉隆之間隨缺隨補，前無壅塞，不待疏通，我皇上萬曆十一年，亦准内閣題陞吳中行等，皆不俟印信考滿而陞者也。今自翰林三品四品官，向來不轉一人，無缺可推，以致坊局中有積資將二十年、尚爲五六品者，史官有積資十二三年未得一轉坊局者，此從來有①之事，蓋淹滯極矣。在諸臣雖恬靜無營，在臣職掌當稽前顧後，可不爲之一疏通乎？謹倣各衙門年終敘勞之例，除養病未到、及壬辰科已爲五品者、挨次題補、不敢概開外，止將見任官積有年勞吳道南等，開擬應陞職名於後。但恩典出自聖裁，臣未敢擅便。伏候敕旨。

計　開

擬庶子陞少詹事兼翰林院侍讀學士二員：吳道南、莊天合

擬諭德陞右庶子兼翰林院侍讀二員：馮有經、周如砥

擬中允贊善司業陞右諭德兼翰林院侍講五員：傅新德、林堯俞、朱國禎、史繼偕、沈淮

擬編修陞中允兼翰林院編修七員：湯賓尹、孫慎行、何宗彥、顧秉謙、陳之龍、鄧士龍、郭渭

擬檢討陞右贊善兼翰林院檢討三員：蔣孟育、趙用光、劉一燝。"奉旨："是。吏部知道。"

二十三日丁己②，大學士朱賡謹題："照得本年十二月二十四日起，該放除夕假，連年節、上元假至新年正月二十日方滿。臣查得連年日講，皆於二月間照常舉行，容臣於二月上旬，另擇日恭進講章，以後接續上進。謹此題知。"

是日，大學士朱賡謹題："先該題奉欽依，每年終將講過經書講章，類寫進呈，以備皇上朝夕觀覽，已經節次進呈訖。今

① 有　明抄本"有"上有"未"字，是。通行本脱此字，誤。

② 己　"己"當作"巳"。

查撰進講章，謹將《通鑑纂要》陳將軍吳明徹將兵擊齊起至新豐令房恭懿止一本、隨①減調役起至置鄉正里長止一本、十年詔軍人悉屬州縣起至自是所在羣盜蜂起止一本、八年帝至遼東起至李淵遣世子建成及世民擊河西郡止一本、李淵引兵至霍邑起至時府僚多補外官止一本、唐置屯田於并州起至以張蘊古爲大理丞止一本、上宴羣臣起至上謂侍臣曰止一本、以馬周爲監察，御史起至以陳叔達爲禮部尚書止一本，以上共八本，類寫裝潢進呈。伏望皇上萬幾之暇，時加觀覽，以求溫故知新之益。臣不勝惓惓效忠之至。謹具題以聞。"

二十四日戊午，大學士朱賡謹題："爲放假事。目今歲暮，所有起居注館官吏人等，例於二十八日放假，至明年正月初四日赴館供事。臣未敢擅便，謹題請旨。"

是日，大學士朱賡謹題："伏蒙皇上以正旦令節，頒賜臣二樣吊屏二對、大門神二對、判子二對、招財利市二對、福祿獅子二對、箋紙葫蘆二對，臣頓首祇領，及講官李廷機照數分給訖。臣不勝感戴天恩之至，謹具題謝恩。"

二十六日庚申，大學士朱賡謹題："臣昨循職掌，以年深翰林吳道南等及考選庶吉士王家植等上請，伏蒙俞旨並下，一時詞臣咸荷大造之恩，非臣一人所敢私謝也。惟是行取候選諸臣，守候日久，職業無着，況今大計羣吏之時，百司鱗集，觀望匪輕。伏乞皇上即命考選，不惟守候諸臣獲備差遣之用，使四方勞吏益有所激勸，咸思勵翼，而吏治日新矣。此今日鼓舞羣工第一急務，若稍遲數日，又過一年，非所以彰精明之治功，而開維新之泰運也。伏惟聖明鑒察施行。臣無任懇祈之至。謹具揭以聞。"

二十九日癸亥，大學士朱賡謹題："伏蒙皇上以祭告太廟祧廟收回脯醢果酒，頒賜臣三卓，臣頓首祇領。不勝感戴天恩之至，謹具題謝恩。"

① 隨　明抄本"隨"作"隋"，是。通行本作"隨"，誤。

是日，大學士朱賡謹題："照得考察之期不越二三日，而主察大臣尚未蒙批發，人心顒望，關係匪輕。伏思皇上天縱聖明，事必當機而發，意者於貞元交會之際，渙然下明詔與天下更始乎？斯其時矣。伏望檢臣屢疏，即賜乾斷。蓋三年之前已經借署，三年之後亦復未補，恐華夷觀望，謂堂堂天朝無一人可爲吏部，豈不輕朝廷而辱大典哉？臣職司政本，輔佐無狀，致熙盛之世有此闕政，臣罪滋大，何以自解於天下萬世？是以數干①天威，再四補牘，伏惟聖明鑒察。臣不勝懇切隕越待罪之至。"

三十日甲子，大學士朱賡謹題："伏蒙皇上以皇太子第二子三朝，告奉先殿，收回脯醢果酒頒賜臣三卓，臣頓首祇領。不勝感戴天恩之至，謹具題謝恩。"

是日，大學士朱賡謹題："恭遇元旦令節，禮當慶賀，奉旨傳免。臣謹偕在廷文武、暨天下華夷齎捧朝貢官員人等，於五鳳樓前大班行禮，恭伸祝頌。外，伏念臣備員輔弼，受恩深厚，與在廷諸臣不同，擬是日恭詣仁德門行五拜三叩頭禮，稱祝聖壽，以少伸臣子慶忭之誠。謹具題以聞。"

①干　明抄本作"干"，是。通行本作"千"，誤。

萬曆
三十五年

萬曆三十五年正月乙丑，朔，大學士朱賡謹題："茲遇正旦令節，臣恭詣宮門外叩頭，慶賀，伏蒙皇上遣司禮監太監陳矩管待酒飯，頒賜臣燒割一分、酒飯一卓、甜食一大盒、伏薑一盒、硬糖餅一盒、絲窩糖一盒，臣頓首祗領。不勝感戴天恩之至，謹具題謝恩。"

是日，大學士朱賡謹題："伏蒙皇上以正旦令節，頒賜上尊珍饌，臣頓首祗領。不勝感戴天恩之至，謹具題謝恩。"

三日丁卯，大學士朱賡謹題："照得十二月二十七日，該吏部左侍郎楊時喬題請，為計期迫近，主計大臣既未奉明旨，請照常於正月初二日，會同都察院考察天下官員。隨奉聖旨：'是。欽此。'昨日初二日，部院以欽遵行事，考察過浙江一省。今日初三日，考察江西、福建二省。俱有次第矣，茲忽奉聖旨：'着尚書趙世卿代理，楊時喬協同行事。'則前二日已行之事，又須趙世卿從新做起，恐於政體未便。朝廷大典，不宜二三如此。又朝覲禁約一本，乃吏部去年九月所題，今始發行，亦屬非體。臣請留下二本，且勿發出，更為妥當。此事關係國體，臣不敢不言，伏乞聖明鑒照。臣不勝戰悚惶恐之至。"

四日戊辰，大學士朱賡謹題："昨者文書房發出批紅二本，命趙世卿代理察事。臣以為前有明旨，准楊時喬同都察院考察，業已行之二日矣，似不可二三其令，故具揭請皇上收回此命。隨蒙取回二疏，渾然無跡矣。今日見楊時喬一本，復停止考察，以待趙世卿之至。事屬兩難，勢必耽閣。祖宗欽定之期，朝廷激揚之典，中外觀望所關非小，豈宜屑越如此？伏望皇上早賜乾斷，仍令楊時喬遵照前旨，如期竣事。臣不勝顒俟之至。伏候敕旨。"

七日辛未，太子太保禮部尚書文淵閣大學士臣朱賡謹奏："為時維孟春民物咸熙懇乞聖明益布新令以疏鬱滯以隆萬世治安事。臣讀《月令》，天子以立春之日布德和令，行慶施惠，蓋天

萬曆起居注

① 已 明抄本作"以"，誤。通行本改"已"，是。

② 成病者，而物故者 明抄本作"成病而物故者數人"，疑是。通行本改爲"成病者，而物故者"，疑誤。

之生意在春，而王者以政令助之，必使物物得所，而後爲同春之化也。皇上久道化成，澤被萬物，草木含生之類欣欣向榮，而縉紳衣冠之中，尚有久鬱而不伸者，則行取候選諸臣是已①。臣半年以來，請之不遺餘力，而部院臺省極口言之，亦無剩詞矣，臣何庸贅？獨謂物窮則不得不通，勢極則不得不反。今遠省有四年無巡按者，科道有一人兼數差而匍匐不遑者，御史有九年考滿而復在道管事者，巡按有候代不得而株守郡縣之間者，有真病不得告而狼狽於地方者，以故吏治不飭，民困日滋，令歲俸察册中，貪官污吏最多，職此之由。是國家陰受其敝，而皇上不知也。且此輩爲皇上効力四方，七、八年於外，不可謂非勞臣，而候選二年，迄無着落，資斧既盡，升斗未沾，如窮人無所歸，至鬱而成病者，而物故者②是諸人明受其敝，而皇上不知也。揆之物理，參之人情，已到至窮至極之處，通之反之，宜莫如此時矣。而明詔猶然未渙，豈意此輩或新進喜事、而預防其激聒乎？夫防人之口，猶防川也。人各有口，豈必言官？要在朝廷有道，大廉小法，則國是自明，妄言自息。況慎選老成，責在部院，採擇可否，鑒在宸衷，何可一概停寢，因噎廢食？語云：'山有猛虎，藜藿不採。國有拂士，奸偽不萌。'自古及今，未有不用耳目之官而可以爲國者。臣生平不敢昵一私人，門無科道之迹久矣。儻植黨市恩，爲諸人緩頰，以欺皇上，天地鬼神必殛之，萬萬不敢也。伏望皇上乘此布德和令之時，亟命部院從公考選，以疏鬱滯。則不惟諸人感頌聖恩，益思報稱，而四方朝覲之臣，亦有所激勵而興起，億萬年無疆之業、又自令春始矣。臣不勝懇切祈望之至。"

九日癸酉，大學士朱賡謹題："伏蒙皇上以立春令節，頒賜上尊珍饌，臣頓首祇領。不勝感戴天恩之至，謹具題謝恩。"

十日甲戌，大學士朱賡謹題："伏蒙命臣擬皇太子第三女名，臣謹欽遵恭擬上進，伏乞聖明裁擇點用。謹具題以聞。
擬賜皇太子第三女名：

徽嫙（音前，福也，吉也）

徽婉（音媛，美也，順也）

徽妍（音年，美好也）

徽婧（音静，女貞也）"

十二日丙子，大學士朱賡謹題："爲印信事。照得左春坊左庶子吳道南、右春坊右庶子莊天合、掌司經局印信左諭德馮有經，俱經陞任去訖，所有坊局各印信缺官掌管。臣謹推得右庶子周如砥，應掌官右春坊印信，左諭德翁正春，資俸並深，應量陞右庶子兼侍讀，掌管司經局印信。再照舊制，左右兩坊設官原自均分①勻，今銓注右坊者偶多於左，似屬偏勝。合無將年深右諭德顧天埈、李騰芳改左春坊，量存均一之制？伏乞敕下吏部，查照施行。臣未敢擅便，謹題請旨。"奉聖旨："是。吏部知道。"

十八日壬午，大學士朱賡謹題："本月初九日，伏蒙命臣擬皇太②子第三女名，臣謹欽遵於初十日恭擬淑名進呈，尚未奉欽點。竊照命名之期，僅隔四日，伏乞蚤賜採擇點用，以便寫箋封進、請寶，庶不誤事。謹具題催請以聞。"

二十一日乙酉，大學士朱賡謹題："臣於十七日申時出閣，偶因頭暈足軟，下階閃傷筋骨，至今徧身痛楚，不能入直者三日矣。蓋老年血氣衰弱，兼之積勞日久，一有損傷，猝難平復。伏思政地繁重，豈敢偷安自便。萬不得已，懇恩於君父之前，容臣給假旬日，服藥調治，庶不久誤政幾也。臣無任惶恐懇祈之至。伏候敕旨。"奉聖旨："卿偶疾，暫准給假調理。稍可即出贊襄。該部知道。"

二十二日丙戌，大學士朱賡謹題："本月二十三日，該六部科道等衙門糾劾朝覲官。所有宣答聖旨，臣謹擬上進，伏乞聖裁。謹具題以聞。"

①分　明抄本無"分"字，是。通行本有"分"字，誤。

②太　明抄本作"大"，誤。通行本作"太"，是。

萬曆起居注

① 奉 明抄本無"奉"字，是。通行本加"奉"字，誤。

② 腔 明抄本作"羫"，是。通行本作"腔"，誤。

③ 己 "己"當作"巳"。

④ 券 "券"當作"券"。

奉①聖旨："你每說的是。且都饒他這遭，回任用心供職。在外的行文與他知道。"

二十五日己丑，大學士朱賡謹奏："為恭謝天恩事。本月二十五日，伏蒙聖慈以臣在告，特遣御前牌子郭朝，齎賜臣鮮豬一口、鮮羊一腔②、白米二石、酒十瓶、甜醬瓜茄一罈，臣謹扶疾焚香，望闕叩頭祗領訖。伏念臣力小任重，衰極病生，伴食已自愧心，代斷寧無傷乎？保身之術已乏，調國之功謂何？幸荷恩私，特予休沐，更出天庖之珍饌，再馳中使以渙頒。感戴鴻深，益難啟處，報恩日短，結草心長。臣無任感激惶恐之至。為此謹具本奏謝以聞。"奉聖旨："覽卿奏謝，朕知道了。禮部知道。"

二十九日癸己③，皇帝敕諭天下朝覲官員："朕惟治天下無先安民，安民無先計吏。朕嗣承祖宗曆服，奉天子民三十五年於茲。雖深居靜攝，未嘗不俯念民瘼，日周覽於菇屋間也。邇年災異頻仍，民不堪命，當詔罷一切不急，與天下更始，庶幾有民社之責者，咸知朕意，為朕恤民。然而繆懦者偷安，武健者恣臆，藩臬或庇私人，郡縣間持長上，詔令之下，視為虛文，急不在公而在聲施，務不先民而先囊橐，甚且藉口朝廷，為朕斂怨，每奏吏牘，朕不忍聞。茲當三載黜陟幽明之期，申命所司，罷汰不職，而於貪酷之懲，尤加嚴焉。顧廣平之吏，守斤墨而寡緣飾，或無以延譽，貪殘之輩，多戲而善營，便文巧脫，安知無一出於此也？夫今之所出，即曩之所留，前車之鑒，固亦不遠。邇等自今宜赤心白意，拊循元元，均賦平刑，持廉奉職，毋比黨而傷公論，毋倚法而壅上恩，毋沾沾而愚小民，毋悻悻而事操切。其或剝窮閭，走津路，塗觀弋譽而實惠不在民，倖不可常，三尺無赦。夫政習於偽、法弛於寬久矣，思一責實，嘉與維新。告爾既明，朕將持券④而責之。爾等往欽哉。故諭。"

萬曆三十五年二月甲午，朔，大學士朱賡謹題："伏蒙皇上以祭三皇於景惠殿，收回祭設，頒賜臣三卓、臣頓首祗領。不勝感戴天恩之至，謹具題謝恩。"

是日，大學士朱賡謹題："臣以筋骨受傷，不能步履，具本請假旬日。伏奉聖旨：'卿偶疾，暫時准給假調理。稍可即出贊襄。該部知道。欽此。'隨蒙聖慈遣中使齎賜粥藥等物，臣感戴鴻私，恩重身輕，恨不能匍匐入直，少贊萬幾之一。而行年七十有三，氣血兩枯，悉①神俱備。始猶痛在腰背，今復移之雙膝，呻吟牀褥，寸步難移，即欲驅馳入朝，日行五六里，勢不能也。醫生蕭進等，咸謂勞心勞力，積有歲時，非靜養不能愈。然且日供票擬，了公務於私家，既無案牘稽查，亦鮮僚友商確，少有差誤，關係匪輕，爲此日夕焦勞，病乃滋甚。哀懇聖明，思政幾煩劇，決非一老臣可以久支，時事艱危，決非一病臣可以臥理，亟命吏部會推在任在籍之賢可充是任者數人，疏名上請，即賜簡用。臣幸而苟延，尚可資其謀斷，少均勞逸，不幸而身先狗馬，亦可付託得人，悠然長逝。臣言及此，涕淚橫流。伏望聖慈俯鑒，不勝真切仰望之至。"

二日乙未，大學士朱賡謹題："爲日講事。先該題奉欽依，每年開講日期，於二月上旬擇日恭進講章，以後接續每日進呈，奉聖旨：'是。欽此。'今臣謹擇本月十八日吉，恭撰講章，照常進覽。謹具題知。"

三日甲②申，大學士朱賡謹題："爲科舉事。准禮部手本，該本部題，萬曆三十五年會試天下舉人，合用考試官二員，欲照例行翰林院擬請簡命，奉聖旨：'是。欽此。欽遵。'備行到院。謹③推得禮部右侍郎兼翰林院侍讀學士掌院事楊道賓、禮部右侍郎兼翰林院院侍讀學士協理詹事府事黃汝良，堪充考試官。合候命下，令其入場供事。臣未敢擅便，謹題請旨。"奉旨："是。"

是日，大學士朱賡謹奏："爲苦情未効聞言增④愧色懇乞聖

① 悉　明抄本作"形"，是。通行本作"悉"，誤。

② 甲　"甲"當作"丙"。

③ 謹　明抄本"謹"上有"臣"字，是。通行本無此字，誤。

④ 增　明抄本作"憎"，誤。明抄本改"增"，是。

萬曆起居注

① 區　明抄本無此"區"字，誤。通行本增此"區"字，是。

② 腎　"腎"當作"竪"。

③ 詣　據下文"詣"當作"侍"。

④ 臣　明抄本作"叵"，是。通行本作"巨"，誤。

明亟行讜議，以圖治安以慰人望以全臣末路事。臣材能無加中人，行年已踰七袠，事與願違，病從勞積。自知萬分無濟，思奉不能者止之訓久矣，獨內惟區區①報主爲國血誠，不能自已。仰惟皇上聰明天縱，於治亂忠邪之形，了然燭照，特以臣感格無術，精神未通，而臣又不得一望見天顏，凡海內所責臣望臣者，不得不形之奏揭，至再至三，日夕惶惶，形影自愧，而御史宋燾之疏至矣。疏中娓娓千餘言，大都勸皇上時行春令，奮然興起，而責輔臣踴躍任事，不容泄泄爲者。臣讀之不覺汗流至踵，慙愧欲死。如謂大僚多缺員，百職若晨星，禁城以內商人蕩產破家，楊致中殺人如草菅，四郊多壘，閹腎②鴟張，水旱蝗螟，道殣相望，賢才鱗集者不用，斥逐者不起，以至憸邪交納，盜賊公行，種種時事，皆可扼腕。而又疑臣以揭帖塗人耳目，指臣有意摧抑館士，於臣苦心苦口若未盡知，不可謂非社稷至計，救時藥石也。然則國之安危，臣之去就，安得不決於此時？伏望皇上省覽御史之疏，於所謂法古憲天，勵精圖治，減供億，蘇商民，舉遺佚，行考選，置大僚，補百職，進君子，退小人，下章奏，肅法度等語，一一奮然力行，以副中外之望。臣誠不足以動物，勢不足以遂心，本無可見之績，何怪天下之疑？尤望亟賜罷斥，速簡忠良任事者代臣贊理，勿使臣進退維谷，以上負國恩，下負靜友，臣生有餘榮，歿亦瞑目矣。臣無任流涕泣血哀籲之至。"奉御批聖旨："朕前節間恭詣③聖母，近復動火，目發赤腫，連日靜攝，少愈，未及詳覽本章。卿所屢奏揭，忠愛懇切，稍俟次第發行。閣務煩重，卿疾稍可，即出贊襄，以副眷倚至意。妄言誣及，毋得介懷。該部知道。"

十日癸卯，大學士朱賡謹題："臣在病中，伏蒙皇上發下兵部尚書蕭大亨一本《衰病彌深誤事彌甚懇祈聖慈垂憐危苦以賜骸骨還鄉以延殘喘事》。竊惟大臣去留，原係聖裁，非臣所敢輕議。但秉樞大臣，屢經言官指摘，勢難展布，而本官註籍數月，辭書至三十上，情甚真切，殆非虛詞。有如病未即痊，耽閣日久，邊情叵④測，似屬可虞。謹兩擬以請上裁。臣亦因病求去之人，讀其疏不能不爲之感慨也。冒昧具聞，臣不勝惶恐之至。"

十一日甲辰，大學士朱賡謹題："臣奉旨給假，忽經二旬，自度病勢阽危，兩具奏揭，請皇上亟簡輔臣，未蒙省發。豈以臣病猶未甚、可計日而出耶？抑或以臣避難避謗、有所託而然耶？有一於此，則欺天欺君，罪不容死。蓋臣之病所往來久矣。自古至今，未有以一人當輔弼之任者，亦未有以一衰老之臣當輔弼之任、而值時勢之艱如今日者。臣憂思熬其心血，奔走殘其形骸，自朝及暮，自伏及臘，不敢偷一息之安，而又無毫髮謨猷佐皇上明作之治、尺寸功效慰中外責望之心，神與形空竭，慙與惕交並，而身益病矣。始猶痛在腰背，今延及雙膝，寸步難移。始猶病筋骨，今侵及五內，終夜不寐。此不起之症也，而猶日供票擬，應接不暇，皇上即子臣以休沐，何遑寧居？即飼臣以粥米，何遑甘食？每思綸音隆重，欲具疏辭免，又恐上煩君父之勞，下開旁落之漸，用是力疾擬旨，從呻吟昏憒中課出，能無差誤？如昨拾遺疏漏寫一姓名，此其驗已。用是愈益焦勞，計無復之。仰乞皇上早發慈心，亟簡良佐，爲社稷懷永圖，爲老臣開生路。國之理亂，臣之存亡，在此一舉。不然，門久閉，國體謂何①殿？試屆期，大典誰屬？臣萬死有餘辜矣。人有急則呼天、呼父母，臣安得不籲之皇上？伏惟聖明鑒憫。臣不勝涕泣待命之至。"

十六日己酉，大學士朱賡謹奏："爲感激恩綸恭陳謝悃再懇聖慈速降枚卜之命以回治機以救殘喘事。臣病中哀懇皇上亟簡閣臣，章凡數上，詞已窮矣。正伏枕仰盼間，忽奉聖旨：'朕前節間恭侍聖母，近復動火，目發赤腫，連日靜攝，少愈，未及詳覽本章。卿所屢奏揭，忠愛懇切，稍俟次第發行。閣務繁重，卿疾稍可，即出贊襄，以副眷倚至意。妄言誣及，毋得介懷。該部知道。欽此。'臣焚香叩讀，不覺踊躍狀第。乃知皇上以恭侍聖母，靜攝聖躬，未及詳覽章奏，非是厭棄臣言。又蒙鑒臣

① 何　明抄本無"何"字，誤。通行本補此字，是。

忠愛懇切，稍俟次第發行，則聖明已洞見臣言之可行，必不久至廢閣。又慰臣以疾可即出贊襄，副眷倚至意，則臣之苦心已獨諒於聖衷，而海內所責臣望臣疑臣者，尚有表白之日，此臣所以感激而忘其身也。尋復轉輾思惟，且喜且懼。凡臣所疏揭請行者，何事不關理亂？何事可緩須臾？而難緩之中，又有燃眉最急者，無大於簡用閣臣一事。蓋臣老病阽危，身如風燭，一氣不續，便隔人間，彼時愴惶忙亂，將國家重擔付之誰乎？皇上不於今日亟簡良佐，猶待次第舉行，假如臣前日昏暈仆地，尚可次第下藥否？臣一身輕如鴻毛，有何足惜？皇上舉天下重任付之臣身，臣能耽延死期、從容以待新臣之至乎？凡官員有一方一事之寄者，亦必得代而後可釋，臣所任何事，而可延緩如是？則真所謂泄泄沓沓，不知死之將至矣。臣言及此，五內痛割。伏望聖慈先急此一事，而於臣前揭所請考選科道、點用部院大臣等事，接續行之，不復有所姑待，則臣之血誠庶幾報効萬一，皇上鑒臣以忠愛、慰臣以眷倚者，皆不為空言，而中外臣工信臣者，必與臣一體同歡，疑臣者亦如見日之雪，頃刻消化，臣進退存亡豈不綽然有餘裕哉？臣始猶以去就請，今直以死生請，伏惟聖慈憐察。不勝涕泣待命之至。"

十七日庚戌，大學士朱賡謹題："臣臥病阽危，除力疾票擬外，其餘政務，不能一一料理，獨於邊鎮之事，夢寐關心，不敢不據所見以聞。蓋九邊均重，而薊鎮為陵京肘腋，視他鎮尤為要害。嘉靖庚戌，虜長驅直入，震驚京師，皆由大將不得其人故也。今舊任總兵尤繼先，以收養夷丁議調延綏，而以延綏總兵杜松調薊鎮，所以為薊鎮防者，誠得人矣。近該兵科都給事中宋一韓，參論繼先不法事二十款，繼先應束身待罪，無赴任之理，而杜松猶在延綏候代，未得即來，兩鎮耽延，必誤邊事。況將官被論，留中不發，何以激勵邊將？亦非國體。伏望皇上急發科臣之疏，將繼先下部處分，別推廉勇將官赴延綏，與杜松交代。使松得遵前旨星夜赴薊，以備不虞，則一舉而兩鎮皆無患矣。不然，轉眼秋臨，虜騎乘虛而入，關係豈小小哉？

臣日夜在念，伏枕具揭奏聞。不勝懸望之至。"

十九日壬子，大學士朱賡謹題："伏蒙皇上以聖母慈聖宣文明肅貞壽端獻恭熹皇太后萬壽聖旦，頒賜臣銀五十兩、紵絲三表裏，臣頓首祇領，及講官李廷機照數分給訖。臣不勝感戴天恩之至，謹具題①謝恩。"

二十一日甲寅，大學士朱賡謹題："臣在病中，忽聞朝房失火，不勝驚惕，密邇禁地，必厪聖懷，謹力疾具揭奉慰。伏思朝房，乃各衙門會議政事、待漏趨朝之所，一旦被燬，上天不為無意。實由臣等閣部大臣，不能率屬修政、夙夜匪懈，而百司庶職玩愒成風，習為窳惰，以干天怒，故示警於此地也。除各行飭勵供職外，更祈皇上益體乾行之健，振飭朝綱，盡補大小員缺，使各舉其職，以新明作之治，亦上天仁愛之意也。臣伏枕不勝惓惓仰望之至。"

二十五日戊午，大學士朱賡謹題伏蒙皇上以萬曆三十三年年節，頒賜臣銀四十兩、綵段二表裏，臣頓首祇領，及講官李廷機照數分給訖。臣不勝感戴天恩之至，謹具題謝恩。"

是日，大學士朱賡謹題："伏蒙皇上以萬曆三十四年年節，頒賜臣銀四十兩、綵段二表裏，臣頓首祇領，及講官李廷機照數分給訖。臣不勝感戴天恩之至，除赴鴻臚寺報名廷謝，謹具題謝恩。"

是日，大學士朱賡謹題："伏蒙皇上以擬《大學衍義補序》，頒賜臣銀三十兩、綵段二表裏，臣頓首祇領。不勝感戴天恩之至，謹具題謝恩。"

是日，大學士朱賡謹題："臣抱病月餘，奏揭五上，昏瞶中辭不達意，空瀆宸聰。今日情苦事迫，為國委身，不得不悉吐肺腸，懇祈聖慈詳覽，無忽臣言，臣死無恨。臣老病牽纏，日甚一日，既不能扶掖入閣，又不敢推誤政務，以生他患，既未敢數數輕言去就，又不能使精誠上通，以解免天下之疑責，日

①題 明抄本無"題"字，誤。通行本補此字，是。

萬曆起居注

① 企　明抄本"企"上有"日夜"二字，是。通行本脱此二字。

② 論議　明抄本作"議論"，通行本作"論議"，皆誤。應作"義論"。

③ 而　明抄本無此"而"字。是。通行本有此字，誤。

④ 知　明抄本作"如"，是。通行本作"知"，誤。

夜焦灼，企①望。惟繹思皇上次第發行之旨，決非慰藉虛言，必灼見病臣孤撐之苦、政本關係之重。亟行枚卜，可以分理閣務，可以蘇活殘軀，臣所不能效於皇上者，人能效之，二十年來所積訴而不能振舉者，人能振舉之，臣幸而不死，尚可藉手補過，不幸而先狗馬，政府不至虛脱，亦可瞑目而逝，是以至再、至三，惟此為汲汲也。不謂發行之旨，又踰數日，臣方憂悸，不知所出，而頃又得科臣汪若霖一揭，以朝政因循、輔臣單匱，為國家慮甚遠，為病臣慮其周，即臣嘔血自陳，不切於此。至謂皇上高拱於深宫，輔臣堅卧於私邸，滿朝羣臣泛泛如河中木，則又悚然戰慄汗下、而繼之以泣也。臣荷皇上千載一時之遇，宜必有一日千載之業，以報鴻私。而當任以來，一善無成，一籌未展。皇上雖不疑臣，而苦誠未通，精神未貫，臣不能不捫心自疑。臣雖不敢展轉謝責於天下，而内無心膂之効，外似斧鑿之形，臣又不能不捫心自責自疑，自責自病，自苦臣將誰訴？況厝火積薪之勢，天下事不可知，風燭旦暮之身，臣命不可知。皇上曰稍待次第，天下之患可稍待乎？臣之身命可稍待乎？臣當自謂，以身名論，不但去為幸，死亦為幸，以分論議②不但不敢去，亦不敢死。昔齊桓公專任一管仲，仲且死，不能勸桓公用賢自代，以致任用匪人，齊卒不競，宋臣蘇洵不責桓公，而責仲不當死。今臣無管仲之功，有管仲之任，及是時不見皇上所用何人，而而③溘然以殁，萬一倉卒求人不暇審擇，臣何以謝責於天下萬世？臣故曰不敢去，亦不敢死也。夫惟去死俱難，是以籲彌切，而臣又因此竊嘆皇上主勢之孤也。皇上見眼前承平無事，則謂各衙門有人守印，事亦尋辦，何以多為？不知人盡支吾，豈知④專理？事多補湊，大有疎虞。外貌雖似治安，積廢必生危亂。一旦有急，為皇上心膂之臣者誰？為皇上股肱之臣者誰？為皇上耳目之臣者誰？為皇上奔走禦侮之臣者誰？區區一二老臣，形枯影單，濟得甚事？中外縉紳志消氣阻，呼之不應，招之不來，而天下事有不忍言者矣。故臣連章累牘，無非為皇上早簡閣臣，早補部院大臣，早選科道，早疏淹滯，而館中三年不結之局，皆可一日並了，不宜少緩須臾、姑待次第者也。臣言及此，一字一淚，一淚一血，伏望皇上測①然動心，猛然見諸行事，以皇上之所至易，救老臣之所至難，臣生有餘榮，死亦有生氣。一腔熱血，披瀝盡此，至於知我罪我，分外身外之事，非臣所敢知也。臣不勝伏枕隕越百叩以俟。謹具揭以聞。"

① 測 "測"當作"惻"。

萬曆三十五年三月甲子，朔。

八日辛未，大學士朱賡謹題："臣老年得病，皆由內憂外傷積而至此，血氣耗盡，生意已微。念閣中止臣一人，票擬私居，終非國體，且兩奉溫綸，以殿試在邇，趣臣即出贊襄，聖恩高厚，聖懷殷隆，安敢自顧微軀，大負殊遇？況鑒臣所請出於忠誠遠慮，許即點檢發行，益用歡欣踴躍，忘其疾痛之在身也。隨於初七日報名，今早見朝謝恩訖，即裹藥餌入閣辦事矣。除一切殿試事宜，查照舊規料理，謹具揭陳謝以聞。再照，臣桑榆景迫，牛馬力疲，早間拜伏墀墕，幾不能起，扶掖到閣，昏暈失常，兩房中書見之，皆為失色。狼狽如此，不知能勉完大典否？皇上覽臣遠慮周詳，而不虞臣之近憂更危急也。臣連章所請，止是枚卜閣員、簡用大僚、考選科道及庶吉士散館三四事耳，皇上既許發行，臣自當靜聽，安敢聒瀆？但事體迫於燃眉，人情急於望歲，見臣一出，皆歡然延頸佇望，玉音稍遲，必環向而責之，臣無置身地矣。伏願皇上再閱臣末次一揭，即日點檢發行，以圖社稷之至計，以慰天下之渴想，以解老臣之倒懸。臣不勝懇切百叩以俟。"奉聖旨："覽卿奏謝，知卿入閣贊襄，朕心欣慰勿已。所奏情詞愈懇，知道了。卿宜勉力盡職，弼成化理，毋懷疑畏之心。特諭卿知。"

九日壬申，大學士朱賡謹題："伏蒙皇上以宣捷祭告郊廟，收回脯醢果酒頒賜臣三卓，臣頓首祗領。不勝感戴天恩之至，謹具題謝恩。"

十九日壬午，大學士朱賡謹奏："為溺職罪深見罹疢疾不堪再蒙異數自速危亡瀝懇聖明聽臣辭免以全殘命事。本月十七日，該吏部接出敕諭：'敕吏部：甘鎮二次擒護大捷，內閣輔臣殫忠運謀，勳勞茂著，宜特加恩示酬。見輔賡加少保，兼太子太保，進武英殿大學士，改戶部尚書，著蔭一子入監讀書，還賞銀四十兩、綵段三表裏，照新銜給與應得誥命。如敕奉行。欽此。'

臣方抱病入直，勉襄大典，忽聞殊命，不覺感愧交並，驚惶無措，臣請具言所以不當承與不敢承之故。蓋邊塞之功，皆由文武將吏奉皇上威靈，感皇上恩信，不避艱險，親冒矢石而得之，臣隨二臣之後，何當運一籌、贊一畫？而居然分邊臣之功，優二臣之敍，心則何安？且臣在事以來，蒙邊賞者三，力辭者三，而皇上亦聽之三矣。無功而獵人之功，不惟臣自恥之，賞一人而不足以勸萬人，亦明主所宜慎也。此臣之所以不當承也。而在今日，則又萬萬不敢者。臣以庸老孤身，當至難劇地，一事無成，百身莫贖，以故天怒於上而降之以疾，成不生不死之形，人怒於下而責之嚴，處不進不退之谷，此又天地間第一罪人、第一苦人也。本緣福過生災，而益之以福，災將日深，本緣注滿將傾，而加之以注，傾將立見。此臣所以不敢承也。且天下之望恩而不得者多矣，望官而不得者多矣，臣不能佐皇上以恩天下、以官天下，而於己則加恩，於子則加官，臣亦何辭於天下萬世？此又臣所萬萬不敢承也。伏望皇上體念臣肝膈之言，即賜收回成命，免令臣不①，臣之幸也。又或念臣累次奏請，情極詞窮，即以所加於臣者移以及天下，使人人各足，又幸之幸也。臣無任懇切祈禱之至。"奉聖旨："甘鎮二次大捷，獲功殊常，卿運籌帷幄，協贊勵勳，加恩示酬，原係彝典。宜遵成命，不允所辭。吏部知道。"

二十一日甲申，大學士朱賡謹奏："爲病勢日增誤國罪重瀝血哀懇聖慈急簡②員以重政本事。臣蒙皇上非常之恩，不難以父母所生之身報効皇上。顧身可捐，力不可強。一年以來，憂民憂國，無一刻不竭其心思，冒暑冒寒，無一日不勞其筋骨，雖鐵石必至銷磨，在牛馬亦宜疲斃，而況七十三歲之人，何能堪此？病根深錮，原未少痊，特以殿試大典，勉承嚴旨，力疾而出。數日之間，腿復癰腫，至流血水不止，乃用隔紙膏裹痛扶掖而行，執事諸臣皆憐之。即日賜酒饌，不能赴班叩領，亦諸臣所共見也。伏思事君致身，致其有用之身耳，身已無用，致之何益？且以臣身尚存，遂緩簡求，上誤政幾，下妨賢路，

① 不　明抄本作"再瀆"，是。通行本作"不"，誤。

② 簡　"簡"當作"簡閣"。

則又不若無此身之爲愈矣。病中五疏，皆蒙聖慈優答，一則曰次第施行，一則曰點檢發行，一則曰已知道了，又蒙慰諭，臣毋懷疑畏。臣一腔苦心，蒙聖明洞察如此，臣何疑何畏？昨蒙檢發庶吉士散館一本，則恩旨所許點檢之説不虛，定知數日内凡臣所請，必以次第併發。而猶然遲遲，臣又安得不疑且畏？昔年趙志皋卧病三年，竟至客死，然是時閣中有人代理，志皋不必經營國事，猶得安枕待盡。今臣止一人耳，左無提，右無挈，徒以一綫未絶之身，任萬幾佐理之重，既不能如近日二臣之善去，又不能如昔日誌皋之善終，皇上仁如天地，能無測①然動念乎？臣萬般苦情已具五次疏揭，無剩詞矣，今惟齋戒沐浴焚香告天，素衣角帶躬叩闕下，以冀枚卜之命，早發一日救臣一日之命。儻必待臣口不能言，目不能視，手不能舉筆，彼時封還章奏，誤朝廷之大政，貽君父之深憂，臣死有餘辜，目亦豈遽瞑哉？此臣所以不避斧鉞而再有懇也。更望皇上憐臣寸步難移之苦，容臣間日一進，少寬足力。幸而少痊，仍日進内閣辦事，尤皇上度越洪仁也。不勝流涕望恩之至。"

　　二十二日乙酉，大學士朱賡謹題："臣於昨日齋戒沐浴素衣角帶躬叩文華門外，催請簡用閣臣，一念血誠疏中俱已説盡，計早晚必有俞旨，謹跂足靜聽。外，但臣連章累牘懇請於皇上者，尚有二大要務，均屬燃眉之急，不可以次第先後論者，恐一旦填溝壑，目亦不瞑，謹再瀝誠悃，爲皇上陳之。今天下吏治日偷，紀綱日廢，人懷觀望，議無定衡，將國家元氣暗消暗蝕而人不知，識者無不憂之。所以然者，祇緣吏部尚書缺三年，都察院左都御史缺二年，雖署事之臣皆清正無私，而不尊不信自有許多掣肘難行之處，必得皇上於前後會推中擇其人望素歸、無絲毫玼議者，點用正卿二員，則爲皇上進退之②人才，起廢拔淹者有人，爲皇上振肅紀綱、激濁揚清者有人，如衣之有領，網之有綱，萬事無不就理，皇上可不勞而治，而臣亦不必人爲之適，事爲之間，曉曉然侵諫官之職，以瀆至尊而傷閣體。皇上何惜用此二人、而不爲社稷深長計也？至於考選科道，乃祖

① 測　"測"當作"惻"。

② 之　明抄本無"之"字，是。通行本有此字，誤。

宗以來二百餘年定制，不可自皇上廢之，且事勢窮蹙，守候日久，皇上能終廢乎？既不可終廢，何不及早用之，以安其心？蓋此輩皆歷練有才之士，收之則盡爲國家出力，棄之則人心解體，後進之士必以賢勞清苦爲無益，自非忠義特立，誰肯復作好官？不作好官，則必務剥民肥家，而朝廷不得一人之用矣。豈不可畏？豈不可憂？況前此尚有七八十人，今候命日久，漸見凋零，見在不過五十餘人，分之爲兩衙門，又分之爲南北，尚不敷用。誠敕令部院，擇老成持重者下僅十餘人爲科臣，其餘盡補道缺，以濟各差之用，仍照恩詔例，皆與實授，即領大差一月之間，皆散而之四方，不惟人才展布，地方肅寧，而眼前議論亦自清净矣。夫用人圖治，原是皇上盛心，儻蒙忽然發下，則恩自上出，人人感奮，此亦收拾人心之要機也。伏望皇上細察臣言，一時並舉，不必又分次第，則天下仰聖明之獨斷，瞻治象之一新，而臣亦得釋疑畏於天下矣。臣無①激切哀懇之至。"

　　二十三日丙戌，大學士朱賡謹奏："爲隆恩誤及萬難祗承再懇聖明俯容辭免譴②戾事。昨以甘鎮大捷，蒙恩推及閣臣，而臣以見在政地，視二臣加隆焉，該臣瀝血懇辭，具言不可受、不敢受之故，詞已竭矣。復於二十一日奉聖旨：'甘鎮二次大捷，獲功殊常，卿運籌帷幄，協贊勵勤，加恩示酬，原係彝典。宜遵成命，不允所辭。該部知道。欽此。'臣愈益感悚，愈益恐惶。竊惟三孤亞於上公，誥廕及於先後，世之所榮，臣豈不榮之？然無故而冒人之功，因賞而掩已之罪，世之所恥，臣獨不之恥乎？夫閫以內所當畢力輔佐者，臣職也，閫以外所當運籌決勝者，邊臣職也。今寓③内種種缺政、可憂可愕之事，難以枚舉，皇上不加臣失職之罪，而閫外之功則以協贊勵勤之力歸之，何以激勵邊臣？且外寧内憂，其機相爲倚伏，每報捷功，臣竊懼之，日④中之戒，正今日廟堂所宜交儆者。安可恬然以爲彝典、而不加慎飭乎？臣前疏欲分臣之賞，以及天下之望恩而不得者，此不可加於大臣，或可行於羣臣，則又臣款款之愚

① 無　明抄本"無"下有"任"字，是。通行本無此字，誤。
② 譴　明抄本"譴"上有"以免"二字，是。通行本脱此二字，誤。
③ 寓　明抄本作"寓"，是。通行本作"寓"，誤。
④ 日　明抄本作"日"，是。通行本作"日"，誤。

而未敢幾也。伏望皇上俯鑒悃衷，即收成命，使臣得安愚分以面目見士大夫，賢於榮臣萬萬矣。不勝瀝血懇祈之至。"奉聖旨："甘鎮大捷，卿寔居中運籌，加恩原不爲過。但念懇辭誠切，朕宜體悉，特允辭免，以成卿勞謙之美。仍賞大紅紵絲斗牛胸背一襲，以旌眷任忠勞。該部知道。"

二十五日戊子，大學士朱賡謹題："伏蒙皇上頒賜臣銀綵扇六把、銀釘鉸扇十把、砑礫扇二十把，臣頓首祇領，及講官李廷機照數分給訖。臣不勝感戴天恩之至，謹具題謝恩。"

是日，大學士朱賡謹題："照得庶吉士散館之本，已蒙點檢發下吏部覆奏九日矣，尚未奉旨。今新科進士又當題請開館。舊局未終，新局繼至，前後壅塞，何以激勸人心？上次止因科道八人遲留二載，致歸怨於首臣沈一貫，至今禍猶未解，前鑒不遠。伏望皇上曲體下情，即日發行，免臣爲一貫之續，此又保全老臣一大恩德也。臣不勝縣切之至。伏候敕旨。"

萬曆三十五年四月癸己①，朔。

二日甲午，大學士朱賡謹題："臣連日以廟享大祀，義當肅將，不敢自言病狀再求寬假，乃倚三四人之力，扶掖而行。連進五六日，雙足復腫，病猶②刀剡。半就死地矣，所未能一刻忘者，止爲枚卜閣員，乃國家理亂所關，必親見皇上簡用得人，臣乃可瞑。伏望皇上將臣前疏早賜批行，以慰中外縣縣之望，以息議論紛紛之多，此實萬分燃眉之急務也。至於庶吉士習業三年，候命半載，今新中進士已先授職，而舊中者尚未得官，新科選館已在目前，而舊科者尚未完局，前後倒置，士心摧喪，亦非所以重政體而收人心也。此亦臣職掌未完之事，昨諸士以朔日到閣，臣實無顏見之。亦望皇上並賜批發。臣不勝激切哀懇之至。"

四日丙申，大學士臣朱賡謹奏："爲謝恩事。該臣於三月二十三日具奏《爲隆恩誤及萬難祇承再懇聖明俯容辭免以免譴戾事》，伏奉聖旨：'甘鎮大捷，卿寔居中運籌，加恩原不爲過。但念懇辭誠切，朕宜體悉，特允辭免，以成卿勞謙之美。仍賞大紅紵絲斗牛胸背一襲，以旌眷任忠勞。該部知道。欽此。'臣恭誦綸音，不勝感激，不勝慙悚。竊惟甘鎮之功，乃皇上聖神文武指示方略，臣寔未嘗居中運籌，皇上鑒臣懇誠，特允辭免，臣之榮幸甚於加恩萬萬矣。乃猶特賞大紅紵絲斗牛胸背一襲，聖恩隆重，度越尋常，服之實爲不衷，受之恐招三褫，此又臣之所大懼也。除焚香叩頭候領外，謹具奏稱謝以聞。"

五日丁酉，大學士朱賡謹題："伏蒙命臣擬皇太子第二子名，臣謹欽遵恭擬上進，伏乞聖明裁擇點用。謹具題以聞。"奉聖旨："是"。

敕禮部："朕第二孫，已恭請命於皇祖皇考，名曰由檥。可登識於所司。故敕。"

是日，大學士臣③朱賡謹題："爲纂修事竣懇恩補敍微勞

萬曆三十五年

二四一九

① 己 "己"當作"巳"。

② 猶 明抄本無"猶"字，誤。通行本補"猶"字，是。

③ 臣 此"臣"字可刪。

事。據制敕房辦事户部河南司郎中趙應宿、起居館辦事太常寺典簿周廷臣各呈稱，先蒙内閣題奉欽依，纂修玉牒効勞各官，俱各分別敍録訖，内開丁憂給假户部郎中趙應宿、太常寺典簿周廷臣，各候服滿病痊之日，另行題敍。今趙應宿、周廷臣，俱已到部，復除原職。查得各官果係効勞在先，丁憂給假在後，委應補敍。合將趙應宿量陞布政司參議職銜，周廷臣量陞大理寺寺副職銜，各照舊辦事。臣於去年十一月間具本，候旨未下。今敢再爲催請，伏乞敕下吏部，查照施行。臣未敢擅便，謹題請旨。"奉聖旨："是。吏部知道。"

七日己亥，大學士臣①朱賡謹題："該禮部開送願就教職舉人三百四十九名，欽准廷試。臣欽遵會同禮部右侍郎兼翰林院侍讀學士掌院事楊道賓，出題彌封，嚴加考試，取中文理平通上卷四卷、文理亦通中卷三百四十五卷，俱堪授教職。謹將各試卷封進，伏乞聖裁發下，開送該部，查照先次題准事理施行。謹題請旨。"十九日奉聖旨："是。吏部知道。"

八日庚子，大學士朱賡謹題："伏蒙皇上以皇太子第二子百日命名，告奉先殿，收回脯醢果酒頒賜臣三卓，臣頓首祗領。不勝感戴天恩之至，謹具題謝恩。"

十一日癸卯，大學士朱賡謹題："臣連上疏揭，催請皇上亟簡閣臣，心血幾盡，眼望欲穿。以皇上日月之明，風霆之斷，豈不知政本繁極，決難久虛，病臣狼狽，決難獨任？而猶其難其慎、欲舉不舉者，必謂此官關係重大，寧慎毋誤，寧遲毋錯耳。臣則以爲慎之過亦能生誤，遲之久亦能生錯。《書》曰：'勿貳以二，勿參以三。'言貴斷也。季文子三思而後行，孔子曰'再斯可矣。'言再則已審，三則私意起而反惑也。三且不可，況沉思數月，聖心先自惑之，何以定天下之紛紛乎？臣所患，死證也，今且不敢瑣瑣獨聽，獨謂今日之世，事事有嚴朘之虞，處處有隱伏之患，此時不急簡多賢，置之密勿，共扶鼎

① 臣 此"臣"字可刪。

足，協和泰階，而徒恃一疲癃殘疾之人，孤撐於大敝極壞之日，一旦有事，天下即攢笏擊臣，何救於國家成敗？此臣所以日不能食，夜不能寢，而哀鳴於君父之前無已時也。今天下在任在籍之賢堪充是任者，儘不乏人。望皇上敕下吏部，會同九卿科道，竭誠秉公面相評品，斟酌既定，然①疏名上聞，靜聽聖裁。既不廢滿朝之公論，又不失獨斷之大權，維新政幾在茲一舉，皇上自爲社稷靈長計，無大於此，無急於此。臣不勝激切祈懇之至。"

　　十五日丁未，大學士朱賡謹題："今月初六日，該禮部題奉欽依，廷試就散舉人，臣謹欽遵，會同禮部右侍郎兼翰林院侍讀學士掌院事楊道賓，出題彌封，嚴加考試，取中文理平通上卷四卷、文理亦通中卷三百四十五卷，俱堪授教職。已於初七日，將各試卷封進。恭候五日，未蒙發下，又於十二日具揭催請，至今未下，茲又進十五日廷試歲貢之卷矣。前件未完，後卷踵至，嚴膽失次，深爲未便。伏惟速賜檢發，容臣等開送該部，查照先次題准事理施行。謹題請旨。"

　　十六日戊申，大學士朱賡謹題："先該禮部題准，萬曆三十五年及三十等年各處歲貢生員共三百四十八名、恩貢生員共二名，開送翰林院考試。臣會同禮部右侍郎兼翰林院侍讀學士掌院事楊道賓，出題彌封，嚴加考試，取中歲貢文理平通上卷三卷、文理亦通中卷三百四十五卷，恩貢文理亦通中卷二卷，俱應准貢。謹將各試卷進呈御覽，伏乞聖裁發下臣等欽遵施行。謹題請旨。"

　　十七日己酉，大學士朱賡謹題："臣昨日進閣檢閱歲貢生員試卷，忽然頭目昏瞶，暈仆於案，不省人事。家人急取薑湯灌之，又以人參生脈散服下，移時方蘇。是時掌翰林院事侍郎楊道賓在閣看卷，及兩房中書在側，皆爲臣危之。蓋臣老病纏綿，雙膝臃腫，每日裹痛行五、六里，勢必至於顛仆也。念內閣禁

① 然　"然"後似應有"後"字。

地，不敢呼醫入視，遂倚三四人之力，扶掖而出，急就醫藥，至今尚無起色。自惟前此已蒙聖慈賜假幾及兩月，政本虛脫鰥曠日多，今亦不敢再請休息，以貽君父之憂，但容臣調理數日，開臣一條生路，照臣前疏請間日一進，或暫止端門廊房，恭候票擬。幸而少痊，仍當照常入閣，不幸而沉疴難起，免不得為皇上乞此骸骨也。伏望皇上深思遠慮，亟簡閣臣，自為社稷之計，無庸臣辭之畢矣。臣不勝哀懇之至，謹具揭奏知。"奉聖旨："朕覽卿奏，知卿在閣閱卷過勞，偶然眩暈，扶掖而歸，心甚惻憫。暫准給假，調理數日，少痊即入贊襄。亟簡閣員及點補九卿大臣，朕連日恭默正思枚卜得人。已知道了。特諭卿知。"

二十一日癸丑，大學士朱賡謹奏："為恭謝天恩事。本月十六日，臣在閣辦事，忽然暈仆，隨即扶掖而出，用藥未痊，具揭暫請調理。隨奉聖旨：'朕覽卿奏，知卿在閣閱卷過勞，偶然眩暈，扶掖而歸，心甚惻憫。暫准給假，調理數日，少痊即入贊襄。亟簡閣員及點補九卿大臣，朕連日恭默正思枚卜得人。已知道了。特諭卿知。欽此。'又蒙皇上欽遣太醫院掌院事鴻臚寺卿徐文元等，率領吏目吳翼儒、孫宗賢到臣私寓，胗脉處方，復命訖。伏念臣自失調將，致罹疢疾，前次給假幾及兩月，曠職廢事已負鴻恩，茲又攖此危疾，貽君父之深憂，煩溫綸之再錫，至遣醫胗視，恩眷非常。臣有何功能，堪此異數？除設香案、扶掖叩首謝恩外，據文元等胗脉，謂臣心血枯乾，肺氣凝滯，積勞積鬱，內外受傷，兼以濕熱流注，雙膝腫痛，非一朝一夕之故，深得臣病之根。從此飲酌上池，或有起色，皆皇上再生之德也。敢不益竭犬馬之力，用酬覆載之恩？謹具揭奏謝以聞。"奉聖旨："覽卿奏謝，朕知道了。禮部知道。"

二十四日丙辰，大學士朱賡謹題："臣此翻疾疢，原不敢再請賜假，冀調理少痊，即奉旨入直。而不意老病纏綿，氣血枯耗，強吞藥餌，尚未見功，憂心沖沖，寢食俱廢。惟願早推閣員，付託得人，則進退存亡，綽有餘裕，此臣之本願也。昨幸濕綸有恭默正思枚卜得人之旨，臣焚香跪讀，且喜且懼。夫所謂恭默云者，得非効商宗相傅説故事、不由推舉、出自獨簡乎？臣以爲今之時，與高宗之事不同，必先博採而後獨簡，乃爲兩全。何也？傅説在版築之間，無相知之素，高宗以形求之，適相符合，是帝所賚也，何用勞求？若今之在任在籍者，皆比肩而事聖主，其功績有履歷可考，其品格有月旦可憑，而又散處中外，能無遺漏？故必付九卿科道秉公評品，酌議停當，然後疏名上請，靜聽聖裁，不許再有激瀆。是兼聽與獨斷並行不悖，臣前疏所稱既不失滿朝之公論，又不失獨斷之大權，正謂此也。臣昏憒中不能事事料理，而思及此事，便起而欲狂。爲此，具揭再請，伏惟聖明亟下會推之令，旋即斷自宸衷，頃刻而定，則天下仰日月之明，服風雷之迅，而中興大業在此一舉矣。臣不勝懇切待命之至。"

萬曆三十五年五月癸亥，朔。

二日甲子，大學士①謹題："伏蒙皇上頒賜臣藕三枝，臣頓首祗領。不勝感戴天恩之至，謹具題謝恩。"

三日乙丑，大學士朱賡謹題："伏蒙皇上以祭告郊廟收回脯醢果酒，頒賜臣三卓，臣頓首祗領。不勝感戴天恩之至，謹具題謝恩。"

是日，大學士朱賡謹題："臣夙有暈仆之疾，過勞則發，而此番獨甚，幾無生理矣。荷皇上賜假調理，遣醫診視，得靜養服藥，粗有起色，實皇上再生之恩也。即捐糜此身，不能報塞萬一，而猶偷安旦夕，貽君父之憂，臣罪滋大，臣心何安？用是勉遵明旨，于今早匍匐謝恩、進閣矣。自惟衰老餘生，帶病入直，榆景易盡，風燭難期，終非長久之物。伏望皇上深思遠慮，亟命會推閣員，早賜裁斷，毋待臣畢命之日，然後求人於倉卒，是社稷至計也。臣既力疾以出，尚當早晚伏闕祈得請而後已，統望聖慈憐察。謹具題以聞。"

五日丁卯，大學士朱賡謹題："伏蒙皇上以端陽令節，頒賜上尊珍饌，臣頓首祗領。不勝感戴天恩之至，謹具題謝恩。"

八日庚午，大學士朱賡謹奏："爲專任可危孤撐可憫乞聖明亟允推補閣員以斷大疑以全臣始終事。臣性本迂拙，原非通才，久伏田間，亦無世念。不意皇上偶憶遺簪，召至輔地。是時有二臣在前，臣碌碌因人，猶可支也。乃至去年七月，二臣並去，臣蒙獨留，而臣始危矣。然猶謂皇上必速簡元僚，廣延衆正，猶可待也。乃至今日，俞旨尚未下，而臣之危始無死所矣。天下大器，莫善於衆舉，而莫不善於獨舉。人臣大患，莫重於獨專，而尤莫重於久專，害於而國，凶於而家，悉由於此。即以賢智者處之，鮮能自全，而況臣之衰劣，可久假而不歸乎？以故嘔血剖心，焦脣枯舌，以乞推補者，無慮二十餘疏。以去就

①士 "士"下當有"朱賡"二字。

請之而不得，以死生請之而不得，則靜夜焚香、號泣於旻天，齋戒沐浴、籲叩於闕下。此苦人不及知，而天知之，皇上知之，若有一毫不肖之心，人不及刑，而天刑之，皇上刑之，臣安所逃乎？臣才能不及中人，惟抱一樸忠。更無他腸，由一大路，別無他歧。而所不敢爲者，威福之柄。不能爲者，機械之巧。不忍見者，朋黨之禍。不可不監者，私人之轍。矧七十三歲之人，病在膏肓，身如風燭，轉盻之間，遂爲陳迹，何忮何求、而肯捨其平生、汙萬世青史哉？士大夫以平心觀之，或有諒臣於形骸之外者，然非皇上慨然下枚卜之詔，臣終無以自明。伏望皇上，亟命九卿科道公舉忠良，而皇上從中斷之，則俄頃之際，上可以安宗社，中可以收人望，而下亦可以保臣始終，臣去亦有榮，死且不朽。臣不勝泣血哀懇之至。"十五日奉聖旨："枚卜閣員，卿屢懇奏，朕已明悉，連日慎思。但任大責重，且因近來新進喜事奸惡畜輩，私結朋黨，牽引獨①擾，是以遲疑。卿可傳示吏部，即便公同九卿科道官，會推素懷忠義、堪是任的六七員來簡用。卿宜保養調爕，毋生疑畏，以副眷懷。"

　　十一日癸酉，大學士朱賡謹題："臣病原未痊，勉出供職，昨晚接得家書，臣男通政使司右通政朱敬循，聞臣有疾，從原籍倉忙奔來，行至嘉興地方，得疾而返，正調理間，見邸報知臣病劇，哽噎不能食，尋即殞亡。臣聞而痛心，不覺昏倒在地，嘔血數碗，一哭而下嗑脫落，幾不能收。今氣息奄奄，已無生理，千負萬負，臣負皇上深恩矣。所未能瞑者，恐票擬無人，他日漸致旁落，臣爲萬世罪人、伏望皇上速命會推，請自宸斷，多簡三四員，亟令接管閣務。仍乞聖慈早放臣行，歸死牖下，當世啣結以報鴻恩也。臣不勝泣血哀懇之至。"十五日奉聖旨："朕覽卿奏，知卿子敬循在籍病故，卿聞而傷痛，心甚惻然。但股肱輔弼，先國後家，卿宜抑情遵禮，慎加調攝，稍可即出贊襄。還着太醫院堂上官，領御醫前去看視。簡命閣員，已有旨了。該部知道。"

① 獨　據《明神宗實錄》卷四三三，"獨"當作"瀆"。

十二日甲戌，大學士朱賡謹題："本月十五日廷試就教歲貢生員，該臣出經書論策題目，臣因喪子悲痛，以致嘔血昏暈，不能進閣。查得舊例，原係閣臣同掌院官出題。今次合無暫令掌翰林院事禮部右侍郎兼翰林院侍讀學士楊道賓，於誥敕房逕自出題考試，次日照例閱卷，會臣進呈？未敢擅便，謹具題知。"

十四日庚①子，大學士朱賡謹奏："爲情苦病劇泣懇聖明亟推閣員接管政務以定安危大計事。臣於十一日具陳喪子苦情，請聖慈速推閣僚。候旨數日，未蒙省發。豈以臣向來說病、說死，疑於引避，遂併今日之苦亦未諒於聖衷歟？又豈以臣俄病、俄起，尚可支持，遂併今日之病亦未關於聖念歟？則臣不得不囑筆代書，願布一言而死。臣以七十三歲之人，處多凶多懼之地，雖不能爲皇上少俾尺寸，而孑然一身，拮据於千難萬苦之日，朝出暮入，晝作夜思，相將一年，人非鐵石，安得不病？病安得不危？用是急呼臣男來京，爲收骨之計。臣男素無病，一聞臣言，慌張失措，兼程前來，又見邸報種種艱危之事，爲臣憂鬱，遂成中滿之疾，不得已返棹而歸，轉盼轉思，不復飲食。臨終遣一子奔來，涕泣而囑之曰：'吾父子相倚爲命，我死父何以爲生？速往京師，爲我相慰。此身尚繫於國，責任頗多②重，勿以時事過憂，勿以不孝子過慟。'語未畢，大呼臣三聲而逝。是臣男爲臣而死也，比之尋常父子生離死別，不尤可痛乎？臣心血已枯，聞此復嘔血數碗，倒仆於地，奄奄一息，無復人形，雙目昏花，方寸亂甚。非不知國爲重身爲輕，而身已無用，何補於國？且朝廷不可一日無政事，則不可一日無票擬。臣欲不擬，則坐推避而政事廢，罪也。欲強擬，則坐差錯而政事廢，亦罪也。臣罪不足惜，如誤國何？今在任在籍之賢，孰非踰於臣者？何患無人？臣非敢避事避勞，而一念爲國悃誠，斷謂枚卜之命不可遲疑頃刻也。伏望皇上曲體老臣之苦，急定安危之計，即日敕令會推，從中裁斷，多用三四人，以防匱乏，社稷幸甚。至於臣死生去住，直一身一家之事，今且先其所重，

① 庚　明抄本作"丙"，是。通行本作"庚"，誤。

② 多　明抄本無"多"字，是。通行本有"多"字，誤。

未敢瀆陳也。伏枕口授，語言無次。臣無任惶恐涕泣待命之至。"

十五日丁丑，大學士朱賡謹奏："爲謝恩事。臣力小任重，福過災生，禍延臣男，不幸短折，老年禽犢之私，不勝過慟，以致氣息奄奄，旦夕難保。伏蒙皇上惻然憫念，慰以抑情遵禮，諭以先國後家，而又再遣太醫院官，到臣私寓診視。臣之一身何足輕重？而荷天地之恩若此之高厚，父母之愛若此之顧①復也，臣敢不恪遵聖訓以自排遣、飲服上池以自調爕？萬一賴籍寵靈，稍可存活，自當黽勉修職，圖報鴻私。謹伏枕口授，具本稱謝以聞。"

二十二日甲申，大學士朱賡謹題："臣老年過慟，咯血太多，氣息奄奄，已無生理。近又痰火上升，結塞胸膈，粒米不能下喉，手顫目昏，半成廢人矣。然且日供票擬，昏瞶中一有差錯，罪將誰諉乎？會推職名業上數日，至今未蒙點發，恐遲疑日久，議論滋多，此局何時得結？夫衆言淆亂，折諸聖。皇上，聖人也。一經折衷，自無不當。惟望早賜定奪，使年老篤疾之人稍得休養，庶幾死中得生，不然有立斃而已。臣病劇不能舉手，口授家人寫出。後亦不復能作揭矣，萬一聖心再有遲疑，還當以此揭謄進。臣不勝痛哭流涕懇祈之至。伏候敕旨。"

二十五日丁亥，大學士朱賡謹題："臣連日痰火上衝，結於胸膈，飲食不能入口，自分必死矣。所不能放心者，祇爲聖恩無報，卸肩無人，死爲負心之鬼耳。伏望皇上念老臣四十年犬馬微勞，亟於會推諸臣中點用二三員，代理閣務，上全國家遠計，下救臣一身一家之命，臣生當盡瘁，死當啣結，終不敢負聖恩也。伏枕口授，語不宣心。臣不勝痛哭流涕懇祈之至。伏候敕旨。"

是日，大學士朱賡謹題："臣連日盼望爰立之命，不啻飢渴，兹忽奉聖諭：'朕覽卿奏，具悉忠愛詳慎至意。會推諸臣已

① 顧　明抄本作"顧"，是。通行本作"願"，誤。

點用了。朕思在籍舊輔王錫爵，輔贊多言①，忠誠正直，國家多事之際，可以共濟時艱，欲召來同卿夾輔，協恭辦事。卿可擬諭來行。特諭卿知。欽此。'又於吏部會推本內，蒙御點于慎行、葉向高、李廷機三員，臣不勝欣幸，病中頓有起色，伏枕呼萬歲者三。蓋天地九廟之靈，佑啟昭代中興之治，我皇上神明獨斷，不待夢卜，一日而用四賢，至公至當，真大聖人作為，非臣庸愚所能窺測也。竊惟王錫爵德高望重，臣素所敬服，願佐下風，請特加少保，以隆首輔之體。于慎行二十年尚書，似宜進加太子少保。廷機、向高久推南北正卿，似宜陞禮部尚書。但恩命出於宸斷，未敢擅便，謹遵旨擬諭三道，伏候聖明裁奪施行。"二十六日奉聖旨："朕覽卿奏，具見忠敬謙慎。已知道了。卿宜慎加調理，少可即入輔贊，以副佇望眷懷。該部知道。"

① 言 "言"當作"年"。

萬曆三十五年六月壬辰，朔。

三日甲午，大學士朱賡奏："爲作養人材事。臣以病日狼狽，一切閣務昏憒不能料理，曠廢日多。頃得吏部左侍郎楊時喬揭帖《爲選法事》，內云歷科以來，殿試之後該內閣題請，將新科進士考選器識、文學俱有可觀者，送翰林院讀書，其餘照甲第選授部寺府州縣等官。及查節年考選之期，俱在六月大選之前，今館選，見邸報禮科疏上月餘，未奉俞旨，本月大選已迫，館選當期，合用揭帖前去內閣，查照施行等因。臣見之不勝悚惕。照得新科進士，例該六月前考選庶吉士，送翰林院讀書，其餘吏部依次取選。今去大選之期不過半月，此時不行考館，必致兩誤。而臣雙目昏花，寸步難舉，半是廢人，即每日票擬章奏，俱令中書官讀其梗概，口爲指授，而今亦氣短不能出聲矣，豈復能匍匐入朝，躬親閱卷之事哉？反覆思之，計無所出，仰祈皇上聖斷。或趣令新臣李廷機作速到任，會同吏部考館。儻似其時日太迫，或照二十九年例，將本月應選進士有選館之望者，暫停取選，以俟續有新臣到日考選。庶幾作養，盛典不至今歲而廢也。未敢擅便，伏請聖明早賜裁奪。臣不勝仰竚之至。"

八日己亥，大學士朱賡謹題："臣臥病牀褥，忽蒙皇上遣文書官劉用，手齎南京兵部尚書孫鑛二本並御筆聖諭到臣榻前，內云：'着文書房送票。'本官口傳：'留都根本重地，陵廟尊臨，設有內外守備衙門及兵部參贊機務，俱有專敕。這本奏如何事多掣肘，致使奸黨妄肆跳梁？是何法紀？職掌奚存？且近來科道官借言時政，挾私滅公，牽引瀆奏，誣害忠良，見任者杜門推避，盡職者解體寒心，致機務遲疑，殊非激濁揚清之任，好生可惡。着先生一併出旨來。欽此。'臣謹設香案，就於榻前扶掖叩首，莊誦綸音，不勝欽服。竊惟妖黨一事，朝廷止赦脅從，不赦渠首。據妖帖訛言，有臣子所不忍聞者，必非脅從之人所能爲。孫鑛參贊機務，責有所歸，擒獲一二造寫之人，似不爲過。皇上明見萬里，慮周隱微，使任事者感恩思奮，反側者畏威帖服，誠大聖人作爲，非臣庸愚所能仰窺萬一者也。但南京根本重地，人心未定，罪人既獲，此後只宜撫綏畿民，安靜行事，宣布朝廷德意，使人人樂業，户户安枕，不必再有搜求，以生釁端。一切善後事宜，須責成孫鑛始終其事，以副皇上知遇。科道官雖有煩言，無非安輯根本之意，伏望皇上天寬地容，免其議處。是所以作言官之氣，而安任事者之心也。除遵諭旨票擬、請自上裁外，謹具回奏以聞。"

十日辛丑，大學士朱賡謹題："照得考選庶吉士一事，臣於初三日力疾具揭，未蒙批發。昨又有科臣孫善繼建議，欲將各衙門官屬俱入選中，不得專用新科進士，又謂翰林官陞轉宫坊，宜屬吏部，内閣不得專行題請。此皆變亂成法，大可駭異。臣病中不能備查本朝典故，惟記成祖文皇帝永樂二年，敕令考選進士送院讀書，行之二百餘年，未之有①改，或連科考選，或間科一選，人數或多或寡，亦無定制。其每科量選一二十名，則自皇上萬歷②十四日③敕旨，亦累科遵行，未之有改。今科臣欲改皇上聖旨，則先後行止，總由聖裁，無待臣言。若徑欲改成祖以來二百餘年舊制，則變亂國法，干犯祖訓，臣病惶汗，不敢聞此語矣。且此輩見閣中孤弱，本欲變祖制也，而反牽引祖制爲證，本欲撓主權也，而動以權相爲説。不知所謂權相者，果成祖時之權相乎？抑亦皇上十四年後之權相乎？翰林陞遷，由内閣題請，下吏部覆本，亦二百餘年故典，可自今日而頓易乎？臣病已阽危，在事不久，豈復與後生輩爭是非？但國典所關，不敢自臣而屑越，不得不眛死爲皇上分明之。伏望聖明照察。仍乞檢臣初三日所上考選庶吉士一揭，欽定日期，早賜批發，以定人心，以便吏部大選。臣無任戰慄惶恐之至。"十六日奉聖旨："選館作養人材，乃祖宗舊制盛典，卿宜扶掖進閣，同廷機考選。該部知道。"

十五日丙午，大學士朱賡謹題："臣自去年受事以來，見得

① 之有 明抄本作"有之"，誤。通行本改作"之有"，是。
② 歷 明抄本作"曆"，是。通行本改"歷"，誤。
③ 日 明抄本作"年"，是。通行本作"日"，誤。

天下百孔千瘡，不勝補救。非不欲事事言之、事事行之，而謂政有體要，智急先務。今日所最要最急者，無如用人。用人所最要最急者，無如簡閣員、補九卿長貳、考選科道三者。有人則當補者補，當救者救。皇上深居邃養，握其大綱，而萬事理矣。故嘗具揭，謂誠聽臣言，三月之內，可致太平。自一牘以致二十餘牘，必期得請而後敢及其他也。茲賴皇上聰明獨照，沉幾莫測，政本孤虛之後，一旦而用四賢，既以得第一要義，而前旨所云次第舉行點檢發行者，斷斷乎大信之不爽矣。臣病中止宜靜聽，安敢復爲催請？而偶得都察院揭帖，昏瞶不能細觀，大略謂：卜相大快人情，言官不宜終廢，言官之中有急甚然眉、而一日不可緩者，尤莫如臺臣。今廣西缺巡按四年，福建、淮揚、蘇松皆久缺巡按。其餘差滿無代，不得已而互兌，而兌又無人。或既已有差，不得已而兼差，而兼又無人。致守令無所忌憚，生民日見困窮，運司無所忌憚，邊儲日見匱乏，種種害治，所關非小。而又謂：卜相之事，亦賴言官議論異同，始得折衷於聖主，不爲無助。其言皆可深思，其事斷不容緩，即令臣盡吐其愚，要不出此，而氣短力微不能措一詞，聊述其揭中大端如此。伏望皇上，檢查該院之疏，留神詳察，即行考選，多用臺員，以充任使。其點用南北卿貳，以及各處巡撫邊道，疏通部寺積滯，起用四方遺佚，無非用人中事，統望聖明以類推之，悉賜施行。臣垂盡之人，豈復有所要結、以市私恩？誠一念樸忠，之死無貳，苟存一息，此志不敢少懈耳。伏枕口授，語不宣心。不勝戰悚惶恐之至。"

十八日丁①酉，大學士朱賡謹奏："爲選館盛典病臣萬不能出懇乞聖明更定考期以俟新臣之至仍放臣生還以全首丘事。臣人微任重，年老力窮，病所從來久矣。近又不幸而遭家難，痛心銷骨，無復人形。所不敢遽言去者，以事任在身，無可推諉，強吞參朮，忍死以待新臣之至耳。頃奉聖旨：'選館作養人材，乃祖宗舊制盛典，卿宜扶掖進閣，同廷機考選。該部知道。欽此。'臣伏枕莊誦，不勝惶恐②。查得考館儲才，昉於成祖永樂

① 丁 "丁"當作"己"。

② 恐 明抄本無"恐"字，誤。通行本增"恐"字，是。

四年，累朝遵行不廢，其職掌在内閣，不敢及臣之身而屑越之，用是不得不循例以請。皇上法祖右文，特命允行，誠盛心也。第欲病臣扶掖而入，則臣萬萬不能。何者？人所需以生者，穀食耳。臣脾氣受傷，經月不能飲食，徒以藥餌勝食氣，此扁倉所望而走者①也。豈能扶掖行三四里，苟完校閱，虛應故事乎？今吏部大選已迫，進士應取選者貿貿焉無所之，即新臣廷機亦不能五、六日間倉皇到任，急促辦此，望皇上查照二十九年例，暫改七月考期。比時廷機必已先出，而新臣在近地者亦可陸續而至，完此非難也。更望皇上憫臣衰憊之極，勢難久存，早賜骸骨，使得生出國門，畢命牖下，臣死生蒙恩，昊天罔極，豈必榮之爵祿而後爲感哉？臣不勝涕泣懇祈之至。伏候敕旨。"二十三日奉聖旨："朕覽卿奏。卿疾既未愈，選館着於七月内舉行。前有諭旨，召取點用諸臣與卿共濟時艱，何乃遽求歸去，使朕心測②然？卿宜慎加調攝，少可即出，弼成化理，以副眷懷。該部知道。"

① 者 明抄本無"者"字，通行本增"者"字。

② 測 "測"當作"惻"。

萬曆三十五年閏六月壬戌，朔。

五日丙寅，大學士朱賡謹奏："爲抱病未痊聞言增愧懇乞聖①曲賜生還以全國體事。臣病勢纏綿，不進閣者兩月，鰥曠之罪自知無所逃矣。頃接科臣曾六德揭帖，謂臣昔家食時有恬澹致遠之思，迨入相數年，未見嘉猷之告、周行之示，僅僅補苴罅漏之不暇。近緣愛子，輒誤國事，屢叨諭慰，猶然弗顧，斯所謂得君如此、而忍負之者也。臣讀之憮悚欲死。臣荷皇上高厚之恩，召置密勿，數年以來亦欲因事納忠，殫心竭力，以報萬分之一。而律以論道經邦之職，委無嘉猷入告，委無周行示人，即所謂補塞罅漏者，愈補而罅愈多，愈塞而漏愈出，愧負平生甚矣。頃又不幸而有臣男之訃，天性至情，誠難痛割，雖日收淚而閱章奏，伏枕而供票擬，不敢以私情廢公事，而精神之闕略處尚多，事體之斡旋處尚少，委不足以塞責也。近奉屢旨，令臣扶掖入閣，臣欲進則氣短不堪匍匐，欲退則旨嚴而不敢再陳，方強吞藥餌，勉學步趨，期以上慰聖懷，下副人望，而科臣復以大義責之，臣何敢一息寧居、安於懈弛、而坐隳臣紀乎？惟是老年嘔血，水已涸而不可復滋，思慮傷脾，土已乾而不可復潤。即今頭暈足軟，如履虛空，必非人力所能扶掖。與其出而僨事，不若退而苟全，猶可謝責於天下也。夫士人出處之分，末路尤嚴，而政本表率之地，觀望尤重，豈可俄行俄止，並其所謂恬澹者而弁髦之？爲此再懇天恩，放臣生還，併乞早趨新臣廷機入閣辦事，臣去有榮，歿且不朽矣。臣不勝惶懼隕越之至。"初十日奉聖旨："卿輔政年久，獨當勞苦，時賴謀猷，實多匡濟，朕所洞察，外廷豈能盡知？今時事方艱，朕正切倚毗，喜事畜輩，逞臆狂妄，豈可介意？何乃遽萌歸去？卿宜勉遵屢旨，即出贊襄，以慰佇望眷懷。廷機入閣辦事，已有旨了。吏部知道。"

十三日甲戌，大學士朱賡謹題："伏蒙皇上頒賜臣及新臣廷機每員鮮鰣魚二尾，臣頓首祇領。不勝感戴天恩之至，謹具題

① 聖 "聖"下似脫"慈"字，或脫"明"字。

謝恩。"

十五日丙子,大學士朱賡謹題:"照得禮部尚書兼東閣大學士李廷機,今奉欽命入閣辦事,本官緣未面恩,不敢到任。查得近年陞任京堂官員,本衙門題請先令到任管事,後補面恩。本官係輔弼之臣,合照前例,先行謝恩到閣辦事,恭候皇上御門之日,仍補面恩。謹具題知。"奉聖旨:"知道了。着入閣辦事。"

是日,大學士朱賡謹題:"臣病尚未痊時當知止,業已束身待命矣,不自意皇上屢旨慰留,眷懷愈篤,臣不敢以一身之故而誤國事。而新臣李廷機及諸臣之接踵來者,皆視臣為進止,又不敢以一人之故而妨諸賢之彙徵。用是強吞吐藥餌,扶掖入朝,今早廷見謝恩,即進閣辦事矣。臣此一身,凡政事之叢積,章疏之停留,與夫人才之壅滯者,皆於臣乎責之、望之,恐駑馬力疲,終不足以引重,桑榆景迫,終不足以收功,又臣所大懼而不能無望於天機之渙發耳。黌仰資乾斷,少補涓塵,尚擬憑恃寵靈,乞此骸骨,而非今日所敢深言也。伏惟聖明垂鑒。臣不勝感戴懇祈之至。"

十八日己卯,大學士朱賡謹題:"為公務事。照得禮部尚書兼東閣大學士李廷機今奉欽命到閣辦事,例應同知經筵、日講及東宮講筵侍班、福王書堂看詳講章、圈做等項。理合題請,恭候命下,令其與臣一體供事。緣係公務事理,未敢擅便,謹題請旨。"

是日,禮部尚書兼東閣大學士李廷機謹奏:"為感激天恩恭陳謝悃事。臣於本月十六日見朝,次日恭候面恩,該內閣照例題請到任。臣謹於十八日午門前謝恩,即到任辦事訖。伏念臣性本蠢愚,行多迂闊,徒知慕古,殊欠通方,不自意誤蒙聖主特達之知,俾恭密勿之務,聖恩至厚,臣遇至奇,此臣得時行道之秋,尤致命效忠之日也。臣平居嘗謂,人臣事主,惟知有主而已,苟可自致於主者,宜無不盡,凡可有益於主者,宜無不爲，不知有身，不知有家，不知有交遊往來，不知有毀譽得喪，必無一念，不可與主知，必無一事不可對主言，自是而外，則有不能者止之訓在焉耳。蓋臣之自盟非一日矣，今從政方新，進身伊始，敢不倍加砥礪，倍加澡雪？不敢負聖主之眷知，亦不敢負生平之學問，不敢負前輩之提挈，亦不敢負朋友之切磋。至於今之時事，聖主以爲多艱，而臣竊謂，聖心所加，有何難事？如霖雨一霑，則九野皆潤，如陽律一轉，則六合皆春。然則臣所恃以報主者，又即在聖心轉移之間。此在舊臣之葵誠積久，新臣之芹獻方來。臣亦願隨其後，而時當始進，人言未已，臣猶未敢遽有所陳也。臣無任感激仰望之至。爲此謹具本奏謝以聞。"二十日奉聖旨："覽卿奏謝，知卿到任辦事。朕心忻慰。知道了。該部知道。"

十九日庚辰，大學士李廷機謹奏："爲履任聞言義當引退懇乞賜罷以重政本事。臣於本月十六日見朝，十八日謝恩到任辦事，仍具疏陳謝訖。乃見邸報，有工科右給事中王元翰疏論黃汝良、全天敘二臣之不應推，因及前推閣員，謂政本之地，特開頑鈍之端，又謂臣昨日緊跟輔臣出矣。是明指臣頑鈍不當出也。又兵科左給事中胡忻疏論吏部左侍郎楊時喬，不應推汝良、天敘二臣，而先言前日會推，違清議而徇密囑。是暗指臣密囑時喬也。元翰、忻皆嘗闌阻臣者，今又求勝如此，臣安能強顏緘口而就列乎？夫皇上用臣乃千載特達之知，自來辭命再疏而止，臣辭至四疏，逡巡五十餘日，屢奉溫綸，勉以直前，而戒其疑畏。輔臣朱賡令典籍官再四敦促，仍有書與臣，欲俟臣出而彼乃出。今元翰以臣爲緊跟，則臣愧其出矣。時喬有道氣，臣亦非俗人，未推之時，經多少搸尋，會推之時，又經多少評品，非時喬一人所能容其私也。今但令忻與時喬及臣三人，質對曾密囑否，此辱人賤行而以相加，則臣愧其推矣。總是成心未化，不勝不休，臣方一出而機穽已如此，及其受事，又當何如？且爾汝之稱，常人不受，緊跟何語？閣臣何官？政本何地？而臣復何顏也？蓋人臣必無顧慮、而後可有所爲，乃今日暗刺，明日明譏，令臣以跋前跋後、憂讒畏譏之身，而欲卬首伸眉，專精一意，佐廟堂之謀議，圖俊偉之事業，不亦難乎？惟是元翰所云冀天語明諭者，正臣之所欲求於皇上，而又恐臣無受教之地，豈惟不能報稱？亦終不能愜元翰之心。臣見先臣薛瑄，正月拜相，六月致仕，曰君子見幾而作。今臣所處，何但是幾？臣學瑄足矣。即今日出，明日去，亦以明易退之節，解頑鈍之嘲，息朝署之爭，存政地之體，所係大矣。臣到任一日，遽此瀆陳，萬不獲已。伏祈聖慈鑒臣苦情，賜臣罷免。臣不勝激切悚息待命之至。"二十八日奉聖旨："卿乃朕所特簡，有何密囑？被命五旬，亦無逡巡不出之理。乃纔①一履任，徇私羣黨輒來攔阻。逞臆求勝的，已有旨了。卿宜信心直行，着即日入閣協理，用圖表著。吏部知道。"

是日，大學士朱賡謹題："今日發下文書，有原任戶部尚書加太子少保致仕畢鏘一本《爲恭謝天恩事》，內稱皇上以皇孫誕生，尊上聖母徽號，詔告天下，本官特蒙遣官存問，今來謝恩。臣等照得，本官才猷宏正，行誼清修，辭榮二十餘載，行年九十有奇，完名全行，足稱人瑞。且遭遇聖恩三次存問，又本朝二百餘年所稀見者。蓋聖恩久道化成，和氣翔洽，壽國壽民，故有此應。查得三十年十一月原任禮部陸②樹聲九十餘歲、三次存問謝恩，皇上特破常格，廕其孫陸葉元送監讀書，皆盛世曠典。伏望皇上准照此例，以示優禮耆賢，風厲末俗。但恩典出自聖明，臣未敢擅便，敬擬一票，伏候上裁。"

二十日辛己③，大學士朱賡謹題："臣犬馬之痰原未痊除，疲癃之形日④益狼狽，自分不屬人數矣。惟念皇上聰明獨斷，一旦闢四門而延衆生，泰交可期，而猶不壓老羸，屢旨敕令贊襄，隆恩異數安忍負之？又念同官李廷機，近在輦轂，被命五旬，辭章四上，猶逡巡畏避，殊非事體，乃要之必出，而以身先之，此同舟共濟之心也。不意甫入政事堂一日，遽求引去，則以科臣有嘲誚，義不受辱，欲自明其難進易退之意耳。臣謂輔弼之臣，既受若直，苟能自信其心，不必論形迹，苟可報效

① 纔　明抄本作"讒"，誤。通行本改"纔"，是。

② 陸　明抄本無"陸"字。通行本補此字，是。

③ 己　"己"當作"巳"。

④ 日　明抄本無"日"字，通行本補此字，是。

於上，不必顧身名。譬之大車以載，前途尚遠，而未及發軔，輒欲反諸其人乎？伏望皇上，以大義督其即出，毋令孤立潦倒之臣，復拮据如故，致脫輻僨轅，爲政本辱也。臣又反覆科臣之疏，而重有慨焉。臣於二十年前曾貳吏部，每會推大臣，銓司必與閣臣商確，是時即有指授，人亦不疑。自臣起家以來，庭無銓司之跡，絕不聞何日推某官，何部舉某人，往往於邸報見之。昨聞黃汝良推吏部，全天枚推南京禮部，意謂必循資推用耳。頃得楊時喬揭帖，謂二臣係是原推，不得擅自遺下，故請聖明裁奪。則在吏部原未嘗冀其必用，臣亦安所庸其私囑哉？此猶其易見者也。至於九天高邃之地，臣入京五年，不得一望天顏。每遇大事，該揭請旨，據實以請，該票擬者，據理以票，無不可使人知。皇上神謀獨運，機緘莫測，或行或止，或久或速，皆出入意表。臣於何處窺其意向，布其機局，能使至尊心運手書，惟所指盡，無不如意？傳之四方萬世，謂清平之世化爲鬼域，不亦虧聖德而羞朝廷哉？科臣之言，以勝氣作猜語，雖不專指臣，而使銓臣畏而不敢辯，新輔却而不肯進，臣實不願見明朝有此光景也。然欲破此關頭，揭日月而行之，亦非難事，不過求皇上於諸臣章疏，隨上隨發，付之所司，從公議覆，誰爲公平之清議，誰爲徧①執之私情，誰爲尊主權，誰爲挾朋比，其可其否請自上裁，不復停閣，則上下洞達，猜忖不生，雖有窮搜極巧之士，孰能設必不然之疑以淆國是哉？臣五日京兆耳，豈復與言官辯是非？第謂此竅一通，後來閣臣可明目張膽爲皇上力擔大事，不必瞻前顧後，以蹈臣等鬱結不明之苦，故不辭喋喋如此，伏惟聖明裁詧。幸甚。臣不②勝跂望之至，謹具揭以聞。"

二十四日乙酉，大學士朱賡、李廷機謹題："伏蒙皇上頒賜臣等每員鮮筍二十根，臣等頓首祇領。不勝感戴天恩之至，謹具題謝恩。"

二十七日戊辰③，大學士朱賡、李廷機謹題："伏蒙皇上頒

① 徧　"徧"當作"偏"。

② 不　明抄本無"不"字，誤。通行本補此字，是。

③ 辰　"辰"當作"子"。

賜臣等每員鮮鱘魚五尾，臣等頓首祗領。不勝感戴天恩之至，謹具題謝恩。"

是日，大學士朱賡、李廷機謹題："照得起居注館例用史官六員，編纂六曹章奏，今缺五員。臣等推得翰林院編修周道登、曾可前、李胤昌，檢討盛以弘、張光裕，堪補前缺。合候命下，令各欽遵供事。臣等未敢擅便，謹題請旨。"奉聖旨："是。"

是日，大學士朱賡、李廷機謹題："照得誥敕房原有翰林院坊局官五員，管理文官誥敕，今庶子翁正春等公差等項去訖，前項事務缺官管理，相應題補。臣等推得右春坊右諭德兼翰林院侍講傅新德、沈㴶，右春坊右中允兼翰林院編修鄧士龍，右春坊右贊善兼翰林院檢討蔣孟育、趙用光，俱堪管理前事。恭候①命下，令其遵照題奉欽依事理，管撰文官誥敕。臣等未敢擅便②，謹題請旨。"奉聖旨："是。"

二十八日己丑，大學士李廷機謹奏："爲下情已蒙天鑒懇乞免罰言官以重言路事。臣前日見朝到任間，因科道疏中有誚臣語，臣遂不敢進閣，自陳引退。本月二十八日，伏③奉聖旨：'卿乃朕所特簡，有何密囑？被命五旬，亦無逡巡不出之理。乃纔一履任，徇私羣黨輒來攔阻。逞臆求勝的，已有旨了。卿宜信心直行，着即日入閣協理，用圖表著。吏部知道。欽此。'又伏睹聖諭：'近來科道兩衙門喜事畜輩，徇私結黨，專以揣摩猜疑，狂肆妄言，誣害良善，逞臆制人，全無國體，淆亂朝政，好生可惡。都當重處，姑且不追究。以④昨日枚卜閣臣，會推部本及兩衙門皆有品騭始終緣由，請自上裁，有何密囑？何乃王元翰、胡忻呶呶求勝不已，疑君誣人，成何國體？莫此爲甚。本當重處，姑且各罰俸半年。如有救援的，還追究處治。欽此。'臣至愚極陋，仰荷皇上生成之如天地，照臨之如日月，而其愛護之也，不啻如父母之於子。似此隆恩，即頂踵捐靡，何足爲報？容臣遵旨見朝謝恩，入閣辦事。惟是臣已蒙恩，而科臣王元翰、胡忻猶蒙罰俸，似又非所以安臣也。自來言官論事論人，乃其職掌，言期必聽，諫期必行，進賢則不進不休，退

---

① 候　明抄本無"候"字，誤。通行本補此字，是。
② 便　明抄本無"便"字，誤。通行本補此字，是。
③ 伏　"伏"當作"伏"。
④ 以　明抄本作"似"，是。通行本作"以"，誤。

不肖則不退不止，是爲風采，乃稱言官。今臣宜退而進，二臣焉得遽爲釋然？即所云密囑，必風聞中間一二言語，亦激於一時之意氣而已。大臣、言官，各自有體，大臣固恥頑鈍，而言路尤貴發舒。臣每深服皇上大度，天高海濶，羣臣言事即有當否，無不優容。乃今一日而罰二臣之俸，不惟少損聖主包荒之量，亦豈所以作直臣敢諫之風？而端起於臣，臣何能獨安而不爲一祈免也？伏望皇上以容臣者兼容二臣，免其罰俸，庶聖度益弘，言路斯重，而臣亦得少安其心，黽勉以就列矣。臣不勝懇悃悚息待命之至。"七月初三日奉聖旨："妄言淆亂朝政的，已從薄罰了。卿宜安心協理供職，以副眷懷，不必又來救瀆。"

二十九日庚寅，大學士朱賡、李廷機謹題："臣賡於本年五月十五日，奉旨廷試過就教貢生三百二十卷，序其文之高下，具揭進呈訖。時臣賡適以病劇，不能催請，以致諸生候旨三月，未蒙發下。竊照諸生，皆日暮途窮之人，序在前者猶可少延月日，以待銓期，序在後者，既不得越次而選，又不得裹足而歸，資斧已盡，稱貸無門，沿途泣泣，良亦可憫。茲臣等既在直辦事，其竚望尤切。伏乞皇上檢臣原揭，並進呈諸卷，發下開拆，填名送部，照序銓選，是亦時事之孔亟者也。臣等不勝懸仰待命之至。謹具揭以聞。"

"今[①]日，文書官劉用捧出御書聖諭：'諭內閣：朕自春至今，面上及身體偶生有痰注疙瘩，敷貼膏藥，動履不便，廟享恐勿成禮。卿等可傳示遣官及各執事，務秉精虔，竭誠行禮，以副朕孝思誠意。諭卿等知。欽此。'伏念臣等雖叨居日月之下，而九重深邃，未得備承起居。竊意廟享之期，已屆秋爽之候，皇上孝思純篤，必躬親行禮，聖體自春到今，尚須珍攝。臣等不勝惓惓。除恭傳聖諭，令遣官及各執事諸臣秉精竭虔行禮外，伏望皇上加意調攝，益保天和，以慰宗社、臣民之望。所有聖諭請尊藏內閣。謹回奏以聞。"

①今 "今"上當有"是日，大學士朱賡、李廷機謹題"十二字。

萬曆三十五年七月辛卯，朔。

二日壬辰，大學士李廷機謹題："臣前到任一日，因人言見侵，愧不自安，具疏引退。伏奉溫綸，鑒臣心事，勉以信心直行，用圖表著，而護臣之過，至於諭罰言者，諄諄以國體爲重。臣隨有疏，瀆祈免罰，顒候俞旨。而臣伏念聖主恩深，簡命日久，累蒙督趣，可再逡巡？隨於初一日報名，今早見朝謝恩，入閣辦事。謹具陳謝以聞。"

七日丁酉，大學士朱賡、李廷機謹題："伏蒙皇上頒賜臣等每員枇杷果一小簍，臣等頓首祗領。不勝感戴天恩之至，謹具題謝恩。"

八日戊戌，大學士朱賡、李廷機謹題："連日霪雨異常，臣等寓居猶是高廠之地，乃水入三尺，四壁傾頹，幾有沉陷之勢，及至長安街，則水深五尺，輿馬俱不得前，大路如此，僻巷可知，城中如此，郊外可知，官邸如此，民舍可知。皇上雖念切閭閻，而深居九重，耳目不及聞睹，臣等不敢不爲皇上言之。古稱天心仁愛，每示之災異，使人主惕然修省，反災爲祥，此天人協應之常也。而臣獨以今日之災，出於常理之外，不能不疑且畏焉。姑舉其大者言之。河道，國家之咽喉也，十年以來不知費金錢幾何、民力幾何，而才見修復，輒聞衝決，國家能再堪此役否？漕糧，軍民之命脉也，四方轉運不知費盤剝幾何、歷危險幾何，而業已過洪抵灣，輒聞漂沒，太倉能再堪此虧耗否？各處運到大木，不知費價值幾何，而業已到廠，盡行漂散，各商能再堪賠補否？小民終歲勤動，望到秋成，不知費播種幾何，而業已待哺，盡屬淹棄，窮民能再堪此流離否？是皆不先不後，壞之於將然已然之時，天其有意於太平耶？無意於太平耶？臣等故不能不疑且畏也。伏思臣等職司燮理，不能使雨暘時若，致干天和，罪誠難釋。而大小臣工爲皇上分猷共濟者，未必人人奉公，事事盡職，相沿相習，曠廢實多，亦不得辭其青者。除臣等率先羣僚，痛自修省待罪外，更望皇上測[①]然深思，猛然奮勵，於臣等及各衙門所陳補大僚、選科道、起廢佚、罷稅使、賑民窮、憫商困等項、皆天心所望於皇上而未遂者，皇上一一設誠而力行之，譬之父母怒不悅，其子夔夔齋慄，惟父母之所好亦好之，父母之所惡亦惡之，未有不底豫者。天地，大父母也，皇上，其宗子也。其氣自通，其應自速，此理必然，斷無差忒，臣等所以竊有請焉。臣等又惟，京師煤米百物皆取給於外鄉，外輸數日不入，則人情洶洶，不能朝夕，小者竊盜，大者搶奪，鄉邑饑民乘機混入，所關非小。尤望皇上照三十二年例，量捐救濟，以安人心，一面敕戶部出太倉之粟，酌行平糶之法，一面敕工部急濬溝渠，疏通水道，反災爲祥，計亦不出於此。臣等不勝跂望之至。"十五日奉聖旨："霪雨示警，朕心深切兢惕。覽卿等所奏，具悉敬[②]畏至意。除補大僚等項朕知道了，候旨行，京師災民著五城行查，照例量捐救濟，戶部仍出太倉之粟，酌行平糶之法，工部急濬溝渠，疏通水道，毋致壅塞不通。該衙門知道。"

　　九日己亥，大學士李廷機謹題："臣查舊例，凡應面恩官員，候過三次免朝，即具本奏知，不必再補。臣自到任後，伺候面恩以經三次，宜遵明例具本奏謝。但臣叨蒙超常之恩，幸備閣臣之數，而循行外廷之禮，止於具本奏謝，不補面恩，於臣愚衷殊爲抱歉，遽請面見又所不敢。一念犬馬愚誠，合無容臣隨輔臣朱賡恭詣仁德門，行五拜三叩頭禮，以後仍候皇上御朝之日致詞補見，以抒就日之誠？臣不勝惓惓，未敢擅便，謹題請旨。"奉旨："是。朕知道了。"

　　十日庚子，大學士朱賡、李廷機謹題："昨該臣廷機伺候三次，未得面恩，題請先詣仁德門行五拜三叩頭禮，恭候御朝之日，致詞補見，伏蒙欽允。臣賡謹引臣廷機遵旨行禮。謹具題知。"

萬曆三十五年

① 測 明抄本作"測"，通行本作"測"，皆誤。應作"惻"。

② 敬 明抄本"敬"下有"敬"字，誤。通行本刪此字，是。

十二日壬寅，大學士朱賡等謹奏："爲東宮出講在邇查得舊例請補供事官員以備講讀事。臣等於初九日具揭，請命東宮於十七日或二十一日欽定一日出講，計旦夕間必奉俞旨矣。又查題准舊例，侍班官該二員，今全缺，講讀官該六員，除王圖、吳道南、莊天合、馮有經見在外，尚缺二員，正字官該二員，今全缺。臣等謹照資俸，從公推得原任南京禮部尚書黃鳳翔、見任詹事府詹事兼翰林院侍讀學士蕭雲舉，俱堪充侍班官。原任右春坊右庶子兼翰林院侍讀黃輝、見任右春坊右庶子兼翰林院侍讀今差滿翁正春，俱堪充講讀官。見任制敕房辦事戶部山東清吏司郎中汪民敬、大理寺右寺右評事兼翰林侍書范可愨，俱堪充正字官。恭候命下，將黃鳳翔起改禮部尚書，兼翰林院學士，掌詹事府事。其蕭雲舉、王圖、馮有經資俸並深，宜量加陞擢，合無將蕭雲舉陞禮部右侍郎，兼官如故，王圖陞詹事府詹事，兼翰林院侍讀學士，馮有經陞詹事府少詹事，兼翰林院侍講學士？范可愨、汪民敬以原官兼正字。各照前擬供職，統乞敕下吏部題行。但恩典出自朝廷，臣等未敢擅便。爲此謹具本奏聞，伏候敕旨。"

① 己 "己"當作"巳"。

十五日乙巳①，大學士朱賡等謹題："作養人才事。照得今科考選庶吉士，恭奉明旨，著於七月內舉行，今已屆期矣。昨又該臣等具題額數規制，上請聖裁。其考選日期，尚未敢定也。謹擇得本月二十六、二十九日皆吉，伏乞欽定一日，以便遵行。再照舊例，內閣會同吏禮二部堂上官，公同考選。今吏部侍郎楊時喬、禮部侍郎楊道賓各稱病未出，更望天語丁寧，趣其即出供事。及查戊戌、辛丑、甲辰三科，命詹翰堂上官②，今次合無容臣等照例查取數員，公同閱卷？庶分校可精，而真才無失矣。緣係作養人才事理，臣等未敢擅便，謹題請旨。"

② 官 明抄本"官"下有"同閱"二字，是。通行本脫此二字，誤。

十六日丙午，大學士朱賡等謹奏："爲酌議選館定制以一法守以育真才以正士習事。今歲新科進士，該臣賡題請考選庶吉士，送翰林院讀書，伏奉聖旨：'選館作養人才，乃祖宗舊制盛典，卿宜扶掖進閣，同廷機考選。'又奉聖旨：'選館着於七月內舉行。欽此。'仰見皇上法祖祐文惓惓德意，臣等敢不遵承？今已七月中旬，正惟其時矣。除另本題請日期，會同吏禮二部矢心天日，秉公考選外，所有考法之寬嚴，取數之多寡，以及散館授職之分數，向無畫一之制，以故當事者或以愛才之心難於裁省，諸士或以擇官之念易於希圖，本蘄作養而反壞士風，本蘄麗澤而反生嫌怨，宜建言諸臣議罷議減各抒所睹聞，有以也。頃見科臣翁憲祥一揭，最得肯綮，臣等就其所議，再加斟酌，稽之舊例，參以近規，上請聖旨，著爲令甲，自今歲爲始，以後當事者不得以意紛更，諸士不得以私覬覦，庶真才可得，士習可端，而詞林之選爲益重矣。謹條陳五①款如左，伏候敕旨施行。

　　一、定選額：照得考選庶吉士，自嘉靖初癸未至萬曆庚辰二十科內，有九科不選，自癸未後每科俱選，而詞林之盛莫過於今日矣。今科②欲稍爲限制，如壬辰、己③未二科選十八人。臣等議得，今科考選，合依前例，惟是預④人數，各省直多寡不齊。合無卷多者多取，少者少取，隨地衰益，務求均平，足十八人而止，著爲定例，其試卷進呈本內，仍將某霆預考幾人、今取幾卷，開列題知？伏惟聖裁。

　　一、定授職：照得壬辰十八人，留翰林者九人，正爲適中，今後散館留用，合依此數。惟是舊例有部屬二員，未嘗不自致遠大，而行於癸未之前，輟於丙戌之後，合無仍復前規？如有無故托病，亦近⑤規避，不妨劣處。伏惟聖裁。

　　公⑥考試：照得春秋二季閣試，例用宮坊先閱，因多秉公，而人容不能無後言。合無今次閱卷務令諸臣盡割桃李瓜葛之情，一憑詩文，從公看擬，而臣等復虛心詳定，更無所徇，如諸士私有干求，訪出劣處？伏惟聖裁⑦。

　　一、嚴防範：照得始進而選，每月而試，既欲精其品藻，安得疎於關防？向因坐處泛散，餂自外來，種種弊端由此而起。今廊廡未建，合行吏部，預將各衙門辦事進士分定門洞，每洞桌二⑧行，面壁向東，錦衣衛先期擺桌帖名，闌以檔木，守以

萬曆三十五年

二四四三

① 五　據《明神宗實錄》卷四三六，"五"當作"四"。
② 科　明抄本"科"下有"臣"字，誤。通行本無此字，是。
③ 己　明抄本作"乙"，是。通行本作"己"，誤。
④ 預　明抄本"預"下有"考"字，是。通行本脫此字，誤。
⑤ 近　明抄本作"涉"，是。通行本作"近"，誤。
⑥ 公　"公"以下八十二字明抄本有，通行本無。
⑦ 裁　"裁"以上八十二字明抄本有，通行本無。
⑧ 二　"二"似爲"一"之誤。

萬曆起居注

①例 明抄本作"列"。通行本作"例"。

②頒 明抄本作"領"，通行本作"頒"。

③貢 "貢"當作"擄"之誤。

④貢 "貢"當爲"擄"之誤。

校尉，督以堂上官，而監以御史，肅如殿試之規。仍行光祿寺辦飯，一蔬一肉。至於閣試一飯，原有題准光祿寺歲給銀二十四兩，合無行該寺，即將前銀備辦蔬飯，徑送試所供應？免閣役及家人饋餉，亦杜弊之一端也。伏惟聖裁。"十六日奉聖旨："覽卿等所奏條例①，俱依議行，著爲定例。該衙門知道。"

二十一日辛亥，大學士朱賡、李廷機謹題："照得霸州兵備參政梁有年，應請敕書，以便行事。臣等循照舊規，擬選敕稿一道，前後八次進呈，未蒙批發。前月十七日，薊遼督撫蹇達等復有疏來催，甚爲急切。臣等切見霸州一道，爲畿輔要區，吏治民生，急須彈壓。況今水災重大，盜賊竊發，鹽徒橫行，至於督催多稅、拽運大木，如督臣疏中所稱，委屬要緊。今有年被命已五閱月，而敕書未頒②，不敢赴任。臣等不以本官留滯爲恤，而深以地方悞事爲憂。伏望皇上軫念郊圻重地，乞將前進敕稿揭帖，俯賜批發寫敕，速催本官刻期赴任，庶彈壓有賴，地方無虞。臣等未敢擅便，謹題請旨。"

二十二日壬子，大學士朱賡、李廷機謹題："臣等今日在閣辦事，伏見皇上御批陝西稅監梁永一本，臣等倉惶捧讀。仰惟皇上撤回梁永，交內監奏請處分，令樂綱回衛當差，而併其稅於河南稅監，所以安地方恤民窮者，慮無不周詳曲當矣，臣等不勝欽服。惟是知縣滿朝薦，激於梁永毒害按臣之故，搜求太過，防詰太嚴，容或有之，若如梁永所奏殺人劫貢③等事，便是盜賊憨不畏死者之所爲，豈有職官而膽大至此？悖逆至此？理之所必無也。臣等不敢遙度其虛實，但謂事無的據，而徒以膚受之愬，遽發緹騎，逮繫有司，萬一陝人激起事端，或不利於梁永，又或朝薦途中驚忙，致有他故，皆屬未便。臣等伏望皇上照去年咸陽知縣宋時際事例，免行拿解，姑從降處，幸甚。不然，但令撫按官差人押解前來，付之法司，如劫貢④殺人果真，朝薦安得不招成？法司安得爲之庇護？其罪自正，其法自伸，益足以彰聖度而服人心矣。臣不勝悚息顒望之至。"

二十四日甲寅，大學士朱賡、李廷機謹題：“爲作養人才事。先該臣等具題考試庶吉士，請乞欽定日期等因，奉聖旨：‘是。考選着於二十六日行。楊時喬、楊道賓都着即出供事。該衙門知道。欽此。欽遵。’明日係欽定考試之期，臣等謹於今日先擬文題各二，臣賡謹手書、印封上進。伏乞聖明各點其一，明日清晨封發臣等遵行。謹具題以聞。”

二十七日丁己①，大學②朱賡等謹題：“爲作養人才事。臣等於本月二十六日，遵奉欽定日期，會同吏部署部事左侍郎楊時喬，禮部署部事左侍郎兼翰林院侍讀學士楊道賓，詹事府詹事兼翰林院侍讀學士蕭雲舉、少詹事兼翰林院侍讀學士王圖、吳道南、莊天合，將吏部開送進士王光經等一百四十三名，遵奉聖旨考選得文理平通堪充正卷一八卷、文理亦通堪充副卷③，各擬名次，封進御覽。伏乞聖明裁定，發下臣等會④同該部拆卷，填名具奏。謹題請旨。”奉聖旨：“是。正卷准改庶吉士作養。”

① 己 "己"當作"巳"。
② 學 "學"後當脫一"士"字。
③ 卷 明抄本"卷"下有"八卷"二字，是。通行本無此二字，誤。
④ 會 明抄本"會"上有"仍"字，是。通行本脱此字，誤。

萬曆起居注

① 歷 明抄本作"曆",是。通行本作"歷",誤。
② 酉 明抄本"酉"下有"朔"字,是。通行本無此字,誤。
③ 戴 "戴"當作"載"。
④ 二 明抄本作"三",通行本作"二"。
⑤ 斯 明抄本作"是"。通行本作"斯"。
⑥ 事 "事"以下一百零七字(不含"事"字)明抄本有,通行本脫。
⑦ 供 "供"當爲"恭"之誤。
⑧ 旨 "旨"上一百零七字,明抄本有,通行本脫。
⑨ 學 "學"後當脫一"士"字。

萬曆①三十五年八月辛酉②,大學士朱賡、李廷機謹題:"爲日講事。照得日講官原擬四員,每日輪進經書講章二通,兼記注起居。自臣廷機春初患病,繼奉簡命入閣辦事,前項講章停止不進,及皇上聖謨聖政,皆缺官記注,半年於茲矣。皇上孜孜典學之心,諒不以終始少間,而記戴③言動,垂示萬世,尤不可一日廢者。況今八月十二日開講,經筵應進講章無辦理,尤爲急務。臣等遵奉二④十二年明旨:'推補翰林見任官供事。欽此。'謹推得禮部左侍郎兼翰林院侍讀學士楊道賓、詹事府詹事兼翰林院侍讀學士蕭雲舉、詹事府少詹事兼翰林院侍讀學士王圖、南京國子監祭酒劉曰寧,俱資望並深,堪充斯⑤任。如蒙賜允,合將蕭雲舉陞禮部右侍郎、王圖陞詹事府詹事⑥、劉曰寧陞詹事府少詹事,俱兼翰林院侍讀學士,與同楊道賓辦理前項職事。再照詹事府、翰林院二衙門印信,不可久缺。臣等於七月二十七日推上,未蒙批允,並乞檢發幸甚。緣係日講事理,未敢擅便,謹題請旨。"

二日壬戌,大學士朱賡、李廷機謹題:"臣等於七月二十六日恭奉欽命,會同吏禮二部考選庶吉士,二十七日公同二部及詹事府堂上官校閱,取正卷一八卷,副卷八卷,具揭上進,連日供⑦候,未蒙覽發。切思各進士皆在闕下候旨,不敢赴部聽選,亦妨觀政辦事。伏乞皇上早將正副卷裁定,發行作養教習,實爲恩便。謹題請旨⑧。"

七日丁卯,大學⑨李廷機謹題:"爲祭祀事。萬曆三十五年八月初七日,祭先師孔子,欽奉聖旨:'遣大學士李廷機行禮。欽此。'臣謹欽遵恭詣行禮畢。例應復命,謹具題以聞。"

十一日辛未,大學士朱賡、李廷機謹題:"昨蒙皇上發下吏部覆議陝西三邊總督徐三畏三年考滿一本,內有'本官屢奏奇功,宜破格優異,以勸殊勞'等語,臣等遂擬加太子太保,給與應得誥命。及細查題准明例,本官於本年三月內,已敘邊功陞蔭訖，例不重加。此番考滿，似難再陞官級。今臣等另擬一票，請自聖裁，庶功賞相稱，亦爲皇上愛惜繁纓之意也。臣等不勝跼蹐皇恐之至。"

十三日癸酉，大學士朱賡、李廷機謹題："伏蒙皇上以萬壽聖節，頒賜臣等每金萬壽字二副、金篆字八個、金書紅符一道，臣頓首祗領。不勝感戴天恩之至，謹具題謝恩。"

十五日乙亥，大學士朱賡、李廷機謹題："伏蒙皇上以中秋令節，頒賜上尊珍饌，臣等頓首祗領。不勝感戴天恩之至，謹具題謝恩。"

是日，大學士朱賡、李廷機謹題："伏蒙皇上以中秋令節，頒賜臣賡膳九品、秋露白酒五瓶、月餅五個，臣廷機膳七品、秋露白酒三瓶、月餅四個，臣等頓首祗領。不勝感戴天恩之至，謹具題謝恩。"

十六日丙子，大學士朱賡、李廷機謹題："恭遇萬壽聖節，臣等謹偕在廷文武及天下華夷齎捧朝貢官員人等，於五鳳樓前大班行禮，恭深①祝頌。外，伏念臣等備員輔弼，受恩深厚，與在廷諸臣不同，擬是日恭詣仁德門，行五拜三叩頭禮，少伸忠愛無已之心，竊比三祝聖堯之意。謹具題知。"

十七日丁丑，大學士朱賡、李廷機謹題："恭遇萬壽聖節，臣等恭詣仁德門叩頭慶賀，伏蒙皇上遣司禮監太監陳矩管待酒飯，頒賜臣賡燒割一分、甜食一大盒，臣廷機燒割一分、甜食一小盒，臣等頓首祗領。不勝感戴天恩之至，臣具題謝恩。"

是日，大學士朱賡、李廷機謹題："伏蒙皇上以萬壽聖節，頒賜上尊珍饌，臣等頓首祗領。不勝感戴天恩②，謹具題謝恩。"

是日，大學士朱賡、李廷機謹題："伏蒙皇上以萬壽聖節，頒賜臣賡膳十一品、壽麥全、長春酒五瓶，臣廷機膳九品、壽

① 深　明抄本作"伸"，是。通行本作"深"，誤。

② 恩　明抄本"恩"下有"之至"二字。通行本無此二字。

麥全、長春酒三瓶，臣等頓首祇領。不勝感戴天恩之至，謹具題謝恩。"

是日，大學士朱賡、李廷機謹題："伏蒙皇上以萬壽聖節，頒賜臣等每酒飯一桌，臣等頓首祇領。不勝感戴天恩之至，謹具題謝恩。"

十九日己卯，大學士朱賡、李廷機謹奏："爲萬壽昌期天人歡應敬摘急切政幾懇賜撿發以隆聖治以迓天庥事。頃者萬壽聖旦，在廷大小臣工以及四方萬國慶賀人員，無不欣頌皇上乾斷離明，堯仁舜孝，嵩呼萬歲者聲徹於天矣，而又相與仰度，向來留中文書積而未下者，必待此時一併渙發，以應革故鼎新之象緯，以昭祈天永命之實政，蓋不啻翹首而望，聳耳而聽也。臣等叨在輔弼，尤切瞻仰，第恐積牘尚多，未免獨廑聖慮，謹摘其至大至要、急於燃眉者數事，開列如左，以冀聖明先賜施行，其餘次第檢發，不越旬日而百度惟貞，立見雍熙悠久之盛，與天地相爲無極矣。臣等不勝願望懇切之至。

　　計　開
一、兩京大僚皆宜急補，而吏部尚書、都察院左都御史尤爲喫緊，懸缺多年，關係人才進退、紀綱廢興，不可不深思，乞亟賜點用。

一、考選科道，部院遵奉欽依，列名上請已踰半月，各官候選甚久，各差待用甚急，乞亟賜批發。

一、日講官日進經史講章，以資聖學，兼注起居，以信萬世，皆不可久缺，臣等從公推上，未奉俞旨，乞亟賜批發。

一、東宮三年未出講，侍班、講讀等官亦皆未講①，臣等數次催請，未奉俞旨，乞亟賜批發。

一、掌院、掌詹、及掌官②坊印信，皆不可久缺，而史③凡有公文行諸司衙門者，必用翰林院印信，今多停閣，有誤政務，乞亟賜批發。

一、考選庶吉士，臣等遵奉欽依，拆卷填名上請，已將一月，舊規必八月開館教習，乞亟賜批發。

---

① 講　明抄本作"備"，是。通行本作"講"，誤。
② 官　明抄本作"官"，是。通行本作"官"，誤。
③ 史　明抄本作"閣中"，是。通行本作"史"，誤。

萬曆三十五年

一、各處水災內外條陳捐賑本，一切未發，人心仰望如解倒懸，乞亟賜批發。

一、工部請僉報商人以蘇久困舊商，皆恤民活命之事，乞亟賜批發。"

是日，大學士朱賡、李廷機謹奏："爲時事孔艱用兵非計懇乞聖明主持鎮靜以保治安事。臣等近見四川撫臣喬璧①星二疏，一《爲恭報繭印已護叛惡未擒陳鄰酋無端狂悖暴雪謀爲不軌之狀乞賜勒捕驅逐以彰國法以絶禍本事》，一《爲隣司黨逆流禍黔蜀疏報異同謹據實直陳差官宣諭始末並不得已用兵之由懇乞聖明垂察事》，今俱奉明旨下部矣。臣等見二疏，大意謂：安堯臣始而匿印未獻，今印獻而閻宗傳未擒，欲用兵勒捕，而以貴州按臣馮奕垣參疏爲非電勉同心者。此固封疆之臣欲申天威讋遠夷，其意誠忠，其氣誠銳，而臣等切以爲未可也。臣聞佳兵不祥之器，兵之所處荊棘生焉，自古諱言之。至於馭夷，所貴佚荡簡易。蘇軾曰：'夷狄不可以中國之治治也，求其大治，必至於大亂。'此非書生常談，萬世用兵馭夷之道實無以易此。況今天下何如哉？頃邊餉告急，戶部求借太僕寺馬價，明旨初許三十萬，該寺與兵部連章極口告乏，姑令括老庫及東西二庫十五萬與之。此區區十五萬者，而其苦艱②已如此矣，加以處處水災，處處空竭，即欲用兵，皇上試問川貴，能自餉乎？抑將取之太倉乎？將再取之太僕乎？將令別省協濟乎？此極窮極餓、救死不贍之民，向剜其肉，今無肉可剜矣，向椎其髓，今無髓可椎矣。不知兵可不募而來乎？亦能不食而戰乎？武臣好事喜功，瞋目語難，乃其常態，如侯國弼、張神武輩，利在自封，計畫未必可從，才勇未必可用也。即一二兵道，不過儒臣文吏，臨敵當幾或非其所長也，則又誰與領此者乎？臣等竊見安氏，功不可泯，而罪尚可貰③，印已獻矣，崇明已管事矣，兵已徹、路已通矣，即與崇明怨恨未消，讎殺未免，此皆可以勿問。大都今天下事勢，如人患虛症，祗④宜將息。昔賈誼誚絳、灌諸臣'曰毋動，爲大耳'。其言欲繫單於之頸、笞⑤中行說之輩，豈不快心？然文帝不用，而用絳、灌，忍匈奴謾書之辱，諭南

① 璧 明抄本作"璧"，通行本作"壁"。當作"璧"。

② 艱 明抄本作"難"，是。通行本作"艱"，誤。

③ 貰 "貰"似爲"貰"之誤。

④ 祗 明抄本作"祗"，是。通行本作"祗"，誤。

⑤ 笞 明抄本作"笞"，是。通行本作"笞"，誤。

粤以共棄細過，偕之大道，誠有味乎毋動之指也。後來光武閉玉關，謝西域，送①稱仁宗兵以不試爲威，其指皆本於所謂以無事治天下者。況國家當事②之後，今年征倭，明年征播，生靈陷於鋒鏑，帑藏竭於轉輸，方且日尋干戈，惟敵是求，孔子所謂'季孫之憂不在顓臾而在蕭牆之內'者，此勢所必至者，莫謂臣等今日不言也。若必欲操之激之，使無所容，至於不可赦，乃曰'吾固知其必然，惜用兵不早'，惟幸其言之驗，此則非忠於爲國家③者，諸臣必不爾，亦非臣等之所知也。臣等叨居政地，遇此大事，不敢不言。伏惟皇上敕下兵部，深思孰講，如安氏功罪可相准否？即匿印往事推諉阿野以文過亦可姑容否？其殺人是自相讎殺否？私帖聲言可勿問否？宗傅可貰夷婦可釋否？撫諭之使亦可遣否？文告之詞亦可推誠令反側子自安否？如欲用兵，則兵於何調？餉於何處？將兵何人？一一計議停妥，責成本兵大臣，毅然爲國家④擔當，早有萬全之畫，以俟聖明雄斷，毋致釁日深，罪日積播州之役再興，不惟貽九重霄旰之憂，而所關於宗社生靈者尤爲不淺矣。臣等管見如斯，伏惟皇上留意，宗社、生靈幸甚。臣等不勝悃欸顒望、悚息待命之至。"

二十九日己丑，大學士朱賡、李廷機謹題："臣等伏念徵召三臣，各有疏再辭，並蒙發下票擬。王錫爵疏，本月二十四日擬上，今五日矣，于慎行、葉向高疏，俱本月十⑤六日擬上，今有三日矣。切見閣臣與他大臣不同，徵召特恩非尋常⑥之比，而閣中政務鉅繁，尤須共濟。伏乞皇上即賜批發，催趣三臣前來，到任辦事。臣等不勝悚息跂望之至。"

是日，大學士朱賡、李廷機謹題："臣等適接陝西撫按二臣揭帖，內稱梁永所奏滿朝薦劫槓殺人事情，備行關內、潼關二道，吊查梁永差人赴京一起經過驛遞應付數目，自陝西京兆驛起至河南閺鄉縣遞運所止，所解馬八匹、槓⑦七擡，俱出陝入河南，一路安穩，並不曾失一馬、一槓⑧、一包，查報入確。臣等竊料，撫按決不敢爲朝薦庇護隱匿，以欺皇上，始信梁永

萬曆三十五年

前奏皆膚受之愬，不足憑也。而撫按又言，朝薦被逮旨到彼中，軍民喊亂，梁永開門射死一人，斫傷一人。則梁永更屬橫肆，有負皇上仁愛小民、曲全稅監之心矣。其前奏，必門下小人代撰無情之詞，欲以甚朝薦之罪，而天下軍民亦以此咸憐朝薦，而不直梁永也。臣等叨為皇上腹心之臣，既有所聞見，且事關國體人心，不敢不言。伏惟聖明垂察，將朝薦姑免逮繫，重加降罰示警，以安秦民，亦以安梁永也。臣等不勝激切悚息之至。"

三十日①，大學士朱賡謹題："臣於閏六月十五日，奉旨扶掖進閣，其實病未痊也。於時百務叢積，辦理不遑，兼以霖雨連綿，扶掖出入，晝則行不擇地，徒涉於水中，夜則衣不解帶，寢臥於水上，以致鬱火蘊結，濕氣薰蒸，忽於右股上癰腫成毒，潰爛剝膚，寸步不可舉移。醫者謂臁上之瘡，最宜慎重，稍一擦傷，腐且及骨。況年②血衰，欲裹痛入朝，日行五、六里，勢不能也。伏乞聖慈寬賜假日，容臣調理少痊，匍匐供職。臣不勝懇恩待命之至。"九月初四日奉聖旨："卿偶患腫毒，准給假調理。閣務繁重，卿宜慎攝，稍可即出贊襄。吏部知道。"

① 日 "日"下應脫"庚寅"二字。

② 年 明抄本"年"下有"老"字，是。通行本無此字，誤。

萬曆起居注

①曆 明抄本作"曆",是。通行本作"歷",誤。
②而 明抄本"而"作"寔",是。通行本作"而",誤。
③所 明抄本"所"作"而",是。通行本作"所",誤。

萬曆①三十五年九月辛卯,朔,大學士李廷機謹奏:"為德薄見疑謹明臣職白臣心以祈天鑒事。臣辦事閣中,接得江西進表參政姜士昌揭帖《為國事人材關係世道否泰安危匪細懇乞聖明別賢奸争錄遺佚昭示古今匡弼大道以開治平事》。臣觀其疏,大意以起廢一節責備閣臣,而末一段不斥臣名而②專為臣所③發。臣深服士昌嵩呼之後,拳拳於國是人才,一時諸臣所未及,而以閣臣為能起用人,視之如此其重,又以臣從閣臣之後,亦似可與莊語者,望之如此其殷也。獨其於臣職臣心,有未甚晰者,臣若不一分明之,恐羣疑滋起,以臣之在位者,有妨起廢,則臣不可一朝居矣。夫人才,國寶也,棄珠於地,委玉於塗,至可惜也,收而以為獻,至美事也。今人聞忠義之名無不知好者,見忠義之士無不知敬者,而謂臣獨無是心,則臣為非人乎?先臣張孚敬嘗云:'已有百孔千瘡,何怪人千言萬語?故邪常忌正,佞常忌忠。'臣雖不肖,猶未至百孔千瘡,臣何忌焉,而慮臣不能容直言之士也?則臣果媢嫉者乎?妨賢病國者乎?臣所交遊亦多經建言,臣但見其賢能而愛敬之,忘其建言也,其人亦自忘之也。士昌所引楊綰、杜黃裳二人,真可為相法,而臣竊謂徹樂減驂,與推賢好士,總是一個心,與《秦誓》'休休''斷斷',總是一個人。夫士大夫之精神,既不在紛華靡麗聲色臭味,則必在天下國家,而為天下國家,能不容有枝彥聖、又從而媢嫉者乎?臣屢見人比臣於王安石,今士昌疏亦引之,不知臣者也。夫安石欲開疆闢土,先聚貨財為用兵之計,創為青苗、均輸等法,當時君子不肯奉行,而小人為之用,安石收其行新法、斥其不行新法者,於是小人進,君子退,遂貽宋室之禍。蓋安石不通世務而好紛更,又忿戾以求必勝。自古如此等操行養名正④俗、無益於人國者儘多,至於禍國敗名、獨有安石一人。而執一安石以概後人,豈通論乎?今臣不敢方楊綰、杜黃裳,而自信其必不為王安石,且閣中幾務不過行所無事而已。至於人才起用,吏部列而上之,皇上覽而下之,閣臣奉而擬之,豈為⑤不得干皇上之權?亦未嘗與聞吏部之事。蓋此時政地原是如此,非身履之不知也。況臣硁硁之性,自入京以來,

④正 明抄本作"鎮",是。通行本作"正",誤。
⑤為 明抄本作"惟",是。通行本作"為",誤。

一切交遊、門生、故吏，除授、陞遷、行取、考選，臣略不干涉，平居每誦皇極之敷言所謂無偏無黨者，以爲必不預一事，而後可擔承天下之事，必不私一人，而後可容受天下之人，蓋臣言至①迂，而其意至②遠矣。若哆口雌黃③某宜起，某宜遷，以上分德而下招權，臣無此膽。若徒慕不啻口出之風，嫗嫗然以空言沟沫天下士，而結其心，臣又無此舌。而臣竊自料，臣之致疑實，由此兩端。臣惟願皇上府從士昌之讜議，敕下吏部，將海內遺佚次第起用，使山無藏羽，澤無隱鱗，則不惟聖德聖政之光，而臣職臣心亦不待白而自信於天下矣。臣不勝悚息顒望之至，伏候敕旨。"初八日奉聖旨："姜士昌已有旨了。卿宜安心供職，不必疑畏。該部知道。"

二日壬辰，大學士朱賡謹奏："爲赤誠未效宜召人疑懇乞聖明亟起遺佚以隆聖治以明心迹事。臣病中接得江西參政姜士昌揭帖《爲是④人材關係世道否泰安危匪細懇乞聖明別賢奸錄遺佚昭示古今匡弼大道以開治平事》，其中娓娓數千言，大都以天下建言忠義之士擯棄已久，不得效用明時，爲當世惜，十餘年來輔臣有意摧折之，爲輔臣罪，而又謂皇上本無不用諸臣之心，輔臣實決不用諸臣之策。若以進退人才之權，臣得專制之，可爲而不肯爲者。何其重視今之輔臣、而責之如此其嚴也？臣讀之不勝惶恐。夫輔臣以用人爲職，上臣必以人事君。臣服膺斯語久矣。諸臣忠義耿耿，久伏草野，病者病，老者老，故者故，井渫不食，行道之人皆測⑤之。臣何仇於諸人，視其阨窮而不憫耶？《易》曰：'天地閉，賢人隱。'否泰治亂之機，恒必由此。臣何仇於國家，而不以保子孫黎民耶？用賢則爲休休，爲斷斷，蔽賢則爲竊位，爲病國，昭昭青史，嚴於斧鉞。臣又何仇於自身，而取譏天下，貽羞萬世耶？臣當事甫一年，雖無寸功可錄，亦自度無大奸極獘、畏人摘發。何故決不用諸臣之策？而士昌疏曰：'爲具文，爲調停，爲形格，爲勢禁。'不知列臣於何等公案。臣庸人，不足惜。皇上頃年不嘗起鄒觀光、劉學曾、李復陽、羅朝國、趙邦柱、洪文衡、吳正志等，而進之清

① 至　明抄本作"近"，是。通行本作"至"，誤。
② 至　明抄本作"則"，是。通行本作"至"，誤。
③ 黃　明抄本"黃"下有"曰"字，是。通行本脫此字，誤。
④ 是　明抄本"是"上有"國"字，是。通行本脫此字，誤。
⑤ 測　"測"當作"惻"。

萬曆起居注

秩乎？即士昌亦儼然參藩政，推京堂矣。此皇上天地公平之心，何者不出乾斷？亦何者不由吏部推舉，而臣能專治制之乎？自臣入京六年，絕不聞吏部以進退人才之事關白內閣，往往於票擬之①時見之，內閣之權可知已。而猶以其所不能措手者舉而責之臣，其亦知其一，不知其二，知二十年前之閣臣，而未知今日之閣臣與？憶臣去年當事之初，首陳今日急務無大於收人心，收人心無大於簡閣臣、補大僚、選科道、起廢佚，四事畢舉，三月之內可致太平。此臣先資之言也，即哆口於至尊之前，亦矢心於天日之下，吾誰欺？欺君乎？欺天乎？賴皇上明如日月，斷自淵衷，閣臣簡矣，科道選矣，大僚有次第點用之旨矣。臣手額相慶曰：'自今可聚精會神專請起廢矣。'方與同官臣廷機孜孜謀此，顧人告之語不敢傳之外廷，未遂之事不敢形之口頰，此正與②古人真精神上著力，非聲音笑貌矯飾塗澤爲者，宜士昌固不識也。然士昌諄諄責善之意，今人所難，而其言曰：'精誠所注，金石可貫。'臣反之有餘愧焉。敢不佩之以韋弦，以服君子之明訓？伏望皇上敕下吏部，將諸臣之未推者，亟行分別題推，已推而未下者，亟賜拔擢，使人無攸伏，野無遺賢，則師濟之風再睹，蕩平之治立臻，臣雖老去，永有辭於天下後③世矣。臣不勝懇切顒望之至。"初八日奉聖旨："姜士昌已有旨了。卿宜安心供事，不必疑畏。該部知道。"

六日丙申，大學④朱賡、李廷機謹題"爲公務事。照得內閣書寫制敕等項文書，並四夷館教習官生，年例用炭二萬斤。合無照例於內府惜薪司、工部各支一萬斤應用？未敢擅便，謹題請旨。"奉聖旨："是。該衙門知道。"

是日，大學士朱賡謹奏："爲恭謝天恩事。本月初六日，伏蒙聖慈以臣足疾在告，特遣御前牌子張進，賜臣鮮豬一口、鮮羊一羫、白米二石、酒十瓶、甜醬瓜茄一簍，臣謹裹痛下牀，扶掖焚香，望闕叩頭祗領訖。伏念臣力小任重，福過災生，濕能侵人，疽發於足，腹心之疾已久，股肱之力何堪？幸荷恩施，特予休沐，更出天庖之珍饌，再馳中使渙頌，感戴高深，益難

---

① 之 明抄本無"之"字。通行本有"之"字。

② 與 明抄本作"於"，是。通行本作"與"，誤。

③ 後 明抄本作"萬"，通行本作"後"。

④ 學 "學"後當脫一"士"字。

啟處。恐報恩之無地，指結草以爲期。臣無任感激惶恐之至。"十一日奉聖旨："覽卿奏謝，朕知道了。禮部知道。"

八日戊戌，大學士朱賡、李廷機謹題："伏蒙皇上以年節頒賜臣賡銀四十兩、綵段二表裏，及臣廷機時爲講官，並頒賜銀二十兩、綵段一表裏，臣等頓首祗領。不勝感戴天恩之至，除付①鴻臚寺報名廷謝外，謹具題謝恩。"（補賜三十四年年節）②

是日，大學士朱賡、李廷機謹題："准兵部手本開稱：該本部題，萬曆三十五年九月十五日考試天下武舉官生，例用考試官二員，合行翰林院題請簡用，奉聖旨：'是。欽此。'備行到院。臣等推得堪任正考官二員、副考官二員，列名上請。伏乞於內各欽點一員，令於十三日早入場供事。臣等未敢擅便，謹題請旨。"

　　計　開

堪任正考官二員：右春坊右諭德兼翰林院侍講林堯俞（有點）、右春坊右諭德兼翰林院侍講沈淮

堪任副考官二員：右春坊右諭德兼翰林院侍講史繼偕（有點）、右春坊右贊善兼翰林院檢討蔣孟育。"

九日己亥，大學士朱賡、李廷機謹題："伏蒙皇上以重陽令節頒賜上尊珍饌，臣等頓首祗領。不勝感戴天恩之至，謹具題謝恩。"

是日，大學士朱賡謹題："伏蒙皇上以寫篆永思王神主壙誌，頒賜臣銀二十五兩、紵絲二表裏、新鈔二千五百貫，臣頓首祗領。不勝感戴天恩之至，謹具題謝恩。"

十日庚子，大學士朱賡、李廷機謹題："臣等因王錫爵、于慎行、葉向高三臣再辭之疏未蒙降旨，於八月二十九日揭催，今錫爵之疏已蒙批發，而慎行、向高之疏尚未發行。切惟三臣，簡在聖心，均蒙徵召，恩既度越乎尋常，體亦難分於彼此，且聞二臣俱已在途候旨，若見原疏不發，必逡巡不敢進，而外人

① 付　"付"當作"赴"。
② 補賜三十四年年節　此八字通行本無，明抄本有。

妄加猜忖，且謂臣等不欲二臣之來，其關係國體非細矣。臣等本不敢瀆，又不敢不瀆，伏乞皇上將二疏並賜批發，催取三臣齊來供事。臣等不勝悚息懇切顒望之至，謹具密揭奏聞。"

十一日辛丑，大學士朱賡、李廷機謹題："前日江西參政姜士昌一疏，奉聖旨：'姜士昌這廝出位逞臆，沽譽要名，妄言朝政，誣陷大臣，便著該部院參看了來說。欽此。'及臣等各上一疏，俱奉聖旨：'姜士昌已有旨了。卿宜安心供事，不必疑畏。該部知道。欽此。'今部院遵旨參看，未知其說云何。但伏念堯舜之時，野無遺賢，言罔攸伏，以此稱爲極盛。今士昌所言起廢，無非竊取野無遺賢之故事，而以外吏入賀，陳言時政，亦足見聖朝盛世，宛然有言罔攸伏之風矣。若錄用遺佚一節，此臣等與舉朝平日之公言，士昌從外來或未之知，觀其疏詞，原未嘗苛求於臣等，臣等各疏自白心迹，亦未嘗芥蒂於士昌，固不意皇上有參看之旨，或不爲臣等而發也。夫杞憂婆恤，亦小心款款之心，海濶天高，乃聖主恢恢之量。伏望皇上曲賜包容，特從寬宥，則聖度益弘，聖德益光，即臣等之所蔭受於皇上者亦不淺矣。臣等不勝悚息懇切顒望之至。"

十二日壬寅，大學士朱賡等謹題："臣等昨見王錫爵命下，而于慎行、葉向高二疏尚未批發，不勝驚惶，隨具揭催請，竚候未下，終夜不成寢。蓋三臣召命，同出聖心，其恩禮同，其體貌同，其瞻天就日之誠亦無不同，而旨意有下有不下，無論中外妄加揣摩，即二臣亦必展轉自疑，進退維谷矣。此關於國體人情豈細故哉？且今時事紛紜，需人最急，臣賡病未能出，望諸臣甚殷，而臣廷機與諸臣同日被命，先入政事堂者三月，尤有不自安者。用是不避煩瀆，再爲陳請，伏望皇上曲存大體，兼念下情，即命檢發二疏，趣之早來。臣等不勝戰悚待命之至。"

十三日癸酉①，大學士朱賡、李廷機謹題："伏蒙皇上頒賜

---

① 酉 "酉"當作"卯"。

臣等每員楊梅一小簍，臣等頓首祗領。不勝感戴天恩之至，謹具題謝恩。"

二十二日壬子，大學士朱賡謹奏："爲三年考滿病劇不能赴部謹自劾不職懇乞聖明即賜罷黜以遵典制以勵臣工事。國家考課之法，凡歷俸三十六個月必赴部給由，多歷少歷及無過不給由者，俱參問，載在會典，二百年遵行之無敢廢也。先是曆①二品三年滿，自愧不稱，逡巡不敢報者四閱月，吏部開具會典一款送看，而廷②亦共言非制，乃黽勉赴部給由，部中概稱例不考核，徑擬復職，誤蒙聖恩叨轉今官，迄今有餘愧焉。嗣是虛糜歲月，至今年九月十五日，又歷過一品俸三十六個月，吏部又以前例來期會矣。緣臣鬱濕交浸，疽發於股，潰爛及骨，勢且濱危，欲從容赴部，則度痊可無期，有違明例，欲移咨到部，則恐仍擬復職，寖失初心，用是自考其不職之大者，以請聖明之幽黜焉。蓋臣本溝中棄梗，蒙皇上召置密勿，備員六年，從前尸素且勿具論，只此三年之內，旅進旅退之日少，獨往獨來之日多，調和無適口之宜，操斷有傷手之患，逢堯舜之主而不能致治唐虞，蒙山海之恩而不能少裨埃滴，比年陰陽失調，雨暘不時，各官多曠職，野有遺賢，紀剛③墜而不修，人心渙而不合，百姓倒懸以待哺，九邊告急而呼庚，致君父憂勞，中外虺尵④誰代天工而致此極也？此皆臣之失職，昭昭在人耳目，雖知臣愛臣者不能爲臣飾説矣。而其他百孔千瘡，不慊於本心，不滿於人心者，又未易縷數也。律以考功之法，何罪不可加，而尚可靦顏復職哉？伏望皇上念臣病之甚真，鑒臣言之矯⑤，免臣赴部給由，徑從乾斷罷黜，則既不廢祖宗之典制，且可全老臣之始終，而於淬勵羣工之道，亦一舉而並得矣。臣不勝惶恐懇切待罪之至。"十月初五日奉聖旨："卿一品秩滿，功懋望隆，朕心加恍，胡乃執謙求退？便移咨該部，其恩禮宜從優厚，著查議來看。"

二十六日辛亥⑥，大學士朱賡、李廷機謹題："爲印信事。

① 曆　明抄本作"臣歷"，是。通行本作"曆"，誤。
② 廷　明抄本"廷"下有"臣"字，是。通行本脱此字，誤。
③ 剛　明抄本作"綱"，是。通行本作"剛"，誤。
④ 虺尵　明抄本作"虺隤"，是。通行本作"虺尵"，誤。
⑤ 矯　"矯"上似脱一"非"字。
⑥ 二十六日辛亥　"辛亥"當爲"二十一日"，"二十六日"當爲"丙辰"。此處"二十六日辛亥"當有誤。

萬曆起居注

照得禮部右侍郎兼翰林院侍讀學士掌院事楊道賓，已經陞任禮部左侍郎署部事訖，所有翰林院印信缺官掌管，臣等推得詹事府詹事兼翰林院侍讀學士蕭雲舉，堪以掌管。先該臣等推補二次，未蒙批發，今一應閣中事務由本院移文者，俱堆積不行，深屬未便。伏乞敕下吏部，將本官量陞禮部右侍郎兼翰林院侍讀學士，掌管印①信。臣等未敢擅便，謹題請旨。"

二十七日丁巳②，大學士朱賡、李廷機謹題："前者皇上以陝西稅監之事逮知縣滿朝薦，臣等兩次具揭，一言朝薦筮仕小臣，頗知畏法，萬萬無敢殺人劫貢之理，一言撫按吊查驛遞應付梁永貢槓③，一路安行，不失一槓④一包，明明無殺人劫貢之事。二疏俱在御前，必蒙皇上鑒察矣。臣等伏睹皇上撤回梁永，交之內監奏請處分，斥樂綱回衛當差，使河南稅監代管陝西稅務，蓋一舉而收虎兕於柙中，措秦民於席上，聖明舉動即⑤已卓越尋常矣，惟有逮知縣一節尚未愜於人心，即臣等百口宣揚聖德，亦不能⑥惜此一舉矣。今朝薦械繫千⑦里，苦楚狼狽，命如一絲。臣等伏望皇上發下法司問擬，或重加降調，或黜歸田里，曲貸此愚昧一小臣，則皇上此舉，盡善盡美，純粹圓滿，更無間然，而臣等輔弼之責亦庶有辭於天下後世矣。臣等非敢為朝薦緩頰，寔為忝職計，亦自為計也。伏惟聖明裁察。臣等不勝悚息激切顒望之至。"

① 印 明抄本"印"上有"前項"二字，是。通行本無此二字，
② 巳 "巳"當作"巳"。
③ 槓 明抄本作"摃"，是。通行本作"槓"，誤。
④ 槓 明抄本作"摃"，是。通行本作"槓"，誤。
⑤ 即 明抄本作"既"，是。通行本作"即"，誤。
⑥ 能 明抄本"能"下有"不"字，是。通行本無此字，誤。
⑦ 千 明抄本"千"上有"數"字，是。通行本脫此字，誤。

萬曆①三十五年十月庚申，朔，大學士朱賡、李廷機謹題："伏蒙皇上頒賜臣等中曆十本、民曆一百本，臣等頓首祗領。不勝感戴天恩之至，謹具題謝恩。"

四日癸亥，大學士朱賡等謹題："伏蒙皇上以中宮千秋令節，頒賜上尊珍饌，臣等頓首祗領。不勝感戴天恩之至，謹具題謝恩。"

是日，大學士李廷機謹題："前月二十三日，伏蒙皇上發下閣臣朱賡考滿一疏，臣廷機隨即擬上，今十餘日未蒙批發，誠恐萬幾未暇，或臣愚昧所擬未當聖心，欲自有所斟酌更定而未及也。伏惟皇上優禮輔弼，諸臣不同，而一品考滿，事體關係亦非尋常可比，伏乞皇上留神，即賜裁定批發。臣不勝懇切顒望悚息之至②。"

七日丙寅，大學士朱賡謹奏："為恭謝天恩事。臣以一品三年秩滿，病劇不能赴部，方上疏自劾，乞賜罷歸田③，乃蒙聖恩遣御前牌子於朝用，賜臣原封鈔二千貫、羊一隻、酒十瓶，齎俸④到臣私寓。臣謹伏⑤病下牀，焚香叩頭祗領訖。伏念臣本以衰庸，叨蒙恩遇，優遊一品，荏苒三年，罪若丘山，功無毫末，天既降之疢疾，身且臨於危亡。何意聖慈更隆晉錫，寶鎰分珍於御府，牲醪旅出⑥天庖，遣中使以傳宣，恩將榮至，望天顏於咫尺，感典愧並。謹陳罘以薦先人，期勒銘以光家乘，葵心向⑦赤，敢遽忘傾向之誠？駑力已窮，恐自負驅馳之志。臣無⑧頂戴感切之至。"奉聖旨："覽卿奏謝，朕知道了。該⑨部知道。"

十一日庚午，大學士李廷機謹奏："為被劾待罪事。臣辦事三月餘，雖至衰庸，不敢少懈，間被一二譏刺，亦不敢暴白。乃今晨起將⑩入直，適聞御史宋燾有疏論臣，不見揭帖，又無底⑪報，未知疏論云何，無由置辯。然臣知彼論即宜席藁杜門，不敢進閣辦事，惟望皇上亟發燾疏，將臣亟賜罷免。臣不勝踧

萬曆起居注

蹐惶恐待命之至。"十四日奉聖旨："覽卿所奏。忘①言的已有旨處分了。閣務繁重，卿宜即出贊理，不允所辭。吏部知道。"

十四日癸酉，大學士李廷機謹奏："爲自責自訟累君累友懇求罷免以禳罪殃事。臣昨伏睹皇上御批御史宋燾一疏，將燾降調，並重降姜士昌，臣不勝驚惶。今日又伏睹御批臣疏，以閣務命臣即出，臣不勝感激，尤不勝危懼。因念臣至不肖，皇上用臣費許多主張，既用之後，復費許多庇護，臣之所以累皇上者，一至於此。而諸臣爲臣費多少赤舌、多少白簡，更因而罰俸貶職②，臣之所以累其友者，一至於此。臣之罪惡深重，當如何果報，作何銷禳，而能安於心、又何③安於位也？臣昨乃得燾疏觀之，不過爲舊輔沈一貫發耳。臣不幸叨中一甲，同庶吉士讀書，因有教習館師，因爲舊輔徒弟。又不幸臣之嚮用舊輔在朝，又不幸南北二二④輔偶有猜嫌之際。然臣本無偏黨，當其會⑤妖書，臣作色直言，五府、六部、九卿、六科、十三道、錦衣衛諸臣所共聞見，則臣心事昭然，而人見臣師生之誼如初，遂疑其阿附，一人疑而羣疑起，一人言而羣言生矣。聶雲翰條陳未嘗及舊輔，只言科道年例一節耳，臣謂禮部官可莫管科道事，雲翰怨臣，因而陵轢百端，至呈臣朦朧，臣嘆紀綱之陵夷，六年考察，禮部例處二員，乃以浮躁處之。今言者以雲翰爲有技彥聖，臣爲娼嫉，引《大學》⑥一條，而臣惡訕工、惡不遜，用《論語》一章。至謂死由考察，則禮部四司四年死者七人，蓋有美陞而死者矣。要之風聞言事，言官之常。燾所殺人媚人，比之豺狼，比之秦檜，而自比於劾嚴嵩之楊繼盛，不無過激。然言⑦論事，激其常也。其意爲封疆衛門諸賢未見擢⑧用，督過舊輔，而發憤於臣之新進者，誠爲波及。然而言官論人，波及亦其常也。乃不意上千聖怒而重之譴，則臣之過益積而不可解，罪益大而益不可贖矣。明旨不⑨救擾，臣何敢救言官？顧不敢不自救。伏望皇上原宥宋燾、姜士昌，免其降謫，惟將臣放歸田里，則羣猜盡融，萬籟俱靜，臣下不累友，上不累君，知難而退，臣之幸也，亦朝端國體之幸也。臣不勝

---

① 忘 明抄本作"妄"，是。通行本作"忘"，誤。

② 職 明抄本作"秩"，是。通行本作"職"，誤。

③ 何 明抄本作"可"，是。通行本作"何"，誤。

④ 二 明抄本無此字，是。通行本衍此字，應刪。

⑤ 會 明抄本"會"下有"問"字，是。通行本無"問"字，誤。

⑥ 大學 《明神宗實錄》卷四三九作"泰誓"。

⑦ 言 明抄本作"而言官"，是。通行本作"言"，誤。

⑧ 擢 明抄本作"擢"，是。通行本作"濯"，誤。

⑨ 不 明抄本"不"下有"許"字，是。通行本無此字，誤。

戰兢隕越懇切待命之至。"十八日奉聖旨："卿忠直清正，朕所鑑知。妄言亂政的，已處分了。卿宜即出，安心佐理，勿生疑畏，萬①毋固辭。該部知道。"

十八日丁丑，大學士朱賡謹奏："爲自劾求退翻荷隆恩懇乞聖慈特允辭免以安愚分並賜骸骨以全首丘事。臣以久病在告，適當滿期，欲不報部，恐違明例，欲移諮報部，又非舊規，因自劾不職，請皇上徑賜罷斥，蓋求退也，非以媒進也，求遠辱也，非以希榮也。不意誤蒙聖恩褒臣以功戀隆望，敕部從優查擬。隨該吏部覆奉聖旨：'者便復職，即出贊理。欽此。'又奉聖旨：'庚賛襄化理，端慎忠勤，茲一品考滿，勞蹟弘多，著加少保，改吏部尚書兼文華殿大學士，餘官照舊，蔭一子與做中書舍人，給典應得誥命，還賞蟒衣膝襴一襲。欽此。'扶②掖下牀、焚香叩頭跪讀訖，不勝惶恐，踢③蹐。除蟒衣膝襴不敢固辭、拜④賜陳謝外，至於晉秩三孤，轉啣首部，寵榮先世，賞賢後昆，此覆載中之偏恩，縉紳間之殊數，稽之涯分，反之本心，有萬不敢承者三，敬爲皇上陳之。國家考課之法最重，黜陟之法最嚴，其有陟而無黜者，必其功可錄、望可旌也。臣三年之中，強半獨任，鼎以無實而顛趾，車以載重而債轅，本無寸功而叨戀功之賞，則何以加於有功？本無微望而竊隆望之褒，則何以加於有望？繁纓猶惜，而況其大焉者乎？臣之所不敢承者一也。臣聞器小者注滿必傾，時過者代謝必速。臣於器爲斗筲⑤之量，涯分已盈，於時爲日昃之離，大耋且至，凶於家，栽於身，而猶莫之省憂，漏已盡，鐘已鳴，而尚不知⑥足，天且虧盈，而況⑦人乎？臣之所不敢承者二也。臣叨陪密勿之司，與有表率之責，當先事後食，先人後己。今士有十年不得調，一蹶不得起者，而臣之位日益峻，甚且官其子孫，何以服士心？凶年饑歲，民有枵腹不絕、鶉衣不完者，而臣之祿日益增，甚且錫之章服，何以慰民望？此時一有失足，萬目視之，萬手指之，譬居下流，天下之惡皆歸焉。臣之所不敢承者三也。夫有此三不敢之真情，而又嬰此久不起之危疾，受恩則不敢⑧去，

萬曆三十五年

二四六一

① 萬　明抄本作"憤"。通行本作"萬"。
② 扶　明抄本"扶"上有"臣"字，是。通行本無此字，誤。
③ 明抄本"踢"上有"不勝"二字，是。通行本無此二字，誤。
④ 拜　明抄本"拜"上有"容"字，是。通行本無此字，誤。
⑤ 筲　明抄本作"筲"，是。通行本作"宵"，誤。
⑥ 知　明抄本"知"下有"止"字，是。通行本無此字，應補。
⑦ 況　明抄本"況"下有"於"字，是。通行本無此字，應補。
⑧ 敢　明抄本"敢"下有"言"字，是。通行本無此字，誤。

萬曆起居注

① 來　明抄本作"年"，誤。通行本作"來"，是。
② 蹟　明抄本作"績"，是。通行本作"蹟"，誤。
③ 皇　明抄本"皇"下有"上"字，是。通行本無此字，誤。
④ 達　明抄本作"違"，是。通行本作"達"，誤。

不去則無以得生，與其蒙身外之恩數而無補國家，孰若還本來①之面目而全歸庸下乎？臣詞出肺腑，萬無矯情，伏望皇上收回成命，放歸故山，臣之徼福於皇上者賢於拜恩萬萬矣。臣不勝懇切祈望之至。"奉聖旨："卿德望醇完，忠藎顯著，考蹟②加恩，已有成命，不允辭。政本方切倚毘，況精神有餘，何得遽言高尚？宜即出以副眷懷。吏部知道。"

是日，大學士李廷機謹奏："為臣身難容主恩難恃備陳必不得不去之情懇求休致以全性命事。臣於本月十四日再疏控辭，伏奉聖旨：'卿忠直清正，朕所鑒知。妄言亂政的，已處分了。卿宜即出，安心佐理，勿生疑畏，慎毋固辭。該部知道。欽此。'臣捧誦感激，涕淚交流。念臣受皇③特達之知，非常之恩，同天地之生成，踰父母之顧覆，未效涓埃，遽求休致，豈臣所忍？惟是展轉思維，則皇上終難用臣，臣終不能報效皇上。前疏未盡，臣今敢備陳之。自古士君子用世，必度人審時，未有拂人違④時，不識去就之分，而能善其後者。今臣之必不容不去也，亦難更僕矣。臣以一介窮儒，受知聖主，恩厚命薄，福過災生，不有人非，必有鬼責，一宜去也。自南北二輔不協，而人以臣為南輔門生，必不相容，其根最深，其蔓最長，二宜去也。臣涼薄菲材，摟席未登，彈射已及，臣毫無芥蒂，而人未能忘情於臣，明暗遞攻，疊來紛至，三宜去也。臣迂闊樸直，不能偕時，人但索臣於形貌套數之間，則見面目可憎，言語無味，四宜去也。即人之知臣亦未為少，然不過私論私憐，而惡臣者輒形諸白簡，間有違異，又非素與臣交往之人，則以爪牙加之，臣援甚寡，臣勢甚孤，五宜去也。皇上英明獨斷，近日累旨處分，皆御筆親書，如雲漢昭回，龍蛇飛動，發下該科，有目者之所睹，其他本章有關係者皆送首輔票擬，而外人輒以歸之臣，至於禁發抄一旨，亦謂出臣所擬，欲箴人口而壅聖聰，一倡百和，中外流傳，則何事不疑？何疑不有？臣性蠢直，實不耐此，六宜去也。始比臣於包拯、王安石，今比秦檜、比豺狼矣，循此一往，何所不至？七宜去也。人臣必望重而後能任事，必身安而後能矢謀。今臣望輕甚，臣身危甚，其精神不以之贊政代言，而用之陳情訴枉，其意念不暇乎亮工熙載，而移之憂讒畏譏，後爲曠鰥，終難表樹，八宜去也。夜行不休，古人所戒。今臣已當鐘鳴漏盡之年，又不爲榮身肥家之計，何爲置此疲病六尺軀於風波震蕩、戈矛攢集之中？修之東隅，失之桑榆，九宜去也。衆口鑠金，積毀銷骨。今臣獨恃皇上一人之知，而人言不已，聖心亦且厭臣，孰若及今未厭而去，不傷聖主知人之明，不失愚臣保身之哲？十宜去也。總之，一去則千了萬了，無限方便，不去則紛紛擾擾，有無限不便。且首輔足疾向平，二三臣旦夕將到，辦事有人，臣亦無①用之。惟望皇上俯體臣必不得不去之情，放臣歸休，臣生不能報聖恩，死亦必有以報，啣環結草，未足言也。臣不勝哀懇激切阽②越待命之至。"奉聖旨："卿忠勤敬慎，朝野共知，且每日③章疏及卿等票擬，皆朕親覽裁斷，有何專擅？豈得以浮言疑似介意，遽求休致？何忍於心？宜遵前旨即出，安心輔政，以副眷懷，甚毋固辭。該部知道。"

十九日戊寅，大學士朱賡等謹題："爲印信事。照得禮部右侍郎兼翰林院侍讀學士掌院事楊道賓，已經陞任禮部左侍④郎署部事訖，所有翰林院印信缺官掌管，臣等推得詹事府詹事兼翰林院侍讀學士蕭雲舉，堪以掌管。先該臣等推補三次，未蒙批發。今患病給假官，因缺掌印代題，徑自具奏，非體，又考滿官不得到部復職，各官兩季俸薪，因無印信文書，不得關領，一應閣中事務由本院移文者，俱堆積不行，深屬未便。伏乞敕下吏部，半本官量陞禮部右侍郎兼翰林院侍讀學士，掌管前項印信。臣等未敢擅便，謹題請旨。"

二十四日癸未，大學士朱賡等謹題："伏蒙欽點福王第一子名，臣等謹恭視中書官用印邊龍箋寫進請寶，謹具題以聞。
　　擬賜福王第一子名
由字行
崧（音松，山而高也）⑤

① 無　明抄本"無"下有"所"字，是。通行本無此字，誤。

② 阽　明抄本作"阽"，是。通行本作"陷"，誤。

③ 每日　明抄本作"日每"。通行本作"每日"。

④ 侍　明抄本誤作"待"。通行本作"侍"，不誤。

⑤ 崧（音松，山之高也）　明抄本作"崧（音嵩，山而高也）——有點"，是。通行本作"崧（音松，山而高也）"，誤。

模（莫胡切，法也）。"

二十八日丁亥，大學士朱賡謹奏："爲三懇聖慈祈免恩命以成初志事。臣以三年考滿，兩疏自陳，一明其所以當黜，一明其所以不當陟，言言出於肺腑，非敢爲矯也。皇上貸臣之過，命臣復職，已徹如天之福矣。頃又奉聖旨：'卿德望醇完，忠猷顯著，考績加恩，已有成命，不允辭。政本方切倚毘，況精神有餘，何得自言高尚？宜即出以副眷懷。吏部知道。欽此。'臣捧誦綸音，益增悚仄。自惟三年之中，一籌莫展，有何猷望，可濟時艱？有何精神，堪副倚任？而誤蒙褒獎如此之溫，勉留如此之切，皆天寬地厚之恩，海納淵涵之度，非臣始願所及者。臣即有胸無心，能不敢感激思奮，而敢徇三讓之套，以徹高尚之名哉？獨謂人臣之罪，莫大於自欺，亦莫大於貪得。既知其不稱業自劾矣，而猶昧心拜賜，欺孰甚焉？既知其不能業求退矣，而猶靦顏苟得，貪孰甚焉？臣雖愚昏，本心之良未死，臣雖衰老，在得之戒甚嚴。《易》曰：'非所困而困焉，名必辱。非所據而據焉，身必危。既辱且危，死期將至。'聖人憂盛滿而戒寵利若此其嚴也，臣何榮其所辱，安其所危，而樂其所以亡哉？即今瘡痏未愈，血氣日衰，內外受傷，旦暮莫測，容再殷調理、徐圖入直外，所有非常恩數，終不敢冒昧仰承。伏望皇上准臣辭免，仍從舊貫，使進無水谷之虞，退無衾影之愧，乃所以成臣之初心，而保臣之末路也。臣不勝懇切待命之至。"奉聖旨："覽卿奏已悉悃忱。但考績加恩，國家彝典，如卿勞勳，尤所宜承，不必固辭。即出贊襄，以副朕延佇之意。吏部知道。"

二十九日戊子，大學士朱賡等謹題："伏蒙皇上頒賜臣等每員鮮藕三枝，臣等頓首祗領。不勝感戴天恩之至，謹具題謝恩。"

是日，大學士李廷機謹題："頃因人言，三疏乞休，疊奉溫綸，勉臣即出。嗣以大祀，遣臣分獻。感激聖恩，叨蒙欽命，忻逢長至，尤切呼嵩。隨於二十八日報名，今早見朝謝恩，入閣辦事。謹具題陳謝以聞。"

萬曆三十五年十一月庚寅，朔。

　　四日癸巳①，大學士朱賡謹題："恭遇長至令節，禮當慶賀，奉聖旨傳免。臣以足瘍未平，拜起不便，不得在②廷文武官員人等，於五鳳樓前大班行禮，恭伸祝頌。伏念臣備員輔弼，受恩深厚，與在廷諸臣不同，謹勉扶掖恭詣仁德門，偕輔臣李廷機，行五拜三叩頭禮，稱祝聖壽，以少伸臣子慶忭之誠。謹具題知。"

　　是日，大學士李廷機謹題："恭遇長至令節，禮當慶賀，奉旨傳免。臣謹在③廷文武暨天下華夷齎捧朝貢官員人等，於五鳳樓前大班行禮。伏念臣備員輔弼，受恩深厚，與在廷諸臣不同，擬是日恭詣仁德門，隨臣賡行五拜三叩頭禮，稱祝聖壽，以少伸臣子慶忭之忱。謹具題知。"

　　五日甲午，大學士朱賡等謹題："茲遇冬至令節，臣等恭詣宮門外叩頭慶賀，伏蒙皇上遣司禮監太監陳矩管待酒飯，頒賜臣賡燒割一分、甜食一大盒、伏薑一大盒，臣廷機燒割一分、甜食一小盒、伏薑一小盒，臣等頓首祗領。不勝感戴天恩之至。謹具題謝恩。"

　　是日，大學士朱賡等謹題："伏蒙皇上以冬至令節，頒賜上尊珍饌，臣等頓首祗領。不勝感戴天恩之④。謹具題謝恩。"

　　是日，大學士朱賡等謹題："伏蒙皇上以祭三王⑤子景惠殿收回祭設，頒賜臣等三桌，臣等頓首祗領。不勝感戴天恩之至。謹具題謝恩。"

　　六日乙未，大學士朱賡等謹題："臣等忝備輔員，忻逢令節，祝聖壽與天而同永，願聖政與日而俱新。切見冬至月令，在《周易》為《復卦》，文王《繫詞》曰：'朋來。'孔子《象傳》曰：'復，其見天地之心乎？'然則一陽來復之期，固天心轉移、朋類奮庸之會也。臣等因念，科道、庶吉士考選多時，未奉明旨。臺省缺人極矣，而待者無所受事，何以收補闕拾遺之功？開館愆期久矣，而待教者無役橫經，何以戀日就月將之益？過此則歲暮，又過此則新年，臣等所⑥聖政之舉行者尚多，而此考選二項，所以充事任、慰人情、育人

①巳　"己"當作"巳"。
②在　明抄本"在"上有"偕"字，是。通行本脫此字。
③在　明抄本"在"上有"偕"字，是。通行本無此字，誤。
④之　明抄本"之"下有"至"字，是。通行本無此字，誤。
⑤王　明抄本作"皇"，是。通行本作"王"，誤。
⑥所　明抄本"所"作"望於"二字，是。通行本脫此二字。

材、完大典，尤其最急者矣。伏望皇上亟賜檢發，早渙綸音。二事既竣，而其餘乃次第及焉。臣等不勝懇切顒望之至。謹具題以聞。"奉聖旨："覽卿等所奏懇，悉已知道了。少俟檢發。"

十三日壬寅，大學士朱賡、李廷機謹題："照得太子少保禮部尚書兼東閣大學士于慎行、禮部尚書兼東閣大學士葉向高二臣，欽蒙聖恩，差官行取來京，入閣辦事。二臣先後見朝訖，緣未面見謝恩，不敢到任。查得近年陞任京堂官員，本衙門題請先令到任管事，後補面恩。二臣系輔弼之臣，合照前例，先行謝恩，到閣辦事，恭候皇上御門之日，仍補面恩。謹具題知。"

十五日甲辰，大學士朱賡、李廷機謹題："伏蒙皇上以聖母慈聖宣文明肅頁①壽端恭獻熹皇太后萬壽聖節，頒賜臣賡、臣廷機及新臣于慎行、葉向高，每金萬壽枝各二副、銀萬壽枝各二副、金篆字八個、金書黃綾符一道、金書紅綾符一道、銀書紅綾符一道，臣等頓首祗領。不勝感戴天恩之至。謹具題謝恩。"

是日，大學士朱賡、李廷機謹題："爲作養人材事。八月初七日，該臣等會同吏、禮二部並詹事府堂上官，將原發考選進士十八卷，照依名次開寫上進，本月十二日奉聖旨：'是。吏部知道。欽此。'查得累科事例，庶吉士教習官合用二員。臣等推得詹事府詹事兼翰林院侍讀學士蕭雲舉、少詹事兼翰林院侍讀學士王圖，俱堪教習，恭候命下，將蕭雲舉量陞禮部右侍郎兼翰林院侍讀學士，王圖量陞詹事兼翰林院侍讀學士，行令二臣專管教習庶吉士與同一甲進士施鳳來、張瑞圖，於翰林院讀書進學。每月終將批改各文課原本類送內閣看驗。臣等仍照例每月二次出題考試，以觀進益。其有怠肆不率教者，聽教書官開送臣等參奏處治。再照翰林院印信缺官署掌日久，以致該院一應公移，因難用印，並從耽閣，日下開館，又有修理房舍、辦造什物供應事移文工部等衙門，皆須印信，臣等前日曾推蕭雲舉署掌，未奉明綸，今尤難緩，並乞亟賜俞允。臣等不勝顒望。緣是②作養人材事理，臣等未敢擅便，謹題請旨。"

①頁 "頁"當作"貞"。

②是 明抄本作"係"。通行本作"是"。

十六日乙已①，大學士李廷機謹奏："爲官次久定推讓非宜乞仍舊貫以安愚心事。臣適接得新到同官葉向高揭帖，有疏具陳，以臣資俸在前，欲遜臣而居其後。此蓋虞廷讓於殳忻之義，其意誠真，而臣竊以其讓爲過者，臣亦有説也。當枚卜時，吏部列名以請，臣之名本在向高之後，皇上欽點寔據部題，及至欽命，又以欽點爲序，綸音一渙，著之仕籍，傳之中外，半歲於兹矣。向高與臣同年一輩，素稱莫逆之交，區區資俸淺深、班行伯仲，有何關係、有何差錯、而必遜之改之乎？若夫閣中事務苟②一日在列，未③嘗參④末議、佐下風、效涓埃之報於聖主也，況⑤方切履薄臨深之懼，尤當爲谿爲谷之時。《易》曰："後順得常。"臣之所處，正以居後爲順。伏乞皇上鑒臣至誠，得仍舊貫，使臣供職毋以同官⑥有所更改，臣幸滋大，臣感滋深矣。不勝悚息懇切⑦待命之至。"奉聖旨："朕覽卿奏，具見謙讓。准列名在後，該部知道。"

十八日丁未，大學士朱賡、李廷機謹題："十九日恭遇聖母慈聖宣文明肅貞壽端獻恭熹皇太后萬壽聖旦，臣等備員輔弼，仰戴隆恩，比之恒情倍切忻忻，謹於是日恭詣慈寧宮門，行五拜三叩頭禮，以少伸臣子慶祝之誠。其新到同官二臣，于慎行奉旨調理，葉向高未經面恩到任，不敢同班行禮。謹具題知。"

十九日戊申，大學士朱賡、李廷機謹題："恭遇聖母慈聖宣文明肅貞壽端獻恭熹皇太后萬壽聖旦，臣等恭詣慈寧門外叩頭慶賀，伏蒙皇上遣司禮監太監陳矩管待酒飯，頒賜臣等每燒割一分、酒飯一桌，又蒙聖母賜臣等每甜食一盒、絲寓糖一盒、硬糖餅一盒、伏薑一盒、葷膳一盒、素膳一盒、酒二瓶，臣等頓首祇領。不勝感戴天恩之至。謹具題謝恩。"

是日，大學士朱賡、李廷機謹題："伏蒙皇上以聖母慈聖宣文明肅貞壽端獻恭熹皇太后萬壽聖節，頒賜上尊珍饌，臣等頓首祇領。不勝感戴天恩之至。謹具題謝恩。"

① 已 "已"當作"巳"。

② 苟 明抄本"苟"上有"臣"字，是。通行本脱此字。

③ 未 明抄本"未"上有"又"字，是。通行本無此字，應補。

④ 參 明抄本"參"上有"不可"二字，是。通行本脱此二字。

⑤ 況 明抄本"況"下有"臣"字，是。通行本脱此字。

⑥ 官 明抄本"官"下有"之言"二字，是。通行本脱此二字。

⑦悚息懇切 明抄本作"懇切悚息"。通行本作"悚息懇切"。

萬曆起居注

二十日己酉，大學士朱賡、李廷機謹題："伏蒙皇上以聖母慈聖宣文明肅貞壽端獻恭熹皇太后萬壽聖旦，頒賜臣賡銀五十兩、紵絲三表裏，臣廷機銀四十兩、紵絲三表裏，臣等頓首祇領。不勝感戴天恩之至。謹具題謝恩。"

二十二日辛亥，大學士朱賡、李廷機謹題："今日該文書官王體乾捧出聖諭：'諭內閣：朕奉聖母慈諭，原籍順天府漷縣永樂店地方誕生處所，近來蓋造景命殿五間、後閣五間、中左右石牌坊三座，左邊復蓋佛寺一座，右邊關王廟一座，合用護敕並牌額名、及碑文以紀其事，用垂永久。朕即欽承。卿等擬撰開員來。特諭卿等知之。欽此。'臣等仰見皇天所以篤生聖母者，必於永樂福地，良非偶然，而皇上所以孝奉聖母、而為之傳示於萬世、禱祝其萬壽者，至誠至敬，真足格穹昊而通神明，直追舜文之孝而上之矣。臣等不勝歡忭，不勝踴躍。合用護敕、碑額、碑文，容臣等竭誠擬撰，上請聖明改定。所有聖諭，尊藏在閣。謹先具揭回奏以聞。"

是日，大學士朱賡、李廷機謹題："臣等前日伏奉皇上批發考選庶吉士一疏，而於考選科道一疏亦蒙御批，許以少俟檢發，臣等不勝忭喜，不勝翹跂，蓋又旬日矣。茲者恭遇聖母萬壽聖旦，我皇上孝誠格於穹昊，喜氣洽於寰區，臣等輒敢乘此吉祥歡慶之時，復申檢發之請。若夫差委缺人，曠官廢事，窮極而不得不通，急切而不容復緩，此在聖明久已洞鑒，無待臣等贅言。惟望亟賜檢發，完此一事，以慰中外人心。臣等不①勝懇切顒望之至。"

二十三日壬子，大學士朱賡、李廷機謹題："為病故輔臣事。據太子少保禮部尚書兼東閣大學士于慎行男子緯報稱，本官於本月二十二日申時病故。看得臣慎行，學行並隆，才猷素裕，早侍講幄，啟沃之功最多，今召綸扉，中外之望允叶。臣等方賴其同心協力，翼贊皇猷，乃初入閣庭，倏而捐館，良可悼惜，所有應②卹典，伏乞敕下禮部查例上請，以彰朝廷逮下

① 不　明抄本作"可"。通行本改"不"，是。

② 應　明抄本"應"下有"得"字，是。通行本脫此字。

之仁。又臣等到其榻前，有子緯出其臨終遺疏一通，雖彌留之時，不忘忠愛之悃，其情有足憫者，謹代①奏聞。緣係病故輔臣事理，未敢擅便，謹題請旨。"奉聖旨："覽②卿等所奏，輔臣于慎行特簡召用未幾病故，良可悼惜。應得卹典，該部從優查例來看。遺疏留覽。該部知道。"

二十五日甲寅，大學士朱賡、李廷機謹題："爲公務事。照得禮部尚書兼東閣大學士葉向高，今奉欽命到閣辦事，例應同知經筵、日講、及東宮講筵侍班、福王書堂看詳講章、圈放等項。理合題請，恭候命下，今其與臣等一體供事。緣係公務事理，臣等未敢擅便，謹具題知。"

是日，大學士朱賡謹奏："爲感激天恩恭陳謝悃事。伏念臣力小任重，老去病侵，每疾痛呼天，則蒙皇上賜假調理，賜粥米等物，而又屢命臣稍可即出，是父母之顧復也。頃三年考滿，自求幽黜，則蒙皇上賜羊酒鈔錠，賜復職視事，而又加以非常之恩，是天地之包容也。臣荷茲殊眷，恩重身輕，欲再乞調理，則曠職三月，義不敢自便，欲再辭恩命，則縕③綸三錫，例不敢瀆陳，又新至同官葉向高，必欲臣出而到任，用是勉遵前旨，扶掖入朝，今早已於午門前謝恩畢，即同向高入閣辦事矣。自惟才能不踰於衆人，精力盡疲於獨任，居一日知一日之非，進一步增一步之險，智者觀之，寧俟終日？而猶以百病之身爲三宿之留者，無他故也，聖明在宥，賢哲同升，革故鼎新，千載一日，上有無限不補之袞闕，下有無限不了之心期，幸而緩死湏臾，則臣所不能爲者，與二三臣共爲之，善固可以取諸人，不幸而潦倒難支，則臣所不及爲者，有二三臣善爲之，力亦不必出諸己，此臣所以願效於萬一，而不忍賫志以沒者也。總之，成敗利鈍聽之天，否泰安危聽之皇上。皇上今日欲爲堯舜，其則不遠，不過修初年以行之善政，收近年已渙之人心，以內外章奏付之部院，以異同議論付之臺省，以平章庶政付之閣臣，而皇上獨操乾綱，執兩端而用之，明揚不遺於側微，立賢不問其方域，如天地之大，無所不包含，如日明④之明，無所不光

萬曆三十五年

二四六九

① 代　明抄本"代"下有"爲"字，是。通行本脫此字。

② 覽　明抄本"覽"上有"朕"字，是。通行本脫此字。

③ 縕　"縕"當作"溫"。

④ 明　"明"似當爲"月"。

萬曆起居注

被,則正朝廷而四國之政應之,和上下而天地之和應之,喻喻訑訑之風將化爲蕩蕩平平之治,而唐虞氣象復見於今日矣。此臣三十年前所陳説於楯①廈之間,而六年以來諄諄於密勿之工者也。儻蒙聖明斷而行之,區區老臣進退死生綽有餘裕,又何庸呶呶焉瀆聒於至尊之前哉?臣無任感戴仰望之至。"奉聖旨:"覽卿奏謝,具見忠愛懇切。朕知道了。該部知道。"

是日,禮部尚書兼東閣大學士葉向高謹奏:"爲感激天恩恭陳謝悃事。臣於本月十三日見朝,次日報名謝恩,仍候面恩,該内閣照例題請到任,奉聖旨:'知道了。着即入閣辦事。欽此。'臣謹於二十五日午門前謝恩,即到任辦事訖。伏念臣詞林下品,留省疎蹤,方圖田野之安,久無雲霄之夢,誤蒙聖主破格登庸。蓋自二百年來自南曹而參密勿,僅一再見,臣之遭遇可謂奇矣。夫有非常之遇,則必有非常之報,而臣内省行能,澀無以稱,惟是勉竭愚庸,毋孤任使。時事之扞格何以幹旋,人情之參商何以調輯,朝何以無曠位,野何以無遺賢,種種隱憂形諸章疏者何以消弭,此臣之願從二三臣後而自效其萬一者也。至於營私肥家,徇私罔上,以成心而違衆,以勝心而敗羣,以名心而要譽,以黨心而植交,以患得患失心而固位,負聖主之殊知,犯萬世之公論,少有人心必不出此,此臣之所自盟寸衷,而欲質於鬼神者也。臣之來也,實於同官臣于慎行偕。慎行講幄舊臣,赤忠自矢,志未及酬,奄然淪謝,而臣華以病②殘軀,猶存視息,天恩難報,每顧影以自憐。人命幾何?益傷心而滋懼。不乘蒲柳之未零、及犬馬之能效,而勉自策勵,乃碌碌奄奄,甘心③朽腐,豈但君父之罪人?抑亦生成之棄物矣。臣雖至愚,亦知辨此。伏望聖明俯鑒微忱④,時垂宸憲,念今日政地最爲難居,思天下人心豈容久失?事事毋致⑤壅格,言言必見諸施行,在皇上不過復初年之恒規,便是登三咸五之業,使臣等修⑥往時之常職,已免尸位曠官之譽。此則聖心一念轉移間,而愚⑦不勝其款款者也。臣無任感激仰望之至。爲此謹具本奏謝以聞。"奉聖旨:"覽卿奏謝,具見忠愛懇切。朕知道了。該部知道。"

① 楯 明抄本作"旇",是。通行本作"楯",誤。

② 病 明抄本"病"上有"多"字,是。通行本脱此字。

③ 心 明抄本作"同",是。通行本作"心",誤。

④ 忱 明抄本作"誠",是。通行本作"忱",誤。

⑤ 致 明抄本作"至於",是。通行本作"致",誤。

⑥ 修 明抄本"修"上有"不過"二字,是。通行本脱此二字。

⑦ 愚 明抄本"愚"下有"臣"字,是。通行本脱。

萬曆三十五年十二月己未，朔。

二日庚申，大學士朱賡、李廷機、葉向高謹題："該臣等狀奉聖諭，擬撰景命殿護敕碑文、紀事碑文、佛事碑文、關王廟碑文，及後閣、石牌坊、寺廟碑額，臣等謹欽遵撰擬，進呈御覽。但疎淺不文，無能揄揚聖①美，恭候聖明裁訓、發下臣等，容將欽定額名注入文內，再呈御覽②。謹具題以聞。"

是日，皇帝敕諭內外官員軍民諸色人等："順天府潞縣永樂店地方，我聖母慈聖宣文明肅貞壽端獻恭熹皇太后實誕生於此。本原之地，慈念所屬。乃於萬曆三十五年鼎建景命殿，以標表里閭，顯揚靈瑞，祝我聖母慈壽於萬萬年。殿五間，後閣五間，廊廡堦墀規制咸備。大門之外，建中、左、右石牌坊三座，又於殿東西兩旁蓋佛寺一座、關王廟一座，各有室宇以居僧衆，便焚香③，仍有地若干以供香光④之費。尚慮愚頑之徒罔知禁忌，或致溷褻毀侵，特賜敕禁諭。凡內外官員軍民諸色人等，俱宜仰體至意，敢有不遵敕旨輒行干犯者，必重罪不宥。故諭。"

紀事碑文："朕惟帝王之興，率本母德。華渚治陽，鍾靈肇祉，載之詩書，爍乎盛矣。朕以眇躬，御極已三十五年，仰馮慈訓，方內乂安，深惟聖母皇太后功德閎茂，千古希聞。惟順天府通州潞縣永樂店，乃誕育之地，淑氣所鍾，宜有表章，以示來許，用是恭承慈命，量度經營。中剏景命殿，前門後閣，繚以周垣。樹三坊於門外，左爲佛寺，右爲漢壽亭侯祠。爽閶宏壯，足以昭地靈，章濬發，稱聖母所爲篤念源本之意。告成之日，慈顏悅豫，朕志用寧，爰敕中官守護，仍各爲文勒石，垂諸永久。以朕涼薄，寧用敢方古帝王？庶幾茲地之無遜於華渚治陽，則有聖母之烈在，其垂裕將千萬年，則景命亦千萬年，方切⑤爲佛力所弘護，神明所擁衛，無疆之福朕與方內共祗承之。因爲紀其事如⑥，並係之以詩焉。役始於某年某月某日，成而落之則某年某月某日。

詩曰：翼翼京邑，潞水縈之。璿源遠濬，載奠坤維。尊臨

① 聖 明抄本作"盛"，是。通行本作"聖"，誤。
② 覽 明抄本"覽"下有"施行"二字，是。通行本脫此二字。
③ 香 明抄本作"修"，是。通行本作"香"，誤。
④ 光 明抄本作"火"，是。通行本作"光"，誤。
⑤ 切 明抄作"且"，是。通行本作"切"，誤。
⑥ 如 明抄本"如"下有"此"字，是。通行本脫此字。

長樂，歡浹重闈。綿綿景命，百祿咸宜。睠之湯沐，啟瑞集禧。周原膴膴，寶殿攸基。重門邃閣，崇敞逶迤。仁祠左拱，靈宇右麗。甍連棟接，鳥革翬飛。虹祥式闡，慈念載怡。爰及薄海，耀景咸熙。聖母之德，綏此蒸黎。百千萬祀，永永無斁。"

佛寺碑文："朕惟象教之設雖起自後世，然用以邕澤遵慈、延禧昭覠，曆①代以來不能廢之，故宇內名區，梵宇相望，夫寧內典是崇？亦於福田善果良有助焉。近畿涿縣永樂店，乃我聖母皇太后誕育之區，其爲靈秀，甲於宇內。聖母顧念枌榆，比於塗山渭涘，命朕即其地剙景命殿，又爲佛寺於殿之左方，凡若干楹，規制宏狀②，足與殿相護翼，營構之費一出帑金，不煩將作。既落成，朕具其事恭告聖母。尤念聖母慈仁之性，本自天成，含育之功，原於積累，其所③俯弘六度兼濟衆生，蓋與西來宗旨原自契合。頃歲每問四方水旱，輒爲憫惻，至減膳金賑卹，而內庭之貝葉狼函、朱提寶鏹，絡繹布施於中外者，皆爲國祚民生，皈誠發念若斯之懇篤也。今方④喁喁，咸蒙聖母休澤，迦維有靈，必弘擁祐。矧兹地爲祥源所肇發，流衍未窮，加以柰苑祇林，輝煌附麗，寧不足以導迎休祉，默護慈躬，爲宗社生靈無疆之福哉？此朕⑤既喜其成，因爲之記，而係以詩。詩曰：有赫璇宮，箕尾分躔。佛日繞之，瑞靄人天。靈秀攸鍾，篤生聖母。願力乘前，洪慈啟後。衆生沉溺，咸渡⑥迷津。稽首頌贊，歸於至仁。聖母不居，源源本本。潞水涿泉，發祥斯遠。既營崇殿，乃啟雙林。雕樑文礎，玉琈金繩。法雨朝興，白毫夜映。香室增華，紺園遞盛。猗歟聖母，功德巍巍。於萬斯年，福履永綏。"

敕建漢前將軍壽亭侯關王廟碑："朕聞帝王爲百神主，精誠所至，神必從之。矧夫隆罔極之報，展不匱之孝，祝親壽於岡陵，綿國祚於箕翼，厥爲戬穀，尤藉神庥。而所重夫神者，必其聰明正直而壹者也。順天府涿縣永樂店，蓋我聖母皇太后誕生之地。朕欽瞻慈範，仰溯慶源，念地靈之攸鍾，蘄天眷之永固，爰建景命殿，復於其右剙漢前將軍漢壽亭侯關王廟。堂廡既構，俎豆斯嚴，繫牲有石，宜書歲月。朕惟義士忠臣，實稟

①曆 明抄本作"歷"，是。通行本作"曆"，誤。

②狀 明抄本作"壯"，是。通行本作"狀"，誤。

③所 明抄本"所"下有"爲"字，是。通行本脫此字。

④方 明抄本"方"下有"內"字，是。通行本脫此字。

⑤朕 明抄本"朕"下有"所以"二字，是。通行本無此二字，誤。

⑥渡 明抄本作"度"。通行本作"渡"。

間氣，生著偉伐，没爲明神，理之恒也。侯起布衣，佐義旅，從故主於垂危，扶正統於將絶，精忠一念，天地式臨。以故血食萬方，盱蠻千載，庆夫聞而歛容，宵人望之累息。蓋其靈爽如日當空，無幽不足①，如泉行地，有觸則通。況聖母桑梓之區，山川回合，風氣融結，乃夏代之舉行山，周家之莘之區，山川迴合，風氣融結，乃夏代之塗山，周家之莘國也，侯得無誕降庆止、呵護擁衛於其間與？《書》曰：'上②帝不常，作善降之百祥。'夫神布列在天，將上帝之命是奉。我聖母協德坤元，慈③爲寶，輭嘆溢，恤孤惸，朕得以佩服訓詞④，和柔百姓，兹非上帝所欲降者也⑤？其護神佑，又何疑焉？況侯御災捍患，扶困拯危，爲福於天下者不可僂數。今寧惟佑我聖母？其運玄機，翊隆理，陰陽調，風雨時，繇聖母湯沐邑，以迄山激⑥海濋，歲成蠟通，無扎瘥疵癘之患，斯聖母之德益溥，而侯之聲名益煜，雪宇宙無窮時，則朕廟祀意乎？乃系之詩，詩曰：在昔昭烈，龍驤虎視。惟侯桓桓，扶漢之紀。赤鬣青陽，前無堅壘。風雲爲變，天日可矢。百代精英，萬方禋祀。矧是京邑，聖母之里。景命殿隅，新廟聿起。象設有嚴，輪奐且美。雲蓋電旗，惟侯庆止。佑我聖母，誕膺繁祉。蟄蟄繩繩，孫孫子子。福我蒸民，躋之康阜。玉燭金甌，千秋萬禩。"

擬後閣額名：萬壽閣　延禧閣

擬中牌坊名：慶都之地（堯母曰慶都）　洽陽靈瑞之地（太姒生於洽陽）

擬左右牌坊名：大慈坊（左）　廣孝坊（右）　啟祥街（左）永樂里（右）

擬佛寺名：華嚴寺　大雄寺

擬關王廟名：顯忠廟　靈神廟

　　三日辛酉，大學士朱賡等謹題："臣等竊惟考選科道一事，迄今三年，臣賡瀝⑦血請之數矣，猶謂一人之誠不足以動天也，及與臣廷機合誠以請又數次矣，今又合臣向高三人之誠以請。臣等豈不知聖心自有乾斷，只宜靜俟？而猶喋喋然不避激聒之

①足　明抄本作"燭"，是。通行本作"足"，誤。
②上　"上"上應有"惟"字。
③慈　明抄本"慈"下有"儉"字，是。通行本無此字，誤。
④詞　明抄本作"辭"。通行本作"詞"。
⑤者也　明抄本作"祥者耶"，是。通行本作"者也"，誤。
⑥激　明抄本作"徼"，是。通行本作"激"，誤。

⑦瀝　明抄本作"瀝"，通行本作"澑"，當作"瀝"。

萬曆起居注

罪者，非敢①預選諸臣緩頰也。灼見得國家之理亂係此，人心之向背係此，遲一日受一日之病，萬萬不可再俟也。夫治國猶治身然，血脈不通，則身受其病，其究至於疲癃癱瘓而不可藥，言路不通，則國受其病，其究至於苟且廢弛。皇上但見目前無伏②馬之鳴，亦自清浄，四方無巡驤之迹，亦自小康，而不知祖宗法度日愆日忘，國家紀綱日陵日替，一旦決裂，其害有不可復支者。臣等叨居輔弼，即今日默默而去，他日必有追咎臣等之不言者，豈不爲萬世罪人哉？臣等又惟，數年來人心渙散，議論滋多，相與矢公矢誠，絕類事上，期以還大道爲公之勢，而疑者猶謂，考選科道臣等能爲而不肯爲，臣等一腔血誠雖不求人知，而亦不願聞此語，亦惟有懇之皇上，早霈綸音，而天下之疑者信，渙者合矣。皇上辛毋謂多指亂視，多言亂聽，而疑此六七十人之擾擾也。以皇上聖明，如日中天，使諸臣言當也③，下之部院臺省，與天下共是之，有祖宗賞諫之法在，惟恐不多，或言而不當耶，亦下之部院臺省，與天下共罪之，有祖宗摩厲之法在，何畏其多？如此則朝廷得耳目之實用，天下省億逆之靈談，血脈從此流通，藩籬從此剖破，大道爲公之治將見④於今日，而臣等亦有辭於天下萬世矣。歲云暮矣，萬無姑待來年之理，伏惟聖明鑒督施⑤。臣等不勝懇切待命之至。"

六日甲子，大學士朱賡謹題："臣查近日例，凡應面恩官員，候過三次免朝，即具本奏知，不必再補。臣自十一月二十五日奉新恩到任，伺候面恩已經三次，宜遵明例具本奏謝。但臣叨蒙密勿之任，而循行外廷之禮，止於具本奏謝，一念犬馬愚誠竊所不安。合無容臣同臣葉向高恭詣仁德門，行五拜三叩頭禮，以後仍候皇上御朝之日，致詞補見，以抒就日之誠？臣不勝惓惓。未敢擅⑥，謹題請旨。"

是日，大學士葉向高謹題："臣查近例，凡應面恩官員，候過三次免朝，即具本奏知，不必再補。臣自十一月二十五日到任，伺候面恩已經三次，宜遵明例具本奏謝。但臣叨蒙超常之恩，韋備閣臣之數，而循⑦外廷之禮，止於具本奏謝，於臣犬

---

① 敢　明抄本"敢"下有"爲"字，是。

② 伏　"伏"當作"仗"。

③ 當也　明抄本作"而當耶"，通行本作"當也"。

④ 見　明抄本"見"上有"復"字，是。通行本脫此字。

⑤ 施　明抄本"施"下有"行"字，是。通行本脫此字，誤。

⑥ 擅　明抄本"擅"下有"便"字，是。通行本脫此字。

⑦ 循　明抄本"循"下有"行"字，是。通行本無此字，誤。

馬愚誠殊爲不安，遽請面①又所不敢。合無容臣隨臣賡、臣廷機恭詣仁德門，行五拜三叩頭禮，以後仍候皇上御朝之日，致詞補見，以抒就日之誠？臣不勝惓惓。未敢擅便，謹題請旨。"

　　七日乙丑，大學士朱賡等謹題："臣等伏惟考選科道一事，屢經題催，本月初三日臣等復不避塵瀆，共瀝血誠，苦口極言，懇乞②亟發，翹首跂足，佇俟綸音又數日矣。今其事理、時勢、政體、人心，前已備詳，不敢復贅。惟是臘又將盡，立春、除夕就在目前，而此一事關係甚大，遲留甚久，差使缺人甚急，中外懸望甚切，臣等職在輔導，朝夕憂念，寢食不寧。伏望皇上俯念愚悃，少留聖心，省覽臣等前題，慨然將吏部考選一疏即賜批發，使臣等少得盡其輔導之職，以有辭於天下。臣等不勝激切悚息顒仰待命之至。"

　　九日丁卯，大學士朱賡、李廷機謹題："昨該臣葉向高伺候三次，未得面恩，題請先詣仁德門，行五拜三叩頭禮，恭俟御朝之日，致詞補見，伏蒙欽允。敬於今日，引臣向高遵旨行禮。謹具題知。"

　　是日，大學士朱賡、李廷機、葉向高謹題："昨該臣賡、臣向高，以三次未得面恩，題請先詣仁德門，行五拜三叩頭禮，恭候御朝之日，致詞補見，已蒙欽允，敬於今日遵旨行禮。伏蒙皇上遣司禮監太監陳矩，管待酒飯，臣等頓首祗領。不勝感戴天恩之至。謹具題謝恩。"

　　十二日庚午，大學士朱賡等謹題："臣等於③考選科道一事，於前月二十二日、本月初三日、初七日，連催三次，煩聒之罪委無可④逃，臣等亦欲無言以俟宸斷。但今科道乏人，萬分難處，非如向時猶可設法挪移，延挨時日，事勢已窮，人情騰沸，咸歸罪臣等，無以自解。夫皇上以臣⑤爲股肱，而耳目盡廢則股肱之用將安所施？臣等仰皇上如天地，而閉塞日深則天地之仁亦何由顯？萬不得已，冒死竭誠，瀆懇皇上廓天地之

萬曆三十五年

二四七五

① 面　明抄本"而"下有"見"字，是。通行本無此字。誤。

② 乞　明抄本作"祈"，通行本作"乞"。

③ 於　明抄本作"爲"，是。通行本誤作"於"。

④ 可　明抄本作"所"。通行本作"可"。

⑤ 　明抄本"臣"下有"等"字，是。通行本脱此字。

仁，使臣等得少效股肱之力，以報答萬一。如使微誠心不能動天，亦望皇上俯垂體恤，容臣等自審去就，毋致曠瘝以嚴罪責，亦厚幸矣。臣等區區一念，委非爲一身計毀譽，爲諸臣求官爵，寔以朝綱政體關係非輕，歲迫年終晷刻難緩，情急詞窮，伏蒙①聖明憐而察之。臣等不勝激切懇乞②之至。"

十五日癸酉，大學士朱賡等謹題："照得每年十二月二十六日，例有湔除敕書，敕禮③三法司。臣等於本月初四日，已將敕稿進呈，復於初九日、十二日再進，俱未蒙發。今照日期已迫，伏望即賜批發，以便寫敕、請寶、封奏、頒給。臣等未敢擅便，謹題請旨。"

十六日甲戌，大學士朱賡等謹奏："爲時窮理極五懇聖明亟下考選之命以重言路以慰人心事。臣等爲考選科道一事，自前迄今二旬之內，合力以請者四次，上論國家理亂之源，下陳臣等去就之義，無剩詞矣。皇上神明獨斷，藏之淵④，發之銳然，固非臣等所敢窺測。但候選三年，待命數月，時窮理極，無所復之。前月不下，尚謂有來月，前日不下，尚謂有來日。今屈指歲暮，不過十許日耳，尚可謂今歲不下而有來歲乎？皇上，猶天也。即如今秋，霖雨異常，皇上潔虔露禱，應之如響。何者？天曷嘗不愛民？而皇上以至誠感之，未有不應者也。今臣等禱之久矣，皇上曷嘗不愛國家？自是臣等誠不足以孚格⑤。臣等謹齋沐告天，請以身爲犧牲，而望⑥皇上之一應焉。邇來萬口嗷嗷，指臣等而數之，曰：'皇上明明天子，豈畏言官？但二三輔臣惡其害己，而陰爲之厄塞耳。'則又曰：'輔臣身在日月之旁，爲皇上所信任，豈有請而不得之理？必其未嘗請耳。'臣等受疑受謗，皆不足惜，而傳之天下，書之野史，豈不羞朝廷而辱政本哉？臣等既不得望見天顏，一攄其叩頭流血之誠，不得不藉此尺牘，自明其引罪負憝之義。除席藁待斥外，伏惟皇上即檢院部考選一疏，速賜批發，以慰羣望，以息衆咻，以應獻歲發春維新聖政之象。臣等謹素服角帶，躬叩文華門，瀝

①蒙　明抄本作"望"，是。通行本作"蒙"，誤。
②乞　明抄本作"祈"。通行本作"乞"。
③禮　明抄本"禮"下有"部"字，是。通行本脫此字。
④淵　明抄本"淵"下有"然"字，是。通行本無此字，誤。
⑤格　明抄本"格"下有"耳"，是。通行本脫此字。
⑥望　明抄本作"願"，通行本作"望"。

血上疏以請。伏候敕旨。"二十四日奉聖旨："覽卿等所奏懇切，已知道了。卿等屢揭催請，朕豈不知？因昨奉旨考選時，部寺汪元功等相訐不公，是以遲疑耳。與卿等何與？卿等可安心供職，輔贊佐理，毋自疑畏。稍①俟檢發。"

二十一日己卯，大學士朱賡等謹題："伏蒙皇上以立春令節，頒賜上尊珍饌，臣等頓首祗領。不勝感戴天恩之至。謹具題謝恩。"

二十二日庚辰，大學士朱賡等謹題："照得本月二十五日為欽定大選之期，先該吏部將內外各官推陞出缺，以便如期選補，已於十二、十六等日屢疏上請，未蒙發票。竊查②日期甚迫，過此則出月矣，出月則改歲矣，無論非祖宗之制，即候選之人千百餘人，亦於人情未便。臣等叨居政本，此亦政體之大者，不敢不言，非敢為吏部代請也。伏望聖明即刻檢發該部推陞一本，以便遵行。其侍郎楊時喬以病在告，仍督其強出供職。統望聖明裁定。臣等不勝仰望之至。"

二十三日辛巳，大學士朱賡等謹題："照得日講舊規，本年十二月二十四日起該放除夕假，及年節、上元假，至正月二十日方滿。曆③查每年皆於二月間開講，容臣等於新年二月上旬，另擇日恭進講章，以後接續封進。但日講官原擬四員，每日輪進經書講章二通，兼記注起居，自臣廷機欽奉簡命入閣辦事，前項講章缺官撰進，及皇上聖謨聖政缺官記注，半年於茲矣。皇上孜孜典學之心，諒不以始終少間，而記載言動，垂示萬世，尤不可以一日廢者。臣等遵奉三十二年明旨：'准補翰林院見任官供事。欽此。'謹於本年八月初一日，推得禮部左侍郎兼翰林院侍讀學士楊道賓、詹事府詹事兼翰林院侍讀學士蕭雲舉、少詹事兼翰林院侍讀學士王圖、南京國子監祭酒劉曰寧，俱資④並深，堪充是任，擬將蕭雲舉陞禮⑤右侍郎，王圖陞詹事府詹事，劉曰寧陞詹事⑥少詹事，俱兼翰林院侍讀學士，與楊道賓

①稍　明抄本作"少"。通行本作"稍"。

②查　明抄本作"思"，是。通行本作"查"，誤。

③曆　明抄本作"歷"，是。通行本作"曆"，誤。

④資　明抄本作"資"下有"望"字，是。通行本脫此字，誤。

⑤禮　明執本"禮"下有"部"字，是。通行本脫此字。

⑥事　明抄本"事"下有"府"字，是。通行本脫此字。

萬曆起居注

辦理前項職事。至今未奉俞旨，謹再爲題請，伏候聖明鑒允。臣等不勝願望之至。"

是日，大學士朱賡等謹題："先該題奉欽依，將每年終講過經書，類寫進呈，以備皇上朝夕觀覽，已經節次進呈迄①。今查撰進講章，謹將《通鑑纂要》七年宴玄武門起至②周以狄仁傑爲內史止一本、契丹將李楷固善用絹索起至又員外置官止一本、流鄭愔於吉州起至五月朔日食止一本、上以王仁琛藩邸故吏起至册南詔爲雲南王止一本、二十七年追諡孔子爲文宣王起至彍騎之法止一本、九載以姚思藝爲檢校進食使起至杲卿至洛陽止一本、以李光弼爲河東節度使起至上又謂泌曰止一本，以上共八本，類寫裝潢進呈。伏望皇上萬幾之暇，時加觀覽，以求溫故知新之益。臣等不勝惓惓效忠之至。謹具題以聞。"

二十四日壬午，大學士朱賡等謹題："爲放假事。目今歲暮，所有起居注館官吏人等，例於二十八日放假，至明年正月初四日赴館供事。臣等未敢擅便，謹題請旨。"

二十五日癸未，大學士朱賡等謹題："伏蒙皇上以正旦令節，頒賜臣等每員二樣吊屏二對、大門神二對、判子二對、招財利市二對、福祿獅子二對、箋紙葫蘆二對，臣等頓首祗領。不勝感戴天恩之至，謹具題謝恩。"

二十六日甲申，大學士朱賡等謹題："臣等兩月間爲考選科道與教習庶吉士二事，屢有陳瀆，原不爲人求官爵，亦不卹人毀譽，特以關係喫緊，職在輔導，不敢不言也。乃昨奉聖諭：考選③因部寺汪元功等相訐，是以遲疑。至於教習官員，臣等所請則查然未蒙批發。今除夕僅三四日，臣等寢食弗寧，真各無④卒歲者。切謂科⑤乃必設之官，不宜以一二煩言遂廢大典，皇上乾斷獨秉，即有所可否裁處，立斷何難？若夫庶吉士之必用教習，與開館之雜再緩，尤斷然無可疑者也。伏乞皇上俯垂聽納，亟賜批發，即於年終竣此二事，在聖心可無疑慮之煩，在臣等亦

① 迄 明抄本作"訖"。通行本作"迄"。
② 至 明抄本"至"下有"又有婆羅門止一本、十四年詣國子監起至"十七字。通行本脱此十七字。
③ 選 明抄本"選"下有"科道"二字，是。通行本脱此二字，誤。
④ 各無 明抄本作"若無以"，是。通行本作"各無"，誤。
⑤ 科 明抄本"科"下有"道"字，是。通行本無此字，誤。

可免聒擾之罪。臣等①不勝懇切悚息待命之至。"

三十日戊子，大學士朱賡等謹題："恭遇元旦令節，禮當慶賀，奉旨傳免，臣等謹偕在廷文武，暨天下華夷齎捧朝貢官員人等，於五鳳樓前大班行禮，恭伸祝頌外，伏念臣等備員輔弼，受恩深厚，與在廷諸臣不同，擬是日恭詣仁德門，行五拜三叩頭禮，稱祝聖壽，以少伸臣子慶忭之誠。謹具題以聞。"

① 等　明抄本無"等"字，誤。通行本有此字，是。